本书是中国社会科学院重大课题的研究成果
是中国历史研究院重大学术项目研究成果

耿云志 主编

中国近代思想通史

第二卷

熊月之 著

社会科学文献出版社

SOCIAL SCIENCES ACADEMIC PRESS (CHINA)

同光时期思想史 （1861—1894）

　　本卷是《中国近代思想通史》第二卷，涵盖的时间，自 1861 年至 1894 年，即第二次鸦片战争失败以后，到甲午中日战争爆发以前。这一时期，史称洋务运动时期或自强运动时期。笔者赞成用"自强运动时期"，盖自强较洋务义广，包罗更丰，也更能体现这一时期的综合特点。自强，是主导这一运动的清廷上层官员自始至终共同揭橥的旗帜，故用"自强运动时期"更为妥帖。自强，有发奋为雄、自我振作、变之自我的意思，蕴含了强身固本、祛灾免疫的功能，但没有日后维新派提出来的救亡图存的紧迫感。当然，"洋务运动"一词，如果其内涵限定为与西洋相关的事务，亦无不妥。

　　从严格意义上说，"同光时期"当指同治朝与光绪朝时期，即指从 1862 年（同治元年）到 1908 年（光绪三十四年）这 46 年整段时间。但是，学术界已习惯于将 1898 年戊戌变法以后到 1912 年清朝覆灭的一段时间称为"清末时期"，而很少再以"同光时期"涵盖戊戌以后的时段，通常以"同光年间""同光时期"概指从 1861 年至 1894 年这段时间。为叙述方便，本书亦以"同光年间"或"同光时期"指称这一时期。

目　　录

第 一 章

持续深重的社会危机

中国历代王朝，盛久必衰，已成定律。清朝盛世在康乾时期，自那以后，再没有康熙、雍正、乾隆那样雄健强毅的皇帝，再没有康乾时期那样四海景仰的国际地位，久已积累的各种社会矛盾逐渐浮出水面。嘉庆时期，即已经济凋敝，内囊空虚，行政效率低下，吏治腐败，民变迭起。道光时期，更是鸦片肆虐，白银外流，会党啸聚，外敌入侵。突兀而来的鸦片战争，将清朝统治的腐败、无能、积弱暴露在全世界面前，也暴露在士大夫与广大民众面前。

如果说，鸦片战争失败，《南京条约》签订，赔款，割地，开放通商口岸，这些都是此前危机的结果，那么，太平天国农民起义，波及那么大范围，持续那么长时间，第二次鸦片战争失败，庚申之变，《天津条约》签订等，则是这一危机的扩大、加重与深化。特别是在第二次鸦片战争中，中国最精锐部队被英法联军打得大败，咸丰皇帝逃离京城，外国军队盘踞京师，圆明园化为废墟。对于帝制国家来说，权力之大莫过于皇帝，地方神圣莫过于京师，皇帝出逃，京师被占，既是奇耻大辱，更是空前危机的集中反映。这时，几乎所有的有识之士，均感到大祸临头，也都承认这是中国历史上从来没有遇到过的新变局。

一 被丧失的二十年

从第一次鸦片战争到第二次鸦片战争，这二十年，被治史者称为被丧失的二十年、昏睡的二十年。

（一）少数人有所觉醒

第一次鸦片战争以后，已有一些人敏锐地感到，中国所处的国际环境变了，国内问题很多，对外必须努力了解世界大势，对内必须实行变革。梁廷枏写《海国四说》，徐继畬著《瀛寰志略》，魏源编《海国图志》，表达的都是这一思想。他们已经意识到，时代变了，天朝独尊的时代结束了，万国并立的时代开始了。他们已经认识到，国人应切实了解西方，在某些方面要学习西方。他们已经提出一些因应之道。魏源提出以夷攻夷、以夷款夷、师夷之长技以制夷，前两项意在利用别人的矛盾保护自己，那是国际政治之惯技，在战国时代之纵横家那里屡见不鲜，但后一项旨在学习敌人长技，改善自己弱点，则有时代特点，对日后的自强运动有一定影响。

更为可贵的是，梁、徐、魏著作中，已经流露出对西方社会制度的艳羡。

梁廷枏对美国立法、司法、行政制度述之甚详，并对三者之间的关系予以特别的关注。他表示，原先以为中国君主专制是天经地义、无处不然的，当知道美国不行此制以后，他的看法动摇了。他准确而又简明地介绍了美国是法治而不是人治、是民治而不是君治、是任期制而不是终身制的特点。[①] 他以穷根究底的心态，研究了这种制度为什么会在美国产生、实行而不是在其他地方产生实行的问题。他认为这与美国所处地理环境、民族特点有密切关系：地

---

① 梁廷枏：《合省国说·序》，《海国四说》，中华书局 1993 年版。

处荒僻，本非英国所固有，离英既远，鞭长莫及；其地皆民人自为开辟，自理自治，时日既久，与英国关系自然疏离；其人喜谋利，往往耗智巧于制器成物，心无所用，或拥厚资以自奉，便心满意足，"以是观之，地既有所凭恃以自立，时又迫之不遑他计，而人人复安愚贱、泯争端，三者相乘，夫是以创一开辟未有之局，而俨然无恙以迄于今也"。谓美国人"安愚贱"，并不合乎实际，但梁廷枏认为美国民主制度之建立，与其特定的历史、地理环境，与其民族重商传统有内在联系，这是近代中国知识分子对美国制度做出的最早的一家之说。

徐继畲介绍了英国的两院制度，介绍了美国的三权分立制度，对美国国家元首传贤不传子制度，予以特别的关注与高度的评价。在徐看来，中国自周秦以来的两千多年中，为争王位，不知流了多少血，死了多少人，败者为寇，胜者为王。从刘邦到朱元璋，他们尽管出身寒微，崛起于草茅之间，一旦天下平定，大权在握，有谁不跃登龙廷、称孤道寡、传子传孙？像华盛顿这样有陈胜、吴广之勇，曹操、刘备之雄，得了天下而不僭位号、不传子孙，真是见所未见、闻所未闻。徐继畲在惊诧之余，予华盛顿以无与伦比的评价，用"异人""人杰""天下为公"等极端字眼来称颂他。与此相一致，徐在 1844 年《瀛寰志略》的稿本《瀛寰考略》中，使用了大量的带有贬义的"夷"，到 1848 年编定《瀛寰志略》便大为减少。据统计，《考略》的英吉利一节有 21 个"夷"字，《志略》出版时已全部删去。《瀛寰志略》也很少使用"胡""狄"等贬称，而更多地使用泰西、西洋、西土、西国这些中性词语。① 这表

---

① 诚如邹振环所指出的，如果《瀛寰志略》晚出二十年的话，采用这种译名并不令人惊讶，因为 1858 年签订的中英《天津条约》已明确规定"嗣后各式公文，无论京外，内叙大英国官民，自不得提书夷字"，那以后"夷"字渐为"洋"或"远"字取代，而早在 19 世纪 40 年代末，徐继畲就自觉废用带有文化偏见的"夷"字，可见他对世界的认识远远高于同时代人。见邹振环《〈瀛寰志略〉译名试评》，载《疏通知译史》，上海人民出版社 2012 年版，第 361 页。

明他已经在一定程度上从天下观念转变为列国观念。

魏源百卷本《海国图志》较上述梁、徐著作最晚出，对西方的介绍最为丰富，对英国、美国政治制度也予以足够的关注与高度的评价。他用武、智、公、周、富、谊等中文里顶级美好的字眼，从政治、经济、军事、外交等各个方面，赞颂了美国。他认为，美国仅设统领、不设国王、事简政速、令行禁止的民主制度，具有永恒的价值，可以"垂奕世而无弊"。梁、徐、魏对于西方的认识，对于西方政治制度的理解，已经达到相当的深度，即使后延三十年，其见识仍然熠熠生辉，深具启发意义。

梁、徐、魏都是饱读儒家经典的知识分子，徐、魏是进士，梁是举人，他们对于西方的关注、研究，都不是出于朝廷的指派，也不是出于某种外在的强力支配，而完全出于自发与自觉，是循着经世致用思想路径走下来的。

特别值得治思想史者注意的是，梁、徐、魏对于西方的认识，都不止于物质层面，都已经进入制度层面，也部分涉及精神层面，都不是浮光掠影或只言片语，而是综合性的。由此可见，其时的中国，并不缺乏了解与研究外部世界的哲人贤士，也不缺乏走出封闭世界的内在动力与认识西方世界的能力。

（二）官员昏睡如旧

当然，那时能有此类眼光的毕竟是极少数人，梁、徐、魏等人活动的范围主要在东南沿海地区，其著作之影响也极其有限。整个19世纪40年代，清廷高层与一般士大夫中，弥漫的是麻木、无知、颟顸与昏聩，对世界大势、中外差距，或者一无所知，或者知而不言。那时，《南京条约》被称为"万年和约"，一般士大夫以为从此以后，真的海晏河清，万世太平。最高统治者道光皇帝，时已六十多岁，不思振作，日益消沉。先前主持禁烟事务的林则徐，对于中西之间的差距，有相当清醒的认识。他在谪戍伊犁途中，曾致书友人，总结鸦片战争英胜中败的因素，彼之器良、技熟、胆壮、心齐均强于我，今后努力之关键，"第一要大炮得用"。他在广东时，曾建议朝廷用关税的十分之一以制造船炮，抵抗英国侵略者，被道光皇帝斥为"一片胡言"。① 被贬以后，他的这些想法自然难以再向朝廷提出，只能在友朋之间私议了。

林则徐尚且如此，遑论他人！与林一起禁烟的邓廷桢，虽然在鸦片战争之后历任甘肃布政使、陕西巡抚等职，但他生气已尽，日薄崦嵫，纵情娱乐，几乎无日不花天酒地。② 西安地处中原赴西藏、新疆、甘肃与四川的孔道，对于过往的官员，陕西当局必张灯结彩，倾情款待，"大宴会则无月无之，小应酬则无日无之"，每次皆演戏两班，上席五桌，中席十余桌，上席必燕窝烧烤，中席亦鱼翅海参，还有西安难得的活鱼、白鳝、鹿尾。③ 至于京城，更是一派歌舞升平景象。

鸦片战争以后的二十年间，中国还没有出现流播全国的报纸，外国轮船也还没有通行全国大江小河，自然人移动的速度还相当缓慢，移动的范围也相当有限，加上专制制度的高压与阻隔，中国国内的信息流动，包括上下与平行的信息流动，中国与西方世界的信息沟通，都没有形成有效的网络。在那种情况下，如果没有来自中央政府的强力推动，普通读书人对外部世界的闭塞与无知，也是极其自然的。

（三）咸丰皇帝反复无常

到了 19 世纪 50 年代，道光皇帝去世，咸丰皇帝继位。年轻的咸丰皇帝并不是不想有所作为。他下诏求言，让大臣贡献治国安邦的良谋；罢黜了对外主和、不思振作的穆彰阿、耆英，起用汉族大臣祁寯藻、徐广缙等人，对外方针由温和变为强硬，很想重振国

---

① 《林则徐全集》第三册，奏折，海峡文艺出版社 2002 年版，第 476—478 页。
② 张集馨：《道咸宦海见闻录》，中华书局 1981 年版，第 83 页。
③ 张集馨：《道咸宦海见闻录》，第 80 页。

威。但是，他毕竟长期生长于宫中，不十分了解国际大势，不十分了解中国军政真情，不十分了解社会基层实况，也缺乏政治运作经验，对于积累长久而严重的各种矛盾，并无化解良策。等待他的是日益严重的内忧外患，内则太平军起，由广西而两湖而江浙，成为清朝统治心腹之患，外则英法诸国先是因修约、入城问题纠缠不休，继而再起战火。咸丰皇帝由急于求成，而暴躁失态，而进退失据。对内，对于太平军，剿不了，抚不了，八旗、绿营均不顶用，只能依靠从地方崛起的湘军；对外，既不了解国际大势，缺乏通盘性的战略思考，也不了解英、法、美、俄等国具体情况，不了解列强之间相互矛盾、相互利用的关系演变，战则准备不足，败则张皇失措，危急时竟然避地承德，又遥控对外交涉，致使国家遭受巨大灾难。特别是他不遵守双方已经达成的协议，违背双方交战不斩来使的常识，轻率地下令扣押英国谈判代表巴夏礼。这既是此前二十年清朝统治者不接受战败教训、不认真研究世界大势的恶果，也与咸丰皇帝刚愎自用、反复无常的个人素质有直接关系。刚愎自用、反复无常，在中国古代君主那里并非个别，但那涉及的还主要是宫廷细事或国内事务，影响比较有限，现在涉及的是国际事务，军国大计，那便危乎殆哉。

（四）士大夫见识

在 19 世纪 50 年代，就士大夫阶层而言，他们如果生活在广州、上海等通商口岸，或者与外洋事宜有所关联，则对西洋情形多少有些了解，思想即使算不上开明，但也不会锢蔽得太离谱，如闽浙总督刘韵珂，江苏巡抚吉尔杭阿，上海道台吴煦。但是，他们如果生活在远离通商口岸的内地，或者与外洋事宜毫无关联，也不关心，其知识世界则大都停留在中世纪。且举一事为例。

1858 年英法联军侵犯天津，给事中尹耕云接连上疏，其中专疏者七，会疏者二，力主决战。主战本身无可厚非，但其主战理由，全无现实基础与近代气息。他说："自来中国之驭外夷，不外战、守、和三策，战则百年无事，守则数十年无事，出于和则敌一再至，未有不覆其国者也。"他认为，犬羊之性，可以威钳，不可以理喻。如果战端一开，朝廷就令广东绅民纠合义勇，直捣香港，覆其巢穴，歼厥丑类。那么，夷人必然归援粤东，我军则乘其扰乱，战无不克。与此同时，对沿海各口，则令凡夷船所至，便断绝接济。这样，"在彼则为孤立之深入，在我则居逸势以待劳"。① 显然，他对于英法与古代夷狄的时代差别并不是很清楚。他听说朝廷将同意外国公使驻京以后，便与周祖培等联合上疏表示万万不能允诺。所述理由有八：

> 自五口通商以来，该夷分居内地，不惜重资购买邸抄，窥我虚实，若久居京师，则凡有举动，纤悉必知，既速且详，动为所制，其害一。该夷所到之处，建立高楼，用千里镜窥测远近，京师既准设馆，且许其自行度地，使建于附近禁城地方，则宫禁园庭，尽为俯瞰，其害二。京师所有隙地，大都不堪居住，该夷建馆必于通衢大道，指地营造，则将迁徙衙署，拆毁民居，听之不可，拒之不能，其害三。跸路经行，理宜清肃，该夷建馆之后，设遇坛庙祭祀，园庭临幸，或凭楼而望，或夹道而观，谁能禁止？其害四。京师从前设立西洋堂，止为天文算法，并无传教等事，今该夷立馆，专为倡行天主教而设。近年沿海地方，业为所惑，即粤逆亦借耶稣以煽人心。京师首善之区，若遭蛊诱，则衣冠礼乐之族，夷于禽兽，其害五。民夷杂处，设有斗讼，无从讯断。每年步军统领衙门及五城所获土棍窃盗，层见叠出，尚不能尽绝根株，既有夷馆，则皆恃以为逋逃渊薮，其害六。京师内外各门，征收税课，稽查出入，立法最为严密。该夷来京之后，势必包揽商税，任意往来，门禁

---

① 尹耕云：《筹夷疏一》，中国史学会主编《中国近代史资料丛刊·第二次鸦片战争》第二册，上海人民出版社 1978 年版，第 71 页。以下简称《第二次鸦片战争》。

尽废，其害七。……（琉球等国）若见该夷之桀骜倨侮，必皆有轻视天朝之意，其害八。①

尹耕云是江苏桃源人，1850 年进士，授礼部主事，再迁郎中。1855 年入僧格林沁幕，1858 年，授湖广道监察御史，署户科给事中，以敢言著称于时。这里之所以不避冗长地引述他的疏稿内容，旨在说明，像他这样既没有在通商口岸工作履历，又缺乏与西洋人接触经历的官员，其知识世界还是传统的"内诸夏外夷狄"一套，对西方列强与中西差距缺乏最起码的了解。

即使有在沿海工作的经历，如果不留心洋务，对西洋情形也照样不会有多少切实的了解。1860 年底，即英法联军攻进北京城、烧毁圆明园以后，一位署名"赘漫野叟"的读书人，写了本《庚申夷氛纪略》，记述英法联军进入北京城的情形。研读这本书，很可以看出那时京城士大夫的知识世界。书中记述第一次鸦片战争中侵华英军将领璞鼎查②，英国远征军随军翻译、德国传教士郭士立③的履历：

蒲鼎喳，宁波人，十五岁时，随父至粤贸易，夷人见之，爱其健黠，欲以重价买之，其父不舍，乃诱以赌博，其父输银巨万，夷人屡索无偿，露刃以胁之，不得已以其子折还赌债，

① 尹耕云：《筹夷疏五》，《第二次鸦片战争》第二册，第 77 页。
② 璞鼎查（Henry Pottinger, 1789–1856），英国人。1803 年随海军至印度，参与殖民活动近四十年。1841 年被英国政府任命为侵华全权代表，肆意扩大侵略中国的战争。1842 年迫使清政府签订中英《南京条约》。因侵华有"功"，加爵士衔。1843—1844 年任港英政府第一任总督。
③ 郭士立（Gützlaff, Karl Friedrich August, 1803–1851），一译郭实腊（本书第二章起采用这一通用译名）。德籍基督教新教传教士。1831 年来中国，受英国东印度公司派遣，在上海等处贩卖鸦片，并从事间谍活动。1834 年任英国驻华商务监督处翻译。鸦片战争期间，任英国侵略军在舟山的"行政长官"。曾随英军北上，担任译员及向导。1842 年 8 月参与签订《南京条约》。后任港英政府中文秘书。

夷人携之归国，及其长也，大见任用。郭士立曾在台州府太平营，充经制外委之职，犯罪逋逃，不知下落，今督师而来，始知其投入外夷，已博高官，见者犹复识之，土人犹呼之为郭副爷也。①

这种描写，在今人看来，近乎演义小说。作者将璞鼎查、郭士立都说成是中国人，璞鼎查父亲是赌徒，郭士立本人则是罪犯，他们带领夷师侵犯中国，完全是汉奸行径。作者没有交代这一说法的资料出处，很可能是出自民间口耳相传。作者生平不详，自称为"风尘末吏"，道光年间英军攻陷浙江镇海时，他在那里当小官，亲历其事。

"赘漫野叟"并非率尔操觚、信手涂鸦。在这本书中，作者注明征引的资料有《西域考古录》《海岛遗志》②《瓜亚风土拾遗》《海录》《海国见闻录》《澳门纪略》等，这些资料都形成于鸦片战争以前，没有一本是鸦片战争以后根据新的资料编写的，前述梁廷枏、徐继畬、魏源所编写的介绍世界历史地理的新书，全不在列。因此，可以断言，时至1860年，对于梁、徐、魏等人在此前所编的《海国四说》、《瀛寰志略》与《海国图志》等，像"赘漫野叟"这类京师读书人根本没有读过，甚至没有听说过。难怪书中对于英国的描写如此不堪：

> 诸夷性皆贪而极淫，所到之地，首掳银钱衣物，次及牲畜，或宰食，或牵卖，虽鸡犬靡有孑遗。惟不多杀人，掳去者亦多释回。独见妇女，则未有不淫，无论青娥老妪，西子无盐，避之不早，死之不速，无不被污被掳者。

---

① 赘漫野叟：《庚申夷氛纪略》，《第二次鸦片战争》第二册，第16页。

② 《海岛遗志》疑为《海岛逸志》之误。《海岛逸志》，王大海著，1791年（乾隆五十六年）完稿，1806年（嘉庆十一年）有刻本问世。为记述爪哇等东南亚海岛风土民情的史书。《瓜亚风土拾遗》当为《爪亚风土拾遗》，为《海岛逸志》中的一篇。

英之国王皆女主，进御男夷，不一而足，生男则出赘，生女留以嗣位，洋钱所镌人头，即其国王之像，是女形也。其国制惟以利为利，不尚气节，国中特设一城，以为赌场，内分数百所，榜其门曰国课，设甲必丹掌之，招集博徒，税其奇赢。凡来赌者，不分长幼尊卑，倘父诫其子，则以为阻挠国课，立致囹圄。夫妇无别，对众可以狎抱，甚至宣淫。偶然反目，则妇弃其夫而他适，如或不谐，则再弃而再适，苟合私奔无禁（并出《海岛遗志》）。夫雁群有序，驼性知羞，英之淫风至此，谓为禽兽不如，予非刻薄之论也。①

像尹耕云、赘漫野叟这样的人，已经是相当关心国事的了，其国际知识尚且如此陈旧与粗陋，那班只知皓首穷经、完全不问世事的腐儒就更不用说了。

比赘漫野叟说璞鼎查是宁波人更为极端的例子是，1858 年，恭亲王奕訢在一份奏折中，竟然说英国人李泰国是“广东民人，世为通使（事），市井无赖之徒，胆敢与钦差大臣觌面肆争，毫无畏惮”。② 奏折中用一个“闻”字，“闻李泰国系广东民人”，说明其时以为李泰国是广东民人的还大有人在。奕訢请求皇帝下令处理对外交涉事物的桂良等，“待其无理肆闹时，立刻拿下，或当场正法，或解京治罪，并晓谕各夷，以该通使（事）本系内地民人，不知法度，种种狂妄，形同叛逆，所以将其正罪”。③ 奕訢不是市井小民，而是堂堂亲王，出此谰言妄语，可见其时朝廷官员对外国人的隔膜程度！

---

① 赘漫野叟：《庚申夷氛纪略》，《第二次鸦片战争》第二册，第 21 页。
② 《奕訢又奏李泰国如无理肆闹请敕桂良等立即拿办片》，《筹办夷务始末（咸丰朝）》卷二六，中华书局 1979 年版，第三册第 952 页。
③ 《奕訢又奏李泰国如无理肆闹请敕桂良等立即拿办片》，《筹办夷务始末（咸丰朝）》卷二六，第三册第 952 页。

更应指出的是专制主义体制问题。道光皇帝不思振作，大臣自然不会去关注外患问题，梁廷枏、魏源、徐继畬等少数先知先觉者介绍的国际知识也就无法为一般士大夫所知，不能上升为国家层面的认识。朝廷厉行文化高压政策，此前几朝屡兴大狱，文人动辄获罪，殷鉴不远，谁还敢轻议国政！"避席畏闻文字狱，著书都为稻粱谋"，龚自珍的诗句道出了读书人的无奈。

二 内外战争的严重后果

咸丰、同治年间，中国外战、内战交错发生，先是咸丰初年太平天国农民起义，战火燃烧了十多年，然后是英法等国挑起的侵略中国的第二次鸦片战争。其结果是，清政府内外交困，陷入日益深重的危机之中。

（一）第二次鸦片战争的严重后果

第一次鸦片战争后，通过《南京条约》等一系列不平等条约，西方资本主义列强相继侵入中国。它们虽然取得在广州、厦门、福州、宁波与上海通商居留的特权，但欲壑难填。英美等国对华贸易额虽然有所增加，但商品贸易的规模并没有达到其理想的状态，在对华贸易中仍然处于逆差地位。外国商船与人员还不能深入中国内地，鸦片贸易还没有公开化，外国公使还没能驻京。他们千方百计寻觅机会，加紧侵犯中国主权，扩大在中国的权益。

1854年，《南京条约》届满十二年。英国曲解中美《望厦条约》关于十二年后贸易及相关条款稍可变更的规定，援引最惠国条款，向清政府提出全面修改《南京条约》的要求。清政府予以拒绝，交涉未果。1856年，《望厦条约》届满十二年。美国在英、法支持下，再次提出全面修改条约要求，仍遭清政府拒绝。列强决心诉诸武力。从1856年至1860年，英、法挑起的第二次鸦片战争，从南方打到北方，打打停停，延续了四年。围绕着这次战争，清政府在 1858 年、1860 年，分别被迫与英、法、美签订过一系列不平等条约，包括中美《天津条约》（1858 年）、中英《天津条约》（1858 年）、中法《天津条约》（1858 年）、中英《北京条约》（1860 年）与中法《北京条约》（1860 年）。

这些条约内容包括：公使常驻北京；沿海增开牛庄（后改营口）、天津、登州（后改烟台）、台湾（后定为台南）、淡水、潮州（后改汕头）与琼州七个口岸，沿江增开汉口、九江、南京、镇江四个口岸；外籍传教士得以入内地自由传教；退还以前没收的天主教资产，法国传教士可在各省租买田地，建造自便；外人得以入内地游历、通商；外国商船可在长江各口岸往来；聘用英国人帮办海关税务；修改税则，减轻商船吨税，海关对进出口货物照时价"值百抽五"征税；洋货运销内地，只纳 2.5% 子口税，免征一切内地税；鸦片贸易合法化；赔偿英、法所谓的军费各八百万两白银；准许英、法招募华工出国；割让九龙司给英国。

与此同时，俄国乘中国遭受英、法侵略，胁迫清政府签订了中俄《瑷珲条约》（1858），占领了中国大片土地。另一方面，俄国伺机介入调停，先于英法美三国与清政府签订了中俄《天津条约》（1858）。1860 年 11 月，中英、中法《北京条约》签订后，英法联军开始撤离北京。俄国以调停有功为由，胁迫清政府签订了中俄《北京条约》，即《中俄续增条约》（1860），又占领了一大片中国土地，并规定中国开放喀什噶尔（今喀什）为商埠，俄国在库伦（今蒙古国乌兰巴托）、喀什噶尔设立领事官。

庚申之变以后，一批后起的和较小的资本主义国家，见清政府如此衰弱无能与不堪一击，也竞相派遣使臣来华，要求签订类似于《天津条约》或《北京条约》的条约。清政府虽然也努力拒绝、敷衍、拖延，但在列强威逼之下，最后都一一签订了条约，包括中德《天津条约》（1861）、中葡《天津条约》（1862）、中丹《天津条约》（1863）与中荷《天津条约》（1863）。通过这些条约，德国、葡萄牙、丹麦与荷兰，都获得了与英、法、美类似的在华侵略权益。

由于片面最惠国待遇的条文，中国给予一国的权利即为其他国家所共同享有。通过这些不平等条约，中国丧失了100多万平方公里的土地；外国侵略势力扩张到沿海各省，并伸向沿江地区与内地，方便了他们倾销商品，掠夺廉价原材料和劳动力，使中国受到西方资本主义经济的侵略性冲击；鸦片贸易合法化，华工出国，以及允许外国人进入内地传教，使得中国的社会矛盾更加激化，诱发了后患无穷的教案；外国公使驻京加强了对清政府的影响和控制；京城一度被占，圆明园被焚，对中国民族心理造成空前沉重的打击，中国民族自信心大受冲击。从此，中国一步一步地坠入半殖民地深渊。

其中，特别要说的是圆明园被焚的象征意义。众所周知，圆明园是清代康熙、雍正、乾隆三朝历时150余年，倾全国物力，集无数巧匠才建造起来的大型皇家宫苑，是自康熙至咸丰历代皇帝游宴的主要去处。它既有宫廷建筑的雍容华贵，又有江南园林的委婉多姿，也汲取了欧式园林的精华，是人类园林建筑的无价瑰宝。用乾隆皇帝的话说："规模之宏敞，丘壑之幽深，风土草木之清佳，高楼邃室之具备，亦可称观止，实天宝地灵之区，帝王豫游之地，无以逾此。"[①] 用法国文学家雨果的话说："在世界的一隅，存在着人类的一大奇迹，这个奇迹就是圆明园。艺术有两种渊源：一为理念——从中产生欧洲艺术；一为幻想——从中产生东方艺术。圆明园属于幻想艺术，一个近乎超人的民族所能幻想到的一切都汇集于圆明园。圆明园是规模巨大的幻想的原型，如果幻想也可能有原型的话。只要想像出一种无法描绘的建筑物，一种如同月宫似的仙

---

① 《乾隆御制集·圆明园后记》，载中国圆明园学会筹备委员会编《圆明园》第一集，中国建筑工业出版社1981年版，第96页。

境，那就是圆明园。"① 他认为即使把法国所有博物馆的全部宝物加在一起，也不能同这个规模宏大而富丽堂皇的东方博物馆媲美。这样一处无比精美、无上尊崇的地方竟然被付之一炬，化为焦土，这对清朝统治者乃至整个民族自尊心的打击都是最为惨痛的。

（二）内战带来的空前惨状

太平天国战争是清代历史上规模最大的农民战争。清朝统治者倾其全力，不惜与外国侵略势力相勾结，也不惜大权落入他们先前高度猜忌警惕的汉族地方大员之手，终于在 1864 年将其镇压下去。这场历时十余年、波及十余省的战争，对中国社会造成极其严重的破坏，给人民生命财产造成空前巨大损失。

1. 人口巨大损失

首先，造成人口巨量死亡。对于这十多年中国人口的损失数量，包括战争直接死亡人数，因战争而起的灾荒、饥馑与瘟疫死亡人数，学术界有不同的估算，多者在一亿人以上，少者有一两千万人。一般认为，这一时期中国人口损失高达数千万人是可以肯定的。②

皖南的广德县，原有三十多万人，经过太平天国战事后，锐减至六千多人：

> 自庚申二月贼窜州境，出没无时，居民遭荼，或被杀，或

① 转引自胡一《跨文化视野中的交际学研究》，厦门大学出版社 2006 年版，第135 页。

② 参见姜涛《太平天国战争与晚清人口》，《太平天国历史博物馆建馆五十周年论文集》，江苏教育出版社 2006 年版，第 99—111 页。曹树基估计，太平天国战争期间，苏、浙、皖、赣、闽、鄂等省损失人口至少 7000 万人，其中江苏省减少 1630 万人，浙江省减少 1630 万人，安徽省减少 1700 万人，江西省减少 1172 万人，福建省减少 449 万人，湖北省减少 500 万人，湖南省减少约 200 万人，七省合计损失达 7281 万人。加上广东、山东、陕西等地死亡人数，则损失总数更高。见曹树基《中国人口史》（第五卷，清时期），复旦大学出版社 2001 年版。

自殉，或被掳，以及饿殍疾病，死亡过半。存者至于无可托足，皆迁避于南乡篁竹堡。堡民负险拥众，其地倚山，四面回抱，廓其中而隘于路口，故易守。贼屡攻不克，益壮其声势。最后为贼酋洪容海率党攻破，大肆屠戮，居民无得脱者。庚申至甲子五年中，民不得耕种，粮绝，山中藜藿薇蕨都尽，人相食，而瘟疫起矣。其时尸骸枕藉，道路荆榛，几数十里无人烟。州民户口旧有三十余万，贼去时，遗黎六千有奇，此生民以来未有之奇灾。①

与广德同处皖南地区的徽州首县歙县在太平天国期间人口至少减少了一半，从战前的近 62 万人降至战后的 30 万人。胡适回忆："太平乱前数百年我乡皆太平无事，地方殷实，人丁兴旺。我族那时曾作过一次丁口总计……当时全族男女老幼约六千人。太平军覆灭后的第二年，我族再作第二次的人口调查，拟再按口派捐，重建祠堂。调查所得，乱后剩余丁口不过一千二百人左右，人口减少了百分之八十。"②

曾国藩从安庆东下视察皖南时称：自池州以下，两岸难民，皆避居江心洲渚之上，"壮者被掳，老幼相携，草根掘尽，则食其所亲之肉，风雨悲啼，死亡枕藉。臣舟过西梁山等处，难民数万，环跪求食，臣亦无以应之。二月十五日，大胜关江滨失火，茅棚数千，顷刻灰烬，哭声震野，苦求赈恤。他处芦棚丛杂，亦往往一炬万命。徽、池、宁国等属，黄茅白骨，或竟日不逢一人"。③ 在向朝廷汇报皖北情形时，他又说，舒城、庐州、六安、寿州、凤阳、定远等处，但有黄蒿白骨，并无民居市镇，或师行竟日，不见一人。总之，"安徽用兵十余年，通省沦陷，杀戮

---

① 胡有诚修、丁宝书纂《广德州志》卷六〇，光绪七年刊本，第 25 叶。
② 胡适：《胡适自传》，江苏文艺出版社 1995 年版，第 141 页。
③ 曾国藩：《密陈巡阅诸军情况及可喜可惧形势片》，《曾国藩全集（修订版）》第六册，岳麓书社 2012 年版，第 44 页。

之重，焚掠之惨，殆难言喻，实为非常之奇祸，不同偶遇之偏灾。纵有城池克复一两年者，田地荒芜，耕种无人，徒有招徕之方，殊乏来归之户"。地方虽有已复之名，而田亩多系不耕之土。其尤甚者，或终日不过行人，百里不见炊烟。①

左宗棠刚到浙江时，写信告诉他儿子说："浙江夙称饶富，今则膏腴之地，尽成荒瘠。人民死于兵燹，死于饥饿，死于疾疫，盖几靡有孑遗，纵使迅速克复，亦非二三十年不能复元，真可痛也！"②

江苏巡抚李鸿章比较战争前后江苏社会的天壤悬殊：

　　查苏省民稠地密，大都半里一村，三里一镇，炊烟相望，鸡犬相闻。今则一望平芜，荆榛塞路，有数里无居民者，有二三十里无居民者，间有破壁颓垣，孤嫠弱息，百存一二，皆面无人色，呻吟垂毙，询其生计，则云近地无可求乞，远地不能行走，唯掘草根作饼充饥。③

容闳回国后前往金陵访察太平军，途中看到："运河中船只颇少，有时经日不遇一舟。运河两旁之田，皆已荒芜，草长盈尺，满目蒿莱，绝不见有稻秧麦穗。"④ 在出丹阳途中，目睹"土人皆贫苦不支，对于外来之客，尤怀疑惧。费几许唇舌，仅于隘巷中得空屋，无几案床榻，以稻藁席地而已"。⑤ 在太平军占领区域，由芜湖去太平县途中经过的三个城市，皆为太平军占领，"居民甚少，

---

　　① 曾国藩：《皖省蠲免各被灾州县钱粮税课折》，《曾国藩全集（修订版）》第八册，第179页。

　　② 陈公禄：《中国近代史》上册，商务印书馆1935年版，第212页。

　　③ 李鸿章：《筹赈收复地方并酌情调免漕银片》，顾廷龙、戴逸主编《李鸿章全集》，奏议一，安徽教育出版社2008年版，第286页。

　　④ 容闳：《西学东渐记》，湖南人民出版社1981年版，第52页。

　　⑤ 容闳：《西学东渐记》，第55页。

田园荒芜，芦苇高且过人。多数市镇，亦寂无居人。惨淡情状，不堪属目。若在平时，此长途所经地方，至少当有五十万户。今则不知流离何所，存者才数十人耳，亦复形容枯槁，衣裳垢敝，憧憧往来，生气萧索，远望之几疑骷髅人行也"。①

　　对于战争所导致的人口损失，德国地理学家李希霍芬（Richthofen，Ferdinand von，1833－1905）对太平天国战后的浙江和安徽南部所作的调查报告，为人们提供了一份目击者触目惊心的记录：

　　　　尽管土壤肥沃，河谷地带已完全荒芜。当你走近一组隐蔽在树丛后的粉刷得洁白的房屋时，会明白它们已成了废墟。这是当年富饶的河谷地带变成荒芜的有力见证。不时可见到临时搭凑的小屋，暂为一些可怜的穷人的栖身之处，他们的赤贫与周遭肥沃的田地适成鲜明的对比。我提到过的城市，如桐庐、昌化、于潜、宁国等地到处都是废墟，每城仅数十所房屋有人居住，这些都是十三年前的太平天国叛乱所造成的。联接各城的大路已成狭窄小道，很多地方已长满高达十五英尺的荒草，或者已长满难于穿越的灌木丛。以往河谷中人烟稠密，这从村庄的数量之多和规模之大可以得到证明；所有原来的房屋都以条石或青砖建造，有两层，其式样之好说明以往这里原是非同寻常的富裕和舒适。无论河谷中的田地，还是山坡上的梯田，都已为荒草覆盖，显然没有什么作物能在这枯竭的土地上繁衍。旧日的桑田因缺少照管，一半已经荒废，说明了蚕桑是以往居民们的主要产业之一。其他地方长满了老龄板栗组成的森林。……

　　　　很难想象对生命财产的破坏有比这个地方更可怕的，可是这些地方只不过是遭遇同样命运的广大地区中很小的一部分。

---

①　容闳：《西学东渐记》，第64页。

看过像这样的地方，人们才能了解东亚的种族在感情极度冲动的时候，是能够摧残破坏到什么地步。毫无疑问，历史上曾多次沦为屠场的浙江省所遭受的生命损失必然与最近这一次（指太平天国战争）同样可怕。我在不同的地方总是打听在太平天国叛乱中幸存的人口的百分比，一般说每百人中仅有三人幸存。西天目山庙中以前有四百和尚，乱后仅三十名幸存，但乡村和城市中幸存的比例更低。大多数人是在逃往深山后死于饥饿的，但死于太平军之手的男女及儿童数量也极大。①

有人记述无锡金匮地区在太平军攻占前后的变化：

> 吾邑庚申以前，城乡民稠地密，半里一村，十里一镇，炊烟相接，鸡犬相闻，市肆繁盛。……遇难以后，附郭周围，一望平芜，惟东门外亭子桥存民房百间，西门惠山存祠庙数百间外，其余瓦砾盈途，变成焦土。②

2. 瘟疫肆虐

战争导致大量人口死亡，人口大量死亡每每导致瘟疫发生，而瘟疫的发生，更导致环境的恶化。时人记述，1860 年的苏州"遗骸遍道，浮胔满河。时天晴，炎气熏蒸，臭秽难闻，好善者方以芦席裹之埋以土。过善人桥，见一尸仰卧河滨，一蒙茸肥犬啮其股；一尸横岸草间，覆以败席，上露发蓬松，下露足弓鞋"。③

与连绵不断的战争、大量人口死亡联系在一起的，是阴森恐

---

① 〔德〕李希霍芬：《浙江、安徽省书信》，转引自何炳棣《1368—1953 中国人口研究》，上海古籍出版社 1989 年版，第 240—241 页。

② 佚名著《平寇纪略》（下），太平天国博物馆编《太平天国史料丛编简辑》第一册，中华书局 1963 年版，第 316—317 页。

③ 蓼村遁客：《虎窟纪略》，《太平天国史料专辑》（《中华文史论丛增刊》），上海古籍出版社 1979 年版，第 19 页。

怖的瘟疫。据研究，太平天国战争后期及战争结束以后一段时间，即自 1860 年（咸丰十年），至 1864 年（同治三年），江南大部分地区发生瘟疫，数百万人罹难。有疫地区集中在江宁府、苏州府、松江府、嘉兴府、湖州府和杭州府等太平军和清军反复争夺之府县，波及 32 县。其中，上海县虽未被太平军攻占，但战争一直未断，而且有大量难民涌入，所以也是疫情多发地区。浙江西部的孝丰、临安和昌化等较为闭塞、瘟疫以前较少发生的地区，这次也因太平军的几度攻入而发生了较为严重的疫情。有霍乱、疟疾、痢疾、天花与类霍乱等。这次瘟疫基本上随着战场的出现和转移而引发、传播，随着战争的结束而平息。频繁的战争，严重破坏了当地人民正常的生产和生活秩序，致使饥馑载道，民众体质普遍下降，对疾病的抵抗力下降，从而诱发、加重了疫情。战争是这次瘟疫大规模暴发流行的关键原因。①

三　统治集团人员变动

第二次鸦片战争后期，咸丰皇帝在英法联军进逼北京的危急关头，仓皇逃往热河，留下恭亲王奕訢负责与英法侵略军议和。这是清朝中央政府第一次直接与洋人打交道。一向以聪明伶俐著称的奕訢，与英法联军几经周旋，终于和议成功，签订了《北京条约》，挽救了清朝命运。

本来，两国交战，一国失败，京城被占，皇帝出逃，接下来的结局通常是江山易主，改朝换代。令清朝统治者万万想不到的是，条约签订以后，英法联军竟然遵约退出京城，陆续南返，大清王朝依然存在。这样的结局，使得奕訢在清朝统治集团中的声望隆升。

---

① 参见余新忠《咸同之际江南瘟疫探略——兼论战争与瘟疫之关系》，《近代史研究》2002 年第 5 期。

咸丰皇帝逃到热河以后，本应在条约签订、事件平息以后回到北京，但是，他一则因为外患内忧，心理打击沉重，二则因为纵情酒色，健康不佳，一直没有回京，1861 年 8 月 22 日（咸丰十一年七月十七日），病逝于承德避暑山庄，年仅 31 岁。遗诏立年仅 6 岁的儿子载淳为皇太子，以怡亲王载垣、郑亲王端华、户部尚书肃顺等八人为顾命大臣，赞襄一切政务。载淳继位后，改年号为祺祥，分别封咸丰皇帝的皇后钮祜禄氏、生母叶赫那拉氏为皇太后，后加徽号，一为慈安太后，一为慈禧太后，以载垣、端华、肃顺等八人为赞襄政务王大臣，并令今后所有谕旨由八大臣缮拟，呈递皇太后、皇帝用印后下发。

在君主专制制度下，皇帝的去世与更替，往往会引发政局的动荡与政治走向的变更。咸丰皇帝去世以后，有两个因素导致了政局的激烈动荡。

一个因素是中央权力的结构变化。此前，清朝帝位的继承，经历过贵族公推制（皇太极、顺治）、皇帝遗命制（康熙与雍正）与秘密立储制（乾隆、嘉庆、道光），咸丰皇帝在盛年去世，遗命以儿子继位，于法统上自无不妥，以亲近之王大臣赞襄政务也有先例，先前顺治帝、康熙帝均以幼年继位，也都是由王大臣辅政的。问题是，咸丰皇帝所安排的辅政大臣，没有处理好权力中心力量平衡的问题，特别是没有考虑到奕䜣的地位。作为咸丰皇帝弟弟的恭亲王奕䜣，此前已经在政坛上有所作为，集聚起一股势力，又在对外交涉中发挥过重要作用，咸丰皇帝将他完全排斥在权力中心之外，自然容易引起政坛不稳。

另一个因素是慈禧太后。慈禧太后叶赫那拉氏（1835—1908），出身于满洲镶蓝旗（后抬为镶黄旗）的一个官宦世家，生于北京，父亲担任过安徽的道员。她受过一些文化教育，通汉文，能绘画，浏览过一些史书，1852 年被选入宫，颇获宠幸，地位由兰贵人而懿嫔，1856 年生子载淳，升懿妃，再升懿贵妃。咸丰皇帝去世后，在皇帝年幼、八大臣秉政的格局下，她不安于现状，要掌控大权。她联合慈安太后，先是要求阅看赞襄大臣所拟奏报而后才肯钤印，既而挑起垂帘听政之议，想直接掌权。在遭到赞襄大臣阻挠后，她决心与奕䜣联手发动政变。

以上两条，奕䜣有实力，慈禧有名分，如果单有其一，政变都很难发生。两者结合，内外呼应，赞襄大臣就很难对付了。1861年11月2日，政变发生，慈禧与奕䜣等向群臣宣示了诛除肃顺等人的"上谕"，解除载垣、端华、肃顺等八人职务。随后，奕䜣被任命为议政王、首席军机大臣、宗人府宗令，大学士桂良等被任命为军机大臣；八大臣或被赐死，或被流放，或被革职；废除先前由八大臣所拟祺祥年号，以明年为同治元年，意即两宫太后共同临朝治理。两宫之中，慈安太后（1837—1881）较忠厚，不擅权，所以，名义上两宫同治，实质上主要是慈禧掌控。

此后一段时间里，清廷中央权力结构呈两宫垂帘、奕䜣等参与议政的联合局面。这与以往天子秉政、乾纲独断的体制颇不相同。不过，此景不长，慈禧太后便利用各种不同的机会，剪除奕䜣的羽翼，打击、削弱奕䜣的权威，逐渐将权力集中到自己手中。

1872年10月16日（同治十一年九月十五日），慈禧太后为同治皇帝载淳举行大婚典礼。翌年初，同治皇帝亲政，但慈禧并不放心，仍然将实权抓在自己手里。1875年1月12日（同治十三年十二月初五日），同治皇帝病逝，年仅19岁。载淳无子，慈禧太后以道光皇帝第七子醇贤亲王奕譞之子载湉过继于咸丰皇帝，立之为帝，改年号为光绪，名义上是继承咸丰皇帝而非同治皇帝的皇位。载湉之生母婉贞为慈禧太后之妹，载湉即慈禧太后之侄，过继后名义上则为其子。这样，慈禧仍以皇太后名义垂帘听政。1881年（光绪七年）慈安病逝，慈禧更加无所顾忌，成为事实上的皇帝。

慈禧太后执政长达47年，实在是晚清中国的大不幸。从后世观点看，这一不幸，并非因为她没有皇帝名号而行皇帝之职就要予以谴责，也并非因为她是女流之辈就要予以鄙薄，而是因为她没有像一般皇帝那样，在继位以前就受过良好的关于治国理政的教育与历练，在执政以后又缺乏男性皇帝那样与一般臣僚交往、在实践中不断提升执政能力的条件。曾国藩在面见慈禧以后，私底下的评论是"才地平常，见面无一要语"。[①] 善于识人的曾国藩的评价是中肯的，慈禧"才地平常"是正常的。以她这样的身份、素质与能力，如果面对的是承平局面，风调雨顺，臣贤民安，烽火不起，四海升平，那还能平安度过，无奈她面对的是一个三千年未有的变局，外忧内患一齐袭来，怎能招架得了？她掌权时代的中国政治，如果像明朝有些时候那样，君主实质上是名义上的元首，相权较重，皇帝多年不上朝也没有关系，日常事务听凭宰相处理，国家机器照样运转，那也能得过且过地度过几十年。无奈清朝自康熙、雍正以后是高度集权于君主一身的体制，内政、外交等各种重大问题都要由她乾纲独断。这么特定的时代，这么专制的体制，这么复杂的局面，由这么一个人来挑这么重的担子，有如巨浪滔天的茫茫大海上，让一个不懂天象、不识水性、不擅驾驶的无能之辈来为一条百孔千疮的庞大破船掌舵，那不翻船才是怪事！

四　督抚权力扩大

督抚制度是清朝政治体制的重要组成部分。一方面，作为省一级的封疆大吏，总督、巡抚负责厘治军民、综治文武、察举官吏、修饬封疆、保持地方与中央的联系，位高权重。另一方面，朝廷为了维护中央权威，防止尾大不掉，设布政使以主管钱粮、行政，设按察使以主管司法、刑狱，让他们直接对中央的户、刑、兵各部负责，并有专折与密折奏事之权。这样，督抚地位虽隆，但地方权力受到限制，主要在于察吏、理财、治安等方面。

---

① 赵烈文：《能静居日记》，同治八年五月二十八日，载罗尔纲、王庆成主编《中国近代史资料丛刊续编·太平天国》第七册，广西师范大学出版社2004年版。

太平天国战争期间，由于八旗、绿营的腐败，清廷无奈允许地方官绅编练乡勇，筹措军费，参与镇压太平军，督抚的权力包括军事权、行政权、财政权与司法权都有所扩大与提升。

军事方面，督抚可以自募勇营，直接统领勇营。本来，各地绿营归各省提督统领，而提督又辖于总督，但总督多为文官，并不知兵，因此，提督实质上主要听命于中央政府。督抚可以招募勇营以后，由于浓重的乡土情谊和过度的人身依附关系，勇营便成为督抚可以直接指挥的军事力量。曾国藩总结湘军的特点："一营之权，全付营官，统领不为遥制。一军之权，全付统领，大帅不为遥制。"① 为适应军事需要，湘军还设立了军事局、转运局、粮台、善后局、军装支办总局等机构，形成了独立于户部之外的后勤保障系统。由于战争的需要，督抚节制绿营的权力也随之扩大。左宗棠督办浙江军务时，浙江省所有主客军便归其一人节制。

行政方面，督抚保举地方官员的权力也有所扩大。本来，清制规定，三品以下，文官由皇帝、吏部、督抚任命，武官由皇帝、兵部、总督、提督任命，督抚保举用人的权力比较有限。太平天国战争期间，因战场情况瞬息万变，用人之处甚多，用人权限不得不有所变通，督抚保举人才范围逐渐扩大，程序也趋于简化。对于曾、左、李等人推荐的官僚人选，清政府几乎言听计从，无不允准。1863 年，出身于湘淮军系统的总督有 5 人，巡抚 9 人，占全国督抚总数的 60% 以上（不包括漕运、河道两总督）。

财政方面，太平天国战争期间，清朝财政极为窘迫，与兵权下放同时，中央不得不允许各省就地筹饷。各地督抚加重旧税，增加田赋，开办新税，征收厘金，自办捐输，先前直接听命于户部的布政使，转而听命于督抚。

司法方面，清制原本规定生杀大权在中央，重要案件如军流、

----

① 曾国藩：《遵旨筹议直隶练军事宜折》，《曾国藩全集（修订版）》第十册，第437 页。

死罪人犯经督抚复审后需要专案咨报刑部批复，死刑案件须向皇帝具奏。太平天国战争期间，各地案件不断增多，情况急迫，清廷只好放权，要求地方对匪徒犯人"就地正法"。地方办案机构也由此发生改变。1853年曾国藩设立审案局，其他各省竞相效仿。

对于下移的权力，清廷在太平天国战争之后，曾设法予以收回，但终因积久成习，收效甚微。1864年，清军攻下天京以后，清廷曾想裁撤湘淮军，恢复与加强绿营，但绿营兵制已衰朽不堪，难当重任，清廷只能依靠湘淮军去镇压太平军余部及捻军。1868年捻军被消灭后，清廷曾想裁撤淮军，但因贵州、陕西有民变发生，后来又有天津教案发生，京畿防务吃紧，清廷仍然离不开淮军。至于督抚在行政方面的权力，在太平天国战争之后，不但没有被收回，还有所扩大。

督抚权力的扩大，对于解决战争带来的诸多事务，提供了很大的方便，可以因地制宜，因事定制，统筹解决，提高效率，但也带来了地方专设机构的大量增加。1884年，户部在筹措经费时，曾对各种临时专设机构进行调查，其名目之繁多令人惊讶：

> 经户部会同吏部议覆，查各省散置各局已报部者：于军需则有善后总局、善后分局、军需总局、报销总局、筹防总局、防营支应总局、军装制办总局、造制药铅总局、收发军械火药局、防军支应局、查办销算局、军械转运局、练饷局、团防局、支发局、收放局、转运局、采运局、军需局、军械局、军火局、军装局、军器所等项名目；于洋务则有洋务局、机器局、机器制造局、电报局、电线局、轮船支应局、轮船操练局等项名目；于地方则有清查藩库局、营田局、招垦局、官荒局、交代局、清源局、发审局、候审所、清讼局、课吏局、保甲局、收养幼孩公局、普济堂、广仁堂、铁绢局、桑线局、戒烟局、刊刻刷印书局、采访所、采访忠节局、采访忠义局等项名目；其盐务则有各处盐局、运局、督销局；其厘卡除牙厘局

外，则有百货厘金局、洋药厘捐局，暨两项各处分局，更不胜枚举。其未经报部者尚不知凡几。且有事应责成司道厅州县者，亦必另设一局，以为安置闲员地步，有地方之责者反可置身事外，各局林立，限制毫无。①

督抚集军事权、行政权、财政权与司法权于一身，影响相当复杂。一方面，这样的变动，有利于各地在自强运动及日后的地方自治运动中发挥积极性，有利于地方的发展；另一方面，则侵蚀了中央的权威，埋下了日后清廷覆亡的祸根，也种下了日后军阀割据的种子。到光绪末年，朝廷一兵一卒、一饷一糈，都不得不仰求于督抚。而为督抚者皆各专其兵，各私其财，唯知自固疆圉，而不知有国家，故康有为以当时十八行省比于十八小国。

与中央部分权力下移、督抚权力上升相伴而来的，是满汉关系的微妙变化。

满族入关后，对于中央官制的设计，实行满汉复职制，满、汉各占一半，人数对等，但实权掌握在满人手里。在地方政权中，总督、巡抚等虽无满汉员额具体规定，但清廷对此一直高度警惕，注意满员的比例，出任总督的旗员（包括满旗、蒙旗和汉军）比例尤高。据研究，自1644年（顺治元年）到1735年（雍正十三年），全国除了陕西、山西、甘肃，累计各省总督为185人次，其中满人32人次，汉军128人次，汉人仅25人次，汉人占不到七分之一；巡抚共515人次，其中满人36人次，汉军260人次，八旗蒙古4人次，汉人215人次，汉人约占四成。旗人（包括八旗满洲、汉军与蒙古人）牢固掌握着各省地方政权。②

到了嘉庆年间，由于川楚白莲教起义，历时九年，满洲将领和

① 《开源节流事宜二十四条》，葛士浚编《皇朝经世文续编》卷二六，理财下，光绪十四年石印本。

② 孔令纪：《中国历代官制》，齐鲁书社1993年版，第327页。

八旗兵无法扑灭这场烈火，清廷被迫起用绿营将领，并允许地方地主招募乡勇，才将这次起义镇压下去，结果导致汉人势力有所上升。

太平天国战争期间，清朝统治者清醒地意识到，要将太平军镇压下去，必须依靠汉人，诚如满人出身的大学士、军机大臣文庆所说："欲办天下事，当重用汉人。彼皆从田间来，知民疾苦，熟谙情伪。岂若吾辈未出国门一步，懵然于大计者乎？"① 于是，汉人督抚比例快速上升。1864 年，清朝 10 名总督中，汉人占了 9 名，15 名巡抚则全部为汉人。从 1861 年到 1890 年，清廷任命的 44 名总督中，汉人占 34 名，担任巡抚的 117 人中，汉人占 104 名。② 对于这种局面，慈禧太后等满族统治者并不是没有看到，但大势已去，任何人都无法改变。这种变化，与武昌起义以后清朝统治快速覆亡有直接关联。

还在 1867 年 7 月 21 日，曾国藩与幕僚赵烈文③有一场对话，赵说："天下治安一统久矣，势必驯至分剖。然主威素重，风气未开，若非抽心一烂，则土崩瓦解之局不成。以烈度之，异日之祸必先根本颠仆，而后方州无主，人自为政，殆不出五十年矣。"曾问，到那时是否会形成南北分治局面，赵表示："恐遂陆沉，未必能效晋、宋也。"清政府已不可能像东晋、南宋那样偏安一隅了。曾国藩以为："本朝君德正，或不至此。"赵回答："君德正矣，而国势之隆，食报已不为不厚。国初创业太易，诛戮太重，所以有天

---

① 薛福成：《书长白文端公相业》，《薛福成选集》，上海人民出版社 1987 年版，第 250 页。

② 虞和平、谢放：《早期现代化的尝试（1865—1895），张海鹏主编《中国近代通史》第三卷，江苏人民出版社 2007 年版，第 33 页。

③ 赵烈文（1832—1893），字惠甫，号能静居士，江苏阳湖人，受曾国藩保举，曾任易州知州，多年为曾国藩机要幕僚，军事上多所谋划。中年辞职归。其年少时即有才名，对佛学、易学、医学、军事、经济之学均有涉猎。著有《天放楼集》《能静居日记》等。

下者太巧。天道难知，善恶不相掩，后君之德泽，未足恃也。"①
赵认为清朝创业太易，诛戮太重，得天下太巧，后来的君主应付不
了这样的局面，所以覆灭是必然的。在曾国藩众多幕僚中，赵烈文
以学养很为曾器重。他的这番话，看上去是从治乱循环角度立论
的，其实也是从国家大势、满汉矛盾出发的。

五　日趋严重的边疆危机

1884 年，两广总督张树声在弥留之际，奏请朝廷尽快实行全
面变法，其背景是中国已经面临着相当严重的边疆危机：

> 溯自五洲万国通市款关，泰西之人负英鸷之性，扩富强之
> 图，由制器而通商，由通商而练兵，挟其轮船枪炮之坚利，以
> 与我中国从事。数十年来，俄罗斯侵略轶于北方，日本窥伺于
> 东海，英吉利由印度、缅甸以规滇、藏，法兰西据西贡、海防
> 而谋滇、粤，睢盱怵忾，日益难制。而中国蹈常习故，衣冠而
> 救焚，揖让而拯溺，其何以济耶？②

日趋严重的边疆危机，是刺激近代变法思潮涌起的重要因素。
19 世纪 60—90 年代是外国列强在中国加紧扩张的时期。这一
时期欧美列强，在民族主义、福音传道派和资本主义的推动下，在
亚洲、非洲和中东更加积极扩张。欧美国家工业化的快速进程，加
大了对原料和海外市场的需求；社会达尔文主义的兴起，在理念上
支持了列强对落后国家的侵夺；基督教的宗教热情激发了信徒向异

---

① 赵烈文：《能静居日记》，同治六年六月二十日，《中国近代史资料丛刊续编·
太平天国》第七册，第 328 页。

② 张树声：《遗折》，《张靖达公奏议》卷八，光绪己亥刻本。

教徒传布福音的神圣使命感。60—70 年代，美国南北内战的结束，日本的明治维新，法国第三共和国的兴起，沙皇俄国对外贪婪的领土扩张，以及苏伊士运河的开通，都加速了中国的边疆危机。这些危机，包括俄国侵占中国北方领土、云南边疆危机、日本侵犯台湾、阿古柏入侵新疆与俄国强占伊犁、英国觊觎西藏、法国侵占越南与侵略中国等事件。

俄国大面积侵占中国北方领土，在第二次鸦片战争期间已经开始。1858 年，俄国利用中国遭受英、法侵略的危难之际，胁迫清政府签订了中俄《瑷珲条约》。根据这个条约，中国割让黑龙江以北、外兴安岭以南的 60 多万平方公里的土地予俄国，并把乌苏里江以东约 40 万平方公里的中国领土划作中俄共管。1860 年 11 月，中英、中法《北京条约》签订后，英法联军开始撤离北京。俄国以调停有功为由，胁迫清政府签订了中俄《北京条约》，即《中俄续增条约》（1860）。按此条约，乌苏里江以东（包括库页岛在内）约 40 万平方公里的中国领土被强行划归俄国；历来属于中国的山河湖泊和设在中国境内的卡伦被规定为中俄西段分界标志——根据这一规定，后来签订《中俄勘分西北界约记》，巴尔喀什湖以东、以南和斋桑卓尔南北 44 万多平方公里的中国领土，被割给俄国。

云南边疆危机。英国在侵占印度、缅甸并将其变为殖民地之后，一直想通过缅甸将侵略触角伸入中国云南。1868 年，英属印度政府派遣一支由 50 人组成的探路队，越过中缅边界到达云南腾越（今腾冲）。探路队摸索到一条商路可以由缅甸八莫通到云南腾越，提出修筑两地公路或铁路的计划，以便于英国有效地开发云南的资源。1874 年初，英国在印度与缅甸的殖民当局，决定派遣一支由一百多人组成、拥有一定武装的探险队经八莫进入云南，由柏郎上校率领，考察当地资源、历史、地理、商务等情况。为了配合柏郎探险队的活动，英国驻华公使威妥玛以派员入滇游历为名，向总理衙门领取护照，派遣英国驻上海领事馆译员马嘉理，到云南与柏郎会合。探险队未先行知会地方官，引起了当地军民的疑惑，在腾越一带遭到当地军民阻拦。马嘉理出面交涉，发生冲突，马嘉理及其 4 名中国随员被击毙。英国探险队退回缅甸。此即"马嘉理事件"。事后发生交涉，英国提出赔礼道歉以及超出事件范围的诸多要求，包括要求将云贵总督岑毓英等提京审讯，减免税厘、增开通商口岸和开放云南边界贸易等，并威胁要撤使、绝交和用兵。清廷先谕令岑毓英从速调查该案，继派湖广总督李瀚章赴滇究办，捕杀十多名边民以示"惩凶"。

1876 年 8 月 21 日，北洋大臣李鸿章与英国公使威妥玛在烟台举行正式谈判，9 月 13 日，双方签订中英《烟台条约》，内容包括：中国向英国偿款银 20 万两；中国派出使大臣带国书前往英国对滇案表示"惋惜"；云南当局应与英国所派官员商订滇缅来往通商章程；自 1877 年起，以五年为限，英国派官员驻云南大理或其他相宜地方，察看通商情形；对中外会审案件应议定画一章程，凡遇内地各省地方或通商口岸有涉及英人生命财产的案件，英使可派员前往"观审"；增开宜昌、芜湖、温州、北海四处为通商口岸；各口租界免收洋货厘金。通过中英《烟台条约》，英国获得了入侵中国西南边疆的所谓条约权力，获得了扩大在华通商的权益。

日本侵犯台湾岛事件发生在 1874 年。1871 年 12 月，60 多名琉球人乘船遭遇台风，漂流到台湾岛南部登陆，其中 54 人被台湾世居族群杀害，其他人被清政府送回国。日本以琉球漂流民在台湾被杀为借口，向清政府发难。1873 年 11 月，日本派使臣到北京，向总理衙门询问琉球漂流民被杀事宜，被总理衙门大臣驳回，表示台湾、琉球均属中国领土，二岛之人相杀，裁决之权在中国，日本无权过问。1874 年 5 月，日本以保护琉球之名，派兵侵略台湾，在琅峤登陆，遭到当地居民顽强抵抗。7 月，日军以龟山为中心建立都督府。清政府得知日军侵犯台湾，即派福建船政大臣沈葆桢率军赴台，一面与日军交涉，一面积极备战。日军不服台湾水土，士兵病死较多，自料不能立即军事占领台湾，转而寻求外交途径解决问题。经多次交涉，10 月 31 日，清政府与日本政府签订《北京专条》，清政府付给"日本国从前被害难民之家"抚恤银 10 万两和日军在台"修道建房等"40 万两。12 月 20 日，日军从台湾撤走。1879 年，日本武力吞并琉球，设冲绳县。1885 年 10 月，清政府在台湾建省。这次日本侵台事件，清政府赔了一些款项，但台湾主权被保住了，日本则乘机占领了琉球。琉球自明洪武五年（1372）就与中国建立了正式的宗藩关系，其后与明王朝、清王朝封贡往来一直不断。日本占领琉球过程中与占领以后，琉球国虽然无力抵抗日本，但一直设法与清廷联系，请求清廷阻止日本并吞琉球的行动。清廷也做了一些努力，但未能如愿。此前，中国藩属都是被西洋列强霸占或侵削的，如英国之于缅甸，法国之于安南，这次，日本作为东亚岛国，竟然敢侵占琉球，这对国人的刺激特别强烈。

西北边疆危机包括阿古柏入侵新疆与俄国强占伊犁事件。1864 年，新疆发生大范围反清运动，各地起事者在攻占官署及兵营后，推举阿訇为首领，建立政教合一的割据政权。随后，各政权之间又发生混战与兼并。占据喀什噶尔城（今喀什）的起事者向浩罕汗国求援，导致浩罕军事头目阿古柏入侵新疆。阿古柏对各支反清势力展开攻势，先后攻占喀什噶尔、阿克苏、叶尔羌（今莎车）、库车等地。1867 年建立地方政权，自立为汗。1870 年攻占乌鲁木齐，旋据有天山南路和天山北路部分地区。阿古柏为维持其政权，与当时争夺中国新疆的英、俄两国侵略势力进行勾结。1868 年，英国派人与阿古柏建立直接联系，通过土耳其苏丹封阿古柏为艾米尔（统治者），并给予武力援助。1874 年，英国派出使团与阿古柏签订《英国与喀什噶尔条约》，取得在新疆自由进出、商品自由流通及派驻领事、享有治外法权等权益。俄国先是乘乱入侵塔城及额尔齐斯河流域，于 1864 年逼迫乌里雅苏台将军签订《中俄勘分西北界约记》，吞并了新疆巴尔喀什湖以东的大片领土，又于 1868 年派人与阿古柏联系，1871 年出兵侵占伊犁，1872 年与阿古柏签订

《俄国与喀什噶尔条约》，以承认阿古柏政权为条件，在新疆地区攫得大量侵略权益。阿古柏作为一个中亚国家的入侵者，为换取英、俄两国的支持，肆意出卖中国新疆地区的主权和利益。1875年，清政府派陕甘总督左宗棠督办新疆军务。左宗棠采取先北后南、缓进速战的方针，于1876年收复天山北路，1877年进入南疆。阿古柏兵败自杀，其汗国亦随之覆灭。1881年，清朝通过交涉收回伊犁。1884年，清政府设立新疆省，废除了自乾隆以来的伯克制和军府制，实行与内地相同的郡县制。

英国觊觎西藏。19世纪中叶，英国完成了对印度次大陆的入侵，控制了与西藏毗邻的尼泊尔、哲孟雄（锡金）与不丹，开始把侵略矛头指向西藏。其首要目标是使西藏成为印度与沙俄之间的缓冲地带，其次是掠夺西藏丰富的羊毛、皮革、矿产资源，推销印度茶叶和工业品，并通过西藏进一步向中国西部扩张。1876年签订的中英《烟台条约》使英国人进入西藏合法化。1882年，英国经济进入长期萧条，决心打开西藏市场。1888年，英国发动了第一次侵藏战争，派兵入侵西藏，藏军败退。经过谈判，1890年中英签订《中英会议藏印条约》，清政府承认哲孟雄归英国保护；划定西藏地方与英属哲孟雄的边界，关于通商、游牧权利及文移往来三项内容后另议。1893年，双方签订《中英会议藏印续约》，内容包括开放亚东等地自由通商，英国可派员在此驻扎查看贸易，五年内藏印贸易互免关税等。

法国侵占越南与侵略中国。第二次鸦片战争期间，法国开始武力侵占越南南部，使南部六省沦为其殖民地。1873年，法国派军攻陷河内及其附近地区。驻扎在中越边境的中国人刘永福率领的黑旗军应请协助抵抗法军，在河内城郊大败法军，法军退回越南南部。1874年，法国侵略者胁迫越南签订《越法和平同盟条约》，取得通行红河、在越南北部通商等多种权益。对此条约，清政府不予承认。1882年，法国派兵再犯越南北部，侵占河内城寨，并以兵船溯红河进行侦察，直到河内西北的山西附近，次年又攻占产煤基地鸿基和军事要地南定。刘永福率黑旗军在怀德府纸桥与法军决战，予法军以重创，法军退回河内。法国增派军队，在北越加紧攻击黑旗军，在越南中部直逼都城顺化，迫使越南签订《顺化条约》，取得了对越南的"保护权"。

1883 年 12 月至 1885 年 4 月，由于法国侵略越南并进而侵略中国，中法战争爆发。战争第一阶段战场在越南北部，第二阶段扩大到中国东南沿海。战争过程中，法国海陆两军虽于多数战役占上风，但均无法取得大胜。法国远东舰队一度攻占基隆，但因疫病流行等因素，无法拿下台湾全岛。清军在战争初期陆海皆遭惨败，但后期台湾及杭州湾防卫成功，且在镇南关之役予法军以严重打击，导致法国总理费里下台。以此为契机，两国重启和谈，1885 年 5 月 11 日，中法代表在天津签订《中法新约》，中国承认法国对法属印度支那诸殖民地的宗主权，两国重开贸易。1886—1888 年，清政府又与法国签订《中法越南边界通商章程》《中法界务条约》《中法续议商务条约》等一系列条约，法国由此得到更多权益。中法战争的结果是，中国西南门户洞开，法国侵略势力由印度支那长驱直入云南、广西和广州湾（今湛江市），并在日后使之成为其势力范围。

从第二次鸦片战争以后到甲午战争以前的三十多年，中国边警频发，危机日重，从北到南，从西北到西南，从陆地到沿海，俄、英、法、日都加入侵略中国的行列，虎视鹰瞵、蚕食鲸吞。

围绕着边疆危机，19 世纪 70—80 年代，统治集团高层曾发生过海防与塞防的争论。19 世纪 70 年代，中国西北边疆与东南海疆同时出现危机。在西北，先是浩罕汗国阿古柏侵入新疆，建立政权，随后，沙俄以帮助中国守土为由，占领了新疆的战略要地——伊犁。在东南，日本背着中国悄悄吞并琉球，并侵略台湾。鉴于自鸦片战争以后，中国屡次危机来自海上，1874 年，李鸿章上陈《筹议海防折》，主张加强海防。他认为，随着时代的变化，对于中国来说，塞防不如海防重要，新疆不如东南沿海重要；自奉天至广东的沿海是中国心腹，特别"直隶之大沽、北塘、山海关一带，系京畿门户，是为最要；江苏吴淞至江阴一带，系长江门户，是为次要。盖京畿为天下根本，长江为财赋奥区"；① 新疆的地位却不那么重要；国家财政那么困难，塞防、海防不能同时兼顾，故主张专注海防，弃新疆不守。② 湖南巡抚王文韶等对此强烈反对，认为西北问题，相当重要，俄罗斯有攘我伊犁、久假不归之势，必须立即加强防守。王文韶主张全力西征，一旦西北无忧，则各国必不致构衅于东南。③ 曾担任闽浙总督、时任陕甘总督、肩负西北塞防重责的左宗棠，对海防、塞防重要性均深有体会，提出海防、塞防并重观点。他认为，新疆是中国西北屏藩，海防可以不必挪用塞防之饷，通过剿抚兼施、粮运兼筹，新疆完全可以收复。对于具有陆海复合型地理特征的中国，处于近代海路大开、全球一体的格局下，海防、塞防自然都是同等重要的。李鸿章、王文韶等尽管各强调一端，但都不否认另外一端，关键是军饷问题。左宗棠的见解突出之处是提出了两者兼顾的方案。日后的军事实践证明了左宗棠的高明。当然，新疆问题的解决，并不等于边疆危机的解除，更不等于所有边防问题的解决。

日趋严重的边疆危机，令中国有识之士忧心忡忡。陈炽曾将边疆地区比喻为国之四维，认为这些危机的发生，将给中国带来不可估量的危害：

> 东三省、朝鲜，东北之维也；台湾，东南之维；琼州、广西、云南、西藏，西南之维也；甘肃、新疆、青海、阿尔泰山，西北之维也。此四者，为天之四枢，地之四隅，鳌之四

---

① 李鸿章：《筹议海防折》，《李鸿章全集》，奏议六，第162页。
② 李鸿章：《筹议海防折》，《李鸿章全集》，奏议六，第164页。
③ 《筹办夷务始末（同治朝）》卷九九，中华书局2008年版，第十册第4023—4024页。

足，得之则安，失之则危，取之则利，弃之则害，保之则存，忽之则亡。①

更为严重的是，这种危机与中国国内极度贫困联系在一起，与列强制度上的优势和地域上的便利联系在一起，是中国做了种种努力之后仍然难以挽救的危机。

造成这种局面的原因，一是列强的侵略，二是清政府的无能与腐败。很多思想家将外患与内忧并提，认为一方面外藩尽撤，强敌逼来，一方面吏治腐败，国库空虚，民生凋敝，民变四起，这两方面交织共来，相互影响，便使得危机空前严重。郑观应、陈炽都有类似看法，对此分析得最为到位、概括得最为集中的是邵作舟。他说：

> 寇平以来，吏治惰偷，日以益甚，贿谒公行，教术荡尽，盗贼充斥，姑息欺蒙，民积痛无所诉。晋、豫大祲之气未复，今年畿甸关东诸省大水，岭粤苦旱，贫者转沟壑，富者困输将。上有损费减膳、蠲赋赈饷之仁，下无斗粟、尺布之益。吏专以聚敛为事，厘税烦苛，度支益耗，陛下之国本固已摇矣！而散勇游卒伏草莽，暴闾阎，燕赵之在理、关东之马贼、亳宋曹魏之枭、楚蜀之哥老、江浙之斋友，此其徒布满城邑，动以万数，有司惮于劾捕，幸覆匿无事而已。一旦有水旱寇盗小警，外侮纷至，疲于强敌，奸人窥衅，揭竿大呼，臣疑有张角三十六万之众同日而起，赭回诸寇事已见于前矣。②

这与赵烈文向曾国藩分析的清王朝已经"抽心一烂"、必然覆

---

① 陈炽：《四维》，赵树贵、曾丽雅编《陈炽集》，中华书局1997年版，第8页。
② 邵作舟：《邵氏危言·忧内》，邹振环编《危言三种》，上海古籍出版社2013年版，第437页。

亡是同一思路。武昌起义之后清王朝顷刻瓦解，证明了这一分析的正确性。

如果将近代中国一百多年的历史，视为由沉沦再上升的 U 字形演变过程的话，则同光时期仍处于沉沦阶段，尚未探底。及至甲午战争发生，《马关条约》签订，这种危机更为深重。再往后，以八国联军攻占北京、逼签《辛丑条约》为标志，这一沉沦才至 U 字形底部。

六　变局意识的产生

1860 年以后，稍微留心天下大事的人都会感受到：时局变了。中国所面临的国际形势、国际对手，均为前所未见。变局意识应时而生。

（一）变局论纷纷兴起

据王尔敏研究，1840—1902 年，述及变局观言论的士大夫不下 81 人，多人有不止一次之立说，有的称"变局"，有的称"创局"，有的称"奇变""奇局""世变""大变"等。[①] 这些变局论，载诸当时流通之文集、奏折、书牍、日记与报章，广泛传播。有的称三千年一大变局（王韬），有的称四千年一大变局（李鸿章），有的称五千年一大变局（曾纪泽），有的称亘古以来未有之变局（张之洞），说法各异，实质则一，这一变局是空前的，是超出以

---

① 　王尔敏：《近代中国知识分子应变之自觉》，《中国近代思想史论》，社会科学文献出版社 2003 年版，第 325 页。王尔敏先生的统计，还不包括《申报》上的论说在内。如今《申报》有了电子版，输入"变局""创局"等关键词，所出现的人次，远远高于先前的数字。

往经验与知识的。①

变局之说，并不始于庚申。第一次鸦片战争之后的 1844 年，活动在江南地区的江苏淮安人黄钧宰已有此说：

> 先是乾嘉间言火器之利者，曰法郎机，即法兰西之转音。道光初，江湖贫民张画于市，幕以布而窥之，谓之西洋景。民间喜寿庆吊，陈设繁华，室宇器用侈靡，佥曰洋气。初不知洋人何状，英、法国何方也，乃自中华西北、环海而至东南，梯琛航赆，中外一家，亦古今之变局哉。②

徐继畬亦有类似说法，称印度与南洋诸岛国在明代以前均很弱小，朝贡时通，今则全部变为欧罗巴诸国埠头，"此古今一大变局！"③ 这些都是从中国所处国际环境而言的。魏源称美国国家元首由全国公举，"匪惟不世及，且不四载即受代，一变古今官家之局"，④ 也是一种变局观，是从政治体制角度而言的。

第二次鸦片战争之后，鉴于外国公使驻京，通商口岸遍布沿海沿江，中国军事与经济实力均远逊西方，天朝藩篱渐失，变局论逐渐成为有识之士共同时局观。冯桂芬、薛福成、王韬、郑观应都有此类说法。郑观应认为西方各国叩关互市，入居内地，"此乃中国一大变局，三千余年来未之有也"。⑤

同样谈变局，不同的人侧重面不一样。

---

① 参见王尔敏《十九世纪中国士大夫对中西关系之理解及衍生之新观念》，《中国近代思想史论》，第 12—15 页。

② 黄钧宰：《金壶七墨》，中国史学会主编《中国近代史资料丛刊·鸦片战争》第二册，神州国光社 1954 年版，第 623—624 页。

③ 徐继畬：《南洋各岛》，《瀛寰志略》卷二，上海书局 1898 年版，第 16 页。

④ 魏源：《外大西洋墨利加洲总叙》，《海国图志》卷五九，岳麓书社 2011 年版，第 1619 页。

⑤ 郑观应：《易言·论出使》，《郑观应集》上册，上海人民出版社 1982 年版，第 125 页。

王韬是就中国与周边国家关系变化而立论:"居今日而论中州大势,固四千年来未有之创局也。我中朝素严海禁,闭关自守,不勤远略,海外诸国至中华而贡献者,来斯受之而已,未尝远至其地也。以致天下有事,其危常系西北,不重东南。自与泰西诸国通商立约以来,尽舟航之利,历寰瀛之远,视万里有如咫尺,经沧波有同衽席;国无远近,皆得与我为邻。"①

冯桂芬是就国家面积与军事实力不成比例而言的:"有天地开辟以来未有之奇愤,凡有心知血气莫不冲冠发上指者,则今日之以广运万里地球中第一大国而受制于小夷也。"中国北自兴安岭,南至崖州,东自库页岛,西至喀什噶尔,总计约"南北八千里,东西万一千里"。中国一国而居地球十五分之一,其幅员八倍于俄,十倍于美,百倍于法,二百倍于英(就本土而言),五洲之内,日用百需,无求于他国而自足。中华面积最大,天时、地利、物产无不甲于地球,"而今顾觍然屈于四国之下"。②

曾纪泽是就中国如何因应这种变化发言:"西洋诸国,越海无量由旬,以与吾华交接,此亘古未有之奇局。中国士民,或畏之如神明,或鄙之为禽兽,皆非也。以势较之,如中国已能自强,则可似汉唐之驭匈奴、西域、吐蕃、回纥,若尚未能自强,则直如春秋战国之晋、楚、齐、秦,鼎峙而相角,度长而絜大耳。彼诸邦者,咸自命为礼义教化之国,平心而论,亦诚与岛夷、社蕃、苗猺、獠猠情势判然。又安可因其礼义教化之不同,而遽援尊周攘夷之陈言以鄙之耶?"③

刘善涵所言,则从科技发展、器物进步出发:"今则海禁既弛,风气大开,泰西各国,挟其器数之学,航海来华。百十年间,而耳目心思为之一变,是故耒耜也易为机捩,弧矢也易为枪炮,水

　　①　王韬:《变法自强下》,《弢园文录外编》卷二,上海书店出版社 2002 年版,第 32 页。

　　②　冯桂芬:《制洋器议》,《校邠庐抗议》,上海书店出版社 2002 年版,第 48 页。

　　③　曾纪泽:《巴黎复陈俊臣中丞》,载吴曾祺编《历代名人书札》,西苑出版社 2003 年版,第 419 页。

陆舟车也易为汽轮之周转。合地球九万之遥，聚于中国，此古今之创闻，天地之变局。而天之启中国，强中国，欲使中国崇向新法，所恃为生死骨肉之具者，亦即寓于此。"①

（二）风俗人心之变

中外格局、军事实力、科学技术，这些方面的变局都是显而易见的。还有一种变局论，表现在风俗人心方面，则是潜移默化的，是通过较长时段考察才看出来的。

还在鸦片战争以前，有人已经看出沿海地区人对洋货的好感。胡式钰记载：

> 世俗物用，都以自洋来者为贵，故市井射利之徒，无论物产何地，美其名则加一洋字，示珍也。更可笑者，贵游豪侈，一切奢丽生色，亦争艳之为洋气云。然洋货之美，多耳目玩好，无甚益于日用，皆西域回纥及绝域诸国所产，半近西海，统谓之洋耳。②

到了咸丰年间，情况更甚于前。1855 年，郭嵩焘与邵懿辰有一段对话：

> 记乙卯年杭州见邵蕙西，语之曰：往来江浙屡矣，今日始知其人心风俗，皆有折入于夷之势。蕙西请究其说。曰：西洋人重女，江浙亦重女；西洋人好楼居，江浙亦楼居；西洋人好游，江浙亦好游；风俗人心皆急趋之。一代之兴，首定圜法，以转移天下货物，谓之国宝。江浙统而归之洋钱，上海商贾总

---

① 刘善涵：《知创不如巧述论》，江标编校《沅湘通艺录》卷四，中华书局 1985 年版，第 139 页。
② 胡式钰：《语窦》，载《窦存》，道光二十一年本。

汇，但知有洋钱而已，并不知有银钱。所用之洋钱且须申平，使驾出银钱之上。是国家制用之大经，皆暗移之洋人。此尤情势之显见者。蕙西曰：此相沿数十年，不始今日。吾曰：如此尤可危。或起自此一二年，犹亦力与挽回，为其机初步动而根不深也，愈久乃愈可惧。蕙西亦为怃然。①

郭嵩焘从江浙人重女、好楼居、好游、好用洋钱，看到了这一缓慢变局背后的人心风俗，感觉到某种规律在起作用。

对于郭嵩焘所说的人心风俗方面的潜移默化，王韬、郑观应均有所述及。

王韬说，咸丰初年，国家方讳言洋务，若在官场言及之，必被人认为丧心病狂。"不谓不及十年，而其局大变也。今则几于人人皆知洋务矣。凡属洋务人员，例可获优缺，擢高官，而每为上游所器重，侧席诹求。其在同僚中，亦以识洋务为荣，嚣嚣然自鸣得意。于是钻营奔竞，几以洋务为终南捷径。其能识英国语言文字者，俯视一切，无不自命为治国之能员、救时之良相，一若中国事事无足当意者，而附声吠影者流，从而嘘其焰，自惜不能置身在洋务中，而得躬逢其盛也。噫嘻！是何一变至是也。"②

郑观应说，各种西洋商品"皆畅行各口，销入内地，人置家备，弃旧翻新，耗我资财，何可悉数！"③他列举的西洋商品，除了鸦片、洋布等大宗，有洋药水、药丸、药粉、洋烟丝、吕宋烟、夏湾拿烟、俄国美国纸卷烟、鼻烟、洋酒、火腿、洋肉脯、洋饼饵、洋糖、洋盐、洋果干、洋水果、咖啡等零星食物；有洋绸、洋缎、洋呢、洋羽毛、洋线绒、洋羽纱、洋被、洋毯、洋毡、洋手巾、洋花边、洋钮扣、洋针、洋线、洋伞、洋灯、洋纸、洋钉、洋

① 郭嵩焘：《郭嵩焘日记》光绪十一年四月二十二日，梁小进主编《郭嵩焘全集》第十二册，岳麓书社2012年版，第101页。
② 王韬：《洋务上》，《弢园文录外编》卷二，第26页。
③ 郑观应：《商战上》，《郑观应集》上册，第587页。

画、洋笔、洋墨水、洋颜料、洋皮箱箧、洋磁、洋牙刷、洋牙粉、洋胰、洋火、洋油等零星杂货；更有电气灯、自来水、照相玻璃、大小镜片、铝铜铁锡煤斤、马口铁、洋木器、洋钟表、日规、寒暑表等一切科技产品。

对于同光年间，崇洋风气愈演愈烈的情况，《申报》多有评述。19 世纪 80 年代初，沿海城市人已有崇洋心理："今日之中国已非曩日所比，曩者见西人之事，睹西人之物，皆群相诧怪，决无慕效之人，今则此等习气已觉渐改，不但不肆讥评，而且深加慕悦。"[①] 到了 90 年代，一些与洋人接触较多的商人、买办、归国留学生等，更是唯洋是崇，用洋货，穿西装，吃西餐，住洋房，处处仿照西洋生活方式，尽可能将子弟送到欧美去留学。这种情况，在甲午战争以前的上海，已经蔚为风气。时人讥刺："少年喜事者，往往侈耳目之新奇。一衣服也，绸缎绫罗非不华美，而偏欲以重价购洋绸。一饮馔也，山珍海错非不鲜肥，而必欲以番菜为适口。围棋、象戏亦足消闲，而独以打弹为娱乐。水烟、旱烟素所呼吸，而独以昔加为新奇。甚且衣袜、眼镜、手巾、胰脂，大凡来自外洋者，无不以为珍贵。以至漏卮难塞，银钱之流出良多。"[②]

郭嵩焘说的是咸丰年间江浙一带的情况，王韬说的是光绪初年状况，郑观应说的是从道光到光绪较长时段内的情况，《申报》所述是 80—90 年代情况，郭、郑之说，偏重民俗，王之说偏重士情，《申报》所述偏重城市，将上述诸说联系起来，可以看出自鸦片战争以后到甲午以前风俗人心递嬗的大体趋势。

---

① 《风气日开说》，《申报》1882 年 2 月 23 日。
② 《中国宜仿造洋货议》，《申报》1892 年 1 月 18 日。昔加，cigar，卷烟，今通译雪茄；胰脂，肥皂。

第 二 章
持续扩容的思想资源

思想的酝酿、产生，由思想者的社会存在所决定，也受这种社会存在所制约。这种社会存在，既包括中国社会现实、中国的国际联系，也包括思想者的思想资源（现实资源与历史资源、本土资源与域外资源）、思想资源的流动与传播、思想者之间的联系与互动。上海等众多通商口岸的设立，各口岸城市租界的设立，其市政建设与管理，在中国原有城市格局中，星星点点地嵌入了异质文化空间。一批又一批的出使人员、留学生、出国考察人员，借助在英、美、法、德、日等国所见所闻，扩展了视野，激发了思考。《申报》《万国公报》等新报刊，江南制造局、广学会（1894 年前称为同文书会）等机构所出版的新书籍，呈现了闻所未闻的新知识。轮船的运行，邮政、电报、电话等新型信息传递系统的建立，新式学校的开办，为新知识的传播、思想者之间的互动，提供了前所未有的载体与网络。

一　通商口岸：新环境与新刺激

（一）通商口岸概况

鸦片战争以后甲午战争以前，通过《南京条约》（1842）、《天津条约》（1858）、《北京条约》（1860）与中英《烟台条约》（1876）等一系列不平等条约，中国陆续被迫开辟了一大批通商口岸，累计 34 个。这些通商口岸，遍布中国沿海、沿江与沿边地区。

西方殖民主义者凭借坚船利炮，利用清朝统治者在外交方面的颟顸无知，在许多通商口岸设立租界。1894 年以前，列强在中国所设租界有 12 个，包括上海 3 个（英、美、法）；广州 2 个（英、法）；天津 3 个（英、法、美）①；汉口②、厦门③、九江、镇江各一个英租界。上海英、美租界在 1863 年合并为上海公共租界④，天津美租界在 1902 年并入英租界。

这些租界中，上海租界设立得最早。上海最早设立的是英租界（1845），其后是美租界（1848）、法租界（1849）。上海租界设立之后，较早设立的是天津英租界、法租界（1860），广州英租界、广州法租界、汉口英租界、九江英租界、镇江英租界，都是 1861 年设立的，天津美租界、厦门英租界是 1862 年设立的。

这些租界中，上海租界规模最大。上海英租界、法租界最初设立时，面积都不超过千亩，美租界则连四至也没有划定。以后，公共租界和法租界当局都通过各种手段，扩张租界的范围，到 1899 年公共租界面积达 33503 亩，1914 年法租界面积达 15150 亩。上海公共租界与法租界总面积最大时达 48653 亩。

租界之外，列强还在一些地方设立了居留区，包括宁波外人居留区、福州外人居留区、营口英人居留区、烟台外人居留区。在这些居留区，外国人在市政管理等方面攫取了部分权力，中国政府还

---

① 近代天津有九国租界，其中，英租界、法租界设于 1860 年，美租界设于 1862 年，德租界设于 1895 年，日租界设于 1898 年，俄租界设于 1900 年，意大利租界、奥匈租界、比利时租界设于 1902 年。

② 近代汉口设有五国租界，其中，英租界设于 1861 年，德租界设于 1895 年，法租界、俄租界设于 1896 年，日租界设于 1898 年。

③ 厦门英租界设于 1862 年，鼓浪屿公共租界设于 1902 年。

④ 1899 年改称国际公共租界。

拥有一部分管理权力如对华人的管辖权，所以，这些居留区还不是租界。

如果将租界、居留地连带一起考虑，加上被割让的香港与被租借的澳门，那么，1894 年以前，在广袤的中国大地上，就有为数可观的城市或景点呈现异样的色彩。如果从北向南数起，它们依次是营口、天津、烟台、上海、宁波、福州、厦门、香港、澳门；如果沿着长江从东向西数起，则有上海、镇江、九江、汉口。此外，中俄边境上有塔尔巴哈台与伊犁。这些涂抹着异域色彩、飘散着外洋气息的城市与景点，是在外力入侵以后、西方文化影响之下发展或兴建起来的，是在中国传统城市体系之外出现的另一类城市与景点。

（二）租界的制度建设

上海及其他各租界都建立过不同于中国行政系统的管理机构，实行过与中国不同的管理制度。

上海公共租界的制度建设，有六大支柱，即纳税人会议、工部局、巡捕、领事公堂、会审公廨与万国商团。

其一，纳税人会议。纳税人会议前身是道路码头委员会，1869 年改为纳税人会议。这是租界内的"立法"机构，通过修改《上海土地章程》、税率调整、市政道路建设、社会和文化管理以及华人参政等各项议决，实施对工部局的行政监督，参与对租界地方自治制度的运作。法租界也设有纳税人会议。

其二，工部局。1854 年华洋杂处以后，上海英租界成立工部局，作为租界市政组织和领导机构，下设财务委员会、警备委员会、工务委员会、铨叙委员会、公用委员会、卫生委员会、交通委员会、音乐委员会、图书委员会等，还直辖万国商团、警务处、火政处、公共卫生处、工务处、教育处等办事机构。工部局的英文名称是 Shanghai Municipal Council，直译就是上海市政委员会。上海法租界也有类似机构，名公董局，成立于 1864 年。

其三，巡捕。英租界在 1854 年以后开始正式设立巡捕，即武装警察。其管辖范围相当广泛，除了警务，还有保持道路的整洁与燃灯，取缔有碍公众的事物，以及搜查军器的输入和解除华人武装，协助征税，筑路等。

其四，领事公堂。领事行使治外法权的机构，英、美、法等国均有。英国在沪领事公堂成立于 1847 年，美国、法国相继于 1848 年、1849 年在上海设立领事公堂。此后，俄国、普鲁士、奥匈帝国、丹麦、荷兰、西班牙、比利时、意大利、葡萄牙以至日本，先后在上海设立领事公堂，总计有 13 个国家。领事公堂受理本国侨民（包括其"保护国"侨民）为被告的诉讼案件。

其五，会审公廨。前身是理事衙门，是中国政府设在上海公共租界最早的司法机构，1864 年设立。由道台派出的两名低级官员和若干名领事组成，初期仅审理涉洋华人轻微民、刑案件和违警案件。1869 年，会审公廨成立，取代理事衙门职能。会审公廨是中国政府设在公共租界的司法机构，初由上海道台委同知一名充任谳员，发落租界内轻微民、刑案件，但涉洋案件均须由有关外国领事会同审理，此即"会审"一词的含义。上海法租界亦设有会审公廨，性质类似。

其六，万国商团。原称上海义勇队，为上海公共租界建立的准军事化组织。1853 年太平军攻克镇江，江南局势甚为紧张，在沪外国人提出"武装中立"，着手组织租界武装，协助各国海军一起防卫租界。同年 4 月 12 日，上海租界建立以洋人为主的民兵组织上海义勇队。日后规模不断扩大。至 1870 年已辖有甲、乙、上海轻骑和上海重炮四队，改归工部局管辖。

这六项制度，基本上将西方的立法、行政、司法体制移植进来，会审公廨与万国商团则是结合租界社会实际情况而设立的特别制度。当然，移植过程中有很大变异，比如所谓纳税人会议在相当长时间里是将华人完全排斥在外的，华人纳税但毫无权力，只是到了后期，在华人的强烈抗议与要求下，才点缀性地增加了一点华人董事的名额。

上海租界制度建立较早，后来设立的广州租界、汉口租界、天津租界，基本上是照猫画虎。广州沙面的英租界、法租界规模都比较小，主要权力实际上由各国领事控制，但两租界均设有工部局与巡捕房，英租界设有公民会，类似于纳税人会议。天津英租界设有纳税人会议（初称租地人会议，1919 年后改称选举人会议）、工部局、巡捕，但没有会审公廨。德租界、奥租界、俄租界、比租界均设有工部局。汉口英租界市政机构称大英工部局。

（三）租界市政设施及其影响

租界城市建有许多外国风格的建筑，包括住宅、教堂、医院、学校、街道，有一些与中国一般城市不同的风俗习惯。

上海租界设立以后，西方人将其母国的建筑传统、生活习惯带到上海。在 1845 年颁布的《上海土地章程》中，就对租界道路建设作了规定，包括规划四条主要干道、统一道路宽度、设置道路附属设施、订立管理条例等。

租界道路质量不断改进。租界在 19 世纪 40 年代所筑道路，还以土路为主，19 世纪 50 年代以后修筑道路，已开始使用碎砖、碎石和圆卵石铺筑路面。1890 年起，工部局在铺筑人行道时试用水泥等新材料。到 1893 年，界内用柏油、水泥或其他混合材料铺筑的人行道已达 7 英里。此后，水泥人行道陆续推广。1890 年，工部局在界内的主要干道铺了一些硬木。

上海租界建造了许多不同类型的住宅、洋行、银行。开埠后数十年间，许多西方风格的建筑开始耸立在黄浦江岸。上海租界在 1868 年开辟了黄浦公园，亦称外滩公园，为近代中国第一座公园。

广州沙面租界辟设以后，英国便开始经营，分区出售，开始大规模建筑。至 1865 年，沙面英租界已初具规模，英、美、葡、德、日等国领事馆相继搬入沙面办公，许多洋行也迁入经商，沙面租界逐渐繁荣。沙面租界从一开始就把西方的市政建设模式移植进来，注重市政建设和市政管理，使沙面租界成为一个风光怡人的"国中之国"。

天津英租界在1887年建成维多利亚公园，是天津第一座正式公园，建成市政厅戈登堂。19世纪90年代，英租界发展很快，中街两侧建成许多两三层的欧式楼房，建成英国、普鲁士、丹麦、葡萄牙等国的领事馆，还建成台球房、篮球场、俱乐部等娱乐设施。

租界里体现西方科学技术的各类机器、各种设施，宽敞的马路，明亮的橱窗，都是西方科学技术的载体。纳税人制度、司法制度、选举制度、交通管理制度、卫生管理制度、罚款制度、户籍制度，都是西方制度文化的载体。赛马、赛船、体育竞技、杂技、戏剧、舞会，以及西方人种种行为方式，都体现了西方人的精神风貌。

租界在一定范围内一定程度上是西方人管理的世界。西方人将欧美的物质文明、市政管理、议会制度、生活方式、伦理道德、价值观念、审美情趣都带到这里，使这里变成东方文化世界中的一块西方文化"飞地"。

租界或居留地城市在一定程度上，成为在中国土地上展示西方文明的博物馆。这些地方展示、体现的西方文化，可以毫无遮拦地扩散开来，并且与华界产生巨大差距，这会极大地刺激华人社会，推动中国学习西方的步伐。

上海租界对于西方器物与制度的这些引进，对中国其他城市的建设，对于中国人的世界观念，都会造成强烈的刺激。19世纪70—80年代，《申报》不时有文章将上海租界市政建设与上海县城或与中国内地其他城市进行比较，指出其间之巨大差距。1872年，《申报》载文，比较上海租界与县城的差距：

> 上洋各租界之内，街道整齐，廊檐洁净，一切秽物、亵衣无许暴露。杂土拉杂，无许堆积。偶有遗弃秽杂等物，责成长夫巡视收拾，所以过其旁者，不必为掩鼻之趋已，自得举足之

便。甚至街面偶有缺陷泥泞之处，即登时督时工为之修理。炎天常有燥土飞尘之患，则常时设水车为之浅洒。虑积水之淹浸也，则遍处有水沟，以流其恶。虑积秽之薰蒸也，则清晨卧粪担以出其垢。盖工部局之清理街衢者，正工部局之加意闾阎也。夫缺陷泥泞而不加以整治，则晴雨皆不便于行人。燥土飞灰而不润以浇洒，则徒步皆致窘于尘障。水沟偶有不通而户内几虞积涝矣。粪担任其稍迟，而街上难禁臭浊矣，此租界之规所以定得早，而禁之严也。其尤妙者大街无许便，旋致秽气有冲人之失；浦滩不准澡浴，便乡人知裸浴之非，其意思尤为周到，其风俗尤可维持，使居住租界者皆能体西人之意而更加意焉，岂不美哉！……试往城中比验，则臭秽之气，泥泞之途，正不知相去几何耳。①

1883 年，《申报》载文，细述上海县城污秽满地，河水污染，拥挤杂乱，管理不善，较之租界相差太远。文章讲述一刚来上海不久的西方人，羡慕上海县城乃官府所居之地，必有景致可观，乃往一游，游毕，发表了一通感慨，说县城内街狭隘，挑水者横冲直撞，挑粪者秽气逼人，店铺栏杆占用街衢，乘舆往来者络绎于道，难以通行。"弄口又复厕坑罗列，蒸腾臭秽，不可向迩。城门口则水积如渠。"②

包括香港与各地租界在内的深受西方影响的城市发展，对于国人世界观念的改变，对于变法意识的刺激，对于中国文化的反思，其影响之大远远超过任何纸面的议论。正如英人干德利所说：

曾有一次，人们有力地指出，上海的工部局是在中国最好的宣教士。这意思是说，上海的外国租界是一个实例，阐明西

---

① 《租界街道洁清说》，《申报》1872 年 7 月 20 日。
② 《整治沪城末议》，《申报》1883 年 2 月 15 日。

方文明的优点。每年成千上万的中国人由帝国他处走过上海，他们可以看到美丽的建筑、整洁的街道、燃着电灯，或瓦斯灯；他们可以看到机器、自来水、电报、电话、火轮船、公园。他们在这里所得到的印象，必然多少传到内地去。上海如此，香港也如此。每年通过香港的船运为七百万吨，那里筑有船坞及工厂，又有中国居民异常关心的各种企业公司。每天乘坐汽轮来往香港广东间的旅客至为繁荣。如果说这些旅行者没有从他们所看见的东西获得一些教育，当是如何荒谬！①

1879 年，康有为薄游香港，"览西人宫室之瑰丽，道路之整洁，巡捕之严密，乃始知西人治国有法度，不得以古旧之夷狄视之"。1882 年，他道经上海，见租界之繁盛，"益知西人治术之有本。舟车行路，大购西书以归讲求焉。十一月还家，自是大讲西学，始尽释故见"。② 长期生活在上海租界的郑观应，对于市政建设体现出来的租界与内地城市的差距，感受特别深刻："余见上海租界街道宽阔平整而洁净，一入中国地界则污秽不堪，非牛溲马勃即垃圾臭泥，甚至老幼随处可以便溺，疮毒恶疾之人无处不有，虽呻吟仆地皆置不理。唯掩鼻过之而已。可见有司之失政，富室之无良，何怪乎外人轻侮也。"③ 天津、汉口等地租界无不具有这种示范功能。

二　出国人员的观察与感受

道咸同光时期，中国有四类出国人员，一是出使人员如郭嵩

---

① 〔英〕干德利撰、张雁深译《中国进步的标记》（R. S. Gundry，*China Past and Present*，London，1895），中国史学会主编《中国近代史资料丛刊·洋务运动》第八册，上海人民出版社 1961 年版，第 437 页。（以下简称《洋务运动》）

② 康有为：《康南海自编年谱》，《康有为全集》第十二册，中国人民大学出版社 1998 年版，第 12 页。

③ 郑观应：《盛世危言·修路》，《郑观应集》上册，第 663 页。

焘、曾纪泽等；二是出国游历人员，包括民间出国游历人员如王韬、袁祖志等，官派出国游历人员如傅云龙、洪勋等；三是留学生，如容闳、严复等；四是到南北美洲的劳工和到东南亚一带谋生的华侨。前三类人留下了大量的游记、笔记，介绍途中与所到国家的所历、所见、所闻、所思。这些游记、笔记所述，特别是其中关于欧美诸国与日本的内容，与其时的中国境况存在巨大差异。出国人员对异国他乡的所历、所见、所闻、所思，无不是从其植根其中、耳濡目染的本乡本国境况出发的，是在与本乡本国境况对照、比较中产生的。因此，这些游记、笔记构成了晚清思想史的重要资料，其中相当一部分在晚清业已发表出来，又构成了影响他人思想变化的催化剂。

（一）派出使臣与领事

中国从 19 世纪 60 年代后期开始派人出国了解西方。

1866 年，派斌椿随赫德游历西欧。斌椿全部行程历时近八个月，在欧洲逗留近四个月。行前，总理衙门要求他沿途留心，将外国一切山川形势、风土人情随时记载，带回中国，以资印证。斌椿遂以日记和诗文的形式，记下了一路所历、所见、所闻，分别撰成《乘槎笔记》和《海国胜游草》《天外归帆草》。同行的张德彝写了《航海述奇》一书。

1868 年，清政府聘美国卸任驻华公使蒲安臣，充当办理各国中外交涉事务大臣，派记名海关道志刚、礼部郎中孙家谷充办理中外交涉事务大臣，出使美国与欧洲各国。使团行程历时两年八个月，先后访问美国、英国、法国、瑞典、丹麦、荷兰、普鲁士、俄国、比利时、意大利、西班牙等国。志刚撰有《初使泰西记》，孙家谷撰有简短的《使西书略》。随行的张德彝撰有《欧美环游记（再述奇）》。

1870 年，因天津教案，清政府派崇厚率使团赴法国道歉。使团行程历时一年多，除了去了法国，还游历了英国伦敦与美国纽约等处。崇厚对行程无详细记载，唯随行人员张德彝撰有《随使法国记（三述奇）》，详细地记录了一路见闻。

以上三个使团的成员，有的地位高，有的地位低，有的年长，有的年轻，有的阅历深，有的阅历浅，但是，英、法、美、俄等国，对于他们来说，此前都是陌生的世界，是与中国大不相同的世界。欧美之行，对于他们的国际观念，对于他们的思想，都有或多或少、或明或暗的触动。斌椿、志刚、张德彝等人的游记，成为当时思想界了解西方的宝贵资源。

1876 年，因马嘉理案件，清廷派郭嵩焘率团赴英国致歉，并作为出使大臣常驻英国。这是近代中国第一次正式派遣驻外使臣。

此后，清政府陆续向外国派遣一批出使大臣，亦称公使，所出使国家有英国、德国、法国、美国、西班牙、秘鲁、日本、俄国、奥斯马加、荷兰、意大利、比利时等。到 1894 年，清廷派遣出使外国大臣已达 22 人，涉及欧洲、南北美洲与亚洲的 12 个国家。

与此同时，清政府也向一些国家与城市派出了常驻领事，涉及的城市有英属新加坡、槟榔屿，日本横滨、神户、大阪、长崎、箱馆，美属檀香山，美国旧金山、纽约，古巴马丹萨。到 1894 年，清廷在外国设置领事的城市已有 12 个。

驻外公使与领事均有任期，过几年一换，公使馆、领事馆还有参赞、翻译、随员一干人等。这样，在 1894 年以前，与公使馆、领事馆相关的出国人员数量，就是一个颇为可观的数字。

总理衙门对于出使人员，曾明确要求他们以日记形式，将异国见闻记录下来，进行汇报。

早期出使人员多写有日记，编辑成书，如郭嵩焘、刘锡鸿、曾纪泽、薛福成的日记；或将有价值的书籍译成中文，加以传播，如驻日使馆黎汝谦、蔡国昭合译的《华盛顿传》。

数量可观的公使与领事的派出，是晚清中国外交史上的大事，是中国走出封贡体系、认可与适应近代国际体系的重要标志。这在思想文化史上具有重大意义。耳听为虚，眼见为实，事实是最好的先生。那么多公使、领事、随员，一批接一批地跨出国门，进入欧洲、美国、俄国与日本等国，所历、所见、所闻，那些国家先进的物质文明与精神文明，对于他们心灵的震撼，远远超过任何纸质的媒介。他们由此而撰写的日记、游记与产生的随感，成为现身说法、推动变法的最好教科书。事实上，一大批公使、领事与随员，诸如郭嵩焘、薛福成、容闳、崔国因、黎庶昌、黄遵宪等，都成了晚清中国改革、维新事业的热情鼓吹者与积极推动者。

（二）出国游历

同光时期出国游历有两种情况，一是民间出国游历，二是官派出国游历。

尽管清政府长期实行闭关锁国政策，不鼓励更不保护华侨向海外发展，但是，中国民间向海外发展的进程一直没有中断，民间出国游历的人员不绝如缕，其中在思想文化史上留下印记的也颇有其人。

还在鸦片战争以前，樊守义、谢清高已游历海外，并留下游记。

樊守义（1682—1753），字利和，山西省平阳府人。1707 年（康熙四十六年），康熙皇帝为澄清中国礼仪之争，命法国传教士艾若瑟①出使罗马教廷，樊守义作为助手随同前往。艾、樊从澳门起航，经婆罗洲、马六甲、苏门答腊，入大西洋，抵葡萄牙首都里斯本，获葡萄牙国王召见。然后赴罗马。在罗马期间，艾若瑟和樊守义受到教皇接待，参观宫殿和图书馆。樊守义居意大利 9 年，先后在都灵、罗马学习，学习了意大利文，并遍游意大利那波利、米兰等名城。1718 年，艾若瑟、樊守义返回中国。归途中，艾若瑟在好望角前往印度舟中病故，樊守义独自归国。回国后，樊守义获

---

① 艾若瑟（Antonio Francesco Giuseppe Provana，1662 - 1720），又名艾逊爵，法国人，天主教耶稣会传教士。1695 年到中国澳门传教，1699 年至 1701 年到河南开封、山西太原，接管教务。1702 年至 1707 年居北京。

康熙皇帝赐见。樊著有《身见录》，记述前往西洋的经历。书中对巴西、葡萄牙、西班牙、意大利等国均有记述，称西班牙人皆安分，不炫富贵，爱清雅，惟喜亭囿，意大利宫室悉以石造，多天主堂，风土温和，最为丰厚，宫室之美，人才之盛，世家之富，难以尽述。书中记述称罗马极为繁华，公侯家，绣缎饰墙，金花镶凳，宝器无价，摆设床帐，不啻万亿。罗马城内学宫，所学之事，皆格物穷理之学。城内多养济院，有兵役养济院、过客养济院、穷民及瘸病养济院，皆能受益。

谢清高（1765—1821），广东嘉应州（今梅州市）人，18 岁时出洋谋生，随外商海船遍历南洋群岛各地和世界各国，历经各种艰难险阻，学习外国语言。14 年后，因双目失明，回到广东。后流落于澳门，靠口头翻译以自给。1820 年，他向同乡黄炳南口述亲身经历及其见闻，由黄笔录，成书曰《海录》，于同年底刊行问世，该书为鸦片战争之前国内最先介绍世界概况的著作。

鸦片战争以后，随着通商口岸的开辟、中外交往的增多，因种种机缘到海外游历的人逐渐增多，比较著名的有林鍼、罗森、吴虹玉、王韬、袁祖志、李圭等。

林鍼（1824—?），字景周，号留轩，福州长乐人。幼年家境贫寒，随伯父迁居厦门。其时厦门充斥着外国水手和商人，林鍼在少年时便学会了外语，以为洋商做翻译和教授中文为生。1847 年春，受美商聘请，前往美国纽约教习中文。1849 年春返回厦门，定居鼓浪屿。在美国工作、生活和游历期间，他将其所见所闻和亲身经历一一记录于笔下，回国以后写成《西海纪游草》一书，1849 年出版。[①] 闽浙总督左宗棠、镇闽将军英桂、福建巡抚徐继畬等人都读过此书，并有题记或序言。

罗森（1821—1899），字向乔，广东南海人。在香港居住时曾

---

① 林鍼的事迹被收录于《近代中国赴美第一人——林鍼》，见《厦门晚报》1997年 9 月 24 日。

与美国传教士卫三畏等过从甚密，会说英语。1854 年美国培理舰队去日本时，罗森受卫三畏之邀，同去日本，充任舰队的汉文翻译。在日期间，罗森广泛结交日本各界人士，包括官员、文人、僧人等，向他们介绍中国当时的政治形势，与他们唱和或互赠诗篇，还曾为很多日本人题写扇面。1854 年 8 月，他随培理舰队回到香港后，将自己在日本的所历所见，记载下来，编成《日本日记》，交给香港英华书院主办的中文月刊《遐迩贯珍》刊登。罗森在日记中，记载了《神奈川条约》签订后，培理在美舰上举行的盛大招待宴会。美方送给日本政府的一批近代化器械，在横滨公开展览，不仅吸引了大量日本观众，也引起罗森的极大兴趣。他在日记中以惊异赞美的语气对火车、汽艇、电报机、照相机等一一加以描绘。

吴虹玉（1834—1919），江苏常州人，9 岁入乡塾念书，13 岁到上海，入读圣公会在上海城内的王家码头男塾，学习英文等课程，翌年受洗入教。1854 年夏，以在军舰上以工代酬的方式，随在沪访问的美国军舰赴美国，1855 年 3 月抵达费城。随后，入宾夕法尼亚州一家报馆学习印刷，旋进《每日快报》社打工。1860 年加入美国籍。美国南北战争爆发后，于 1863 年应征入伍，成为美国内战中唯一的华裔士兵。1864 年 5 月回到上海，参加圣公会活动，主要在江湾与太仓一带行医、传教。1866 年参与创办同仁医院，1873 年被按立为会吏，1880 年升任会长。1885 年兼任同仁医院院牧。[①]

郭连成（1839—?），名培声，湖北潜江人，肄业于武昌崇正书院，1859 年随意大利人、时任天主教湖北宗座代牧的徐伯达游历意大利。1859 年 4 月 6 日（咸丰九年三月初四），他们由湖北应城出发，经武汉、上海、香港，过红海，于 9 月 13 日（八月十七

---

① 参见徐以骅《吴虹玉与中国圣公会》，《复旦学报（社会科学版）》1997 年第 2 期。

日）抵达罗马，在意大利逗留近半年，1860 年 3 月 11 日（咸丰十年二月十九日）离开罗马回国。在意大利，他游历了罗马、徐伯达的故乡瓦格纳等城市，参观了圣伯多禄大堂（梵蒂冈圣彼得宫）、瑟巴斯蒂亚诺教堂等宗教圣地，参观了绘像所（照相馆）、仁爱院、育婴馆、印字馆、大学、兵工厂、病人院等机构，见识了圣诞节、耶稣受难日等宗教节日仪式，也见识了西洋镜（幻灯机）、寒暑表、火轮船、火轮车、自燃灯（煤气灯）等新奇事物。他将一路见闻记录下来，著为《西游笔略》，1863 年出版。

王韬（1828—1897），晚清著名思想家，1849 年以后在上海生活，1862 年以后在香港生活，1884 年又回到上海。他于 1867 年 12 月 15 日起，应英国传教士理雅各之邀，访问欧洲。在英国，他在理雅各的家乡杜拉，位于苏格兰中部的一个小镇，住了两年多，直到 1870 年 1 月 5 日，与理雅各一起离开杜拉，经伦敦、巴黎，返回香港。在英国期间，他游历了伦敦、爱丁堡、利思、阿贝丁、敦提、格拉斯哥等地，还曾到牛津大学做过演讲。王韬将所见所闻所想笔录下来，编成《漫游随录》。在香港期间，他还曾于 1879 年（光绪五年）访问日本，时间是自 5 月 1 日至 8 月 22 日，在日本旅行 128 天，先后游历了长崎、神户、大阪、西京、横滨、东京等地，以在东京所居时间最长。在日期间，王韬广泛接触日本各界人士，对日本政治、经济和文化教育等各方面情况进行了全面考察。他的感想，记录在《扶桑游记》一书中。

李圭（1842—1903），字小池，江苏江宁（今南京）人。1862年（同治元年）到上海，得识西方人。1865 年任宁波海关副税务司霍搏逊的文牍，1876 年（光绪二年）经东海关税务司德璀琳推荐，受总税务司赫德委派，前往美国费城参加美国建国 100 周年博览会。他从上海出发，经日本东渡太平洋到美国，参加博览会后又渡大西洋，游览英国、法国，最后经地中海、印度洋归国，历时 8个多月。回国后，他将此番游历经过，特别是在美期间的考察、见闻，写出《环游地球新录》一书，内含《美会纪略》一卷、《游览随笔》二卷与《东行日记》一卷。李鸿章为其作序，上之总署，总署给资印行三千部。郭嵩焘、康有为都读过这部书。1883年，李圭受浙江宁绍道台薛福成之聘，担任洋务委员，参加防御法国军队的侵略。1893年任海宁知州。1898年因病开缺。

袁祖志（1827—1898），字翔甫，浙江杭州人。为清代诗人袁枚之孙，擅长诗文，长期在上海办报，出任过县令、同知等一类官职。1883年4月18日（光绪九年三月十二日）由上海出发，1884年1月19日（光绪九年十二月二十二日）归抵上海。1883年，他随招商局总办唐廷枢，在招商局外籍雇员白德勒陪同下，游历意大利、法国、瑞士、德国、荷兰、葡萄牙等西欧各国，再至南美洲巴西等地，然后回国。白德勒为美国人，能通数国语言文字，职司翻译。唐廷枢为推广招商局生意，履勘各地可设码头之处，故有此行。袁祖志则应聘司笔墨诸事。在新加坡，他们由中国领事左秉隆陪同，游览著名的胡氏花园，在英法两国受到出使大臣曾纪泽款待，在荷兰曾参观博览会。袁祖志归国后著有《谈瀛录》《出洋须知》等书。

李平书（1854—1927），名钟珏，字平书，上海人，举人。1887年（光绪十三年），游历时为英国殖民地的新加坡，历时两月。在其友人、中国驻新加坡领事左秉隆陪同下，他参观了新加坡各个地方。在其所撰《新嘉坡风土记》中，他记述了当地华侨社会及殖民政府剥削和压迫华侨的情况，对于"苦力贸易"或"猪仔贸易"言之甚详，也看到英国处理与新加坡的外交与上海的并不一样。

潘飞声（1858—1934），字兰史，广东番禺（今属广州市）人。1887年应德国聘请，执教于柏林大学，讲授中国文学，并游历西欧诸国。著有《西海纪行卷》、《天外归槎录》二卷、《柏林竹枝词》等。1891年（光绪十七年）回国，住在广州河南龙溪的花语楼。1894年甲午海战后，提倡变法图强。同年秋赴香港，任《华字日报》《实报》主笔，居港逾十三载。1907年（时在光绪三十二年）到上海定居，加入南社，吟咏甚多。

同光时期，官方派出游历的共有三次，一次是同治五年派遣斌椿随赫德游历，第二次是光绪十三年的官派游历考察，第三次是光绪三十一年派载泽、戴鸿慈等五大臣出洋考察宪政。第一次前已述及，第三次兹不具述，这里对第二次做一介绍。①

事情起源于御史谢祖源的一则建议。1884 年（光绪十年），谢祖源上奏《时局多艰，请广收奇杰之士游历外洋》，认为“今翰詹部属中不无抱负非常者”，建议令“出使大臣每国酌带二员，给以护照，俾资游历。一年后许其更替，愿留者听，其才识出众者由出使大臣密保”。总理衙门大臣奕劻等对谢氏建议表示赞成，提议“翰詹部属中，如实有制器、通算、测地、知兵之选，坚朴耐劳、志节超迈，可备出洋游历者，可否请旨饬下翰林院六部，核实保荐，并资送总理各国事务衙门考核，再行奏请发往各国游历，由出使大臣就近照料”。② 这个意见得到光绪皇帝批准。

1887 年 6 月 12 日至 13 日（光绪十三年五月二十一日至二十二日），总理衙门在同文馆内，举行了两场选拔考试。六部共保举 76 人，应考者 54 人，初步录取 28 人，其中兵部郎中傅云龙名列第一，户部主事缪佑孙第二。

考试录取的 28 名六部官员，先由总理衙门大臣接见，然后再向皇帝引见，最后由光绪皇帝圈定傅云龙等 12 人为正式游历使。

自 1887 年 7 月 24 日（光绪十三年六月初四）开始，游历使分赴欧亚和南北美洲各国考察。12 人分 5 组，傅云龙、顾厚焜两人往日本、美国、加拿大、秘鲁、古巴、巴西六国；刘启彤、李瀛瑞、孔昭干、陈爔唐四人往英国、法国及英法所属殖民地印度等国；李秉瑞、程绍祖两人前往德国、奥地利、荷兰、比利时、丹麦等国；缪佑孙、金鹏两人前往俄国；洪勋、徐宗培两人前往西班

① 关于第二次官派游历资料，主要参考王晓秋《晚清中国人走向世界的一次盛举——1887 年海外游历使初探》，《北京大学学报（哲学社会科学版）》2001 年第 3 期。

② 奕劻等《议复谢祖源奏请练习洋务人才疏》，葛士浚编《皇朝经世文续编》卷一二〇，洋务二十。

牙、葡萄牙、意大利、瑞典、挪威等国。

游历使在出国前多进行比较充分的准备。傅云龙在出洋前为了解各国情况，曾拜访美国、日本、西班牙等国驻华使领馆，请教过同文馆总教习美国人丁韪良、医学教习英国人德贞、日本人岸田吟香等。为了与国内洋务企业比较，特地考察了天津北洋机器局、电报局、海关、开平煤矿、武备学堂和上海的江南制造局、公和缫丝局等。还草拟了编写《游历图经》的体例，雇了翻译、仆役，印了中西合璧的名刺即名片。

游历使在国外进行了一些外交活动，会见各国总统、国王及部长等官员，虽然大多属于礼节性拜访，但毕竟加强了中外联系和友谊。傅云龙在游历期间拜见过美国总统、加拿大总督、秘鲁总统、智利总统（计划外访问）、巴西国王等各国元首和日本首相伊藤博文等。洪勋在意大利参加宫廷舞会并见到意大利国王。

游历使在各国还进行了一些交流活动。傅云龙曾与一批日本文人学者交往、唱和诗文，并为他们题字、作诗、写序，还在日本寻访中国古典珍籍佚书。赴欧游历使参观了各国的博物馆、美术馆。游历使特别注意与各地华商、华工接触，了解他们的生活状况和疾苦要求，有时还应邀为当地华侨会馆题写匾额和楹联。

游历使最重要的工作是在各国游历考察调查研究并撰写调查考察报告。他们访问各国政府机关、议会团体，参观各类工矿企业、各级学校，考察港口、铁路、邮政，调查兵营、炮台、监狱，游览各地博物馆、动植物园、教堂寺庙。

12名游历使中，以傅云龙最为勤奋，成果最为丰富。他每到一国，即努力收集该国地理、历史、政治、经济、民俗等各方面资料，并亲自察访、实地踏勘，绘制各种地图、统计表。他一个人就撰写了《游历图经》共6种86卷，涉及日本、美国、加拿大、古巴、秘鲁、巴西。他还写了《游历图经余纪》15卷，详细记述游历路程、见闻、中外交流及随感。与傅同行的顾厚焜着重考察外国的政治和地理，撰写了《日本新政考》《美利坚合众国地理兵要》

《巴西政治考》《巴西国地理兵要》《英属加拿大政治考》《秘鲁政治考》《古巴政治考》等。

游历英国、法国及其殖民地的刘启彤撰写的考察报告有《英政概》《法政概》《英藩政概》等。他对各国铁路建设非常关心，撰写了《欧洲各国火轮车道纪略》《英国火轮车道编年纪略》《英国各属地车道纪略》《印度车道纪略》等文。游历西欧、南欧、北欧的洪勋撰写了《游历意大利闻见录》《游历瑞典挪威闻见录》《游历西班牙闻见录》《游历葡萄牙闻见录》《游历闻见录总略》《游历闻见拾遗》等。

游历俄国的缪佑孙对俄罗斯考察研究成果总名称为《俄游汇编》，共 12 卷，包括《俄罗斯源流考》《译俄人自记取悉毕尔始末》[①]《译俄人自记取中亚细亚始末》《疆域表》《铁路表》《通俄道里表》《山形表》《水道记》《舟师实》《陆军制》《户口略》《俄游日记》等。

清政府派遣游历使考察欧美与日本等国，是中国主动了解世界的重要表现。如果说清政府向外国派遣出使大臣与领事，还有相当大的被动因素，其作用主要在外交方面，派遣游历使则是主动走出去的表现，其作用主要在文化方面。游历使全为科举正途出身，大部分是进士，这对于改变国人的国际观念，推动中国走向世界，大有益处。李慈铭在日记中评论，以往士大夫以出洋为苦差，不屑为之，而现在出洋游历居然成了热门，需要考试竞争入选，"亦近日风尚使然也！"[②] 这种风尚的形成，与朝廷的引导有直接的关系。游历使写的各种考察报告，成了时人了解欧美世界的珍贵资料。

（三）留学欧美

留学生是沟通中西文化的重要载体。19 世纪中后期的中国留

---

① 悉毕尔，即西伯利亚。

② 李慈铭：《越缦堂日记》，商务印书馆 1920 年影印浙江会稽李氏手写本。

学生，分为两部分，一由官派，二为民间自行出去，包括由传教士带出去的。

同光之际官派留学生分两类，留美与留欧。

1872 年（同治十一年），清政府派出首批留美学生，凡 30 人。此事由容闳倡议，得到曾国藩、李鸿章赞成，具体事务由容闳经办。清政府在美国康涅狄格州首府哈富（Hartford）建立了留美事务所，以陈兰彬、容闳为正副监督。从 1872 年到 1875 年共有四批 120 名学生赴美。这些学生出洋时平均年龄只有 12 岁，最大的 16 岁，最小的 10 岁，到美国主要是学习文化知识。幼童被分配到 54 户美国家庭中生活，其中康涅狄格州 34 户，马萨诸塞州 20 户。到 1880 年（光绪六年），有 50 多名学生进入美国大学学习，其中 22 名进入耶鲁大学，8 名进入麻省理工学院，3 名进入哥伦比亚大学，1 名进入哈佛大学。1881 年，因国内政策发生变化，原定 15 年的幼童留美计划中途夭折。120 名学生中，除了先期因故被遣返的 9 名、执意不归及病故者 26 名，其余分三批被遣回国。这些人虽然没有能够按照计划完成学业，在美国留学期间也没有写什么游记观感，但所学知识回国以后还是大有用武之地，日后多在新式企业与军政、教育等界供职，其中著名的有铁路工程师詹天佑、开滦煤矿矿冶工程师吴仰曾、北洋大学校长蔡绍基、清华学校（清华大学前身）校长唐国安、民初国务总理唐绍仪、清末交通总长梁敦彦。这四批幼童之所以被派到美国留学，而不是当时最发达的资本主义强国英国，因为中美之间有《蒲安臣条约》，其中规定两国人民均可入对方官学，并受优惠待遇。这一规定为中国向美国派遣留学生提供了法律依据。

官派留欧学生始于 1875 年。早在 1873 年，福建船政大臣沈葆桢已奏请派遣留学生赴欧洲，并拟订了学习计划。两年后，趁该局法国籍技术顾问日意格赴欧洲购买机器之机，福州船政局选派刘步蟾、林泰曾、魏翰、陈兆翱与陈季同 5 人，赴欧洲考察与学习，刘、林二人入英国高士堡学堂肄习驾驶，另三人赴法国船厂学习制造。数月后，日意格返回福州，刘步蟾等三人随同回国，魏翰、陈兆翱则留在法国留学。这是官派留学法国之始。1876 年，李鸿章派天津武弁卞长胜、朱耀彩等 7 人，随德国人李迈协赴德国留学。这是官派留学德国之始。

1877 年 1 月 13 日（光绪二年十一月二十九日），李鸿章正式奏请从福建船政局派遣留学生赴英国、法国。朝廷允其请。1877 年 3 月 31 日（光绪三年二月十七日），清政府派出第一届海军留学生 38 人，由驻德大臣李凤苞率领，赴欧洲，包括刘步蟾、林泰曾、严宗光（即严复）等，分别在英国学习驾驶，在法国学习制造，另有艺徒（船厂技工）9 名。这些学生大部分年龄是十五六岁。1881 年（光绪七年），清政府再派留学生 10 人，分赴德国、英国、法国学习枪炮、硝药、制造、驾驶等。1886 年（光绪十二年），又派留学生 34 名，仍赴英国、法国，分别在北洋水师学生与船政制造学生中选拔，包括刘冠雄、郑汝成、王寿昌等。以上三届，共计 82 人，内以福州船政学堂学生为主，其中除了 7 人由于种种原因未能完成学业，其余 75 人均学成归国，大部分日后成为海军建设中的高层管理人员。

19 世纪中后期，官派留学生是中国出国留学生主体。除此之外，还有零星的民间出国留学生，包括由传教士带出去的。按出国时间顺序，依次有容闳、黄胜与黄宽，颜永京、舒高第、何启、伍廷芳与宋耀如。

容闳、黄胜与黄宽。1847 年初，香港马礼逊学堂美籍校长鲍留云（Samuel Robbins Brown）牧师因病回国调养，随行携其学生容闳、黄胜、黄宽三人前往美国留学。三人都是广东香山人，随老师抵达美国后，共同就读于麻省孟松学校。1848 年秋，黄胜因病回国，日后在《德臣西报》社、英华书院印刷所、《华字日报》社、中华印务总局等机构工作，一度到上海广方言馆任英文教习。1850 年夏，黄宽和容闳在孟松学校毕业。黄宽去苏格兰，入爱丁堡大学医学系，后获医学博士学位，于 1857 年回香港，以后在香港、广州等地行医。容闳考取耶鲁大学，1854 年获文学士毕业，翌年回国，成为著名洋务活动家。

颜永京（1839—1898），字拥经，祖籍山东，生于上海。1848 年入美国传教士文惠廉设于王家码头的男塾读书，1854 年由教会送往美国留学。1861 年毕业于俄亥俄州建阳学院。次年返国，任上海英领署翻译，后改就工部局通事，并参加基督教日校和虹口救主堂工作。1870 年在武昌接受教职，充任牧师，建立武昌文华书院。1878 年返沪，协助美国圣公会筹建圣约翰书院，任学监。1886 年后专任虹口救主堂牧师。

舒高第（1845—1919），字德卿，浙江慈溪人，幼年随父移居上海，入教会所办男塾读书，1859 年随美国教习赴美留学，习医，1867 年毕业，旋入神学院深造，1873 年获神学博士学位，返回上海。1877 年应江南制造局总办李兴锐之聘，到江南制造局翻译馆为译员，所译偏重医学、军事方面，兼任同在一楼的广方言馆英文教习，后任总教习。①

何启（1859—1914），字迪之，号沃生，广东南海人，居住在香港，幼年考入香港中央书院，1871 年赴英国留学，1875 年预科毕业，考入鸭巴甸大学，攻读医科，三年后考获医科学士学位，第四年取得外科硕士学位。再进英国林肯法律学院深造，于 1881 年获得高级法律学士学位，取得大律师资格。其间，结识英国贵族华尔登女儿雅丽氏，相爱、结婚。1882 年，何启回到香港行医。雅丽氏不幸于 1884 年病逝。何启以亡妻所留巨额遗产创办医院，命名"雅丽氏医院"。1890—1914 年任香港立法局议员。

伍廷芳（1842—1922），号秩庸，广东新会人，生于新加坡。1845 年随父母移居广州。1856 年赴香港入圣保罗书院读书。1874 年自费留学英国，入伦敦林肯法律学院学习法律。1876 年获得英

---

① 参见闫俊侠《晚清西方兵学译著在中国的传播（1860—1895）》，博士学位论文，复旦大学，2007 年。

国大律师称号。1877 年毕业，获博士学位，回香港任律师，后受聘为立法局议员。1879 年被香港总督任命为第一位华人"太平绅士"，1880 年被香港当局聘为定例局（立法局）议员。1882 年入李鸿章幕府，广泛参与清政府外交活动。1897 年任驻美日秘（西班牙、秘鲁）公使。1902 年任满回国，在上海任商约大臣。以后一直在中国外交、政治界活动，为清末民初著名人物。

宋耀如（1861—1918），名嘉树，字耀如，以字行，海南文昌人。原姓韩，因过继给宋姓堂舅为子，乃改姓宋。1872 年，因家贫，到印度尼西亚的爪哇当学徒。1875 年随养父赴古巴，三年后赴美国波士顿，在养父所开丝茶店当学徒。因恳请上学遭养父拒绝，偷跑到停泊在波士顿港口的美国海岸警卫队一艘缉私船上，为船长加布里·埃尔森所收留，旋随船长工作调动而来到北卡罗来纳州威明顿。1880 年在威明顿受洗入基督教。1881 年起，先后在北卡罗来纳州圣三一学院、田纳西州范德比尔特神学院学习，1885 年毕业，同年底回国，在苏州、上海等地传教。后在上海创办华美书馆，印行中文本《圣经》，并参与创立中华基督教青年会，兼任上海傅丰面粉厂经理。①

民间零星出国留学者，人数不多，但影响不小。以上诸人，每个人都有可圈可点的业绩。容闳在推动留学生教育方面，前驱辟路，功勋卓著，被称为"中国留学生之父"。颜永京作为近代中国最著名的教会大学圣约翰大学的创始人之一、教务长，对圣约翰大学的发展贡献巨大。在他的教育与影响下，其子惠庆（1877—1950）、德庆（1878—1942），其侄福庆（1882—1970），均留学欧美，事业有成，或为外交家，或为医学家。舒高第在医学、教育、翻译方面均有重要贡献，为江南制造局翻译馆华人学者中翻译西书最多的人。何启不光是香港著名社会活动家，也是近代著名思想

---

① 朱玖琳：《襄助孙中山革命的宋耀如》，《近代中国》第八辑，立信会计出版社1998 年版。

家。他与胡礼垣合著的《新政真诠》，是戊戌维新时期力倡政治变革的最为著名的著作。伍廷芳从清末到民初，一直是著名的职业外交家、政治活动家。宋耀如不光自己的事业有成，而且由于他对孙中山革命活动的支持，他的三女（宋霭龄、宋庆龄、宋美龄）、三子（宋子文、宋子良、宋子安）、三婿（孔祥熙、孙中山、蒋介石）在近代史上叱咤风云，使得宋氏家族成为近代中国最为显赫的权贵家族。

甲午战争以前，走出国门到欧美日本等地的中国人，如果撇开那些在思想文化史上没有留下印记的劳工、仆役①，只考虑那些在思想文化方面有所触动、有所感悟、有所思考、有所记录的人，则不是很多，总共不会超过 500 人，包括出使大臣郭嵩焘、曾纪泽等，驻外领事黄遵宪、黎汝谦等，官派出国游历人员傅云龙、洪勋等，民间出国游历人员王韬、袁祖志等，官派出国留学严复、陈季同等，民间出国留学容闳、颜永京等，但是，这些人在思想文化史上的意义特别重大。

（四）证实大地为球体，确立万国观念

大地为一圆球、地球围绕太阳转、地球也自转的地圆观念，在明末已由耶稣会传教士利玛窦等人传入中国，但是在相当长时间里，信者少而疑者众。最典型的是清初钦天监杨光先，他说，如果大地为一圆球，那么球上国土之人脚心与球下国土之人脚心相对，球下国土之人必然倒悬，球侧国土之人必然横立，那怎么可能呢？"夫人顶天立地，未闻有横立、倒立之人也。螺虫能横立壁行，蝇能仰息，人与飞走鳞介，咸皆不能。"② 这种看法，在明末清初并非个别。嘉庆年间，仍有人有类似疑问。在南洋一带活动的传教士

---

① 所谓"在思想文化史上没有留下印记"，指他们没有留下关于出国过程中及其在外国的所历所见所闻所思的文字资料，而不是说他们出国没有思想文化意义。

② 杨光先：《孽镜》，杨光先等撰，陈占山校注《不得已（附二种）》卷下，黄山书社 2000 年版，第 56—57 页。

曾在杂志上专门刊登文章，用万有引力原理予以解释。[1]

　　及至环球旅行以后，人们对地圆观念有了感性的知识。郭连成在《西游笔略》中，从大面积水面隆起、望物远近有高低、西人环球航行实践与月蚀原理等四个方面，说明"地形圆团如球，故称地球焉"。[2] 斌椿在乘船过波罗的海时，北面傍山岛，东南望则水天一色，初见远船一二，微露樯帆，继而只见桅尖，已是百里之外了。他由船行越远所见船身变成桅尖，证实"地球之圆，非臆说也"[3]。李圭则在环游地球一圈后，也有类似结论。

　　从物理空间角度看，地圆说对中国中心观形成直接的冲击，因为大地既为球面，则球面上任何一点均可被视为全部球面之中心，称中国为中心可，称其他任何一地为中心亦可。如此一来，所谓中国是天下中心就只是一种主观之见。

　　一批又一批的使臣、领事、游历者、留学生、劳工从中国到英国、法国、德国、俄国、埃及、美国、巴西、秘鲁、澳大利亚等地，所历之地已经涉及亚洲、欧洲、非洲、南北美洲与澳洲，傅云龙等人更是对所到之地进行实地调查、考察，编成各种各样的图经，中国到底是天下中心还是列国之一、五大洲之说是谬说还是正说，已经不证自明了。

（五）震诧于西方物质文明

　　出国人员来到欧美各国，所受到的第一波冲击便是其远较中国发达的物质文明。高（建筑）、宽（道路）、亮（照明）、快（交通）、巧（日常用品），是近代工业文明在城市物质生活中最突出的体现，也是出国人员来到西方国家最直观感受到的与中国大不相同的地方。宫室之高敞壮丽，道路之宽阔整洁，灯光之耀如白昼，火

---

　　① 《论地周日每年转运一轮》，《察世俗每月统记传》嘉庆丙子，第20页。

　　② 郭连成：《西游笔略》，上海书店出版社2003年版，第30页。

　　③ 斌椿：《乘槎笔记》，钟叔河主编《走向世界丛书》，岳麓书社1985年版，第129页。

车之快捷如箭，自行车、窥天楼（天文馆）、绘像馆（照相馆）、显微镜之奇妙无比，都令他们大受震撼，几乎每个出国人员都会述及。

斌椿记述，马赛街景："街市繁盛，楼宇皆六七层，雕栏画槛，高列云霄。至夜以煤气燃灯，光明如昼，夜游无须秉烛。闻居民五十万人，街巷相联，市肆灯火，密如繁星。"① 伦敦"城广四五十里，人烟稠密，楼宇整齐，率多四五层。街道洁净，车毂击，人肩摩，为泰西极大都会也"。② 英国君主行宫，殿宇高广，珍宝甚夥，陈设富丽，甲于泰西。其园中大树数以千计，"皆百余年物。山花秀丽，溪水回环，鹿鸣呦呦，鸟声格磔"。罩花之玻璃屋，有窗启闭，以障风日。屋中花卉，五色璀璨，芬芳袭人。③ 黎庶昌到英国后，看到伦敦比中国通商口岸上海大二十倍之多，"街衢广阔，景物繁华，车马之声，殷殷龊龊，相属不绝……气象规模以伦敦最为壮阔，而国政号令之所从出，人情之趋向，亦以英国最为整齐"。④

初至英法的游历者，无不称赞火车的妙处。张德彝详细地记述了火车运行的原理与各种具体知识。郭嵩焘称："来此数月，实见火轮车之便利，三四百里往返仅及半日。其地士绅力以中国宜修造火轮车相就劝勉，且谓英国富强实基于此。"⑤ 薛福成详细记述西人发明火车的历史及其原理，称"铁路告成，车行愈驶，旅客愈多，人始知铁路火轮车之大利于用也"。至今每一富庶之区，铁路六通四辟，殆如蛛网，"夫西人之所以横绝宇宙而莫之能御者，火轮舟车之力为最多"。⑥

---

① 斌椿：《乘槎笔记·诗二种》，第107页。
② 斌椿：《乘槎笔记·诗二种》，第112页。
③ 斌椿：《乘槎笔记·诗二种》，第116页。
④ 黎庶昌：《西洋杂志》，钟叔河主编《走向世界丛书》，岳麓书社2008年版，第540—542页。
⑤ 郭嵩焘：《致李鸿章》，《郭嵩焘全集》第十三册，第271页。
⑥ 薛福成：《出使英法义比四国日记》，商务印书馆、中国旅游出版社2016年版，第51页。

道光年间，梁廷枏在《海国四说》中，魏源在《海国图志》中已经写到火车，但他们都是依据外国人所写书刊中的文字材料写的，没有看到过火车，也没有坐过。斌椿、张德彝等则描述了亲见、亲坐的感受。其中，郭连成的描述最为生动：

> 火轮车者，太西各国以之运货物、载客商者也，前十余年始有此制。余初登岸时，遥见房屋齐整，连络不绝，俱有玻璃门户，初以为此处之街市也。及近之，则见下有铁轨、铁轮，始知其为火轮车焉。稍焉，烟飞轮动，远胜于飞，恍在云雾中，正是两岸猿声啼不住，火车已过万重山。虽木牛流马之奇、追风赤兔之迅，亦不可同年而语矣。①

出国人员中，张德彝、郭嵩焘、薛福成等对西方物质文明都特别留意，记载很多。张德彝出国次数最多，到过的地方也很多，所记述的西方物质文明种类也最多。其《航海述奇》、《欧美环游记（再述奇）》、《随使法国记（三述奇）》与《四述奇》四书中，就记有：轮船、火车、鱼雷、煤气灯、电灯、传声筒（电话）、电报、照相、铁裁缝（缝纫机）、木马（自行车）、显微镜、千里镜（望远镜）、留声机、自鸣钟、火柴、肾衣（避孕套）等。从大型交通工具、通信工具到家庭日常用品，形形色色，无所不有，闻所未闻，见所未见，这对于乍见其物、能知其然而不知其所以然的中国人来说，致使其好奇、诧异、浩叹是理所当然的。且以试接电话与参观水晶宫为例。

电话是1875年由美国科学家贝尔发明的，两年后爱迪生获得碳粒话筒专利，改善了通话性能，电话的使用逐渐推广。就在这一年的10月16日，郭嵩焘参观伦敦电气厂，厂主请郭嵩焘与随员德明试通电话。郭记述：

---

① 郭连成：《西游笔略》，第38—39页。

令德在初居楼下，吾从楼上与相语，其语言多者亦多不能明。问在初：你听闻乎？曰：听闻。你知觉乎？曰：知觉。请数数目字，曰：一、二、三、四、五、六、七。惟此数者分明。而格里与洋人相与谈，应如响。耳目聪明实亦有过人者。[①]

郭嵩焘、德明成了最早接触与使用电话的中国人。郭嵩焘感叹："爱谛生以此筒传语，数万里外无或爽者，真神技也。"[②]

水晶宫是伦敦为 1851 年第一届世界博览会而建的展馆，完全由玻璃和钢铁这两种材料构成，在当时被视为奇迹，其特点是轻、光、透、薄，开辟了建筑形式的新纪元，也体现了那个时代最高的科技水平。水晶宫先设在海德公园内，世博会结束后，移至伦敦南郊。高大的拱形建筑，硕大无比的玻璃墙面，晶莹剔透，风格特异，令纷至沓来的世界各地游客赞叹不已。1877 年 5 月 24 日（光绪三年四月十二日），郭嵩焘率使馆随员应邀前去参观。奇特的建筑，丰富的陈列，特别是那璀璨多变的烟火，令郭嵩焘目不暇接。他以一千六百多字的篇幅，绘声绘色、不厌其详地记述了参观的感受。

张德彝、王韬也曾游览水晶宫，均赞叹不已。

（六）关注西方军事

近代中国是被西方坚船利炮打开国门的。学习、仿造西方坚船利炮是自强运动中心工作之一。同光之际的出使人员及其他出国考察人员，都相当注意考察西方的军事建设。郭嵩焘考察过英国的兵工厂，参观过洋枪局，参观过西方人的赛洋枪会，日记中有大量关于西方兵器的记述。

徐建寅在 1879 年游历欧洲，主要使命就是到德国定购铁甲兵船，考察兵工厂。因此，他对于西方军事方面最为用心。他在国内

---

① 《郭嵩焘日记》光绪三年九月初十日，《郭嵩焘全集》第十册，第 295 页。
② 《郭嵩焘日记》光绪四年四月十九日，《郭嵩焘全集》第十册，第 485—486 页。

时，便是军事技术专家，在江南制造局翻译过军事方面的专书，在天津制造局研制过硝酸，因此，他对军事方面的记述，内行、具体而系统。他在德国、法国、英国考察的与军事相关的工厂和科技单位就有 80 多家，诸如柏林的防抢院、机器厂，埃森的克虏伯厂，巴黎的矿务院、千里镜厂，汉堡的火药厂，伦敦的船厂，苏格兰钢厂等，记述的工艺、设备、管理方法就有 200 多项，包括真空管、留声机、蓄水池、制砖器、水压机、水泥制造、采煤技术、制革工艺、车间管理知识、计件工资管理等。他发现西方有些工厂的厂房简陋，设备简单，条件不如中国，但是其产品质量反而优良，考其原因就是管理得法。

薛福成对西方武器发展、军工企业有相当细致的了解。他较徐建寅等人更深一层的，是从制度层面与文化传统上研究西方军事强于中国的原因。他说："西洋各国，陆军以德国为最胜，水师以英国为最精"，"各国营伍，无不步伐整齐，操练精熟，多有一定步骤，非可尺寸逾越"。西方军队之所以能胜中国，原因有二：一是"中国三代以前，文武原未尝分途，汉唐犹存此意；宋明以来，右文轻武，自是文人不屑习武，而习武者皆系粗材"。而"泰西各国，选将练兵，皆出学校。武备一院，选聪颖子弟读书十数年，再令入伍习练。虽王子之贵，皆视为急务。历练既深，又多学问，故无不精娴韬略"。西人对当兵有很严格的要求，"选择精，读书久，阅历深，而始能当一兵"。"一隶营籍，则平日见重于闾里，如中国诸生之列胶庠。即年满告退，亦有半饷以赡其老。所以能使乐于从事，不惮致其毕生之力"。兵如此，将才亦因以辈出。一是"兵事不尚空谈，贵乎实练。中国兵法之有专家，始于战国之时。厥后汉之韩信、唐之李靖，皆有兵法传于世"。"宋明以后，渐失其传……欧洲各邦，以战立国一二千年矣。上下一心，竞智争雄，目见耳闻，濡染已久，又复互相师法，舍短集长。凡阵法之变化，号令之疾徐，船械之良楛，枪炮之利钝，无不罄其秘要，确有程度；非若中国之承平稍久，或并古所习之兵法而失其传也。以上二者，彼之所以获此成效，本非易易。中国虽不必尽改旧章，专行西法；但能明其意而变通之，酌其宜而整顿之，未始非事半功倍之术也。"① 在此以前，还没有人如此系统而到位地比较过中西军事传统及其得失问题，薛福成能有此卓识，一是由于他作为曾国藩幕僚，熟悉中国军事实情，也留心中国军事制度沿革；二是他到西方以后，注意考察、琢磨，然后两相比较。

（七）小结

同光时期，存在两类文化"双视野人"②，即同时看着中国文化与西方文化的人。一类是上述这些出国人员，特别是出使人员与留学人员，另一类是包括一些传教士在内的来华西士，诸如丁韪良、傅兰雅、林乐知、花之安、狄考文、艾约瑟、李提摩太。他们办报、译书、写书、讲学，宣传西方文化，也批评中国时政，呼吁中国变法。这两类"双视野人"各具特色。这一时期中国的出国人员，像伍廷芳、何启、严复、马建忠、陈季同等真正能够通过阅读西学原著了解西学、了解西方社会的人还寥若晨星，屈指可数，而来华西士中能够阅读中文、懂得中文、了解中国社会的人，则大有人在，数量可观，且其中不乏足以当得起汉学家称号的人。这些来华西士所介绍的西学知识，相对准确到位，对中国社会问题的观察与批评，虽然偶有隔靴搔痒之嫌，但切中要害之处相当多，对中国思想者影响相当广泛。大多数中国出国人员，如郭嵩焘、曾纪泽、薛福成、李圭、袁祖志、傅云龙，基本上是以中国眼光看世界，而丁韪良、傅兰雅、林乐知等，则是以世界眼光看中国。这两类文化"双视野人"有所沟通与交流，在晚清思想界所起作用也有所不同。在缺少民族西学人才的时期，来华西士事实上充当了西

---

① 薛福成：《出使英法义比四国日记》，第64—65页。

② 以伽达默尔"视域融合""双视野人"理论讨论近代中国人物思想，最为详细的是梁元生，见其所著《清末上海的文化张力与"双视野人"》，载梁元生《晚清上海：一个城市的历史记忆》，广西师范大学出版社2010年版。

学教习的角色。但是，由于这些教习来自对中国实施侵略的国度，他们传播的西学，特别是涉及评价中西文化优劣的那部分内容的影响，就不能不因其尴尬的身份而打了折扣。反过来，那些以中国眼光看世界的"双视野人"，其著述则相对容易受到中国社会的认可。

晚清出国人员游记笔记举要（1894 年以前）

姓名	出国时间	作品名称	备注
谢清高	1783—1820	海录	谢清高口述，杨炳南笔录，述西洋情事
林鍼	1847	西海纪游草	
郭连成	1859—1860	西游笔略	游历意大利，述旅途及意大利见闻
斌椿	1866	乘槎笔记	记游历欧洲情形
张德彝	1866—1906	航海述奇、欧美环游记（再述奇）、随使法国记（三述奇）等	多次随使、出使欧美
王韬	1867—1870，1879	漫游随录、扶桑游记	前者述 1867 年至 1870 年游历欧洲事，后者述游历日本事
志刚	1868—1870	初使泰西记	记述 1868 年至 1870 年出使情形
孙家谷	1868—1870	使西书略	
祁兆熙	1874—1875	游美洲日记、出洋见闻琐述	护送幼童赴美留学
李圭	1876	环游地球新录	游历美国等地
黄遵宪	1877	日本杂事诗广注、日本国志	随使日本，1882 年调任驻美国旧金山总领事，1890 年调任驻英国二等参赞，1891 年任驻新加坡总领事
郭嵩焘	1876，1877—1879	使西纪程、郭嵩焘日记	出使英、法
刘锡鸿	1877—1879	英轺私记	英、德
钱德培	1877	欧游随笔	随使德国，访问期间参观了荷兰博览会，记述德国人风俗习惯，以及荷兰博览会情况
徐建寅	1879	欧游杂录	驻德参赞

续表

姓名	出国时间	作品名称	备注
陈兰彬	1878—1881	使美纪略	出使美、西班牙、秘鲁
李凤苞	1878—1884	使德日记、闻政汇编	出使俄、德、荷、意
曾纪泽	1879—1885	出使英法俄国日记	出使英、法等国
黎庶昌	1881—1884，1887—1889	西洋杂志	随使美、西班牙、秘鲁，出使日本
蔡钧	1881—1884	出使须知、出洋琐记、舌人小录	随使美、西班牙、秘鲁[①]
袁祖志	1883	西俗杂志、涉洋管见、出洋须知、谈瀛录	随唐廷枢出访欧洲等地
张祖翼	1884	伦敦风土纪	介绍英王登基五十年庆典，以及英国风俗、社会设施
许景澄	1884—1887，1890—1896	许文肃公日记	出使德、奥、荷、比、意
王咏霓	1884	归国日记	随使德国
张荫桓	1886—1889	三洲日记	出使美、西班牙、秘鲁
邹代钧	1886	西征纪程	随使英、俄
李平书	1887	新嘉坡风土记	游历新加坡
洪勋	1887	游历意大利闻见录、游历瑞典挪威闻见录、游历西班牙闻见录、游历葡萄牙闻见录、游历闻见录总略、游历闻见拾遗	游历欧洲等地
缪佑孙	1887	俄游汇编	访俄游历使
潘飞声	1887—1891	西海纪行卷、天外归槎录	德、意诸国游历
崔国因	1889—1893	出使美日秘三国日记	出使美、西班牙、秘鲁
薛福成	1890—1894	出使英法义比四国日记	英、法、意、比
吴景濂	1894	随轺笔记四种	随使英、法、意、比

注：参见权赫秀《晚清中国与西班牙关系的一部罕见史料——蔡钧著〈出洋琐记〉韩国藏本及其内容评价》，《社会科学研究》2012 年第 3 期。

资料来源：钟叔河主编《走向世界丛书》，岳麓书社 1985 年版；熊月之《西学东渐与晚清社会》，上海人民出版社 1994 年版；王晓秋、杨纪国《晚清中国人走向世界的一次盛举》，辽宁师范大学出版社 2007 年版。

三　新报刊·新书籍·新知识

就思想者可资利用的文献资源而论，同光时期的思想者较之此前的道咸时期，以及更早的前近代时期，一个很大的不同就是，他们可以阅读到的域外文献资源，远较他们的前辈丰富得多。这体现在两个方面，一是报刊，二是西书。

（一）新报刊

由报纸、杂志形成的知识载体与言论场域的影响，有如天上的云朵，因阅读、知晓、关心人数的多寡而呈现不同的特点，或大或小，或厚或薄，或久或暂。

1. 普通报纸

报纸刊物是近代新出现的知识载体，其广泛发行有力地促进了知识的流动。

同光时期以前，中国已经零星出现一些报纸刊物。鸦片战争以前，米怜、郭实腊等传教士在南洋与广州一带，先后发行过《察世俗每月统记传》（1815—1821）、《特选撮要每月纪传》（1823—1826）、《天下新闻》（1828—1829）与《东西洋考每月统记传》（1833—1837），这是最早出现的中文刊物。尽管这些刊物主要不是在中国本土出版的，[①] 但它们通过多种途径，直接或间接地对中国读书人产生过影响。魏源、梁廷枏等均读过。

鸦片战争以后，来华传教士与其他西方人，在香港与通商口岸又陆续创办一些报纸与刊物，包括 1853 年在香港创刊的《遐迩贯珍》，1854 年在宁波创刊的《中外新报》，1857 年在上海创刊的

---

① 《东西洋考每月统记传》是 1833 年 8 月 1 日在广州创刊的，翌年迁往新加坡。其余刊物均在南洋出版。

《六合丛谈》，这些报刊都历时不久，有的一年多，有的近三年，最长的是《中外新报》，历时六年多。它们对中国知识界也产生了一定的影响。

同光时期，上海等通商口岸陆续创办了 36 种报纸刊物（详见附表）。它们形式、风格多样，以出版周期论，有日报、周刊、旬刊、月刊、季刊；以内容论，有综合性的，有专门性的，如宗教报刊、科技刊物、儿童刊物；以文体论，有文言文的，有白话文的，还有图文结合的画报；以主体论，有外商办的，也有中国官员、士绅办的；以产地论，绝大部分在上海，其次是香港。

出版时间较长、内容比较丰富、影响较大的，普通报纸有《上海新报》、《申报》和《新闻报》等，画报有《点石斋画报》，刊物有《万国公报》《格致汇编》。

《上海新报》，1861 年 12 月创刊，是上海第一份中文报纸，初为周刊，后改二日刊、日刊。由詹美生（R. A. Jamieson）、华美德（Marquis L. Wood）、傅兰雅、林乐知先后主持。1872 年 12 月 31 日停刊。《上海新报》早《申报》11 年出版，是《申报》以前连续出版时间最长的中文报纸。内容主要为中外新闻，物价、船期消息，告白，也登载一些科学知识。1867 年，它选载了合信的《博物新编》、裨治文的《联邦志略》、伟烈亚力的《重学》等书中的有关内容。

《申报》，1872 年 4 月 30 日创刊，为英国寓沪商人美查（E. Major）所有，聘请华人知识分子赵逸如、蒋芷湘等人具体负责，初为二日刊，后改日刊，1907 年盘给报馆华人买办席子佩，名义上仍属西人。1912 年售给史量才，成为纯粹华人报纸，1949 年 5 月停刊。《申报》是近代上海也是近代中国历时最久、影响最大的报纸。

《申报》刊载时事新闻、商业广告，也刊载西学知识、时事评论，扩人眼界，启人心智。《申报》时常介绍上海新出现的来自西方的新科学技术，评论上海租界市政管理优越于华界和内地城市之处，偶尔也会介绍西方思想文化。1873 年，《申报》曾刊文介绍达尔文（"大蕴"）及其著作《人本》称人类演变途径相同，"夫宇内之人，凡属性情、血气，是否皆出于一本也"。① 这是达尔文名字在中国的首次出现。

《新闻报》是近代上海与《申报》齐名的著名报纸，世称"申新"。1893 年 2 月 17 日创办，日报。初由中外商人合办，为私人公司，美国人丹福士（A. W. Danforth）为总董，斐礼思（J. F. Ferries）为总理，华商有张园主人张叔和等。公司后渐解体，华股退出，丹福士遂为主人，斐礼思为总理，蔡尔康专撰论说。后延袁祖志为主笔，孙玉声为本埠编辑主任，蔡、袁、孙都是 19 世纪末上海颇负盛名的文人。早期《新闻报》的编辑有汪汉溪、庄彝仲、金煦生、姚伯欣、孙玉声、叶吟石。《新闻报》面向工商界，轻政重商，突出报道经济金融界消息。时论具有不务高谈、明白易懂、就事论事等特点，销量一度超过《申报》。

2. 《点石斋画报》

同光时期，中国出现了一批画报。

1875 年至 1880 年，上海先后有《小孩月报》、《瀛寰画报》、《画图新报》创刊，三种画报内容均以转录外国宗教或世俗故事为主，主持人多为外国传教士，绘画所用技法是西方的而不是中国的。1884 年 6 月《点石斋画报》创刊，标志着晚清画报一个新的历史时期的到来。

《点石斋画报》由中国画家吴友如主持，表现内容多为市民喜闻乐见，在绘画技巧、画报样式等方面均奠定了晚清画报的基础。《点石斋画报》问世以后，风行一时，在全国各地设了近 20 个分销点，供不应求。求吴友如作画的人也越来越多。为适应需要，吴友如在 1890 年又创办了《飞影阁画报》，画法、风格与《点石斋画报》一脉相承。1893 年，《飞影阁画报》出满 100 期后，吴友如

---

① 《西博士新作〈人本〉一书》，《申报》1873 年 8 月 21 日。

将它让给画友周慕桥接办，自己另编《飞影阁画册》，月出二册，以人物仕女、仙佛神鬼、鸟兽鳞介、花卉草虫、山水名胜、考古纪游、探奇志异等为主要内容。

画报是一种视觉文化，它以画面为媒介，沟通作者与读者。比起以文字为主的普通报刊，它具有生动、直观的特点，可表达一些用文字无法表达的意境。比如，报纸上常常说到上海某处装了电灯，有了电话，这些东西怎么神奇，但是，从未见过电灯、电话的人，即使你说一千道一万，他还是不知道电灯、电话是什么样子。有了画报，情况就不一样了。电灯、电话的形状一登，辅以文字介绍，如何神奇、如何便捷，一目了然。

画报还具有一个特点，通俗易懂。很多意思不需借助文字便能表达，它对读者识字程度要求不高，比较适合普通市民阅读。

对于画报的影响，鲁迅曾有很恰当的评述："这画报的势力，当时是很大的流行的，流行各省，算是要知道'时务'……的人们的耳目。"画报的"影响到后来，也实在厉害，小说上的绣像不必说了，就是在教科书的插画上，也常常看见所画的孩子大抵是歪戴帽，斜视眼，满脸横肉，一副流氓气"。[①] 他在 30 年代还说："近来许多小说和儿童读物的插画中，往往将一切女性画成妓女样，一切孩童都画得像一个小流氓，大半就因为看了他（吴友如）的画本的缘故。"[②]

3.《万国公报》

同光时期所出版刊物中，对思想文化史最有影响的是《万国公报》与《格致汇编》，一重政论，一重科学。

《万国公报》前身是《教会新报》，创办于 1868 年 9 月 5 日，初名《中国教会新报》，1872 年 8 月 31 日第 201 卷改称《教会新

---

① 鲁迅：《上海文艺之一瞥》，白冰编《鲁迅小说杂文散文全集》（中），广西民族出版社 1995 年版，第 1039 页。

② 鲁迅：《朝花夕拾后记》，《朝花夕拾》，人民文学出版社 1973 年版，第 77 页。

报》，周刊，林乐知主编。

林乐知创办此报的初衷，是藉此联络教会及造就信徒，因此，初期的《教会新报》，内容注重宗教方面①，读者也主要是传教士及信教华人。经过四五年的努力，销路逐渐打开，到第五年底，每期销数已有两千多份，读者对象亦从教中扩大到教外。林乐知增加了杂志中的世俗内容比重，增加了科学知识的比重。

《教会新报》刊载的西方科学技术知识有丁韪良的《格物入门》，艾约瑟的《格致新学提纲》，韦廉臣的《格物探原》，教育学方面有花之安所著《西国书院》《西国学校论略》与《德国学校论略》，还有关于西方社会各种具体制度的介绍，诸如人身保险制度、国家公债制度、议会选举制度。

1874年9月5日，《教会新报》出满300期以后，更名《万国公报》，仍为周刊，成为以时事新闻、科学技术为主要内容的综合性刊物。1883年7月28日出至第750卷，因林乐知忙于中西书院事务而停刊。六年以后，为适应同文书会工作的需要，于1889年2月复刊，改为月刊，册次另起，成为同文书会（广学会）的机关报，仍由林乐知主编。1907年底终刊。

《万国公报》的栏目在不同时期有所不同，主要有政事、教事、大清国事、各国近事、掌故、杂录、京报选录等。它以持续报道中外时事、发表对中国时政的批评而开阔人们的视野，吸引人们的注意。它在中国关心时事、祈望改革的知识分子中影响尤大。它最为人们所称道的是其丰富的西学知识。

《万国公报》所传播的新知识，特点是迅速、及时、有针对性。有地震发生，它就介绍地震知识；有彗星出现，它就讨论彗星问题；有日食月食，它就解释日食月食原理；北方发生旱灾，它就

---

① 梁元生对首年《教会新报》50期的内容，以消息则数或文章篇数为单位，分教务、科学、时论、消息、杂录五项进行分类统计分析，结果是，五项共465（篇），其中，教务243，消息77，杂录58，时论46，科学41。教务最多，科学最少。见梁元生《林乐知在华事业与〈万国公报〉》，香港中文大学出版社1978年版，第76页。

发表有关旱灾形成原因以及救治方法的文章；国际上发生战争，它就发表相关国家的知识；美国等国家总统易人，它就发表关于总统选举的知识。有针对性，就是突出热点、重点，结果也就抓住了读者。同光时期，国人一般还弄不清楚西方立宪制度到底是怎么回事，有些国家为什么过几年就要换一个元首，不明白皇帝、国王有什么差别。针对这些疑惑，《万国公报》曾多次发表文章予以解释。

19世纪后期，《万国公报》对中国知识分子的影响，对中国社会的影响，是其他任何一种中文报刊都不可比拟的。它的作者，除了林乐知、韦廉臣、艾约瑟、丁韪良等一大批来华外国传教士，还有五百余名中国人，诸如贾步纬、曹子渔、沈毓桂、朱逢甲、袁康、蔡尔康、颜永京。晚清中国政治、外交、思想界的知名人物郭嵩焘、王韬、郑观应、孙中山、胡礼垣、宋恕、何如璋、曾纪泽、薛福成、康有为、经元善等，亦有作品在上面发表。

4. 《格致汇编》

《格致汇编》是一份专门性科学杂志，1876年2月创刊，初为月刊，后改季刊，傅兰雅主编，1892年冬终刊，共出60期。馆址在上海汉口路。稿件大部分由傅兰雅撰写，玛高温、卜舫济等外国传教士和学者提供了部分稿件，中国学者徐寿、徐建寅、华蘅芳、舒高第、杨文会也提供了一些稿件。

《格致汇编》内容可以分为自然科学基础知识、工艺技术、科技人物传记和答读者问。自然科学基础知识方面内容相当广泛，举凡数学、物理、化学、天文学、地理学、地质学、生物学、医学、药物学等等，几乎无所不有。属于自然科学一般理论、方法的，有《格致略论》《格致理论》《格致新法》等。《格致略论》系傅兰雅从英国《幼学格致》中译出，类似于现在小学的自然常识课本。《格致理论》《格致新法》均系英国传教士慕维廉所撰，前文介绍一年四时更迭、地球自转公转、地球的引力，以及此三者与大地万物生死荣枯的关系，后文介绍英国近代实验科学始祖弗兰西斯·培根的科学理论产生的时代背景、主要内容与时代价值。

《格致汇编》所介绍的具体学科内容十分广泛。数学方面，多为初等趣味数学题。物理学方面，除了一般地介绍物质形态、物质运动、万有引力等知识，较多地介绍了电学原理、光学原理。化学方面，介绍了物质的64种原质、化合与分解、水、酸、碱，还介绍了各种化学仪器的性能与用途。天文学、地理学、地质学方面，介绍了地球形成、地质构造、地形地貌、火山地震等。生物学方面，介绍了地球各大洲及海洋中动物、植物的分布情况、生长习性及其与人类的关系；介绍了欧洲人爱吃的各种蔬菜如卷心菜、豌豆、萝卜、蘑菇等的种植方法，包括温室种植法，介绍了西方的一些花卉的生长习性、栽培方法；介绍了各类昆虫的构造、生活习性。这些文章所介绍的知识，在学习程度上，大致相当于现在小学常识课所教的内容。傅兰雅所作的《混沌说》一文，概略地叙述了当时中国还不大有人了解的生物进化论观点。工艺技术方面，《格致汇编》所介绍的内容几乎无所不有。

《格致汇编》还介绍了一批科学家的生平事迹，内含中国科学家徐光启、李善兰、徐寿，有中西文化交流史上的著名人物利玛窦、汤若望，有世界著名大发明家爱第森（爱迪生），17世纪法国数学家、物理学家巴司嘎拉（巴斯卡），还有哥伦布、麦哲伦、古克（库克）、富兰克令（富兰克林）、蒙哥巴克（蒙哥·帕克）、立恒士敦（立温斯敦）等一批著名探险家。这些介绍文章，在叙述生平中，突出其科学成就，间或配以精美画像。

《格致汇编》开始每卷印3000册，第1卷出版后，不到一年已告售罄。第二年以后，每出一卷，数日之间，即售一空。应读者之请，傅兰雅将已出之《格致汇编》重印发售，至光绪十六年春，所出各卷多重印一次，有的甚至重印两次。

《格致汇编》设有代销处，可以销到的地方，东起上海，西至重庆，北至北京，南至广州、香港，海外还有横滨、新加坡等地，凡 38 个地方 48 个代销处，属于国外的 3 处，其余均在国内，几乎遍布沿海沿长江一线所有重要城市。①

1894 年以前中国报纸刊物表

报刊名称	创办时间	创办人或主笔	所在城市	报馆地址	备注
遐迩贯珍	1853 年 9 月 3 日	麦都思	香港	英华书院	1856 年停刊
中外新报	1854 年 5 月 11 日	玛高温	宁波		1861 年 2 月 10 日停刊
六合丛谈	1857 年 1 月 26 日	伟烈亚力	上海	墨海书馆	1858 年停刊，共出 15 期
上海新报	1861 年 12 月	字林洋行	上海	字林西报馆	1872 年 12 月 31 日停刊
中外新闻七日录	1865 年 2 月 3 日	湛约翰	广州		1868 年 1 月 23 日停刊
教会新报	1868 年 9 月 5 日	林乐知	上海	林华书院	1874 年改《万国公报》
七日镜览	1870 年 8 月 13 日	英国人主办	上海		刊载广告、传记、奏稿和新闻等
圣书新报	1871 年 11 月	范约翰	上海		1874 年停刊
谈道新编	1872 年	沈子星	汉口		1876 年停刊
申报	1872 年 4 月 30 日	美查	上海	汉口路	1949 年 5 月停刊
中西闻见录	1872 年 8 月	丁韪良	北京	施医院	1875 年停刊
循环日报	1874 年 1 月 5 日	王韬	香港		约 1947 年停刊
匯报	1874 年 6 月 16 日	唐廷枢	上海		1874 年 9 月 10 日改《彙报》
小孩月报	1875 年	范约翰	上海	清心书馆	1915 年停刊
彙报	1874 年 9 月 10 日	朱逢甲	上海		1875 年 7 月 16 日改《益报》

---

①　这些代销处为：北京、天津、牛庄、济南（2 处）、烟台、登州、青州、长沙、湘潭、益阳、兴国、宜昌、沙市、汉口、武昌、九江（2 处）、南昌、安庆、南京、镇江、上海（4 处）、苏州（2 处）、邵伯、扬州、宁波、杭州（3 处）、温州、桂林、重庆、太原、福州（2 处）、淡水（2 处）、汕头、香港、广州、新加坡、神户、横滨。

续表

报刊名称	创办时间	创办人或主笔	所在城市	报馆地址	备注
万国公报	1874 年 9 月 5 日	林乐知	上海	林华书院	1907 年底终刊
益报	1875 年 7 月 16 日	朱莲生	上海		1875 年 12 月 4 日被封禁
格致汇编	1876 年 2 月	傅兰雅	上海	汉口路	1892 年冬终刊
新报	1876 年 11 月 23 日	袁祖志	上海	宁兴街	1882 年停刊
瀛寰画报	1877 年 9 月		上海	汉口路	
维新日报	1879 年	陆骥纯	香港		1909 年改为《国民新报》
益闻录	1879 年 3 月 16 日	李问渔	上海		1898 年与《格致新报》合并，易名《格致益闻汇报》
益画新报	1880 年	上海中国教书会	上海		停刊时间不详
画图新报	1880 年 5 月	范约翰	上海	清心书馆	
夜报	1882 年		上海		为《字林沪报》的晚刊
沪报	1882 年 5 月 18 日	字林洋行	上海	汉口路	后改《字林沪报》
点石斋画报	1884 年 6 月	吴友如	上海		1898 年停刊
粤报	1885 年	罗鹤明	香港		不到一年停刊
厦门新报	1886 年	布德	厦门		刊载一般新闻，出数期后停刊
广报	1886 年 6 月 24 日		广州		1891 年被封
益文月报	1887 年夏		汉口		载天文、地理、格物之学及各地新闻
飞影阁画报	1890 年	吴友如	上海		1893 年转给周慕桥接办
中西教会报	1891 年	林乐知	上海		
海上奇书	1892 年 2 月 28 日	韩子云	上海		1892 年 11 月停刊

续表

报刊名称	创办时间	创办人或主笔	所在城市	报馆地址	备注
飞影阁画册	1893 年	吴友如	上海		月出二册
新闻报	1893 年 2 月 17 日	丹福士	上海	汉口路	1960 年 5 月 31 日终刊

＊资料来源：史和等编《中国近代报刊名录》，福建人民出版社 1991 年版；郭卫东主编《近代外国在华文化机构综录》，上海人民出版社 1993 年版；马光仁主编《上海新闻史》，复旦大学出版社 1996 年版；胡道静《上海的日报》，载《上海通志馆期刊》第 2 卷第 1 期，1934 年；方汉奇《中国近代报刊史》，山西人民出版社 1981 年版。

（二）新书籍

同光时期，西学书籍大量问世，对思想演变与走向有着重大影响。这些书籍，蕴涵极其丰富的、为中国传统经史子集所没有的新的内容，涉及数学、物理、化学、天文学、地理学、生物学、医学、经济学、法学、教育学、历史学与哲学等诸多方面，为读书人的知识资源增添了新鲜成分。

鸦片战争以后，随着上海等通商口岸的辟设，来华西方人在上海、宁波与广州等地，设立了墨海书馆、华花圣经书房与博济医局，除了出版宗教读物，也出版了《代微积拾级》《谈天》等介绍近代科学知识的书籍。同光时期，随着通商口岸的增多、对传教限制的放宽，传教士及其他来华外国人出版西书的机构日益增多。随着自强运动的开展，清政府官办机构，如江南制造局翻译馆、京师同文馆，也成为出版西书的重镇。同治初年江苏、湖北等地兴办的官书局，在翻刻传统经史子集、地方文献之外，也出版了一些西书。据不完全统计，1894 年以前的同光年间，全国出版西书的机构有 21 家（详见附表），分布在上海、天津、广州与北京等地。

同光时期，出版人文社会科学西书较多、影响较大的机构，为江南制造局翻译馆、京师同文馆、同文书会 - 广学会、益智书会、土山湾印书馆与总税务司署。

江南制造局翻译馆创办于 1868 年，历时 45 年，先后聘请中外译员 59 人，其中外国学者 9 人，中国学者 50 人，各人译书多寡不等。所聘外国学者有傅兰雅、林乐知、金楷理等，中国学者有徐寿、华蘅芳、舒高第、赵元益、徐建寅、锺天纬等。

翻译馆从 1871 年开始出书，到 1880 年共出书 98 种，到 1895 年前凡出书 110 种。其译书种类从多到少，顺序为兵学、工艺、兵制、医学、矿学、农学、化学、算学、交涉、史志、船政等，应用科学与工程技术最多，自然科学之基础科学次之，社会科学最少。制造局出版之书，或自用，或销售，或选送南洋大臣和总理衙门。

京师同文馆共译编西书 26 种，翻译以西教习为主，学生参与。翻译是学生课程之一，书译出以后，又多成为学馆教科书。所译西书分三类，一是国际知识，有《万国公法》《公法便览》《各国史略》等；二是科学知识，有《格物入门》《化学指南》《富国策》等；三是学习外文工具书，如《汉法字汇》《英文举隅》等。由于学馆无现成教科书，这些西书多充教科书之用。京师同文馆有些课程便是以这些书命名的，如"万国公法""各国史略""富国策"等。

同文书会，1887 年成立于上海，1894 年易名广学会。发起人主要是一批寓华西人，也有少量华人参加。韦廉臣兼任书记即秘书，后称总干事，负责日常工作。1890 年韦廉臣病逝，其工作由李提摩太接替。广学会在不同时期的工作宗旨、活动特点、社会影响差别很大，同光时期主要是一个传播西学的机构。早期广学会宗旨有二，一是向中国知识阶层提供比较高档的西学读物，二是向中国一般家庭提供附有彩色图片的通俗读物。

益智书会是基督教传教士编辑、出版教科书的机构，1877 年在上海成立。1879 年，聘傅兰雅为总编辑。1890 年机构改组，狄考文任主席，傅兰雅留任总编辑兼总干事。益智书会最重要的贡献是编写初级和高级两套教科书。教科书涵盖的学科有算术、几何、代数、测量、博物、天文、地理、化学、地质、植物、动物、心理、历史、哲学、语言等各个方面。编写方针是，结合中国风俗习惯，学生、教习皆可使用，教内、教外学校能够通用，科学、宗教两者结合。至1890年，益智书会编辑出版和审定合乎学校用的书籍共98种，有些是新编的，有些是此前已经出版、后经益智书会认定可供学校教学使用的。

土山湾印书馆是天主教出版机构，1867年开办于上海徐家汇，1869年已出版木版中文书70种，多为重刊利玛窦、南怀仁、艾儒略等人著作。所出除了宗教读物与《益闻录》《格致益闻汇报》等刊物，还有一些介绍西方科学文化的书籍。

总税务司署是全国海关税务机构，初设于上海，1863年迁北京。晚清总税务司一向由英国人担任。赫德自1863年起担任这一职务，长达48年。在任期间，他做了一件与西学传播有关的工作，即让艾约瑟翻译西学启蒙课本。此书凡16种，由总税务司署印行，1886年出版。李鸿章为其作序，称"其理浅而显，其意曲而畅，穷源溯委，各明其所由来，无不阐之理，亦无不达之意，真启蒙善本"。曾纪泽称赞其书"探骊得珠，剖璞呈玉，遴择之当，实获我心，虽曰发蒙之书，浅近易知，究其所谓深远者第于精微条目益加详尽焉耳，实未始出此书所纪范围之外，举浅近而深远寓焉，讵非涉海之帆楫、烛暗之灯炬欤！"①

近代中国西书出版机构表（1894年以前）

名称	创办年份	地点	西书举要
英华书院	1843	香港	智环启蒙、塾课初步
墨海书馆	1844	上海	代微积拾级、谈天、重学
华花圣经书房	1845	宁波	地球图说、天文问答、博物通书
博济医局	1859	广州	割症全书、内科阐微、化学初阶
美华书馆	1860	上海	格物质学、代形合参、造洋饭书、化学新编

---

① 曾纪泽：《西学略述序》，《西学略述》，总税务司署光绪十二年版。

续表

名称	创办年份	地点	西书举要
总税务司署	1861	上海迁北京	西学略述、希腊志略、罗马志略
京师同文馆	1862	北京	万国公法、格物入门、富国策
金陵官书局	1864	南京	重学、圆曲线说
湖北官书局	1864	武昌	伦理学、化学、植物学、动物学、法制经济学
文会馆	1864	登州	光学揭要、声学揭要、天文揭要
土山湾印书馆	1867	上海	形性学要、西学关键
天津机器局	1867	天津	陆操新义、水雷图说
浙江官书局	1867	杭州	理财节略、日本陆军大学校论略
江南制造局翻译馆	1868	上海	化学鉴原、地学浅释、佐治刍言
申报馆	1872	上海	万国史记、西事类编
益智书会	1877	上海	心灵学、声学揭要、光学揭要
中华印务总局	1884	香港	自西徂东
格致书室	1885	上海	理学须知
天津武备学堂	1885	天津	克虏伯电光瞄准器具图说、哈气开司枪图说
汇报馆	1886	上海	西学关键、透物电光机图说、水鉴
同文书会	1887	上海	格物探原、泰西新史揽要

资料来源：徐维则《增版东西学书录》、顾燮光《译书经眼录》、沈兆祎《新学书目提要》，赵惟熙《西学书目答问》；熊月之主编《晚清新学书目提要》，上海书店出版社 2007 年版。

（三）新知识

同光年间人们所能阅读到的西书，主要部分是上述机构所出版的译本，与寓华西人所编撰的西书，也包括明清以来同光以前已经出版的西书。少量留学美国、欧洲的学生能够阅读西学原书，那是个别现象。下面，对同光时期的西书做一概述。

自然科学方面，包括自然科学常识及天文学、地理学、数学、物理学、化学、生物学与医学等具体学科。

自然科学常识方面，1855 年出版的合信所编《博物新编》，已从多方面介绍西方科学常识，涉及物理学、天文学、动物学、化学等。同光时期，益智书会出版的傅兰雅等人编辑的众多以"须知"冠名的小册子，涉及天文、地理、地志、地学、算法、化学、气学、声学、电学、量法、画器、代数、三角、微积、曲线、重学、力学、水学、光学、热学、矿学、全体、动物、植物等方面内容，加上配合这些"须知"的各种教学挂图，合起来，便是相当丰富的自然科学常识普及丛书。

自然科学常识方面，还有两部专书出版，即《格物入门》与《格致总学启蒙》。《格物入门》，丁韪良著，京师同文馆 1868 年出版，系搜罗泰西群籍，采其易明而有实际功用者编成，分七卷，包括水学、气学、火学、电学、力学、化学与格物测算。《格致总学启蒙》，艾约瑟译，总税务司署 1886 年出版。原书为英国著名科学家赫胥黎（Thomas Henry Huxley）所著，是他为伦敦麻密纶大书院（Macmillan Company，今译麦克米兰公司）所出版的《科学初级读本》丛书写的导论。此书在英国很受欢迎，赫胥黎在世时重印不下 8 次。[①] 此书在晚清还有一个节译本，即《格致小引》，江南制造局翻译馆 1886 年出版。

至于自然科学各门具体学科，数、理、化、天、地、生、医、农等，均有专书翻译出版。就知识程度论，大体上同时代西方各门学科中等以下知识，都已经传入，少量学科已有高等知识传入，如数学的微积分之类。

各类自然科学知识的传入，对于中国思想界来说，具有重要启发意义。天文学涉及宇宙论，地理学涉及世界观、地圆说，地质学涉及进化论，物理学（包括电学、光学）、化学、生物学、医学等，更涉及人们对整个自然界的理解与看法。这些知识，很多为中国以前所没有或少有，对于中国知识界的震撼是空前的。梁启超认

---

　　① 王扬宗：《赫胥黎〈科学导论〉的两个中译本——兼谈清末科学译著的准确性》，《中国科技史料》第 21 卷第 3 期，2000 年。

为，人日居天地间而不知天地何状，是谓大陋，因此对《谈天》这样的书"不可不急读"。这类看法，移用到电学、光学、地质学等门类，可谓无往而不适。

然而，对于思想界影响更直接的，还是人文社会科学。

同光时期，西方输入的人文社会科学方面知识，主要有法学、经济学、教育学、历史学与哲学。

清代了解西方法学知识，始于国际法。鸦片战争前夕，钦差大臣林则徐在广东执行禁烟任务，已命随员将瑞士法学家滑达尔（Vattel）的《国际法》中的一些段落翻译成中文，定名为《各国律例》。鸦片战争以后，国际交涉日多，清政府加快了解国际知识。1864 年，丁韪良翻译出版美国法学家惠顿的名著《万国公法》，为中国官方组织翻译的第一部完整的国际法著作。光绪初年，同文馆陆续翻译《星轺指掌》《公法便览》《公法会通》《法国律例》。这些书，既作为同文馆等学校的法律教学用书，也是当时中国政府、外交官员了解世界的重要参考资料。同期，江南制造局翻译馆傅兰雅与汪振声等也翻译了《公法总论》、《各国交涉公法论》与《各国交涉便法论》。

经济学方面，鸦片战争以前，传教士在南洋一带所出书刊中，已零星述及西方经济学知识。同光时期，有五本关于西方经济学的译作与著作出版，即《富国策》《佐治刍言》《富国养民策》《富国须知》《论生利分利之别》。其中，《富国策》，汪凤藻译，丁韪良鉴定，京师同文馆 1880 年出版。原书为英国经济学家法思德（H. Fawcett）所著的 *Manual of Political Economy*（《政治经济学教本》），1863 年出版。此书内容多采自约翰·穆勒的《政治经济学原理》，极力主张贸易自由。丁韪良在《富国策凡例》中，从开发利源、富国强兵等五个方面说明富国策在国计民生中的重要性、研究富国策的必要性。《佐治刍言》（*Political Economy*），为英国人钱伯斯兄弟所编教育丛书的一种，1852 年爱丁堡刊。傅兰雅译，应祖锡述，江南制造局翻译馆 1885 年出版。全书以自由、平等思想为出发点，分别从家室、文教、名位、交涉、国政、法律、劳动、通商等方面进行论述。关于经济学，书中述及财用、产业、产业保护、工艺、人工价值、分工与管理、机器、工价、资本、贸易之利、钱法、钞票、银行、赊借等。书中论述经济学研究对象及其边界，说明此学"皆实论有形有体之物，且论以何法用各物料方能有益于人。至人之行为，及人己交涉之事，必与财物之增减有相关处，乃可列入学内"。政治方面，书中认为人人有天赋的自主之权，国家应以民为本，政治应以得民心合民意为宗旨。对于《佐治刍言》，康有为、梁启超、章太炎都曾认真读过，对它评价相当高。《富国养民策》，艾约瑟翻译，总税务司署 1886 年出版，原作者为英国学者哲分斯（William Jevons，今译杰文斯），原书名 *Premier of Political Economy*，直译是《政治经济学入门》。凡 16 章，第一章为导论，述富国养民策宗旨、何谓财、财之用途等，以下各章依次论物之有益于人，论生财，论分工操作，论资本，论财富的分配，论工价，论行会，论资本操作联合之诸情形，论地并租地诸事，论交易，论金银钱钞交易，论借银之理并典当店、银庄、金店，论生意兴衰循环之运数，论有益民生诸事官办民办之利弊，最后一章论征税。《论生利分利之别》，一作《生利分利之别论》，李提摩太著，1893 年写成并连载于《万国公报》，后出版单行本。生利指创造财富，分利指产品分配。首论生利，次论分利。书中以西方的机器发明和进步为例，说明体力劳动、脑力劳动皆为生利之源。李提摩太特别指出，脑力劳动在社会财富创造的过程中，起着相当重要的作用，有些看上去与物质财富创造没有直接联系的脑力劳动，比如发电、天文学，最终会对物质财富的创造产生难以估量的影响。分利方面，书中主要论述既生利又分利与只分利不生利、直接生利与间接生利之间的区别，指出文武官员、水陆兵卒、医士蒙师、优伶佣役等，虽非直接生利，也是生利之人，只有那些只知消费、无所事事的人，才是纯然分利之人。

教育学方面，晚明时期耶稣会传教士对于欧洲教育制度，已有所介绍。鸦片战争以后，包括传教士在内的西方人在通商口岸和内地一些地区开办各种学校，将西方教育思想、教学内容、教学方式移入中国。1882 年，执教于圣约翰书院的颜永京，将英国教育家史本守（今译斯宾塞）教育学著作《肄业要览》译为中文，是为西方教育学著作输入中国之滥觞。该书是斯宾塞的代表作《教育论》中的第一篇"什么是最有价值的知识"的内容。其后，德国传教士花之安、英国传教士李提摩太相继编写中文读物《西国学校》《七国新学备要》《速兴新学条例》，从不同角度、不同侧面介绍西方教育理念、教育制度。

历史学方面，明末来华耶稣会士曾在《职方外纪》等书中笼统地提到西方史学。嘉道年间，东来传教士马礼逊、米怜等在马六甲一带，自编或译介了一些有关欧洲与世界的历史学知识。这些史书在中文世界很有影响，林则徐在广东了解西方情况，利用了这些书，梁廷枏、魏源、徐继畬编写有关西洋史、世界史书籍，取材于此甚多。

鸦片战争以后，介绍世界历史与西方大国历史，是新出西书中的重要部分。咸丰年间，慕维廉译编的《大英国志》（1856），是第一部比较翔实的英国历史。同光年间，新出世界通史、地区史与国别史大为增多。美国谢卫楼编写的《万国通鉴》（1882），美华书馆出版，首次将西方古世代、中世代和近世代的分期法引入中国。艾约瑟翻译的《希腊志略》（1886）、《罗马志略》（1886）与《欧洲史略》（1886），将古希腊、古罗马与欧洲历史知识介绍进中国。江南制造局翻译馆出版的《四裔编年表》（1874），用年表体例，以各国帝王、总统沿革为经，以各类种族、政教、争战之事为纬，上起远古，下迄 1860 年，是人们了解世界历史的实用工具书；《列国岁计政要》（1878），分国列述，首卷介绍世界五洲各国概况，以后各卷列述奥斯曼、比利时、法国、德国、英国、美国等国政事，内有很多统计数字，被时人认为是了解世界各国情况的必读书。申报馆出版的《万国史记》（1880），日本冈本监辅著，凡二十卷，分述各国历史，一般一国一篇，也有几国合为一篇的。作者认为，中国当时国势远不如古代，也不如清代前期，中国历史处于倒退中，每况愈下。这对中国读者有警醒作用。此书有多种重刊本，销售量包括各种盗版估计有 30 万部。《泰西新史揽要》，英国马恳西（Mackenzie，今译麦肯齐）原著，李提摩太译，蔡尔康述，1894 年在《万国公报》连载，1895 年全书出版。全书叙述 19 世纪欧美各国发展史。此书充满进化论色彩，把那个世纪描绘成一个不断进步的时代。书中对于西方各国兴利除弊、变法图强的历史述之颇详，并传递了这么一种信息：社会是不断发展进步的，一个国家，一个民族，只要不甘落后，勇于进取，兴利除弊，奋发图强，就一定能由落后变为先进，由弱小变为强大，由愚昧变为文明，由专制变为民主。这对于正因落后而挨打、急欲变法图强的中国，具有直接启迪意义。此书出版后，立即成为热门书。坊间书商见有利可图，纷起翻刻、盗印。据称，在杭州，到 1898 年就有 6 种翻版，在四川，至 1898 年就有 19 种翻版。1901 年，有《节本泰西新史揽要》出版，因篇幅适中，1903 年被审定为历史教科书。

　　哲学方面，明末清初来华的耶稣会士，已将西方哲学一些内容传入中国，涉及古希腊哲学，特别是亚里士多德哲学。同光时期，对西方哲学介绍比较集中的是两本书，即《格致新机》与《辨学启蒙》。《格致新机》，慕维廉译，沈毓桂述，起初在《格致汇编》与《万国公报》上连载，1888 年同文书会出版。此书是英国著名思想家弗兰西斯·培根的名著《新工具》的第一个中文译本。书前沈毓桂、慕维廉各有一序。沈序高度评价了培根学说的科学价值，认为此书对于中国人来说，是振聋发聩的利器，破愚益智的良方，对于中国知格致之理、明格致之法，大有益处。《辨学启蒙》，艾约瑟译，1885 年译成，翌年由总税务司署出版。此书原为伦敦麻密纶大书院（麦克米兰公司）出版的科学启蒙丛书之一，作者哲分斯为英国著名经济学家、逻辑学家，与严复所译《名学浅说》的作者为同一人。《辨学启蒙》与《名学浅说》的底本基本相同，是英国逻辑教科书，1870 年出版，介绍逻辑的功用，论述经验、习惯与思维逻辑之关系，原因与结果、表象与实质的关系等。此书的出版，标志着西方近代逻辑学比较系统地介绍进来。

西方心理学在 19 世纪以前属于哲学的一部分，19 世纪中叶才独立出来，成为单独学科。同光时期心理学译作有一部，即《心灵学》，译者为颜永京，益智书会 1889 年出版。原书是美国心理学家海文的名著，初版于 1857 年。书中沿用康德的学说，将人的心理活动分为认识、感情和意志三部分。颜永京所译为原书之上半部，内容包括论心灵学的重要性、论内悟（意识）、论专意（注意）、论专想（概念）、思索（思维）、汇归（综合）、分覆（分析）等。这是近代中国翻译的第一部西方心理学著作，许多心理学译名系此书首创。

哲学方面，特别值得一提的是，同光时期，进化论知识已零星介绍进中国。

早在 1873 年，江南制造局翻译馆出版的《地学浅释》，已经透露了生物进化论内容。书中认为，地质是渐变的，地壳岩石记录了亿万年的历史，地球表面的特征是在很长时间里自然形成的，生物从产生到现在经历着连续性的变化，环境的变化引起了生物形体的变化，生物本来就具有适应环境变化的能力，生物物种的多样性，是通过自然环境的变化同生物固有的适应性的相互作用而历史地形成的。[①] 1873 年，《申报》载文《西博士新作〈人本〉一书》，介绍达尔文《人类原始》一书。1876 年，《格致汇编》载《格致略论》，述及地质演化与生物进化论。1877 年，《格致汇编》载傅兰雅所写《混沌说》，介绍生物从简到繁的进化过程，谈到人猿同祖论。1881 年益智书会出版的《地学指略》，1884 年丁韪良写的《西学考略》，均谈到生物进化论。

1889 年，上海格致书院春季考课题有关于达尔文的内容："西

[①]　参见王中江《进化主义在中国》，首都师范大学出版社 2002 年版，第 36 页。

学格致始于希腊之阿庐力士托尔德（即亚里士多德），至英人贝根出，尽变前说，其学始精，逮达文、施本思二家之书行，其学益备，能详溯其源流欤？"格致书院学生锺天纬在所写课艺中，准确地介绍了达尔文的生平及生物进化论，谓达尔文所著书，"论万物分种类之根源，并论万物强存弱灭之理。其大旨谓，凡植物动物之种类，时有变迁，并非缔造至今一成不变，其动植物之不合宜者，渐渐渐灭，其合宜者得以永存。此为天道自然之理。但其说与耶稣之旨相反，故各国儒士，均不服其言。初时辩驳蜂起，今则佩服者渐多，而格致学从此大为改变。此亦可谓千秋崛起之人也"。①

（四）新启发

这些传播西方文化的报刊与西书，在中国读书人面前展现的是一个崭新的知识世界。

以自然科学而言，传统中国虽然也有数学、物理学、天文学、地理学、生物学等方面的知识，有些方面也相当发达，但是，西学提供的是另一种系统的知识。西方数学在明末清初已有传入，对中国数学界产生过重要影响。鸦片战争以后，《几何原本》后九卷的翻译，使得欧几里得的名著完整地传入中国。无理数、微积分、解析几何等数学知识的输入，在中国数学界展现了更新的数学图景。物理学中的气学、水学、热学、电学、声学、光学，大多数内容为当时的中国人闻所未闻。中国道教的炼丹术，虽然包含相当丰富的化学知识，但西方化学中的元素说、化合分解原理，则全为新知识。天文学、地理学、地质学、生物学中的月亮绕地说、地球绕日说、彗星说、万有引力说、地球演化说、地质层累说、生物进化说、人猿同祖说，这些对于中国传统读书人来说，全是原有知识结构中的空白点，很难想象，很难理解。1886

---

① 锺天纬课卷，《格致书院课艺》，光绪丁酉（1897）上海书局石印本，己丑（1889年）春季特课超等第四名。

年，康有为作《康子内外篇》，讨论问题开口闭口都是宇宙、地球、五洲、地质、人类，比如：

> 地球人民之盛，视其绕日之远近。当其始与日甚近，则热太甚，人不能当之，惟有大草大木盛焉。西人谂石质层，谓地下之煤，为大木所化是也。绕日渐远，大禽大兽出焉，西伯利部有巨兽骨是也。若夫人类之生，亦视地球之向日。昔者蒙古以至西伯利，道当赤道温带时，政教文物必尝一盛矣。昔亦云金、水星近日，当有草木鸟兽，不当有人类。……若海王星者，离日甚远，望日，若第六、七恒星，其光甚微，其热甚少，或难生人类矣。若干冷至极，不止无人类，殆草木禽兽俱无，其仅有苔乎？①

倘若没有那么丰富的包括天文学、地理学、地质学等在内的西学知识输入，康有为的视野与眼识是不可能达到如此广度与深度的。

以社会科学而言，最让中国读书人诧异不解的是欧美政治制度，国家元首竟然可以由选举产生，四年一任，不世及，不终身，传贤不传子，退位总统与百姓无异，简直匪夷所思。政府与百姓的关系，父母与子女的关系，男人与女人的关系，个人与社会的关系，都与中国大异其趣。

那么多门类繁杂、上天入地、前所未闻、前所未知的新知识汹涌而来，对于中国读书人的冲击，或如人行山阴道上，目不暇接，杂花生树，群莺乱飞；或如舟行沧海，巨浪排空，顿失所据，莫知所归。细检同光时期思想者的心路历程，从郭嵩焘、王韬、郑观应到薛福成，每个人都经历过视野不断开阔、新知不断拓展、思想不断更新的过程。

---

① 康有为：《康子内外篇》，《康有为全集》第一卷，第112页。

人之思想资源，无非来自两条途径，一是社会实践，二是书本知识，前者是直接的，后者是间接的，归根到底，后者也来自前者，因为任何书本知识都是前人社会实践的积累与总结；前者也会变为后者，因为任何当下的社会实践都会成为历史。对于变法思想来说，在可资利用的传统文化资源中，有一条叫"法后王"，那是荀子、韩非的思想，主张效法晚近的圣君明主，与主张效法古先圣王的"法先王"相对。"法后王"与"法先王"的差异，是重视近传统与远传统的差异，其共同点都是着眼于纵向的时间维度。西方那么多新知识涌来以后，对于中国思想者来说，开辟了一套新的思维参考体系，即冯桂芬所说的"鉴诸国"。在天朝体制下，无与国可言，更无诸国可鉴。"鉴诸国"的实质就是学西方。传统时代也有变易思想，但变易的参照系主要是时间维度，近代以后的变易思想，加上了空间维度。这是一个突破性发展，是全球化给中国人思维方式带来的重大变化。时间维度与空间维度结合起来，纵横结合，纵横交错，构成了近代中国哲学思辨的基本坐标，即古今、中西问题。

古今中西的维度，为中国思想者从人类的悠久历史与全球五洲的广阔范围来思考问题提供了可能性。王韬能够提出六合将混为一的大同说，康有为能够写出《大同书》，谭嗣同能够写出《仁学》，都与这种综合的知识背景有关。康有为曾记述1884年自己的思想情况：

> 秋冬，独居一楼，万缘澄绝，俯读仰思，至十二月，所悟日深，因显微镜之万数千倍者，视虱如轮，见蚁如象，而悟大小齐同之理。因电机光线一秒数十万里，而悟久速齐同之理。知至大之外，尚有大者，至小之内，尚包小者，剖一而无尽，吹万而不同，根元气之混仑，推太平之世；既知无来去，则专以现在为总持；既知无无，则专以生有为存存；既知气精神无生死，则专以示现在为解脱；既知无精粗，无净秽，则专以悟

觉为受用；既以畔援歆羡皆尽绝，则专以仁慈为施用。其道以元为体，以阴阳为用，理皆有阴阳，则气之有冷热，力之有拒吸，质之有凝流，形之有方圆，光之有白黑，声之有清浊，体之有雌雄，神之魂魄，以此入统物之理焉，以诸天界、诸星界、地界、身界、魂界、血轮界，统世界焉。以勇、礼、义、智、仁五运论世宙，以三统论诸圣，以三推将来，而务以仁为主，故奉天合地，以合国合种合教一统地球。又推一统之后，人类语言文字饮食衣服宫室之变制，男女平等之法，人民通同公之法，务致诸生于极乐世界。及五百年后如何，千年后如何，世界如何，人魂人体迁变如何，月与诸星交通如何，诸星、诸天、气质、物质、物类、人民、政教、礼乐、文章、宫室、饮食如何，诸天顺轨变度、出入生死如何？奥远窅冥，不可思议，想入非无，不得而穷也。①

这是典型的合自然科学、社会科学于一炉，合中西古今为一炉的综合思维方式。天文、地理、数学、物理（包括光学、电学、力学、热学、声学）、化学、生物学、生理学，都成为他思辨哲学的素材。

四　新交通·新通信·新网络

任何时代的思想，都是思想者的思想②，是思想者精神活动的

---

① 康有为：《我史》，《康有为全集》第五卷，第64页。

② 思想者较思想家义广。思想家都是思想者，但是，并非所有思想者都可以称为思想家。比如，上海格致书院某些学生在课艺中所表露的思想火花，很有创意，在思想史上有一定贡献和地位，但其人并非以思想的产生、传播、发展为职志，够不上通常所说的思想家。近代思想的产生、流动、演变，在很多时候是聚沙成塔，集腋成裘，是汇合众溪而成大江。所以，用思想者一词，可以方便于从更为广阔的范围考察思想的产生、流动与演变的过程。

产物。任何思想的产生、流动、演变，都受思想者所处的环境制约。近代中国，交通工具、通信工具的发展，石印、铅印等新的印刷技术的引进，都使得知识与思想信息流动速度不断加快，流动量不断加大，流动范围不断扩大，思想的产生、流动、演变，较之传统时代，呈现更为复杂的形态。

（一）轮船加速信息流动

轮船、火车的发明与使用，对近代人类在空间移动的速度、范围，都有重大推动作用。本卷论述的时段，火车在中国虽有运行，但没有成为载客的交通工具。① 作为新式交通工具，轮船已在中国有所运行，对物流、人流都产生重大影响。

1807 年，世界上第一艘采用明轮推进的蒸汽机动力轮船"克莱蒙脱号"在美国发明，时速约为每小时 8 公里。1839 年，英国史密斯建成第一艘装有螺旋桨推进器的蒸汽机船"阿基米德号"，主机功率为 58.8 千瓦。这种推进器有相当明显的优越性，因而被迅速推广。蒸汽机动力轮船发明以前，对于船舶的推进是依靠人力、畜力和风力，即撑篙、划桨、摇橹、拉纤和风帆，蒸汽机动力轮船的发明对于人类水上交通起了巨大的推动作用。1869 年苏伊士运河通航，使欧亚航运不必再绕行非洲南端的好望角，从而大大缩短航程。从英国伦敦港或法国马赛港到印度孟买港做一次航行，经苏伊士运河比此前绕行好望角，可分别缩短全航程的 43% 和 56%。欧亚交通由此方便许多。

鸦片战争以后，随着广州、厦门、福州、宁波与上海的开放，

---

① 19 世纪 70 年代，外国商人修筑吴淞口到上海的吴淞铁路，1876 年 7 月 3 日，吴淞铁路江湾段正式通车，中国人第一次在中国的土地上听到了火车的汽笛声，但是一年以后即被拆毁。1881 年，唐山至胥各庄铁路建成，是为中国最早的自办铁路，主要用于运煤。开始时用骡马牵引货车，所以被称为"马车铁路"。1882 年始改用机车牵引。1887 年，台湾省巡抚刘铭传主持修建从台北至基隆铁路，1891 年完成。至 1893 年自台北展修至新竹，也是专供运煤使用。

英国等欧美国家轮船即开到了这些城市。1858 年中英《天津条约》签订以后，中国又新开了 11 个通商口岸，开放了长江。1861 年至 1862 年，清政府先后与英法等国签订《长江各口通商暂行章程》、《通商各口通共章程》与《长江收税章程》，通过这些章程，外商拥有的外洋大船、内江轮船、各项划艇、风篷船只，均获得了在长江航行的权利。到 1894 年，沿海沿江通航的城市，除了上海等五口，还有琼州、北海、九龙、拱北、潮州、温州、烟台、天津、牛庄、镇江、江宁、芜湖、九江、汉口、宜昌、重庆、淡水、台湾（打狗、台南）等众多口岸。

此外，19 世纪 50 年代，虽然条约上还没有允许外国船只在内河通行，但欧美商人已以上海为基地，将轮运业扩展到内河水道，制造小轮船通行各地。中国商人也自行开辟了一些内河航运线路，航行小型轮船。

轮船以其远胜于传统的帆船、沙船的速度，远大于帆船、沙船的吨位，通行在纵横交错的大江小河里，运货载客，极大地加速、加大了中国的物流、人流，加速、加大了包括知识、思想在内的信息传播。

1872 年，《申报》刊载一篇《轮船论》①，论述了轮船的优越性，认为："舟楫之利，至轮船为已极矣。大则重洋巨海，可以浮游而自如；小则长江内河，可以行走而无滞。其运载重物也，为至便；其传递紧信也，为至速；其护送急客也，为至妥且捷。"文章比较了轮船和内地民船的航行速度，内称：从上海到苏州，水路将近三百里。轮船行走，至迟每小时可以五十里，三百里程途一日可到；若用内地民船，迟则三日，速亦二日。文章又比较了上海至汉口的路程，乘轮船为期不过三日。若改搭民船，由上海而苏州，由苏州而镇江，由镇江而金陵、安庆、九江，以至汉口，最快的话，也要二十天以上。

---

① 《轮船论》，《申报》1872 年 5 月 30 日。

交通工具的改进，对于报纸、杂志等信息载体的发行起了重要的推动作用。1877 年，《格致汇编》在各地的代销处，全部是轮船易达城市。1880 年，《申报》所设外埠售报处，包括北京、天津、南京、武昌、汉口、扬州、安庆、南昌、苏州、杭州、福州、宁波、香港、广州、南宁、重庆、长沙，[①] 也无一不是轮船易达城市。广学会出版的西书，1898 年在全国有 28 处代销处，1899 年增至 35 处，包括辽阳、奉天（沈阳）、牛庄、北京、天津、济南、青州、平度、兴安（陕西安康）、重庆、成都、汉阳、汉口、九江、庐州、南京、扬州、镇江、常熟、苏州、江阴、衢州、福州、厦门、广州、太原、梧州等处，也绝大多数是轮船易达处。

（二）新通信：电报·电话

人类出现以后，便有了以语言、声响、火光等方式传递讯息的活动。可以说，人类讯息传递史，与人类发展史同时起步。周代，人们用烽火作为报警方式，与击鼓传声参互使用，所谓"烽可遥见，鼓可遥闻"。以后，讯息传递手段不断进化，出现了传递信息的专职机构。春秋战国有邮传，秦汉有邮驿。以后邮驿制度历代相承，虽各朝有所变通，但总的体制相同。清代邮驿分两种，一为铺递，以铺夫铺兵走递公文；二为驿递，骑马递送公文。驿站是传递政府公文的机构，不允许寄送私人信件。直到北宋，才允许臣僚将家信交驿附寄。一般百姓通信，只能靠商人、熟人带交。明代，在沿海沿江商业活动比较集中的城镇，出现了办理商民通信、汇款的民营信局。在东南沿海，还出现了办理华侨与家属通信的信局，藉商船进出传递信件。

讯息传递，贵在迅捷。以传播速度论，中国在秦汉以后近代以前的两千年间，基本未变，一靠步行，二靠马跑，三靠水路船运。三者之中，马跑最快。据记载，驿站传递公文的马匹，日行二百里

① 《外埠售报处》，《申报》1880 年 1 月 1 日。

至六百里不等。上海到北京陆路近三千里，以此速度计，加上越江过河，从北京发出的消息，快则七八天、慢则半月以上才能到达上海。

上海开埠以后，西人将西方的通信方式带了进来。1861 年，大英书信馆、法国书信馆在上海设立。1863 年，英租界工部局书信馆开办。1865 年，工部局书信馆开始发行邮票。其后，美国于 1867 年，日本于 1876 年，德国于 1886 年，俄国于 1897 年，相继在上海设立书信馆。这些书信馆的设立，开启了近代中国新式邮政的历史。这些书信馆主要为各国在上海的侨民邮寄信件，办理上海与各国的通信，大大加强了上海与世界各地的联系。

国内邮政方面，从 1866 年开始，海关兼办邮递，上海海关设邮务办事处，办理京沪、津沪等地邮运，收寄范围限于使馆文件和海关本身公私信件。1878 年，海关正式兼办邮政，7 月 24 日，上海华洋书信馆在三马路福德里开馆，业务范围包括中外公私文件、信函、零星包裹、银钱汇兑等。1880 年，海关在华洋书信馆之外，又设"海关拨驷达局"。拨驷达，英文 post 的译音，意即邮局。1896 年，清政府正式开办国家邮政，形形色色的书信馆、邮局逐渐由政府接收，统一经营。

近代邮政在文化传播中占有重要的地位。在电话、电报出现以前，报纸、刊物、书信是信息传递的最主要媒介，而这些都离不开邮政。近代邮政与传统邮驿的最根本区别是，传统邮驿主要传送公文，是为适应君主对臣民的统治而设置的，用郑观应的话说，是"便于国而不便于民，利于公而不利于私"[①]。近代邮政则主要是适应社会大众经济、文化等各种联系的需要而设置的，它加速了信息的传递，方便了人们的联系，有力地促进了社会经济、文化的发展。

从 19 世纪 70 年代起，中国的信息传递，增加了两个新式工具：有线电报与电话。

有线电报由美国人莫尔斯于 1837 年发明，1844 年试验成功。

---

① 郑观应：《盛世危言·驿站》，《郑观应集》上册，第 676 页。

1855 年，水下电缆信号输送速度难题被解决。1866 年，大西洋电缆铺设成功。1870 年，总理衙门同意英国商人敷设由香港至上海的海底电线，英商大东电报公司与丹麦大北电报公司秘密协商，划分了在中国敷设电报线的势力范围，规定上海以北的水线归丹麦公司经营，香港以南的水线归英商经营，上海与香港之间由双方共同经营，并确定由大北电报公司出面兴办沪港水线，所得利益由双方均分。1870 年 6 月上旬，公共租界工部局在汉口路经二摆渡至虹口一线架设电报线，供三处巡捕房传递消息。这是上海市内电报之始。1871 年 4 月 18 日，大北电报公司水线在上海通报。到同年 8 月，上海北可经日本与俄罗斯通报，南可经香港与欧美通报。上海与世界各地的电信联络从此正式开始。

电报的发明和使用，在人类信息传递史上是划时代的大事。其瞬息万里的传递速度，极大地方便了信息的传递，方便了人们的联系。对此，中国人很快认识到了。1880 年，李鸿章提出，中国亟须自设电报。在他的呼吁下，清廷于 1880 年 9 月决定架设津沪电报线。1881 年 12 月 24 日，津沪电报线全线竣工，28 日正式营业。1882 年，上海电报学堂成立，招生 20 名，学习有关电报知识和收发报技术。1884 年 11 月 5 日，沪粤电报线架成。同年，津沪电报总局由津迁沪，并改称中国电报总局。

电话方面。1876 年，寓美的苏格兰人贝尔关于制造电话的专利获得批准，以后，电话在欧美迅速发展。电话于正式发明的第二年，即 1877 年就进入了中国。是年 1 月，上海轮船招商局托西人造电话机一副，其电线由金利源栈房通至总局公务厅，这是中国人第一次使用电话。此后，电话之用逐步在上海推广，"租界之内，中外大行家，以及办公事处，皆有此器以通消息，更于各马路间设立此器，以便通报火灾及报捕等要事。租界之外，亦有设者，南通至江南制造总局，北通至虹口之外，西通至徐家汇等处"。①

----

① 《上海初用传声器》，《格致汇编》光绪三年第十二卷，编者附识。

（三）新网络

同光时期，电报电话尽管对于中国普通百姓，特别是对于内地人来说，还是罕见物，更谈不上普及，但是，电报电话极大地加强了西方世界与中国通商口岸的联系。电报电话，加上以新式印刷技术装备起来的石印与铅印，通过这些新式机器印刷出来的那么多日新月异的新式报刊书籍，加上运行在海面与江河中的各种轮船，再加上遍布全国的通信网络，这就构成了一套与前近代极不相同的全新的信息传输系统。这个系统，以香港、上海、天津等通商口岸为结点，一头连着伦敦、巴黎、柏林、纽约、彼得堡与东京等国际性大城市，一头连着中国广大地区。有了这一系统，西方发生的大事、要事、新发明、新创造，中国瞬息便知，发生在中国内地的许多事件，也无法完全对西方封锁。那时的《申报》《万国公报》《字林西报》，都是全球化程度很高的报纸杂志，发生在全球各地、中国各地的大事要闻，都会在报上有所反映。这些报纸杂志在全国许多城市设有分销点。这一新的信息传输系统，对于知识的传播，思想的酝酿、产生与扩散，有着难以估量的影响。

新式交通工具，报纸杂志新媒体，电报电话等新载体，三者结合，使得同光时期信息传递、知识流动都出现了不同于以往的新气象。

五　思想者之间的联系与互动

有了轮船等新式交通工具，有了报纸杂志等新式载体，有了新式学校等新型知识传播空间，从事思想思考、思想创造、思想传播的思想者之间的联系与影响方式，较近代以前大为不同。他们活动的空间更大，流动更频繁，联系更多样，交流更密切。这些，都使得同光时期的思想界呈现出与以往不同的气象。

其中，最能体现这一变化的，是新式学校的师生互动。

新式学校师生之间的思想互动，是同光时期思想生产的新方式之一。

教师命题、学生作文、教师批改课艺、与学生切磋，是中国传统书院常见的教学方式，阮元在广州学海堂、冯桂芬在苏州正谊书院、俞樾在杭州诂经精舍，都惯于使用这种教学方式。随着时代的变化，命题、课艺内涵跟着变化，这种教学方式便会成为新思想酝酿、产生、交流的路径。且以上海格致书院为例。

上海格致书院自1886年起，举行一年四季的考课。这些考课以讲求科学知识为主，所出考题主要环绕科学与时事。从1889年开始，格致书院又增加春、秋两季的特课，专请南洋大臣和北洋大臣命题阅卷。

为了扩大影响，主持院务的王韬、傅兰雅，对考课进行精心设计。他们遍请中国懂得或热心科学与时务的官员、士绅命题、阅卷、评奖。从身居高位的李鸿章、曾国荃、刘坤一、周馥，以通晓时务名世的邵友濂、薛福成、郑观应、沈秉成、盛宣怀，到对西方世界有较多接触的通商口岸官员，龚照瑗、吴引孙、聂缉椝、胡燏棻，他们都请了。格致书院本身并无固定的常日制学生，他们扩大了应试者的范围，不只上海，广东、福建、浙江、江苏、安徽、湖南等任何省份和地区的人都可以参加。这样，不但提高了课艺质量，更扩大了书院的影响。

格致书院季课始于1886年，止于1894年，一年四次，连续九年，无间断。特课始于1889年，止于1893年，连续五年，无间断，春季由北洋大臣命题，秋季由南洋大臣命题。课艺命题，有时一次一题，有时一次多题，多至四题、五题，九年间，计有18人参加命题，考课46次，凡88题。命题内容，90%以上关涉西学与时务。共有多少人参加考课，已不得而知，只知道获得超等、特等、一等的共有1878人次，来自全国十多个省区。负责课艺的王韬，将历次课艺题目、命题人姓名、部分优秀课卷，以及评阅人的评语、眉批，逐年汇集印行，分为十五册。

命题人来源广泛，答题人来源广泛，这就在事实上形成了以上海格致书院为平台，以课艺为中介，以命题人与答题人各为一端，思想交流、互动相当广阔的网络。由于命题人多是思想趋新的官员与知识分子，所命之题多关涉洋务，因此，格致书院事实上成了全国性讨论洋务思想的开放性的大课堂。王韬刊刻的课艺汇编，则将思想交流、互动的成果予以放大，发散到社会上去。剖析一下课艺的内容，可以在一定程度上看出那时思想界的动态。

从现存的课艺来看，王韬、傅兰雅以及各位命题、阅卷人，对课艺采取的是只加评论、眉批，不予改动的方式；对课艺等第的评定，只问其是否言之成理、自成一说，不问其观点是否合乎阅卷人本人的见解。在课艺评语和眉批中，随处可以见到他们对学生意见的反驳、对修辞文法的批评。这种只批不改的存真态度，使后之研究者可以看到当年学生课艺的真实面目。

课艺问题多与西学相关，答卷人为普通书生，课艺基本未被改动，这几个因素加在一起，使得《格致书院课艺》成为人们了解西学东渐以后一般知识分子反应的较为理想的个案。下文对此做一分析。

（一）熟悉西学的程度

《格致书院课艺》中有一批题目是直接就西学发问的，如关于西学源流问题，中西格致之学异同问题，中医、西医优劣问题，光、电、热的测量问题，化学原质问题，等等。从这些问题的课卷中可以看出，当年的许多知识分子，对西学已相当熟悉。

1889 年，李鸿章在春季特课中，让学生们叙述从古希腊到近代西方科学发展的历程，蒋同寅、王佐才等 30 人获奖。课题全名为：

问：《大学》格致之说自郑康成以下，无虑数十家，于近今西学有偶合否？西学格致始于希腊之阿庐力士托尔德，至英人贝根出，尽变前说，其学始精，逮达文、施本思二家之书行，其学益备。能详溯其源流欤？①

青年学生从亚里士多德、培根，到达尔文、斯宾塞，叙其生平，述其业绩，旁征博引，娓娓道来。他们提到的西方科技人物，除了人们所熟知的伯拉多（柏拉图）、阿卢力士托尔德（亚里士多德）、亚奇默德（阿基米德）、欧机利得（欧几里得）、毕他哥拉斯（毕达哥拉斯）、加离略（伽利略）、贝根（培根）、奈端（牛顿）、瓦得（瓦特）、达文（达尔文）、施本思（斯宾塞）、弗兰格林（富兰克林），还有一般人不太熟悉的一大批科技人物，例如，制风雨表的意大利人多利遮里（托里拆利），测出光速的丹麦人美尔（罗默），同测获压力比例法的物理学家英国人拜勒（波义耳）、法国人马略德（马略特），人体解剖学家法国人举非，植物学家法国人赖氏（拉马克），博物学家瑞典人邻奈（林奈），发现氢气的化学家英国人加芬底矢（卡文迪许），测得氧气的科学家伯理司理（普里斯特），埃及医学家埃斯古拉伯（埃斯科拉庇俄斯）、希波拉底，测得血脉周行人身确证的英国医学家哈斐（哈维），德国数学家雷本尼（莱布尼茨），英国数学家棣么甘（德·摩根），法国物理学家巴斯加勒（帕斯卡），等等。

从青年学生对西方科学家的生平事迹、学术贡献的评价上可以看出，他们对西方科学已不是一知半解。

许多课卷清楚地显示出，青年学生对当时中国译书情况了如指掌。1889 年春，浙江按察使、后任上海道台的龚照瑗，出了一道评价中国翻译西书的问卷"泰西格致之学与近刻翻译诸书详略得失何者为最要论"，孙维新、车善臣等 37 名学生获奖。从刊出的课卷可以看出，那时的不少学生，对西书相当熟悉，其西学素养，绝

---

① 《格致书院课艺》己丑（1889 年）春季特课，李鸿章命题。

不在人们所熟知的后来成名的康有为等人之下。获超等第一名的孙维新，课卷凡 14 页，近一万字，洋洋洒洒，气势恢宏。他在评述译书界的情况时，共述及、评论了 140 本西学书籍，举凡算学、重学、天学、地学、地理、矿学、化学、电学、光学、热学、水学、气学、医学、画学、植物学、动物学，罗列无遗。对每门学科的译书，他都举其要者，品评优劣。

龚照瑗对孙维新的课卷给予很高的评价："条对鲜明，罗列清疏，沉酣于西字典籍中者，其功深矣。留心时务，搜讨西书，洵推巨擘。""洵推巨擘"四字，堪称极评。龚照瑗的评价，绝非过誉。孙维新提到的某些西书，在十多年后徐维则、顾燮光所编西学书目中，亦未见收录。

无论从对西学了解的广度，还是从对一些问题认识的深度，都可以看出，19 世纪 70—80 年代，许多青年知识分子对西学确有心得。

（二）西学输入后社会反应

西学输入以后，中国社会反应形形色色，欢迎的，反对的，疑信参半的，中体西用说，西学中源说，礼失求野说，等等。《格致书院课艺》如同全息摄影，将这些反应保存下来。对这些反应的具体讨论，本书将在他处展开。这里，我们仅从课艺反映社会心态的角度做些介绍。

西学输入以后，不满现状、力主改革的人们对它持热烈欢迎的态度，希望通过引进西学，强国富民，推动中国的进步。从魏源的师夷呼吁，到冯桂芬的采西学议，都是这种心态的表露。在《格致书院课艺》中，这种心态表现得更集中、更迫切：

> 泰西各国学问，亦不一其途，举凡天文、地理、机器、历算、医、化、矿、重、光、热、声、电诸学，实试实验，确有把握，已不如空虚之谈。而自格致之学一出，包罗一切，举古

人学问之芜杂一扫而空，直足合中外而一贯。盖格致学者，事事求其实际，滴滴归其本源，发造化未泄之苞符，寻圣人不传之坠绪，譬如漆室幽暗而忽燃一灯，天地晦冥而皎然日出。自有此学而凡兵农礼乐政刑教化，皆以格致为基，是以国无不富而兵无不强，利无不兴而弊无不剔。①

这种议论，堪称典型的科学救国论。

有的学生在对西学表示欢迎态度的同时，对西书中的某些观点表示了不同的看法。《谈天》等西方天文书籍，每每言及彗星运行自有轨道，与人世无涉。有位学生认为，这个说法于理不通：

> 至谓彗星无与于灾异，何以往史所言，彗出而天下必有事变？使人君及早警戒，尚可消患于未形。果若《谈天》所言，适足启人主之纵肆，而天变亦不足畏矣。以是而论，《谈天》一书，其日躔月离、平行经纬度分定率，亦足资授时之用，而其悖理妄诞之见，学者不可不深察而决去之也。②

认真分析而不迷信西学，哪怕是西方名著也不迷信，这本是一个严肃学者的应有品质，在西方文化大量涌来之时，这种精神尤其值得提倡。但是，此君以陈说抵制科学，以武断代替说理，这又流于固执与迂腐。

西学东来以后，由于民族感情、文化差异、学术素养、仕途功名等多种因素的影响，对西学持坚决排斥态度的人屡见不鲜。从清初的杨光先，到晚清的倭仁，均属此类。格致书院的学生中，当然没有这样的人，课艺中也没有对西学持完全排斥态度的。但是，课艺中有相当一批课卷，是专门批驳那些排斥西学议论的，从文中缕

---

① 王佐才课卷，《格致书院课艺》，丙戌（1886年）秋季超等第三名。
② 车善臣课卷，《格致书院课艺》，己丑（1889年）春季正课超等第二名。

列的、有所实指的反面意见，我们可以看出当时排斥西学议论的基本面貌。例如，同光之际，中国朝野就是否应该仿造铁路火车的事，发生过一场大争论。在反对的意见中，最为集中的是刘锡鸿。大概是出于形势的需要，1886年，龚照瑗出了一道"中国创设铁路利弊论"，让学生作文。获超等第一名的王佐才，点名批驳刘锡鸿的观点，将刘的意见悉数列出，诸如公司未兴，铁路难办；帑藏不充，此事不急；吏胥贪污，浪费财物；关卡林立，火车难行；贸易不盛，无利可图；铁路一通，影响小民生计；铁路通后，会危及国家安全，等等。在其他一些课艺中，诸如关于学习西文、翻译西书、引进西医的课艺中，我们也可发现课卷者列举出来的排斥西学的种种观点。

　　西学中源论是晚清讨论中西文化关系时最为流行、最有市场的一种观点。这种观点认为，西方许多科学技术源出中国，是从中国学去的。这个命题，因其内蕴的丰富性，带来解释的多样性，导致问题的复杂性，从而成为左右逢源、人皆可用的理论。这种理论，在《格致书院课艺》中随处可见。有的说：西方格致之学，"加密求精，切于日用，颇有近于先民作述之意"。他们从中国浩瀚的经史子集中，找出许多字句、事例，证明西方科学是从中国传出去的：稽之于经，可以说"西学之有合于经也"；征之于史，可以说西人是读过中国史书的；考之于子、集，也可以说西人是读过中国子、集的。① 有的说，西方科学中的所谓电学、天文学、动物学、植物学、测算学，无不源于中国经典：

　　　　《大学》之言格致，具见于《易》、《诗》、《书》、《春秋》之中。《易》言地载神气，神气风霆，风霆流形，百物露生。则电学所由祖也。《尧典》四仲中星之次，璇玑玉衡之仪，则天学所由祖也。《毛诗》之草木鸟兽，虫鱼琐屑，则动物、植

---

① 蒋同寅课卷，《格致书院课艺》，己丑（1889年）春季特课超等第一名。

物之学所由祖也。《春秋》之日食月蚀，星陨岁差，则测算之学所由祖也。是格致之学，何莫非圣人启其先！特中国信以传信，数世转失其传，西人精益求精，专门竟成绝学。溯厥源流，有出于一致者矣。后人不察，动谓西人格致之学，殚精竭思，造乎其极，制器尚象，穷极精微，似若中学专尚空谈，不如西学之深求实验，不知中国经籍早启其端，中国为其创而西人为其因。[①]

（三）　比较中学与西学之异同

人们可以举出千条证据、万条材料，说明中学与西学有相同、相通之处，但谁都不否认其间的巨大差异。差异究竟表现在什么地方，这些差异是怎么产生的？《格致书院课艺》中有不少内容涉及这些问题。

中国文化经典《大学》中有"格物致知"一语，格致究竟作何解释，历代注家言人人殊。近代人多将其作为科学研究的同义词看待。格致书院的得名，即源于此。中国的格致与西方的科学究竟是不是一回事呢？李鸿章就此出了一道课题。有的课卷从义理与物理的区别上，说明两者的差异：

> （儒家所谓之格致）乃义理之格致，而非物理之格致也。中国重道轻艺，凡纲常法度、礼乐教化，无不阐发精微，不留余蕴，虽圣人复起，亦不能有加。惟物理之精粗，诚有相形见绌者。[②]

> 格致之学，中西不同。自形而上者言之，则中国先儒阐发已无余蕴；自形而下者言之，则泰西新理方且日出不穷。盖中

---

① 李鼎颐课卷，《格致书院课艺》，己丑（1889 年）秋季特课超等第四名。
② 王佐才课卷，《格致书院课艺》，己丑（1889 年）春季特课超等第二名。

国重道而轻艺，故其格致专以义理为重；西国重艺而轻道，故其格致偏于物理为多。此中西之所由分也。①

有些课卷，从医学等具体学科上，论证中学与西学的不同：

中西之医学，本不相同，中医惟尚乎王道，西医每矜乎霸功。②

中医失之庸，西医失之霸。中正和平，中医得之；体验详确，西医得之。中西之医学，得亦半失亦半也。③

中学与西学为什么会有如此巨大的差距呢？他们努力探究其中原因。一位学生这样写道：

中西相合者系偶然之迹，中西不合者乃趋向之歧。此其故由于中国每尊古而薄今，视古人为万不可及，往往墨守成法而不知变通；西人喜新而厌故，视学问为后来居上，往往求胜于前人而务求实际。此中西格致之所由分也。④

这种见解，在五四以后，已是知识分子的口头禅，在19世纪、20世纪之交，在严复、梁启超那里，也很常见，但是，在19世纪80年代，能从文化传统、价值取向上分析中西文化的差异，实属罕见。

格致书院以西学和时事命题课艺，与一般书院大为异趣，加上南洋大臣、北洋大臣、两江总督等热心时务的官绅登高倡议，这在

---

① 锺天纬课卷，《格致书院课艺》，己丑（1889年）春季特课超等第四名。
② 杨选青课卷，《格致书院课艺》，己丑（1889年）冬季正课超等第三名。
③ 胡永吉课卷，《格致书院课艺》，壬辰（1892年）秋季特课超等第四名。
④ 王佐才课卷，《格致书院课艺》，己丑（1889年）春季特课超等第二名。

当时社会引起很大反响，"于是四方风动，群彦云起"①。青年学生讨论西学、时事的课艺，传向社会，成为启发人们思考、催生变法运动的时新意见。以汇编时论而引人注目、风行海内的各种经世文编，凡是在格致书院举行西学、时事课艺以后出版的，每种都收录有该院相当数量的课艺。麦仲华的《皇朝经世文新编》收录了葛道殷、彭瑞熙关于中西格致源流和异同的课艺；储桂山的《皇朝经世文续新编》收录了孙维新、殷之辂、朱正元等人讨论铁路、邮政、边患的课艺多篇；求自强斋主人的《皇朝经济文编》收录了锺天纬、葛道殷、彭瑞熙、杨毓煇、许克勤、胡永吉、陶师韩、叶瀚等人讨论物理、化学、天文、医学、中西格致异同等问题的课艺达 20 篇之多，占所收同类论文一半以上。

新式学校的师生互动，这是有迹可循、有资料可分析的思想者之间的互动。此外还存在更多的或显或隐的各类思想者个体之间的互动，比如参与乡试、会试的士子的南来北往，各种官员、士子因公、因私、因战乱、因生计等产生的跨地域互动，都会产生思想者互动。此类互动，因资料的零散与庞杂，还难以进行具体分析，但可以断言的是，其数量惊人，影响极大。这类互动，与难计其数的报纸、杂志、书籍等知识载体流动，藉轮船等新式交通工具之助力，相互刺激，相互激荡，使得同光时期思想的产生与交流，呈现出与此前很不相同的形态。冯桂芬、郭嵩焘、王韬、郑观应、薛福成、马建忠、陈炽、邵作舟、康有为，这一时期几乎所有重要思想家，都有因跨地域流动而与其他思想家交流、切磋刺激、促进思想发展的经历。近代以前，自然也有思想家之间因跨地域流动而出现的思想互动，但是，论流动范围、流动速度、流动频率、流动人数、信息流量，都不能与这一时期相比。

---

① 《钟鹤笙征君年谱》，锺天纬《刖足集·外篇》附录，《刖足集》，光绪二十七年排印本，第 11 页。

第 三 章
对外观念变化与政策调整

近代中国对外观念的变化与政策调整，是在极不情愿、极不自觉与极为缓慢的过程中实现的。对外国称呼由"夷"到"洋"的变化，是由俯视到平视的变化。与此相一致，总理衙门设立，外国公使驻京，皇帝接见各国公使，向各国派出使臣，以及国旗与国歌之诞生，都是从天朝上国到万国之一身份调适的表现。每一调适，都充满了不解、愤怒、痛苦与无奈，也都充满了矛盾与斗争。同光时期自强运动三十年，便是此类矛盾与斗争从酝酿、展开到解决的三十年。国际之间的礼，表面上是文化传统的延续，实际上都是现实当中力的呈现。上述这些矛盾与斗争，表面争的是"礼"，外交之礼，觐见之礼，反映的实质是"力"，经济之力，军事之力，文化之力。清廷在力已不济的情况下，强争礼的荣光，等待它的只能是一次又一次的屈服。

一 禁止称"夷"①

1858 年签订的中英《天津条约》第五十一款规定："嗣后各式

---

① 参考陈旭麓先生《辨"夷"、"洋"》，《陈旭麓文集》第二卷，华东师范大学出版社 1996 年版，第 306—314 页。

公文，无论京外，内叙大英国官民，自不得提书夷字。"1863 年签订的中丹《天津条约》，1866 年签订的中意《通商条约》，都有类似规定。将称呼问题郑重其事地写入条约之中，说明这已经不是小事了。

夷，或曰东夷，是中国古代对居住在东方部族的称呼，后来也指四方的部族，相对于夏、华而言。由于历代互相征战与文化上的差异，古人将东夷、西戎、南蛮、北狄并称，都是对异族或文化不发达部族的贱称。夷，从文字结构看，从弓、从戈，含有敌意；戎，亦为兵器；蛮则从虫，狄则从犬，均非人类。夷、戎、蛮、狄，意为其非人类，不通文化，不能以人类相待，只能以武力相加。到了明清时期，"夷"的内涵被扩大到欧美人，所谓"红毛夷""白夷"等。这一称呼，很早就引起英国人的不满与抗议。

（一） 鸦片战争前后的交涉

1814 年，东印度公司大班曾向两广总督蒋攸铦提出，中国地方官员给英国人的文书中，每每使用蛮夷等字，这是对英国人的轻侮，清廷应予改正。对此，广东布政使曾燠等辩解："蛮夷二字，系外国统称，在南曰蛮，在西曰夷，犹内地民人曰汉人，只系称呼，并无轻侮之意。"①

1832 年，英国东印度公司阿美士德号商船，到中国沿海地区考察。船长礼士，随员有广州英国商馆办事员胡夏米，德籍传教士、翻译兼医生郭实腊等。他们于 6 月 20 日抵达上海，在上海停留了 18 天，7 月 8 日离去。他们进了上海县城，见到了知县温纶湛、上海道台吴其泰，表达了通商的要求。吴其泰在公文中径称英国人一行为"夷船人"，要他们赶快离开。胡夏米颇为不悦，表示"大英国终不是夷国，乃系外国，并普天下其权之威，其地之阔，

---

① 梁廷枏总纂，袁钟仁校注《粤海关志校注》，广东人民出版社 2002 年版，第 555 页。王开玺：《清代外交礼仪的交涉与论争》，人民出版社 2009 年版，第 272 页。

未有上之国"。吴其泰辩解"夷"不是侮称，而是中国古人对东方人的称呼。吴其泰没有想到，英人船上郭实腊的中文修养相当好，他那番诡辩是骗不了人的。胡夏米回复，引经据典，说明称"夷"就是侮辱英人。吴其泰自知理屈，以后再不当面称英人为"夷"。

吴其泰称英国人为夷，并不是他故意侮慢英国人，而是相沿成例。鸦片战争以前以及以后的十多年，人们都这么称呼欧美人，与西方人相关的东西，均冠以夷字，诸如夷官、夷商、夷妇、夷学、夷字、夷禀、夷情、夷船、夷馆、夷楼、夷气、夷性，如此等等，不一而足。夷字的使用，似乎更偏重于书面语。与西方人接触较多的广东人，则直接称西方人为"鬼子"、"番鬼"与"鬼佬"。这类称呼，源于"内诸夏而外夷狄"的传统文化，也是唯我独尊的封贡体系的表现之一。

鸦片战争期间，协助伊里布、耆英处理对外交涉事务的张喜，曾与英国人罗伯聃（Thom Robert，1807－1846）发生一场争执。罗伯聃出示一帖，上面写有"逆夷""夷匪""跳梁小丑"等字样，质问张喜："这些字样，都是你们这边说的，我们何逆？何匪？何丑？"张喜反问："尔等生得不类人形，行得不类人事，何谓不丑？到处杀人掳物，行同无赖，深为可耻，何谓不匪？以外夷犯我中华，以小邦侵我大朝，何谓不逆？"① 张喜骂人，图个嘴上快活，但他这么骂，反映的则是当时沿海人对西方人普遍的鄙夷实情。

从以上这些交涉可以看出，英国人对于"夷"的实质早已明白。1842 年中英议和条约时，英国方面再次提出，"夷字不美，嗣后万勿再用"。参与谈判的咸龄再次辩解："孟子曰：舜，东夷之人也；文王，西夷之人也。夷字载之于圣经，有何不美？"但是，英国人坚持认为"夷"字为鄙视轻侮之意。彼此争论字义，良久

---

① 《中国近代史资料丛刊·鸦片战争》第五册，第 368—369 页。王开玺：《清代外交礼仪的交涉与论争》，第 276 页。

未定。① 中英《南京条约》等条约中，虽然强调了互相尊重与对等原则，但是，没有具体提及"夷"称问题，当然，也没有出现用"夷"指称外国的现象。到了缔结《天津条约》时，这才提了出来。

（二）夷洋之间

称呼问题常与思想认识有内在关联。《天津条约》签订以前好多年，已有人比较自觉地不用"夷"来指称西洋人，徐继畬就是一个。他的名著《瀛寰志略》，成书于 1848 年，其中英吉利一节长达 7620 字，没有用一个"夷"字。但是，在此书初稿《瀛寰考略》的"英吉利"一节，仅 2429 字中就有 21 个"夷"字。显然，徐继畬在定稿时，已决定不再用"夷"来指称英国人。② 定稿时，距《天津条约》签订还有十年。与此相类似的是魏源所撰《道光洋艘征抚记》，此书初撰于鸦片战争后不久，原稿中充斥"夷"字，但是，最后定稿时，通通改"夷"字为"洋"字，诸如洋馆、洋人、洋官、洋兵、洋炮等。魏源逝世于 1857 年，则此书改定不晚于这一年。

但是，也有人认为，鄙称西人为"夷"，表达对西人的蔑视，可以起到鼓舞人心的作用。广东在籍侍郎罗惇衍对当地官场不用"夷务"而用"洋务"字样，大为反感，曾上奏朝廷，表示："缘人心愤夷已极，而地方官自夷人入城以来，每讳言夷务，甚至文移公牍，称夷务为洋务，又称为外国事件，不敢斥言夷字。臣等再四商酌，应于关防内明刊办理夷务字样，方足鼓舞人心，现经刊刻完竣，业已随时盖用，合并声明。"③

无奈，称呼有其惯性，不是说改就改得了的。条约载明禁止称

---

① 《中国近代史资料丛刊·鸦片战争》第五册，第 398 页。王开玺：《清代外交礼仪的交涉与论争》，第 277 页。

② 参见任复兴《晚清士大夫对华夷观念的突破与近代爱国主义》，《社会科学战线》1992 年第 3 期，第 196、197 页。

③ 《罗惇衍等奏移札花县激励绅团密筹布折》，《筹办夷务始末（咸丰朝）》卷二二，第三册第 813 页。

"夷"以后，就在京师，1858 年的邸报继续使用"夷船"字样，英国专使额尔金知悉，特地提出抗议，指责中国违约。桂良等不得已，想了个两全之计，即公开文书遵守条约，不书"夷"称，但内部文件，仍然照样书写。[①] 1867 年成书的关于中外交涉的官方文书，被命名为《咸丰朝筹办夷务始末》，1880 年成书的同类官书被命名为《同治朝筹办夷务始末》。这些内部文件，都继续称"夷"。政府官员对侮慢他族的称呼如此固执，这就不是语言惯性问题，更重要的是为了满足其天朝自大的文化心理。1872 年初，北京发生过民人侮称英国驻华公使威妥玛为"鬼子"，引起口舌之争，最后将威殴打出血事件。[②] 威妥玛指责发生此类事件的根源在于官场，并不是毫无根据。1884 年，德国驻华公使巴兰德（Max August Scipio von Brandt），受各国公使公推，至总理衙门交涉，称总理衙门大臣、鸿胪寺卿邓承修折片抄件内有"夷人"字样。[③] 对此问题看得最透彻的，是在香港生活过的洪仁玕。他在《资政新篇》（1859）中表示，称外国人为夷狄鬼子，"是口角取胜之事，不是经纶实际"。

如果说，近代以前，由于对西方的不了解，称欧美人为夷狄鬼子，那是盲目自大；在鸦片战争交涉时期，称欧美人为夷狄鬼子，那是发泄怨愤；那么，中外通商三四十年，中外有了许多实际交流、交往以后，还继续称欧美人为夷狄鬼子，那就是虚骄心理在作祟了。

---

① 《第二次鸦片战争》第三册，第 531 页。

② 1872 年 1 月 28 日，英国驻华公使威妥玛行经东皇城根翠花胡同，忽闻背后有人大呼"鬼子"。呼者为小孩，但旁边有大人。威劝说小孩不可如此称呼，小孩遂住口。威继续行走，又闻呼叫，并投掷小石子。威指责在场之少壮者没有尽到劝阻小孩骂詈之责，双方引起争执，威被殴伤右腿、右额。事情告到总理衙门那里，查出殴威之人为旗人全喜。但威妥玛表示并非要惩办全喜其人，而是要引起中国官府重视对外关系问题。他说，中国人"每见远人，恒呼鬼子等类，百般轻待，推原其故，实缘百官于措词行事之间，多露轻慢之形，上行下效积致"。《筹办夷务始末（同治朝）》卷八五，第九册第 3022—3024 页。

③ 王开玺：《清代外交礼仪的交涉与论争》，第 281 页。

（三）《点石斋画报》丑化西方人案件

官场有此天朝虚骄心理，民间也有此天朝虚骄心理。19 世纪 80 年代后期发生的《点石斋画报》丑化西方人案件，就很能反映这种心理。

事情的简单经过是：1888 年，上海《点石斋画报》连续刊登三篇关于西方人如何对待尸体的图说。

第一篇是《缩尸异术》，说的是美国科学家名苦亭而，"制有药水，能将新死之尸缩成小体，长仅一尺五寸，阔一尺二寸，厚一寸三分，其坚如石，历久不腐，盛以木匣，颇便携带"。① 画面正中是一长发高鼻洋人正在做缩尸之术。尸体放在一个形如浴缸的容器内，手术师正在向尸体头上倒药水。边上另一洋人，表情肃穆，怀抱已缩成一尺多长的小尸体，形如婴儿。窗外三人，正在张望，面露讶异之色，其中一中年妇女，似为死者亲人，以巾掩面，正在哭泣。作者调侃说，美国人的这种缩尸本事，比将大书缩成小书的石印技术还要奇绝！"昔女娲氏抟土为人，实为生民之始，乃古圣定其初生之形，而时医变其既死之格。此法一开，而新鬼虽大不足恃矣。"②

第二篇是《格致遗骸》，说英国苏格兰科学家发明了一种方法，将人的尸体熬油，制成碱屑，将骨头粉碎，作为肥料。画面有左右两个车间，右边是一群洋人正在将一堆尸骨磨成细粉，其中一人腰系围裙，手持大铲，另一人在操作机器，密切配合；左边是两洋人立在锅灶前，一掌勺，一倒瓶，将尸骨熬油，一群女工，或坐或立，以已熬之骨油制碱。

第三篇是《戕尸类志》，说西方人对自己尸体并不爱惜，喜欢做些让人意想不到的奇异之事。法国有人以非常特殊的方式处理自己的头颅。巴黎城外一个人，自刎以前，将头拴在大气球上，自刎

---

① 《点石斋画报》卯集，第 31 页，吴友如画。
② 《点石斋画报》卯集，第 31 页，吴友如画。

以后让大气球自动将头颅拖走，结果被拖到二百里以外的地方，挂在大树梢上。此人死前留一遗书，谓其死出于自刎，与他人无关。另外一个人更特别，遗嘱留 10 法郎作为验尸人茶金，要求在其自刎以后，将其尸体一块一块割碎，送到动物园去喂野兽。画面分两幅，一幅是一大气球悬在窗外，系在一大胡子的洋人头上。此洋人坐在椅上，手执利剑，正在自刎。另一幅是一群洋人，正在动物园里，以已割碎的人肉饲养动物。园中绿树掩映，鲜花吐艳，饲者神态自然，一派见怪不怪的安恬气氛。

这三篇文字配画，一个缩尸，一个煮尸，一个分尸，一个碎尸，海外奇谈，连篇刊载，名义上是介绍西方科学技术与风俗民情，实际上是说欧美人是夷狄，与我天朝不是同类人。文中明说是美国人、英国人、法国人。这引起欧美各国驻京使臣的重视。

1889 年 1 月 15 日（光绪十四年十二月十四日），德国驻华公使巴兰德，代表美、日、英、西（日斯巴尼亚国）、俄、法、比等国公使，总共八个国家，向总理各国事务衙门提出交涉，内称：《点石斋画报》刊载这些图说，很可能会引起严重的后果。以前中国已经流传过一些谣言，酿成一些案件，"如谓用童睛作照相之材，尸身作西国之药，藉端生事，击害纯良男女，几致重伤"，这些皆悬念在心。现在又连续出来这些图画，处理不好，会闹出大事。照会称：

> 今看有此情形，本大臣暨美国、日本国、英国、日斯巴尼亚国、俄国、法国、比国各大臣皆有同心，不能不请贵王大臣详阅图说，并望妥速设法，免再有此等愚诈画报，致百姓误干戾咎，并临时变生大故也。兹将画报一本附呈贵王大臣，请即查照为荷。①

---

① 《上海画报载西人煮尸》，台湾中研院近代史所档案馆藏《总理各国事务衙门清档》01－16/91－2。

德国公使同时表示，此举并非为了要禁止华人画报，"惟欲作此图者，将伊等认咎之语宣入报中，并望地方官劝令该华人不得再有捏造之报"①。因事涉法国，法国驻沪总领事要求点石斋主人同时在画报上公开认咎。

总理衙门接函以后，很为重视，当即札知上海道处理此案。上海道台龚照瑗转饬会审公廨委员蔡汇沧查办。蔡传讯点石斋主人，谕令速遵登报，认咎更正。到会审公廨去见蔡汇沧的，是点石斋的经理王奇英。王称点石斋所绘画报，均系采摘各种新闻纸，从不敢凭空臆造。尽管不是凭空臆造，但点石斋主人表现得还是很合作，很快在《申报》《沪报》上登明误会，并在《点石斋画报》上发表《画报更正》，然后再译成西文，分登在《字林西报》与《晋源报》两份西文报纸上。

二　总理衙门设立

经过第二次鸦片战争，清朝统治者对外对内观念发生三大变化，一是不得不承认英法等西方国家的均敌之国地位，再也不能以对待藩属国那样的方式对待他们；二是感受到英法等国与历史上的蛮夷之邦确实不一样，他们并非要推翻清朝统治，签订条约后就从京师撤兵，纷纷南驶，并不占我土地人民，"其意必欲中国以邻邦相待，不愿以属国自居，内则志在通商，外则力争体面，如果待以优礼，似觉渐形驯顺"；② 三是感受到对清朝统治构成致命威胁的是太平军与捻军。清廷的结论是："发、捻交乘，心腹之害也"；俄国与中国壤地相接，有蚕食之志，"肘腋之忧也；英国志在通

---

① 《上海画报载西人煮尸》，台湾中研院近代史所档案馆藏《总理各国事务衙门清档》01 - 16/91 - 2。

② 《奕䜣桂良文祥奏亲递国书已饬设法消弭揣英法词意亦属不欲启衅折》，《筹办夷务始末（咸丰朝）》卷六九，第七册第 2582 页。

商，暴虐无人理，不为限制则无以自立，肢体之患也。故灭发、捻为先，治俄次之，治英又次之"。①

于是，清政府对内对外政策做了重要战略调整，即对外尽可能维持和平局面，设立总理衙门以处理涉外事务，对内注重发挥地方督抚作用，全力平定太平军、捻军起义。

总理衙门，全称"总理各国事务衙门"，一称"总署""译署"，是1860年《北京条约》订立后，清政府为办理洋务及外交事务而特设的中央机构。

晚清以前，清廷并无正式的外交机构。在封贡体系中，中国自认为是天下中心，中国以外，并不存在与中国地位对等的国家，因此以对待外藩的态度与处理商务的方式来处理与其他国家的关系。于是，涉外事务分别由礼部、理藩院与两广总督处理，或处理朝贡事务，或处理贸易事务，与蒙古、回部及诸番部及俄罗斯事务由理藩院处理。这种视外国为外藩、政出多头、事权不一的体制，自然为西方国家所不满。鸦片战争以后，清廷虽然与西方列强签订了《南京条约》等系列条约，在事实上承认了英、法、美等国家与中国为均敌之国的地位，但是，仍然没有设立专门的外交机构。随着广州、厦门、上海、宁波、福州等五口相继开放，为了应付头绪纷繁的通商交涉事宜，1842年10月，清廷任命曾代表中国与英方议订《南京条约》的耆英为两江总督，兼筹一切通商交涉事宜，通商大臣之设由此发轫，史称"五口通商大臣"。1844年，耆英调任两广总督，并受命以钦差大臣办理各省通商善后事宜，于是，五口通商大臣一职也就由两广总督例兼。第二次鸦片战争以后，特别是外国公使驻京问题出现以后，清政府成立正式外交机构的问题已无法回避与延宕。1861年1月11日，恭亲王奕䜣与文祥上奏《统筹全局酌拟善后章程》，提出要设立新的外交机

---

① 《奕䜣桂良文祥奏统计全局酌拟章程六条呈览请议遵行折》，《筹办夷务始末（咸丰朝）》卷七一，第八册第2675页。

构来处理新的外交事务，得到咸丰皇帝批准。总理衙门于同年 3 月 11 日正式成立。

需要指出的是，奕䜣等人提议设立的衙门名称是"总理各国事务衙门"，但是，咸丰皇帝颁谕同意的文字是："京师设立总理各国通商事务衙门，着即派恭亲王奕䜣、大学士桂良、户部左侍郎文祥管理，并着礼部颁给钦命总理各国通商事务关防。"① 显然，咸丰皇帝对此机构的职能设计与奕䜣等人设想有异。奕䜣等只好再上一折，说明西方各国虽然唯利是图，但总以官体自居，不愿自认为通商，防我轻视。假如新设机构冠以"通商"二字，各国必以为这是专办通商事宜，不办外交事宜，这样，饶舌必多，反滋疑虑。他们请求所颁关防，略去"通商"二字。咸丰皇帝朱批"依议"。②

总理衙门开始设立时，性质是"专管中外一切交涉"的临时机构，原拟待军务肃清、中外事务较简后即行裁撤。但是，辛酉政变以后，其体制发生了重大变化。一是地位变高，由一位亲王领衔，主要掌权的军机大臣例兼总理衙门大臣，有一段时期，甚至所有军机大臣都兼管总理衙门事务。恭亲王奕䜣作为军机处总领大臣，也是总理衙门总领大臣。这就使得总理衙门与军机处地位相当。二是权限变大。总理衙门早期下设三至五名大臣，后来增加到九至十一名，这些大臣多由原本重要的官员兼任，包括各部尚书或侍郎等，下面再设多名章京，处理文书事务。1865 年冬，海关总税务司署由上海迁到北京，归总理衙门管辖。1876 年中国开始向外国派遣出使大臣以后，驻外使臣亦归总理衙门管理。

总理衙门大臣工作方式是共同议事，共同负责，合称"总理衙门王大臣"。他们上奏皇帝必须采取一致的立场，不可单独上

---

① 《上谕》，《筹办夷务始末（咸丰朝）》卷七二，第八册第 2692 页。

② 《奕䜣等又奏请关防及行文不用通商二字片》，《筹办夷务始末（咸丰朝）》卷七二，第八册第 2710 页。

奏，因此，用于向皇帝所提建议之前的惯用语言是"臣等共同商酌"。总理衙门存在的 40 年，总领大臣以恭亲王奕訢任职时间最长，前后凡 28 年（1861—1884；1894—1898）；其次是庆亲王奕劻，前后凡 12 年（1884—1894；1898—1900）。其他大臣有桂良、文祥、崇纶、恒祺、宝鋆、董恂、薛焕、徐继畲、谭廷襄、沈桂芬、毛昶熙、崇厚、李鸿藻、曾纪泽、王文韶、阎敬铭、许庚身、张荫桓与徐用仪等。19 世纪 60 年代在奕訢领导下，总理衙门在外交事务方面有较大权限，包括处理《北京条约》之后的善后事宜，1866 年安排出使西方的斌椿、蒲安臣等使团，1868 年的《天津条约》修约相关问题，以及海关事务的处理等。19 世纪 70 年代以后，一方面奕訢权力因慈禧的排挤而下降，一方面李鸿章就任北洋通商大臣，许多外交事务转往天津，北洋大臣衙门在外交方面发挥了更大作用。

　　总理衙门日常工作成员，主要是选自其他各机构的章京，数额不定。各章京之间的工作划分，最初是各司原职，因各章京均从其他与外务有关的机构调来，故各自仍担任原机构的工作，海关事务由户部调来的章京负责，收受文移由礼部调来的负责，俄国事务由理藩院调来的负责，抄拟重要文稿由内阁调来的负责，整理与保管秘密文件由军机处调来的负责。1864 年以后，这种工作方式有所调整，改以按地区与功能的原则，分股办事。共分五股，俄国股司理俄国、日本、陆地贸易、边界纠纷、外使觐见、推荐使才、考选章京、派遣留学等业务；英国股主掌有关英国、奥匈、商约、商税、海关的业务；法国股负责有关法国、荷兰、西班牙、巴西、传教、中越关系、移民等业务；美国股负责有关美国、德国、秘鲁、意大利、瑞典、比利时、丹麦、葡萄牙、通商口岸、保护海外华工、参与国际会议等业务；海防股主管有关海军、船舰、要塞、军械、机器、电报、铁路、矿产等业务。至于一般性的行政，由司务厅主理。另有清档房（1864 年以前称"清档处"），负责编纂、誊录、校订、保管文件等，并有海关总税务司署、同文馆、电报处及银库等机构。①

总理衙门设立以后的 40 年，清廷外交呈双轨制，一方面，开始按照西方条约体系原则，处理与西方各国的关系，接待公使，派出使臣，签订与修改条约；另一方面，仍依据传统的封贡体系原则，处理与周边藩属国家的关系。在此期间，由于列强的扩张，中国藩属日渐减少，法国占领了越南，英国占领了缅甸等地，英、法共同占领了暹罗（泰国），日本占领了琉球。甲午战争以后，日本通过《马关条约》，将朝鲜变为其保护国。这样，中国便丧失了对周边国家的宗主权，宗藩制度彻底瓦解，清廷外交也就由双轨并为单轨。

总理衙门采取分属办事制度，即依照清政府各衙门的职能，对从各衙门抽调来的章京进行分工。随着洋务运动的开展，总理衙门管理职权日渐增大，主办各国外交与通商、各关税务、保护民教、各处招工、陆路通商、边防疆界、设埔保工、南北海防、长江水师、北洋海军、要塞炮台、制造、学校、电线、铁路、矿务，以及庆典、礼宾、有关官吏的人事行政和考试等事务，总揽了外交及与外国发生干系的财政、军事、教育、矿务、交通等各个方面的大权。

总理衙门设立以后，职能在不断扩展，起初主要限于涉外事务，后因外务与内务交叉夹缠一起，通商口岸、兵工、税务、商务等，既有外务因素，也有内务成分，头绪日益繁杂，分工不断细化。这样一个综乎六部的机构，显然不适应现代政府专门化、职业化的需要。戊戌变法时期，已有改革之议。1901 年，在清末新政中，总理衙门改为外务部。

清廷在设立总理衙门的同时，另为了应付对外通商事务的需要，于 1861 年在天津置三口通商大臣，三口指天津、牛庄（后改营口）、登州（后改烟台）。初为临时差事，由侍郎崇厚专任，不加

---

①　参见王曾才《自强运动时期中国外交制度的发展》，台湾中研院近代史所编《清季自强运动研讨会论文集》（上册），1988 年。

"钦差"，只颁发关防。遇有要事会同直隶、山东、奉天的各级官员商办，与总理衙门无直接隶属关系。1870 年改为北洋通商大臣，由直隶总督兼任。1859 年，清廷还将 1844 年在广州设立的五口通商大臣衙门迁至上海，1861 年起变通旧制（初由江苏巡抚兼任，后由两江总督兼任），1866 年改为南洋通商大臣，移南京，管理长江及江苏以南沿海各省通商口岸。1870 年李鸿章出任北洋通商大臣后，总理衙门的作用渐减，几乎所有外交事务都由李鸿章处理。由于李鸿章对外国情况比较了解，在掌权的慈禧太后那里又比较能够获得支持，所以，1870 年以后，李鸿章成为没有外交部长之名的外交部长。

三　公使驻京周折

（一）相关条款

1858 年签订的中英《天津条约》中，有五款与派遣使臣相关：

第二款　一、大清皇帝、大英君主意存睦好不绝，约定照各大邦和好常规，亦可任意交派秉权大员，分诣大清、大英两国京师。

第三款　一、大英钦差各等大员及各眷属可在京师，或长行居住，或能随时往来，总候奉本国谕旨遵行；英国自主之邦与中国平等，大英钦差大臣作为代国秉权大员，觐大清皇上时，遇有碍于国体之礼，是不可行。惟大英君主每有派员前往泰西各与国拜国主之礼，亦拜大清皇上，以昭划一肃敬。至在京师租赁地基或房屋，作为大臣等员公馆，大清官员亦宜协同襄办。雇觅夫役，亦随其意，毫无阻拦。待大英钦差公馆眷属、随员人等，或有越礼欺藐等情弊，该犯由地方官从严惩办。

第四款　一、大英钦差大臣并各随员等，皆可任便往来，收发文件，行装囊箱不得有人擅行启拆，由沿海无论何处皆可送文。专差同大清驿站差使一律保安照料；凡有大英钦差大臣各式费用，皆由英国支理，与中国无涉；总之，泰西各国于此等大臣向为合宜例准应有优待之处，皆一律行办。

　　第五款　一、大清皇上特简内阁大学士尚书中一员，与大英钦差大臣文移、会晤各等事务，商办仪式皆照平仪相待。

　　第六款　一、今兹约定，以上所开应有大清优待各节，日后特派大臣秉权出使前来大英，亦允优待，视此均同。①

　　这些条款规定了使臣驻京、觐见礼节、外交豁免、对等原则等。这在今日看来，是具有正常外交关系国家之间再寻常不过的事了。但在当时，对于咸丰皇帝与许多大臣来说，有如天崩地裂，震动极大。原因在于，这些条款的订立，经过了中英两国超过半个世纪的交涉、较量，经历了东西方两种国际关系体系的长期冲突。这些条款的订立，标志着延续已久的封贡体系根基的动摇。

（二）两种国际体系相遇

　　人类历史上，曾经存在三类国际关系体系，即封贡体系、条约体系与殖民体系。殖民体系是近代以来欧洲国家在与其他弱小部族交往时的主导体系，诸如英国与澳大利亚、印度、南非，法国与阿尔及利亚、突尼斯、柬埔寨，西班牙与墨西哥、秘鲁、菲律宾，葡萄牙与巴西、印度尼西亚等。其主要特点是殖民国家对殖民地的占领、控制与管辖，从殖民地掠夺大量财富，运往殖民国家化作资本。

　　封贡体系曾广泛存在于世界各地的古代历史中，内以东亚封贡体系最为典型。

　　东亚封贡体系有两个显著的特点。一是以中原王朝为核心，以

---

　　①　王铁崖主编《中外旧约章汇编》第一册，三联书店1957年版，第96—97页。

同心圆式一圈一圈向外扩展，第一圈是中原九州，是皇帝直接统治的区域；第二圈是中国周边地区，中原王朝通过朝贡与册封，加以控制；此外是荒远之地，中华文明没有影响到的地方。二是强调以文明程度为标准，以华、夷区别中原与周边地区，以儒家王道思想为宗藩各国共同统治思想，通过武力与德惠两种手段，让周边倾心内服。封贡体系在明清时期达到高峰。明嘉靖年间，与明王朝保持朝贡关系的国家有 65 国之多。清代前期，朝鲜、琉球、越南、缅甸、南掌（今老挝）、暹罗（今泰国）、苏禄（今菲律宾）等均为清王朝藩邦。封贡体系是一种天下体系。在这一体系中，只有一个天子，一个核心，一种文明，一统天下。在这种体系下，中国与周边国家之间，只有天子与诸侯的上下关系，没有国家与国家之间的平等关系，只有属国，没有与国，只有理藩，没有外交，自然也没有外交理念和外交礼仪。中央政府由礼部和理藩院分别办理海道和陆路往来的各国事务。

条约体系是从欧洲发展起来的、以欧洲为中心的近代外交体系，有两个特点。一是国与国之间对等原则，互派使节。1455 年，米兰公爵已向热那亚派遣常驻使节。到 15 世纪末，欧洲各国之间，互派常驻外交代表已是普遍现象。1648 年召开的威斯特伐利亚国际会议，确定了以平等、主权为基础的国际关系准则，以条约形式确立了常设外交使节制度。1815 年维也纳会议通过《关于外交人员等级的章程》，规定了大使、公使、代办三级外交代表制度。18 世纪，欧洲各国开始在政府部门序列中，设立专管外交事务的外交部。二是处理外交关系规范化、法制化。1625 年，荷兰国际法学家格劳秀斯出版《战争与和平法》，以自然法为理论基础，阐述了无须各国特别同意的国际法规则，对当时的各种外交行为做了尽可能的规范。这些规范日后不断修订与完善。此后，条约体系逐渐成为欧洲国家之间处理外交关系的主导体系。

封贡体系不承认与国，条约体系不承认共主，这两种体系如果分别存在于东亚与欧洲，各自独立，不相交接，倒也可以相安无事。但是，17 世纪以后，西力东侵，条约体系与东亚封贡体系直面相遇，两个体系各循其道，各持其理，各不相让，于是，一系列冲突随之发生。

早在康熙、雍正年间，中国在处理对外关系时，已经遭遇到条约体系。1653 年，俄国沙皇派遣使节，要求顺治帝向其称臣。顺治帝断然拒绝了这一要求，反过来要求沙皇前来北京朝贡。经过不断的冲突和斗争，中俄于 1689 年（康熙二十八年），按照欧洲国际公法的惯例，签订了《尼布楚条约》。1727 年（雍正五年），中俄又签订了《布连斯奇条约》，次年互换约文，实际上确立了两国的平等地位。学术界一般认为，中国知道西方国际法的存在，是以《尼布楚条约》签订为标志的。当时作为清政府代表团通译之一的葡萄牙耶稣会传教士徐日昇，曾向康熙皇帝介绍过近代西方国际法，康熙皇帝也注意到一些关于国家主权平等及条约缔结的原则。从条约内容来看，康熙皇帝是同意按照条约体系的相关原则与俄国签订条约的。但是，康熙皇帝只是将这一事件作为特殊的个案处理，并没有打算日后奉行条约体系。[①] 雍正年间，清政府曾不止一次向俄国派出使节，特别是 1729 年（雍正七年），派理藩院侍郎托时率团出使俄国，至俄国旧都莫斯科，参加彼得二世继位典礼，拜会了女皇安娜·伊万诺夫娜，并与俄国枢密院官员进行会谈。但是，中国依然没有自觉地理解与接受如同欧洲那样的国与国之间平等相处的观念与原则。

条约体系与封贡体系第一次正面冲突是 1793 年，即著名的马戛尔尼事件。

1793 年，英国正式派遣马戛尔尼使团来华，向清朝提出通商要求。其要求分两次表述。一是通过英国国书提出来的，主要有三点：（1）两国互通有无，增进贸易；（2）英国要求派遣使臣常驻中国；（3）要求中国当局保护英国人。二是马戛尔尼离开中国以

---

① 参考林学忠《从万国公法到公法外交：晚清国际法的传入、诠释与应用》，上海古籍出版社 2009 年版，第 44 页。

前，以书面形式向乾隆皇帝提出来的，有六点，包括：（1）开放舟山或宁波，以及天津，与广州一样作为贸易口岸；（2）援俄国旧例，允许英商在北京开办一所货栈即贸易公司，以便出售商品；（3）允许英商在舟山附近拥有一个小岛或一小块空地，以存放货物与居住；（4）希望在广州附近获准拥有同样性质、用于同一目的的一块地方，或被允许在需要时常年住在广州，英人在广州与澳门居住期间，应有骑马与从事体育运动的自由；（5）对航行在广州和澳门之间或在珠江上的英国商人免征任何关税和捐税，至少不要比1782 年以前征的税更高；（6）允许英商按中国税率纳税，不在税率之外另行纳税，并请求赐税单一份，以便英商奉行。① 对于英国的要求，乾隆皇帝悉数回绝。他在致英王的信中写道："天朝抚有四海，惟励精图治，办理政务，奇珍异宝，并不贵重。……天朝德威远被，万国来王，种种贵重之物，梯航毕集，无所不有。"他具体驳斥了英国派遣使臣常驻中国、照管英商贸易的要求，表示"此与天朝体制不合，断不可行"。他认为，英人在京居住不归本国，又不可听其往来，常通消息，实属无益之事；若留人在京，言语不通，服饰殊制，无地可以安置；"若云尔国王为照料买卖起见，则尔国人在澳门贸易非止一日，原无不加以恩视。……外国又何必派人留京……况留人在京，距澳门贸易处所，几及万里，伊亦何能照料耶！"②

1816 年（嘉庆二十一年），英国再派阿美士德勋爵率使团来华，所拟要求中依然有派使驻京、办理英国人民事务一条，后因这个使团拒行三跪九叩之礼而被驱逐，没有见到嘉庆皇帝，驻使要求也就无从提起。

此后，英国不断谋求与中国建立政府间的联系。嘉庆以前，中

---

① 〔法〕佩雷菲特：《停滞的帝国：两个世界的撞击》，王国卿等译，三联书店2007 年版，第 252—253 页。

② 〔法〕佩雷菲特：《停滞的帝国：两个世界的撞击》，王国卿等译，第 250 页。

英贸易均属民间行为，英方对华贸易由东印度公司垄断，中方则由广州十三行代理。1834 年，英国取消东印度公司对华贸易垄断权，并派出第一任商务监督律劳卑。作为外交部的官员，律劳卑除了管理商务，还要谋求与清政府建立正式外交关系。而中国方面，则日益加强对外商的限制，1835 年制定《防夷新规八条》，对在粤西方人做了更为严格的限制，特别强调"夷人具禀，应一律由洋商转禀"，拒绝与夷人直接打交道。① 这样，中英在两个方向越走越远，最后导致战争的爆发。

　　由于中国在鸦片战争中的失败，《南京条约》等一系列条约的签订，此前坚守的宗藩体制被打开了很大的缺口，清廷部分接受了条约体系的规则。《南京条约》以大清皇帝、大英君主平列并提；"议定英国住中国之总管大员，与大清大臣无论京内、京外者，有文书来往，用照会字样；英国属员，用申陈字样；大臣批覆用劄行字样；两国属员往来，必当平行照会"。② 中美《望厦条约》规定："嗣后中国大臣与合众国大臣公文往来，应照平行之礼，用照会字样。领事等官与中国地方官公文往来，亦用照会字样。申报大宪，用申陈字样"；"合众国日后若有国书递达中国朝廷者，应由中国办理外国事务之钦差大臣，或两广、闽浙、两江总督等大臣将原书代奏"；"嗣后合众国如有兵船巡查贸易至中国各港口者，其兵船之水师提督及水师大员与中国该处港口之文武大宪均以平行之礼相待，以示和好之谊"。③ 这些规定，给外国官员与中国官员以平等交往的权力，体现的是近代国际法中的平等原则，许多内容与 50 年前马戛尔尼提出的要求精神一致。

---

① 梁廷枏总纂，袁钟仁校注《粤海关志校注》，第 567 页。

② 厦门市档案局（馆）编《近代厦门鼓浪屿公共租界档案汇编》上册，厦门大学出版社 2018 年版，影印件第 78 页。

③ 南京大学历史系中国近现代史教研室编选《中国近代史参考资料选辑》，1973 年编印，第 31 页。

（三）公使驻京问题提出及朝野反应

还在 1843 年 11 月，美国驻广州领事福吐，已经向钦差大臣耆英等表示，美国总统将派全权使臣来华，进京觐见，递交国书。[①]1844 年，美国国务卿丹尼尔在给美国驻华公使顾盛的训令中明确指出：“你应通知中国政府的官员：你带有美国总统向皇帝表示友好的信件，这封信由总统亲笔签字，只能躬亲交给皇帝，或在皇帝面前交给某一高级官员。”[②] 顾盛在与耆英谈判《望厦条约》时，公使驻京、递交国书一直是重要问题。1844 年，法国公使喇萼尼也曾提出，“遣使进京朝见，即留驻京城，中国亦遣使至伊国都城驻扎”。[③] 1854 年，英、美等国代表在与两广总督交涉修约问题过程中，都再次明确提出公使驻京的要求。两年后，英、美等国再提修约问题，重提公使驻京。

清廷方面，从咸丰皇帝到王公大臣，多不明白公使驻京究竟是怎么一回事，但多持反对态度。1858 年，钦差大臣桂良等在战事失利、英法兵临天津的情况下，别无选择，于 6 月 26 日被迫与英国专使额尔金签订中英《天津条约》，同意“公使驻京”条款。在此之前，桂良欲允“公使驻京”的消息已经泄露出去，京城官僚闻之大哗，一片反对之声。据茅海建研究，有名有姓的反对者就有近三十人，包括：恭亲王奕䜣，御史尹耕云，吏部尚书周祖培，刑部尚书赵光，工部尚书许乃普，兵部左侍郎王茂荫等。[④]

由此可见，反对公使驻京的，是一个相当庞大的阵容。反过

---

① 王开玺：《清代外交礼仪的交涉与论争》，第 315 页。
② 《国务卿丹尼·尔韦伯斯特给顾盛的训令》，见乔明顺《中美关系第一页》，社会科学文献出版社 1991 年版，第 202—203 页。王开玺：《清代外交礼仪的交涉与论争》，第 317 页。
③ 《两广总督耆英奏报在澳门连日会见法使大概情形折》，中国第一历史档案馆编《鸦片战争档案史料》第七册，天津古籍出版社 1992 年版，第 509 页。
④ 茅海建：《公使驻京本末》，《近代的尺度：两次鸦片战争军事与外交》，上海三联书店 1998 年版，第 183—184 页。

来，在那么多奏折条陈中，找不到一例能从西方外交制度的角度对公使驻京所依何据、所做何事进行条分缕析、有根有据阐述的，所见到的只是风闻、臆想与义愤。有人说，夷人进京之后，"建楼则种种窒碍，久驻则窥我虚实。辇毂重地，何容此附骨之疽！万一肘腋变生，萧墙祸伏"。① 有人说，夷人久居京城，"彼将坚筑垣堞，暗列火炮，洋楼则以渐而增，不得不听其侵占，丑类则接踵而至，不得不任其蔓延。潜引奸民，广传邪教。我之虚实，彼无不知，彼之去来，我不能禁，有举动则显事阻挠，有罅隙则阴为窥伺。为地既近，为备愈难"。② 周祖培、赵光、许乃普、尹耕云等十余人联名上奏皇上坚决不能允许外国公使驻京。③

　　桂良等人与英国、法国代表签订《天津条约》以后，咸丰皇帝越想越觉得不对劲，决计反悔，要求修改。他曾与桂良等密商，授意桂良等人赴上海与英国等谈判关税问题之际，以全免关税为代价，向英国等国提出取消公使驻京、内地游历、长江通商等四事。幸亏桂良等人还算知道轻重，没有不折不扣地照咸丰皇帝意旨办事，这才保住了关税。诚如茅海建所分析："当时清朝的海关年收入为银数百万两，这在财政困难的咸丰朝已是不小的收入。至清朝后期，海关年收入为银两三千万两，占清朝财政收入的四分之一强。若此策执行，清朝的财政至同治朝即已崩溃，其命脉也不可能维系至 20 世纪初，而中国的商业利益也将在西方列强进逼下丧失殆尽！"④

---

　　① 《段晴川奏请严责驻津大臣拒绝各使进京之议以杜后患折》，《筹办夷务始末（咸丰朝）》卷二六，第三册第 957 页。

　　② 《许彭寿奏外人驻京隐忧难述不宜示弱折》，《筹办夷务始末（咸丰朝）》卷二六，第三册第 958 页。

　　③ 《周祖培等奏外使驻京八害折》，《筹办夷务始末（咸丰朝）》卷二六，第三册第 953—954 页。此折被节选编为尹耕云《筹夷疏五》。许宝蘅《巢庐杂记》（上）载《尹耕云戊午廷议纪略》："团防处递封奏列衔者吏部尚书周祖培，刑部尚书赵光，工部尚书许乃普，户部右侍郎内阁学士宋晋，兵部左侍郎王茂荫……北城御史福稼、尹耕云……"

　　④ 茅海建：《公使驻京本末》，《近代的尺度：两次鸦片战争军事与外交》，第 191 页。

京师群臣为什么异口同声地强烈反对公使驻京？咸丰皇帝为什么不惜以全免关税那么大的代价来抵制公使驻京？这在今天看来，完全是争所不当争，弃所不当弃。说到底，这与当时人们对近代西方条约体系不了解有关，与对公使驻京的实质了解不透有关。他们把公使驻京理解为古代的"监国"，把派到外国去的公使理解为古代的"质子"。在他们看来，抵制了公使驻京，就是保全了皇帝的体面，保住了王朝的宗庙社稷，保住了国家的根本。①

正因为对公使驻京有那么多的不解、担忧与恐惧，1858 年在与英、法等列强签订《天津条约》以后，咸丰皇帝及一些大臣，在是否允诺公使驻京、公使长年驻京与有事驻京、驻京人数、所用仪仗、坐轿与坐车、停留时间、使馆选址等问题上，再三再四地讨价还价，百计阻挠。咸丰皇帝曾提出，要限制外国使团人数、驻京时间，要求不能常驻，每年不能超过一次，必须更易中国衣冠，不得携带眷属，一切跪拜礼节悉遵中国制度。

1860 年《北京条约》签订以后，公使驻京成为必须履行的条约义务。1861 年以后，西方各国公使陆续进入北京。但是，清政府依然顾虑重重，对于与公使驻京紧密联系在一起的，或者说是公使驻京的最后一个环节，即觐见皇帝，仍然留了一手。咸丰皇帝拒不松口，一直停留在热河，没有回京。他至死也没有接见过任何一个外国公使。咸丰皇帝死后，清政府领导中枢发生重大变动，公使驻京问题总体上已经解决，但还留了尾巴，即觐见皇帝问题。

四　觐见皇帝礼节

前已述及，马戛尔尼使团觐见乾隆皇帝，阿美士德使团要求觐

---

① 茅海建：《公使驻京本末》，《近代的尺度：两次鸦片战争军事与外交》，第199 页。

见嘉庆皇帝，礼节问题都是关键。第二次鸦片战争以后，情况已经发生根本性变化，见不见已经不能成为问题，即按照条约，皇帝必须接见外国公使，接受国书。因此，觐见皇帝只剩下一个问题，即何时接见与如何接见。

咸丰皇帝去世以后，同治皇帝年幼，不能接见；垂帘听政的太后碍于礼仪传统，不便接见，觐见皇帝的问题便耽搁了下来。

1872 年 10 月，同治皇帝举行大婚。1873 年 2 月 23 日，同治皇帝正式亲政。公使觐见皇帝随即成为必须解决的现实问题。

就在此前六七年，法国代理公使伯洛内（Henri de Bellonet）、总税务司赫德与英国驻华使馆参赞威妥玛，都已提及此事。1865 年，法国代理公使伯洛内照会总理衙门，内称："至今外国钦派大臣，未觐中国皇帝。客登堂未睹主人之面，有两国不睦之象。若咸丰皇帝尚在君位，焉有不依准之理！今外国深知体谅中国，因皇帝幼弱，太后垂帘，故久不催问此事。切望廷臣洞明时势，政务之暇，陈中外和好之良模，庶不致皇上到御极之年，方知外国之事难处。"① 同年，赫德在《局外旁观论》中指出："大皇帝召见各国驻京大臣，若不允见，虽不便遽至失好，恐必借他端而生事，不如先告以可见。"② 1866 年，威妥玛在《新议论略》中，也提出国家之间互派使臣，进行沟通，"于友谊大局，彼此均为有益"。③

1867 年，清廷就外国公使觐见礼节问题，预先征求大臣意见，说是如果强求外国公使行中国之礼，恐怕其势有所不能；如果有所变通，权其适中者而用之，也不知道外国公使能否听从。群臣的反应，大体分为三类。一是反对变通，直隶总督官文、两广总督瑞麟、船政大臣沈葆桢等都反对改变中华礼节接待公使。二是赞成变

① 单士元：《五国公使觐见同治帝始末》，《清代档案史料丛编》第 13 辑，中华书局 1990 年版。茅海建：《公使驻京本末》，《近代的尺度：两次鸦片战争军事与外交》，第 237 页。

② 〔英〕赫德：《局外旁观论》，《万国公报》，1875 年第 359 期。

③ 〔英〕威妥玛：《新议论略》，《万国公报》，1875 年第 361 期。

通，两江总督曾国藩、署湖广总督李翰章、三口通商大臣崇厚等都赞成觐见之礼可以变通，但多没有提出具体变通之法。独有湖广总督李鸿章提出一奇特办法：将来遇有皇上升殿御门各大典，让外国公使列在纠仪御史、侍班文武当中，"亦可不拜不跪，随众俯仰"，那样，可以内不失己，外不失人，两方面都能接受，权得其中。①三是认为可以按照外国礼节行事。持此意见的只有一个人，即陕甘总督左宗棠。他的见解相当通达，认为既然承认西方那些国家不是属国，而是均敌之国，那么，就不必苛求他们一定要行中国之礼："自古帝王不能胥外国而臣之，于是有均敌之国。既许其均敌矣，自不必以中国礼法苛之，强其从我。"②

同治皇帝亲政第二天，英、俄、德、美、法五国公使便联名照会总理衙门，要求觐见皇帝。3月11日、14日，总理衙门与五国公使两次会谈。围绕着亲递国书的觐礼问题，双方舌战不下。

直隶总督李鸿章的意见最为通达。他认为既然无法阻止外国公使觐见，就不必强求他们行跪拜之礼。其要点有五：一是平等对待已是均敌之国的西洋各国，可以认可西方通行之制；二是外国使臣入觐确为真心和好，如因跪拜问题而拒绝，势必影响中外关系；三是要区别国家交往与统驭臣下两者的不同；四是礼仪本该因时而变，现在时移而势异，理应变通；五是现在面临数千年未有之变局，皇上变通外国使臣的觐见礼仪，后世无人敢议。③李鸿章此论，具有重要价值。他系统地分析了纠缠在跪拜礼仪上的中外各种缘由利弊，勇敢地承认此前曾国藩、左宗棠等人已经涉及的国际大局，即西方各国对于中国是均敌之国而非宗藩属国，这为打开外交困局开辟了通道。

经过长达三个月的磋商辩论，双方终于达成如下协议：

第一，接见之礼，君上坐立自便，"或赐茶酒，或别用荣异，

---

① 李鸿章奏，《筹办夷务始末（同治朝）》卷五五，第六册第2259页。
② 左宗棠奏，《筹办夷务始末（同治朝）》卷五一，第六册第2153—2154页。
③ 李鸿章奏，《筹办夷务始末（同治朝）》卷九〇，第九册第3624—3626页。

均为君恩，自非必应讨请"。

第二，"使臣入朝见上之际，有请安、奏贺数言，不能首先论及事务。盖凡公务，国主若肯首先问及，应听主张。奏对之后，使臣如欲续奏，抑或于国主未问之先，遽然奏陈，国主亦可以礼却谢"。

第三，此次使臣入觐，"以入华资深之员领班，代各国同僚奏对。如询他臣，恭候清问"。

第四，中外礼节不同，如有碍于国体之处，不得勉强。各国使臣见本国君上，均三鞠躬，此次觐见改为五鞠躬，以昭格外诚敬。

第五，"各国实任出使大臣，奉有本国国君之书，初次来住中国者，始觐见大皇帝，以便面递国书。其余不在请觐之列"。

第六，觐见礼节言词，应先期绘图演习。

第七，觐见处所，及何年何月何日入觐，恭候大皇帝谕旨遵行。

第八，礼仪议定后，将来无论何国、无论几等使臣，初次来住中国，如奉有本国国书，必应亲递者，均照此次五国大臣觐见礼节，不得稍有参差。

第九，"觐见大典，不宜轻举。且日后初次来华之各国大臣，既住中国，为日正长。当照此节略所言五国使臣同见之例，迟早恭候谕旨遵行，不能一人随时请觐，用昭郑重"。

第十，"中国现无驻札各国大臣，（各国）不得以有施无报责我中国。将来中国即有大臣出使，奉有国书，见与不见，仍听各国之便。如遇有礼节不同，或别有事故，见与不见，亦听中国出使大臣之便"。①

1873 年 6 月 29 日（同治十二年六月初五），英、法、俄、美、荷五国公使和日本大使，共六国使节觐见同治皇帝，地点在中南海紫光阁。日本大使副岛种臣以三揖之礼，首先觐见。西方各国公使，以五鞠躬之礼，依次觐见。以其到达北京的先后为序，依次为俄、美、英、法、荷。德国公使因病回国，未能参加觐见，故安排德国驻华使馆的翻译璧斯玛作为代表，并担任参加觐见公使的共同

① 《谕内阁》，《筹办夷务始末（同治朝）》卷九〇，第九册第 3643—3644 页。

翻译。觐见时，俄国公使以公使团团长名义，向皇帝致颂词，然后各公使呈递本国国书。各国公使觐见后，法国公使在其本国翻译陪同下，又做了一次特别的觐见，以呈递法国政府对两年前崇厚所呈递书信的覆文。整个觐见过程持续半小时。[①] 聚讼多年的跪拜之争到此告一段落。

清廷接受外国公使驻京的整个过程，实际上分成四步。第一步，签订《南京条约》等系列条约，承认英法等国均敌之国的地位；第二步，签订《天津条约》等系列条约，在条约中接受公使驻京的条款；第三步，第二次鸦片战争以后，允许外国使臣驻京，但皇帝未予接见；第四步，接受公使觐见。每一步，都是在西方列强逼迫下迈出的；每一步，都是在充满争论中迈出的。每走一步，对西方世界的认知也加深了一步。这是中国被强行纳入西方世界体系的痛苦过程，也是中国走向世界的缓慢过程。四小步，三十多年。如果从马戛尔尼觐见乾隆皇帝算起，整整八十年。

五　终于派出使臣

（一）出使问题的提出与讨论

向外国派出使臣，与外国公使驻京，是一个问题的两面，都是以承认对方为均敌之国作为前提的。中国在古代，虽然也曾有过张骞、班超、郑和等一些著名使节，但没有形成与他国平等相处的传统，也没有形成派遣常驻使节的制度。鸦片战争以后，英、美、法等国在向清廷提出公使驻京要求的同时，也都提出中国派出使臣驻扎外国京城的问题，均被驳回。中英、中法《天津条约》中，都

---

① 〔美〕马士：《中华帝国对外关系史》第二卷，张汇文等译，上海书店出版社2006 年版，第 294 页。

有中国可以向英国、法国派遣使臣的具体条款。第二次鸦片战争以后，随着西方各国公使络绎来京，西方人又多次提出中国遣使驻外问题。但是，只见外国公使来，不见中国使臣去。

1865 年 11 月，总税务司赫德在《局外旁观论》中，1866 年 3 月，英国驻华使馆参赞威妥玛在《新议论略》中，都力劝中国向外国派遣使臣。赫德说：命大臣驻扎外国，对于中国有大益处。外国在中国京师所驻之大臣，若请办有理之事，中国自应照办，但若请办无理之事，中国若无大臣驻在外国京城，就难以与外国政府直接沟通，其结果是难以不照办，这对中国很为不利。威妥玛说，命大臣驻各国京都一节，英国渎告非止一次；或问中国派遣使臣到外国，对外国有何裨益？实无其益；要问对中国有何益处？益实多焉。

对于赫德与威妥玛的意见，总理衙门要求江西、湖广、江苏、浙江、福建、两广等省地督抚及南北洋通商大臣筹议。江西巡抚刘坤一、浙江巡抚马新贻表示反对。刘坤一认为，如果派遣使臣出洋，则是"以柱石重臣弃之绝域"，可能要让外国"挟以为质"。[1] 马新贻认为，外国公使驻京，有入朝秉政之说，中国如派使臣出国，难有在外国秉政之实，而让外国反过来以此要挟中国，"以求秉中国之大政"，那样，外国公使将"随其爱憎，更易百官，颠倒庶务，以重离我百姓之心。时虽中外大臣，忠义豪杰，亦将拱手而莫可如何"。[2] 在今人看来，将派遣使臣的后果说到如此严重地步，实在是危言耸听！但在当时，这就是人们的认知程度！在当时督抚中，刘坤一、马新贻都是比较有识见之士，他们见识尚且如此，遑论其他内地省份的官绅！

当然，地方大员也不尽如此。三口通商大臣崇厚就表示，遣使分驻各国，乃西洋立约之国最为应办之事，藉以通和好而达情义。泰西所派使臣，有一种类型便是修好往来、彼此长住。他认为，对

---

① 刘坤一奏，《筹办夷务始末（同治朝）》卷四一，第五册第 1723 页。
② 马新贻奏，《筹办夷务始末（同治朝）》卷四五，第五册第 1925 页。

于此事，西方必然固请，因此，总理衙门应该预筹遣使之道，也要考虑与外国君臣相见之礼节，这是外交第一等要事。[①] 崇厚与外国人接触较多，比较了解国际情况，所以，他的意见比较开明。

（二）迈出一小步

对于赫德与威妥玛的意见，总理衙门虽然没有立即采纳，但将此问题交给沿海督抚筹议，这本身就表明已经在考虑派遣使臣问题了。就在这时，赫德的一个建议，促成此事向前迈出了一小步。

1866 年初，总税务司赫德准备请假回英国完婚，建议总理衙门派员随他到英国观光。恭亲王奕訢认为这是一个派人实地考察西方的好机会。奕訢表示，同文馆学生内，有的对于外国语言文字已能粗识大概，若令前往英国游历一番，亦可增广见闻，有裨学业，且系微员末秩，与奏请特派使臣赴各国通问，体制有所差别，又与赫德同去，亦不稍涉张皇，似乎流弊尚少。考虑到学生年少，可让老成可靠的斌椿带队。

斌椿（1804—1871），字友松，内务府汉军正白旗人，幼习儒家经书，后参加科举入仕，曾任山西襄陵县知县，1864 年应总税务司赫德延请，负责办理文案，由此结识了美国驻华使馆参赞卫三畏、传教士丁韪良等，得读关于世界史地知识的《地球说略》与记述美国历史的《联邦志略》，对国际知识有所涉猎。既老成可靠，六十多岁，又具有一定国际知识，与赫德也比较熟悉，这可能是奕訢选择斌椿作为领队的综合因素。朝廷批准了这一计划。随后，斌椿率同文馆学生凤仪、张德彝、彦慧，还有他的儿子笔帖式广英一行，在英国人包腊与法国人德善的帮助下[②]，于 1866 年 3 月

---

① 崇厚奏，《筹办夷务始末（同治朝）》卷四一，第五册第 1709 页。

② 包腊（E. C. Bowra），字垄梅，原为广东税务司帮办，由赫德调来协助斌椿一行。张德彝称"其人白面黄须，能华言，喜趋诙谐"。德善（E. de Champs），字一斋，原在烟台帮办税务司，张德彝称"此人白面微髭，性情温厚"。张德彝：《航海述奇》，见钟叔河主编《走向世界丛书》，岳麓书社 2008 年版，第 451 页。

7 日（二月十一日）从北京出发，经过近两个月的海上颠簸，抵达欧洲，游历了法国、英国、荷兰、德国、丹麦、瑞典、芬兰、俄国、比利时等国，然后返回，同年 11 月 13 日（十月初七）回到北京。这是清廷第一次正式派人到欧洲考察。

斌椿不是中国皇帝派出的正式使臣，没有承担任何外交使命，没有向各国元首递交国书，也不会遇到外交礼节问题。因此，派他出去，总理衙门没有任何政治上的负担。但是，他们毕竟是中国政府派到欧洲考察的第一批人。他们的出国经历，对西方国家的实地考察，对于中国政府获得可信的西方知识是相当重要的，也为日后派出使臣做了实际的铺垫。

（三）迈出第二步

1868 年是中英《天津条约》签订后第十年。按照原先规定，十年期满可以对其中一些条款提出修改。鉴于第二次鸦片战争就是因修约而起，总理衙门这次特别小心，未雨绸缪。1867 年 10 月，总署就预筹修约之事，致函各地督抚，让他们讨论。

关于派遣使臣问题，总署表示：西洋诸国自立约后，遣使互驻，交相往来，各处皆然。现在各国使臣驻京，因为各国至中华，通商传教，有事可办，故当遣使，而我中华并无赴外国应办之事。但是，鉴于中外交往实际情况，十多年来，彼于我之虚实，无不洞悉，我于彼之情伪，一概茫然。遇到中外交涉，对于外国使臣不合情理的要求，因为没有使臣驻扎外国，无法向其本国直接诘难。从这方面看，中国是有向外国派遣使臣必要的。但是，总署又表示，中国出使外国，有两大难处："一则远涉重洋，人多畏阻，水陆跋涉，寓馆用度，费尤不赀。""一则语言文字，尚未通晓，仍须倚翻译，未免为难。"①

督抚、将军纷纷就此发表意见，赞成或基本赞成的多，反对或

---

① 《总理衙门条说》，《筹办夷务始末（同治朝）》卷五〇，第五册第 2125 页。

敷衍的少。赞成或基本赞成的，以曾国藩、李鸿章、左宗棠、福建巡抚李福泰为代表。反对或敷衍的，以两广总督瑞麟、江西巡抚刘坤一、浙江巡抚马新贻等为代表。无论赞成与反对，清朝官员普遍担忧的，还是礼仪问题。那时，外国公使觐见皇帝的事情还没有最后解决，如果派出使臣，以何礼仪觐见外国元首，跪拜还是鞠躬，外国又会由此生出什么事来？这是最为挠头的难题。

就在地方大员七嘴八舌、各陈己见时，总理衙门通过意想不到的途径，在派遣使臣问题上又迈出了一步。

其时，恰值美国驻华公使蒲安臣要卸任回国。他在出席总理衙门为他举行的饯行酒会时，表示中国以后有事，他会十分出力，即如中国派他为使臣一样。这时，总理衙门大臣文祥表示："君为何不能正式地代表我们？"蒲安臣就此事与赫德商量，赫德劝他接受这一委托。① 蒲安臣在华期间倡导合作政策，被认为"处事平和，能知中外大体"，对中国比较友善，颇获总理衙门大臣好评。于是总理衙门建议派蒲安臣为使，前往西方。总理衙门还就此做了解释，说是西方遣使驻扎外国，也不尽本国之人。朝廷批准了这一建议。于是，清政府正式派蒲安臣充办理各国中外交涉事务大臣，派记名海关道志刚、礼部郎中孙家谷充办理中外交涉事务大臣，并聘请英国驻华使馆翻译柏卓安和法籍海关职员德善分别担任左协理和右协理。使团还包括中国随员、译员等共三十多人。

需要特别指出的是，聘请蒲安臣作为中国使臣出使欧美，是清朝政府在外交上主动作为的结果，其中有蒲安臣的毛遂自荐，有赫德的居间斡旋，更关键的是总理衙门王大臣的努力。在总理衙门为蒲安臣举行的酒会上，担任翻译的是美国传教士丁韪良，他记述那天会上的谈话：

在双方真诚地大谈一番遗憾之后，蒲安臣提出愿为他们做

---

① 〔美〕马士：《中华帝国对外关系史》第二卷，张汇文等译，第206页。

些纠正误会的事。"那方面有许多事情要做",恭亲王说道,"你是否取道欧洲?"蒲安臣作了肯定的回答,亲王便请他斡旋于巴黎和伦敦的朝廷,尤其是后者。总是作为主要发言人的文祥,扩大了所作代表的性质,加了句:"简言之,你将是我们的公使。"亲王插言道:"假如一位公使可以服务于两个国家的话,那么我们很高兴你作为我们的使节。"①

由此可见,首先创议的是恭亲王奕䜣,奕䜣与文祥的意见完全一致。奕䜣与文祥是很睿智的。

聘请蒲安臣做使臣,对于清政府来说,至少有三大益处。一是解决了使才问题,当时中国最缺的是能沟通中外的有才能的使臣。蒲安臣于1861年来华,其时由于美国发生南北战争,美国舰队已撤出亚洲洋面,于是,美国成为在华列强中唯一没有武力后盾的国家。在此形势下,蒲安臣一方面鼓吹列强有共同的在华利益,主张列强共享不平等条约的特权,另一方面,又提出"承认中国的合法利益",防止英、法等国凭武力攫取过多的特权,致使美国吃亏。1863年,他曾抵制法国在宁波强占租界,又在阿思本舰队问题上充当中英之间的调停人。平时与中国官员交往,他也很注意顾及对方的面子,比较平和。② 他这么做,自然是为了美国利益,但也给中国官员带来好感。他届满回国,对中国来说,正可以晋才楚用。此前中国已经聘任英国人赫德为总税务司,效果很好。既然能用赫德,为何不可聘用蒲安臣呢! 二是规避了礼仪问题。蒲安臣是西方人,觐见外国元首行鞠躬礼那很自然;西方国家如果反过来以此要求中国,中国亦可以其为西方人来推脱。诚如奕䜣等人所言:

① W. A. P. Martin, *A Cycle of Cathay, or China, South and North with Personal Reminiscences*, F. H. Revell Co. 1897, p. 374. 转引自王立诚《蒲安臣使团与中国近代使节制度的发端》,《档案与历史》1990年第1期。

② 王立诚:《蒲安臣使团与中国近代使节制度的发端》,《档案与历史》1990年第1期。

"用中国人为使，诚不免于为难，用外国人为使，则概不为难。"①
第三，也是最重要的，实现了中国向西方派出使臣的零的突破，缓
解了当时清廷的外交压力。

从实际效果看，聘任蒲安臣率团出使，也是值得肯定的。这一
使团于 1868 年 2 月 25 日从上海乘船出发，先到美国，访问了旧金
山、纽约、华盛顿等城市，然后到欧洲，访问了英国、法国、瑞
典、丹麦、荷兰、普鲁士、俄国、比利时、意大利、西班牙等国，
1870 年 10 月 18 日回到上海，历时两年八个月，先后访问欧美 11
个国家。在访问圣彼得堡时，蒲安臣病逝在那里，使团改由志刚
率领。

（四）迈出第三步

蒲安臣使团尚未回国，因了解天津教案问题，崇厚使团又踏上
了西行的路程。

第二次鸦片战争以后，法国天主教传教士在天津望海楼设立教
堂，与当地民众积不相能。1870 年 6 月间，风传天主堂诱拐儿童，
采生折割。一时民情激愤。6 月 21 日，民众与法国领事及传教士
发生冲突。法国驻天津领事丰大业及其秘书西蒙，态度凶横，鸣枪
威胁。民众怒极，当场殴毙丰大业及西蒙，随后又焚毁望海楼法国
教堂、育婴堂、讲书堂并领事署，及英、美教堂数所，打死教士、
商人多人。事发后，英、美、法等七国联衔向清政府抗议，并集结
军舰扬言报复。清政府先后调派曾国藩、李鸿章到天津查办。曾、
李迫于形势，杀害相关民众二十人，充军二十五人，将天津知府和
知县革职充军，付赔偿费及抚恤费共银五十余万两，并派刑部侍
郎、三口通商大臣崇厚为钦差大臣赴法国道歉。

崇厚携带国书，偕使团成员英国人薄郎，法国人挪旺、恩勃
特，同文馆学生庆常，医生俞奎文，随行人员黄惠廉、张德彝等，

---

① 恭亲王等奏，《筹办夷务始末（同治朝）》卷五一，第六册第 2160 页。

于 1870 年 10 月 24 日离开北京，前往法国，翌年 1 月 25 日抵达马赛。其时，正值普法战争，巴黎炮火连天，崇厚无法投递国书，只得滞留那里。待战事稍缓，法国外交部又以法国公使驻扎北京的外交礼仪等问题，予以轻慢与刁难。崇厚乃与张德彝等，于 1871 年 8 月 21 日至 9 月底，乘机游历了英国伦敦与美国纽约等处，10 月初回到法国。完成递交国书等外交事宜后，崇厚于 12 月 10 日离开马赛回国，1872 年 1 月 18 日抵达香港。

（五）终于正式派遣使臣

以上三个使团，或游历，或修约，或道歉，任务不同，性质有异，但在中国走向世界的路上跨出了三小步，为向外国正式派遣使臣做了很好的准备与预演。1873 年，同治皇帝成功地接见各国使臣，又解决了觐见礼仪的难题。至此，向外国派遣使臣的道路基本打通。1875 年，清廷发布上谕，正式决定向外国派遣使臣，并令中外大臣保荐人才。时因马嘉理案发生，作为善后事宜，中国需派使节到英国表示歉意，清廷遂于 1876 年 8 月 28 日派郭嵩焘率团赴英国致歉，并作为出使大臣常驻英国。12 月 2 日，郭嵩焘一行十五人，离开上海，登轮赴英国。这是近代中国第一次正式派遣驻外使臣。

继派遣郭嵩焘使英之后，清政府陆续向外国派遣一批出使大臣，亦称公使，包括 1875 年 12 月，派陈兰彬为驻美国公使，兼驻西班牙、秘鲁；1876 年 9 月，派许钤身为驻日本公使；1877 年 4 月，调任驻英副使刘锡鸿为驻德国公使；1878 年 2 月，以郭嵩焘兼任驻法国公使；1878 年 6 月，派崇厚为驻俄国公使；1881 年 4 月，以驻德国公使李凤苞兼驻奥斯马加（奥匈帝国）、荷兰与意大利；1885 年 7 月，以驻德国公使许景澄兼驻比利时。到 1894 年，清廷派遣出使外国大臣已达 22 人，涉及欧洲、南北美洲与亚洲的 12 个国家。

在向外国派遣出使大臣的同时，清政府也向一些国家与城市派出了常驻领事，涉及的城市有英属新加坡、槟榔屿，日本横滨、神户、大阪、长崎、箱馆，美属檀香山，美国旧金山、纽约，古巴马丹萨。到1894年，清廷在外国设置领事的城市已有12个。

当然，出使的道路并不太平，思想的新旧纠缠、新旧冲突、新旧交替更比跪拜与鞠躬来得复杂。郭嵩焘的出使道路就充满了荆棘。

郭嵩焘接受出使任命之后，很多朋友劝他推卸此事，讥笑辱骂声接踵而至，同僚视之为汉奸，同乡不愿承认其湖南人身份，更有惜其才而叹其晚节不保者。李慈铭说："郭侍郎文章学问，世之凤麟，此次出山，真为可惜。行百里者半九十，不能不为之叹息也。"① 有人特地编对联对他加以讽刺：

> 出乎其类，拔乎其萃，不容于尧舜之世；
> 未能事人，焉能事鬼，何必去父母之邦！②

据说，郭嵩焘为了出使，寻求随员十余人，竟无有应者。③ 有人将出使视为人质，有人将出洋视为流放，谁会乐意跟他出去受罪呢！诚如薛福成在此前一年所说："自中外交涉以来，中国士大夫拘于成见，往往高谈气节，鄙弃洋务而不屑道，一临事变，如瞽者之无所适从。"④ 尤其让郭嵩焘伤心不解的是，他的家乡湖南乡试诸生，风传洋人要来长沙建天主堂，便想当然地以为必系郭嵩焘引来，聚集一处，群情激奋，要捣毁郭氏住宅，使得郭氏家人大受惊吓。郭嵩焘在致沈葆桢的信中写道："嵩焘乃以老病之身，奔走七万里，自京师士大夫下及乡里父老，相与痛诋之，更不复以

---

① 郭廷以：《郭嵩焘先生年谱》，台湾中研院近代史所，1971年，第526页。
② 王闿运：《湘绮楼日记》第五册，岳麓书社1997年版，第6页。
③ 梁溪坐观老人：《清代野记》，山西古籍出版社1996年版，第24页。
④ 薛福成：《应诏陈言疏》，《薛福成选集》，第77页。

人数。"①

郭嵩焘将此事向慈禧太后诉苦，太后也只能抚慰而已。郭嵩焘曾两次陛见慈禧太后，也曾力辞出使大臣之差事，但慈禧、慈安太后均不允。郭嵩焘记述他们的对话内容：

> 问：汝病势如何？答：臣本多病。今年近六十，头昏心忡，日觉不支，其势不能出洋，自以受恩深重不敢辞。及见滇案反覆多端，臣亦病势日深，恐徒使任过，孤（辜）负天恩，不敢不先辞。问：此时万不可辞。国家艰难，须是一力任之。我原知汝平昔公忠体国，此事实亦无人任得，汝须为国家任此艰苦。……又谕云：旁人说汝闲话，你不要管他。他们局外人，随便瞎说，全不顾事理。你看此时兵饷两绌，何能复开边衅？你只一味替国家办事，不要顾别人闲说。横直皇上总知道你的心事。因叩头：承太后天谕，臣不敢不凛遵。又谕：总理衙门那一个不挨骂？一进总理衙门，便招惹许多言语。如今李鸿章在烟台，岂不亏了他，亦被众人说得不像样。答：李鸿章为国宣劳，一切担当得起，此岂可轻议。曰：然。谕：这出洋本是极苦差事，却是别人都不能任。况是已前派定，此时若换别人，又恐招出洋人多少议论。你须是为国家任此一番艰难。慈安太后亦云：这艰苦须是你任。②

由郭嵩焘与两宫太后的对话可以看出，当时办洋务的都必挨骂，出洋更是既要挨骂更要受苦，对此，办洋务的人知道，最高统治者知道，但是，谁都没办法扭转这种局面。社会偏见自有其惰性与力量，形成得慢，消退也慢，看不见摸不着，但能感觉得到。

---

① 郭嵩焘：《复沈葆桢》，《郭嵩焘全集》第十三册，第 266 页。
② 郭嵩焘：《郭嵩焘日记》光绪二年七月十九日，《郭嵩焘全集》第十册，第 45 页。

从 1866 年斌椿随使游历，1868 年蒲安臣率团出访，1870 年崇厚赴法道歉，到 1876 年郭嵩焘正式出使英国，整整十年。比起东邻日本，中国走向世界的步子确实是太慢了一些，不过，总在向前走。继郭嵩焘出使英国之后，朝廷派遣曾国藩儿子曾纪泽为继任驻英公使，1887 年派状元洪钧出使俄国。曾、洪都是社会声望极高之人，派他们出使，对于提升出使人员的名望、扭转人们对于出使人员的偏见，不无裨益。

到 19 世纪 80 年代末 90 年代初，出任驻外公使、领事、参赞，乃至随员、翻译，已成为人们趋之若鹜的肥缺，"一公使奉命，荐条多至千余哉"。① 1892 年《申报》载文称："今我国使臣朝被简命，而昔之登荐牍者已人浮于事，亲戚、故旧、年谊、乡情尚居其次，上宪之所委任，当轴之所推毂，即已充额而有余，却之则不可，恐撄其怨；受之则无当，且更虑时掣我肘，不得不委蛇迁就其间。平日所有夹袋中人，反不得预焉。"② 比起郭嵩焘出使时代，已经今非昔比了。③

六　国旗与国歌产生

清朝是在全球化日趋加速的背景下被迫打开国门的，一旦承认自己不是万邦来朝的天下中心，而只是万国之一，一批业已形成的所谓国际惯例，便会一个接一个来缠绕与困扰中国，中国涉外礼仪也就一个跟着一个发生变化。跪拜之外，最早遇到的是作为国家标志的国旗与国歌问题。

---

① 梁溪坐观老人：《清代野记》，第 24 页。
② 《论宜遴选使才以重使事》，《申报》1892 年 7 月 10 日。
③ 本段参考王开玺《清代外交礼仪的交涉与论争》，第 650—652 页。

（一）国旗产生

15 世纪以后，欧洲许多国家已有国旗。到了 19 世纪上半叶，欧美独立国家，无不有自己的国旗。鸦片战争前后，中国已经遇到国旗问题。1844 年签订的中美《望厦条约》，1858 年《天津条约》，都已涉及西方的国旗概念，因为商船上要挂国旗，方便管理机构辨认。《海国图志》《瀛寰志略》等书中都提到国旗问题，诸如单鹰国、双鹰国、花旗国等。第二次鸦片战争的起因，就与华船冒挂洋旗的"亚罗号事件"有直接关联。依据当时海上国际惯例，无旗商船可能被视为无国籍甚至海盗船，无法参与国际贸易，一些中国商船便向外国机构申请注册，升挂注册国国旗，以便得到保护。"亚罗号"就是一艘在港英政府注册、声称升挂英国国旗的华人商船。

第二次鸦片战争以后，中国通商口岸大增，外国人、外国船来华日益增多，国旗问题也日益突出。1862 年，湖北长江水域发生中英水兵斗殴事件，英国人硬说不知道那是中国兵船，因为那船上没有旗帜，拒不负责。恭亲王奕䜣由此开始考虑代表大清的旗帜问题。经与两江总督曾国藩、湖北江西各巡抚等商量，总理衙门决定以三角形黄龙旗作为中国水师官船的标志，并照会各国驻华公使："希即行知贵国各路水师及各船只。嗣后遇有前项黄龙旗帜，即系中国官船，应照外国之例，不准擅动。倘有移动，即照犯禁办理。"[①] 与此同时，清政府规定，这一旗帜普通民船不得悬挂。这样，黄龙旗对外就代表中国，对内又代表官府。但是，当时并没有明确为国旗，而是称"官旗"。

1868 年，蒲安臣率领中国使团出访美欧各国。尽管当时清政府没有明定黄龙旗为国旗，但蒲安臣自作主张地替中国使团制作了

---

① 戴逸、李文海主编《清通鉴》第十五册，山西人民出版社 2000 年版，第 6790 页。

一批黄龙旗，权当国旗使用。此旗蓝镶边，中绘一龙，长三尺，宽二尺。[1] 这年 4 月 28 日（同治七年四月初六），中国使团在美国加州应邀赴总督所举行的宴会，宴会上"灯烛辉煌，正面高悬大清龙旗与合众花旗，左右则英法各国彩旗，随风飘漾，绮浪叠翻"。[2] 同年 6 月 18 日（同治七年闰四月二十八日），中国使团在华盛顿被邀请观摩军事演习，在木板搭成的看台上，"中竖合众国花旗，左右立二中国龙旗"[3]。同年 8 月 20 日，中国使团周游波士顿内外六十里，受到热烈欢迎，只见"一路皆插花旗，间有竖中国黄旗者。男女开窗眺望，免冠摇巾，击掌飞花，口呼'贺来'"。[4] 由此可见，其时黄龙旗在美国已被视为中国国旗，在外交场合多次升起。

不过，这时龙旗还没有在国内作为国旗使用。1869 年 10 月 22 日，英国王子到上海访问，海关放炮迎接，"见各国船桅皆挂花旗，计三十余种。中土海关与船只前挂一旗，绿色长方，中界白十字，后挂花旗廿余方以为识"。中方二十余方旗帜中，并没有出现龙旗。

1872 年，清政府将三角龙旗的使用范围扩大到大清官方轮船，但民用商船仍不得悬挂。

1876 年，美国费城世界博览会上，中国展馆插有龙旗，作为中国标志。据记载，中国展馆北向建木质大牌楼一座，上书"大清国"三字，"两旁有东西辕门，上插黄地青龙旗，与官衙一式，极形严肃"。[5]

1877 年，何如璋出使日本，大清使团船近日本内口时，日本

---

[1] 志刚：《初使泰西记》，湖南人民出版社 1981 年版，第 39 页。

[2] 张德彝：《欧美环游记（再述奇）》，湖南人民出版社 1981 年版，第 54 页。

[3] 张德彝：《欧美环游记（再述奇）》，第 74 页。

[4] 张德彝：《欧美环游记（再述奇）》，第 100 页。

[5] 李圭：《环游地球新录》，钟叔河主编《走向世界丛书》，岳麓书社 1985 年版，第 206 页。

戍兵升起龙旗以示欢迎。

这些情况说明，到光绪初年，龙旗事实上已经被视作大清国国旗。但是，这不是清朝政府正式决定，所以，各处使用的龙旗尺寸、图形、式样均各行其是，没有统一规格。

1881 年，北洋大臣李鸿章奏请把三角龙旗改为纵高三尺、横宽四尺的长方形龙旗。

1888 年 10 月 3 日，清廷批准《北洋海军章程》，第一次使用"国旗"这一概念。章程写道：

> 按西洋各国，有国旗、兵船旗、商船旗之别。而国旗又有兵、商之别。大致旗式以方长为贵，斜长次之。同治五年总理各国事务衙门初定中国旗式，斜幅黄色，中画飞龙，系为雇船捕盗而用，并未奏明为万年国旗。今中国兵商各船日益加增，时与各国交接，自应重订旗式，以崇体制。应将兵船国旗改为长方式，照旧黄色，中画青色飞龙。各口陆营国旗同式。①

至此，中国才有了正式的国旗。这距离鸦片战争已有将近半个世纪。辛亥革命以后，随着国家政权的更迭，国旗的形制、图样、内涵都发生了多次变化，由五色旗而青天白日满地红旗而五星红旗，但作为国家的标志，国旗一直没有中断过。

（二）国歌产生

世界上最早制定国歌的国家是荷兰，1568 年就有国歌了。那以后，英、法、美等欧美各独立国家无不有其国歌。

1876 年以后，清政府陆续向英、法、德、美、俄、日等国派出公使，也陆续派人参加世界博览会一类的活动，需要演奏中国国

---

① 总理海军事务衙门编《北洋海军章程》，光绪十四年铅印本。

歌的场合越来越多，制定国歌的问题也逐渐提到清政府的议事日程上来。

1883 年，出使英国大臣曾纪泽自作一歌，名为《华祝歌》。1884 年 5 月至 10 月，伦敦举办世界卫生博览会，中国参会事宜由总税务司赫德操办。为了让西方人领略中国音乐，赫德安排在中国展区与其他一些场合多次演奏了这首歌曲，作为中国国歌演出。这首歌的乐谱、歌词均被保留下来，除了被译为英文，还被译成希腊文、拉丁文、法文、意大利文、西班牙文、德文、丹麦文与瑞典文等欧洲语言。歌词是：

> 圣天子，奄有神州，声威震五洲，德泽敷于九有。延国祚，天地长久。和祥臻富庶，百谷尽有秋。比五帝，迈夏商周。梯山航海，万国献厥共球。[①]

宗旨是突出大清地大物博、历史悠久、天子圣明。

此外，曾纪泽在 1882 年还曾作过一首叫《普天乐》的歌曲。1887 年，英国外交部向中国驻英国公使刘瑞芬询取中国国乐乐曲，以备必要的场合演奏，刘瑞芬遂以这首《普天乐》送上，权充国歌。这首《普天乐》是否被演奏过，现缺少确切的文献记录，不得而知。[②] 从 1884 年演奏《华祝歌》，1887 年再递送《普天乐》，至少说明，到这时候，中国驻英公使并没有就国歌问题形成一致的意见，清朝中央政府更没有就此做过决定。

附带指出，到 19 世纪结束，清朝中央政府一直没有正式制定过国歌。1906 年，清朝陆军部成立，谱制了一首陆军军歌《颂龙歌》，清朝官员就用这首军歌权代国歌。其歌词是："於斯万年，

---

① 宫宏宇：《圣天子，奄有神州，声威震五洲——曾纪泽〈华祝歌〉、〈普天乐〉考辨》，《中国音乐学》2013 年第 1 期。

② 宫宏宇：《圣天子，奄有神州，声威震五洲——曾纪泽〈华祝歌〉、〈普天乐〉考辨》，《中国音乐学》2013 年第 1 期。

亚东大帝国！山岳纵横独立帜，江河漫延文明波；四百兆民神明胄，地大物产博。扬我黄龙帝国徽，唱我帝国歌！"1907 年 10 月 8日，美国陆军部长达夫提（William Howard Taft，1857 - 1930）访问上海。其时，达夫提已经当选为美国下一任总统，尚未上任，因此，上海租界、华界对于他的来访都很重视。迎宾晚宴上，宴会厅里高悬中美两国国旗，奏两国国歌。所奏中国国歌就是这首《颂龙歌》。直到 1911 年 10 月 4 日，清政府才颁布第一首正式国歌《巩金瓯》。此歌由严复作词，爱新觉罗·溥侗谱曲。歌词是："巩金瓯，承天帱，民物欣凫藻，喜同胞，清时幸遭，真熙皞，帝国苍穹保，天高高，海滔滔。"辛亥革命以后，国家政权多次更迭，国歌也随之更换，由《五旗共和歌》而《卿云歌》而《三民主义歌》，直到《义勇军进行曲》，歌词、乐曲都随政权的变化而不断变化，但国歌则一直是有的。

对于清政府来说，国旗、国歌之从无到有，都是为了适应西方行之已久的国际惯例。与此相适应，接待外宾的一系列礼仪也被移植进来，包括迎接外国国家元首的礼炮 21 响，迎接外国政府长官的礼炮 19 响。1879 年，美国卸任总统格兰特访问上海，吴淞炮台、黄浦江码头均鸣放礼炮 21 响以示欢迎。1896 年李鸿章访问英国，英国是鸣放礼炮 19 响。其他接待外宾的交通礼仪、宴会礼仪均遵从国际惯例。格兰特访问上海，上海道台特地为他定制了绿呢黄脚五鹤朝天之八人大轿，请他看地方戏，宴会场所安排在最有上海地方特点的豫园，宴会菜肴共有 37 道，为顶级标准，包括燕窝鱼翅羹、甲鱼、烤鹅、烤鸭、烤乳猪、烤羊腿、油爆虾等。格兰特所到之处，均实行交通管制。在通往豫园的路上，两边摆满鲜花，当中铺了红地毯。这些都是以国礼待客的标志。不过，上海道台采取这些礼节的依据及其过程，没有确切的史料记载。

第 四 章

求强求富思潮

求强求富是自强运动核心内容。求的过程就是变的过程，是革故鼎新的过程。革故涉及改变祖宗成法，鼎新涉及学习西方；革故就会损害既得利益者，鼎新则会形成新的利益。于是，在每一项革故鼎新过程中，都充满了矛盾、争论乃至斗争。引进机器，建造铁路，开采矿藏，兴办公司，都是争论焦点。铁路之争持续了二十多年，最后还是在不绝于耳的反对声中破土动工，反映了中国改革少有之艰难。一批视野开阔的有识之士，提出"商战"口号，将商战与兵战、形战与心战并提，反映了进入全球化时代中国思想者的理论高度，反映了那一代人的文化自觉。

一 自强运动发轫

外患内忧，国家面临千古变局。一切不甘心国家继续沉沦的人，都会油然而生变法之思。鸦片战争前后，龚自珍、魏源、包世臣等都曾就中国内政、军事等方面，提出一些变法设想。第二次鸦片战争以后，变法在更广的范围里、更高的层次上被提出，并得以实施。

变法，在同光之际一般被称为自强。变法与自强，在中国传统文化中，都有丰沛的思想资源。儒家最重要经典《周易》有云："穷则变，变则通，通则久。"一部《周易》从头到尾讲的都是变易、变通的道理。因此，事物的变易、事情的变通，在儒家文化那里原无窒碍。至于"自强"，这个词本来就出于《周易》："天行健，君子以自强不息。"乾卦的核心便是自强。《礼记》里也说："知困然后能自强也。"乾隆皇帝《御批历代通鉴辑览》中关于东汉"款塞"的事，批语云："能自强者外侮不敢窥，不能自强者，虽谨守而外侮亦将伺其隙。"① 庚申事变之后，恭亲王奕䜣等倡导变法运动，一开始打的旗帜就是"自强"。1861 年，英法退兵之后，奕䜣与文祥奏请设立总理衙门，提出具有变法总纲性质的章程六条，里面就有"自强"："臣等酌议大局章程六条，其要在于审敌防边以弭后患，然治其标而未探其源也。探源之策在于自强，自强之术必先练兵。"②

前已述及，较早系统提出并论证变法自强问题的是冯桂芬。他从天下形势变化、中国危机现状、应对之方、理论依据等方面，都做了深入论述。他说：

> 自强之道，诚不可须臾缓矣。不自强而有事，危道也；不自强而无事，幸也，而不能久幸也。矧可猜嫌疑忌，以速之使有事也。自强而有事，则我有以待之，矧一自强而即可弭之使无事也；自强而无事，则我不为祸始，即中外生灵之福，又何所用其猜嫌疑忌为哉！③

他坚信："中华之聪明智巧，必在诸夷之上，往时特不之用耳。上好下甚，风行响应，当有殊尤异敏，出新意于西法之外者，

---

① 《御批历代通鉴辑览》，光绪甲辰石印本，卷二二，第 54 叶下。
② 《奕䜣等又奏请八旗禁军训练枪炮片》，《筹办夷务始末（咸丰朝）》卷七二，第八册第 2700 页。
③ 冯桂芬：《善驭夷议》，《校邠庐抗议》，第 54 页。

始则师而法之，继则比而齐之，终则驾而上之。自强之道，实在乎是。"① 他提出的采西学、设立外语学校、重视外交、适当变革科举制度以培养新式人才、制洋器、设立船炮局、延聘西人技师、复陈诗以沟通上下之情等一系列具体自强方法，日后大多数得以实施。

同光时期的自强运动，并不是统治阶层事先有宏观战略思考，经过充分酝酿、周密论证、人才储备、具体规划的系统运动，而是被动反应、临时应急、得过且过、充满思想分歧与政治博弈、且行且停有时还会倒退的运动，当然，也有谋深虑远的思想家、勇猛顽强的践行者。冯桂芬属于前者，曾国藩、左宗棠、李鸿章、沈葆桢、丁日昌等属于后者。翻阅曾、左、李等人关于自强运动的论述，极少超出冯桂芬所论的范围。1864 年，李鸿章写给主持自强运动的中枢大员恭亲王奕䜣和大学士文祥的信中说：

> 鸿章窃以为天下事穷则变，变则通。中国士大夫沉浸于章句小楷之积习，武夫悍卒又多粗蠢而不加细心，以致用非所学，学非所用。无事则斥外国之利器为奇技淫巧，以为不必学；有事则惊外国之利器为变怪神奇，以为不能学。不知洋人视火器为身心性命之学者已数百年。一旦豁然贯通，参阴阳而配造化，实有指挥如意，从心所欲之快。……前者英、法各国，以日本为外府，肆意诛求。日本君臣发愤为雄，选宗室及大臣子弟之聪秀者往西国制器厂师习各艺，又购制器之器在本国制习。现在已能驾驶轮船，造放炸炮。去年英人虚声恫愒，以兵临之。然英人所恃而为攻战之利者，彼已分擅其长，用是凝然不动，而英人固无如之何也。夫今之日本即明之倭寇也，距西国远而距中国近。我有以自立，则将附丽于我，窥伺西人之短长；我无以自强，则并效尤于彼，分西人之利薮。日本以

---

① 　冯桂芬：《制洋器议》，《校邠庐抗议》，第 50 页。

海外区区小国，尚能及时改辙，知所取法。然则我中国深维穷极而通之故，夫亦可以皇然变计矣。……杜挚有言曰：利不百，不变法；功不十，不易器。苏子瞻曰：言之于无事之时，足以为名，而恒苦于不信；言之于有事之时，足以见信，而已苦于无及。鸿章以为，中国欲自强则莫如学习外国利器。欲学习外国利器则莫如觅制器之器，师其法而不必尽用其人。欲觅制器之器与制器之人，则我专设一科取士，士终身悬以为富贵功名之鹄，则业可成，业可精，而才亦可集。①

这封信是李鸿章对自强运动的系统思考，也是他变革思想的集中呈现。信中所述穷变通久的思想，所批士大夫沉浸于科举八股、章句小楷之积习，对外国茫然无知又盲目排斥的痼疾，所提改良取士制度、学习外国利器的主张，以及对日本学习西方卓有成效的肯定，都没有超出冯桂芬《校邠庐抗议》的思想范围，或者说，都是对冯桂芬自强思想的发挥。

与李鸿章相类似，主张变法的曾国藩、左宗棠、沈葆桢、张之洞等，无不以自强作为变法号召。

二　求强求富努力

总括自 1860 年至 1894 年的自强运动，其内容主要分为以下四个方面，即行政体制变革、军事变革、经济变革与教育变革。

行政体制变革方面，主要是设立总理衙门以专责成，实际是领导自强运动的专门机构，在上海、天津等南北口岸分设大臣以期易顾；外交方面，先是允许公使驻京，后是派遣驻外使臣与驻外领事。这方面内容，本书前已述及。教育变革方面，本书将有

---

① 李鸿章：《致总理衙门》，《李鸿章全集》，信函一，第 313 页。

专章讨论。军事变革与经济变革，集中地反映了时人求强与求富的努力。

军事变革方面，鸦片战争以后，林则徐已总结出御敌八字要诀，器良、技熟、胆壮、心齐，魏源更明确提出"师夷之长技以制夷"。咸丰年间，在抵抗英国、法国军队入侵的过程中，在与太平军对峙过程中，清廷大员均痛感军事方面的落后，意识到要自强，必须从军事方面开始。诚如恭亲王奕䜣等于咸丰十年所言："探原之策在于自强，自强之术必先练兵。"[①]

练兵是笼统的说法。练什么、谁来练、如何练、练兵与练将的关系、练兵与制器即制造新式武器的关系如何、兵饷何来，这些都是练兵面临的具体问题。经过讨论、摸索，清廷形成了自强以练兵为先、练兵以制器为先的整体思路。从1862年开始，清廷从驻京旗营中挑选一匹官兵，聘请英法等外籍军官在天津代练，以后训练对象不断轮换，又在上海、福州等处，仿照天津办法训练。1865年以后，开始习练洋枪，1868年以后增练洋炮、马队，练兵的范围逐步推广到大多数省份，包括江苏、山西、山东、河南、湖南、广西、云南、贵州与东北三省。清朝军队的新式建设，是以向西方学习为主要特色，在兵制改革、队列操练、武器更新方面，都有明显进步，但是，就效果而论则不甚理想，如果以其抵抗外国侵略，依然一触即溃。张之洞日后对此曾有所描述：自直隶创立绿营练兵，"各省仿而行之。然而饷项虽加，习气未改，亲族相承，视同世业。每营人数较多，更易挟制滋事。身既懒弱，多操数刻则有怨言。性又不驯，稍施鞭笞则必哗噪，将弁不能约束，遑论教练！至于调派出征，则闻风推诿。其不能当大敌，御外侮，固不待言，即土匪、盐枭亦且不能剿捕"[②]。所谓"习气未改"、"亲族相承"、

① 《奕䜣等又奏请八旗禁军训练枪炮片》，《筹办夷务始末（咸丰朝）》卷七二，第八册第2700页。

② 《刘坤一张之洞奏遵旨筹议变法谨拟整顿中法十二条折》，《清季外交史料》卷一四八，湖南大学出版社2015年版，第2832页。

身体懒弱、临阵胆怯、闻风推诿，已经涉及军队体制、士兵素质、军伍文化等更深层次的问题，这些问题显然不是单靠训练所能解决的。

海军建设是清廷军事变革的重要内容，也是前所未有的内容。在第一次鸦片战争、第二次鸦片战争中，英法侵略军都是来自海上，海军建设是当时中国抵抗外国侵略的最大短板。自 1862 年起，清廷开始从外国购买轮船。从 1868 年起，江南制造局与福建船政局开始出产轮船，清军使用自造轮船运送军备，到 1874 年清军所使用过的轮船累计已达 42 艘。1874 年以后，鉴于日本侵犯台湾事件的发生，清廷决定筹建外洋海军。到 1884 年，建成五支舰队，其中北洋海军有大小舰船 15 艘，总吨位 12296 吨；南洋海军有舰船 14 艘，总吨位 15833 吨；福建海军有舰船 14 艘，总吨位 11885 吨；广东海军 19 艘，总吨位 5100 吨；浙江海军有两艘炮舰，总吨位 2534 吨。

创办新式军事工业是清廷强军的重要内容。1861 年，曾国藩着手创建安庆内军械所，制造洋枪洋炮。1863—1864 年，李鸿章相继在上海设立三所洋炮局，制造炮弹、火药，左宗棠在福州聘请洋匠制造开花炮及炮弹。1865 年，李鸿章在上海创办江南机器制造总局，为晚清设备最精、规模最大的军工企业。其后，金陵、福州、天津、西安、兰州、昆明、广州、杭州、济南、长沙、成都等许多地方都办起了机器局、火炮局。①

经济变革方面，主要是办了一些民用企业。李鸿章、左宗棠等人在兴办军事工业的同时，已经深切地感受到，求强不能单兵独进，单是开办军事工业难以自强，也难以为继。从同治末年光绪初年起，李鸿章、左宗棠、盛宣怀等便开始创办各种新式民用企业，涉及轮船、煤矿、铁矿、铜矿、银矿、织呢、织布、电报等方面，知名企业有轮船招商局（1873）、直隶磁州煤矿（1875）、湖北兴

---

① 参见张海鹏主编《中国近代通史》第三卷，第 92—94 页。

国煤矿（1875）、台湾基隆煤矿（1876）、安徽池州煤矿（1877）、直隶开平煤矿（1878）、兰州织呢局（1879）、山东峄县煤矿（1880）、广西富川县架县煤矿（1880）、中国电报总局（上海，1880）、热河平泉铜矿（1881）、直隶临城煤矿（1882）、徐州利国驿煤铁矿（1882）、金州骆马山煤矿（1882）、湖北鹤峰铜矿（1882）、湖北施宜铜矿（1882）、承德三山银矿（1882）、直隶顺德铜矿（1882）、安徽贵池煤矿（1883）、安徽贵池铜矿（1883）、北京西山煤矿（1884）。[①] 这些企业多为官督商办，其决策权由政府操纵，执行权由商人执掌，企业在经营过程中常依赖政府支持。这些企业，大多经营不善，亏损严重，有的旋办旋停，其中规模较大、经营较好的是轮船招商局、开平煤矿与中国电报总局，它们在与洋商争利、服务国家方面，发挥了积极的不可替代的作用。

为了服务于军事方面的自强努力，清廷还创办了一些新式军事技术学校，包括福州求是堂艺局（1866）、上海操炮学堂（1874）、天津鱼雷学堂（1876）、天津水师学堂（1880）、天津电报学堂（1880）、广东实学馆（1880）、上海电报学堂（1882）、天津武备学堂（1885）、广州黄埔鱼雷学堂（1886）、广东水陆师学堂（1887）、北京昆明湖水师学堂（1888）、威海刘公岛水师学堂（1890）、旅顺鱼雷学堂（1890）、江南水师学堂（南京，1890）、北洋医学堂（天津，1893）与烟台海军学堂（1894），其中比较有成就的是福州求是堂艺局、天津水师学堂与天津武备学堂，三校在培养新式军事人才方面有较大影响。前两校作育水师人才颇众，清末民初水师人才大半出自这两所学校；后者为中国最早现代陆军学校，清末民初一大批陆军人才出自此校，包括段祺瑞、冯国璋、曹锟、王士珍、段芝贵、陆建章、吴佩孚等。

---

① 参见《中国近代通史》第三卷，第103—104页。

三　围绕仿造船炮与引进机器的议论

对于西方坚船利炮与机器，中国人在鸦片战争以前已有认识。还在 1834 年，两广总督卢坤就已论及，说是英夷素性凶狡，"向来恃其船坚炮利，蚕食诸夷，一旦创之太甚，必不甘心，以后势必狡焉思逞"。① 鸦片战争以后，述及坚船利炮的人更多。梁廷枏、徐继畬、魏源等都有具体论述。魏源指出西方的长技有三——战舰、火器和养兵、练兵之法，认为中国应当学习这些在"西洋诸国视为寻常"的绝技。他建议设立造船厂、机器局，出资延夷匠为师，教造船只、炮械及行船、演炮之法，在此基础上，发展中国自己的工业，造船厂不光制造战舰，还可造商船；机器局不光造枪炮，还可以生产各种机器，"凡有益民用者，皆可于此造之"。②

福建人丁拱辰（1800—1875），对西方机器、大炮了解得尤为细致、深入。他在广东、南洋一带生活多年，留心西洋机器、船炮。1840 年，他从海外游历回国，正值鸦片战争爆发，深悉英国侵略者炮舰之厉害，抓紧整理平常所积累的西洋武器资料，编著成《演炮图说》。他向抗英团练炮手传授炮法，后在广州依西法铸炮。经他监制的大炮，采用滑车绞架，能上下左右改变射击的角度和方位，操纵推挽，均极灵便。《演炮图说》1843 年增订为《演炮图说辑要》，为国人了解西洋大炮的代表作。

第二次鸦片战争以后，人们普遍认识到仿造西洋船炮与引进机器，为自强运动所不可缺少的路径，冯桂芬在《校邠庐抗议》中，就有《制洋器议》一篇专论此事。但是，不赞成的声音还有一些。

---

① 转引自王尔敏《道咸两朝中国朝野之外交知识》，《大陆杂志》第 22 卷第 10 期。

② 魏源：《筹海篇三》，《魏源集》下册，中华书局 1976 年版，第 873 页。

　　有些人从清朝此前历史出发，满足于清廷此前对于太平军的镇压，认为中国现状并不能算弱小落后。方浚颐认为，清朝法令制度都很好，只要封疆大吏与监司守令等用得其人，大臣以直实勿欺报效朝廷，下僚以清白无私待百姓，那么国家就不难臻于富强之境。对于时人一唱百和地学习西方先进科学技术的言论，他一概嗤之以鼻：

　　　　今天下言时务者，动以泰西机器为至巧至精，而欲变吾之法，师彼之法，谓舍此不足以强中国而慑岛夷也；一唱百和，万口同声。于是滨海之区，委官设局，沪上创之，闽中继之，津沽踵之，广管、建业又因之，岁糜金钱不可以数计。瑰玮才智之士，降心敛气，听彼指挥；制枪、制炮、制火轮船，旷日持久。勾工集匠，殚精竭虑，寒暑不少休。震于彼国之说，谓开山、浚河、农田耕作，皆可以不假人力而胥于机器乎是赖，方将张大而扩充之，广制器之所，讲利器之方。谋非不善也，志非不壮也，图维规画非不精详而周至也。顾吾思之，机主于动，生于变，戾于正，乖于常。以技艺夺造化，则干天之怒；以仕宦营商贾，则废民之业；以度支供鼓铸，则捐国之用。[①]

他认为，机器是靠不住的，有以机器胜者，也有以机器败者，有以机器兴者，也有以机器亡者，西洋轮船航行海上，遭飓风触礁沉溺者不知凡几！他以招商局轮船运粮被撞沉没、广州三元里人民抗英使得装备洋枪的英国人引避的事例，说明西洋机器不一定有用。他认为，"中国之强弱视乎政事之得失，而不关乎货财之多寡；而世运之安危，根乎治理之纯驳，而不在乎兵力之盛衰"。[②]

---

　　①　方浚颐：《机器论》，《洋务运动》第一册，第454页。
　　②　方浚颐：《议覆赫威两使臣论说》，《洋务运动》第一册，第458页。

就常识而言，货财繁多国家不一定就强大，但货财匮乏国家则必弱无疑；兵力强盛国家不一定久安，但兵力衰疲则国家一定不会兴旺。作为过来人，方浚颐完全无视鸦片战争以后中国一再战败的惨痛历史，脱离实际地空谈以道统传心、以圣贤垂教，空谈以德服人，是没有说服力的。

在求强求富自强运动开展过程中，有人出于对西洋船炮性能、功用的不了解，起而反对。1871 年，湖南著名文人王闿运（1833—1916）表示："火轮者，至拙之船也，洋炮者，至蠢之器也。船以轻捷为能，械以巧便为利，今夷船煤火未发，则莫能使行，炮需人运，而重不可举。若敢决之士，奄忽临之，骤失所恃，束手待死而已。"① 截至说这番话的时候，王闿运并没有乘过轮船，很可能还没有见过轮船，没有见过炮战，更没有参加过炮战，所论全是臆测之言。他活到 1916 年才去世，不知道他日后是否看过轮船、乘过轮船，如果看过、乘过，不知道他对此前这番宏论做何感慨！

有人以自己有限的经验，断言西洋轮船自有很大局限，中国不必仿造。袁祖志曾游历西洋，坐过轮船。他说，用火轮船以资军旅，则千里、数千里之地比较得力有利，但是要让它行万里、数万里或数十万里，那就不足恃了。他以亲身经历为例。他说，如果轮船从欧洲出发，越地中海、红海、印度洋，必须四十日之期。此四十日中所需之煤炭与食品，"该船虽大，不堪载足"，或隔三四日，或隔七八日，必停泊一码头，补充煤炭与食品，"无以接济之则船不能行，而人且枵腹"。他说：西洋到中国距离那么遥远，那些船来到中国，费尽力气，而既已"越国鄙远，深入我疆"，如果中国"坚壁清野，不与之战，已足困乏。盖旷日持久，彼自疲于奔命，瘁于转输，势必支持之不暇，安敢鲁莽以争锋？倘使我以强兵阻其

---

① 王闿运：《陈夷务疏》，《湘绮楼文集》卷二，台北文海出版社 1966 年版，第 9—10 页。

归路，断其接济，而以弱卒诱之深入，将不浃旬而煤炭绝，不再旬而兵食罄，则彼兵虽强更何从逞其强？彼舟虽速，亦何从逞其速？"① 所以，袁祖志认为中国完全可以不在乎西洋那些轮船，没有必要亦步亦趋地跟在后面学习。

有人认为中西国情不同，西方地广人稀，中国生齿日繁，机器在西方可行，在中国不可行。沈纯说：

> 泰西耕织，悉用机器。法兰西之织机，美利坚之农具，皆精巧无比。有谓中国亦效法者。余谓择善而从，圣人明训。外洋可法之事甚多，不在区区机器也。各国地广人稀，田土悉属之富室，雇工开垦，价值甚昂。而又赋税繁重，故用耕织以厚利息。妇女习于骄惰，竭一日之功，不能供一人之食，故以织机佐以不逮。中国则生齿日繁，事事仰给人力，尚多游手坐食之人，再以机器其导惰，聚此数十百万游民惰妇，何术以资其生乎？②

在反对引进西洋机器的意见中，比较多的是担心机器引进而导致农民失业，导致社会动乱。翰林院编修朱一新说：

> 西国地广人稀，故耕种亦用机器。若中国用此，一夫所耕，可夺十夫之利。彼十夫者，非坐而待毙，即铤而走险耳。（北省或尚有旷地待垦者，南省人浮于地，何处可容机器？西国政令，每先加意于富民，中国当先加意于贫民。西俗重富轻贫，富者嚣而贫者愿，民皆佃户，无能为患。中国风俗与之绝殊，生齿至繁，民多失业。苟夺贫民之衣食，嗷然不可终日，

---

① 袁祖志：《涉洋管见》，王锡祺编《小方壶斋舆地丛钞》初编第十一帙，上海著易堂光绪十九年本。

② 沈纯：《西事蠡测》，《小方壶斋舆地丛钞》初编第十一帙。

一二黠者乘之，则变乱生矣。)①

湖南士绅张自牧、湖南巡抚王文韶亦表示类似的意见。

从小农经济的角度反对工业化，担心机器夺了农民的生计，并不是全无道理，这也是人类工业化历史上的普遍现象，英国、美国都曾出现过。但是，随着工业化的开展，就业机会的增加，这类声音就逐渐式微了。中国亦然，随着机器的引进、工厂的兴办，这种议论也逐渐少了。

1872 年 1 月，内阁学士宋晋以"糜费太重"为由，奏请停止福建船政局和江南制造局的造船工作。他认为，所造这些轮船，没有什么用处，如果用以制夷，则中外早经议和，不必为此猜嫌之举，退一步说，如果中外发生战事，以这些轮船与洋人交锋，则"断不能如各国轮船之利便，名为远谋，实同虚耗"。朝廷将奏折发给两江总督曾国藩和福州将军兼署闽浙总督文煜议奏，后来又谕李鸿章、沈葆桢、左宗棠等人议奏。曾国藩表示，仇不可忘，气不可懈，现在必须抓紧时机，备御外侮。② 左宗棠、李鸿章、沈葆桢等人都表示，此事关系国家根本利益，不能不办，不能停办，不能缓办。李鸿章指出，停止轮船之议之所以起，乃是由于"士大夫囿于章句之学，而昧于数千年来一大变局，狃于目前苟安，而遂忘前二三十年之何以创巨而痛深，后千百年之何以安内而制外"。③ 曾国藩在其生命最后阶段，犹念兹在兹，函致总理衙门，表示仿造船炮事关国家前途命运，一定要坚持下去，决不能半途而废。

对于晚清政府来说，财政困难从道光、咸丰朝开始就一直是严峻问题，关键在于最高统治者在财政支出方面如何权衡轻

① 朱一新：《无邪堂答问》卷四，中华书局 2000 年版，第 170 页。
② 台湾中研院近代史所编《海防档》(乙编)，福州船厂 (二)，1957 年，第 326 页。
③ 李鸿章：《筹议制造轮船未可裁撤折》，《李鸿章全集》，奏议五，第 107 页。

重缓急，在财政收入方面如何开辟新的财源。曾、左、李等人当时都是位高权重、在慈禧太后眼中比较有识见的大臣，所以，宋晋的意见没有被当局采纳，福建船政局和江南制造局的工作继续进行。

反对引进与使用机器的声音中，也有一些值得珍视的意见。

有种意见认为，机器生产的产品越来越多，到头来必然供过于求，利润转薄，一味嗜机器之利，终将出现生产过剩的恐慌，还是得不偿失。[①]

有种意见认为，天地间物品本来有限，而用机器却可无限制地开采，长此以往，物品必将用尽，到那时，人类恐也无法生存了。所以，人们应该反对机器的使用。俞樾便持此说。朱一新的说法与俞樾类似，但更深刻：

> 矿政本中国常行之事（自《周官》后，各史志及通考皆详言之），西人乃用服洋药之法以采之。却疾而服洋药者，聚数日之力于崇朝。开矿而用机器者，发终古之藏于一旦。菁华既竭，褰裳去之，海涸山枯，虽天地不能给其所欲，更数百年，殆不至天柱折、地维缺不止。彼欲取财于他国，他国则既贫矣。欲取财于山川，山川则既竭矣。天地皆穷，彼安得独富？然则彼之所谓富者，亦恣睢一时之富耳。[②]

这些意见，在同光时期，在以引进西方机器为中国近代化建设紧要之务的时代，可能听得进去的人很少。但是，在一百多年之后，在人们大声疾呼环境保护、节约资源的今天，在人们感受到煤炭石油资源枯竭威胁的今天，再来看看这些意见，其中的一些远见就凸显出来了。

---

① 张自牧：《瀛海论·中篇》，葛士浚编《皇朝经世文续编》卷一〇二，洋务二。
② 朱一新：《无邪堂答问》卷五，第209页。

四　铁路之争

在人类交通史上，轮船、火车（后来还有汽车）与飞机，分别在水域、地域与空域，极大地提高了人类移动的速度与运载的能力，缩短了不同地域、不同国家之间的距离，加强了不同地域、国家之间的联系，加速了全球化进程。这三种交通工具在改变中国众多地区与外界相对隔绝的状态方面，在加速不同地区人流、物流与信息流方面，在加强中国不同地区联系、中国各地与外部世界联系方面，在改变中国众多地区经济结构、社会结构、文化形态、民情风俗方面，都起到了难以估量的作用。这三种交通工具都是在西方发明并率先投入使用，然后传入中国的，都是与列强对中国的侵略相伴而来的，因此，在中国激起的反应，其复杂程度、激烈程度，远远超过常态下的物质文化传播。

这里集中讨论铁路火车的影响。

（一）有识之士对铁路的认知

铁路火车是近代工业革命的产物。1825 年 9 月 27 日，人类历史上第一条铁路在英国正式建成通车，它给英国带来了巨大的社会变化，并很快风靡西方各国，法、美、德、俄等国纷纷掀起修建铁路的高潮。人类交通从此进入铁路火车时代。

中文读物中，最早介绍铁路火车的，当数 1835 年 7 月（乙未年六月）《东西洋考每月统记传》所载《火蒸车》一文。文中以对话的方式，介绍了火车的工作原理及其运行特点，突出其速度飞快，载重量大，不畏山水阻隔，运行平稳。1840 年，德国传教士郭实腊在所作《贸易通志》中，也具体地介绍了火车工作原理。①

---

① 郭实腊：《贸易通志》，新加坡坚夏书院 1840 年版，第 44 页。

鸦片战争以后，关心世界知识的林则徐、魏源、梁廷枏、徐继畬、洪仁玕等人，都关注到铁路火车。魏源编《海国图志》时，提到火车和铁路，摘录了上述郭实腊《贸易通志》中关于火车的介绍。徐继畬在《瀛寰志略》中介绍英国陆有铁路，乃在石路上浇以铁汁，让火轮车通行，称赞铁路、火轮车"精能之至"。洪仁玕在《资政新篇》中建议：

> 兴车马之利，以利便轻捷为妙。倘有能造如外邦火轮车，一日夜能行七八千里者，准自专其利，限满准他人仿做。若彼愿公于世，亦禀准遵行，免生别弊。[①]

尽管洪秀全并没有采纳这一建议，当时太平天国也没有条件采纳这些建议，但它在思想史上的意义还是相当突出的。

中国早期游历或出使西方的人员，几乎无一例外地都谈到对铁路火车的观感。其中，1859 年游历欧洲的郭连成的描述，最为生动。

同光之际，鼓吹学习西方的王韬、郑观应、薛福成、马建忠等，都述及铁路问题。

王韬是铁路建设的热情鼓吹者，曾在多篇文章中述及铁路建设。郑观应在 1880 年以前写成的《论火车》中，极言火车的益处。他转述西方人论铁路建设的五利，即运费盈余可助国用；有利于调兵运饷；有利于运载矿藏；有利于商品运输，互通有无；有利于文书传递，裁撤驿站。他认为像中国这样幅员辽阔、地区差异很大的国家，尤应赶快建造铁路。薛福成在 1878 年就写过长文《创开中国铁路议》，极言中国开设铁路的重要意义。他列举铁路火车在贯通南北便于商务、克服自然环境障碍便于转运与遇到战事便于

---

① 洪仁玕：《资政新篇》，中国史学会主编《中国近代史资料丛刊·太平天国》第二册，上海人民出版社 1957 年版，第 533 页。

调兵方面三大利，且与轮船、矿务、邮政、机器制造相表里。他主张选择繁盛密迩之区先修，然后推广开去。他还设计了中国建筑铁路的草图。针对国人所谓建筑铁路破坏风水、影响生计的担忧，薛福成特地说明，对于这些问题，可以未雨绸缪，防患于未然。[1] 出使西方以后，薛福成结合自己的实地考察，论述中国仿行铁路火车的急迫性与可行性。

同光年间，对铁路介绍最为翔实、最为到位的是马建忠。

还在 1879 年，马建忠就介绍了铁路在欧洲及北美、印度等地发展的历史，论述铁路对于运输、通信、财政的重要意义。他介绍了铁路建设中筹款、创造、经理三方面的情况，称铁道之兴，动辄费千万巨款，欧美人筹款的方式，"或纠集于商，或取给于官，或官与商相维合办。其纠集于商者，有官不过问，任其自集股自设局者"，其弊端是"同行争市减价，得不偿失，终于倒闭。英美皆行此法"。"或官先创造而交商经理，或商先创造而官为经理，则德国参用此法。行军贸易两便焉，惟利入甚微，制造经理之费难于取偿。始有官商合办之一法，则法人创行之，而德奥仿行之。"至于建造，则"度地势，置铁轨，造轮车，设局站"。"地势有高卑，铁道便往来，则所规铁道宜近乡镇，所相地势宜傍川河。近乡镇则户口盈繁，傍川河则原隰坦易，不得已而越山跻岭，则审山岭左右之谷而陁其道。"马建忠批评中国对铁路意义认识不足，论述中国特别适宜于建造铁路，详细论述了铁路在节用、开源、救患方面的巨大作用。[2]

马建忠论述了中国建设铁路在国家安全方面的紧迫性，介绍了通过发放国债以筹集修筑铁路经费的具体设想。

（二）对西方列强染指中国铁路的反应

最早在中国将修筑铁路付诸实施的，是英国人。

---

① 薛福成：《创开中国铁路议》，《薛福成选集》，第 107—113 页。
② 马建忠：《铁道论》，郑大华点校《采西学议——冯桂芬马建忠集》，辽宁人民出版社 1994 年版，第 136、137、140 页。

　　早在 1862 年，英国驻华使馆翻译梅辉立（William Frederick Mayers，1831－1878）就在广东倡议建筑由广东通往江西的铁路，并到大庾岭一带踏勘，后因工程过大，没有付诸实施。1863 年，活动在上海的以英商怡和洋行为首的 27 家洋行，向江苏巡抚李鸿章提出修筑由上海通往苏州的铁路，以便往来行走，并筹建了铁路公司，遭李鸿章拒绝。① 李明确表示"只有中国人自己创办和管理铁路，才会对中国人有利；并且中国人坚决反对在内地雇佣许多外国人；而一旦因筑路而剥夺中国人民的土地的时候，将会引起极大的反对。他更率直地拒绝居间把任何属于这一类的建议奏报清廷"②。1864 年，怡和洋行邀请曾在印度从事铁路建筑的英国工程师斯蒂文森（MacDonald Stephenson）来华考察铁路问题，斯蒂文森提出了一个综合铁路计划，其计划以汉口为中心，东到上海，西到四川、云南，再通到印度，南到广州，又从东行线之镇江北行到天津、北京。这样一来，中国的四个通商口岸，即上海、广州、汉口、天津，也是中国最重要的商业中心，都将由铁路联通起来。除此之外，他还计划将上海与宁波连接起来，并建筑从福州通往内地的铁路。③ 其建议亦未为中国政府接受。同年，英国领事巴夏礼重提修筑上海至苏州铁路之事，遭署上海道应宝时拒绝。④ 1865 年，英商杜兰德擅自在北京原永宁门外铺设一条小铁路，长约半公里，以人力推动火车，目的是宣传铁路之利，京师人诧为未闻，骇为怪物，后被步兵统领下令拆除。⑤

　　英国人积极鼓动中国建造铁路，显然是为了扩大其在华侵略权

---

　　① 《清总理衙门档案》，宓汝成编《近代中国铁路史资料》上册，台北文海出版社 1977 年版，第 3 页。

　　② 〔英〕肯德：《中国铁路发展史》，李抱宏等译，三联书店 1958 年版，第 3—4 页。

　　③ 〔英〕肯德：《中国铁路发展史》，李抱宏等译，第 4—8 页。又见宓汝成编《近代中国铁路史资料》。

　　④ 《清总理衙门档案》，宓汝成编《近代中国铁路史资料》上册，第 3 页。

　　⑤ 李岳瑞：《春冰室野乘》，第 204 页。宓汝成编《近代中国铁路史资料》上册，第 17 页。

益。对此，清政府看得很清楚。这样，在 19 世纪 60—70 年代，在中国建造铁路与便利西方列强侵略几乎成为同义语。因此，凡是外国人向中国提出建造铁路建议，清政府便一概想方设法予以拒绝。

还在 1863 年，上海洋商禀请建造上海至苏州铁路时，总理衙门便已指示李鸿章，此事"万难允许"，并要求"密致通商各口岸，一体防范"。① 1865 年，总署又通饬地方大员，对于外国人要求开设铁路之事，务必设法阻止。② 1866 年至 1867 年，总税务司赫德、英国驻华使馆参赞威妥玛都建议中国仿造铁路火车，总署概加拒绝。

在 19 世纪 60 年代，可以说，朝廷上下内外，无论开新还是守旧，举国一致反对在中国修建铁路火车。时人所持理由，大多是从中国与列强利害得失出发的，或认为铁路"有大利于彼，有大害于我"③；或认为铁路是"彼族故神其说，以冀耸听，尚非其最要之务"④；或认为洋人鼓动中国建造铁路，"其显而易见者，则垄断牟利也，其隐而难窥者，则包藏祸心也"⑤；或认为洋人"是欲广通其路于中国也，以中国之中，而皆有该夷之兵，皆有该夷之民，皆为该夷任意往来之路。轮船所不能至，轮车皆至之，使无地不可以号召，无地不可以冲突，以重怵我百姓之心，虽中外大臣忠义豪杰，亦惟痛愤而无可着手"⑥。

1868 年，在为与列强修约做准备时，总理衙门明确要求各地预筹抵制外国修筑铁路的要求，与议者有陕甘总督左宗棠、山东巡抚丁宝桢、总理船政沈葆桢、两江总督曾国藩、江西巡抚刘坤一、三口通商大臣崇厚、湖广总督李鸿章、两广总督瑞麟、江苏巡抚署

---

① 宓汝成编《近代中国铁路史资料》上册，第 4 页。
② 宓汝成编《近代中国铁路史资料》上册，第 19—20 页。
③ 李鸿章条款，《筹办夷务始末（同治朝）》卷五五，第六册第 2260 页。
④ 崇厚奏，《筹办夷务始末（同治朝）》卷四一，第五册第 1709 页。
⑤ 官文奏，《筹办夷务始末（同治朝）》卷四一，第五册第 1721 页。
⑥ 马新贻奏，《筹办夷务始末（同治朝）》卷四五，第五册第 1925 页。

鄂督李瀚章、浙江巡抚马新贻、署直隶总督官文等一大批官员。他们强调妨碍风水，民情不便，扰民生计。

纵览整个 60 年代朝野反对修建铁路的奏章、议论，可以看出，其时中国官绅极少有人对铁路火车有真切的了解，极少有人对铁路火车在国家经济社会生活中的作用有切实的研究，而是顺着凡是洋人想做的就一概反对的思路，简单地予以排斥、拒绝，以至于在创办江南制造局等军工企业时，却反对修建与其紧密联系的铁路，丧失了中国近代化起步阶段的大段宝贵光阴。

到了 19 世纪 70 年代，洋商在中国修建铁路一事，取得了突破，这就是吴淞铁路的修筑。

还在 1865 年，英商就组织淞沪铁路公司，请筑上海至吴淞铁路，被署上海道应宝时拒绝。过了一段时间，英商又向新任上海道台沈秉成含糊提出修通至吴淞道路的请求，沈秉成以既非铁道而是一般修路，当即允准。[①] 英商以偷天换日的办法，于 1876 年 1 月开工修路，2 月中旬即铺设轨道达四分之三，并进行试车。7 月 3 日，上海至江湾段正式通车。12 月 1 日，上海至吴淞铁路全线通车。

这是在中国土地上第一次成功地建造铁路行驶火车，自然引起各方面关注。这时，上海道台已经换为冯焌光。冯立即与英国驻沪领事麦华陀交涉，要求禁止。冯焌光表示，如果不能禁止火车通行，他情愿卧轨被火车轧死，可见其态度之坚决。

1876 年 8 月 3 日，火车在江湾北首意外轧死一名三十余岁华人，这使中国地方政府的态度变得更为强硬。经多次交涉，10 月 24 日，双方达成协议十条，主要内容为：铁路由中国政府买断；买款分三次付清；买断以后，火车归英商管理再行驶一年，时间自 1876 年 10 月 31 日（光绪二年九月十五日）至 1877 年 10 月 21 日

---

① 还有另外一种说法是，上海道台沈秉成"私下是知道这个计划（指吴淞铁路计划）的，并且说在他的任期内将不加阻挠。但是，当这个事业还没有完成前，他就离任了"。宓汝成编《近代中国铁路史资料》上册，第 36 页。

（光绪三年九月十五日）。1877 年 10 月，清政府如期收回这条铁路，旋即将其拆毁，火车与铁轨被运往台湾，以后又被运到北方，为修筑开平煤矿铁路之用。

（三）修还是不修

在吴淞铁路交涉的同时，清廷一些官员提出了中国自己修筑铁路的主张。此事始于 1877 年初（光绪二年十二月十六日），福建巡抚丁日昌鉴于此前日本对台湾的侵犯，向朝廷提出在台湾兴办轮路矿务的奏折。他逐一论述了轮路（即铁路）矿务不兴之十害、创办轮路矿务之十利与七不必虑的意见。所论十害、十利包括轮路矿务不兴，则交通不便、防卫困难、敌兵随处可以登岸而我驻兵进退两难、文报难通、土匪难治、军饷难继、澎湖列岛难于兼顾；轮路矿务创办以后，则全岛军情可瞬息而得、文报无淹滞之虞、军队调动灵便、便于抵抗敌人海上来犯、亦可免受瘟疫之害、便于治理当地人民、兵勇操练更加方便。所谓七不必虑，包括不必担忧轮路矿务之兴会伤人庐墓，因台湾旷土甚多，轮路不致碍及田庐；不必担忧经费问题，可以逐步进行；不必担忧兴建轮路师法洋人，他日全局要害为洋人所盘踞，因为我雇洋人为工匠，工竣则洋人可撤，中国人可从中一面举行，一面学习；不必担忧台湾兴办轮路以后，中国内地效尤，因为台湾与内地情形不同，况且是中国自行举办，并非如上海系洋人私造。①

丁日昌的奏议，得到李鸿章、沈葆桢等人的支持，也得到总理衙门的肯定。在此之前，作为倡导洋务的中坚人物李鸿章，已经考虑到中国修建铁路问题。1872 年，他致信丁日昌，述及这一问题：

电线由海至沪，似将盛行。中土若竟改驿递为电信，土车

---

① 《光绪二年十二月十六日福建巡抚丁日昌奏》，《洋务运动》第二册，第 346—353 页。

为铁路，庶足相持。闻此议者，鲜不咋舌。吾谓百数十年后舍是莫由，公其深思之。……俄人坚拒伊犁，我军万难远役，非开铁路则新疆、甘陇无转运之法，即无战守之方。俄窥西陲，英未必不垂涎滇、蜀。但自开煤铁矿与火车路，则万国缩伏，三军必皆踊跃，否则日蹙之势也。①

1874 年讨论海防问题时，李鸿章已经感到，中国富强之势，远不及各国，察其要领，固由兵船兵器讲求未精，亦由未能兴造铁路之故。倘若仿照西方，内地修建火车铁路，"屯兵于旁，闻警驰援，可以一日千数百里，则统帅当不至于误事"。② 同年冬，李鸿章向恭亲王奕䜣极陈铁路利益，并请先试造自清江浦至北京的一段，以便南北运输，奕䜣亦以为然，但表示无人敢主持。③ 此事遂被搁置下来。

1878 年，在吴淞铁路买下来以后如何处置的问题上，李鸿章与沈葆桢意见有所分歧。李鸿章主张由华商集股，继续经营，沈葆桢不赞成。李鸿章在给郭嵩焘的一封信里颇为感慨，谓"幼丹识见不广，又甚偏愎。吴淞铁路拆送台湾，已成废物，不受谏阻，徒邀取时俗称誉"。④ 这表明李鸿章当时已有让华商经营铁路的想法。

1879 年，奕䜣奏请朝廷，水雷、炮台、电线、铁路各事，应由南洋大臣等随时酌度情形，奏明办理。⑤ 在此前后，赞成兴建铁路的人日益增多。贵州候补道罗应旒、翰林院侍读王先谦、左都御史志和均认为：火轮车、电线之类，通数千里之声气如咫尺，致数

---

① 李鸿章：《复丁雨生中丞》，《李鸿章全集》，信函二，第 474 页。

② 李鸿章：《筹议海防折》，《李鸿章全集》，奏议六，第 165 页。

③ 李鸿章：《复郭筠仙星使 光绪三年六月初一日夜》，《李鸿章全集》，信函四，第 75 页。

④ 李鸿章：《复郭筠仙星使 光绪四年正月二十六日》，《李鸿章全集》，信函四，第 233 页。

⑤ 《光绪五年十一月十三日总理衙门奕䜣等奏折》，《洋务运动》第一册，第 203 页。

千里之货物于须臾，"于用兵、救荒及平物价、治盗贼各政事无所不便"；① 兵贵神速，各国以铁路调兵，以电线通军报，中国无铁路则征调难，无电线则通信迟，大吃其亏。②

由此可见，到 70 年代中后期，已有一部分官员认识到中国创办铁路火车的必要性与重要性。

丁日昌所奏，是在台湾岛修建铁路，地旷人稀，罕有毁坏田亩庐墓之事，朝廷又明确表示支持，所以，没有引起什么争议。丁日昌在奏折中特别申述海岛与内地不同，地形不同，民情不同，总理衙门也重申这点。这说明朝廷在批准台湾筑路之议时，已考虑到海岛与内地的差异。果然，19 世纪 80 年代初期，刘铭传提出在内地修筑铁路时，引起了轩然大波。

1880 年底，前直隶提督刘铭传奉诏进京筹议抗俄军务，首倡在中国内地修筑铁路。他在奏折中认为，俄国、日本都因为有铁路火车，日益强大，已经对中国形成威胁。他认为铁路建设在经济、军事、政治、外交等方面都至关重要，是自强之道关键所在。他建议修筑由江苏清江浦经山东到北京、由汉口经河南到北京，由北京东通盛京和西通甘肃的四条铁路。由于工程浩繁，急切不能并举，应先修清江浦至北京一段。③

刘铭传的建议，将铁路建设提上了清政府的议事日程。廷旨要北洋大臣李鸿章和南洋大臣刘坤一妥议具奏。李、刘复奏，均赞成先修清江浦至北京一路。

在李鸿章、刘坤一复奏之前，翰林院侍读学士张家骧已向朝廷提出反对意见。他认为刘铭传之议有三弊，一是清江浦乃水陆通衢，若建成铁路，商贾行旅辐辏骈阗，其热闹必超过上海、天津，必有洋人往来，从旁觊觎，借端要求，必有不测之后患；二是铁路

---

① 《光绪五年六月初五日贵州候补道罗应旒奏折》，《洋务运动》第一册，第 178 页。

② 《光绪六年三月初五日都察院左都御史志和等奏折》，《洋务运动》第一册，211 页。

③ 《光绪六年十一月初二日前直隶提督刘铭传奏》，《洋务运动》第六册，第 138 页。

沿线必破坏田亩、屋庐、坟墓、桥梁，货车通行必引起冲突，贻害民间；三是火车通行，转运货物，必与已有之招商局争利，天津码头将因此而衰，火车亦未由此而多获利。① 朝廷将张家骧的意见也印发群臣讨论。

针对张家骧的担忧，李鸿章在附片中一一进行解释与批驳，指出洋人是否要挟，全视中国国势之强弱，不在清江浦之繁荣与否；铁路占地很窄，火车通行时有启栅开闭，与民并无不便；至于火车与轮船，在运货路线、运行速度方面各有特点，可以并行不悖。②

刘坤一在复奏时明确表示支持刘铭传、李鸿章意见，并强调修筑铁路在征调、转输方面，实在神速，为无论智愚所共晓。至于张家骧所担忧的问题，皆可以变通解决。他对于铁路兴建以后将会影响民间生计方面，有所担心。他希望朝廷参酌异同，权衡轻重，谋定而后动，将好事办好。③

对修建铁路持反对意见的还有降调顺天府丞王家璧、翰林院侍读周德润等，其中，意见最为系统的是刘锡鸿。刘锡鸿在奏折中论述火车"不可行者八，无利者八，有害者九"，一共 25 条。归纳起来，可以分为以下七条：

一是经费难筹。火车之兴，需要巨额经费。这笔经费如果得自民间，须赖公司方能办理。中国向无此类公司，前些年创办轮船招商局，集股办理，因盈利不多，人皆怨悔。现中国民力大困，所以难以办理。这笔经费如果由国库拨发，更不可能。国家公帑已久不充足，军费短缺，军士缺乏衣食；饥民等待救济，其他需要用钱的地方更多。英国仅三岛，有十七条铁路，花费金钱三十多兆，中国地方数十倍于英国，地形复杂，如果要像英国造那么多铁路，则要经费数十万万，中国何处能筹得如此巨款？

---

① 《光绪六年十一月二十一日翰林院侍读学士张家骧奏》，《洋务运动》第六册，第 139—140 页。

② 《光绪六年十二月初一日直隶总督李鸿章奏》，《洋务运动》第六册，第 148 页。

③ 刘坤一：《议覆筹造铁路利弊片》，《洋务运动》第六册，第 151—152 页。

二是民情难洽。造铁路如阻于山，则需炸山凿洞；如阻于江海，则需凿开水底而熔巨铁于其中。这么做，在西方没有障碍，因为他们信奉天主教、基督教，不信风水，但在中国不行，势必被民众视为不祥，让山川之神不安，也容易因此招致旱潦之灾。筑路必占民田，失地农民很难再获得合适的土地，其所得偿地银钱很容易坐食旋空，此后谋生，难有着落。

三是获利难多。西方商人凑股办理铁路，办事之人在在扎实，中国情况则否，法令久弛，办事之人要么贪污自肥，要么渎职浪费，福建船政局就是前车之鉴，现在如果兴办铁路，很难获利。西洋各国关口管理规矩严格，火车停留时间较短，通行顺畅，中国则各省各属，关卡不一，势必延误车行。西洋人出行行李很少，中国人出行行李很多。中国人占据空间大则每车载人必少。西洋人爱旅游，中国人不爱旅游。中国与西洋贸易货物各具特点。中国食用之物，大多不宜于西洋，所销大宗，仅丝茶两项，而西洋所需丝茶其实是有限的。所以，中国如开通火车，不过徒便洋人，未足利于中国。

四是难以管理。火车速度飞快，路面稍有不平，很容易发生事故，因此，铁路火车之管理必须有专门人才，也要有相应的法规。中国在这方面都不具备。西方社会治安管理良好，极少有盗窃事件发生，中国则否。此前上海买回吴淞铁路，刚一个月即被人截去铁段，使得火车不能通行。中国内地山林丛菁，常有盗贼，火车所经，易发盗窃案件。可见管理之难。

五是人才难觅。建筑铁路需要专门技术人才，中国缺少。筑路之法，非洋匠做不好；火车上的诸多物件，包括铺路之铁轨之类，中国都不能制造。如果一切依赖洋人，则花费更巨。土耳其因为仿造西洋铁路，借了大批外债，结果几至亡国。

六是破坏社会结构。火车通行之地，原有经济结构、民情风俗都将受到影响。"乡僻小民，百亩之入以养十数口，犹有余财，其居近城市者，则所入倍而莫能如之，通都大邑则所入数倍而亦莫能如之。何者？商贾所不到，嗜欲无自生，粝食粗衣，此外更无他求也。今行火车，则货物流通，取携皆便，人心必增奢侈，财产日以虚糜。"

七是危害国家安全。如果筑铁路通火车，则原有山川关塞悉成驰驱坦途，外国军队入侵容易。铁路之利于行兵实视乎兵力强弱，兵力强则我可速以挫敌，兵力弱则敌反因以蹙我。如果外国人深入内地，则内地村愚易为洋人所惑所用。①

刘锡鸿曾经担任驻英副使、驻德公使，对西方火车铁路有切身经历和体验。他论述火车铁路不适合中国国情，并非浮泛空论，有的确属真知灼见，如所述火车所到之处能改变原有经济结构、民情风俗，火车管理需要专门知识，都是不刊之论。但是，有的属于夸大其词，如资金筹措问题、人才培养问题；有的显属危言耸听，如火车会危及国家安全。一种议论，如果尽是愚陋偏谬之说，则信者不多，危害亦小；如果真知与谬说交错混杂，则信者易众，危害益大。刘锡鸿所论就是后者，加上他出使西方的经历，这就使得他的议论具有非同寻常的影响力。果然，其奏折上呈以后，第二天即下谕旨："铁路火车为外洋所盛行，中国若拟创办，无论利少害多，且需费至数千万，安得有此巨款？若借用洋债，流弊尤多。迷据廷臣陈奏，金以铁路断不宜开，不为无见。刘铭传所奏，着毋庸议。将此各谕令知之。"②

刘锡鸿的这一奏折，慈禧太后的这一决定，使得中国铁路建设的历史，又向后延迟了至少七年。

1883 年，法国向越南增兵，中法战争一触即发。李鸿章又提出修建铁路问题。此后，赞成与反对修建铁路的声音都很强烈。反对者包括内阁学士徐致祥、山东道监察御史文海、陕西道监察御史

① 《光绪七年正月十六日通政使司参议刘锡鸿奏折》，《洋务运动》第六册，第154—165 页。

② 《清实录》，光绪七年，《德宗实录》卷一二六，中华书局 1987 年版，第 815 页。

张廷燎、浙江道监察御史汪正元、太仆寺少卿延茂等，他们重提此前多人说过的铁路有害论，包括经费困难、借债贻患、外夷觊觎等。

就在两方面意见相持不下时，1884 年 4 月 9 日（光绪十年三月十四日），朝廷发生重大人事变动。执掌中枢二十余年的恭亲王奕䜣被罢免军机大臣职务，以礼亲王世铎替代。慈禧太后命世铎遇重要事件一定要与醇亲王奕譞商办。此事史称"甲申易枢"。奕譞为光绪皇帝生父，对修建铁路持赞成态度。此后，朝廷对于铁路的态度发生了重要变化。一个标志性事件是徐致祥受到斥责。

1884 年 10 月 31 日（光绪十年九月十三日），内阁学士徐致祥上奏称，西洋人劝中国兴建铁路，"以利动我，实以害重我，我受其害，则彼享其利"。他陈说兴建铁路八害：一是铁路兴而夺商船业务，影响商人生计；二是兴建铁路必然占用先前治理黄河的经费，置无数小民之困苦于不顾，丧失民心；三是自清江浦建造铁路，洋人将染指其地，置造洋房，增设货栈；四是建造铁路，洋人必然效法，如果允许，则无异开门揖盗，如果拒绝，则启衅兴戎；五是铁路一建，中国关塞尽失其险，将何以自立？六是铁路易被破坏，控断尺地，火车即不能行，极难防范；七是火车通行，传递文报，则先前驿站全废，陆路车驼俱归无用，影响原有人员生计；八是举借外债，其患无穷。总之，铁路之事，"利小而害大，利近而害远，利显而害隐。彼所为利者，在五年之中，臣所为害者，在十年以外"。[1] 1885 年 1 月 10 日（光绪十年十一月二十五日），徐致祥再上一折，指责"唱导此说与赞成此说者，非奸即谄，而置国家之大害于不顾也，借夷之款以增夷之利，用夷之法以遂夷之计"。[2]

徐致祥所说"八害"，并无任何新鲜的内容，但他指责主张修

---

[1]　徐致祥：《论铁路利害折》，《嘉定先生奏议》卷上，《洋务运动》第六册，第167—168 页。

[2]　《光绪十年十一月二十五日内阁学士徐致祥奏》，《洋务运动》第六册，第172 页。

建铁路的大臣是为了"肥己进身"，是"置国家之大害于不顾"，是"借夷之款以增夷之利，用夷之法以遂夷之计"，则是对刘铭传、李鸿章、刘坤一等人的政治诬陷，是否定这批大臣对大清王朝的忠诚，这是慈禧太后所不能容忍的。她严厉谴责徐致祥所奏并不平心论事，辄敢肆行訾诋，殊属妄诞，着交部议处。[①] 徐由此受到降三级调用、不准抵销的处分。

中法战争结束后，朝廷下诏各臣工切筹善后，铁路又被作为重要内容提了出来。李鸿章表示，中法战争开启后，债台高筑。开源之道，当效西法采煤铁、造铁路、兴商政。矿藏固为美富，铁路实有远利。[②] 1885 年，闽浙总督左宗棠病故，临终遗疏言：

> 铁路宜仿造也。外洋以经商为本，与中国情形原有不同，然因商造路，因路治兵，转运灵通，无往不利。其未建以前，阻挠固甚，一经告成，民因而富，国因而强，人物因而倍盛，有利无害，固有明征。天下俗论纷纷，究不必与之辩白……请侯海防大臣派定之后，饬令议办。[③]

1886 年，清廷设置海军衙门，任命醇亲王总理节制沿海水师，以庆郡王奕劻、大学士总督李鸿章、都统善庆、侍郎曾纪泽为佐。李鸿章奏请将铁路事务统归海军衙门管理。1887 年，海军衙门奏请修筑津沽铁路和台湾铁路，慈禧太后批准。此后，津沽铁路与台湾铁路动工兴建。

1888 年，津沽铁路竣工通车，李鸿章提出就势将铁路接到通州，海军衙门随即请办。与此同时，李鸿章趁庆贺光绪皇帝大婚之机，修建了专供慈禧、光绪皇帝御用的西苑铁路，以便让清朝最高

---

① 朱寿朋编《光绪朝东华录》，卷六六，中华书局 1958 年版，第 18 页。
② 《清史稿》卷一四九，交通一，中华书局 1977 年版，第 4428 页。
③ 左宗棠：《复陈海防应办事宜请专设海防全政大臣折》，刘泱泱等校点《左宗棠全集》奏稿八，岳麓书社 2014 年版，第 545—546 页。

统治者感受火车的优越性。西苑铁路南起中南海紫光阁的车库，经福华门、阳泽门进入北海，沿西岸向北经极乐世界转弯过石桥向东，至静清斋前码头，凡七里长。

修筑津通路与西苑铁路两件事连在一起，在京师引起了一场很大的风波。先后上奏表示反对的有二十多人，包括御史余联沅、屠仁守、吴兆泰、张炳琳、林步青、徐会澧、王文锦、李培元、曹鸿勋、王仁堪、高钊中、何福堃，国子监祭酒盛昱，户部给事中洪良品，左庶子朱琛，户部尚书翁同龢，署工部尚书孙家鼐，礼部尚书奎润，仓场侍郎游百川，内阁学士文治，大学士恩承，吏部尚书徐桐，侍郎孙毓汶。其反对意见，归纳起来，还是铁路将为敌所用、扰乱社会、夺民生计、享利在官、受害在民等，都是此前一二十年反对修建铁路的老调。只有一条是新的，即京师重地，首善之区，不能轻试。对此，李鸿章写了《议驳京僚谏阻铁路各奏》等，予以驳斥。海军衙门、军机处将反对意见归纳为"资敌、扰民、夺民生计"三端，予以批评，请皇上将各原奏发交有关将军督抚复议，要曾国荃、卞宝第、张之洞、刘铭传、王文韶等十多位将军督抚对于津通铁路各抒所见，迅速复奏。结果，多数人赞成继续兴办铁路。

环绕着津通铁路的争论，持续到1889年。这一次，反对修路的声浪，远超过以往，卷入的人数多，地位也高。但是，由于关键人物奕譞、李鸿章的坚持，赢得慈禧太后的支持，修路事宜才得以向前推进。

（四）铁路之争的根源

从19世纪60年代初起，到80年代末，围绕中国要否修建铁路问题，争论一直没有停止。60年代，主要是讨论如何防止列强插手的问题；70年代，讨论的是在台湾岛修建铁路；80年代中期，讨论的是在中国内地修建铁路；80年代末，讨论的既有内地修建铁路问题，还有京师可否通行火车问题。总括二十多年赞成与反对的意见，没有多少本质差异，只有具体表述不同。赞成意见主要是方便货物、人员、信息流动，刺激经济社会发展，有利于抗敌卫国，论述最详尽的是丁日昌的十害、十利与七不必虑以及李鸿章的九利三防范说；反对意见集中起来，就是日后海军衙门归纳的"资敌、扰民、夺民生计"，所谓影响庐墓风水也在"扰民"之列，论述最详尽的是刘锡鸿的"不可行者八，无利者八，有害者九"。

在器物层面上，同光之际中国从西方引进的最重要的有三项，即军械（包括枪炮与军舰）、轮船与铁路。这三个方面引起的社会反响各不相同。军械方面几乎没有什么反对的意见，如果官员之中有什么分歧的话，那主要集中于经费问题。这是因为，中国与西方相比，军械落后是显而易见的，仿造外国军械对中国经济结构、社会结构没有什么触动。轮船方面（主要是民用轮船），稍有争论，开始是涉及原有船工生计问题，及至海运取代河运，导致原有漕运员工失业成为流民，这才成为比较严重的社会问题，但是，范围还比较有限。修筑铁路之所以成为问题，引起涉及范围那么广、持续时间那么长的争论，主要因为四个方面。第一，铁路火车是全新的事物，包括铁轨的铺设，火车飞驰的动力与原理，载客载物的强大功能，在国人原有的认知范围里，没有可比的类似物。铁路之于土路石路，火车之于马车骡车，代表的是两类不同程度的文明。第二，铁路修筑、火车运行的人为色彩特别强烈，并不像轮船那样顺着原有江河航道航行，而是自辟蹊径，逢山开路，遇水搭桥，拿弯取直，有陂必平，对原有生态环境改变的力度很大，对原有山河、田亩、庐舍、陵墓确有冲击与破坏。第三，铁路修筑，火车运行，确实会改变相关地区的经济结构、社会结构，改变民情风俗，所谓"夺民利权"的问题并非空言。第四，对于积贫积弱的中国来说，修路的资金来源，诚如马建忠所说，只有借贷外债一途，这对于尚不了解外债作用两面性的官绅来说，其担忧并非杞人忧天。这四个方面，都是铁路火车不同于军械、轮船的地方，是铁路火车在同光之际引起那么多疑忌、争论的根源所在。

铁路火车在同光之际引起的社会反响，最具有讽刺意味的，莫过于李鸿章等人在19世纪80年代批驳的意见，恰恰是他自己在60年代说过的话。试比较下面两段话：

（铜线、铁路）此两事大利于彼，有大害于我，而铁路比铜线尤甚。臣与总理衙门尝论及之。各省官民皆以为不便，洋人贪利无厌，志在必行。数年以来，总未得逞，固由内外通商衙门合力坚拒，彼亦明知民情不愿，势难强逼也。换约时若再议及，只有仍执前说，凿我山川，害我田庐，碍我风水，占我商民生计，百姓必群起抗争拆毁，官不能治其罪，亦不能责令赔偿，致激民变。①

或又谓铁路一开，则中国之车夫贩竖将无以谋衣食，恐小民失其生计，必滋事端。不知英国初造铁路时，亦有虑夺民生计者，未几而傍路之要镇以马车营生者且倍于曩日。盖铁路只临大道，而州县乡镇之稍僻者，其送客运货仍赖马车、民夫，铁路之市易既繁，夫车亦因之增众。至若火车盛行，则有驾驶之人，有修路之工，有巡瞭之丁，有上下货物、伺候旅客之杂役，月赋工糈，皆足以仰事俯畜，其稍饶于财者，则可以增设旅店，广买股份，坐权子母，故有铁路一二千里，而民之依以谋生者当不下数十万人。况煤铁等矿由此大开，贫民之自食其力者更不可胜计，此皆扩民生计之明证也。

或又谓于民间田庐、坟墓有碍必多阻挠。不知官道宽广，铁路所经不过丈余之地，于田庐坟墓尚不相妨。即遇官道稍窄之处，亦必买地优给价值；其坟墓当道者，不难稍纡折以避之。②

---

① 李鸿章奏，《筹办夷务始末（同治朝）》卷五五，第六册第2260页。
② 《光绪六年十二月初一日直隶总督李鸿章奏》，《洋务运动》第六册，第145页。

这两段话都是出自李鸿章的奏折，不同之处，前者写于 60 年代，后者写于 80 年代。两相对照，可以清楚地看出，李鸿章日后所批驳的，正是自己先前所坚持的。一个人对某个问题的看法，随着时间的推移、环境的改变，发生一些变化或者根本的变化，也是正常的。但是，李鸿章前后意见不一样，主要还不是因为自己思想的改变，而主要是说话对象不一样与说话目的不一样。60 年代，他说那番话，目的是排拒列强对中国铁路建设的染指；80 年代，他说那番话，目的是中国自建铁路。近代中国所走的现代化道路是后发型、外铄型的，向西方学习与反对西方侵略纠缠在一起。集中在李鸿章身上，60 年代反对西方染指铁路建设是为了自强，80 年代主张中国自建铁路也是为了自强。反对西方染指时，任何反对的借口都可以找出来；主张中国自建时，对任何反对的说法都可以找到驳斥的理由。于是，出现了看似自相矛盾的现象。沈葆桢在拆除吴淞铁路时曾有句名言："中国如欲振兴，则铁路之开必不能免，然不可使中国铁路开之自我。"[①] 他明知铁路是中国走向自强的必然之路，但不能允许列强私自建造的吴淞铁路成为中国铁路历史的开端，不能允许列强插手中国铁路建设事业，尤其不能允许列强插手中国铁路建设事业这件事与他沈葆桢的名字联系在一起。学习西方先进文明与反对西方经济侵略，在铁路这一问题上集中体现出来。这也是李鸿章、沈葆桢那一批人处境尴尬的根源所在。

五　重商思潮

中国传统经济政策中，商鞅变法奖励耕战，抑制商业，汉代实行重农措施，以后历代都重农抑商。但是，历代对重农抑商政策的

---

① 何启、胡礼垣：《〈劝学篇〉书后》，《新政真诠》五编，格致新报馆 1901 年版，第 54 页。

执行，并不如文献上规定的那么坚决与彻底，历代强调商业商人作用的有识之士也大有人在。

战国时期的范蠡、西汉时期的司马迁和桑弘羊等，为其代表。司马迁十分重视商业在国民经济中的重要地位："《周书》曰：农不出则乏其食，工不出则乏其事，商不出则三宝绝，虞不出则财匮少，财匮少而山泽不辟矣。此四者，民所衣食之原也。原大则饶，原小则鲜。上则富国，下则富家。贫富之道，莫之夺予。"① 桑弘羊把商业提到与农业、工业同样重要的地位，认为它们相互联系，相互制约，缺一不可。唐代韩愈对盐的官运官销持否定态度，鼓励由盐商自行销售。到了明代，市场经济空前活跃，出现众多全国性或区域性的大型企业或中型企业，商业与商人地位有很大提高。张居正便认为商业与农业可以相互影响，相互促进。王阳明认为，士、农、工、商，各就其资之所近、力之所及者而工作，以求尽其心，有益社会，因此，四民异业而同道，每天进行交易的商人同样可以成为圣贤。黄宗羲明确提出"夫工固圣王之所欲来，商又使其出于途者，盖皆本也"②，即工商皆本的观点，赋予商人在社会经济中的根本性地位。王夫之认为，对于民生日用类的商品，应当鼓励商人经营。

这些重商思想在近代以前的社会中并不占据主流地位，但它们一直顽强地存在、发展，对商业与商人的社会地位起一定支撑作用，对占主流地位的"重农抑商""重农轻商"思想也起到一定矫正作用。

余英时的研究表明，宋代以后，在江南地区，传统的士—农—工—商的顺序，实质上已经是士—商—农—工了。③

到了鸦片战争前后，林则徐、包世臣、魏源等经世之士，多重

---

① 《史记·货殖列传》，中华书局1999年版，第2462页。

② 黄宗羲：《明夷待访录·财计三》，《续修四库全书》子部，上海古籍出版社2002年版，第945册第489页。

③ 余英时：《士与中国文化》，上海人民出版社1987年版，第531页。

视发展商业。冯桂芬在设计经济改革方案时，贯穿始终的指导思想就是运用市场经济手段，解决行政体制带来的弊端，包括漕运、土贡、淮盐等方面。他说的折南漕、改土贡，实质上都是要政府从实际征收、运米、分米等事务中解脱出来，直接走市场经济的路子。

同光时期，重商思想为众多主张变法的有识之士所共有。王韬、郑观应、马建忠、薛福成、郭嵩焘等，从不同侧面强调商人的作用，强调商业在国民经济生活中的重要性，强调商业在国际竞争中的特殊地位，蔚成内容相当丰富、具有鲜明时代特点的重商思潮。综括这些思想，可以分为三个方面，即为何重商、如何重商（包括商战思想），以及由重商而带来的对于义利观念的讨论。有关义利之辨，留在别处讨论，这里概述一下前面两点。①

（一）为何重商

1. 商业为人类社会分工之必需

士农工商，商为四民之一，也是自古以来社会分工之必需。同光之际思想家在论述重商的重要性与必要性时，大多会述及这一点。薛福成说："夫商为中国四民之殿，而西人则恃商为创国造家、开物成务之命脉，迭著神奇之效者，何也？盖有商则士可行其所学而学益精，农可通其所植而植益盛，工可售其所作而作益勤。是握四民之纲者商也。此其理为从前九州之内所未知，六经之内所未讲，西洋创此规模，实有可操之券，不能执崇本抑末旧说以难之。"② 郑观应也说："商以贸迁有无，平物价，济急需，有益于

---

① 王尔敏有长文《商战观念与重商思想》，对于近代重商思潮有相当细致的考察与深入的研究，载其所著《中国近代思想史论》，社会科学文献出版社 2003 年版。吴雁南等主编《中国近代社会思潮》，湖南教育出版社 1998 年出版，第一卷有专章讨论重商思潮的产生、演变与内涵。马敏《中国近代化思潮的一个侧面——商战》（《人文论丛》2000 年卷），对近代商战思想的演变、意义亦有深入的讨论。本节在参考诸位研究成果的基础上进行论述。

② 薛福成：《英吉利用商务辟荒地说》，《薛福成选集》，第 297 页。

民，有利于国，与士、农、工互相表里。士无商则格致之学不宏，农无商则种植之类不广，工无商则制造之物不能销。是商贾具生财之大道，而握四民之纲领也。商之义大矣哉！"①

薛福成清楚地看到，重商思想是中国传统文化中所缺乏的，而重商对于中国来说有至关重要的意义。他从历史发展与中外交往的角度，说明重商之必需："盖在太古，民物未繁，原可闭关独治，老死不相往来，若居今日万国相通之世，虽圣人复生，必不置商务为缓图。"他说，如果中国对待商务还以其为西人所尚而忽视之，那么，以中国生财之极富，用不了几十年，就必然渐输海外，必然出现"中国日贫且弱，西人日富且强"的局面。②

重视交换、贸易的作用，是针对传统的重农抑商的纠偏。但是，把交换、贸易的地位提到"握四民之纲者"，即社会经济的关键地位，则是欧洲近代以来重商主义的观点。正如亚当·斯密所言："人类如果没有互通有无、物物交换和互相贸易的倾向，各个人都须亲自生产自己生活上一切必需品和便利品，而一切人的任务好工作全无分别，那么工作差异所产生的才能的巨大差异，就不可能存在了。"③薛福成说这一道理"为从前九州之内所未知，六经之内所未讲"，但是，他没有说这一道理是他自己悟出的、创造的，还是得自西方。至少从已见的文献，还没有发现在他以前中国学者有谁讲过。

对于商业在人类分工中的必要性，郭嵩焘论述得最有系统。

1882 年，友人张笠臣因其子牵涉盐务新引，从事商业活动，遭到湖南地方舆论攻击，万人指目，几无以自立。张笠臣与郭嵩焘

---

① 郑观应：《盛世危言·商务二》，《郑观应集》上册，第 607 页。郑观应所说，意思与薛福成差不多，都称商为四民之纲。从文献学意义上看，薛福成这段话出现于 1890 年，郑观应则稍后。

② 薛福成：《英吉利用商务辟荒地说》，《薛福成选集》，第 297 页。

③〔英〕亚当·斯密：《国民财富的性质和原因的研究》上册，郭大力、王亚南译，商务印书馆 2017 年版，第 17—18 页。

讨论此事，郭嵩焘发了一通议论。他说：自古以来，士农工商四民各有恒业，《考工记》将社会职业分为六类："坐而论道，谓之王公；作而行之，谓之士大夫；审曲面势，以饬五材，以辨民器，谓之百工；通四方之珍异以资之，谓之商旅；饬力以长地材，谓之农夫；治丝麻以成之，谓之妇工。"因此，古时候"四民至与王公并论，而兼及妇工"。上古之世，"并农工商三者，圣人皆自任之。三代学校之制，七岁而入小学，十五岁入大学，至二十岁成丁；任为士者，修士之业，任为农工商者，修农工商之业。四民各有所归，而学亦终不废"。在郭嵩焘看来，士农工商只是分工不同，其间并没有地位高低之别，并不存在职业歧视的意思。他列举史实：舜帝发畎亩之中，农也；殷商王的大宰相傅说举于版筑，工也；殷纣王的上大夫胶鬲举于鱼盐，商也；管仲、鲍叔、百里奚都是商人。四民虽各有业，而德成名立，则亦委国而任之。所以，在秦汉以前，商人的地位是不低的。郭嵩焘接着说："汉世去古未远，其规模尚存，如朱买臣之负薪，梁鸿之赁春"，都属于商人之行，也都很有社会地位；到了唐代，由于崇尚文学而士始贵，远远高于农工商之上；到了明代，由于发明性理之学，士以贤圣自任，其地位愈贵，"然而士愈贵，而为士者愈多，而人心风俗亦遂愈趋愈下，其终尽天下为游食无业之人，而使四民者皆失其业"。郭嵩焘说，这是社会风气转坏的重要原因。要拨乱反正，只有一条，就是四民皆重，"是以圣贤生于今日，必务重四民之业，尽天下之人纳之四民之中"。[1]

2. 重商为中国当下富民所必需

海禁开放以来，西力东侵，中西交手，中国屡次惨败，惨败由于积弱，积弱由于积贫，积贫的一个重要因素，在于商业不振。因此，中国不欲自强则已，如欲自强，必先富民，如欲富民，必自重商始。这是同光之际思想家将重商与自强挂钩的一般思维逻辑。王

---

[1] 郭嵩焘：《郭嵩焘日记》光绪八年九月初一日，《郭嵩焘全集》第十一册，第514页。

韬说："盖富强即治之本也，仓廪实而知礼节，衣食足而知荣辱，民既能自谋其生以优游于盛世，自然可静而不可动，故舍富强而言治民，是不知为政者也。"① 刘铭传论述了重商与富民、民富与国强的内在联系：

> 言者又谓外洋以商务为国本，自强在经商；中国以民生为国本，自强在爱民。不知商即民也，商务即民业也，经商即爱民之实政也。臣更有请者，恒心必根于恒产，足食方可以足兵。中国生齿日繁，有田可耕者无几，谋生乏术，缓急堪虞。故欲自强必致富，欲致富必先经商。西国官与商合，在下无不达之情；中国官与商分，在下多难言之隐。闻从前息借洋商之款，多系华人之资，赇托洋人使之出面。保邦惟民，而顾任其暌违疏逖，非所以振兴积弱挽救积贫也。②

薛福成 1890 年在赴英国途中，经过香港、新加坡，鉴于这两个地方，在英国人的经营下，五六十年间，荒岛变为巨埠，感慨万千。他认为这都是英国人重商、精商的结果。薛福成论证了只有导民生财才是富国良策的道理。他说，西洋富而中国贫，其主要原因，不在于中国人满为患，而在于中国不懂得像西方国家那样"导民生财"。他说："若中国之矿务、商务、工务无一振兴，坐视民之穷困而不为之所，虽人不满，奚能不病也，而况乎日形其满也！"③

3. 重商为中国与列强竞争之根本

这方面的论述极多。1882 年，《万国公报》先后发表许滢、朱冠卿等人力主通商的文章。许滢论述了中外通商是中外互利、君民共利的好事："中与西通商，不独西商与西国人民得益也，即西国

① 王韬：《兴利》，《弢园文录外编》卷二，第 37 页。
② 《光绪十五年二月二十八日福建台湾巡抚刘铭传奏折》，《洋务运动》第六册，第 249 页。
③ 《西洋诸国导民生财说》，《洋务运动》第一册，第 388—389 页。

之君亦均得其益。西与中通商，不独中商与中国人民得益也，即中国之君，亦大得其益。"① 朱冠卿则认为："通商则利，不通商则害；通商则顺，不通商则逆。害而逆则损矣，利而顺则益矣。"② 王韬、郑观应、薛福成、马建忠、郭嵩焘等人，对于这一问题，都有大量论述。

王韬从古今历史长时段、世界大范围来讨论这一问题，认为在世界各国联系日趋紧密的今天，重商对于国家利权影响极大。

> 贸易之道广矣哉，通有无，权缓急，征贵贱，便远近，其利至于无穷，此固尽人而知者也。抑知古今之局变，而贸易之途亦因之以变。古之为商仅遍于国中，今之为商必越乎境外……西国之为商也，陆则有轮车，水则有轮船，同洲异域，无所不至。所往之处，动集数千百人为公司，其财充裕，其力无不足，而其国又为之设官戍兵，以资保卫。资虽出自商人，而威令之行，国家恃以壮观瞻致盛强。此古今贸易之一变也。③

他认为，中国处此格局，"虽不必尽行仿效西国，但事贵变通，道无窒滞。今诚能通商于泰西各国，自握其利权，丝茶我载以往，呢布我载以来。至于中国内地，当以小轮船为之转输济运，如是则可收西商之利，而复为我所有，而中国日见其富矣"。他认为，对于国内而言，"通商之益有三，工匠之娴于艺术者得以自食其力，游手好闲之徒得有所归，商富即国富，一旦有事，可以供输糇饷"。④ 再者，开展国际贸易，对于开阔人们视野，增长见识，大有益处，"贸易之利开，则公私并裕，上而仕途游宦，下而商贾工匠，皆不惮于远出，而将视溟渤如康庄，越环瀛同衽席，于泰西

① 许淰：《中西通商之益》，《万国公报》1882 年第 699 期。
② 朱冠卿：《中西通商之益》，《万国公报》1882 年第 709 期。
③ 王韬：《代上广州府冯太守书》，《弢园文录外编》卷一〇，第 247 页。
④ 王韬：《代上广州府冯太守书》，《弢园文录外编》卷一〇，第 248 页。

各国之山川城郭，俗尚民情，兵力之盛衰，国势之强弱，一切情状，无不了如指掌，然后有事之秋，缓急可恃"。①

郭嵩焘强调重商富民是国家富强的必由之路。他说，西洋富强之业，表现在矿务、汽船舟车、电报等方面，但是，其致富强的根本，"固自有在"，这就是富民在先，一切实业让民自开。他说："天地自然之利，百姓皆能经营，不必官为督率，若径由官开采，则将强夺民业，烦扰百端，百姓岂能顺从？而在官者之烦费，又不知所纪极，为利无几，而所损耗必愈多。若仍督民为之，则亦百姓之利而已。"他以湖南为例，湖南境内煤铁各矿，无地无之，矿户之多，也远远超过西洋，却无以致富，原因何在？他举了很多条，包括科技不兴，机器不精，人心不齐，互不信任，中西民情不同，风俗有异，专利缺少法规，公司制度不发达，但是，最关键的是，是以富民为本，还是相反，"西洋汲汲以求便民，中国适与相反"。他认为西强中弱、西富中贫、中西差异的关键，就是以民为本还是以国为本，通过富民以强国，则国能强；舍富民而欲强国，则国必不强。②

马建忠是中国 19 世纪后半期少数几个正规地接受过关于资产阶级经济学教育的学者之一。他在 1890 年特著《富民说》长文，系统讨论中国经济问题，也集中论述了发展工商与列强竞争的意义。他说，"治国以富强为本，而求强以致富为先"，而中国对外贸易形势相当严峻。他从中国贸易的国际大环境变化出发，指出中国眼下贸易情形，与一百多年前康乾时代已经大不一样。康乾时代，中国与西方贸易数额不大，其时之贸易主要是国内贸易，以中国之人运中国之货，以通中国之财，即使国家需要用钱，亦不过求之于境内，无异于取诸中府而藏诸外府，循环周复，而财不外散。现在则不然，中外通商，中国进口多而出口少，而各直省之购炮

① 王韬：《代上广州府冯太守书》，《弢园文录外编》卷一〇，第 255 页。
② 郭嵩焘：《致某人》，《郭嵩焘全集》第十三册，第 477 页。

械、购船只又有加无已，于是，贸易逆差每年不下三千万，三十年累计下来，流到外国的银钱奚啻亿万！中国宝藏未开，矿山久闭，"如是银曷不罄民曷不贫哉！"[1]

他进而指出，对外通商贸易是天下惯例，英、美、法、俄、德、英属印度，无不以通商致富。这些国家求富之源，都与国际贸易有密切关系，"通商而出口货溢于进口者利，通商而出口货等于进口者亦利，通商而进口货溢于出口者不利。彼英、美各国皆通商，而进出口货不能两盈，故开矿以取天地自然之利，以补进出口货之亏"[2]。

（二）如何重商

对于如何重商，同光之际人们提出的设想极其丰富，大而国家层面的工商政策设计、外贸战略的构想、政府管理机构的改革，小而具体工商项目的开发，包罗万象，无所不有。就时人论述的面向而言，可分对内、对外两方面，即内兴工商，外争利权，以及与内兴工商、外争利权都有关联的废止厘金的思想。

1889 年，福建台湾巡抚刘铭传在奏折中，对于发展工商提出一些宏观性的意见：

> 臣以为当此改弦易辙、发愤为雄之际，亟宜讲求商政，特派廉明公正大员认真督理，举凡丝、茶、煤、铁、纺织、种植，暨一切矿务、垦务、制造各务，招集殷商富户，各出资本，妥议取益防损章程，使之分头认办。银钱出入，官不经手；而但考察功过，综核赢亏，保护维持，俾无掣肘。内地办理得法，推而至于边省；中土行销既畅，推而至于外洋。五行百产之菁英，地球中惟吾华称最，行之数十年，物阜民康，无

---

[1] 马建忠：《富民说》，郑大华点校《采西学议——冯桂芬马建忠集》，第125 页。

[2] 马建忠：《富民说》，郑大华点校《采西学议——冯桂芬马建忠集》，第125 页。

敌于天下，此所谓商战从容坐镇而屈人者也。夫不聚敛于民者，不能不藏富于民；不与民争利者，不能不与敌争利。此事与修铁路相辅而行，关系甚重，应否筹议及之，伏候圣裁。[①]

1890 年，马建忠提出了比较系统的意见。他说，当下中国欲求富，必须重视对外贸易，增加出口，优化出口，重视与出口紧密相连的矿藏资源开发。他提出三条对策，一是讲求土货，增加出口，包括改良蚕桑培育技术，提高丝茶质量，归并丝茶商本，减轻丝茶厘税，以利与印度、日本丝茶竞争；二是仿造外洋之货，以敌洋货销路，纺纱织布、织绒、织呢、织羽、织毡等方面均大有可为；三是开采煤铁金银等矿，其中尤以开采金矿为先。在论述增加出口问题时，他特别强调公司在凑集资本、核定价格、抗御风险、提高竞争能力方面的作用。

当时国家财政极度困窘，讲求土货需款，仿造洋货需款，开采宝矿也需款，那么多款项从何而来？有鉴于此，马建忠提出一个解决方案：改革官制、借贷外资。所谓改革官制，就是略仿西国之制，设一商务衙门，这个衙门可以统于海军，在外或由南北洋大臣兼治，或另简干练通晓商务者驻通商总口，会同南北洋大臣专治其事。所谓借贷外资，就是通过商务衙门，向外洋各国贷款，其契据或自出名目，或另立华商总公司专办商务。对于借贷外资期限、利息、还贷方式、与华商利益分成等问题，马建忠一一做了说明，指出由官府出面贷款是鉴于中国原有信用系统不健全、融资体系不健全，与欧美国家不一样；官府出面为工商业发展提供信用担保，不光对经济发展有利，而且对将官府与民间利益联系在一起、上下联为一气大有益处。[②]

出使过程中，薛福成深切感受到机器对于发展工商的巨大意

---

① 《光绪十五年二月二十八日福建台湾巡抚刘铭传奏折》，《洋务运动》第六册，第 249 页。

② 马建忠：《富民说》，郑大华点校《采西学议——冯桂芬马建忠集》，第 134 页。

义。他在 1892 年专作《用机器殖财养民说》一文，阐述机器之妙用。他说，西洋各国之所以工艺日精，制造日宏，其方法在于使人能获得质良价廉之益，其关键在于"恃机器为之用也"。有了机器，则人力所不能造者机器能造之，十人百人之力所仅能造者，一人之力就能造之，这样，一人能兼百人之功，生产效率大为提高，成本大为降低，如此一来，商务怎能不殷盛，民生怎能不富厚，国势怎能不勃兴？有鉴于此，他认为，中国要富强，"必也研精机器以集西人之长，兼尽人力以收中国之用，斟酌变通，务使物质益良，物价益廉，如近年日本之夺西人利者"。①

薛福成推崇西方国家的股份公司，说它是西洋各国"立国命脉"，认为中国必须改变"公司不举"的现状，"公司不举，则工商之业无一能振；工商之业不振，则中国终不可以富，不可以强"。②

废除厘金制度是同光时期很多官绅都会谈到的问题。

厘金制度起始于太平天国战争期间。1853 年，清政府为镇压太平军筹措军饷，在扬州一带对米行商贾推行捐厘之法，规定每米一石捐钱五十文助饷。此法后来推行到其他地区，扩展到其他各业大行铺户，捐厘行业渐次增多，遍及百货，捐额大致值百抽一。到1862 年，厘金制度已遍行于除云南、黑龙江以外的全国各地。不久以后，这两个地方也相继实行。各省设立厘金局卡，以咸丰末年和同治初年最多，估计总数有三千处左右。

厘金制度的实行，有三方面重大影响。一是增加清政府税收。此前，因为战争，战火波及地区国内常关瘫痪，清政府收不到本应收到的税金，厘卡之设可在一定程度上替代一些地区的常关功能。厘卡之设立，亦较先前常关灵活，可随战区的变化，因地制宜，随设随废。厘金收入最好时期，一年厘金收入比清政府原来一年财政

① 薛福成：《用机器殖财养民说》，《薛福成选集》，第 421 页。
② 薛福成：《论公司不举之病》，《薛福成选集》，第 15 页。又见《洋务运动》第一册，第 392—393 页。

收入要高出三倍到四倍。二是加重了民族工商业的经济成本，加大了民族工商业的发展难度。厘金中的商税完全针对华商，洋商因受不平等条约保护而不在其列。厘金制度的实施，五里一卡，十里一局，加大了土货的成本，降低了土货的竞争力，影响了土货的流通，有利于外国洋货的倾销。三是增加了腐败机会。厘金属临时性制度安排，从机构设置、税额、用人，均无统一规定、统一管理，更缺少有效监督。局卡既多，用人亦滥，这给贪污中饱增加了大好机会。

厘金制度之损商、病民、害国、毒害社会风气，早就为有识之士所批评。还在 1864 年，即太平军刚刚被镇压之后，左副都御史全庆、两江总督曾国藩就已提出裁撤厘金的意见，此后裁厘声音一直持续不断。王韬、郑观应、陈炽等思想家，更是对此抨击不遗余力。

王韬指出，厘务之设，原以军需孔亟不得已而为之权宜之计。"今事平之后，久而不撤，且若视之以为利薮。数十里之地，关卡林立，厘厂、税厂征榷烦苛，商民交病，行旅怨咨，亦非所以为政体也，此苏子瞻所谓不终月之计也。"①

郑观应指出，厘金制度设立以后，洋商获利，华商裹足不前。有些华商纳费于洋人，托其出名，以避交厘金，于是，洋商坐收其利。洋商"有代华商领子口半税单者"，洋商洋船有"代用护照包送无运照之土货者"。同一土货，由香港来则准其报半税无厘捐，若由广东省来则不准报子口税而必报厘捐；同一洋货在洋人手则无厘捐，在华人手则纳厘捐，"无异为渊驱鱼，为丛驱爵，不独诪张为幻，流弊日多，且先失保护己民之利权，于国体亦有大关碍也"。② 他主张裁撤厘金，另外通过提高关税的方式增加国家收入，这样，可以有利于华商与洋商竞争。"来自外洋无关养命之烟酒、密饯、饼饵等物，进出通商各口皆准免税，而华商营运赖以养命之

---

① 王韬：《除弊》，《弢园文录外编》卷二，第 35 页。
② 郑观应：《易言·税则》，《郑观应集》上册，第 543、544 页。

米麦杂粮等项，经过邻壤外县皆须捐厘，遑问日用之百物！试为援比，大欠均平。"① 如果所抽之数涓滴归公，名实相副，虽损于民而犹利于国，那也罢了。"无如厘抽十文，国家不过得其二、三，余则半饱私囊，半归浮费，国家何贪此区区之利而纵若辈殃民乎？"②

邵作舟向朝廷提出要革除的六大弊政，第一条就是厘金。③ 他认为，厘金之弊，上则失国体，下则失利柄，"徒使奸猾小人以贾胡为窟穴，因利乘便、挟势教诱而与榷吏相为敌雠，是诚不可以无变已"。④

陈炽直斥厘金制度是"剜肉补疮"，危害极大。他说，厘金一事，本为权宜立法，取济一时，"乃事端所开，有增无减，商情困苦，市肆萧条，承平四十年，而元气终不能复，厘金之弊，至斯极矣"。针对所谓裁撤厘金将影响国用、加厘优于加赋的说法，陈炽认为："不知加厘之名，美于加赋，而病民之实，甚于加赋。"他说，中国如果仍然处于闭关自守、与世隔绝的状态下，那么，厘金之制不裁，也还关系不大，如今万国通商，"则断断乎其不可不裁也"。⑤

尽管厘金制度的弊端彰明昭著，清政府统治者也洞若观火，但是，厘金对于清政府来说，毕竟是一笔巨大的收入，所以，权衡利弊得失，一直到清朝覆灭，清政府也没有将其裁撤，反而让其获得"经常正税"的地位。这一弊政，一直到 20 世纪 30 年代初期，才被南京国民政府正式废止。

（三）商战思想

同光之际重商思潮中有一朵极富时代与中国地域特色的奇葩，

---

① 郑观应：《盛世危言·商务一》，《郑观应集》上册，第 605 页。

② 郑观应：《盛世危言·厘捐》，《郑观应集》上册，第 553 页。

③ 这六大弊端是：厘金、杂赋、钞关、物质之税、捐输与节扣。见邵作舟《邵氏危言·薄敛》，第 499 页。

④ 邵作舟：《邵氏危言·薄敛》，第 500 页。

⑤ 陈炽：《厘金》，《陈炽集》，第 28 页。

这就是商战思想。

据王尔敏研究，"商战"一词，最早是曾国藩提出来的。① 还在 1862 年，曾国藩已将商与战联系起来。他说："秦用商鞅以'耕战'二字为国，法令如毛，国祚不永。今之西洋，以'商战'二字为国，法令更密如牛毛，断无能久之理。"②

1878 年，湖广道监察御史李璠接过曾国藩的话说："泰西各国，谓商务之盛衰关乎国运，故君民同心，利之所在，全力赴之。……古之侵人国也，必费财而后辟土；彼之侵人国也，既辟土而又生财，故大学士曾国藩谓'商鞅以耕战，泰西以商战'诚为确论，此洋人通商弱人之实情也。"③

稍后，薛福成对这一问题有所发挥，对"商"的内涵有所扩展，泛指工商："昔商君之论富强也，以耕战为务，而西人之谋富强也，以工商为先。耕战植其基，工商扩其用也。然论西人致富之术，非工不足以开商之源，则工又为其基，而商为其用。迩者英人经营国事，上下一心，殚精竭虑，工商之务，蒸蒸日上，其富强甲于地球诸国，诸国从而效之，迭起争雄。泰西强盛之势，遂为亘古所未有。"④

此后，商战成为同一时代知识分子之共同观念。据统计，自 1862 年至 1910 年，至少有 25 人论及商战。⑤ 其中，在 1894 年以前论述这一问题的凡 5 人，除了上面已经提到的曾国藩、李璠、薛福成，还有盛宣怀与刘铭传。

对商战观念阐释得最为全面、最为透彻、最有代表性的是郑观应。他在《盛世危言》中，有两篇文章专论商战问题，涉及商战

---

① 王尔敏：《商战观念与重商思想》，《中国近代思想史论》，第 202 页。
② 曾国藩：《复毛鸿宾 同治元年正月二十六日》，《曾国藩全集（修订版）》第二十五册，第 48 页。
③ 李璠：《湖广道监察御史李璠奏折》，《洋务运动》第一册，第 167 页。
④ 薛福成：《筹洋刍议·商政》，《薛福成选集》，第 540、541 页。
⑤ 王尔敏：《商战观念与近代思想》，《中国近代思想史论》，第 219 页。

的更多，包括《商务》（5 篇）、《铁路》（2 篇）、《银行》（2 篇）、《税则》、《厘捐》、《停漕》、《国债》、《保险》、《电报》、《邮政》、《开矿》、《纺织》、《赛会》、《农功》等。郑观应集中论述了何为商战、商战的内涵、商战的特点、商战与兵战的区别与联系、如何进行商战等问题。

郑观应指出，自中外通商以来，外国侵略者动肆横逆，我民日受欺凌，凡有血气者，无不欲结发厉戈，以求决战，以求雪恨，于是购铁舰，建炮台，造枪械，制水雷，设海军，操陆阵，讲求战事不遗余力，以为而今而后可以取胜。但是，西方侵略者对中国这一套，不以为意，全不在乎。为什么？郑观应说，当今外国侵略，与传统攻城略地式的侵略，很不一样，形式不同，效果亦异：

> 彼之谋我，噬膏血匪噬皮毛，攻资财不攻兵阵，方且以聘盟为阴谋，借和约为兵刃。迨至精华销竭，已成枯腊，则举之如发蒙耳。故兵之并吞祸之易觉，商之掊克敝国无形。[①]

对待外国新的侵略特点，中国必须以新的方式应对，这就是"商战"：

> 我之商务一日不兴，则彼之贪谋亦一日不辍。纵令猛将如云，舟师林立，而彼族谈笑而来，鼓舞而去，称心餍欲，孰得而谁何之战？吾故得以一言断之曰："习兵战不如习商战。"[②]

将振兴商务与国家命运联系起来，郑观应之前所在多有，但是，将振兴商务提到与外国侵略者作战的地步，甚至认为商战较之

---

① 郑观应：《盛世危言·商战上》，《郑观应集》上册，第 586 页。
② 郑观应：《盛世危言·商战上》，《郑观应集》上册，第 586 页。

兵战更为重要，这是郑观应的贡献。

郑观应就中外贸易方面算了一笔账，中国从外国进口有哪些，向外国出口有哪些，仔细分析了其间的消长盈虚、胜负盈亏、利弊得失，结论是彼族善于商战，我国不善商战，彼得大利，我吃大亏，"总计彼我出入，合中国之所得尚未能敌其鸦片、洋布二宗，其他百孔千疮，数千余万金之亏耗胥归无着，何怪乎中国之日惫哉？"特别是货币方面，"彼以折色之银，易我十成之货，既受暗亏，且即以钱易银，虚长洋价，换我足宝，行市晌变又遭明折。似此层层剥削，节节欺绐，再阅百十年，中国之膏血既罄，遂成嬴瘰癉病之夫，纵有坚甲利兵，畴能驱赤身桁腹之人，而使之当前锋冒白刃哉？"①

郑观应认为，在万国通商时代，商战是一场综合性战争，商业的背后，有物产、工艺，更重要的是国家制度保障："独是商务之盛衰，不仅关物产之多寡，尤必视工艺之巧拙，有工以翼商，则拙者可巧，粗者可精。借楚材以为晋用，去所恶而投其所好，则可以彼国物产仍渔彼利。若有商无工，纵令地不爱宝，十八省物产日丰，徒弃己利以资彼用而已。"中国要想赢得这一战争，就要"力图改计，切勿薄视商工"。要从观念上改变对工商的偏见，从制度上保障工商的发展。他建议：

> 特设商部大臣总其成，兼理工艺事宜，务取其平日公忠体国、廉洁自持、长于理财、无身家之念者方胜厥任。并通饬各省督、抚，札谕各府、州、县官绅及各处领事，仿西法由各艺各商中公举殷商及巧工设为董事，予以体面，不准地方官借此要求。凡有商务、工务应办之事，可随时禀报商务大臣。或商务大臣不公，有循私自利之心，准各省商务局绅董禀呈军机转奏，庶下情上达，不至为一人壅蔽也。②

---

①　郑观应：《盛世危言·商战上》，《郑观应集》上册，第587、588页。

②　郑观应：《盛世危言·商战上》，《郑观应集》上册，第588页。

　　与此相配套，他提出了一系列奖励工商的措施，包括开赛珍会以求其精进，赏牌匾以奖其技能。他将与外国商战具体化为十个方面，即鸦片战、洋布战、用物战、食物战、零星货物战、矿产战、日用品战、玩好珍奇战、零星杂货与货币战，几乎涵盖工商所有方面，诸如振兴丝茶；裁减厘税，多设缫丝局；广购新机，自织各色布匹；购机器织绒毡、呢纱、羽毛洋衫裤、洋袜、洋伞等，炼湖沙造玻璃器皿，炼精铜仿制钟表；上海造纸，关东卷烟，南洋广蔗糖之植，中州开葡萄之园，酿酒制糖；制山东野蚕之丝茧，收江北土棉以纺纱，种植玫瑰等香花，制造香水洋胰等物；遍开五金、煤矿、铜、铁之来源；广制煤油，自造火柴；整顿磁器厂务；以杭、宁之机法仿织外国绉绸；各关鼓铸金、银钱。他还就资金筹措、技术培训、专利保护等方面，提出了具体构想。①

　　郑观应认为，商战应该是整个国家的战略。对于国家来说，能富而后能强，能强而后能富，非富不能图强，非强不能保富，富与强实相维系。富出于商，商出于士、农、工三者之力，所以西方各国以商富国，以兵卫商，不独以兵为战，且以商为战。国家各个方面都应为商服务，"士、农、工为商助也，公使为商遣也，领事为商立也，兵船为商置也"。在这方面，中国不光要克服传统贱视工商的偏见，而且要克服士、农、工、商各自为谋、彼此独立、互不支撑的弊端。中国要赢得商战，必须全国上下一心、四民相互支撑：

　　　　善于谋国者无不留心各国商务，使士、农、工、商投人所好，益我利源。惟中国不重商务，而士、农、工、商又各自为谋，虽屡为外人所欺，尚不知富强之术。筹饷则聚敛横征，不思惠工商以兴大利；练兵则购船售炮，不知广学业以启聪明。所谓只知形战而不知心战者也。②

---

① 郑观应：《盛世危言·商战上》，《郑观应集》上册，第589页。
② 郑观应：《盛世危言·商战下》，《郑观应集》上册，第595页。

"形战"与"心战"之说是郑观应的创造。他解释道：

> 形战者何？以为彼有枪炮，我亦有枪炮；彼有兵舰，我亦有兵舰，是亦足相抵制矣。孰知舍其本而图其末，遗其精义而袭其皮毛。心战者何？西人壹志通商，欲益己以损人，兴商立法则心精而力果。于是士有格致之学，工有制造之学，农有种植之学，商有商务之学，无事不学，无人不学。我国欲安内攘外，亟宜练兵将、制船炮，备有形之战以治其标；讲求泰西士、农、工、商之学，裕无形之战以固其本。如广设学堂，各专一艺，精益求精，仿宋之司马光求设十科考士之法，以示鼓励，自能人才辈出，日臻富强矣。盖利器为形，利用为心，有利器而不能利用，则人如木偶，安得不以制人者而制于人？故有治法必须有治人。①

用今天的话来说，他所说的"形战"，就是通过实现军事现代化来抵抗侵略，所谓"心战"，就是知识竞争，通过实现教育现代化来与外国竞争。

近代商战观念中，"商"的实质是发展近代资本主义，"战"的实质是抵抗外来侵略，前者体现近代性，后者体现爱国性。两相结合，集中体现了商战思想的时代性与地域性。诚如王尔敏所论：

---

① 郑观应：《盛世危言·商战下》，《郑观应集》上册，第595—596页。"心战"一词，据王尔敏研究，为王韬首创。王韬在《使才》篇中说："泰西诸国往来，首重通商，于是简公使设领事以联络之。公使总其大，领事治其繁，而交际之道寓焉。盖亦以礼维持之而已。使臣以忠诚外结异国之知，内为朝廷耳目之寄，诸国有意外大事，立即奏闻，其职綦重焉。领事则在保卫商贾，护持贸易，有事则据公法和约为办理，或有不行，则禀陈己国使臣，或转请之外部大臣，以俟裁决，此其大略也。惟是保商贾兴贸易者，固使臣领事也。而远卫使臣领事，使其威令得行者，则水师兵力也。水师、陆营以兵战，以力战，以出奇行诡诈；使臣领事以笔战，以舌战，以心战，此所谓驾驭于无形，战胜于不兵。"见《弢园文录外编》卷二，第47页。

近世中国知识分子产生商战观念，为关系全民族生存奋斗之重大醒觉，具有深远意义。一在于对于中国贫弱之自励自救，唤起奋斗意志。一在于对经济消蚀，缓慢之衰惫灭亡而产生之痛觉。至其尤为可贵可重之点，则在于理性之警觉与自我充实，采行一种持久性，非武力性，以至全民性之对外竞争途径，以为中国国家民族争生存于现世之方法。商战一词一意，实足为近代知识分子深具时代意义之文化遗产，决无可疑。①

近代民族主义思潮，其创发源头固非由于商战观念，而商战则构成其源头之一支。思潮激荡，其趋势或明或暗，或强或弱，或左或右，纯出于自然，诚非人力所能预测与控制也。②

王尔敏所言，至为允当。若单就同光之际商战思想而论，则其特色还可以加上一条，即商战思想的产生是与兵战相对而言的，是对仅仅依靠兵战来抗击外侮的一种补充与纠正。

（四）固执之见

同光之际，立于传统的重农抑商立场上、反对兴办商业的依然大有人在。最极端的要算王柏心。

王柏心（1799—1873），字子寿，号螺洲，湖北监利（今洪湖市）人。1844年中进士，曾任刑部主事，任职一年后返乡，主持荆南书院二十多年，讲学著书。去世后，门人谥曰文贞先生。

王柏心是相当关心时事的人，对西北地理、东南水利、江南军事、京师风气，都很留心。1862年，他应诏陈言，希望最高统治者能够广师儒、屏嗜欲、博咨询、开特科等，建议清廷先打下金陵，同时留心西北事宜，虽然没有多少新鲜内容，但还是切合实际的。观其所著《百柱堂全集》，让人印象最深刻也万难理解的是，

---

① 王尔敏：《商战观念与近代思想》，《中国近代思想史论》，第304页。
② 王尔敏：《商战观念与近代思想》，《中国近代思想史论》，第308页。

时至万国通商时代，他竟然认为中国最好的办法是彻底禁商。他说，中国历史上，抑商辱商，完全应该，"末亦多途矣，商为之首。先王为其妨农也恒抑之。秦发民戍边先罪，谪次市籍。汉高即位，复取贾人子折辱之。顾趋商者益多，以天子之威，不能伸令于庶民，诚事势之不可解者。故错之言曰：法律贱商人，商人已富贵矣；尊农夫，农夫已贫贱矣"。他认为，西汉时代，尽管抑商辱商，但那时之商犹有功于农，没有过分影响农业，"农之所挟粟米布缕，所需百物之用，所挟不能流转，所需不能罗致，商从而懋迁之，于农甚便"。时至今日，商的那点积极意义早已荡然无存，剩下的都是负面的意义，败坏社会纯朴风气，崇尚技巧诈伪。他对于商人从事洋货贸易尤为痛心疾首：

今之商非昔之商矣，不惟妨农且困农。不惟困农，上自贵流，下逮舆台，商皆钩取其赢余而困之。何者？敦朴之原绝，而奇衺之风炽也。百室之聚必有数十家之市，千室之聚必有数百家之市，万室之聚必有数千家之市，核其器用，裨衣食者财什二三，余皆炫耳目荡心志者也。且夫商之所以奔走人者，在役末技，在通番货，二者殃之门、蠹之府也。古者造作之区，官考其效，工执其艺，必中程，必利用，非是者有禁，故诈伪毋敢作。今也工之习恒业者，困与农民等，而末技之徒，穷极工巧，日日增加，财之源有尽，巧之窦无涯，以有尽徇无涯，安得不竭！其番货之奇淫，又千百倍于末技，挟无形之酖毒，烁九州之膏血，开尾闾之大壑，荡四民之筐箧。此二者商皆笼而有之。夫利散于末技，犹曰吾民也，使利散于番舶，是岂不可为痛心者乎？①

这堪称近代讨伐商业商人的绝妙檄文！那么，如何才能彻底根除商业商人的流弊呢？王柏心提出了设想，一是提倡节俭，二是严

---

① 王柏心：《枢言·禁末》，铁香室光绪十九年版，第17叶。

厉打击与外国进行贸易的商人，三是对商人实行歧视性政策，将其打入另册，别其衣冠，规定其子弟不得参加科举考试与做官：

> 然则返之之术，惟在躬行节俭，倡之于上，始自贵近，及乎编氓，然后优为之恤，厉为之禁而已矣。农宜恤者也，今令农有能力耕倍收不出乡里者，复赐爵之例，宽其徭役，则趋农者必益奋。商之通有无、佐衣食者如故，其有敢役游技、通番货与为游技者厉禁之，禁之不率则著之下籍，别其衣冠，徭役不得代，子弟不得预试入仕宦，令吏以时阅市之百物，有奇衺不中法度者，售与购皆有罪，州县举其要，以此定课绩殿最，行之十年，或者末流稍衰乎。不然吾惧夫公私之财力毕归漏卮，后欲救之而无及也。①

王柏心的这些思想，见诸其名著《枢言》，写于鸦片战争前夜。鸦片战争以后，王柏心又生活了三十多年，眼见得中外通商日益频繁，耳听得振兴工商的议论此伏彼起，但是，他的这番抑商议论似乎一直没有改变。1844年，他作《续枢言》，认为："营末技者，无虑皆奇淫奢丽之物，荡心志，败风俗，糜钱刀，甚者交通蛮夷，输致琛诡，射利取赢，是率天下而离南亩者也，今一切禁之，使著于本，则农之蠹去矣。"②思想与《枢言》完全一致。1862年，他给朝廷上奏，所谈依然是提倡俭德、反对奢侈等，说："财未有侈而不竭者，国未有侈而不替者，然则俭也者其德之所以载而国之所以固也。"③他对很多时事发表了很多看法，但是没有赞成中外通商的意见。

综合王、马、薛、郑、郭诸人所论，可以看出，甲午战争以

①　王柏心：《枢言·禁末》，铁香室光绪十九年版，第18叶。
②　王柏心：《续枢言·七蠹篇》，铁香室光绪十九年版，第14叶。
③　王柏心：《呈进经论疏并经论八首》，《百柱堂全集》卷二九，《续修四库全书》集部，第1527册第456页。

前，有识之士已经从社会分工的必要性、国家战略的重要性、伦理道德的正当性等方面，系统地论述了重视工商的问题，并从操作层面上提出了许多发展工商业的构想。从论述的思路、立论的范畴来看，诸人都或明或暗地受到西方 18 世纪以后以亚当·斯密为代表的重商主义的影响，其中马建忠、薛福成、郭嵩焘的论述尤为明显。

第 五 章
社会与教育变革思潮

　　社会治理制度变革，社会风俗变易，教育制度变革，都是改革深水区，涉及面广，历时久，见效慢，难度大。同光时期，社会与教育变革思潮比较集中地体现在禁止鸦片、反对缠足、提倡赈灾与治荒、发展慈善与改良教育方面。社会问题与教育问题时相交叉。这些方面的改革，既有援引西学的一面，如教育联系实际、倡导男女平等，也有弘扬国故的一面，如赈灾、慈善、治荒等，更多的是中西糅合。部分口岸城市新学校的创办，妇女解放的先行，是中国社会发展地区差异性与不平衡性的表现。正是这一特点，减少了中国社会与教育变革的阻力，带动了整个中国社会与教育变革的步伐。

一　禁止鸦片的思想

（一）鸦片危害既广且深

　　鸦片之为害中国，怎么评价都不过分。诚如光绪年间《申报》所云："上自仕宦搢绅，下及贩夫厮养，相率横陈一榻，吐纳烟云，迄于今流毒遍于二十一行省，国贫民弱莫可支持。呜呼！烟之为害如此，虽上古洪水猛兽之祸，亦何足以相比哉！"①

鸦片战争以后，清政府对鸦片的禁令并没有解除，但《南京条约》中也没有规定鸦片为非法商品，这导致鸦片走私更加猖獗，愈演愈烈。1858 年 11 月 8 日，中英签订《通商章程善后条约·海关税则》，其第五款把鸦片作为商品征收"洋药税"，规定每百斤纳银 30 两。这就是臭名昭著的鸦片贸易合法化条款。这导致外国鸦片无限制地输入中国。1870 年至 1874 年，鸦片进口值年均为 25987 千海关两，占中国进口总值的 39.2%。以后进口量有升有降，1890 年至 1894 年均为 29947 千海关两，占中国进口总值的 21.1%。②

既然无法阻止外国鸦片进口，为了防止白银外流，清政府便放任中国民间种植罂粟，自产鸦片。云贵等地自然条件本来就适合罂粟生长，也有种植罂粟的传统，在此背景下益发风助火势。鸦片弛禁以后，吸食之人越来越多。种植罂粟获利远较粮食为多，高的达十倍，少的也有五六倍。利之所在，人必争趋。结果，罂粟种植之地越来越广。19 世纪 60—70 年代后，偌大的中国，完全不种植罂粟的省份已经很难找到，最厉害的要数云、贵、川、晋，此外蒙古、东北三省、甘肃、陕西、福建、广东、广西、湖南、山东、河南、江苏、安徽、浙江等地，都有种植。翻看那一时期的《清实录》，会不时发现各地督抚向朝廷反映，其地种植罂粟太多，影响粮食生产。

吸食鸦片在中国社会成为极为普遍的现象。据估计，19 世纪中后期，中国吸食鸦片者占总人数的 10%。③ 中国一年所食之鸦片，包括洋烟与土烟，总共 2640 万斤，吸食鸦片人口 4400

---

① 《论贫民吸烟之害》，《申报》1899 年 8 月 30 日。

② 严中平主编《中国近代经济史》下册，人民出版社 1989 年版，第 1168 页。

③ 费正清主编《剑桥中国晚清史》上册，中国社会科学出版社 1993 年版，第 183 页。

万人。①

　　吸食鸦片人口遍布城乡。莫理循记载，重庆人口约为 20 万人，但男性中的 40% 到 50%、女性中的 4% 到 5%，都沉湎于烟雾缭绕的鸦片烟中②。这里鸦片烟馆比比皆是。云南水富县，各家钱行、商店、商行，无论经营什么商品，都有鸦片烟间。

　　城市是鸦片集中消费的地方。同光时期的上海，简直就是一个大烟馆。从 19 世纪 60 年代始，就有“上海烟馆甲于天下”的说法。③ 南京路、福建路、九江路、宝善街、正丰街、棋盘街一带，所谓城市中心区域，烟馆鳞次栉比，多于米铺。法租界的法大马路（今金陵东路）附近的中华里、宝裕里、宝兴里一带，是闻名遐迩的烟土中心市场。19 世纪 70 年代，上海城厢烟馆共计 1700 余家。④

　　对于上瘾者来说，吸食鸦片到头来就是一种生理需要。鸦片有等第，所吸鸦片之优劣，就具有等级与身份意义。吸食鸦片需要烟具与环境，用具的好坏，环境的优劣，就具有文化的意义。正因为鸦片附着诸多意义，所以，鸦片文化愈演愈烈：

　　　　其始必贪渔猎脂粉，借此娱情，志不在烟也。继则惟求窗

---

　　① 　这一数字为郑观应所估算，见郑观应《盛世危言·禁烟》，《郑观应集》第 395 页。对于中国吸食鸦片人口，1881 年，总税务司赫德做过一次比较认真的核查，认为吸食鸦片人数是 200 万人，约占全国人口的 0.65%。大多数当时人士认为这个数字太低。史景迁认为吸烟人占总人口 10% 是 19 世纪 80 年代后期的合理数字，也许 3%—5% 的人烟瘾很大，因此提出 1890 年瘾君子人数是 1500 万人。见费正清主编《剑桥中国晚清史》上册，第 183 页。郭嵩焘在光绪初年认为，吸食鸦片人口占士民“大概十之四五”，这一比例是他在给朝廷奏折中说的（见其《请禁鸦片烟第二疏 六月初十日》，《郭嵩焘全集》第四册，第 819 页），尽管不是精确统计的结果，但这是他的直觉。他总能分得清十之四五与十分之一的差距，何况这是说给朝廷听的，当不致太离谱。

　　② 　〔澳〕莫理循：《中国风情》，张皓等译，国际文化出版公司 1998 年版，第 44 页。

　　③ 　葛元煦：《沪游杂记》，上海书店出版社 2006 年版，第 51 页。

　　④ 　《附录笑笑山人烟馆捐纪事》，《申报》1872 年 5 月 25 日。

几明净，器具精洁，不复作他想矣。此其一变也。继而又思地位隐僻，无人觑破，以作菟裘之计，不暇求精矣。此又一变也。继而又欲烟好灰轻，须得真实受用，迹已败露，不复为人讳也。此其又一变也。继则日事呼吸，资用益繁，须求价廉，可以日支，美恶不必问矣。此其又一变也。继而瘾大力穷，时形拮据，但求赊欠，以济目前之急，即价不廉，亦不敢较也。此其又一变也。继而又手无寸铁，赊亦无主，强欲断瘾，终觉难忍，乃假无事消闲之态，寻平时之相识者，以冀嘘尔而与。此其又一变也。[①]

凡此六变，生动地描绘了吸食者如何由浅入深直至不能自拔的堕落过程。

在城市，烟毒不光使富人耗材，使社会风气腐朽，更让无数贫民无以为生。近代上海绝大多数人处于贫穷境地，鸦片又让他们吸食上瘾，愈益难以振作。"贫贱食力者流，所博蝇头，仅资糊口，而乃柴米油盐之外，又复与芙蓉娘子结不解缘，以致朝夕饔飧亦复不继，儿啼女哭诟谇频闻，即减衣缩食，偶有余资，而穷檐陋室中一灯荧然，有若鬼火，夏日则汗气熏蒸，冬日则寒威凛冽，不识有何乐趣，自甘堕入迷途。"[②]

对于鸦片，清政府长期处于左支右绌、进退失据的困境。道光时期对于鸦片禁止的态度，不可谓不坚决。早在1831年（道光十一年），清政府就规定，栽种罂粟收装煎熬鸦片者，照造卖赌具例，为首发边充军，为从杖一百流二千里，田地、船只、房照例入官，对此知情不举、入股分肥和失察官吏也都受到不同惩处。[③]1839年，清政府在《查禁鸦片烟章程》中进一步规定：吸烟人犯满

---

① 马模贞主编《中国禁毒史资料》，天津人民出版社1998年版，第252页。
② 《论贫民吸烟之害》，《申报》1899年8月30日。
③ 《大清律例按语》卷九九，海山仙馆道光二十七年版，第16—17叶；马模贞主编《中国禁毒史资料》，第60页。

一年六个月限期以后仍不知悛改，无论官民一概判处绞监候，栽种罂粟、收浆制造鸦片烟土，或熬膏售卖及兴贩鸦片烟膏烟土发卖图利者，首从各犯均处斩监候。① 这是中国历史上惩罚吸毒者最严厉的条款，对于吸毒者采用死刑，在世界史上也是罕见的。② 但是，这一章程无法有效执行。洋药进口合法化以后，对于土烟，清政府无法再禁，如果继续严禁，则洋药进口更甚。1859 年，也就是紧随洋药进口合法化之后，清政府开始征收土烟税厘，实际上弛禁土烟。

弛禁土烟，本有与洋商争利的因素，弛禁以后，确实也收到一定效果，"自云土、川土、西土、关东土，及鄂、皖、江、浙之土盛行，藉分洋药之利；而清江、汉口以上，更赖土浆御诸门外"③。但是，弛禁以后，种者既多，吸者益众，为害更深。真是欲禁不得，弛而益害。难怪时人哀叹："天祸中国，使士不能食旧德，农不能服先畴，工不能守矩矱，商不能勤懋迁，其洋烟乎！"④

同光时期，清政府在禁止鸦片方面做过多种努力。1877 年，郭嵩焘奏请禁止鸦片，朝廷要求各地官员"酌度办理"。从 1876年到 1885 年中国与英国旷日持久的关于《烟台条约》交涉中，重要议题之一便是进口鸦片加税问题。李鸿章等人希望通过增加税厘，大幅度提高进口鸦片成本，减少鸦片的进口。19 世纪 70 年代末到 80 年代初，一些封疆大吏在自己的辖境，也曾一度禁烟，包括禁止罂粟种植与鸦片吸食。

从 1878 年开始，陕甘总督左宗棠在甘肃、陕西进行禁烟。他要求各地官员赴乡搜查，遇种罂粟整段地亩，一律翻犁灌水，其杂植豆麦间者，亦且锄且拔。他规定凡种烟之地，一律充公，对种烟

---

① 《清实录》，道光十九年，《宣宗实录》卷三二二，中华书局 1986 年版，第1045 页。

② 王宏斌：《两次鸦片战争期间禁烟的困境——以"重治吸食"为中心的考察》，《历史研究》2013 年第 1 期。

③ 郑观应：《盛世危言·禁烟下》，《郑观应集》上册，第 401 页。

④ 郑观应：《盛世危言·禁烟上》，《郑观应集》上册，第 395 页。

之人杖责枷号，无论达官显贵还是平民百姓，一视同仁。他劝导植桑、种棉，以代罂粟。与此相一致，他严禁外来鸦片流入甘肃。若查出有四川、云南等地的烟土贩运进来，全部销毁。若是外商贩运烟土入境，未卸货者，一律折回；已卸货者，由官府查封。为了防止官员在禁烟过程中徇私舞弊，他把禁烟作为考察官员政绩的重要标准，并严明奖惩。他访求搜集各种戒烟药方，详加考订，取其简明易知者，刊刻成本，颁发各府州厅县，转给绅耆，广为传布劝导，帮助烟民戒除烟瘾。经过努力，西北地区罂粟种植明显减少，粮食产量大为增加。

鉴于山西等地大量种植罂粟影响粮食生产导致"丁戊奇荒"的惨痛教训，曾国荃与张之洞作为前后两任山西巡抚，都力主禁止鸦片。从1882年至1884年，张之洞在山西厉行禁烟，禁止种植罂粟，也禁止吸食鸦片。他派员到种烟最盛之地交城和代州，分查互勘，将所种罂粟拔除，一茎不留，并令地方因地制宜，种桑、种棉、种麻、种兰、种蓣、种菜子、种花生。对于迁延抗违、畏葸欺饰、敷衍塞责的地方官员，或撤职查办，或使戴过效力。对于公然抗命的劣绅刁顽，严提责惩。对于劝导有方的绅士社长，则奖以匾额花红。此举震动很大，民户闻风，自毁先前所种罂粟，改种秋禾。经过一番努力，交城、代州一带罂粟种植一律净绝，其余厅州县，或去十之八九，或去十之六七。他设立戒烟局，延请医生，购买药物，劝喻戒烟。对于官吏中嗜好鸦片者，分别撤任停委，勒限戒断；对于兵士中抽鸦片者，勒限戒断，不悛者汰黜；对于学校诸生则由学臣随时董戒。可惜的是，张之洞调离山西以后，栽种罂粟、吸食鸦片又故态复萌。

左宗棠、张之洞等人的禁烟努力，都发生在某一时段的局部地区，至于全国，烟毒一直泛滥横溢。

（二）郭嵩焘的禁烟思想

同光时期，郭嵩焘的禁烟思想最为系统，也很有特色。

　　郭嵩焘禁烟思想的产生，首先与他在英国所受的刺激有关。

　　英国社会一直存在反对鸦片贸易的力量。鸦片贸易是一项罪恶的贸易，不符合西方人普遍认同的道德准则。不少英国人认为，鸦片贸易削弱了中国对西方工业品的购买力，影响了英国在华的正当贸易。鸦片战争以前，英国国内就有一股颇为强大的势力，反对英国向中国进行鸦片走私，批评鸦片贸易是犯罪，影响英国在中国的道德形象。① 鸦片战争以后，这股力量依然存在。1874 年，英国"东方禁止鸦片贸易协会"（简称"禁烟协会"）成立，英国国内反对鸦片贸易的声浪再次高涨。其时，英国工商业出现萧条局面，对华贸易出现下降乃至停滞趋势。一些英国人注意到，是鸦片输入削弱了英国正常对华贸易。一方面，中国人钱财耗费在鸦片上了，无力购买其他商品；另一方面，中国人出于对鸦片贸易的敌视，对一切外国贸易进行敌视。郭嵩焘出使英国期间，正是英国禁烟协会风生水起之时。

　　出使欧洲期间，郭嵩焘还了解到，英、法等欧美国家，全都不吸鸦片。鸦片产自印度，但印度禁烟甚严，携带烟土一钱以上即要处罚。与此类似，南洋的暹罗，东洋的日本，都严禁国民吸食。环顾宇内，唯独中国容忍鸦片这么肆意泛滥。

　　还在出使英国的前夕，1876 年，郭嵩焘前去拜访光绪皇帝师傅翁同龢。翁建议郭到英国后与英国谈判鸦片问题，争取禁止鸦片进口。如果难以实现，则争取增加鸦片的进口税。郭抵达伦敦后，英国禁烟协会主动与郭联系，询问中国对鸦片问题的态度。郭强调，吸食鸦片之害甚于英国的酗酒，希望他们劝说英国政府同意中英《烟台条约》中的对于洋药税厘并征条款，并指出鸦片贸易降低了中国对英国商品的购买力。此后，英国禁烟协会与郭嵩焘多有联系，声气呼应。1877 年 11 月 9 日，禁烟协会向英国外交部递交

---

① 见吴义雄《在华英文报刊与近代早期的中西关系》，第四章《在道德与利益之间：关于鸦片问题的辩论》，社会科学文献出版社 2012 年版，第 221—278 页。

有348人签名的请愿书，强烈呼吁英国政府同意中国对鸦片实行税厘并征，批准《烟台条约》。在请愿书上签名的人，包括英国政治、商业、宗教、教育界的许多著名人士，其中有下议院议员47人，市长2人，高级法院法官2人。稍后，伦敦传教士协会提交请愿书，谴责鸦片贸易的罪恶，认为禁止鸦片贸易不仅是传教士关心的问题，也是全人类都应关心的问题，是政治正义的问题。①

英国的禁烟形势，鼓舞了郭嵩焘的禁烟信心。他致信直隶总督李鸿章，提出禁止鸦片设想，并提出具体禁烟办法："其法在先官而后民，先士子而后及于百姓。一用劝导之术，而以刑罚济其穷。其用法亦惟动其廉耻之心而激使自立。宽以二十年之期，必可保其禁绝，不至稍有贻患。"②

郭嵩焘奏请朝廷禁止鸦片。他介绍了英国士绅设立禁烟公会、希望禁止鸦片的情形，并述英国人以男女僵卧吸食之照片，作为中国风土人情之代表，以取笑乐，"臣甚愧之"。"臣甚愧之"四个字，道出了郭嵩焘作为国家代表在祖国荣誉受到严重损害时羞愧难当、无地自容的心情，这也是他坚韧不拔、力主禁烟的精神动力所在。

郭嵩焘提出了劝谕与严禁相结合的禁烟策略，着力点一在禁止吸食，一在禁止种植。

不知由于其时中西交通联系迟缓，还是由于其他原因，郭嵩焘迟迟没有得到朝廷的答复。于是，他又上了第二份禁烟奏折。郭嵩焘简述了鸦片为害中国的严重态势与禁止鸦片的必要性与可行性，提出了六条措施：一曰权衡人情，以定限制之期；二曰严禁栽种，以除蔓延之害；三曰严防讹诈，以除胥吏之扰；四曰选派绅员，以重稽查之责；五曰明定章程，以示劝惩之义；六曰禁革烟馆，以绝

---

① 吴宝晓：《清末驻英公使与英国禁烟运动》，《河北师范大学学报（社会科学版）》1999年第4期。

② 郭嵩焘：《致李鸿章 三月》，《郭嵩焘全集》第十三册，第275页。

传染之害。

郭嵩焘指出，此次禁止鸦片烟，先从官绅士子入手，而严禁官绅士子吸食，本属从前未开之禁，因此无须另立专条。至于禁止栽种罂粟，禁止开设烟馆，尤屡见于奏案，明示例禁。至于州县差役之讹诈，按律处办，已自有余，也不需要另增条例。因此，所谓禁止，关键是将以前的禁令切实付诸实施。

揆诸当时国际、国内情况，按照郭嵩焘所述去实施，禁止鸦片并不是完全不可能的。十分遗憾的是，朝廷最高统治者对此折并未予以足够的重视，只是将其当作与前者内容重复的普通奏折放过了，上谕为："郭嵩焘奏续陈禁止鸦片事宜一折，已有旨令各省将军督抚酌度办理。兹览所奏，自系未经接奉前旨，着抄给一分前往。"① 上谕所谓令各省将军督抚"酌度办理"，按其时官场习惯这是力度不够的，实际是不办不理，从实际效果看，也是不了了之。

（三）王韬、郑观应、陈炽的禁烟思想

王韬游历英国时，尽可能宣传禁止鸦片。一天，英格兰海耳商会举行盛会，群商麇集，王韬亦应邀而至。他在与众人握手行礼之后，便与他们共同探讨中英商务贸易方法与趋势，王韬说：丝茶之外，英国对华商务中鸦片是大宗，丝茶贸易是正常的，有益于英国及其他国家，也有利于中国；鸦片则不同，除了英国得巨利，中国有百弊而无一利，其害不可胜言。这难道是正常的公平贸易吗？这即是自称为仁义文明之国的大不列颠王国的"正义之举"吗？王韬要求在座各位以仁义之心出面呼吁禁止鸦片的种植和倾销。王韬的呼吁震撼了某些具有正义感的人士。一位英国下议院议员劳爱，起立答道：嗣后当纠二三同志设一公会，禁止印度种植生产鸦片，从根本上消除鸦片的危害。劳爱并表示要提出这样的提案。

---

① 郭嵩焘：《续陈禁止鸦片事宜折，附上谕》，《郭嵩焘奏稿》，岳麓书社 1983 年版，第 381 页。

1874 年以后，英国国内禁止向中国输出鸦片的声音日益高涨。一些开明士绅与教会人士，成立禁烟协会，宣传停止罪恶的鸦片贸易。这一形势，对中国禁烟运动有很大鼓舞作用。如前所述，郭嵩焘等人都是在其鼓舞之下发起新一轮禁烟活动的。这时候，有相当丰富的国际知识、对英国有较深了解的王韬表示：对英国禁烟舆论，切勿期望太高。他从八个方面，分析英国人的禁烟议论不可能变成现实，包括印度在英国的国际战略中的极端重要地位、鸦片对于印度的极端重要地位、印度与中国的经济联系、欧洲的禁烟形势、对英国倡导禁烟人员的分析、传教士言论在英国政治中所能起的作用、英国政府这些年与中国交涉的实际情形以及英国觊觎中国云南等地的实际目的。王韬特别指出，英国某些人在唱禁止鸦片的高调，是想从舆论上获取主动、占领支持禁止鸦片的道德高地，而在实际上又继续向中国输出鸦片，既得善名，又得实利。王韬分析英国议会制度的实质，指出倡导禁止鸦片的，只是少数人，非出自通国之民心，而少数人的意见是不会变成国家政策的。王韬分析国际贸易的实质与英国国情，指出指望英国禁止鸦片的八不可能，目的不是给国内禁烟运动泼冷水，而是要人们丢掉幻想，要靠中国自身的努力，才能实现禁止鸦片的目的。他说：

> 吾请一言以蔽之曰：中国而苟欲禁烟，则其权当操之于我。严新吸，宽旧染，官犯则黜之，兵犯则汰之，士子则不准与试，另编烟籍，自新者除其名。雷厉风驰，上行下效。勿法立而弊生，勿始勤而终怠，勿视作具文，使胥吏扰民而饱其囊橐，务以实心行实政。将见三十年之后，印度之烟必不禁而自绝矣，而何必徒望之于英国也。

王韬真是法眼如炬。同光时期禁止鸦片活动的走势，英国政府对于鸦片的态度，证明王韬分析的确实在理。不过，王韬的分析也有偏颇的地方，即他没有看到，英国议员中相当一部分人确实是反对鸦片贸易的，这部分人日后占了议会的多数。1891 年 4 月 10日，英国下议院以 160 对 130 的多数，通过禁止鸦片贸易的议案。尽管英国政府当时顾虑到印度殖民地当局的财政困境，这项动议未能付诸施行，但英国朝野的舆论却从此完全改观。1906 年，英国自由党在大选中获胜，反对鸦片贸易的力量终于赢得政治上的优势。同年 5 月，英国国会通过鸦片禁运的议案。清朝政府也立即行动，要求英国将该项议案付诸行动。1907 年，中英两国达成协议，英国承诺逐年递减鸦片输入的十分之一，清廷也承担了逐年减少国内鸦片生产、禁止鸦片消费的义务。两国商定用十年的时间，逐步达到完全禁止鸦片贸易和消费的目标。至此，公开由政府支持的鸦片贸易终于成为历史。

对于禁止鸦片，郑观应指出无非上中下三策："无论洋药、土药，严定限期，一律申禁，中外之吸食者绳以重法，一体戒除，策之上也。广种土药，以杜洋药之来源，目前既塞漏卮，日后徐申厉禁，策之中也。既不能禁洋药之来，又加征土药以自塞销路，吸者、种者、洋药、土药，一任其自生自灭，自去自来，惟图多收税厘，稍济燃眉之急用，是为下策，所谓止沸扬汤，抱薪救火者耳。"[①]

郑观应主张的是上策。他提出了"破除成见，不分内外，一体严禁"的禁烟设想。所谓"破除成见"，就是提高对于禁烟问题严重性、紧迫性的认识，下定禁绝的决心。所谓"不分内外，一体严禁"，就是对外禁止鸦片进口、对内禁止罂粟种植与鸦片制造。他主张，对外与英国在印度的总督谈判，将印度所出鸦片，统归中国商人集股创设的专门公司承办，逐年减低，直到完全禁止。对内方面，其法有二。一是定期限，查明吸烟之人，以一年为限，一体戒决。二是编籍贯，"将食烟人户逐一查明，无论官商军民，编成烟籍，谓之烟民，照差役例，不准应试，不准当兵，不准捐纳

---

①　郑观应：《盛世危言·禁烟下》，《郑观应集》上册，第 402 页。

职衔，不准充当绅士，平民不准与婚。其有秀才、举人、进士词林及现任官，已吸烟者限三年戒清"，注销烟籍之名。如逾限尚未戒清，立即革职。这样，从制度上、社会舆论上造成禁烟压力。① 郑观应的设想，从现实出发，考虑到国际、国内两方面的实际；其运用行政权威、自上而下、逐步禁绝的政策设计，也合乎专制国度的国情；其将烟户编册、予以社会歧视性待遇、形成舆论攻势的设想，切中了国人爱面子的要害。这一设计，尽管在同光之际没有得到实施，但是，清末民初中国在禁烟方面取得实质性推进，所采取的措施，很多与郑观应的设计类似。这说明，郑的禁烟设想具有很大的合理性与可行性。

陈炽对于烟患的分析，与郑观应没有多大差异。但是，他对禁烟所取的策略，恰恰是郑观应所说的下策。对于鸦片泛滥的势头，他相当沮丧，说"英国度支仰给烟税，欲印度不种而不能也。中华士庶，半癖烟霞，欲华民之不食而亦不得也"。他分析当下禁烟形势说，一方面，国际上禁烟呼声颇高，"泰西亦有善士设会禁烟"；另一方面，"比年以来，罂粟之田，遍于各省……土药之产日益多，洋药之来日益少"。② 陈炽长期在户部为官，相当了解中国罂粟种植情况，了解国家税收状况，也了解几十年来国家对于鸦片欲禁不能的过程，以及最后采取寓禁于征的苦衷，所以，他取的是渐禁策略。渐禁不是不禁，而是先大幅度加税，然后再严禁。

（四）传教士禁烟宣传

传教士是宣传禁止鸦片的积极力量。慕维廉、林乐知、花之安、德贞、李提摩太、卢公明等，在禁止鸦片方面都很努力。据统计，自 1874 年 9 月 5 日，至 1883 年 7 月 28 日，林乐知主持的《万国公报》，在不到 10 年的时间里，共刊载与禁止鸦片有关的文

---

① 郑观应：《盛世危言·禁烟上》，《郑观应集》上册，第 398 页。
② 陈炽：《烟税》，《陈炽集》，第 67—68 页。

章 194 篇（则），平均每年近 20 篇（则）。①

他们宣传吸食鸦片的害处，劝说禁止鸦片。

《万国公报》《中西教会报》都刊载过戒绝鸦片歌，以通俗的语言揭露鸦片危害。花之安分析由吸食鸦片带来的连锁危害，认为鸦片之害，不惟有损于民，亦有病于国。②

花之安认为，要禁止吸食鸦片，应限以年限，规定在一年之内必须戒除掉。倘有未戒者，京内各官及各省群吏即行削职，永不叙用。"若衙内幕友，亦斥逐归家，不复延请。房吏兵差，悉退去身役，不许复充。士子则不准应试，间有幸而得成功名，亦必斥革。"如果庶民仍在吸食，"则族长衿耆驱之出族，雇工者则东人不复延请，营生者则人不与之交易。又常于稽查保甲之中编立门牌，另设鸦片民籍，以示区别，按岁一阅。其业经戒除者则与平民无异。其未戒者仍在鸦片籍中聊以示辱"。这样，既可以示令出雷行，使人懔然而不敢犯，使知有所警惧而互相劝诫，又可以"渐生其愧悔，而复与之以自新"。③

德贞禁烟主张与郭嵩焘有些类似，认为必须内外俱禁。他说，鸦片危害无穷，希望中国禁吸、禁种。他认为，鸦片在中国已相当盛行，如果不能遏绝其外来之源，徒禁本国之栽种，终归无济；如果绝其外来之源，而不能禁止本国之栽种，亦无利益。因此，"必须内外互禁，方能绝其根株"。④

林乐知不但一般地说明了鸦片对人体健康、对国家经济、对社会风气的破坏作用，而且试图从中西文化的差异方面，说明这个问

---

①　杨代春：《早期〈万国公报〉的禁烟宣传》，《湖南大学学报（社会科学版）》2003 年第 5 期。

②　花之安：《自西徂东附义·清除鸦片流弊总论》，《万国公报》1882 年第 698 期。

③　花之安：《自西徂东附义·清除鸦片流弊总论》，《万国公报》1882 年第 698 期。

④　德贞：《禁烟说略》，《万国公报》1875 年第 329 期。

题。这是他论述鸦片之害的独特之处。他写道：

> 夫天下引人入迷者，非止鸦片一物也，而华人第知鸦片迷人，不知迷人者犹有物也。盖人性所好，不外动静两端。试略言之：鸦片之外，不有酒乎？但鸦片之性主乎静，静则收敛而心同枯槁；酒之性主乎动，动则发扬而心早昏沉。……而好动好静，又视乎人性之所近也。东人好静不好动，故所嗜者，以静为缘，而收敛尚焉。观其所重之教可知矣。佛教盛于东方，镇静无为，四大皆空，加以鸦片收敛其心，是静而又静，凡事狃于成见，终其身不改旧章，亦终其身而居人下，其关系岂曰小哉！西人好动不好静，故所嗜者以动为主，而发扬尚焉。观其所行之教可知矣。耶稣教盛于西国，恻隐心动，四海一家，加以酒发扬其性，是动而又动，凡事最肯争先，阅一时而更新法，遂阅一时而出人头地，其胜人岂不大哉！是以东人性近于静，迷于鸦片者恒多，而静中之物，鸦片之累为最深。西人性近于动，迷于酒者恒多，而动中之物，酒之累为最重。①

林乐知所论，是从基督教高于一切的观念出发的，有些观点也不一定能成立，但他将人们的嗜好与宗教、文化特性加以综合考虑的论述方法，却很能启发人们的思考。

为了使英国人了解鸦片的毒害和中国人对鸦片贸易的憎恨，曾有传教士将有关资料编印成册，在英国广泛散发。其中，《关于吸食鸦片的真相》一书指出：

> 我们亏负中国太多，我们伤害她土地上的百姓太深。已经造成的祸害我们不能除去，正在形成的祸害我们也无法阻止。由于我们供应鸦片使中国百姓受到诱惑，使他们的政府被迫准

① 林乐知：《中西关系略论》，光绪二年活字版，第27页。

许进口。他们已经养成吸食鸦片的习惯，这样的习惯将摧毁他们的家庭和他们自己。……如果由于使用鸦片在中国造成摧残与死亡，是由于英国的一些个人行为造成的，那也就够糟了；但如果是由于英国政府的行动所造成的，那么造成罪恶的责任便落在我们全体人身上，我们每个人都对中国负有责任。①

鸦片为害中国是个系统问题，既与国策、民风有关，与国际背景有关，更与国家综合国力有关。中国烟患在整体上被根除，那是好几十年以后，亦即 1949 年以后的事情。同光之际正是烟患猖獗之时，郭嵩焘、郑观应、陈炽等人提出的禁烟思想，尽管没能在当时生效，但这些思想的提出，体现了这些哲人对中国社会难题的深切关怀。花之安、林乐知、卢公明等传教士对禁止鸦片的不懈努力，体现了他们对于中国的博爱情怀与伸张正义的精神。

二　批判缠足与倡导女学

（一）批判缠足

女子缠足这一不利于个人、二不利于家庭、三不利于社会的残忍恶习，竟然延续千年之久，令人不可思议！习俗移人，莫此为甚！对缠足的批评不始于近代，但以近代最为系统与彻底。

南宋思想家车若水（约 1209—1275）已经发问："妇人缠脚，不知起于何时，小儿未四五岁，无罪无辜，而使之受无限之苦，缠得小来，不知何用？"②

---

① *The Truth about Opium Smoking*, London，1882，p. 16. 转引自刘效红《1909 年上海万国禁烟会研究》，硕士学位论文，上海师范大学，2009 年，第 41 页。

② 车若水：《脚气集》卷上，民国景明宝颜堂秘笈本。

清代农学家张宗法，从经济生产角度批评缠足危害社会，说"人赋鸿蒙，万物皆备于一身……今俗尚缠足，堪伤天地之本元，自害人生之德流"。①

极富个性的文人袁枚，曾激愤地指出："习俗于人，始于熏染，久之遂根于天性，甚至饮食男女，亦雷同附和，而胸无独得之见，深可怪也……女子足小，有何佳处，而举世趋之若狂！吾以为戕贼儿女之手足以取妍媚，犹之火化父母之骸骨以求福利，悲夫！"②

著名学者钱泳在笔记中简述了缠足的历史，批评缠足一违天性，二害妇女，三误国家。钱泳从事物发展须顺其天性的角度，说明缠足违反天性："天下事贵自然，不贵造作，人之情行其易，不行其难。惟裹足则反是，并无益于民生，实有关于世教。且稽之三代，考之经史，无有一言美之者，而举世之人皆沿习成风，家家裹足，似足不小，不可以为人，不可以为妇女者，真所谓戕贼人以为仁义，亦惑之甚矣。"钱泳说："妇女缠足则两仪不完，两仪不完则所生男女必柔弱；男女一柔弱，而万事隳矣！"他将自从南唐缠足以来历代盛衰做一分析，说是哪个朝代缠足，哪个朝代衰弱，反之亦然："试看南唐裹足，宋不裹足得之；宋金间人裹足，元不裹足得之；元后复裹足，明太祖江北人不裹足得之；明季后妃宫人皆裹足，本朝不裹足得之，从此永垂万世。由是观之，裹足为不祥之金明矣，而举世犹效之何也？"③ 钱泳所说三条，前两条同时代人多有述及，第三条则如空谷足音，少有人能这么看问题的，到了晚清，秋瑾等人才将妇女缠足与国力贫弱联系起来。

满族妇女一向天足。从努尔哈赤到康熙皇帝都禁止满族妇女仿效汉人缠足陋习。清军入关后，在推行剃发令的同时也禁止妇

---

① 张宗法：《三农纪·谋生·农女缠足》，转引自高洪兴《缠足史》，上海文艺出版社2007年版，第212页。

② 袁枚：《牍外余言》，转引自高洪兴《缠足史》，第212页。

③ 钱泳：《履园丛话》卷二三《杂记上·裹足》，中华书局1979年版，第630页。

女缠足。顺治皇帝、康熙皇帝都曾下诏禁止缠足。可惜的是，汉人女子缠足积习太深，惰性太大，清廷禁令并没有得到有效贯彻。康熙后来放宽了汉女缠足之禁，但是，旗人女子缠足仍在严禁之列。

太平军起事以后，男子除辫，女子放足。妇女赤足蓬首，有的壮健如男子，可以与男子一样参加各种体力劳动。太平天国被镇压以后，其妇女天足的结果与影响并没有完全被截断。自那以后，广西、广东妇女天足成为相当普遍的现象。

太平天国以天足实践冲荡了缠足陋俗。同光之际，一批有识之士，包括来华外国人士，则从理论上对缠足进行了系统的批评。

宋恕、陈虬、陈炽对此都有论述。宋恕认为，裹足一事为汉人妇女通苦，残苦女子，莫此为甚！妇女"体残气伤，生子自弱，士夫奄奄，此实其源"。裹足"致死者十之一二，致伤者十之七八，非但古时所无，且又显背皇朝制度，急宜申明禁令，以救恒沙之惨"。[①] 陈虬认为："中国生人根基渐弱，未必非母气被遏所致。"他提出对已缠者要倡导弛足，对未缠者要严禁缠足。[②] 陈炽指出，"自南宋以还，裹足之风遍于天下，及四五岁即加束缚，终身蹇弱，有如废人，不及格者，父母国人引为深耻"，这使得占人口一半的妇女尽为弃民！他主张"禁缠足，违者惩之以刑"。[③]

同光之际，对缠足批评最为系统的是郑观应。他在1880年刊行的《易言》书中有《论裹足》，在1892年成书的《盛世危言》中有《女教》，分别从不同侧面讨论了这一问题。

郑观应缕述缠足的演变历史，说明唐以前的古人并不缠足。缠足始于南唐李后主，自那以后，相沿成习，愈演愈烈。最可怕的是，经过长时期的积淀，陋习已经成为汉人社会的共同文化心理板

---

① 宋恕：《六字课斋卑议》（印本），《宋恕集》上册，中华书局1993年版，第17、152页。

② 陈虬：《强策》，《救时要议》，《陈虬集》，浙江人民出版社1992年版，第77页。

③ 陈炽：《妇学》，《陈炽集》，第129页。

结，男人认为理当如此，父母认为理当如此。尽管清朝皇帝三番五次明令禁止，但仍然无济于事。郑观应从世界范围来看中国缠足，说是五大洲除了中国，裹足者绝无其人，世界各国都让女子学艺读书，持家涉世，所出之子女，亦且壮而易养，足于先天。郑观应在《易言》中主张："兹当以十载为期，严行禁止，已裹者姑仍其旧，未裹者毋辟其新。如有隐背科条，究其父母。凡缠足之女，虽笃生哲嗣，不得拜朝廷之诰命，受夫子之荣封。严定章程，张示晓谕，革当时之陋习，复上古之醇风。"① 十多年后，他在《盛世危言》中提出更为坚决果断的主张，变先前所说的"十载为期"为"立限一年"，说："所望有转移风化之责者，重申禁令，立限一年：已裹者姑仍其旧，而书'裹足'二字表其额，悬其门楣。嗣后一律禁止。故违者罪其家长，富贵者停给诰封。"②

缠足习俗，为来华外国人不解，受到广泛鄙薄与批评。

还在 1793 年，英国马戛尔尼使团来华时，已对这一习俗予以批评。随团而来的托马斯·斯当东对此有细致记述。鸦片战争以后，西方传教士来华。他们认为缠足与基督教教义相悖，且妇女缠足，多不能赴稍远之会堂听道礼拜。他们以各种方式宣传天足有益、缠足有害，并开展天足活动。1860 年，英国伦敦宣教会成员麦高温牧师抵达厦门。邻居女孩因缠足发出凄惨哭喊之声，麦高温妻子前去制止，女孩母亲讲了这么一番话："缠足是传统遗留给我们的厄运，我们的祖先传给了我们，偌大的帝国里，没有人能够帮我们脱离苦海。"③ 麦高温夫妇深切感受到缠足的凶残与可怕。1875 年，麦高温在厦门召集由六七十位女教徒参加的聚会，成立了戒缠足会。会上，有九位妇女画押立誓杜绝缠足蛮俗于家内，并

---

① 郑观应：《易言·论裹足》，《郑观应集》上册，第 164 页。

② 郑观应：《盛世危言·女教》，《郑观应集》上册，第 288 页。

③ MacGowan, John. *How England Saved China*. London：T. Fisher Unwin, 1913, pp. 25 – 26. 转引自古志成《晚清天足运动研究》，硕士学位论文，河北师范大学，2011 年，第 13 页。

对外传布天足理念。这是中国历史上第一个天足会。①

美国来华传教士林乐知、德国来华传教士花之安都是天足运动的积极推动者。从 1875 年到 1894 年，林乐知在其主持的《万国公报》上，刊载了十多篇批评缠足、鼓吹天足的文章。这些文章回溯了缠足的历史，报道教会人士倡导的天足会活动，指出裹足一事，"戕乎天质，逆乎天理"②；批驳缠足妇女较不缠足者娇美之谬说，缠足妇女，气血多弱，面色维黄，有失先天美观，不如天足妇女气色红润；说明缠足之事是男子强行使之，非女子所乐从。花之安在其名著《自西徂东》中，对缠足进行猛烈抨击，指出幼女初缠时痛苦难堪，缠起来以后，包裹太紧，血气不舒，其脚坏烂，一经洗濯，血水淋漓；缠足妇女，因少走动，血气不舒，易生疾病，所生子女，亦少强壮；缠足妇女，行走困难，更难作工。他认为，妇女缠足，一害妇女本人，二害家庭，三害后代，四害社会，也与儒家"身体发肤，受之父母，不敢毁伤"的古训相违背。③

近代全国性的不缠足运动，是到甲午战争以后才进入社会实践阶段的，但是，在中外人士持续宣传与推动下，这一运动在甲午战争以前，已经有所表现。除了上述厦门天足会，1883 年，康有为已在广东老家与友人区谔良发起组织不裹足会，相约"凡入会者，皆不裹足"。康有为身体力行，不让两个女儿和诸侄女缠足。

缠足与尧舜文武周公孔夫子等儒家老祖宗无关，亦为大清列祖列宗所曾禁止，所以，其合法性根基最为脆弱。同光之际，中外人士对其进行抨击之时，所受政治压力并不大，所受阻力主要来自社会习俗。甲午战争以后，康有为、梁启超、谭嗣同等掀起轰轰烈烈的不缠足运动，一呼百应，风起云涌。及至清末新政时期，慈禧太后于 1902 年 2 月 1 日发布劝诫缠足的谕旨。

---

①　古志成：《晚清天足运动研究》，第 13 页。

②　《裹足论》，《万国公报》1878 年第 503 期。

③　花之安：《自西徂东》，上海书店出版社 2002 年版，第 121 页。

至此，不缠足在国家制度层面上获得了保障。郑观应等人在同光之际的批评缠足的思想，终于结出了硕果。

（二）倡导女学与男女平等

近代以前，在男尊女卑、"三从四德"、"女子无才便是德"等观念笼罩下，中国妇女几乎完全被剥夺了受教育的权利。即使少数富庶开明之家设塾延师教授自家女儿，其内容也不外《女诫》《烈女传》《女训》之类，重在妇德，无关乎妇女的文化素养与生产技能。女子完全没有参与公开社交的权利，被牢牢地束缚在家庭里，在家从父，出嫁从夫，沦为家庭的奴隶、男子的附庸，全无独立的人格和自由。薛涛、李清照、柳如是等个别才女的出现，寥若晨星，完全是那个社会的异数。

近代以前，也曾有过几个为妇女不平等地位、不人道待遇打抱不平的开明男士，包括清代的唐甄、俞正燮。不过，这样富于平等意识的男子在传统时代并不多见，他们关于男女平等的思想，在漫长的传统社会，也就成了空谷足音。

历史进入近代以后，西风东渐，欧美世界男女平等的观念与实践，通过多种途径传入中国，特别是教会女学的创办，对中国社会产生了广泛的影响。一批敏锐的思想家在宣传男女平等、倡导女学方面做出了可贵的探索。

1. 教会女学

鸦片战争以后，五口通商，来华西人在广州、福州、厦门、宁波与上海设立租界与居留地，也在这些地方创办了一些女子学校。从 1844 年至 1860 年，这类学校已有 11 所。其中，1844 年，英国女传教士爱尔德赛在宁波创办的女塾，是中国第一所教会女校。1850 年，美国圣公会传教士裨治文（Elijah Coleman Bridgman）夫人格兰德在上海设立裨文女塾，美国美以美会传教士麦利和夫人斯佩里在福州创办女塾。1851 年，美国圣公会传教士琼司女士在上海设立文纪女塾。1853 年，美国长老会传教士哈巴夫人在广州开办基督教女子寄宿学校，美国公理会传教士卢公明夫人在福州创办福州女书院。1859 年，美国美以美会传教士在福州创办育英女书院。1860 年，美国长老会传教士范约翰夫人在上海创办女塾。

1860 年以后，中国对外开放口岸先由五口增加到十六口，后来越开越多，从沿海到沿江、沿边，传教士活动的范围更远远超出通商口岸的范围，深入到广大内地。1868 年《中美续增条约》规定："美国人可以在中国按约指准外国人居住地方设立学堂。"这为女学的开办提供了条约的保护。1876 年，全国已有教会女校 121 所，女学生超过 2000 人。到 1895 年，全国已有女子小学 225 所，女学生 4262 名；女子中学 69 所，女学生 2096 名；女子书院及培训班 14 所，有女学生 416 名。① 其中比较知名的女校有：1864 年美国圣公会传教士裨治文夫人格兰德在北京创办的贝满女校，1867年法国耶稣会传教士在上海办的经言女校，1881 年美国圣公会将原上海文纪、裨文两校合并而成立的圣玛利亚女校，1884 年，美国美以美会在镇江办的镇江女塾，1892 年美国监理会传教士林乐知和海淑德在上海办的中西女塾。

在幅员极其辽阔的中国大地上，这 200 多所女子学校，自然并不算多；相对于 2 亿多妇女来说，这 6000 多名女学生更是微乎其微。但是，她们毕竟开了近代女学的先河。这些学校教授《四书》《女儿经》等传统女学知识，传授缝纫、刺绣、园艺、烹调等女红技艺，更教授数学、历史、地理、物理、化学、天文、外语、音乐、体育、美术等课程。这对于冲破传统教育体制对女子的歧视与排斥，向女子传授有益的知识，将她们培养成可以自食其力的对社会有用的人才，具有冲决网罗与树立模范的意义。教会女学一开始招的都是贫穷无助人家的女孩，社会舆论对女学也充满疑忌、非议甚至攻讦，但是，十年过去了，二十年过去了，情况不断变化。到了 1880 年以后，招生已经不再困难。

---

① 黄新宪：《基督教教育与中国社会变迁》，福建教育出版社 1996 年版，第 101 页。

与创办女学相一致，传教士还送了一些女学生留学海外，其中包括金韵梅、何金英、康爱德、石美玉。

金韵梅（1864—1934），浙江鄞县（今属宁波市）人，三岁时父母双亡，被美国传教士麦嘉缔和夫人收为义女，随养父母到日本、美国等处生活，在日本接受中学教育，1881 年留学美国纽约大医院附属女子医科学院，1885 年毕业，在纽约、费城等地医院实习。1888 年归国从医，1907 年在天津主持北洋女医学堂及女医局，后长期服务于国内医学界。①

何金英（？—1929），福州人，父亲是教会中人。幼入教会女塾，后得教会资助，留学美国，先后在俄亥俄州、费城的女子学校就读，1894 年毕业，在美国实习一年后回国，在福州妇孺医院工作。1898 年，受李鸿章派遣赴伦敦出席世界妇女协会，为中国在国际上的第一个女代表。1899 年她又主持了福州的马可爱医院，培训医生。②

康爱德（1873—1931），江西九江人，为家中第六个女儿。她的父母一直很想要个男孩，对她的出生很失望，便把她送给邻居家做童养媳。她婆婆听算命先生说，这个女孩命犯天狗，婚姻不利。于是，她在出生两个月后，被时在九江的女传教士侯格小姐收为义女，入女塾读书。

石美玉（1873—1954），祖籍湖北黄梅，生于江西九江，幼年家境贫寒，入教会女塾读书。康爱德与石美玉一起于 1892 年随美国传教士昊格矩（Miss Gertrude Howe）赴美，留学密西根大学学医。二人均于 1896 年毕业归国，在江西行医，并从事医学教育工作。③

---

① 金韵梅，一作金雅妹。谢怿、王方芳、陈俊国：《近代医学人物金韵梅考略》，《中华医学会医史学分会第十三届一次学术年会论文集》，2011。
② 《中国近代掌管两所医院的女院长——何金英》，《中华医史杂志》2001 年第 2 期。
③ 李燕：《童养媳出身的女医生——康爱德》，《中华医史杂志》2001 年第 4 期；李亚丁：《石美玉：中国最早留美女医师之一》，《中国民族报》2011 年 2 月 15 日。

康、石都是清末民初著名女医生与女子医学教育家。以上何、金、康、石四位，均出身贫寒，均得教会帮助，得以接受教育，成为对社会有用的女中英才。若非近代社会变化，出现女子接受教育的机遇，则此四人，或为路旁弃婴，或为贫家妇女，绝无成才之可能。诚如梁启超评论康爱德所言："吾虽未识康女士，度其才力智慧，必无以悬绝于常人。使其不丧父母，不伶仃无以自养，不遇昊格矩，不适美国，不入墨尔斯根大学，则至今必茁茁然、愦愦然、戢戢然与常女无以异。乌知有学，乌知有天下。呜呼，海内二万万之女子，皆此类矣。"①

2. 倡导男女平等

倡导女学，宣传男女平等思想，是批评缠足、反对溺女思想的延伸与发展。这方面，《申报》《万国公报》等报刊导其先路，郑观应、陈炽、宋恕等思想家深化其说。

《万国公报》发表多篇关于女学的文章，诸如《设女义塾并藏书院》（1874 年）、《日本东京设立幼女书院》（1876 年）、《计女生徒二十名入学》（1876 年）、《中西女书塾启》（1889 年）、《德国男女好学》（1890 年）、《中西女塾记》（1891 年）、《印女习医》（1891 年）、《印度及日本女学之兴起》（1891 年）、《期教华女》（1892 年）、《美国华女习医》（1894 年）等。

传教士从基督教性别伦理中关于一夫一妻、男女平等的思想出发，批评中国夫为妻纲、一夫多妻、女子片面守节等不平等的性别道德苛条。1869 年底至 1870 年初，林乐知在《教会新报》连续五期刊载《消变明教论》长文，宣传男女平等思想。他将基督教教义与儒教的五伦、五常和君子三诫相比较，认为耶稣心合孔孟。文中谈到夫妇一伦时，认为使徒保罗在《哥林多书》中已经说到，夫宜一妻，女宜一夫，以免邪淫；在《哥罗西书》中又说，妇服

---

① 梁启超：《记江西康女士》，林志钧编《饮冰室合集·文集（一）》，中华书局1926 年版，第 120 页。

于夫，夫宜爱妇，不以苦待之。这些都是基督教重视夫妇之道的地方。他批评儒家三纲中君权、父权、夫权过重，五伦中尊卑色彩太浓，"不但家事恒失其和，即国家亦隐受其害矣"。艾约瑟在1877年一篇文章中写道："一夫一妻，或治外，或治内，各有专司，交相为助。以之齐家而家齐，以之治国而国治，以之治天下而天下亦无不平。若一夫而娶数妻，权纵不至旁落，而人多则疑生，疑生则情隔，情隔必至于纷争。"①

早在1876年，《申报》就载文批驳传统的男尊女卑观念，认为男阳女阴，本位对待之词，无尊无卑，要说先后，那倒是女先男后，"盖万物先阴后阳，不有女也，男何以生?"② 文章认为，传统的尊男卑女思想，是以《周易》乾卦在先、坤卦在后来论证男先女后、男为女纲的，殊不知，《周易》之前有殷易即《归藏易》，那是坤卦在先而乾卦在后的，由此"可知阴阳之不可偏重，男女之必需并学矣"。③

1876年，《申报》曾就女子教育问题展开讨论，先后发表《论女学》《书〈论女学〉后》《再论女学》等文。这些文章介绍了英、美、德等欧美国家女子教育高度发达的情况，指出女子占人口一半，女子教育不但对于女子，而且对于整个国计民生、人口素质都有极大关系。文章认为，女子教育在中国上古三代已经开始，只是后世荒废了，现在应当恢复。女子教育内容，不应限于传统范围，而应增加许多切实有用的学问，应包括天文、舆地、算法、格致诸学，使妇女学成以后，或执掌教育，或研究学问，或靠学得的一技一艺，"堪为糊口之资，家贫亲老或借女子以沽升斗"。这实际已经提出把妇女作为生产力从闺房里解放出来，使妇女成为自食其力的重要问题。文章集中批驳了女子无才便是德的古训，认为人

---

① 〔英〕艾约瑟：《泰西妇女备考》，《万国公报》1878年第497期。
② 《论女学》，《申报》1876年3月30日。
③ 《论女学》，《申报》1876年3月30日。

们的道德本是后天养成的，有才学然后才能善于学习，养成良好的道德。①

1878 年，《申报》发表《扶阳抑阴辨》一文，通过对阴阳学说的辨析，批驳了重男轻女的传统观念，很有说服力。文章指出，阴阳本是并立并尊的，男女也应当并重无别，"阴阳既相为用，男女亦无所别"，如果女不能与男并立，即地不能与天齐。作者运用近代天文学知识，说明天皆空气，地为球体，天地二者本无相对之形。日常所说阴阳现象，用天文学知识来解释，完全是由太阳与地球的位置不同决定的，日光所照球面则为昼为阳，另一面则为夜为阴，因此，阴与阳是可以互相转化的，没有什么轩轾高下，既如此，则传统的阴阳之说也就失去了立论的基础，所谓男尊女卑也是没有依据的。②

1880 年，《申报》有文章继续讨论男女平等问题："天地生人，乾道成男，坤道成女，初无厚薄于其间也。孤阴不生，独阳不长，万物莫不皆然，于人岂能独异？乃观于中国，则殊有不然者；男则可以恣意游观，及时行乐；独至妇女，断不听其出外，拘拘于阃内之禁，闺房深锁，即以为女道克贞，不至冶容诲淫，以贻帷薄之耻。"③ 文章认为，最不可理解的是，"夫妻本属敌体"，但是在丧礼方面极不平等，"夫丧则妻应服斩衰，或且以为终身之服，而妻死则例虽期服，依然衣锦而食肉，不终月而即行胶续，新人又在门矣。夫死再醮，例虽不禁，而群以为诟病。试一平心论之，何其厚于男而薄于女一至此极也耶？"④

这些思想有鲜明的时代特点，能够以最新的科学知识，驳斥传统的男尊女卑观念。人们在立论时，能以西方男女平等为参照体系，论证中国男女之不平等："泰西男女绝无异视，男子所为之事，妇女皆得而为之；男子所游之地，妇人皆得而游之。以视中国

①　《再论女学》，《申报》1876 年 4 月 11 日。
②　《扶阳抑阴辨》，《申报》1878 年 7 月 15 日。
③　《论中国妇女之苦》，《申报》1880 年 2 月 27 日。
④　《论中国妇女之苦》，《申报》1880 年 2 月 27 日。

之妇女，其苦乐有大相悬殊者。"① 这样，就使得女权思想，与近代以前有很大不同。到 19 世纪 90 年代，对女权问题的讨论，对男尊女卑的批评，在几乎所有进步思想家那里都有。

在倡导女权思想方面，郑观应、陈炽、宋恕等人，都有很多论述。

郑观应《盛世危言》中有篇《女教》，对此专门论述。他说，中国古代本来有重视女孩的很好传统，班昭《女诫》、刘向《列女传》、郑玄《女孝经》，都是著名的女学读本。可惜的是，后来之人拘于"无才便是德"之俗谚，将这一传统丢了，女子独不就学，妇功亦无专师。开明一些的人家，稍稍讲求女红之类而已。这样，古人所关注的妇德、妇言、妇容、妇功，均有其名无其实。郑观应以西方为榜样，介绍西方女子教育情况："泰西女学与男丁并重……塾规与男塾略同。有学实学者，有学师道者，有学仕学者，有入太学院肄业以广其闻见者。"② 郑观应认为，中国人生齿繁昌，心思灵巧，如能仿效西方，推广女学，对于整个社会都功德无量。

陈炽《庸书》中有篇《妇学》，论旨与郑观应类似。

同光时期，在批判男尊女卑、张扬女权方面，宋恕最为突出。这些思想，集中反映在他 1891 年写的《六字课斋卑议》（印本书名题《六斋卑议》）一书中。

宋恕以愤激的笔触，揭露了广大妇女在纲常名教压制下的悲惨疾苦，批驳了尊男卑女的传统教条，宣传了男女平等、婚姻自主等思想，提出了解放妇女的具体设想。

宋恕认为，宋朝以前，男女在婚姻方面是比较平等的，夫妻不合，"夫有出妻之礼，妻有请去之礼"，不存在"从一而终"的陋规，女再适与男再娶"均为名正言顺之举，古圣所许，不为失节"。离婚或丧偶后，女方均可改嫁，甚至"天子之后，亦时择再

---

① 《论中国妇女之苦》，《申报》1880 年 2 月 27 日。
② 郑观应：《盛世危言·女教》，《郑观应集》上册，第 287 页。

适之妇，不以为嫌，不以为讳"，名臣巨儒如范仲淹，就支持儿媳再适，理学家程颐虽创"饿死事小，失节事大"的不近情理之说，但仍主持了自己侄女的改嫁之事。所谓"夫为妻纲""禁苛再适"乃是宋以后才成为教条的。宋恕深刻地看到，对妇女压迫的加剧是与君主专制的加强相一致的，"自洛闽遗党（指宋以后理学家）献媚元、明，假君权以行私说，于是士族妇女始禁再适，而乱伦兽行之风日炽，逼死报烈之惨日闻"。[①] 鲁迅说："皇帝要臣子尽忠，男人便愈要女人守节。"[②] 夫权的加强正是适应了君权强化的需要。宋恕已注意到这两者之间的联系。

为破除"夫为妻纲""禁苛再造"的教条，宋恕提出了婚姻自主的思想。他主张，一切婚姻，凡有亲父母者，除了由亲父母做主，"仍须本男女于文据上亲填愿结，不能书者画押。其无亲父母者，悉听本男女自主，严禁非本生之母及伯叔兄弟等强擅订配"。[③]结婚后，合则留，不合则去，"宜定三出五去礼律"。"三出"是：与公婆不合出；与丈夫不合出；与前妻之子女不合出。皆由丈夫做主。"五去"的前"三去"内容与"三出"相同，另二去是：妻妾不合去；为归养父母去。"五去"由妻子做主。或出或去，双方均须以礼相待，"不许伤雅"。这里，宋恕基本打碎了束缚在妇女头上的"在家从父、出嫁从夫、夫死从子"的三道紧箍，体现了男女平等的原则。

宋恕对于妇女所受的疾苦，进行了愤怒的控诉。他认为中国"极苦之民"有四种，一曰童养媳，二曰娼，三曰婢，四曰妾，都是妇女。她们多出身贫户，被逼迫卖出，过着非人的生活。为了解救这些被压在社会最底层的人们，宋恕提出以下四点。第一，严禁童养媳，犯禁者，两家父母均处十年徒刑。对于原有童养媳，未满

---

① 宋恕：《旌表章》，《六字课斋卑议》（印本），第 148 页。

② 鲁迅：《我之节烈观》，《鲁迅全集》第一卷，人民文学出版社 1957 年版，第240 页。

③ 宋恕：《伦始章》，《六字课斋卑议》（印本），第 149 页。

16 岁者悉令交还母家，或送养善堂，待满 16 岁，或与原定对象成姻，或择良改配。对于虐待童养媳的公婆，要追惩其罪。第二，严禁盗卖逼娼。政府应专设巡查逼娼员役，严查拘捕盗卖逼娼之人，"审实斩立决"，严惩不贷。如果丈夫或公婆逼妇为娼，则"许本妇格杀无罪"。如果妇女自愿为娼，则由官府登记批准，"别其车服以辱之，重其捐税以困之"。第三，严禁买婢。其现有之婢，由官悉数发价代赎，改作雇工，去留听便。第四，娶妾须备六礼，一切与娶妻相等，"不得立买卖文据，断母族往来"，无论夫、妻、妾，只要彼此相害，一体抵死。

法国空想社会主义思想家傅立叶说："某一历史时代的发展，总是可以由妇女走向自由的程度来确定，因为在女人和男人、女性和男性的关系中，最鲜明不过地表现出人性对兽性的胜利。妇女解放的程度是衡量普遍解放的天然标准。"[1] 马克思和恩格斯称赞傅立叶的这些话是"关于婚姻问题的精辟的评述"。[2] 在近代以前的中国，"夫为妻纲"历来是与"父为子纲"一同作为"君为臣纲"的佐证，并与"君为臣纲"构成影响深远的"三纲"说教，成为君主专制的重要理论。因而在近代中国，批判"夫为妻纲"，宣传妇女解放的思想，直接构成了反对专制主义思想的重要内容。

（三）城市妇女新气象

同光之际，上海、汉口等城市，随着移民人口的增多，贸易的繁荣，茶馆、书场等服务行业的兴盛，出现了女艺人、女用人、女工人，还有一些人从事色情服务。女艺人活跃在评话、书场、戏园、髦儿戏、花鼓戏等曲艺行业。上海地区评话原先只有男性演员，"道咸以来，始尚女子，珠喉玉貌，脆管丝弦"[3]。自 19 世纪

---

① 引自马克思、恩格斯《神圣家族》，《马克思恩格斯全集》第二卷，人民出版社 1957 年版，第 249—250 页。

② 马克思、恩格斯：《神圣家族》，《马克思恩格斯全集》第二卷，第 250 页。

③ 王韬：《瀛壖杂志》，上海古籍出版社 1989 年版，第 106 页。

50 年代中期，上海艺术演出中心迁移到城外，女演员名角辈出，王韬在《瀛壖杂志》中就提到袁云仙、吴素卿等十个女艺人的名字。上海女用人在 19 世纪 70 年代主要来自无锡一带，东家主要在租界。女工人则比较集中在缫丝、轧花等行业。据估计，在 1893 年，从事清理禽毛、清理棉花、制造火柴、卷烟等行业的女工，就有 15000—20000 人之多。①

随着城市妇女职业的出现，往日妇女不能涉足的公共场所，也开始出现女性的身影。她们在大街上行走嬉笑，出入茶馆、戏院等处。1872 年《申报》有文章说：

> 上海地方之妇女踯躅街头者不知凡几，途间或遇相识之人，欢然道故，寒暄笑语，视为固然。若行所无事者，甚至茶轩酒肆，杯酒谈心，握手无罚，目贻不禁。……此风日盛一日，莫能禁止。②

最早出入这些场所的华人妇女是娼妓。她们到公共场所搭识客人，招揽生意。一些女佣、"娘姨"也到这里来约会、休闲。在此影响下，一些家庭妇女也开始出入这些场所。起初，有些良家妇女有所顾忌，打扮成女堂倌模样。妓女，"大脚娘姨"即从乡下来的未缠足妇女，对于传统社会来说，都是没有地位的文化边缘人。正是这些边缘人较少受到传统道德的束缚与顾忌，走在了妇女解放的前列。良家妇女要"扮作女堂倌样子"，跟着这些边缘人走出家庭，生动展示了边缘人引导中心人打开思想解放闸门的奇异图景。

到 19 世纪 70 年代中期，上海妇女公开出入社交场所，无论是妓女、女佣、堂倌，还是普通家庭妇女，已经相当平常。妇女看戏，相当普遍。上海知县一则告示称："上海一区，戏馆林立，每

---

① 孙毓棠编《中国近代工业史资料》第一辑下，科学出版社 1957 年版，第 1232 页。
② 《二人摸乳被枷》，《申报》1872 年 6 月 4 日。

当白日西坠，红灯夕张，鬓影钗光，衣香人语，沓来纷至，座上客常满，红粉居多。"① 1876 年春节期间，某官员携眷赴金桂轩茶园看戏，据说优伶"手持千里镜窥探，评骘妍媸"。一位署名"冷眼旁观客"的在报上发表文章，认为以"名门淑质为优伶指视，是非看戏而为戏所看矣"，因此劝妇女不要出入社交场所，不要轻易看戏。② 这番议论立即引起舆论批评。一篇署名文章认为，如果因为看戏女子为戏子所看，就禁止妇女看戏，实属因噎废食，春节这样的良辰美景，妇女理应与男子同样游目骋怀，观戏娱乐。③ 官绅在传统社会是道德的象征，也是维护社会道德的中坚力量。官绅眷属出入茶园，尽管有人评头论足，但此事本身就有冲破传统的象征意义。到了 19 世纪 80 年代，愈演愈烈，茶楼烟馆中，"妇女呼朋引类，趋之若鹜。男女杂处，昼夜嬉游"，相沿成风，毫不为怪。④ 这些妇女中，已经有相当一部分来自体面人家。⑤

　　女子有了独立的经济地位，有了参加公开社交的实践，延续两千年的"夫为妻纲"的教条就遭到了挑战。先看发生在 19 世纪 70 年代上海的一则女佣离夫案。王某之妻瞿氏，在上海升宝洋行为佣。王某为无业流民，依靠瞿氏收入为生，一日唤瞿氏归而遭拒，王某诉至会审公堂。参与会审的英国领事以王某为无赖，不让其领回瞿氏。中国谳员以伦常所系，有关风化，袒护王某权益，反对以此缘故而任瞿氏离去。法庭最后判王某胜诉。瞿某所在的升宝洋行打抱不平，雇人在法庭外面将王某痛打一顿，并"拥瞿氏以去"。⑥ 在传统时代，只有丈夫出妻的权力，向无妻

---

① 《邑尊据禀严禁妇女入馆看戏告示》，《申报》1874 年 1 月 7 日。
② 《劝妇女勿轻看戏说》，《申报》1876 年 2 月 9 日。
③ 《书〈劝妇女勿轻看戏说〉后》，《申报》1876 年 2 月 11 日。
④ 《示禁浇风》，《申报》1885 年 8 月 6 日。
⑤ 李长莉：《晚清上海社会的变迁——生活与伦理的近代化》，天津人民出版社 2002 年版，第 433 页。
⑥ 《乾纲不振》，《点石斋画报》，丙集第 8 页。

子离夫的道理，现在瞿氏竟然提出离夫，这事很有象征意义。这一案件，既反映了中西法律的差异，也可以看出，妇女在经济上的自食其力，有助于改变其在家庭中的从属地位。

这种情况在晚清上海绝非个别。有的妇女对原来婚姻不满，与别的男人同居，并且直诉公堂，求官判决与前夫解除婚姻关系。会审公堂的官员，并不一味责罚女方，"每每准其分拆，或令赔偿前日所用之费，或令量予川资，劝令远离，从无有深究其罪者"。对于妇女请分而男方不愿者，问官甚至会劝其分离，谓"尔妇既有外心，必不能安于室，与其不能相安，何如一刀两段，斩断葛藤之为快乎？"① 官府的这种态度，默认了妻子离夫的事实。

在冲击传统婚姻制度方面，最值得注意的是台基现象。所谓台基，是指"借台演戏，仅租基地，云雨自兴，巢窟是备"②，也就是男女幽会的场所。台基在 19 世纪 50—60 年代的上海已经出现，租金低廉，三四百文钱小房一间，任意勾宿。1877 年上海两租界内有台基二三百家，到 80—90 年代越发兴盛，"他处之台基犹不多见，而上海则遍地皆是；他处之台基尚皆隐藏，而上海则彰明较著"③。借台基幽会的大致有三种情况：一是男女自相结识，相约幽会；二是男子看上某女子，让台基店主引诱女子来会；三是店主引荐女子给男客。④ 三者之中，第三类近乎暗娼，第二类是半推半就的性交易，第一类最富有性自由色彩。据李长莉研究，借台基幽会的男女大致为两类人，一是外地来沪谋生的单身男女，多属下层，男则为店伙、小贩、车夫、小工等，女则多为仆妇佣女；二是中小商贾、士人等中层市民及一些良家妇女。同光之际的上海，已是一个拥有七八十万人口的移民大城市，居民人口高度异质性，维持传统伦理的最重要的社会力量士绅在这里基本不起作用，这为不

---

① 《风俗宜防其渐说》，《申报》1882 年 2 月 25 日。
② 《台基宜禁说》，《申报》1883 年 7 月 28 日。
③ 《论惩办台基之法》，《申报》1882 年 4 月 4 日。
④ 李长莉：《晚清上海社会的变迁——生活与伦理的近代化》，第 486 页。

满婚姻现状的男女冲破现存制度的束缚、冲破传统贞操观念提供了比较理想的空间。这是台基能有较大市场的社会原因。①

三　赈灾与治荒思想

鸦片战争以后，鸦片与洋货大量输入，导致中国传统的自给自足自然经济逐步解体，广大农村陷入破产与贫困。持续十多年的主要发生在南方的太平天国农民战争，持续多年的主要发生在北方的捻军起义，以及隔三岔五就会发生的水灾、旱灾，更使得贫穷成为当时中国的普遍现象，连先前比较富庶的江南一些地区，也陷入人口锐减、田野荒芜、极端贫穷的境地。贫穷与疾病形影不离，相互影响，相互作用。战争与灾荒影响严重的地区，常有瘟疫、疾病流行。

1894 年，英国记者莫理循访问中国内地，由上海动身，坐船沿长江西上，到四川后主要由陆路徒步穿越四川、贵州和云南等地，对各地民间社会与普通百姓多有接触，对各地贫穷情况有生动记述。

莫理循所经之处，到处是倒塌的房屋，破败的乡村，成群的乞丐和婴孩的买卖。他看到四川苦力的悲惨："三天来，我所看到的从我身边走过的纤夫，比起我在中国遇见的其他苦力来说，体格是最孱弱的。这种纤夫中流行着肺结核和疟疾，他们的劳动极端艰苦，他们衣不蔽体，遭受太阳暴晒，他们在半饥半饱的状态中挣扎。"他描述云南境内的贫穷：大关县城内，有一万左右人口，县城破旧，城墙破裂，房屋塌倒，街道凌乱，居民衣衫褴褛。昭通县乞丐成群，被从街道上驱赶出来，关在南门外带有围墙的寺庙和场地中，空间狭小，食品匮乏，在饥饿与疾病中，成批地死去。大理县因为回民起义，变得瓦砾遍地。这里粮食短缺，物价上涨。莫理循看到，云南地区杀婴与儿童买卖相当普遍。在昭通地区，1893

---

① 李长莉：《晚清上海社会的变迁——生活与伦理的近代化》，第 499 页。

年有 3000 多名儿童（主要是女孩，也有几个男孩）被卖给人贩子。平常年景，一个 5 岁女孩的价格是 5 两银子，10 岁女孩是 10 两，但在饥荒年月，每个女孩的价格降到 1 两到 2 两。杀婴、弃婴更为可怕。在昭通城，死童和尚未死去的婴儿，被抛在荒郊野坟之中，任凭野狗撕咬。①

莫理循所述，是西南内地的贫穷状况。那里地形复杂，交通蔽塞，经济落后，所以格外贫穷。至于中国其他地区，如江南与沿海地区，在丰收年份，情况则要好些。这里要特别强调的是风调雨顺的丰收年份，如果遇到水灾、旱灾、蝗灾、地震等特别灾害，或者遭遇兵燹，这些地方也会沦为极端贫困。太平天国战争以后江浙一带的人口锐减、疾病流行、社会极端贫困状况，本书前已述及。这里简述一下自然灾害带来的社会惨相。

邓云特曾列举晚清的几次大的灾荒及死亡人数：1846 年，江苏、山东、江西均有水灾，陕西大旱，浙江地震，死亡约 28 万人；1849 年，直隶地震、发大水，浙江、湖北大水，浙江发生大疫，甘肃大旱，死亡约 1500 万人；1857 年，直隶十余州县及陕西十余州县大蝗灾，湖北大水，另有七州县旱灾、蝗灾，黄河决口，山东大饥荒，总计死亡约 800 万人；1876 年至 1878 年，江苏、浙江、江西、湖北等省发大水，安徽、陕西、山西、直隶、山东大旱等地，死亡约 1000 万人；1888 年，直隶、山东地震，黄河决口，河南郑州、直隶发大水，死亡约 350 万人。上列这几次大灾的死亡人数总计为 3378 万人。②

同光之际最严重的灾荒是"丁戊奇荒"。③ 这场灾荒起始于 1875 年秋天的旱灾，最严重的时段是 1877 年与 1878 年，个别省份

---

① 〔澳〕莫理循：《中国风情》，张皓等译。尚季芳：《莫理循〈中国风情〉一书中所反应的清末西南社会》，《西华大学学报（哲学社会科学版）》2008 年第 6 期。

② 邓云特：《中国救荒史》，商务印书馆 1937 年版。

③ 灾情最严重的是 1877 年与 1878 年，这两年的干支纪年为丁丑、戊寅，所以史称"丁戊奇荒"。

延续到 1879 年。旱灾主要发生在华北地区，包括直隶、山东、河南、山西、陕西，旱区又跟着发生蝗灾。华北旱灾之外，湖北、安徽、广东、福建等一部分地区还发生水灾。这次大灾，据不完全统计，仅山西、河南、直隶、山东四省，1876 年就有 181 个县受灾，1877 年为 274 个县，1878 年达 285 个县。① 整个灾区受到旱灾及饥荒严重影响的居民人数，估计在 1.6 亿—2 亿人，约占当时全国人口的一半，直接死于饥荒和瘟疫的人数在 1000 万人左右，从重灾区逃亡在外的灾民不少于 2000 万人。② 其中山西省有 500 万人死于非命，占全省人口近三分之一。

灾情严重时期，华北赤地千里，饿殍遍野。农民吃完粮食之后，就吃谷糠、树根、榆树叶、麦秸、萝卜叶和草籽。1876 年，传教士李提摩太在一个村子里，看到一群挎着篮子的孩子，篮子里盛的尽是各种野菜和叶子。其中一个孩子因吃刺槐的叶子而面色赤红，浑身浮肿。树皮草根掘食殆尽，有人将石膏拌入小米，煮粥为食，聊以充饥。数以百万计的灾民或逃江南，或闯关东，流离失所，卖儿卖女，惨不忍睹。重灾区山西，甚至发生人食人现象。

贫穷是各种社会问题的综合反映，包括经济结构、社会制度、政治制度、教育制度、外国侵略等。晚清志士仁人提出的诸多改革设想，从广义上说，都直接或间接与治理贫穷有关。这里主要介绍时人所论减灾、防灾以防止贫穷或减轻贫穷程度的思想。

这类思想，可以分为两个方面，一是完善赈济制度，二是改善生态环境，前者治标，后者治本。

（一）完善赈济制度思想

清朝康熙年间，承袭中国自汉代开始历代相承的制度，已建立

---

① 李文治编《中国近代农业史资料》第 1 辑，生活·读书·新知三联书店 1957 年版，第 734 页。

② 李文海等：《中国近代十大灾荒》，上海人民出版社 1994 年版，第 97—98 页。

起比较完善的仓储制度，省会至州郡俱建常平仓，市镇设义仓，乡村设社仓。这一制度的建立，平时可以调节地区间的粮食供求关系，调节市场价格，遭遇灾患时则有利于减轻灾害程度，维持社会稳定。时至同治、光绪年间，特别是经过太平军与捻军的冲击，旧日仓储概遭焚劫，仓储制度已趋衰微，省会和州郡的常平仓所储备粮食每每不足国家规定额数的一半，社仓、义仓更是名存实亡。严重灾害一来，政府便无所措手足。

针对这种情况，陈炽建议，国家应劝谕地方政府与乡绅，尽快恢复仓储制度。他说："且鼠，微物也，犹知积粟以御冬；蜂，微虫也，尚识采花以酿蜜，岂斯人灵智反逊昆虫？并宜劝谕民间，思患预防，各谋蓄积，丰则虑歉，饱则虑饥，乐岁红陈，勿加狼籍，仓箱充实，牖户绸缪，使闾阎有三岁之储，则朝廷无一朝之患矣。"他认为，恢复仓储制度，北方地区尤为必须，因为，"夫北省之地力厚，厚则树获易丰也；北方之地气燥，燥则收储可久也"。他认为："经理之核实，则官不如绅；散放之得宜，则银不如米。建仓之地，当视户口之多寡而酌予变通，告籴之资，可提赈款之赢余而量为补助。"①

为了解决京师粮食问题，陈炽主张将先前由政府管控的南粮北运事宜，放手让市场去解决。他说，从唐代开始，运江淮之粟以济关洛，宋代运荆扬之米以赡开封，明清则运南方粮食以济京师，国家为此付出巨额的人力财力，"劳费糜弊，以迄于今，万里馈粮，婴儿待哺，海舶则忧漂失，河道则苦沙淤，设官数百员，役夫数十万，综计一石之米，费银十七八两，而始达京师。漕蠹仓匪，百弊丛集。及至给发俸饷，陈红朽腐，可食不可食者参半，售诸米肆，仅值一金。夫以国家费十七八金之物，而其用止一金，以一金可购之物，而仍株守旧法，不惮费十七八金，以艰苦垫隘而致之，劳孰过焉，拙孰甚焉，弊孰深焉？"他说，这是既不经济也不省力，而又弊端

---

① 陈炽：《仓储》，《陈炽集》，第 69 页。

丛生的措施。自从轮船招商局开办以后，轮舶通行，改为海运，虽有费失，每石不足十金，比起河运来，经济多了，方便多了。[①]

（二）改善生态环境思想

无论旱灾或水灾，除了异常的气候因素，还与自然环境恶化、生态系统失调、水利系统失修有关。诚如王韬所说："今河道日迁，水利不讲，旱则赤地千里，水则汪洋一片，民间耕播至无所施。"

就丁戊奇荒中的山西省而论，山西境内自古就有大片原始森林，秦汉时期，除了少量地方辟为农田，大部分地区仍为森林或草被植物所覆盖。唐宋以后，特别是明代以后，这里成为重要伐木区，生态环境渐不如前。清代全国人口增加很快，山西亦然。据《山西通志》记载，明万历年间山西人口 400 多万人，到光绪三年达 1600 多万人。人口骤增，耕地拓展，森林覆盖率下降，水土流失严重，土壤贫瘠，生态系统失调。以直隶而言，由于河务废弛，"凡永定、大清、滹沱、北运、南运五大河，又附丽五大河之六十余支河，原有闸坝堤埝，无一不坏，减河引河，无一不塞"。[②] 河南、山东等地无一不然。

如何防治旱灾？冯桂芬、郑观应、陈炽都提出一些设想。

冯桂芬力主兴修水利。他说，中国人口越来越多，人均土地越来越少，于是有受饥之人，弱者饿死，填了沟壑，强者造反，斩木揭竿。他认为，解决粮食问题，一条很好的途径就是兴修水利，改旱田为水田，将种高粱小麦改为种水稻，因为，旱田与水田在解决粮食问题方面，效果大不一样，"夫一亩之稻，可以活一人，十亩之粱若麦，亦仅可活一人"。他说，直隶一带，现在已有一半是稻田，难道其余那些地方就不能种植水稻吗？当然可以，只要改变那里的水利环境，就能种植水稻。"西北地脉深厚，胜于东南涂泥之

---

① 陈炽：《和籴》，《陈炽集》，第 24 页。
② 李文治编《中国近代农业史资料》第 1 辑，第 718 页。

土，而所种止粱麦，所用止高壤，其低平宜稻之地，雨至水汇，一片汪洋，不宜粱麦。夫宜稻而种粱麦，已折十人之食为一人之食，况并不能种粱麦乎？然则地之弃也多矣，吾民之夭阏也亦多矣。"他的结论是，要想富庶，莫若推广稻田，要推广稻田，必须兴修水利。要兴修水利，就要摸清地形，测绘地图，"然后相其高下，宜疏者疏之，宜堰者堰之，宜弃者弃之，不特平者成膏腴，下者资潴蓄，即高原之水有所泄，粱麦亦倍收矣"。①

郑观应提出治本三策，即兴修水利、使用水粪与广种树木。

关于兴修水利，郑观应认为，水利搞得好，就不会有水旱灾害。上古三代，尽力于沟洫，得施稼穑之功，即便遇天灾，未闻赤地千里者，沟洫之力居多。汉代以来，不乏聪慧之士"详察水道，浚源导流，疏渠设闸，专事蓄泄，俾资灌溉，遇有旱涝，不忧荒歉"。他说，"水利之兴，无地不宜，若各省大吏能于有水之地尽开水道"，于无水之地讲求沟洫之法，让人民在每年农隙时"疏通水道，深浚沟洫，则大水可免淹没之虞，亢旱可无干燥之患"。他主张引进西方先进的抗旱防涝之法，在平旷之区，"仿泰西风车之法，以代人力之劳，遇旱则掘深井，以风力汲水，灌溉田畴；遇潦则开水道，以风力戽水，导注江海"。②

郑观应认为，水利之事，宜饬疆吏檄行所属，查明各州各县原有渠道情况，旧渠若干，存者若干，废者若干，制订兴修水利计划，包括如何兴修，如何筹款，然后每省简一大员为水利农田使，分行各州县，测量绘画，顺人心，随地势，制订具体可行计划。同时"董劝民间，自于田亩多开沟洫，民力不足，官助其成"。③

其二是使用水粪。此法源于日本。具体做法是，农民于村庄专修粪池，将人畜粪溺及一切污秽之水倾注其中，种麦时，将水粪运往田

---

① 冯桂芬：《兴水利议》，《校邠庐抗议》，第 67 页。
② 郑观应：《易言·论治旱》，《郑观应集》上册，第 86 页。
③ 郑观应：《盛世危言·旱潦》，《郑观应集》上册，第 744 页。

间，分别在麦长二三寸、吐穗与结实时，各浇一次。水粪耐旱，施了水粪，无论如何干旱，麦子都能丰收。此外，田家积蓄水粪，有利于环境卫生，如果将城市里的粪便污物运到田家，化为水粪，城市环境亦因之干净。郑观应说，日本有"不惧三年旱"之说，其妙法即在于此。中国许多地方，特别是西北，每苦于旱，实行此法，即可预防。

其三是广种树木。郑观应介绍了树木能够改善环境的原理，说树木发荣自下而上，树根入土，不啻用竹管插入地下吸水，潜滋暗长。如果地势平衍，去水较远，既无时雨沾濡，又无法灌溉，唯有树木吸水，枝叶繁茂，其翁郁之气"又浸淫而生水，自上而下，归于地中"。这样，上下互吸，长养不穷。树根入土，远较苗根为深，种树地方的水土保养便远较无树之地为佳。郑观应指出，政府如果能广为劝谕，让百姓于畎亩之旁，有树者增益之，无树者补种之，这样，即使雨水不及时，仍然可以丰收。① 对于北方各省树木砍伐严重的地方，可责成水利农田使，"相劝督率，于田侧隙地，广植林木"，有砍伐者罚赔不贷。至于蚕桑之利，及松、梓、果、蓏一切有益的植物，都应随宜广种。②

郑观应认为："我中国防河之员古有能者，防河之策世有成书。国家不惜费数千万金为亿万生灵谋安乐，奈泥沙至下流愈壅，而堤防至下流愈多，且堤工之需土也，势难掘河中泥沙，则必掘就近之田土，迨堤上之土渐坍入河，又再掘田土以修之。年复一年，堤身既高，河身与之俱高。"③

陈炽认为，兴修水利是治理灾荒的根本之一。他以天津附近的水利改良为例，说淮勇驻扎津沽一带，开始于永定河、大清河等五河下游地区开渠种稻，结果，"地方郁勃，亩收十钟，不及十年，岁得米五十万石。每至春夏之交，秧青柳绿，江南风景如在目前，

① 郑观应：《易言·论治旱》，《郑观应集》上册，第86页。
② 郑观应：《盛世危言·旱潦》，《郑观应集》上册，第745页。
③ 郑观应：《盛世危言·治河》，《郑观应集》上册，第747页。

地之腴美，宜稻可知矣"。他说，可以略仿天津办法，循永定河等五河而上，开渠建闸，官给田价，岁收其租，而仍以业主为佃户。距河十里，遍开水田，种植树木，使得旱潦有备。十里以外，如果人民自愿开垦，亦准引渠水以灌之。这样节节推行，自下而上，并"开复各淀，俾容水有地，蓄水亦有资"。他认为，这些地方水利搞好、改种水稻以后，至少有五大好处：

> 积潦有所归，而旱熯不为患，何至灾荒迭见，重费筹捐议赈之烦，一利也。南漕转运，十石而致一石漂失侵盗，岁有所闻，海道烽烟，时虞梗阻，今数百万石之米，近在户庭，则缓急有资而戎心不启，二利也。民为官佃，岁获有秋，豆麦杂粮，余利丰富，且官田而外，皆将开渠种稻，效法南方，数千里郊原，顿成沃壤，三利也。营田水利，量须增官，而自漕督以下，一切官吏兵夫，均可裁节，国家岁省百余万金，四利也。畿辅岁增三百万石之米以养兵民，所入何啻千万！南漕改折，及所省水脚之数，亦不下千万金，朝廷岁增二千万金，而顺直成富庶之邦，江浙免转输之累，五利也。①

兴修水利、治理荒政是中国传统经世思想中的重要内容。冯、郑、陈等人所述途径与方法，有的沿袭传统，有的则来自外国，是到近代才有的，如使用机器治水等。

四　慈善思想

慈善思想是人道主义中的重要组成部分。一切以人民为主体的社会，无论其揭橥的旗帜是民主、民本、民生、重民还是社会主

---

① 陈炽：《水利》，《陈炽集》，第22页。

义，都必然重视慈善事业。人民作为一个集合体，本来就包括那些先天不健全、后天有缺憾的群体。任何社会都存在鳏寡孤独贫废疾等群体，只有对这些群体实施有效的救助，才能体现这一社会整体高尚的道德水准，实现社会的真正和谐。

中国社会有着悠久的慈善传统与丰富的慈善思想。远的不说，清代前中期就有育婴堂、保婴会、恤孤局、抚教局、及幼堂、养济院、普济堂等，平时救助鳏寡孤独贫废疾等无助群体，遇到大的灾荒，则会有各种有针对性的慈善活动。到了近代，由于交通工具、通信工具的发达，生产方式、生活方式与社会结构的演变，西方慈善思想的传入，中国的慈善事业，包括慈善主体、慈善组织、慈善方式、活动范围，都发生了很大变化，慈善思想也随之有所变化与发展。

（一）介绍西方慈善情况

西方慈善现状及其思想是同光时期中国慈善界重要参照对象。早期出国人员包括出使人员郭嵩焘、刘锡鸿等，对欧美慈善事业与慈善理念印象深刻，有诸多介绍。来华传教士、对西方情况较为了解的有识之士，对这方面也多有介绍。其中，花之安在《自西徂东》一书中，对西方慈善事业的介绍尤为具体，涉及对穷人的救助、对老人的关心、对孤儿的救济、对精神病患者的救援。

关于对穷人的救助，花之安介绍，西方各个城市都设有慈善机构，"或设恤穷之局，或联恤穷之会"，选择公正廉明之绅士负责，并推举若干殷实街邻予以协助，各基层单位也都负有这方面的义务。"若属穷民，俱可到局求恤"，但须查明其身份、籍贯、住址及亲属情况。如有产业者，责之管业之人；如有亲戚，责之关系较近之亲戚；如有技艺，则写推荐信介绍工作，或赠以盘缠，使其得以出外营生。如果其运蹇时乖、迭遭变故，则"加意矜恤，暂救燃眉，以期苏复原气"。① 对于那些鳏寡孤独废疾而又无人可以倚赖之人，

---

① 花之安：《自西徂东》，第 3 页。

则送至各相关慈善机构，给以衣食。慈善机构对于这些人，则依据个人具体情况，教他们做各种工作，以帮补慈善机构之用。

花之安说，西方人将穷人分成两类，一类是天穷之民，一类是自穷之民。所谓天穷之民，是指"天数使然，有非人力所能挽救者"，即由于外界因素而不是由于主观因素而致穷之人，诸如因天灾、战争、水火之难、盗贼之劫、疾病死丧之缠，还有为农商而折本，有技艺而无工，凡此虽与鳏寡孤独残疾疲癃者有所不同，但都是由外力以致穷者。所谓自穷之民，指由于自身原因而致穷之人，诸如好闲偷懒、不走正道，或嫖赌饮酒，误入邪途。对于天穷之民，慈善机构会尽力救助，对于自穷之民中之少壮者，由于其可厌可憎，不惟不予救助，而且要以正言相责，使其痛改前非，"如或怙恶不悛，闲游无耻，甘作乞民，有司则严饬差役练勇捉拿，罚以监禁，强以作工"。①

对于老人的赡养，花之安介绍，泰西将老人分为两类，一曰国老，即国家所用人员，包括大小官员，以及为官府服务的房吏、状师、教士、兵丁、差役、水手人等；一曰庶老，即非国家公务人员。其养老之法据此分为两类，国老归国，庶老归民。对于国老，通常有效力年限，"期满之后，或因年老及疾病而去职者，照原俸赐给，以养其终身为止，若遇重病，难以疗治，不得已而告辞者，亦有俸给，但酌而处之，或一半，或数分之一不等，俾资养其终身"。② 对于那些中途去职或因公去世的，国家皆有赐恤。

至于庶老方面，无论士农工商，凡非国家公务人员，老而无亲属可归者，无论男女，"悉拨归本籍地方，官民自行办理"。每个城市都有老人院负责收养，衣食丰足，服役有人。对于这些庶老，老人院"各视其人之强壮，及平日之所长，教作些小工艺，不独能帮补外费，亦可使血脉流通，免生疾病"。老人院所用款项，出

---

① 花之安：《自西徂东》，第3页。
② 花之安：《自西徂东》，第9页。

自民间捐纳，如有不足，则国家拨公款以助之。①

对于寡妇孤孀，花之安特别指出，西方人处置的方法与中国不同，并不专设恤嫠公局之类的机构。西方有一民间机构，"即养寡妇之会"，其法如同买保险一样，无论贫富，俱可加入，付给一定费用，即可获得老年保险，直到寡妇去世或其再醮为止。至于未入此会之寡妇，本可以自主生活，其丈夫遗留的财产，寡妇亦得与子女均分，亲属不能谋占。这样，他日养老有资，不至为他人之累。如寡妇年轻，思欲改嫁，亦无不可。这与中国情况很不一样。②

对于孤儿的救助，花之安介绍，西方每个城市均"设有孤子院，凡父母双殁之后，遗有孤子，则有司即到其家，稽查产业之多寡有无"，调查其亲戚是否有富贵之家，"以便酌量善法。如孤子有产业者，即为代立一殷实之人为谊父，以督理家赀，另立一老成之辈为养父，以抚教。至每年费用定以若干，养父须向谊父支给，彼此互相查考，不能兜吞。如或有富贵亲戚可以抚养者，自当责其提携"。如果孤儿家庭产业既无，亲戚又皆贫贱，那么，或让富贵善士将其领养，收作义子；或让绅耆地保申报孤子院，以便收留抚养。西方孤子院"男女各分其院"，大约每院数十人。如果孤子不很多，且又年少，则男女亦同处一院。

花之安特别介绍西方孤子院对孤儿的教育，称院中对于孤儿的读书、写字、听讲、操作、饮食、休息、寝卧，俱有一定规制、一定时刻，与普通乡塾无异。"男女两塾大略相同，但男子多习工艺一道，女子亦加缝纫、烹饪之工。至十四五岁时出院，所作生活之计，各视其性质之相近，材力之深浅，方荐以毕生事业。宜读书者与之读书"，宜从事百工技艺、商贾伙计等各类工作的，皆努力助其成功。③

对精神病患者的救助，花之安说，癫狂之人是病人当中特别应

---

① 花之安：《自西徂东》，第9页。
② 花之安：《自西徂东》，第9页。
③ 花之安：《自西徂东》，第11页。

当予以救援者，因为他们"知识全无，思想每多幻妄，猜疑惶惑，亲属因亦不分，或无端而害牲及物，或无故而杀人自戕，本真丧失，殊无一息之安，心志昏迷，难免终身之恙，安有仁人见之，而不亟思拯救者乎？"花之安介绍西方救援癫狂之人的方法，一是分析致病之因，大体分为四类，"或因名利两失，忧闷贫穷；或因亲属丧亡，悲哀无节；或因求谋不遂，妄想愈专；或因父母诞育，天然生成，此灵性先疾，而累及脑体也"。二是因病施诊。花之安指出，要治疗这类疾病，不是独用药石可以痊愈的，必须因病施诊。如果病因在于脑体，"虽借药饵之功，尤赖修养之力"，这样，脑体治好而灵性恢复。如果病因在于灵性，则宜多方劝导，使其明白人世之情欲足以锢蔽灵明，努力劝其不要固执迷途，从而回头是岸，乐天知命。①

对于无助老人的救助，在中国传统慈善事业中有重要地位，西方在这方面更为周全。对孤儿的救助，西方特别注意养教兼施，更从人的长远发展考虑，这对近代中国慈善事业有一定启发意义。西方对于精神病人的救援，体现了近代人道主义内涵的扩展与医学的进步，这对晚清中国来说，则几乎是一片空白。

比较了解西方情况的郑观应，对西方慈善情况也有所介绍。他在《盛世危言》中，比较全面地介绍了西方慈善事业。他说："泰西各国以兼爱为教，故皆有恤穷院、工作场、养病院、训盲哑院、育婴堂。善堂之多不胜枚举，或设自国家，或出诸善士。常有达官富绅独捐资数十万，以创一善事。西人遗嘱捐资数万至百数十万者颇多。"②

郑观应列举了西方慈善机构情况，并在《盛世危言》中附录了一些有关慈善事业的资料。

陈炽对西方慈善事业也有所介绍。他认为，西方在慈善方面，特别值得中国效法的有八事，即施医院、育婴堂、义学堂、养老

---

① 花之安：《自西徂东》，第14—15页。
② 郑观应：《善举》，《郑观应集》上册，第526页。

院、老儒会、绣花局、养废疾院与养瞽堂。他对此八事的意义做了介绍。陈炽认为，对于西方慈善方面的先进之处，中国应该认真考察，"宜由出使诸臣，别类分门，详加翻译，然后参酌定制，一律颁行。牧令人之考成，经费筹诸本地，人之好善，谁不如我！上有好者，下必甚焉，此聪明睿知之圣人所以参天而赞地也"。①

（二）养教兼施

同光时期，是中国灾荒频发时期，也是中国慈善事业迅速发展时期。就慈善思想发展而言，这一时期一个突出之处，就是强调养教兼施。

养教兼施的救助方式，早在道光年间就已经出现。据研究，1832 年（道光十二年），武昌知府裕谦在湖北所设恤孤局，收养孤儿，已经实行"养而兼教，以为之终身之谋"的养教兼施的救助方式。局中让聪颖者随首事读书识字，平庸者随号长学习纺花、织布、刊字、编篓、结网巾、打草鞋和搓麻绳等手艺，身有残疾的孤儿亦可因材施教，如盲者学习卜算，跛者学习捆屦织席，以便日后谋生有术，不至废弃终身；学艺有成的孤儿，由恤孤局贷给资本，自制物品售卖，所得盈余由号长和孤儿分得；为使孤儿及时学成一技之长，以为终身衣食之计，恤孤局将按时考核 8 岁以上孤儿的学艺情况，怠惰者笞罚，实在懒惰或不服管教者驱逐出局。1834 年，裕谦调往江苏，以后历任江苏按察使、布政使、巡抚和两江总督等职，他便将武昌恤孤局的救助方式移植到江苏。咸丰年间，苏州便设有恤孤堂。② 1837 年（道光十七年），贵州巡抚贺长龄等在贵州设立及幼堂，收养孤贫儿童，6 岁入堂，17 岁出堂。其救助方式亦为养教兼施。及幼堂设诵读及工艺之师，给予儿童一定的教育，对

---

① 陈炽：《善堂》，《陈炽集》，第 105 页。

② 黄鸿山：《中国近代慈善事业研究——以晚清江南为中心》，天津古籍出版社 2011 年版，第 177—178 页。

资质聪颖者教以读书写字，对粗笨者教以打草鞋绳索、编竹器簸篮等技艺，让其将来能够自食其力。

这一救助方式后来得到推广。1866 年（同治五年），上海道台应宝时创办上海抚教局，收容 16 岁以下的流浪孤儿，强调养教兼施，认为养为目前计，教为终身计，只有抚养而兼教习，才能做到标本兼治。具体办法是：（1）由知县谕令丐头、地保，将符合条件的流浪孤儿送入抚教局，不愿入局者亦须强制收容；（2）入局乞儿先调养数日，随后令其读书两月，略识数字，局中亦可借此了解其资性之高下，以便因材施教；（3）局中雇请工匠，教给孤儿刻字、印书、裁衣、皮匠、竹匠、扇骨、洋铁、编芦、编蒲、剃头等手艺，以一两年为期，学成后发给器具和本钱，令其出局谋生，亦可由店铺收为学徒。

上海抚教局这些做法，与西方救助之法不谋而合。花之安在《自西徂东》一书中，曾批评中国救助孤儿的办法是徒有养而无教，但他承认，上海抚教局"使异日谋生有术，不至无所依归"的救助理念，与西方的做法相符，值得各地仿效。

养教兼施是光绪年间普遍实行的救助儿童办法。"丁戊奇荒"发生后，以谢家福、李金镛、经元善等为首的一批江南绅商，筹募大批资金和物资，赴灾区救灾。他们在灾区普遍设立抚教局，实行教养兼施的慈善方式。谢家福制定《收养弃孩章程》，对抚教、留养二局的运营办法做了具体规定，其中包括：孤儿须服从教导，每日清晨至孔子位前行礼，并跪诵《圣谕十六条》；男孩要到抚教局读书或习艺，对不遵教导者，令其诵读浅显的劝善诗词，俾略知为人大义。教授的工艺包括剃头、织绸、织带、织毯、成衣、洋铁、制鞋等。李金镛在山东青州设立抚教局与留养局，抚教局根据孤儿资质高下，分别教以读书或习艺；留养局收养残疾和病婴，请医生为其治病，待其病愈后再送抚教局学习。1878 年，李金镛等在天津创办广仁堂，以收恤灾区妇孺。广仁堂分设慈幼、蒙养、力田、工艺、敬节和戒烟六所，分别举办各项善举。慈幼所收养男孩，治病调养后分别拨入蒙养、力田、工艺等所，或读书或习艺；蒙养所设义塾五斋，教习聪俊子弟读书；力田所购置田地，由老农教习粗笨子弟耕种；工艺所教习不能耕读的子弟刻字、印书、编藤、织帘等手艺；敬节所收容青年寡妇和无依幼女，令其从事女工，幼女成年后为之择配婚嫁；戒烟所办理戒烟，使吸食者有自新之路。天津广仁堂这一做法，被推广到北京、山东等地。①

单养不教只能救儿童于一时，养教兼施则考虑到被救助儿童的一世。因此，养教兼施在慈善活动中，较单一救助更能体现对被救助者的长远关怀，是一种更为复杂、更为深刻、更为高级的救助思想。

五　教育改革思想

同光之际，教育改革思想由三个方面内容构成，一是对传统教育体制的批评，二是新学校的创办，三是传统书院的嬗变。这三者相互映照，相互影响。

清代教育体制基本沿袭明代，又有所变化与发展。其教育机构分中央与地方两类。中央有太学，即国子监，为全国最高学府，也是最高教育行政机构；另有宗学、觉罗学、八旗官学、景山官学、咸安宫官学，分别归宗人府、八旗都统衙门、内务府等机构管辖。地方有府学、州学、县学等，在省会和一些州县有书院，镇集、乡村有义学、社学。此外，还有不在国家教育管理体制之内的、民间自行开设于家庭、宗族或乡村之内的幼儿教育机构私塾。

在国子监就读的学生为贡生与监生。贡生以来源不同，分为岁贡、恩贡、拔贡、优贡和副贡，统称五贡；监生亦有恩监、荫监、优监、例监等不同名分。国子监设率性、修道、诚心、正义、崇志、广业六堂为讲学处所，分为内班与外班，内班每堂25名，六

———————

① 黄鸿山：《中国近代慈善事业研究——以晚清江南为中心》，第186页。

堂共 150 名，均住监就读。外班每堂 20 名，共 120 名，在外居住。不同时期，人数略有变动。贡监学生就读期间，均由朝廷发给膏火银两，考课优秀另有奖银。教学内容主要为四书五经、性理、通鉴等。教学方法有集众会讲、复讲、上书、背诵与书写字帖等。学习期限长短不一，最短者六个月，最长者三十六个月。学习期满，通过资格考试，或经过简选，可授予教谕、县丞、训导、主簿、州判等职，也可以再经乡试、会试进入仕途。

在府州县学就读的学生为生员，由童生考试录取。各处各类儒学生员多少不等，多者 20 名，少者不足 10 名。其教学内容、教学方式、资助方式，与国子监大同小异。

清朝各地书院与社学、义学，主要是为了补充府州县学之不足。清代书院数量、规模都为历代之最，全国共有 4365 所，有 3757 所是官绅士民新创建的，608 所是兴复重建的。[①] 各省都有一些著名书院。[②] 各地书院多由地方大员奏请设立，由政府提供经费来源，书院山长亦由官府任免。学习科目以作八股文为主，兼及论、策等。学生优秀者，可推荐为贡生、监生。鉴于明代书生以书院作为议论政治的处所，引起政治动荡，清朝严禁书院师生议政，并在经费、掌教与学生等方面，严格控制。生徒由官府选拔，课试也多由官员出题、阅卷、给奖。在这种体制下，书院已经官学化。

在科举制度强大磁场吸引下，无论是国子监、各州县学还是各地书院，事实上都在不同程度上沦为科举的附庸，很少讲授、研究科举内容之外的学问。鸦片战争以后，各地官学多名存实亡，腐败不堪，教学内容空疏无用，严重脱离现实，教官大多昏昧无学，滥

---

① 邓洪波：《中国书院史》，台湾大学出版中心 2005 年版，第 533 页。

② 如顺天金台书院、保定莲池书院、济南泺源书院、太原晋阳书院、开封大梁书院、西安关中书院、南昌豫章书院、杭州敷文书院、福州鳌峰书院、武昌江汉书院、长沙岳麓书院、长沙城南书院、成都锦江书院、兰州兰山书院、肇庆端溪书院、广州粤秀书院、桂林秀峰书院、桂林宣城书院、昆明五华书院、贵阳贵山书院、奉天沈阳书院、江宁钟山书院与苏州紫阳书院。

竽充数。1850 年（道光三十年），道光皇帝已批评"近日教官一途，半皆年老衰庸及末学浅见之士"。① 到同光年间，尽管在太平天国被镇压以后，许多被毁坏的书院得到重建，并新建了一批书院，但从总体上看，书院教育并不理想。1862 年（同治元年），朝廷批评各省教职等官，在敦崇实学、化民成俗方面，"并不实力奉行，认真训课，惟知索取贽礼脩仪，贪得无厌。又其甚者，往往干预地方公事，并或遇事鱼肉士子，谄谀绅富"②。同治二年，朝廷批评近来各府州县，竟将书院公项借端挪移，以致肄业无人，月课废弛。1865 年（同治四年），有人举报河南光州训导，不以课士为务，将学署官廨私赁于人，并将学宫树株，私行出卖。③ 1882 年（光绪八年），朝廷斥责福建省教官，在考试新进童生时勒索脩贽，威吓凌辱，责令在各生补廪、充贡、选拔、举优时均须议明规费。④ 教学管理松弛，考课徒具虚名，是同光时期书院普遍情况。例如，著名的江西白鹿洞书院在 1883 年（光绪九年），已田亩湮芜，役吏侵渔，教育颓弛，士子肄业寥寥。⑤ 同年，湖北安陆府兰台书院田租被知府侵蚀，所延山长并不到院开课，以致有名无实。⑥

批评传统儒学、书院教育不能适应内忧外患形势的需要，是冯桂芬、王韬、郑观应、薛福成等思想家的共同心声，本书在有关科举取士部分已有叙述。这里需要补充的是，同光之际，人们已从教育方式与人的智力开发、人才成长、专业分工等角度，批评中国传统的教育体制，提出创新教育的设想。这方面以郑观应、狄考文与潘敦先等人最为突出。

---

① 刘锦藻撰《清朝续文献通考》卷九七，商务印书馆 1936 年版，第 8568 页。
② 《清实录》，同治元年，《穆宗实录》卷五二，第 1423—1424 页。
③ 《清实录》，同治四年，《穆宗实录》卷一三五，第 188 页。
④ 《清实录》，光绪八年，《德宗实录》卷一四九，第 104 页。
⑤ 《清实录》，光绪九年，《德宗实录》卷一五八，第 228 页。
⑥ 《清实录》，光绪九年，《德宗实录》卷一七二，第 404 页。

（一）扩大教育内容

郑观应在 1875 年以前已经成书的《易言》中，有《论考试》一篇，专论改良教育问题。1893 年以后，郑观应修订《易言》，扩充为《盛世危言》，对教育改革方面的内容大加扩展，其相关篇目有《学校》（上、下）、《西学》、《女教》、《考试》（上、下）、《藏书》、《日报》（上、下）等。他还将王韬、花之安、李提摩太等人论述、介绍西方教育的文字作为附录收入书中。

综合而言，郑观应教育改革思想有以下几个方面。

一是强调学用之间的有机联系。郑观应介绍西方国家重视学用之间内在关联的特点，指出西国量材取士，所用必有所学，虽王子国戚，对其所从事的行业，必有切实的了解，要当水师将帅，无不兼习天舆、地球、格致、测量诸学，且从底层做起，编入行伍，"以资练习，文案则自理，枪炮则自燃，即至贱至粗之事，皆不惮辛勤而毕试之"，而不像中国由科举考试培养出来的人才，仕学两歧。

二是大力扩充学习内容，力主学习西学。郑观应主张继承北宋多元取士的办法，仿照司马光十科之法，在现有科举考试框架内，添设一科，学习西学。他对所学西学内容、教学方法、学生出路、办学经费，都提出了具体设想。他主张，聘中外专门名家，选译各国有用之书，编定蒙学普通专门课本，颁行各省，并通饬疆吏督同地方绅商就地筹款，务使各州县遍设小学、中学，各省设高等大学。①

三是主张设立文部大臣，负责教育事宜，包括蒙学、普通学、专门学、编译、典试、巡查等方面。

四是鼓励留学。"各州、县、省会学堂生徒，凡自备资斧游学外邦，专习一艺，回国者准给凭照，优奖录用。"

---

① 郑观应：《论考试》，《郑观应集》上册，第 104—106 页。

五是开设专门工艺学堂。他认为，中国生齿日繁，生计日绌，开设各种工艺学堂为今世之急务。"工艺一事，非但有益商务，且有益人心"。这些学堂所学内容，包括制造、机器、织布、造线、缝纫、攻玉，以及考察药性与化学等类。①

六是改良教学方式。他采纳西人关于人有悟性、记性之说，力主改革中国传统重记性、轻悟性的教学方式。②

在《盛世危言》中，郑观应将教育问题置于全书的首要部分，仅次于具有总论性质的《道器》，可见他对教育的重视。他认为，实行教育改革以后，中国人才会发生根本性变化，"人材日出，何患不能与东、西各国争胜乎？"③

（二）普及教育思想

这方面，狄考文的论述最为系统。

1881 年，狄考文发表《振兴学校论》，从分析中西教育方式的差异入手，说明中国传统教育重记性（记忆力）而轻心思（思辨力），重虚学（书本知识）而轻实学（实际知识），偏于人事而短于自然，重视笔书而短于谈论。

狄考文指出，教育能使学问"继往开来，变人之气质，广人之聪明，增人之乐趣及通国家之政治"，此理尽人皆知。为学之道，在于"能增人之记性，开人之心思"。但中国为学之规，用记性之时多，用心思之时少，颇能使人长记性，"鲜能令人长心思"。这并不是说中国之文人都无思才，而是因为其教育方式难以增进人之思才。即使教人写诗作文，"亦不过徒事诵读，无从启其心思"。他认为，思之为益，较记性尤为紧要。因为记性的功能，主要是记住前人之旧章，而思考的功能，则是"思古所未有者，而补其缺

---

①　郑观应：《盛世危言·学校上》，《郑观应集》上册，第 246 页。
②　郑观应：《盛世危言·学校下》，《郑观应集》上册，第 271 页。
③　郑观应：《盛世危言·学校上》，《郑观应集》上册，第 267 页。

略。思今所本无者，而生其巧妙"。思路愈广，学问愈深。他认为，各门学问中，最"足以开人心思者，莫深于算学。泰西诸国凡读书之人，莫不以算学为要"，以算学为开导心思之法，故其人之思才较中国为长。①

狄考文将学问分为虚学与实学两种，虚学指书本知识，实学指实际知识，即能周知天下之事、遍格万物之理的知识。他认为中国教育制度偏重虚学，而偏废实学。他批评中国之学范围太窄，偏于人事而短于自然。他还批评中国读书人重视笔书，长于文章，不重言辞，短于谈论。他认为，这是"不知口传之学，实为传学问之要道"。他总结说："中国之学问增人之记性则有余，开人之心思则不足。且只属学问之偏端，并非学问之全量。又重文辞而轻言辞，如是以为学，缺失不已多乎？"②

狄考文提出了广兴学问即普及教育的主张：

> 所谓广兴者何？盖统男女智愚之伦，士农工商之类，无一不纳诸学问之中也。迨至尽人皆有学问，当国家晏安之日，各挟其技艺材能，可以生财而致富。即干戈扰攘之时，亦不乏精兵良将，可以御敌而争强。③

他强调，要重视教育，必须让普通教育与专门教育一起发展。普通教育中，尤其要重视童蒙教育。狄考文指出，童蒙学之外，"须设文会学，总集天下学问之大要，以备造就英才"。文会学不需多设，或一府或两三府设立一处就够了。文会学的学制，可定为五年或六年，让那些学过四书、地志、数学等课程的学生，到此深造，学习代数学、地势学、形学、微分积分学、天文学、富国策以

---

① 狄考文：《振兴学校论·本意》，《万国公报》1881 年第 653 期。
② 狄考文：《振兴学校论·本意》，《万国公报》1881 年第 653 期。
③ 狄考文：《振兴学校论·新法》，《万国公报》1881 年第 656 期。

及中外史记摘要。这类学校，一要多请教习，各教各学。二要配置机器，"征验各种物学之妙理"，因为"格物、化学、天文等，非有合宜之机器随学随证，则教习便难教得透澈，学生更难学至底实"。"是故凡文会学，必先全备机器。即为教习者，亦必须精通机器之艺。"三要多藏书籍，以供学生取阅查对。四要多有资本，以便维持。

狄考文还提出了如何凑集办学资金、拟定章程的意见，特别是建立激励机制问题。他说，要兴学，"必常有赏功名之权，令人不止图得学问，又可希图功名"。所谓功名者，即给予秀才身份，"于是，文会学始能成为贵重之所，从学者必将炽而昌。以此法赏人功名，綦妙无比"。

狄考文设想，文会学之上，可以设立各种特学，主要是医学、律学、道学，此外尚有乐学、矿学及兵法学等，办理特学的方法，与办理文会学相同。文会学与特学之上，还可设立总学。"何谓总学？即是上一等之文会学，又兼各种特学，合并一处，自然成为大学房也。居屋多而能容，资本富而足用，声名广而且远。"

从狄考文设计方案看，所谓童蒙学，相当于小学；所谓文会学，相当于中学；所谓特学，相当于专科学院；所谓总学，相当于大学。

狄考文说，他见中国"君相欲用西国兵器及其兵法，不惜巨费购求，多年终若未得诀窍，以致不能盛行。余本美国人，确知西国兴隆之由皆真理、真学之效。夫真理、真学可以兴西国，即可以兴中国。大道为公，固无分乎疆界也。况学问天下之公理，广学问儒者之公心。余久于此道，甚欲中国能得出奇之兵法，可胜一切仇敌。然不知胜敌之功效，皆自多设学馆来也"。①

狄考文的批评，可谓深中肯綮。包括儒学、书院在内的中国传统教育制度，是培养、选拔少数精英的制度，是与君主专制主义相适应的制度，也是与传统的农耕文明相适应的制度。狄考文所倡导

---

① 　狄考文：《振兴学校论·新法》，《万国公报》1881 年第 656 期。

的，是面向人民大众、面向广泛专业、技术训练的教育，是与工业文明相适应的制度。前者适应于等级社会，后者适应于平等社会。

（三）建立游艺书院设想

循着郑观应、狄考文的思路，苏州人潘敦先在 1893 年提出推广书院、道艺兼重、建立游艺书院的设想。

潘敦先（1868—？），江苏吴县人，曾任江西候补同知，署庐陵县知县，官至二品衔直隶候补道。有《小三松堂诗集》四卷附杂著一卷。多次参加上海格致书院课艺，屡列优等。1893 年秋季特课的命题人为两江总督刘坤一，所出题目为："书院之设，即古党庠术序之遗意。宋时鹅湖、鹿洞，讲学著闻。胡安定先生以经学、治世，分斋设课，得人为盛。中国一乡一邑，皆有书院，大率工文章以求科举。而泰西艺学，亦各有书院，自京师有同文馆以肄算学，天津、江南有水师学堂以习海军，上海设立格致书院专论时务，踔事日增。中西书院不同，其为育才一也。或谓纲常政教，中国自有常经，惟兵、商二途，宜集思而广益。第中西之载籍极繁，一人之才力有限，果何道而使兼综条贯、各尽所长欤？试互证而详论之。"潘敦先、孙兆熊等 50 名学生参加，潘敦先课艺获超等第一名。本节所引潘氏关于教育改革的论述，均见这篇课艺。该课艺载王韬所编《格致书院课艺》癸巳秋卷，后被陈忠倚收入《皇朝经世文三编》，光绪二十三年宝文书局刊，题为《中西书院文艺兼肄论》，姓名被误植为"潘克先"。

潘敦先认为："中西之学本不相同，中国重道而轻艺，故以义理为胜；西国重艺而轻道，故以格致见长，此中西之所由分也。"如果要使中西之学兼综条贯，各尽所长，则道艺不可偏废，非推广书院不为功。他批评中国传统教育不利于人们实际才干的增长，中国一乡一邑，书院林立，所工者惟文章，所求者乃科举，此外则别无所事。这些人并无处理实际事务的才干，遇到现在的变局，便无能为力。"试问制艺能御彼之轮舰乎？曰不能也。能敌彼之枪炮乎？曰不能也。"

潘敦先认为，现在中国在效法西方教育制度方面，已经采取了一些实际措施，京师有同文馆以肄算学，天津江南有水师学堂以习海军，上海有格致书院专论时务，但是，考其效果，则"袭西学之皮毛者多，窥西学之精奥者鲜"，其深层原因，在于守旧与趋新之人皆各走极端。有鉴于此，他认为"推广书院，道艺不可偏废"，道指道德，艺指技术。这正是中体西用思想的不同表述。

潘敦先对设想中的学校，起了一个混一的名字"游艺书院"。他说，"各省所建学堂，可名曰游艺书院，以示本末并用，不稍偏颇"。院中分道、艺两途，讲道以经史为本，讲艺以天算为宗。所谓经史，指孝经、小学、五经、史鉴及国朝律例诸书。"每逢房虚昴星等日，则又宣讲《圣谕广训》，教以尊君亲上之义，以期学生不至为异端所诱而有以尽其精进之功。"所谓天算，包括三角、八线、几何、代数、微积之类。他认为："西学分类繁多，而要皆权舆于算学……故天算尤为西学之要也。院中一月两课，一课以道，觇其才学器识，一课以艺，试其德慧术智，三年一大考，视等第之高下以定赏罚。"他还就如何保证教学质量、提高学生素质方面，提出四点设想，包括延聘教习、购置藏书、开设特科、推广游历。其中开设特科、推广游历之论尤有见识。

在潘敦先看来，要创立游艺书院，如果仅赏以花红小利或某种虚衔，是不能真正鼓舞人心、吸引人才的，若要游艺书院昌盛，必须与开特科相辅而行。开特科之议，并非始于潘敦先，此前冯桂芬、陈琇莹等都曾提出过，之前还开过算学科，但效果并不理想，原因在哪里呢？潘敦先指出，其根本原因就是没有相应的教育制度与之配套。

潘敦先对于设想中的特科方案进行了具体阐释：

> 为今之计莫如仿宋马司光议设十科之意，特设一科，择南北洋省会之区，建造贡院，三年一试，命总署各堂官及督抚中之精于西学者以为考官，照乡试之法，试以三场，首场考证经

史以觇其学问，次场策论时事以观其识见，三场则试以格致制造以及兵商诸大端。凡院中大考列入上等者，皆得报名应试，并援今算学乡试之例，每二十名取中一名。会试则视人数多寡，随时请旨。如是则人知帖括外亦有进取之阶，而西学于是乎畅行，且知西学中并无弋获之径，而经史不致于偏废。其有已得官职而不愿赴考者，仍可按年保奖，与此两不相妨。惟取士向有成法，断难率议更张。昔在道光中年，两广督臣祁瑱①请开奇才异能五科，同治九年浙闽督臣英桂请开算学特科，光绪初元两江督臣沈葆桢欲仿汉诏求茂材异等出使绝域，亦有开特科之请，皆格于部议而止。故今必以道艺兼试，庶于搜求绝技之中，仍寓科举得人之法，而不致与成例有乖焉。

潘敦先的思想与郑观应一脉相承，但较之郑观应所述更为具体。他的上述意见，是在格致书院课艺中阐述的，也是在吸收了郑观应、狄考文等人意见之后的深化。

郑观应、潘敦先的设想，较之此前祁埃、冯桂芬所提的奇才异能科的构想，更为系统与具体。在祁、冯那里，学习西学，还是相对孤立的方案，到了郑观应、潘敦先这里，已是系统的、配套的教育改革方案。十多年后，清末新政时期，清政府改革学制，设立学校，其方案实质上是对郑观应、潘敦先等意见的落实。

（四）传统书院嬗变

同光之际，传统书院在严重官学化、只钻科举、不讲学问等弊端凸显的同时，也出现了一些积极的变化。这主要表现在一些书院努力挣脱科举制度的束缚，讲究经世之学，甚至讲求西学。

经世致用本有传统，阮元在嘉庆、道光年间创立诂经精舍、学海堂，就以远离科举、研究实学为号召。同光之际，许多书院发扬

---

① 文中"祁瑱"当为"祁埃"。

光大这一传统。诸如：同治初年，李鸿章修复毁于战火的苏州正谊书院，聘请冯桂芬担任山长，专课经古，不事科举。1864 年，上海道台丁日昌建龙门书院，先后聘请顾广誉、刘熙载、孙锵鸣等名儒执教，课程以经史性理为主，旁通时务，辅以词章。1873 年，陕西学政许振祎在泾阳建味经书院，不课时文，以实学为主，1885 年以后，设天文、舆地、经史、掌故、理学、算学等课程让诸生学习。1876 年，上海道台冯焌光创办求志书院，分经学、史学、掌故、算学、舆地、词章六斋，按季命题课士。1877 年，江苏山阳人顾云臣从湖南学政任上致仕归家，修复勺湖书院，设经学、算学两塾，教学经解即算术、几何等学，一月一课，持续二十多年。1878 年，王闿运执掌成都尊经书院教职，提倡通经致用，以经、史、词章等实学教育诸生，排斥时文帖括之学。同期，黄彭年执掌保定莲池书院教职，亦提倡经世致用之学。① 1879 年，长沙校经书院，研究农桑、钱币、仓储、漕运、盐课、榷酤、水利、屯垦、兵法、马政等类实学，造就人才甚众。同年，广东嘉应州设崇实书院，课士章程仿学海堂，分六门，包括经、史、词章、舆地、掌故、天文算学。1883 年，山东巡抚任道镕为历城尚志书院改定章程，仿浙江诂经精舍风格，以经古课士。同年，陕西同州丰登书院聘请蒋子潇主讲朴学，教关中人士。②

这些书院介于新旧之间，或曰半新半旧，其性质还是传统书院，但局部内容已发生了变化。

比如，冯桂芬在主持苏州正谊书院期间，引导学生关注国计民

---

① 李赫亚对晚清书院教育内涵变化有细致研究，认为："在历史的变局中，为了适应时代需要，中国传统的书院教育也在发生着变革，其变革传射出近代国人不同的文化观念和教育理念的交错之相，在书院教育上则呈现出不同书院教育模式并存的多元性征，此亦从一个侧面客观展示了中国教育近代化过程中一段真实的历史轨迹。"见李赫亚《论晚清书院教育的多元性征——以王闿运与同期其他山长书院教育之比较为例》，《徐州师范大学学报（哲学社会科学版）》2007 年第 2 期。

② 参见邓洪波《中国书院史》，第 730—742 页。

生等实际问题，所出课艺题目，除了经史，还涉及时政、军事、天文、舆地、水利、河渠、算学、盐铁等许多方面，比如：问江北江南水利疏导修防何为最重要；问开垦荒田广招客民耕种有无流弊；江南浙西引地盐法策；清丈论；问黄河北流东流东北分流利弊若何，昔夺淮今夺济孰愈；唐代处置藩镇得失论。①

张裕钊在执掌保定莲池书院期间（1883—1889），引导学生关心时政。他引导学生关注政治体制的变革，认为政治制度因时而变，舜总大麓，禹宅百揆，汉承秦制，魏晋以降，历代因时变袭，宰相一职，"辅天子，总万机，正百官，治兆民，兼任则患事权之不一，专任则远众独断之弊生，甚者启权臣擅政之渐。然天下穷万事万物，未有不贞于一而不乱者"，其最宜者，莫过于"斟酌古今，权度时宜，穷敝极变，而则取其衷"。针对当时中国边疆危机，他让学生注意考察东南海道、北部边疆之舆图，以便周知险易，使览者足不出户而能了解各地情形。针对当时国家军队八旗、绿营之腐朽，湘军淮军之兴起，他让学生思考国家军事建设问题，考虑地方势力兴起与国家治乱得失问题。②

冯焌光所办的求志书院，以研究经学、史学、词章为主，但设立了一些新的课程，专设了舆地、算学二斋，以通晓西学的张焕纶、刘彝程分任斋长。在传统学问中，算学仅被视为技能，冯氏将其提升为专门一类，与经史并列，实际是仿效了西方教育重视数学，将数学视为各门学科基础的做法。至于舆地，更是当时传入中国的西学中最受国人重视的一大门类。据说冯氏曾想将求志书院办成一个"有类西洋大学院之性质"的机构。③ 冯焌光作

① 参见王卫平、王坤《冯桂芬书院教育实践及其教育改革思想》，《江苏大学学报》2009 年第 1 期。

② 参见张倩《张裕钊莲池书院时期的实学教育》，《唐山师范学院学报》2010 年第 6 期。

③ 姚明辉：《上海的书院》，载《上海地方史资料（四）》，上海社会科学院出版社 1986 年版，第 19 页。

为上海道台，负责上海与洋人交涉事务，对外国人在上海所办学校比较了解。同时，他兼管广方言馆事务，也了解中国官办新式学校的特点。他对求志书院的规划，显然与他所受这两类新式学校影响有关。

再如，上海龙门书院至19世纪80年代后期，风气开始变化，西学成为学生竞相研究的内容。时人记载：

> 斯时，院内群处三四十人，长者四五十岁，幼者一二十岁，长者领导，幼者附从，据旧学之基础，展新学之钻研。一因徐家汇天主教已有天文台之设置；二因制造局翻译馆已出西学之新书；三因求志、格致两书院之开风气；四因耶稣教学堂之教授科学；五因英人李提摩太广学会之译书日出；六因张焕纶设梅溪书院，仿新学堂之模样，龙门社会蒙其影响，而姚文栋历东西洋十二年而归，绍介其见闻所得，故乃发求新之大欲，启请院长孙锵鸣大置新书，购天地之球仪，展中外之舆图。治算术则绅绎《九章》，观星宿则攀登屋顶。科学、哲学、教育、政治，自我学习，朝此昔斯。理窟开而思想放，知识张而意气豪，开风气于士林，播风声于社会。惟是溺于举业者多诧为奇事，至目为疯狂。①

孙锵鸣（1817—1901）担任龙门书院山长的时间，是1887年至1889年，则书院风气发生变化当在此之后。

这些书院的嬗变，在一定程度上适应了时代的需要，是中国传统教育文化具有一定调适与再生能力的体现，也为日后废除书院、建立新式学校打下了基础。

---

① 姚明辉：《上海的书院》，载《上海地方史资料（四）》，第17页。

六　新学校创立及新旧思想冲突

19 世纪 60—90 年代，中国存在三类新式学校，一是传教士与其他外国人办的学校，二是政府官办新式学校，三是民间自办新式学校。

（一）教会学校及其他外国人办的学校

鸦片战争以后，香港与上海等通商口岸陆续出现一批由传教士或其他外国人办的新式学校，基督教、天主教在这方面都做过许多努力。据统计，1860 年以前，仅基督教（新教）在上述六个地区开设的各式学校就有 50 所，有学生 1000 余人。天主教在这方面也做了很大努力，惜缺少确切统计数字。

第二次鸦片战争以后，随着通商口岸的增加，传教士方便进入内地，教会学校数量骤增。据统计，到 1877 年第一次"全国传教大会"召开以前，基督教在中国各地共设各类教会学校 462 所，有学生 8522 人。1890 年第二次"全国传教大会"召开以前，全国基督教会学校学生数达 16836 人。

1860 年以后 1895 年以前，这些教会学校及其他外国人办的学校中较为知名的如下。

1862 年，香港政府创办中央书院，后易名维多利亚书院、皇仁书院。

1864 年，美国传教士裨治文夫人在北京设立贝满女学，后发展为贝满女中；美国北长老会传教士狄考文在山东登州设立蒙养学堂，后发展为文会馆，1881 年开设大学预科，为山东大学前身。

1865 年，美国长老会丁韪良在北京设立崇实馆，后改崇实中学。

1867 年，美国公理会在通州设立潞河男塾，后改称潞河书院，后发展为华北协和大学。

1870 年，在英国商人汉璧礼资助下，上海外侨在虹口为欧亚混血儿童开设一所学校，后移交给工部局管理，定名汉璧礼养蒙学堂。

1871年，美国圣公会在武昌设立文华书院；美以美会女差会在福州设立毓英女学；监理会在苏州设立存养书院，1879年改博习书院，后发展为东吴大学。

1874年，法国天主教圣母会在上海设立圣芳济学堂，后改圣芳济中学。

1876年，中外士绅共同捐资在上海公共租界合办格致书院。

1877年，美国长老会在烟台设男子学校。

1879年，美国圣公会施约瑟在上海将此前已设立的培雅、度恩两校合并，成立约翰书院，后发展为圣约翰大学。

1880年，美国监理会在江苏南翔（今属上海市）设悦来书塾。

1881年，美国圣公会将上海文纪、裨文两女塾合并，成立圣玛利亚女校；公理会在天津开办医学院，奠定了北洋医学院的基础；浸礼会在山东青州创办培真书院；美以美会在福州设英华书院，在九江设同文书院；监理会林乐知在上海设中西书院。

1884年，美国美以美会在镇江设镇江女塾；在重庆设男塾，后发展为求精中学。

1886年，上海外侨团体共济会在公共租界建立上海公学，后被工部局接收，改名西童公学；法国天主教在上海设立中法学校，后改光明中学。

1887年，伦敦会在香港创办西医书院，后发展为香港大学医学院；美国长老会哈巴安德在广州创办格致书院，为岭南大学前身。

1888年，美国浸礼会在广州设立培道女中；公理会在香港设立女子寄宿学校，后成为英华女校；美以美会在南京创办汇文书院，后发展为金陵大学；在北京设立汇文书院，后与潞河书院合并，发展为燕京大学。

1892年，美国监理会在上海设立中西女塾，后改中西女中。

1893年，上海西侨在闸北创办西洋女学堂。

1894年，法国天主教在上海设立善导学堂，后改善导中学。

这一时期传教士与其他外国人在华所办新式学校，主要分布在香港与通商口岸，尤以上海为多。就程度而论，1877 年以前多相当于小学，1877 年以后，有一定数量的中学出现，并有个别大学出现。

（二）官办同文馆

京师同文馆、上海广方言馆与广州同文馆，都是在第二次鸦片战争以后，为了适应对外开放形势、培养外语人才而设立的新式学校。这三所官办学校，不免带有那个时代官办机构常有的因循、腐朽习气，但是，由于其以学习外文为宗旨，兼习其他西学，聘请外籍教习，就不能不成为新知识聚集地与发散地，进而与新人才、新思想发生关联，甚至成为新旧思想发生碰撞与冲突的地方。

1. 京师同文馆

在京师设立外语学校之议，第二次鸦片战争尚未结束时便已提出。1859 年 2 月 26 日（咸丰九年正月二十四日），翰林院编修郭嵩焘，奏请咸丰皇帝设立外语学校。

几乎与郭嵩焘在北京提出创办学习外国语言文字学校主张同时，生活在上海的管嗣复也提出了类似意见。[①] 他们在 1859 年之所以会不约而同地都提出了开办外语学校的意见，一是当时的形势使然，这个问题已经相当迫切；二是他们对外国情况都有一定程度的了解。管嗣复当时生活在上海，与传教士合作译书，郭嵩焘在此前的 1855 年，已经参观过上海租界，参观过墨海书馆，还买了寒暑表与望远镜等洋器。那以后，他对西洋情事一直相当留心。二人的意见均无人重视。

又过了一年，1860 年发生的两件事，迫使清廷不得不立即考虑培养外语人才的问题。

其一，因无人识外文而贻误大局。1860 年 9 月，英法联军攻陷通州，直逼京畿，咸丰皇帝逃往热河，恭亲王奕䜣受命议和。此

---

① 王韬：《王韬日记》，中华书局 1987 年版，第 86 页。

时，英国参赞巴夏礼已先期被俘，奕䜣命他致书联军统帅联系议和。巴夏礼亲书中文信一封，但旁边有英文数行。当时朝中无人识此英文，不知所写何意，不敢即发。听说天津有一广东人黄惠廉识得英文，奕乃札饬调京。经黄辨识，几行英文只不过是巴夏礼的签名及年月日。区区"夷字数行"，朝中竟无人识，一去一来，延宕多日，影响了战和大局。此事对清廷刺激很深。

其二，有关条约的规定。第二次鸦片战争结束，《北京条约》签订，重新认定《天津条约》各项条款。中英《天津条约》与中法《天津条约》，都有关于两国交涉使用语言文字的规定，即两国交涉，均使用英文或法文，暂时附送中文，俟中国选派学生学习外文以后，即停附中文照会；此后各项文件或文辞发生争议，均以外文为准。

鉴于此，第二次鸦片战争一结束，主持对外交涉事务的奕䜣，便与桂良、文祥三人联衔，奏请开办外语学馆：

> 查与外国交涉事件，必先识其性情，今语言不通，文字难辨，一切隔膜，安望其能妥协？从前俄罗斯馆文字，曾例定设立文馆学习，具有深意。今日久视为具文，未能通晓，似宜量为鼓舞，以资观感。闻广东、上海商人，有专习英、佛、米三国文字语言之人，请敕各该省督抚，挑选诚实可靠者，每省各派二人，共派四人，携带各国书籍来京，并于八旗中挑选天资聪慧，年在十三四以下者，各四五人，俾资学习。其派来之人，仿照俄罗斯馆教习之例，厚其薪水，两年后，分别勤惰，其有成效者，给以奖叙。俟八旗学习之人，于文字言语悉能通晓，即行停止。俄罗斯语言文字，仍请敕令该馆，妥议章程，认真督课。所有学习各国文字之人，如能纯熟，即奏请给以优奖，庶不致日久废弛。①

---

① 《奕䜣桂良文祥奏统计全局酌拟章程六条呈览请议遵行折》所附《章程六条》，《筹办夷务始末（咸丰朝）》卷七一，第八册第2679页。

　　由此折可知，当初奕䜣等人所提方案，尚属应急措施，还没有学习外语的长久打算，等几名八旗子弟学成，即将学校解散。人数也很有限，仅十来人而已。

　　奕䜣等人所议，很快获得批准，但因外语教习迟迟没有着落，学馆无法开张。他们原拟从广东、上海商人中遴选教习，亦未如愿。广东称无人可派，上海虽有其人而艺不甚精，价又过巨。延至1862年，总理衙门接受英国公使威妥玛推荐，聘请英国传教士包尔腾为英文教习，挑定十名学生入馆学习。为了防止包尔腾趁机传教，总理衙门与威妥玛言明，只教语言文字，不准传教，同时嘱汉文教习暗中稽查。这年6月11日（同治元年五月十五日），学馆在东堂子胡同的总理衙门中正式上课，后被定名为"同文馆"。

　　同文馆开办的第二年4月，俄罗斯文馆被归并进来，① 聘请俄国驻华使馆翻译柏林任俄文教习。法文馆亦同时开办，以法籍传教士司默灵为法文教习。到1866年，京师同文馆一直是学习英、法、俄三国语言文字的学校，每馆各有学生10人。

　　1866年，随着自强运动的开展，总理衙门打算扩大同文馆规模，增设天文算学馆，招收满汉科举正途出身人员入馆学习。这项计划遭到京师士大夫的强烈反对和抵制。总理衙门只得放宽资格而招收杂项人员。结果，半年内报名的有98人，没有一名是正途出身，到考的为72名，录取了30名，因程度太差，半年后退学的20名，剩下的10名被并入旧馆。遭此挫折，京师同文馆元气大伤。到1869年，英文馆只有学生2名，法文馆有8名，俄文馆较多，有18名，学生多已人到中年。

　　1870年以后，情况逐渐改观。一是因为上海广方言馆与广东

----

　　①　俄文馆始设于1708年（康熙四十七年），系因中俄交涉而设，先以来华俄商，后以通俄语之中国学者担任教习，学生名额为24人，后因学生升途及管理等问题，渐失培养俄语人才的功能。1805年（嘉庆十年），几名学生被派赴库伦担任翻译，竟无一人能听懂俄人语言。理藩院与俄国往来文书，俄文馆亦无人能司翻译之职。所以，同治初年的俄文馆，名为沿袭旧制，实为重新开张。

同文馆自 1868 年起陆续选送优秀学生到京，二是著名数学家李善兰奉调到馆担任教习，三是丁韪良担任该馆总教习后，采取了一些改进措施。1871 年，添设德文馆。1876 年，馆中规定，除了英、法、俄、德等外语，学生还要兼习数学、物理、化学、天文、航海测算、万国公法、政治学、世界历史、世界地理、译书等课。这一变革，使同文馆由先前单纯的外国语言学校，变成以外语为主、兼习多门西学的综合性学校。1877 年，馆中已有学生 101 名，中外教习十余人。1888 年，添设格致馆、翻译处。建造星象台，"上设仪器，顶盖四面旋转，高约五丈，凡有关天象者，教习即率馆生登之"① 观测。1896 年添设东文馆②，学习日文。1898 年，京师大学堂成立，同文馆中与科学有关的部分并入其中。1900 年，八国联军入侵北京，同文馆师生全体解散。1902 年 1 月 11 日（光绪二十七年十二月初二日），同文馆全部并入大学堂，四十年历史至此结束。

2. 上海广方言馆

京师同文馆成立以前，已有在上海设立外语学校的议论。1861年，流寓上海的冯桂芬在所著《校邠庐抗议》的《采西学议》中已提出，宜在广东、上海设翻译公所，选颖悟文童，住院肄业，聘西人课以西国语言文字，并习经史算学。这是第一次提出在上海设立外语学校。京师同文馆成立以后，江苏巡抚李鸿章奏请仿例照办。1863 年 3 月 11 日，他在《奏请设立上海学馆》的折稿中，③

---

① 《洋务运动》第二册，第 91 页。

② 苏渭昌：《关于同文馆的若干史实》，《南开学报（哲学社会科学版）》1981 年第 4 期。所以取名"东文馆"而不称"日文馆"，同文馆一名学生的解释是："甲午中日之战，日本已强，又添设了日本文，彼时名曰东文馆。其所以名为东文馆者，有两种原因，说来也很可笑。一因甲午之战，官员们为堂堂中国同一小日本打仗，说起来丢人，意思是它不配与中国为敌，避免中日合称，而云中东之战，所以名曰东文。二因其他四国文字都是西文，所以名曰东文。"见《齐如山回忆录》，中国戏剧出版社1989 年版，第 28 页。

③ 李鸿章奏稿为冯桂芬代拟，其时冯为李之幕僚。

详述了在上海设立此类学馆的必要性。第一，设立外语学馆是研究外国的需要。第二，设立外语学馆是上海与洋人交涉的需要。第三，原有通事不可靠，须另育新人。此前，中国能通西方语言者，仅为通事，遇到交涉事务，往往雇通事往来传话，但这些人很靠不住，时常误事。第四，京师虽已设同文馆，上海仍有再设外语学馆的必要。因为上海为洋人总汇之地，书籍较富，见闻较广，是培养外语人才比较理想的地方。①

折上，朝廷很快批准。上海广方言馆遂破土兴建。

上海广方言馆最初拟名是"上海外国语言文字学馆"，此名见于李鸿章请设学馆的奏折。其后，在冯桂芬拟订的试办章程中，正式定名为"学习外国语言文字同文馆"，简称"上海同文馆"。此名用了四五年，1867 年改名"上海广方言馆"。②

上海广方言馆学生起初额定 40 名，以后续有增加，最多时为80 名。学生入学采取保送与考试相结合的办法，年龄限制为 14 岁以下，后改为 15 岁以上 20 岁以下，由官绅之有品望者保送，由上海道面试，择优录取。学馆起初单独设址，1870 年移入江南制造局，与翻译馆同处一楼。学馆新拟章程，对学生要求更为严格、具体，对课程规定也更为细致。所习西学内容包括外语、几何、重

① 《署理南洋通商大臣李奏请设立上海学馆折稿》，陈正青整理《广方言馆全案》，上海古籍出版社 1989 年版，第 107 页。

② 1867 年 4 月 14 日（同治六年三月初十），负责上海学馆的江海关道应宝时在给南洋通商大臣曾国藩的呈文中，仍称"上海学馆"而未称"广方言馆"，同年总理衙门奏折中亦只称"上海同文馆"，到这年 11 月 22 日（同治六年十月二十七日），应宝时在给曾国藩的呈文中已称"广方言馆肄业诸生"。1869 年江海关道涂宗瀛在给南洋大臣马新贻的呈文中特加附注："原名同文馆，改为广方言馆。"由此可知，上海同文馆易名上海广方言馆是在 1867 年 4 月至 11 月之间。这时，北京正因京师同文馆增设天文、算学馆，招收科甲正途人员一事，朝廷上下争得不可开交。上海同文馆之易名，可能与此有关。广方言馆，读作"广——方言——馆"，"广"是动词。将外国语言文字称为"方言"，与将外国人称为"夷"是同一逻辑，为的是让守旧派获得一种心理满足，同时也是为了自我保护。此时更名，很可能是上海地方官员避免卷入争论旋涡的一种策略。

学、代数、天文、地理和绘图、外国公理公法等。1894 年，章程又有所改变。其一，学生分作四馆，即英文、法文、算学、天文，每星期前四天学习西学、算学等专门课程，每天八个钟点，其余三天学习经史、古文、时艺，仅习中学、偏废西学者，应令其赴各处书院肄业，不得住馆。其二，所有学生除由教习按月考核课程外，每逢端午、中秋、年节，听候江海关道和制造局官员会同甄别中西各学，评定甲乙，奖优罚劣。1905 年，广方言馆改为工业学堂。

3. 广州同文馆及西学馆

广州同文馆开办于 1864 年。第一期正途学生 20 名，其中满汉八旗子弟 16 人，汉人世家子弟 4 人，另有 5 名附学生，学生年龄一般为 14—20 岁。学制三年，学习科目主要有英语、汉语和算学。后因中外关系扩展，涉外时务增多，按照总理衙门谕示，于 1879 年添设法文、德文两馆，每馆额设学生 10 名，其中 10 名来自原英文馆中英语已经通晓者，其余则选自八旗子弟。学馆规定肄业生每年甄别一次，其于西洋语言文字无所通晓者即行斥退，挑选更换；学生每月考察一次，一等二名，每月赏银二两，二等四名，每月赏银一两。以三年为期，能将西洋语言文字翻译成书者，"以府经县丞为升阶，旗员愿就武职者，以防御为升阶"；"年逾二十之举监生员及候补流寓人员"，如愿学习西洋语言文字，经报送准其入学，费用自理。1905 年改为译学馆。

以上三所官办同文馆，虽然分处北京、上海与广州三地，由各地相关部门负责招生、管理，但是它们也各有侧重，相互联系，互为补充。论规模，京师同文馆最大，地位也最高。总理衙门曾要求上海、广州二馆，选送优秀学生到京师同文馆深造。奉此要求，从 1868 年起上海广方言馆先后 5 次共选送 28 名学生，1872 年广州同文馆选送了 14 名学生。这些学生在京师同文馆学习大多成绩优良，后来大多在外交部门工作，其中广方言馆选送生中汪凤藻、杨兆鋆等 8 人先后担任过出使大臣或驻外公使，广州馆选送的左秉隆，在 1878 年随曾纪泽出使英国，任英文三等翻译官，1880 年任清政府驻英属新加坡第一任总领事。由此来看，京师同文馆在三馆当中，兼有一定的高等教育功能。

除了以上三馆，1887年，清政府在台湾设立了西学馆；在东北珲春设立了翻译俄文书院，因珲春、宁古塔与三姓三城与俄国接壤，交涉事繁，而各城当差人员于俄情、俄文不很熟悉，每遇往来照会，多有隔阂误会。

（三）民办新式学校

除了教会学校与外国人办的一些学校、官办同文馆，这一阶段还有一所民办新式学校不能不提，这就是梅溪书院。

梅溪书院创办于1878年，初名正蒙书院，1882年改名梅溪书院。校址在上海县城内梅溪弄。创办人张焕纶（1845—1904），上海人，是一个有思想、有毅力、有见识、肯实干的知识分子。他青年时代入上海龙门书院，从一代名儒刘熙载求学，打下了比较厚实的传统文化根底。参加过一次科举考试，因病未终考，以后便绝意八股。对地理、军事等学问颇有钻研，曾在上海求志书院主讲舆地之学。他生在上海县城的一个商人家庭里，一面深感国势凌弱，教育落后，人才匮乏，一面也可能从教会学校那里得到了启发，于是起而创办了梅溪书院。

梅溪书院虽名为书院，但与当时一般书院不同。梅溪书院从一开始就明确规定不讲授专为科举考试服务的帖括之学，以明义理、识时务为宗旨。学生的组织管理、作息制度均参照西方学校之法，课程有国文、舆地、经史、时务、格致、数学，1884年以后添设英文、法文，还有内容丰富的体育游戏，如击球、投沙囊、投壶、习射、超距、八段锦等。教学方法也较旧式书院有很大不同，自早晨起床到晚间休息，各有规定，吃饭有教师同席，睡觉有教师同舍，师生关系也比较融洽。学校还对学生进行军事训练，中法战争爆发时，梅溪学生接受军事训练，夜晚在城内巡逻。张焕纶为学生制定了校训六条"和厚、肃静、勤奋、精熟、敏捷、整洁"，并选择古人的嘉言懿行作为学生的教育材料。

梅溪书院是国人自办的第一所新式小学，创办伊始，社会上疑忌甚深，入院就读者甚少。经教习、校董动员，并送自己子弟入学，才有学生 40 来名。后来成效日著，生徒日众，到 1882 年已有学生近百人，成为一所颇具规模的学校。上海道台邵友濂深为感动，拨款四千二百多两，钱六千多缗，用以扩建校舍，并建洋文书馆，聘请通晓西文的人担任教习。1902 年，清政府令各地书院改为学校，梅溪书院改称官立梅溪学校。

梅溪书院在晚清上海教育史上有着不同寻常的地位。学术界普遍认为，它是"国内小学教育之先导"。[①] 1917 年，梅溪学校举行 40 周年校庆时，江苏省长颁额曰"学津先觉"，说的便是这个意思。在晚清三十多年间，梅溪书院培养的学生不下数千人，其中最有名的是后来成为新文化运动著名人物的胡适。张焕纶因为创办梅溪书院，成就突出，在 1897 年被聘为南洋公学第一任总教习。

(四) 新课程·新教材·新教习

上述三类新式学校，尽管办校主体不一样，办学宗旨不一样，但有三点是共同的，即新课程、新教材与新教习。

1. 新课程

新学校的课程设置，共同点是有数学、外语、历史、地理与其他自然科学知识，不过各个学校都会因自身的环境、性质不同而有所不同，个别学校甚至不教外语（如登州文会馆）。

徐汇公学早期课程主要是国文，后来增设法文、图画、音乐等，从识字班逐渐发展为中学。该校以教授法文和拉丁文闻名。学校以法文和宗教课作为主课，有一门不及格便不能毕业。毕业时，要求对法文能读会讲。因此，徐汇公学的毕业生，均

---

① 袁哲：《中国小学教育史》，载《国立劳动大学月刊》1930 年第 1 卷第 5 号。

通法文与拉丁文。日后，蔡元培等曾专门向此校毕业生马相伯请教拉丁文。

镇江女塾课程为十二年一贯制，相当于从小学到中学。所设课程有六个特点。第一，西学内容丰富。从第一年到最后一年，西学一直是重要的教学内容，有算术（笔算、心算）、代数、几何（形学）、动物学、植物学、科学基础知识（格物入门）、人体解剖知识（全体入门）、生理卫生、地理学、世界通史、哲学（性学举隅），几乎涵盖现在中小学的所有课程。第二，重视外语，英文是贯串始终的必修课。第三，突出宗教。《圣经》不但是十二年自始至终的必修课，而且被置于压倒一切的位置。第四，重视全面发展。诗歌、体操等文体课，从头至尾，一直未停。第五，兼顾中学。从《三字经》《百家姓》《千字文》等中国传统蒙学课本，到四书、《诗经》、《左传》等儒家经典，均在所教之列。第六，课程设置兼顾学生成长特点及接受能力，循序渐进，低年级的课程浅显、形象，通过做游戏、讲故事等形式实施教育，哲学等抽象思维的课程放在最后阶段。

登州文会馆学制分备斋、正斋两个阶段，备斋三年，正斋六年。所设课程从门类上说，与镇江女塾大同小异，西学有算术、代数、几何、物理（格物主要是物理）、化学、天文、地理、动物学、植物学、测绘学、航海学、人体解剖学、经济学（富国策）等；中学有四书、五经、唐诗、中国通史（二十一史）。

中西书院规定，学生入学，先在分院学习两年，然后选入大书院，学习四年，以后如果愿意，还可再学两年。这样，总共为八年。中西书院揭橥的宗旨是中西并重。林乐知认为，中国此前的学校，不是偏重中学，如普通书院，就是偏重西学，如一些教会学校。这两者都不适应中国文明进步的需要。

林乐知为中西书院制定的西学课程是：第一年，认字写字、浅解词句、讲解浅书；第二年，讲解浅书、练习文法、翻译字句；第三年，数学启蒙、各国地图、翻译选编、查考文法；第四年，代数学、格致学、翻译书信；第五年，天文、勾股法则、平三角、弧三角；第六年，化学、重学、微分、积分、讲解性理、翻译诸书；第七年，航海测量、万国公法、全体功用、翻译作文；第八年，富国策、天文测量、地学、金石类考。另外，从第一年至第八年，习学琴韵即音乐是贯穿始终的课程；从第二年至第八年，习学西语即外语口语是必修课程。从课程排列可以看出林乐知让学生分段学习的用意：第一、二年，粗知西学；第三至第六年，除了加深西文的要求，开设了数、理、化、天、地、哲的课程，使学生具备西学基础知识，即使不再继续学业，转而到洋行、海关等机构工作，也能适应。最后两年，开设航海、测量、解剖学、国际法、矿物学、经济学等门课程，为的是培养专门人才。

这个循序渐进的西学课程纲要，在实施时遇到一定困难。这是因为，入学新生的年龄、学识程度差别很大。有些学生于西学已略具根基，有些则全无所知。为了解决这个问题，林乐知将他们分班编制，按照学识程度，由高至低，依次分为特等、头等、二等、三等，各班所学课程内容亦适当区分档次，每等大体相差一个年级。这个情况也说明，上海地区有一批青少年，在进中西书院以前，外语和西学已有一定基础。

圣约翰大学创办之初其实是一所预科学校，即从中学毕业到正式接受大学教育之前的这一阶段。其日常教学分五个部分：一是基础部，习四书及文言文；二是国文部，继续学习中文经籍，开始接受西方基础科学教育，如地理学、历史学、代数学；三是神学部，所习包括系统神学、《圣经》诠释、教会史、教会祷文等；四是医学部，使用翻译成中文的教科书，并到诊疗所里协助工作，轮流到医院进行临床实习；五是英文部，教授英语。

圣约翰大学自1888年卜舫济主持校务以后，对英语教育特别重视。卜舫济将英文教学之重要性归纳为四点：一是华人研究英文，犹如西人研究希腊拉丁文，可以增进智慧；二是研究英文，可以铲除华人排外之成见；三是华人研究英文，可以增进东西方间之情感，扩大国际贸易；四是研究英文，可以了解基督教事业，培养人才，为社会服务。他强调指出，以圣约翰大学所在的上海而言，英文教育已是势在必行，圣约翰大学应该捷足先登，占据主动。[①] 他采取全盘美国化的英语训练方法，除了国文，所有课本一律采用英文课本，用英语进行教学。学校规定，课余同学之间的交流必须用英文，学生必须学习西方礼仪和习俗。圣约翰大学的英语教学名闻遐迩，为其最具特色的教学招牌。

圣约翰大学十分重视自然科学的教学。卜舫济认为，自然科学的训练是迷信的敌人，也是培养能力的最佳方式。在他的领导下，自然科学课程比例不断增大。在缺少教师的情况下，他亲自教课，讲授化学、物理、天文学、地质学的基础知识。1894 年，圣约翰大学专门聘请顾斐德为科学系主任。顾斐德毕业于英国皇家学院，科学素养丰厚，擅长用浅显的英语教授普通的科学原理。他负责所有与自然科学相关课程的教学工作，全部用英语传授。1891 年，圣约翰大学正式成立大学部，凡是在预科学习四年毕业的学生，可以升入正科再免费学习三年。正科阶段，教学标准均仿照美国同类学校。

京师同文馆在 1870 年以前，课程主要是外文与中文，后来增加了一些新的课程。1876 年，总教习丁韪良建立新的课程表，分两项，一为年纪较小、既学外文又学新学的学生所用，二为年纪较大、不学外文、只通过译本学习新学的学生所用。前者分为八年，后者分为五年。八年制课程如下：第一年，认字写字，浅解辞句，讲解浅书；第二年，讲解浅书，练习文法，翻译条子（便条）；第三年，讲各国地理，读各国史略，翻译选编；第四年，数学启蒙，代数学，翻译公文；第五年，讲求格物，几何原本，平三角，弧三角；第六年，讲求机器，微分积分，航海测算；第七年，讲求化

---

① 徐以骅、韩信昌：《海上梵王渡——圣约翰大学》，河北教育出版社 2003 年版，第 16 页。

学，天文测算，万国公法；第八年，天文测算，地理精石，富国策。第五年开始练习译书。五年制课程除了外语和译书稍有不同，其余与八年制大同小异。这些课程在实行过程中有所增减和变通。同文馆还开有医学课，但课程表中没有列出。

这些西学课程，均由浅入深，循序渐进。《清会典》较为详细地记载了各科教学内容，从中可以看出其教学顺序及程度。诸如：外国语言文字方面，"先考其字母以别异同；次审其音，以分轻清重浊之殊"；次审其构词成文之法；最后是对文义的理解和其他问题。天文方面，先通过观测日、月等七政以确立基本法则，使用包括望远镜在内的各式仪器，通过光行差和视差，证明地球自转之理。再推广其法，推算行星轨道。舆图方面，以经纬度定方位，纵横各三百六十度，分天下为五洲，"量以测器，审以算法，精以绘事，以识山水之高深，以悉形势之险夷"。算学方面，以加减乘除入门，次为古代九章算法，次为几何，次为测量，次为中国之四元术、西方之代数术。化学方面，从原行之质即化学元素开始，分非金属与金属两类，述酸、碱、化合、分解等。格致方面，分七门，即力学、水学、声学、气学、火学、光学、电学。动植物学亦归此类。上述各科学完之后，再修万国公法与富国策。所谓"富国策，农工商之事也"，即经济学。

从这些课程来看，同文馆所授西学程度，大体相当于后来的从小学到中学的水平。

上海广方言馆早期章程规定所有学生均以西文与算学为主课，必须逐日讲习。馆中选派通习西语西文之委员董事4人，常川住馆，每日西文教习课读时，充当翻译。每月初一、十五课试西学，初八、二十四课试其他课程。课试后，记其优劣，三月一送上海道，以为奖惩之资。肄业学生，三年期满，能翻译西书全册而文理斐然成章者，可由有关当局，咨明学政，作为附生。通商、督抚衙门及海关监督添设翻译官时，可于其中遴选。其精通西语西文、才能出众者，由通商督抚奏保调京考验，授以官职。

广方言馆 1870 年移入江南制造局以后，总办冯焌光、郑藻如新拟《广方言馆课程十条》和《开办学馆事宜章程十六条》，对学生要求更为严格、具体，对课程规定也更为细致。

广州同文馆课程效法京师同文馆，学制开头三年，后增至八年，第一年学习读法、写法、拼法；第二年学习读法、文法、会话和翻译句子；第三年学习世界史地，练习翻译电报等；第四年学习算术、代数，练习翻译公文；第五年学习物理、几何、三角，继续学习翻译；第六年学习机械、微积分、航海测算；第七年学习译书、化学、测算和万国公法；第八年除了译书，还学习天文、地理。另外还开设生理学、解剖学等选修课。以后又增设东语（日语）馆和俄语馆，培养日语、俄语方面译才。

2. 新教材

上述新式学校所用西学教材，由以下三部分组成。一是原版外文书，徐汇公学、圣约翰大学、京师同文馆、上海广方言馆都广泛使用原版外文书，有的就是原版外文教科书。二是译为中文的西书。京师同文馆所用《万国公法》，系丁韪良所译，原书为美国法学家惠顿的名著。圣约翰大学所用《心灵学》，为美国心理学家海文的名著，颜永京译，这是近代中国翻译的第一部西方心理学著作。《肄业要览》，英国著名思想家史本守（斯宾塞）著，颜永京译，为斯宾塞名著《教育学》中的第一篇"什么是最有价值的知识"，也是斯宾塞著作的第一个中译本。三为教习自编的教科书，京师同文馆司默灵编的《法国话料》《法国话规》，丁韪良写的《格物入门》等，都是自编教材。

教会学校采用最多的是益智书会编写的教科书。鉴于中国教会学校日多，1877 年，来华新教传教士在上海举行第一次全国代表大会，议决成立益智书会，负责编写教科书，供全国教会学校使用。韦廉臣被委任为益智书会秘书。1879 年，聘傅兰雅为总编辑。1890 年机构改组，狄考文任主席，傅兰雅留任总编辑兼总干事，下设工作推行委员会与出版委员会。1893 年后，潘慎文、谢卫楼、李提摩太、赫士和师图尔等曾任益智书会主席。1896 年傅兰雅赴美国定居，潘慎文继任总编辑。这一机构日后相继改称中国学塾会、中国教育会与中国基督教教育会。

益智书会成立时，决定编写初级和高级两套教科书，初级由傅兰雅负责，高级由林乐知负责。教科书涵盖的学科有算术、几何、代数、测量、博物、天文、地理、化学、地质、植物、动物、心理、历史、哲学、语言等各个方面。编写方针是，结合中国风俗习惯，学生、教习皆可使用，教内、教外学校能够通用，科学、宗教两者结合。至 1890 年，益智书会编辑出版和审定合乎学校用的书籍共 98 种，有些是新编的，有些是此前已经出版、后经益智书会认定可供学校教学使用的。

益智书会所出教科书，比较重要的，数学方面有《笔算数学》《形学备旨》《圆锥曲线》，声学、光学方面有《声学揭要》《光学揭要》《天文揭要》，均为主要在山东活动的美国传教士赫士译，朱葆琛述。地学方面有《地学指略》《地理初桄》，卜舫济译编。心理学方面有《心灵学》，教育学方面有史本守的《肄业要览》，均为颜永京译，上文已述。历史学方面，重印了艾约瑟翻译的《欧洲史略》《希腊志略》《罗马志略》，三书原本皆英国伦敦麻密纶大书院（麦克米兰公司）所刊史学启蒙史，被英国学堂选用为教材。另有《俄史辑译》，阚斐迪译，俄史中此书最先出，故行销甚广。

益智书会所出教科书中，最具规模、最有影响的是傅兰雅编写的《格致须知》和《格物图说》两套丛书。《格致须知》原计划编写十集，每集 8 种，共计 80 种，第一、二、三集是自然科学，第四、五、六集是工艺技术和社会科学，第七集是"医药须知"，第八、九集是"国志须知"和"国史须知"，第十集是"教务须知"。至 1890 年，前三集已如愿编成出版。其他几集后来只出了一部分，没有完全编成。这套书浅显易懂，都是各门学科的基础知识。各册篇幅都不大，一万多字。每册书名，都是某某"须知"，如《天文须知》《曲线须知》。

益智书会还认可了傅兰雅单独翻译、出版的一些西书，列为教科书。其中影响较大的是卫生学方面的译作，主要有《化学卫生论》、《居宅卫生论》、《延年益寿论》、《孩童卫生编》、《幼童卫生编》、《初学卫生编》和《治心免病法》。

3. 新教习

新式学校多有新教习，其中很多是外国教习或有留学背景的中国教习。教会学校自不用说，徐汇公学的晁德莅，登州文会馆的狄考文，中西书院的林乐知，圣约翰大学的卜舫济、颜永京，广州格致书院的哈巴安德与中西女塾的海淑德，都是来自欧美或留学欧美的学养丰厚的学者。

晁德莅（Angelo Zottoli, 1826 - 1902），意大利人，1848 年来华，1850 年升为徐家汇天主堂司铎，1852 年任徐汇公学校长，在任凡 22 年。他来华后，即刻苦研习汉语，熟读儒家经典，成为涵养深厚的汉学家，著有中文《真教自证》、拉丁文《中国文学历程》。后书于古文、八股文、小说、诗、词、曲、戏剧、对联，以及《三字经》《幼学琼林》等，无不摘译，凡六巨册。他被宗教界认为是"实耶稣会二度来华后罕见之才也"[1]。马相伯、马建忠、李问渔等都是他教出来的学生。

狄考文（Calvin Wilson Mateer, 1836 - 1908），美国人，北长老会传教士。1863 年来华，在山东登州传教，开办文会馆。他多次利用回国休假机会为文会馆募集资金和实验设备。1880年获汉诺威大学荣誉神学博士学位。1888 年获伍士德大学荣誉法学博士学位。1890 年基督教来华传教士第二次全国代表大会推选他为益智书会首任会长，负责编写教科书，他自己编的有《笔算数学》《代数备旨》等书。1895 年辞去文会馆校长职务。1908 年卒于青岛。他还编有《官话课本》，是当时外国人学习

---

① 方豪：《上海徐汇公学初创十年记略》，台北徐汇中学提供。

汉语必备之书。

林乐知（Young John Allen，1836－1907），美国人，1859 年受监理会派遣来华，次年抵上海。1864 年任上海广方言馆英文教习，后任上海公共租界工部局译员。1868 年至 1871 年任《上海新报》编辑。1868 年在上海主编《教会新报》（后改《万国公报》）。1869 年兼任江南制造局翻译馆翻译。1876 年，清政府为表彰其贡献，授予他五品顶戴。1882 年创办上海中西书院。后病逝于上海。他是晚清来华最为著名的美国传教士之一，在传教、兴学、教学、译书、办报诸方面，均有出色表现。

卜舫济（Francis Lister Hawks Pott，1864－1947），美国人。1883 年毕业于哥伦比亚大学，随后入圣公会总神学院学习神学。1886 年由圣公会派遣到上海，任教于圣约翰书院，1888 年起任校长，直到 1941 年才辞去校长职务，任名誉校长。1947 年病逝于上海。

哈巴安德（Andrew Patton Happer，1818－1894），美国北长老会传教士，1844 年毕业于宾夕法尼亚大学，获医学博士学位，同年来华，先在澳门传教，1847 年移居广州，行医、办学、传教，1854 以后专事教育等活动。1884 年，他在美国募捐十万美元，1887 年用此款在广州创办格致书院（岭南学堂），自任监督。1891 年因病返美。所著《天文问答》，1849 年在宁波出版，为早期介绍西方天文知识的重要读物。

海淑德（Laura Askew Haygood，1845－1900），美国女传教士，1884 年由监理公会派遣来华，在上海监理公会办的女校任教，兼任监理公会妇女部主任。她在上海做了一番调查，发现上海人对待外国人和教会学校的态度，已有很大的转变，具体表现为三点。其一，中国人不再敌视和怀疑外国人了。过去家长们不愿意送子女进外国人办的学校，甚至贴钱给学生还是勉强来上学的，而现在很多家长愿意自出学费送子女来上学了。其二，富有的家长们不愿意送自己的子女进教会开办的慈善性质的义务学校，因为这些学校的学生都是穷人家的女儿。其三，有许多富有的家长，很希望现在就有一所合适的学校，让她们的女儿们马上可以入学。① 于是，她于1892 年创办了中西女塾。这是晚清中国最著名的教会女学，宋霭龄、宋庆龄、宋美龄三姐妹都是在此校接受教育的。

官办同文馆中，也都聘请了一些外籍教习。

京师同文馆先后聘请过 54 名外国人担任英文、法文、德文、日文、化学、天文、医学教习。其中总教习两人，即丁韪良与欧礼斐。

丁韪良（William Alexander Parsons Martin，1827 – 1916），美国长老会传教士，毕业于印第安纳州大学，入新奥尔巴尼长老会神学院研究神学，1849 年被按立为长老会牧师，1850—1860 年在中国宁波传教。1865 年受聘担任京师同文馆英文教习。两年后又被聘为国际公法教习。为了能胜任这项工作，他专门回美国，入耶鲁大学进修国际法，1869 年重返北京，出任总教习，1894 年因健康原因回国，三年后再度来华。

欧礼斐（Charles Henry Oliver，1857 – 1937）②，爱尔兰人，青年时就读于爱尔兰皇仁学院，获硕士学位。1879 年来华，在海关工作，同年执教同文馆，担任英文、格致两科教习，并兼任过化学、天文教习，1894 年代理总教习，翌年实任。京师同文馆并入京师大学堂后回海关工作。

西学各科首任教习分别是以下几位。英文教习包尔腾（John S. Burdon），英国传教士，1853 年来华，1862 年出任京师同文馆英文教习，日后相继担任英国驻华使馆牧师、香港区圣公会维多利亚主教。法文教习司默灵（A. E. Smorrenberg），荷兰传教士，1854 年来华，1863 年到馆。后赴蒙古地区传教，任蒙古教区主教。俄文教习柏林（A. Popoff），俄国人，1863 年到馆，兼任俄国驻华使馆翻

---

① 薛正：《我所知道的中西女中》，载《文史资料选辑》（上海）1978 年第 1 期，第 97 页。

② 关于欧礼斐的生平，见文松《近代中国海关洋员概略——以五任总税务司为主》，中国海关出版社 2006 年版。

译。德文教习第图晋（N. Titoushkin），到馆时间不详，疑为 1871 年即德文馆创办之年。化学教习毕利干（Anatole A. Billiquin），法国人，1866 年来华，1871 年到馆，1890 年返回法国，担任同文馆化学教习达二十年①。来华以前，毕利干曾在法国一化学实验室工作过。数学教习为中国数学家李善兰。格致教习欧礼斐，1888 年由英文教习改授。医学教习德贞（John Dudgeon），英国传教士，1860 年来华，1871 年到馆，翌年起开讲医学和生理学讲座。②

上海广方言馆的西学教习林乐知、傅兰雅、金楷理，均为在华英美人士中的著名人物。林乐知为首任英文教习，于 1864 年 3 月 28 日受聘，聘期六个月，每星期教六个上午，月薪银 125 两。六个月聘期满后，英文教习之职被留学美国归来的黄胜取代。1867 年，黄胜以孝养告退，林乐知再次受聘担任英文教习，直到 1881 年。傅兰雅是首任法语教习，1865 年到馆，他长期担任江南制造局翻译馆翻译，翻译馆与广方言馆同处一楼，所以，傅兰雅身兼译员与教习两职。金楷理（Carl T. Kreyer），美国人，1866 年来华，在杭州为浸礼会设立教会站，1870 年辞教会职，入江南制造局翻译馆译书，兼任广方言馆教习，1890 年随出使俄国大臣许景澄赴俄国，为驻俄使馆参赞。广州同文馆教习哈巴安德，即日后创办广州格致书院的那位美国传教士，前已介绍。

官办同文馆聘请的中国籍西学教习，也颇多学养丰厚之士。京师同文馆的数学教习李善兰，浙江海宁人，是晚清中国著名数学家。上海广方言馆西学教习舒高第，浙江慈溪人，字德卿，幼年随父移居上海，入教会男塾读书，1859 年随传教士赴美国留学，初习医学，后习神学，1873 年获神学博士回国，入江南制造局任技师与医师，1877 年任广方言馆英文教习，兼翻译馆译员。1864 年至 1867 年在广方言馆任教的黄胜，是与容闳一起留学美国的最早

---

① 赵匡华主编《中国化学史（近现代卷）》，广西教育出版社 2003 年版，第 39 页。
② 高晞：《京师同文馆的医学讲座》，《中国科技史料》1990 年第 4 期。

留学生，归国后先后在香港《德臣西报》及英华书院印刷所等地从事印刷及翻译工作，参与创办《中外新报》、《华字日报》及《循环日报》。日后又带领幼童赴美留学，担任中国驻美使馆翻译，回港后被香港总督委为非官守太平绅士。

（五）学生成就与地区差异

所谓新式学校，是相对于中国传统学校，即官学、私塾、书院而言的。它们在教学内容、教学方法和管理方式诸方面，与中国传统教育有很大差异。

其一，教学内容与社会实际联系较为密切。新式学校教材，或由西方搬来，或由教师自编，其最大特点是与社会实际联系密切。其一般课程，如数学、外语、历史、地理，对学生开阔视野、了解世界，提升学生逻辑思维能力，对学生走向社会，经营谋生，多有裨益。其特殊课程，如圣约翰书院、中西书院的化学实验，言之成理，验之可证；文纪女塾及后来的圣玛利亚女校等所设纺织、缝纫、园艺、烹调等课，对学生日后谋生、治家，功德无量。这些内容，较中国传统书院等空谈心性、琐碎考据、硬套程式，离社会实际更近，更切实有用。

其二，教学方法比较合乎知识接受规律。新式学校讲究教学的由浅入深，由具体到抽象，循序渐进，先理解后记诵，这较传统私塾强调死记硬背、囫囵吞枣要合理、进步得多。林乐知在上海广方言馆向学生教授西方科学知识时，经常向学生示范一些科学仪器，如电报机、电池等；带领学生参观法租界的煤气厂、现代化的面粉厂，参观江南制造局的机器车间。① 这样，学生在学习外语的同时，也学到了一些科学知识。江海关道和江南制造局总办，是广方言馆行政上的负责人，在学习业务上亦有具体管理措施。据林乐知

---

① Knight Biggerstaff. *The Earliest Modern Government Schools in China*, New York：Cornell University Press, 1961, p. 162.

记载，在他担任英文教习期间，江海关道每个星期日下午都要对学生进行考试，方法是叫学生将简短的英文照会译成中文。这些照会都是这位道台大人最近一周从美国或英国领事馆收到的。由于这些照会同时附有一份中文译本，所以这位不懂外文的道台大人，也就能够对照领事馆的文件，检查每个学生的翻译水平。林乐知认为这是一种非常有用的考试方式。

其三，强调发挥学生主观能动性。新式学校特别是教会学校把欧美那种自由风气带了进来，强调发挥受教育者的能动作用，课堂上鼓励学生提问、讨论，实验由学生自己操作，班级管理让学生参与，学校事务欢迎学生过问。在中国传统教育模式里，先生讲，学生听，对经书解释，全照宋儒一套，学生完全处于被动地位。

其四，注意锻炼学生体魄。新式学校把西方民族好动恶静、勇武斗狠的精神带了进来，强调学生在学习文化知识的同时，锻炼体魄。圣约翰大学等学校很早便设有体育课，开展球类、田径等各项体育活动。梅溪书院也特别强调体育活动，有击球、投沙囊、习射、超距、八段锦等活动。这种智育、体育并重的精神，对于培养健康有用的现代人，具有十分重要的意义。在中国传统的教育系统中，强调的则是温文尔雅，甚至将好动与轻狂等同起来。

新式学校集中体现了西方近代科学、文化精神，体现了西方教育风格。它们在中国的出现，本是西学东渐的产物，它们的存在，又成了西学传播的源泉。一批又一批的学生进入这些学校，饱受西学熏陶以后，又带着西学散到各地，成为西学的再传体。

新式学校在传播西学方面的作用，不限于传播新的科学技术，也包括引进、示范西方的教学方法和管理方式。后者具有很大的共通性，即大凡新式学校，在这方面都大同小异，而传播西学内容，则因时因地因校而呈现很大的差异。

在传播新知识方面，新式学校有着自己的特点。第一，对具体学生来说，其传播内容是递进的，即学生从第一年到第二年所学内容，是逐渐加深的，从小学、中学到大学，也是递进的。第二，就整个学校的教学内容来说，又是循环的，同一个年级，去年的一年级，今年的一年级，明年的一年级，所教内容，大同小异。从传播学角度来说，这种传播方式，是靠不断更换受传对象，一茬一茬学生，而扩大传播范围的，从整体上说，其传播内容无大更新。这与主要依靠不断更换传播内容、吸引受众实施传播的出版机构很不相同。这个特点决定了，创办越早的新式学校，在文化传播方面的意义越大。

19 世纪 60—90 年代，中国共有多少学生在上述新式学校接受过教育，没有确切的统计数据。1890 年全国基督教会学校学生数已达 16836 人，加上天主教会所办学校、官府所办同文馆等，估计到 1895 年以前，全国新式学校的学生，当不下于 2 万人。这个数字，在辽阔的中华大地上，在四万万人口中，只占极小的比重，但是，在那个特定的时代，在一般人根本不知道大地是圆球、地球绕着太阳转，不知道七大洲五大洋、南极北极，不知道乘方开方、吸引力与排斥力、分解化合为何理，不明白哥伦布、培根、牛顿、瓦特、华盛顿、拿破仑为何人的时代，掌握这些新知识的学生，所能起的作用是不能低估的。毋庸讳言，教会学校培养了许多崇洋媚外、甘心为殖民主义者效劳的洋奴，但也培养过孙中山、宋庆龄、马相伯、马建忠、李问渔这样的爱国人才，培养过近代中国第一代懂得西方科学技术、知名或不知名的许许多多科学家、译员、教师、职员、工程技术人员与外交人才。

徐汇公学培养的学生，以马相伯、马建忠兄弟、李问渔最为著名。马相伯、马建忠与李问渔的共同特点是，均长于法文、拉丁文、希腊文，均通晓西方哲学，均学贯中西。

马相伯（1840—1939），江苏丹徒（今江苏镇江）人，1851 年入徐汇公学就读，1862 年入徐家汇天主教耶稣会小修院当修士，经受神学训练。后又进大修院，学哲学和神学。1870 年获神学博士学位，受神甫职，成为耶稣会教士。以后历任徐汇公学校长、驻日公使馆参赞、驻神户领事等职。1903 年，在上海创设震旦学院。

1905 年，因事率学生离校，筹建复旦公学（今复旦大学前身），任校长。

马建忠（1844—1900），1852 年入徐汇公学，在读十三年，1865 年毕业，入李鸿章幕，参与洋务。1876 年，以郎中身份奉派赴法国学习国际法，兼任中国驻法公使郭嵩焘的翻译。1877 年，通过了巴黎考试院的文科和理科考试，成为第一个取得法国高中会考毕业证书的中国人。

李问渔（1840—1911），江苏川沙（今上海浦东新区）人，名杕，字问渔。1859 年入徐汇公学，1862 年毕业，入神学院，进一步接受数学、哲学、逻辑学、物理学等方面的教育，同时研究中国传统学问。1872 年晋司铎，1879 年创办天主教刊物《益闻录》，后又创办《圣心报》。1906 年接任震旦学院院长，兼哲学教授，仍兼两报主编。编纂、翻译《西学关键》《天演论驳义》《性法学要》《形性学要》《福音书》以及天主教读物六十余种。

中西书院所培养的学生，在洋务部门工作的颇多。林乐知在中西书院创办十年时说，已有二百多名学生毕业以后到海关、电报局、铁路局及需要新知识的部门供职。

京师同文馆本为适应外交需要而设，因此学生出路首先是外交方面。在同治朝，即从同文馆创办到 1875 年以前，有一些学生因考试成绩优异被奏保候补官职，但仅获得资格而未实授；也有一些学生被派随使团出国考察。1866 年至 1870 年，凤仪等 11 名学生分三批先后随赫德、蒲安臣、崇厚到欧美考察。从 1876 年，中国开始在外国设立使馆，派驻使节，使馆译员多从同文馆挑选。1888 年，总理衙门添设翻译官，在中外交涉中担任翻译工作，这为同文馆学生开辟了一条重要出路。

京师同文馆有不少学生毕业后到新式军事工业、新式学校中施展才干。《京师同文馆学友会第一次报告书》中附有"学生离校后情况一览表"，注明离校后职业的凡 91 人。其中，在外交部门或涉外部门（如海关）任职的有 40 人，在政府机构和军事部门任职的

有 27 人，从事教育的有 4 人，在铁路等实业和其他部门工作的有
20 人。

上海广方言馆培养的学生中，有 9 人日后担任过出使大臣或驻
外公使。他们是：

汪凤藻，江苏元和人，1891 年至 1894 年为出使日本大臣，后
任上海南洋公学校长。

杨兆鋆，浙江吴兴人，1902 年至 1905 年为出使比利时大臣。

刘式训，上海南汇人，1905 年至 1911 年为出使法国、西班牙
大臣，1911 年免兼西班牙，改兼出使巴西大臣，1913 年至 1916 年
为驻巴西、秘鲁公使。

陆征祥，上海人，1906 年至 1911 年为出使荷兰大臣，1911 年
转任出使俄国大臣，1912 年、1915 年两度出任外交总长，1912 年
一度兼代国务总理，1922 年至 1928 年为驻瑞士公使。

吴宗濂，江苏嘉定人，1909 年至 1911 年为出使意大利大臣，
1912 年至 1914 年为驻意大利公使。

刘镜人，江苏宝山人，1911 年为出使荷兰大臣，1912 年至
1918 年为驻俄公使，以后历任外交部条约研究会副会长、外交委
员会副会长等职。

唐在复，上海人，1920 年至 1925 年为驻意大利公使。

戴陈霖，浙江海盐人，1913 年至 1920 年为驻西班牙兼驻葡萄
牙公使，1922 年至 1925 年为驻瑞典兼挪威、丹麦公使。

胡惟德，浙江吴兴人，1902 年至 1907 年为出使俄国大臣，
1908 年至 1910 年为出使日本大臣，1912 年至 1920 年为驻法国兼
西班牙、葡萄牙公使，1920 年至 1922 年为驻日本公使，1926 年出
任外交总长，并代理国务总理。

上海广方言馆学生毕业后，有相当一批人从事教育工作。比较
知名的有汪凤藻，先在京师同文馆任算学副教习，后来担任上海南
洋公学校长；席淦，先在京师同文馆任算学副教习，1866 年升任
教习，任教近三十年，成为继李善兰之后最有名的算学教习；经亨

咸，北洋海军医学校校长；吴匡时，上海交通大学教员；徐绍甲，江苏高等学堂法文教员；郭世绾，北京大学教员；锺天纬，上海三等公学创始人，近代小学教学方法改良的先行者；其他严良勋、朱格仁、瞿昂来、朱敬彝、黄致尧、吴宗濂、周传经等都曾在广方言馆任教。

新式学校分布广泛，由于不同地方经济、社会结构不同，文化传统不同，不同学校自有不同风格，其办学效果、社会影响也有很大差异。上海圣约翰大学与登州文会馆就很不一样，前者以强调外语为特色，后者则以不学外语为特色。三家官办同文馆，也很不一样。由于广州同文馆留下的细节性资料不多，难以具体展开分析。现以上海广方言馆与京师同文馆作为个案，看一看其时的地区差异。

这两所学校，一南一北，性质相同，创办时间差不多，结束时间也差不多，但两者成效、社会反响差别很大。

两校创办之初，都受到习惯势力的抵制，官宦士绅人家不愿将子弟送来肄业；办学当中，也都出现过学生无心科学、专心科举的情况。但从总体上说，广方言馆比较顺利，生源充足，教学正常，学生质量较高，社会反响较好，一度甚至出现要开后门才能入学的情况，同文馆则风波迭起、阻力重重。

这种差异的出现，与京沪两个城市的特点、文化环境、学校的管理方式都有关系。

第一，城市地位与角色。同文馆所处的北京，为全国政治中心、文化中心，所谓首善之区，有强烈的文化象征意义，一举手一投足，往往代表国家和民族的形象。同文馆要招收科举正途人员学习天文、数学，之所以会引起那么大的风波，倭仁等人之所以千方百计地反对，就因为他们担心，此门一开，将导致中国文化心理的总崩溃。这种思路，过低地估计了中国文化对于西来文化冲击的承受能力与应变能力，但其维护中国文化崇高地位的出发点却是纯真的。广方言馆所在的上海则不然。开埠以前，这里只不过是江苏省松江府所属的一个海滨县城，开埠以后，辟了租界，在一般士大夫眼里，已近于中国文化的化外之地，在那里办洋学堂，读西洋书，于我华夏形象，虽有影响，但不太大。北京与上海在国家的地位与角色不同，同样一件事，发生在北京与发生在上海，意义不同，影响不同，社会关注的热情、评判的标准也不同。

第二，社会风气。晚清上海，是近代中国第一批对外开放的通商口岸，不但有全国最大的外国租界，居留的外国人最多，洋企业、洋教堂、洋学校、洋东西最多，而且华洋杂处，这使得上海人有较多的机会接触、了解西人、西文、西方文化，形成比较开放的社会风气，西学素养高于其他地方。19 世纪 70—80 年代，设在上海大街小巷的外语培训班，就多若米铺，有日校、夜校、钟点班、周末班等不同类型。很多没进过校门的人，也能讲几句洋泾浜外语，正是这种情况的反映。傅兰雅 1867 年在一封信里说：由于那时上海很多青年都在寻求接受英文教育的机会，因此上海广方言馆便可以从中挑选最优秀者入学。① 19 世纪 70—80 年代的上海，已经弥漫着相当浓厚的崇洋风气。1882 年《申报》一篇文章称："今日之中国已非曩日所比，曩者见西人之事，睹西人之物，皆群相诧怪，决无慕效之人，今则此等习气已觉渐改，不但不肆讥评，而且深加慕悦。"② 文中所说"中国"，应该主要指上海等通商口岸。京师的风气便远没有这么开放。在 19 世纪 70—80 年代，京师与内地士大夫仍以接触洋人为耻辱。郭嵩焘接受出使大臣职务，京师骂声一片，士大夫耻与为伍，甚者斥之为汉奸。邓承修被命到总理衙门任职，他表示宁愿战死疆场，也不愿与洋人周旋。至于倭仁坠马装病，拒绝到总理衙门上班；徐桐绕道行走，厌恶看到西洋建筑，这些世所熟知的史实，逼真地映现了京师的保守风气。在这样的文化

---

① 傅兰雅的信写于 1867 年 7 月 5 日，见 Rnight Biggerstaff. *The Earliest Modern Goverment Schools in China*, p. 196。

② 《风气日开说》，《申报》1882 年 2 月 23 日。

氛围中，京师同文馆招不到优秀学生，学生将科学之学校变成科举之场所，实在情理之中。

第三，生源差别。京师同文馆招生对象，相当一段时间里，限制在八旗子弟中，范围狭窄。而且，八旗子弟既要学习外语、西学，又要学习汉文，负担较重。上海广方言馆则无此规定，招生范围广泛，挑选余地较大，学生素质较高。

第四，就业机会。上海洋行林立，涉外企业众多，这为懂得外语的学生提供了广泛的就业机会，使得上海广方言馆对青年的吸引力更大。懂得一点外语，比一点不懂的人，就业机会多，收入也高得多。京师则难以提供这种就业条件。

第五，学习环境。上海广方言馆长期依傍靠西方科技起家的江南制造局，与致力于引进西方科技的翻译馆为邻，教习、翻译往往一身二任，这为学生了解、学习西学，提供了相当优越的环境。京师同文馆设在总理衙门，近官场而远西学，不如广方言馆学习环境理想。

第六，管理方面。管理上海广方言馆的官员，上自两江总督，下至江南制造局总办，多为熟悉洋务、热心西学的人，对学校的管理，比较懂行得力。两江总督否决要学生参加科举会试的意见，否决加强对学生经史考试的意见，馆方曾裁撤只钻八股、不学西学的学生，这都说明，广方言馆的上级机构是比较有眼识、有魄力的。相比之下，京师同文馆缺乏这样的懂行管理。

（六）新旧思想冲突

各类新式学校日复一日、年复一年地讲授许许多多在今人看来已属浅显、在当时人看来则十分新颖奇妙的知识，它对于西方科学技术传入中国，对于改变读书人的知识结构，改变人们的思想观念，起了潜移默化的作用。

新知识的传播与接受，并不是一帆风顺的。即使是学习外语，学习数学、天文、地理、物理、化学这类在今日看来纯粹属于自然科学范畴的知识，在同光之际那个特殊的时代，一旦牵涉谁来教、谁来学这样的问题，新知识的传播就不再是简单的科学知识问题，而是涉及教育权的根本问题。且以同治年间京师同文馆的招生问题风波做一分析。

风波是因总理衙门关于添设同文馆课程、扩大招生范围的动议而起的。

1866 年 12 月 11 日，总理衙门大臣奕䜣等人，奏请在同文馆已有英、法、俄三馆之外，添设一馆，专习天文、算学，招生对象不限于八旗子弟，而是扩大到满汉举人、五贡生员，以及正途出身五品以下京外各官，延请西人教习。其理由是，洋人制造机器、火器等件，以及行船、行军，无一不自天文、算学中来，现在上海等地，已经开始讲求仿造洋人轮船等事，如果不研习天文、算学，不从根本上下功夫，仍属徒习皮毛，无裨实用。折上，朝廷很快批复依议照办。这在士大夫中引起强烈反响。有人认为这是舍中法而从西法，有人认为以堂堂天朝竟要拜夷人为师，实乃奇耻大辱。

1867 年 1 月 28 日，奕䜣再上一折，不但坚持前议，一一批驳了士大夫的疑忌，说明开设天文、算学馆的必要性、急迫性，更进一步，提出翰林院编修、进士等，也应像举人、五贡生员一样，列入招考范围：

> 查翰林院编修、检讨、庶吉士等官，学问素优，差使较简，若令学习此项天文、算学，程功必易。又进士出身之五品以下京外各官，与举人五项贡生事同一律，应请一并推广招考，以资博采。①

折上，御批依议。这在已经紧张的京师空气中无异添了一把催化剂。争论终于爆发。这年 3 月 5 日（同治六年正月二十九日），

① 奕䜣等折，《筹办夷务始末（同治朝）》卷四六，第五册第 1984 页。

掌山东道监察御史张盛藻奏上一折，对总理衙门的意见提出异议。要点有三：一是并不完全反对设立专馆，学习西方天文、算学，学生可由钦天监衙门考取颖悟少年，或由工部遴选精巧工匠，但不应用科甲正途官员；二是应保持科甲正途官员的纯洁性，即读孔孟之书，学尧舜之道，明体达用；三是国家自强根本，不在机巧技艺，而在纪纲气节。他说：

> 若以自强而论，则朝廷之强，莫如整纪纲、明政刑、严赏罚、求贤养民、练兵筹饷诸大端。臣民之强，则惟气节一端耳。朝廷能养臣民之气节，是以遇有灾患之来，天下臣民莫不同仇敌忾、赴汤蹈火而不辞，以之御灾而灾可平，以之御寇而寇可灭，皆数百年深仁厚泽，以尧舜孔孟之道为教，育以培养之也。若令正途科甲人员习为机巧之事，又藉升途、银两以诱之，是重名利而轻气节，无气节安望其有事功哉？①

言下之意，总理衙门让科甲正途官员学习天文、算学、机器制造等，是一个错误的导向，将把国家引入危险的境地。对此意见，朝廷批复，科举正途人员学习天文、算学，并不妨碍读书学道，于人心士习亦无妨碍，所奏着毋庸议。

张盛藻表达的并不只是个人的意见。半个月后，3 月 20 日（同治六年二月十五日），大学士倭仁奏折，对奕䜣等人所议，予以全面否定。要点有四：一是天文、算学为益甚微，不应过分看重；二是退一步说，即使讲求天文、算学，中国这方面人才有的是，不必奉夷人为师；三是夷人本为中国仇人，断无以仇人为师之理；四是倘延夷人为师，祸患无穷，甚至亡国灭种。倭仁的意见很集中，在当时的士大夫中很有代表性，故不避冗长，引录如下：

---

① 张盛藻折，《筹办夷务始末（同治朝）》卷四七，第五册第 2001 页。

窃闻立国之道，尚礼义不尚权谋；根本之图，在人心不在技艺。今求之一艺之末，而又奉夷人为师，无论夷人诡谲，未必传其精巧，即使教者诚教，学者诚学，所成就者不过术数之士，古今来未闻有恃术数而能起衰振弱者也。

天下之大，不患无才。如以天文、算学必须讲习，博采旁求，必有精其术者，何必夷人，何必师事夷人？且夷人吾仇也。咸丰十年，称兵犯顺，凭陵我畿甸，震惊我宗社，焚毁我园圉，戕害我臣民，此我朝二百年未有之辱，学士大夫无不痛心疾首，饮恨至今，朝廷亦不得已而与之和耳，能一日忘此仇耻哉？

议和以来，耶稣之教盛行，无识愚民半为煽惑，所恃读书之士讲明义理，或可维持人心。今复举聪明隽秀，国家所培养而储以有用者，变而从夷，正气为之不伸，邪氛因而弥炽，数年以后，不尽驱中国之众咸归于夷不止。[1]

张盛藻所议，口气还算平和，还认为天文、算学馆可开，聪颖少年可以入馆学习，也可以请洋人教习，只是不可让科甲正途人员去学习。倭仁所议，不但言词峻急，而且连开馆必要性、聪颖少年入馆肄业的必要性也一概否定了。

倭仁（1804—1871），蒙古正红旗人，道光九年进士，后授编修，升翰林院侍讲、侍讲学士，以理学名世。1852 年，在叶尔羌帮办任上，于边陲实事全无建树，却上疏咸丰皇帝，说治国之本在人心不在其他，劝皇上立为尧舜之志，深察密省，事事与唐虞互证，那样上行下效，天下可长治久安。这通致君尧舜的说教，很不合咸丰皇帝胃口。他批评说，作为边疆帮办大臣，理应考求实际，今观所奏，仍系泛论治道，并未及边陲情形，今后应该留心边务，实力讲求，毋得徒托空言，致负委任。倭仁讨了没趣。从这份奏折

---

① 倭仁折，《筹办夷务始末（同治朝）》卷四七，第五册第 2009—2010 页。

可以看出，倭仁一向是强调义理、精神在国家生活中支柱作用的。1862 年，他升任工部尚书，教同治小皇帝读书，并成为翰林院掌院学士。帝王之师，士夫之首，这是个上可影响内廷、下可耸动舆论的崇高而又关键的位置。对他的意见，朝廷既不能像对待张盛藻那样一句"着毋庸议"了事，也不能像咸丰皇帝那样将他训斥一顿。实掌大权的慈禧太后将倭仁奏折批转总理衙门。总理洋务的奕䜣没有退避。他于 4 月 6 日（同治六年三月初二日），再上一折，除了重申开设天文、算学馆的重要性，还强调以下两点。一是科甲正途人员入馆学习十分必要。正是为了防止学员被洋人诱入歧途，所以规定考取对象必须是正途人员，"诚以读书明理之士，存心正大，而今日之局，又学士大夫所痛心疾首者，必能卧薪尝胆，共深刻励，以求自强"。二是空谈不能雪耻，只会误国。英法联军打进北京的庚申之变中，平日空谈礼义节气的士大夫，不是袖手旁观，就是纷纷逃避，现在几年过去，这些人又来侈谈礼义，空谈卧薪尝胆，"试问所为卧薪尝胆者，姑为其名乎，抑将求其实乎？"如欲求其实，就应该正视现实，从了解外国、学习外国入手。奕䜣反攻为守，请倭仁拿出一个有利无弊的妙策：

> 该大学士既以此举为窒碍，自必别有良图。如果实有妙策，可以制外国而不为外国所制，臣等自当追随该大学士之后，竭其椿昧，悉心商办，用示和衷共济，上慰宸廑。如别无良策，仅以忠信为甲胄，礼义为干橹等词，谓可折冲樽俎，足以制敌之命，臣等实未敢信。①

倭仁坚持己见，4 月 12 日（同治六年三月初八日）再上一折，重申自己看法，认为延聘夷人教习科甲正途，上亏国体，下失人心，再次强调忠信礼义是立国之本，如无忠信礼义，其结果必然是

---

① 奕䜣等折，《筹办夷务始末（同治朝）》卷四八，第五册第 2021 页。

技术到手，国运丧失，中了夷人诡计：

> 今阅总理衙门所奏，大率谓忠信礼义之空言，无当于制胜自强之实政，奴才愚见，窃谓不然。夫欲求制胜，必求之忠信之人，欲求自强，必谋之礼义之士，固不待智者而后知矣。今以诵习诗书者，而奉夷人为师，其志行已可概见，无论所学必不能精，即使能精，又安望其存心正大、尽力报国乎？恐不为夷人用者鲜矣。且夷人机心最重，狡诈多端，今欲习其秘术以制彼死命，彼纵阳为指授，安知不另有诡谋？奴才所虑堕其术中者，实非过计耳。①

倭仁此折用词极重，不但坚决反对延聘洋人教习科甲正途人员，而且指责凡是愿意进馆学习的人，道德、人格有问题，甚至有通敌之嫌。这对于正待开张的天文、算学馆，带来了极大的麻烦。一些原欲报考的人自然望而生畏。奕䜣非常气愤，于 4 月 23 日（三月十九日）再上一折，指责倭仁浮言惑众误事，并抓住倭仁先前"天下之大，不患无才"一语，要求朝廷饬下倭仁，酌保数员，并让倭仁择地另设一馆，以观其成。朝廷依议，令倭仁照办。这一招果然厉害。倭仁紧张起来，赶快申辩，以前所说不患无才，不过是"以理度之"，为想当然之语，并非实指，"应请不必另行设馆，由奴才督饬办理，况奴才并无精于天文、算学之人，不敢妄保，谨据实陈奏"。② 朝廷谕令：既然如此，暂时作罢，仍作随时留心。此外，朝廷特命倭仁在总理衙门行走。这显然是奕䜣等人故意报复。倭仁坚辞，朝廷不允。倭仁郁闷成疾，请求开缺休养，最后获准保留大学士职衔，辞去其他一切职务。

倭仁辞职以前，还有一段插曲。候选直隶知州杨廷熙奏请撤销

---

① 倭仁折，《筹办夷务始末（同治朝）》卷四八，第五册第 2027—2028 页。
② 倭仁折，《筹办夷务始末（同治朝）》卷四八，第五册第 2036 页。

同文馆，理由非常特别：

> 今年自春及夏，久旱不雨，屡见阴霾蔽天，御河之水源竭，都中之疫疠行，本月初十日大风昼晦两时之久，此非寻常之灾异也。……然天象之变，必因时政之失，京师中街谈巷议，皆以为同文馆之设，强词夺理、师敌忘仇、御夷失策所致。①

针对奕䜣等人创设同文馆的奏折，杨廷熙从十个方面逐一进行批驳，罗织了十条罪名，主要有：忘大耻顾小耻；舍中国师夷狄；费钱粮劳人力；善政未修于上，实学未讲于下；有自强之心，无自强之政；不行圣贤之道，不讲士林之节，等等。他说，同文馆之设，"不当于天理，不洽于人心，不合于众论，而必欲溃夷夏之防，为乱阶之倡"。②

杨廷熙的条陈，洋洋数千言，实为此前反对同文馆议论的总结。据说，条陈是在倭仁授意下写出的。慈禧太后看了以后，大为震怒，认为以一知州微员，竟敢如此痛诋在京王大臣，甚属荒谬。她严厉批评了倭仁，指出条陈如系他人授意，殊失大臣之体，"即未与闻，而党援门户之风从此而开，于世道人心大有关系"③。朝廷以行政的手段，止息了这场历时半年的争论。同文馆照样办下去，天文、算学馆按原计划招生。

围绕同文馆发生的这场争论，以倭仁为代表的一方，与以奕䜣为代表的一方，共进行了四个回合。第一个回合，张盛藻上折反对，奕䜣置之不理；第二个回合，倭仁出面反对，奕䜣还击，要倭另置一馆；第三个回合，倭仁坚持原议，奕䜣顶住，并通过慈禧太后，命倭仁到总理衙门行走；第四个回合，杨廷熙利用天灾，全面

---

① 杨廷熙条，《筹办夷务始末（同治朝）》卷四九，第五册第 2062—2063 页。
② 杨廷熙条，《筹办夷务始末（同治朝）》卷四九，第五册第 2070 页。
③ 《上谕》，《筹办夷务始末（同治朝）》卷四九，第五册第 2071 页。

攻击同文馆，遭到慈禧痛斥，倭仁被迫辞去除大学士以外一切职务。这一结局的出现，起决定作用的是慈禧太后。在 1861 年的辛酉政变中，奕䜣助慈禧夺取政权。以后，清政府外交、内政方针都有重大调整。洋务企业的创办，同文馆的设立，都是这种调整的产物。同文馆增设天文、算学馆，也是新的形势需要。19 世纪 60—70 年代的慈禧，基本上是个洋务太后。无论从一个最高统治者对国家利益的全面考虑，还是从统治集团中人际关系出发，她支持发展同文馆是必然的。

这场争论，从形式上看，奕䜣等开明派取得了胜利，从实质上看，倭仁等守旧派并未失败。这从当时的士林心态和同文馆招生结果可以看得很清楚。

在争论激烈进行之时，京师士大夫多心仪倭仁，腹诽奕䜣。张盛藻奏折传出以后，京师已满城风雨，谣言甚多。有对联云：

> 鬼计本多端，使小朝廷设同文之馆。
> 军机无远略，诱佳弟子拜异类为师。①

倭仁出面表态以后，士大夫更肆言无忌。时人记载：

> 京师口语藉藉，或贴纸于前门，以俚语笑骂：胡闹，胡闹，教人都从了天主教！或作对句：未同而言，斯文将丧；又云：孔门弟子，鬼谷先生。②

这些不知出自何人之手、何人之口的联语、俚语，道出了不知凡几的士大夫心声。以爱写日记、好发议论著称于时的李慈铭，留下了他的看法：

---

① 《翁同龢日记》，同治六年二月十三日，中华书局 1989 年版，第一册，第 519 页。
② 《翁同龢日记》，同治六年二月廿四日，第一册，第 521 页。

（同文馆）选翰林及部员科甲出身、年三十以下者学习行走，则以中华之儒臣而为丑夷之学子，稍有人心，宜不肯就，而又群焉趋之，盖学术不明，礼义尽丧，士习卑污，遂至于此。驯将夷夏不别，人道沦胥，家国之忧，非可言究。①

京师士大夫的心态既如此，同文馆招生的情况不问可知。据史料记载，张盛藻条陈被否定以后，报考同文馆的尚不乏人，但自倭仁发难以后，形势便急转直下。京师各省士大夫聚党私议，约法阻拦，甚至以无稽谣言煽惑人心，众论纷争，日甚一日，遂无人前往总理衙门投考。偶尔有一二人愿投考者，必为同乡、同列之所不齿。② 半年之中，报考同文馆的有 98 人，这与每次都有成千上万人报名的科举考试相比，实在是个极为可怜的数字。这些人当中，无一人是科举正途出身，多数素质不高。到考试时，已有二十多人自动放弃，仅 72 人参考。勉强录取 30 名，半年后，因程度太差，退学 20 名，仅剩 10 名，被并入先前的英、法、俄文三馆。

同文馆创办于 1862 年，但围绕着同文馆的争论，为什么爆发在五年之后的 1867 年而不是创办之始呢？这是一个涉及这场争论性质的根本问题。

同文馆创办之时，京师士大夫风平浪静，这倒不是他们感觉迟钝，而是因为初期同文馆尚未涉及对中西文化的价值评估。那时招生对象为八旗少年子弟，并非科甲正途人员，并非中国文化人格代表；所习为外国语言文字，并不包括西方科学技术，而学习外国语言文字，本为中国传统，清廷此前便已设有俄文馆，教授俄文。五年以后，奕䜣等人对同文馆进行改革，直接触及文化价值评估的问题。这一改革要点有三：一是学习内容为西方天文、算学及其他科

---

① 徐一士：《倭仁与总署同文馆》，《一士谈荟》，书目文献出版社 1983 年版，第382 页。

② 《通政使司通政使于凌辰折》，《洋务运动》第二册，第 39 页。

学技术；二是学习人员为科甲正途出身；三是教习由西人担任。这在实质上等于承认：第一，西方文化有些内容有其独特的价值，为中国文化所不及，值得中国师法；第二，在新的形势下，中国文化已呈现某些不适应之处，需要做些调适与改变；第三，对于有价值的文化，即使它们是由西方人发明与传入的，中国仍需学习；第四，作为中国文化人格代表的科甲正途人员，需要更新知识结构，重新学习。这些，在后人看来，在当时开明人士看来，正是中国被迫纳入全球化范围适时顺势之举。

但是，对于长期生活在天朝独尊文化氛围中的人，对于从科举道路上艰苦攀登取得社会地位的人，对于习惯谈忠信礼义、全不懂科学技艺的人，要他们承认自己文化有缺陷，要他们否定自己的存在价值，要他们另辟蹊径重新学习，特别是要向此前侵略中国、给中国带来种种灾难与痛苦记忆的西方学习，是难以接受的。有些士大夫看得更远，他们为中华文化的前途担忧。他们担心此门一开，后果将不堪设想。他们起而反对，自有其反对的道理，但不符合当时中国的根本利益，也不适应中国文化长远发展的需要。思想并不算特别保守的俞樾，有一段议论，很能反映当时士大夫中相当普遍存在的这种心态。他写道：

今士大夫读孔子之书，而所孜孜讲求者则在外国之学。京师首善之地，建立馆舍号召生徒，甚者选吾国之秀民，至海外而受业焉。岂吾中国礼乐诗书不足为学乎！海外之书，译行于中国者日以益增，推论微妙，创造新奇，诚若可愕可喜，而视孔子之书反觉平淡而无奇闻。彼中人或讥吾孔子能守旧章而不能出新法。如此议论，汉唐以来未之前闻，风会迁流，不知其所既极。故曰孔子之道将废也。①

---

① 俞樾：《三大忧论》，《春在堂全书·宾萌集》卷六，《续修四库全书》集部第1550册，第75页。

围绕着同文馆招生问题的这场争论，是近代中西文化会面以后引起的第一场大争论。它发生在首都，发生在翰林院掌院大学士与总理洋务大臣之间，很有象征意义。它预示着以后文化冲突的长期性、尖锐性。

纵观京师同文馆四十年的历史，文化冲突一直未断。19世纪70年代，同文馆招生情况较前有所改观，学生人数增多，西学课程增多，但在一般士大夫心目中，什么外文，什么西学，仍然卑污下贱。他们所热衷的，依旧是八股词赋。80年代，丁韪良曾游说中国上层官员，在科举考试中增加科学的内容，企图让科学渗入科举，亦未成功。具有讽刺意味的是，科学未能渗入科举，科举却挤进了科学，科举考试进入了同文馆。同文馆学生，无心科学，却属意科举。据1898年出版的《同文馆题名录》，1894年以前，同文馆学生共有13人在乡试以上的科举考试中榜上有名，其中翰林2名，进士5名，举人及副榜6名（其中一名翻译举人是特殊情况）。科举考试以其独特的形式与内容，支撑着儒家文化的正统地位，成为传统知识分子实现自身价值、竞争社会地位的主要通道。丁韪良想以旧瓶装新酒的方式，为新知识争一席地位而未成；进入同文馆的人，无法靠西学仍需靠科举才能赢得社会承认，这典型地反映了西学在中国扎根的艰难。这种情况，到甲午战争以后才有很大改观，清末新政时期才根本改变。

第 六 章

政治改革思潮

　　清朝是中国历史上最后一个君主专制王朝，是一个以人口很少的民族统治庞大中国的王朝，也是一个吸收了历代专制统治经验教训、将君主专制推向极致的王朝。军事上，八旗绿营分驻京师及各地重镇要冲，以事镇压；官制上，满汉分员，以满制汉，以汉辅满，权力的中心由议政王大臣会议而内阁而军机处，越来越适应皇帝独裁需要；文化上一面屡兴文字狱，残害士人，作为高压，一面又开科取士，整理典籍，以示笼络。

　　清朝君主专制最有创造性也最为厉害的一招是密折制度。这一制度起始于康熙，完善于雍正。按照这一制度，从总督、巡抚、提督、总兵官、将军，到布政使、按察使、学政、道员、知府等各级官员，都可以直接向皇帝秘密奏事，其内容包括风雨年景、物价升降、民情风俗、政海波澜、官员素质、奇闻异事，所奏何事只限于上奏者与皇帝知晓，余人不得过问。皇帝可以就其所奏直接批谕，发号施令。在这一制度下，不光上级可以对下级评头品足，平级官员之间，下级对上级官员，也可以说三道四、议长论短，即使是夸大其词、捕风捉影，奏者也不承担责任。这样，就形成了各级、各地官员之间相互监督的关系，从而实现了皇帝对所有官员的监督与威慑。这一制度的长处是扩大了皇帝的信息来源，便于皇帝了解全国实际情况，有效地驾驭百官，短处是使得官员相互戒备，提心吊胆，从而因循守旧，无所作为。对于清代君主专制，晚清有一篇文章说，自秦以来，虽然专制，"然而两汉之外戚，六朝之世家，唐代之藩镇，其权尚足与君权勒，及宋而外戚、世家、藩镇无存矣，其所存者，君主之压力已耳。故至秦而民权尽亡，及宋而臣权尽亡，至明末而汉人之权尽亡，凌夷至今，遂成一君权专制达于完全极点之时代"。① 所言不尽确切，但大体上指出了君主专制日益加强的历史趋势，以及清朝专制达于顶峰的特点。

这种体制，在君主聪明过人、精力旺盛、能力超群时，如康熙、雍正与乾隆中前期，可以使得政治运作比较顺畅有效，一旦轮到君主年老昏聩、体弱多病、年幼无知或驭下乏术，其政治运作就会出现危机，上而大臣明哲保身，碌碌无为，下而胥吏肆虐，坏政害民，乃至激起民变。乾隆后期的贪贿成风，嘉庆时期的官场沉闷，咸丰时期的民变蜂起，都是这种极端专制种下的恶果。

同光时期，慈禧太后实际秉政。她一则没有接受过系统的执政教育，缺乏康熙、乾隆那样的雄才大略，在执政以前缺少必要的官场历练；二则外患内忧丛集，地方势力崛起，中央权威削弱，对地方控制力、对官员约束力均下降；三则战乱灾害频发，国家财政薄弱。特殊的时代轮上了特殊的君主，使得这时的吏治陷入清代最黑暗时期，贪污盛行，贿赂公行，卖官鬻爵，奢靡成风，成为官场痼疾。要求整顿吏治，反对捐纳，移风易俗，成为有识之士的共同声音。②

---

① 《中国古代限抑君权之法》，《国民日日报汇编》第二集，上海东大陆图书译印局 1904 年版。

② 本章所述，主要限于在不改变君主专制体制的前提下的政治改革思想，亦即体制内政治改革思想。至于通过兴民权、设立君民共主立宪制度的思想，尽管时人声称并不改变君主的权威，但事实上那是以改变君主专制为主要特征的，属于体制外的政治改革思路。

一　整顿官场作风思想

同光时期，官场作风问题极其严重，突出表现是贪风、奢风与惰风盛行；官不理政，权落胥吏之手。对于如此肮脏的官场，如此黑暗的吏治，一些有识之士忧心忡忡，提出一些救治之法，也在力所能及的范围内加以改善。

（一）贪风、奢风与惰风盛行

1. 贪腐之风

晚清贪风问题由来已久。乾隆晚年和珅贪污案件为中国历史上巨贪典型。自那以后，尽管统治者不断强调治贪，但一直没有明显好转。咸丰皇帝即位后曾说："近年以来，登进冒滥，流品猥杂。短于才者恃胥吏为腹心，急于利者朘闾阎之膏血，以致政治堕坏，民生穷蹙。"[①] 官吏朘剥百姓膏血，已经到了"政治堕坏，民生穷蹙"的地位，这些话出自皇帝之口，可见其严重程度。

同光时期，官员贪腐主要有以下五种形式。

一是送礼。夏礼叫冰敬，冬礼称炭敬，送给女人的为妆敬，送给学子的是文仪，喜庆为喜敬，年节为年敬、节敬，给门房或仆人的叫门敬、跟敬。外官因迁调而进京述职，或京官外放为地方官，临走向相关官员告别，所送礼称别敬。礼金多少，因人而异，一般数目不会太大。1869 年底（同治七年），曾国藩在京过年，然后将出京赴保定就任直隶总督。出发前，他给相关京官送了别敬。他在这段时间的日记中多次记载"核别敬单""定别仪码""定分送各单"。他没有具体记载送给了哪些人，但在给儿子的信中说："余送别敬壹万四千余金，三江两湖五省全送，但

---

① 《清实录》，道光三十年，《文宗实录》卷九，第 167 页。

亦厚耳。"① 1895 年（光绪二十一年）中秋，津海关道盛宣怀给京城官员送节敬，其中恭亲王 1000 两，庆亲王 500 两，翁同龢 300 两，李鸿章、荣禄等人各 200 两，翰林院每人 20 两，吏部、户部、兵部、刑部有关人员每人 12 两到 40 两不等，总理衙门每人 20 两到 50 两不等。只有李鸿章、翁同龢未收，其余都收下了。光一个中秋节，盛宣怀送礼就送了 5756 两银子。② 盛宣怀在办很多洋务实业，有太多的事情要拜托京官，所以，他送礼的面很宽。当然，礼金的多少往往与送礼对象的权力大小成正比例。清朝官员俸禄较低，大多数官位如果仅靠俸禄很难维持体面生活，各项礼金是官员收入的重要补充，甚至是主要部分。冯桂芬说："大小京官，莫不仰给于外官之别敬、炭敬、冰敬，其廉者有所择而受之，不廉者百方罗致，结拜师生兄弟以要之。"③ 因此，这是一种行之已久、大家默认的灰色收入。但是，如系官员主动索取，或数额太大，目的性很强，则会被视为权钱交易。

二是例费。地方或部门请求朝廷批准某事，包括工程、减赋之类，朝廷通常会交主管部门讨论，部议往往是事情成败的关键，因此该地方或部门通常都会送去例费。各种费用报销，包括军费、工程费用，都要按一定比例收取费用，否则就会横加挑剔，设置障碍。曾国藩、左宗棠、李鸿章报销镇压太平军与捻军的费用，都按照惯例送上例费。曾国藩报销军费时，慈禧太后格外开恩，直接批复"着照所请，该部知道"，意为不必交户部核议，但曾国藩仍按惯例付了 8 万两银给相关人员。④ 报销前，曾国藩托李鸿章打听户

① 曾国藩：《谕纪泽 同治八年正月二十二夜》，《曾国藩全集（修订版）》第二十一册，第 506 页。

② 郑村声整理《盛宣怀送礼清单》，上海图书馆历史文献研究所编《历史文献》第 7 辑，上海古籍出版社 2004 年版，第 251 页。

③ 冯桂芬：《厚养廉议》，《校邠庐抗议》，第 8 页。

④ 曾国藩：《谕纪泽 同治七年十一月二十七日》，《曾国藩全集（修订版）》第二十一册，第 501 页。

部会要多少"部费"，李鸿章探询的结果，是至少一厘三毫，即1.3%。"皖苏两局前后数年用饷约三千万，则须银近四十万。"曾国藩命江宁布政使李宗羲托人，讨价还价，结果说定 8 万两。报销问题解决以后，曾国藩自称"感激次骨，较之得高爵穹官，其感百倍过之"。①

三是浮冒，即高估冒算工程费用。颐和园工程花销 2000 万两银子，知情者以为实到工之款不及 600 万两，② 其余都被层层盘剥了。据说：

> 凡京师大工程，必先派勘估大臣，勘估大臣必带随员；既勘估后，然后派承修大臣，承修大臣又派监督。其木厂由承修大臣指派，领价时，承修大臣得三成，监督得一成，勘估大臣得一成，其随员得半成，两大臣衙门之书吏合得一成，经手又得一成，实到木厂者只二成半。然领款必年余始能领足，分多次交付，每领一次，则各人依次瓜分。每文书至户部，辄覆以无，再催，乃少给之，否则恐人疑其有弊也。……内务府经手尤不可信，到工者仅十之一，而奉内监者几至十之六七。③

这种经手有份的揩油，到了州县基层，更加缺少监管，任意中饱。"有曾任直隶之涞水令者，言涞水每年收牛羊税，计共六百两，报销仅十三两，而藩司署费二十四两，道署二十两，州署十四两，余皆官所自得。又月领驿站费三百两，其由县给发，不过五十两，则每年获数千矣。"④

这种浮冒在各种洋务新政中尤为突出，报价每至四五倍之多。

---

① 曾国藩：《谕纪泽 同治七年十一月二十七日》，《曾国藩全集（修订版）》第二十一册，第 502 页。

② 文廷式：《闻尘偶记》，《文廷式集》，中华书局 1993 年版，第 746 页。

③ 徐珂：《清稗类钞》第二册，中华书局 1984 年版，第 516、517 页。

④ 徐珂：《清稗类钞》第二册，第 516 页。

"粤东仿制三火小洋枪，民间购买每杆洋银二圆半，而官中报价则每杆银六两"，因此时人"谓机器局管事一年，终身享用不尽"。①传统项目之浮冒还有例可援，洋务项目事属新创，无例可援，所以浮冒更甚。

四是贿赂。低级官员要晋升，或者瘦缺想换肥缺，升调补署，都需有高级官员、关键位置官员保荐，事先贿赂、事后回报都是普遍现象。咸丰同治交替之际，有人奏称："近时大吏，以州县为利薮，升调补署，非钱不行。州县得缺之后，势必取偿于民。于是苞苴公行，是非倒置，即有贤员，亦以朝委暮撤，此调彼署，不能竟其设施。其纳贿徇私，踪迹每多诡秘，即或发觉，奉旨查办，复以官官相护，巧为开脱。至于军营保举，亦以贿求。"② 最高统治者称所奏切中近时情弊，叹息"似此贿赂公行，相率效尤，风俗颓靡，伊于胡底！"③ 并批评高层官员：

> 积习相沿，往往知有身家，罔顾国事。甚至汲引私人，苞苴贿赂，殊负朝廷委任之意。因而各部院衙门司员，但知逢迎长官，夤缘干进。外而藩臬道府州县，亦皆养尊处优，营私舞弊，置地方民生于不问。④

这段上谕用语极重，已经到了痛心疾首、无以复加的地步。说这段话的时间，是咸丰皇帝去世、朝政用度极其吃紧之时，可见其时官场风气已经恶浊到何等严重的程度。时人描述官场情形：为了拉拢关系，官场中滥拜师生、滥结义父子关系、谊联年世、攀援姻戚的相当寻常，乌烟瘴气。"士大夫罕以节气为重。见夫赫赫隆隆者，辄卑礼哀辞，求其援引，甚至结为师生，誓为父子。一旦致身

---

① 刘锡鸿：《读郭廉使论时事书偶笔》，《洋务运动》第一册，第289页。
② 《清实录》，咸丰十一年，《穆宗实录》卷九，第251页。
③ 《清实录》，咸丰十一年，《穆宗实录》卷九，第251页。
④ 《清实录》，咸丰十一年，《穆宗实录》卷七，第179页。

通显，则又愧其从前，而思有以自异，于是貌为恭顺，阴肆挤排。"①

五是利用职权进行贪污与勒索。这类案件，从京官到地方官，所在多有。1865 年（同治四年），发生贝子闲散大臣载华、辅国公恩弼、总兵麟翔等人的贪污案。他们一是在负责祭祀专用牛羊的喂养工作时，克扣牛羊所吃的草豆饲料，变卖成银两，进行私分；二是在负责皇陵基本建设工程时，将工程项目中的银两领出分肥；三是将所负责有关工程款转移另行存放。案发，载华、恩弼均被判杖一百，流放三千里；麟翔革职，从重发往黑龙江充当苦差。具体办理贪污事宜的官员，或判处斩监候，或处 5 年徒刑，或流放，或杖责。卷入这一贪污案的共有 16 人。②

以上五种贪腐形式，有些是有交叉、重叠的，如谋求晋升的贿赂多以各种礼金形式出现，有些高估浮冒、贪污勒索是以例费形式出现的。一般说来，小额的礼金、例费均被认为合理，如 1861 年 11 月 11 日（咸丰十一年十月初九），湘军名将鲍超给曾国藩贺寿，带了 16 包礼物，多为珠宝古玩等珍贵之物。曾国藩览之而笑，从中挑了小帽一顶收下，余均璧还。1865 年，容闳从美国采购机器回到中国，按惯例需向曾国藩送上一笔厚礼，因为让他去美国采买机器这一美差是曾国藩给他的。其时曾国藩已因事离开南京，但他关照家里，如容闳送来礼物，价值在 20 两银以内的可以收下，多则璧还为是。可见，陋规亦有规，尽管这个"规"没有明文条例，但有个众所周知的尺度。曾国藩掌握的收小帽而不收大礼，20 两银以内的礼物可收，应该就是那个时候正常人情往来与收受贿赂的度。同治初年山西布政使瑞昌就因收受陋规黄金逾万，受到查

---

① 《雨窗消意录》第三卷，《笔记小说大观》，江苏广陵古籍刻印社 1983 年影印本，第 25 页。

② 《清实录》，同治四年，《穆宗实录》卷一四五，第 404—405 页。参阅牛剑平、牛冀青编著《清代一二品官员经济犯罪案件实录》，中国法制出版社 2000 年版，第 254—257 页。

处。① 1881 年（光绪七年），河南候补道蒋珣在署臬司任内，其母生日，收受陋规 2 万余金，也受到查处。②

同光时期，贪腐问题不光普遍，而且严重，已经成为危及清廷政权正常运行的不治之症。诚如刘蓉所说："今之大吏，以苟且之多寡，为课绩之重轻，而黜陟之典乱；今之小吏，以货贿之盈虚，决讼事之曲直，而刑赏之权乖。"③ 在官场上找到不贪的官员难乎其难。结果，劣币驱逐良币，清官难以立足："今州县之中，稍有洁己自好者，不惟白首下僚，无望夫官阶之转，而参劾且随之，而贪污者流，既以肥身家，乐妻子，而升擢之荣，岁且数至。"④

兹举两件较为突出的例子。

一是庆英行贿案。

兵部侍郎庆英，前在叶尔羌参赞大臣任内，曾因办理捐输抄产蒙混销算之案，受到朝廷降二级调用的处分。庆英积习不改，竟向担任军机大臣不久的恭亲王奕訢行贿。其细节为：1861 年 12 月 27 日（祺祥元年十一月二十六日），军机处散直以后，庆英到府求见，形色张皇，略谈数语，即向怀中取出金钱二包，恳求收纳。庆英请求恭亲王将钱收下，将来在朝廷讨论关于他处分一事时，为他缓颊，格外恩典。奕訢念其糊涂，"或因贪恋官职，多方开导，并加以厉色拒绝，冀其知所愧悔"。没想到庆英"长跪不起。叩求收纳。又称因见王清苦勤劳，持此为赠，非徒专为干求。软媚情形，有不堪言状者"。奕訢大怒，将其事抖出，并将金钱二包一并呈览。两宫太后表示："不意俨然卿贰之班，竟尚有此卑污丑行。若不从严惩办，何以肃政体而儆官邪？"结果，庆英被革职，交刑部会同都察院严行审办，将其前在叶尔羌参赞大臣任内，办理捐输抄

---

①　《清实录》，同治元年，《穆宗实录》卷三二，第 857 页。
②　《清实录》，光绪七年，《德宗实录》卷一三八，第 979 页。
③　刘蓉：《致某官书》，《养晦堂文集》卷三，光绪三年思贤讲舍刊本，第 5 叶。
④　刘蓉：《致某官书》，《养晦堂文集》卷三，第 5 页。

产蒙混销算之案，一并彻底根究。①

二是云南报销案。

1882 年，云南巡抚杜瑞联就此前平定民众暴动所花费用，进行军费报销。按照惯例，报销费用都要付给户部相关人员一定数额的费用，俗称例费。此事由云南省粮道崔尊彝和永昌知府潘英章前往北京与太常寺卿周瑞清、户部尚书王文韶和景廉打通关节。户部云南司主事并兼派办处总办孙家穆索价 13 万两，崔尊彝等嫌太多。正在讨价还价之际，内部传出消息，朝廷将以工部右侍郎阎敬铭为户部尚书，取代王文韶。孙家穆知道阎以清廉公正出名，阎一旦正式上任，这笔部费将成泡影，于是，以 8 万多两了结此项报销。事后，御史陈启泰奏参周瑞清受贿，朝廷责成有关人员严查。后来王文韶、李鸿藻承认接受过"炭敬"。处理结果是，户部云南司主事孙家穆在这一案件中得赃银 7000 两，按大清律应处绞刑，考虑到赃银已全部退交，判处杖一百，流二千里；太常寺卿周瑞清得赃银 5000 两，已全部退交，杖一百，流二千里。以上二人，均从重发往黑龙江效力赎罪。户部员外郎福趾，掌管印鉴，得赃银 4000 两，杖一百，流三千里。云南粮道崔尊彝，侵用公款 23200 余两，在案件处理过程中病故。潘英章具体经办报销事宜，明知崔尊彝侵用公款，却仍向崔借银，按监守自盗论罪，流三千里。王文韶、景廉、奎润、董恂等被降二级调用。② 这一案件涉及尚书、总督、布政使、御史总计 46 人舞弊。

官场如此贪腐，国家大量财富滚滚流入官员口袋，国库焉得不虚，国力焉得不弱！光绪初年，户部透露：考核正杂赋税额征总数，岁计 3400 余万两，实征仅 145 万两，赋税亏额如此。"财既不在国，又不在民，大率为贪官墨吏所侵蚀。"③ 国家所得，仅为赋

---

① 《清实录》，同治元年，《穆宗实录》卷二，第 105 页。

② 《清实录》，光绪九年，《德宗实录》卷一六三，第 302—303 页。

③ 《清史稿》卷一二一，食货二，第 3542 页。

税的二十五分之一，绝大部分都进了贪官墨吏的腰包，其结果，国弱，民穷，极少数官员富裕。清朝政治如此腐败，如果不亡，才是异数！

2. 奢侈之风

奢侈之风自乾隆后期就很严重，嘉道时期愈演愈烈。从公卿到部院大臣，无不"鲜衣怒马，华奢相高，舞女歌儿，奢淫相尚"。①

薛福成曾记述南河河道总督府的酒席奢侈情形，豆腐、猪脯、鹅掌、驼峰、猴脑、鱼羹，如何料不厌精、工不厌细、斗奇竞巧、穷奢极欲，种种做法，见所未见，闻所未闻，光怪陆离，无以复加。这段文字虽有点长，但实在是记述晚清官场奢侈的绝妙文字，实在不忍心将其割裂或删削，特引录如下：

> 余尝遇一文员，老于河工者，为余谈道光年间南河风气之繁盛。维时南河河道总督驻扎清江浦，道员及厅汛各官环峙而居，物力丰厚。每岁经费银数百万两，实用之工程者十不及一，其余以供文武员弁之挥霍、大小衙门之酬应、过客游士之余润。凡饮食、衣服、车马、玩好之类，莫不斗奇竞巧，务极奢侈。
>
> 即以宴席言之，一豆腐也，而有二十余种；一猪肉也，而有五十余种。豆腐须于数月前购集物料，挑选工人，统计价值，非数百金不办也。尝食豚脯，众客无不叹赏，但觉其精美而已。一客偶起如厕，忽见数十死豚枕藉于地，问其故，则向所食之豚脯一碗，即此数十豚之背肉也。其法闭豚于室，每人手执竹竿追而抶之，豚号叫奔绕，以至于死。亟划取其背肉一片，萃数十豚，仅供一席之宴。盖豚被抶将死，其全体菁华萃于背脊，割而烹之，甘脆无比。而其余肉，则皆腥恶失味，不堪复食，尽委之沟渠矣。客骤睹之，不免太息。宰夫熟视而笑

---

① 贺长龄、魏源等编《清经世文编》中册，中华书局1992年版，第1355页。

曰："何处来此穷措大，眼光如豆。我到才数月，手抶数千豚，委之如蝼蚁，岂惜此区区者乎？"又有鹅掌者，其法笼铁于地，而炽炭于下，驱鹅践之，环奔数周而死，其菁华萃于两掌，而全鹅可弃也；每一席所需不下数十百鹅。有驼峰者，其法选壮健骆驼，缚之于柱，以沸汤灌其背立死，其菁华萃于一峰，而全驼可弃。每一席所需不下三四驼。有猴脑者，豫选俊猴，被以绣衣，凿圆孔于方桌，以猴首入桌中，而拄之以木，使不得出，然后以刀剃其毛，复剖其皮，猴叫号声甚哀，亟以热汤灌其顶，以铁椎破其头骨，诸客各以银勺入猴首中探脑嚼之。每客所吸不过一两勺而已。有鱼羹者，取河鲤最大且活者，倒悬于梁，而以釜炽水于其下，并敲碎鱼首，使其血滴入水中。鱼尚未死，为蒸气所逼则摆首摇尾，无一息停，其血益从头中滴出。比鱼死，而血已尽在水中，红丝一缕，连绵不断。然后再易一鱼，如法滴血，约十数鱼，庖人乃撩血调羹进之，而全鱼皆无用矣。此不过略举一二，其他珍怪之品，莫不称是。

食品既繁，虽历三昼夜之长，而一席之宴不能毕。故河工宴客，往往酒阑人倦，各自引去，从未有终席者。此仅举宴席以为例，而其余若衣服，若车马……演剧。自黎明至夜分，虽观剧无人，而演者自若也。①

猪肉可以做出五十多种菜，倒也罢了，单单豆腐，也能做出二十多种菜，要花数百两银子才行，真是匪夷所思！那些所有与动物有关的菜，炽鹅掌，沸驼峰，敲猴脑，滴鱼血，每一道做法都极其残忍，将人类兽性的一面发挥到极致！

---

① 薛福成：《庸盦笔记》，《薛福成选集》，第 571—572 页。李岳瑞《春冰室野乘》之《道光时南河官吏之侈汰》，内容几乎与薛福成所述完全相同，似录自《庸盦笔记》。

再看这一河道总督府终年所干何事：

> 每署幕友数十百人，游客或穷困无聊，乞得上官一名片，以投厅汛各署，各署无不延请。有为宾主数年，迄未识面者。幕友终岁无事，主人夏馈冰金，冬馈炭金，佳节馈节敬。每逾旬月，必馈宴席。幕友有为棋博樗蒲之戏者，得赴账房领费，皆有常例。每到防汛紧急时，有一人得派赴工次三日五日者，则争羡以为荣，主人必有酬劳，一二百金不等。其久驻工次与在署执事之幕友，沾润尤肥，非主人所亲厚者，不能得也。新点翰林有携朝贵一纸书谒河帅者，河帅为之登高而呼，万金可立致。举人拔贡有携京员一纸书谒库道者，千金可立致。①

那个时代国家那么败弱，人民那么穷困，河工每岁经费银数百万两，而实用于工程者十不及一，90%以上的民脂民膏都被这班贪官污吏穷奢极欲，挥霍一空！行文至此，薛福成掩饰不住内心的愤懑，泼口诅咒这帮官吏："嗟乎！国家岁糜巨帑以治河，而曩者频年河决更甚于今日，竭生民之膏血，以供贪官污吏之骄奢淫僭，天下安得不贫苦？以佛氏因果轮回之说例之，则向之踞肥缺、饱欲壑者，安知其不为豚、为猴、为驼、为鹅鱼也？"②

同光时期，国家比嘉庆道光时期更为困难，但奢侈之风并未稍减。汪康年记述京师讲究饮食的情况：

> 鱼翅，自明以来始为珍品，宴客无之，则客以为慢。顾庖人为此未必尽得法，大约闽粤人最擅长，次则河南。前时，闽之京官四人为食鱼翅之盛会，其法以一百六十金购上等鱼翅，复剔选再四，而平铺于蒸笼，蒸之极烂。又以火腿四肘、鸡四

① 薛福成：《庸盦笔记》，《薛福成选集》，第 572 页。
② 薛福成：《庸盦笔记》，《薛福成选集》，第 573 页。

只，亦精选，火腿去爪，去滴油，去骨，鸡鸭去腹中物，去爪
翼，煮极融化，而漉取其汁。则又以火腿、鸡、鸭各四，再以
前汁煮之，并撇去其油，使极精腴。乃以蒸烂之鱼翅入之。味
之鲜美，盖平常所无。闻所费并各物及赏犒庖丁，人计之约用
三百余金，是亦古今食谱中之豪举矣。①

非但官府奢靡如故，一些通商口岸也刮起奢靡之风。《申报》
记述上海富商巨贾的奢侈性消费："今日之天下，一奢华靡丽之天
下也。衣服则必求其锦绣绫罗，饮食则必求其肥浓甘脆，或且饰珠
玉于衣襦冠履，效西人之燔炙烹焦。一出入也，必以舆马为荣；一
起居也，必以安逸为乐。以致风气日即于骄奢而不知变，俗尚日趋
于淫佚而不知返。"② 有个署名为"海上看洋十九年客"的文人，
将上海城市这种风气归纳为七大"陋习"：一耻衣服之不华美，二
耻不乘肩舆，三耻狎幺二妓，四耻肴馈之不贵，五耻坐只轮小车，
六耻无顶戴，七耻观戏就末座。用现代语言来表达，这所谓的
"七耻"实质就是拜金主义的七种表现。

3. 官不理政

惰风每与贪风相伴而生。官员怠惰，不理政务，敷衍塞责，公
文旅行，互相推诿，成为官场普遍现象。

先看中央部门。同光时期，清廷最高统治者多次就高级官员勤
政问题发出上谕。让后之读史者最难以想象的是，其时国家正值多
事之秋，各种事务茧丝牛毛，万绪千头，纷杂难理，部院堂官竟然
可以好多天不上班。对此，最高统治者不知道发了多少火，训斥多
少次。兹摘录一些上谕，可见一斑：

---

① 汪康年：《汪穰卿笔记》，中华书局 2007 年版，第 91 页。汪康年所述为日俄
战争时期京师情况，此前时期与此本无多少不同。

② 《岁除论》，《申报》1880 年 2 月 8 日。

现在各直省积弊，地方大吏，置公事于不问。似此等积压案牍，泄沓成风者，不一而足。嗣后各该督抚务当振刷精神，力求整顿，毋得怠忽因循，致滋丛脞，以肃吏治而熙庶绩。①

近闻各部院堂官，好逸畏劳，办公未能勤慎。偶一进署，为时太迟，不过虚应故事，于公事未暇讲求。以致司员无所惩劝，泄沓成风。各衙门应办事件，积压废弛，百弊丛生。吏治安能日有起色？嗣后各部院衙门堂官，务当共矢公忠，力图振作，常川赴署，不得后时，以为司员表率。毋再蹈玩愒因循积习，用副朝廷宵旰焦劳，孜孜图治至意。将此通谕知之。②

各衙门堂官，惟当申明旧章，实力整顿，毋任迟延积压。至司员承办事件，本系分所应为，其当差奋勉者，或遇缺题升，或京察荐举，或截取知府保举繁缺，皆足以资鼓励。……各直省词讼案件，自应速审速结。无如玩愒成风，积案累累，拖累无辜，在所不免。着各该督抚督率臬司，各就本省情形，妥定发审旬报章程，认真办理，毋得视为具文。③

对于部院堂官进署办公一事，经迭次强调之后，慈禧太后曾在召见各部院堂官时询问他们是否切实做到了，各人都回答已经"逐日到署"。慈禧为了核实确否，乃详加访察，结果发现，各部院堂官"仍复相率因循，或数日进署一次，或到署仅止片刻，虚应故事，漫不经心。遇有应办稿件，辄令司员奔走私宅，或在朝房呈画。俄顷之际，岂能详细讲求？"慈禧大为光火，责骂他们：

该堂官等皆受国厚恩，洊陟崇阶，理宜激发天良，力图报称。乃竟怠惰自甘，不知振作，朝廷训谕，视为具文，以致公

---

① 《清实录》，同治元年，《穆宗实录》卷三七，第989页。
② 《清实录》，光绪三年，《德宗实录》卷六一，第841页。
③ 《清实录》，光绪四年，《德宗实录》卷七六，第165页。

事仍多积压，弊窦未能尽除。玩愒成风，殊堪痛恨！嗣后各部院堂官，务当懔遵叠次谕旨，力除积习，奋勉从公，常川进署。将应办事宜，互相商榷，期于措置咸宜，庶无负朝廷勤求治理、诰诫谆谆至意。①

责骂以后，表面上有些效果，但实质上仍无改进。到了1889年（光绪十五年），各衙门堂官怠惰自安者亦复不免，有的堂官竟然好几个月才到衙署一次。②

中央部门如此，地方更不用说。咸丰末年，河南辉、淇两县欠解银两，朝廷责成地方官员限期完解。结果，两县官员既不完解，也不向朝廷报告说明，上级地方大吏亦不催问，就这么一拖再拖，拖了三年，"似此玩泄稽延，百弊丛生，吏治何由整顿！"③

有篇文章描述这一时期官不理政的严重情形：

今之为民父母者，往往玩视民瘼，以奔走大吏之门谓为善于奉承，以争逐宴会之场谓为熟于世故，日行公事，视若具文，以致案牍山积，莫不加意。一案淹留，动辄经年累月。即或开堂提讯，亦必装腔作势，遍布爪牙，以壮声威。所询供词，又有牛头不对马嘴，一任差役等颠倒其间者，以欲使涉讼之人畏其伎俩，为多索差费地步耳。又或于伸诉之际，故意高声吆喝，使不得尽其词，致涉讼者负屈含冤，欲一白苦衷而无自。谚有之阎王好见小鬼难当，殆即此之谓欤！④

作为勤政典型的曾国藩，对官场怠惰风气极为不满，多次进行

---

① 《清实录》，光绪四年，《德宗实录》卷八〇，第218页。
② 《清实录》，光绪十五年，《德宗实录》卷二七七，第700页。
③ 《清实录》，同治元年，《穆宗实录》卷三七，第989页。
④ 《论治狱》，何良栋编《皇朝经世文四编》，沈云龙主编《中国近代史料丛刊》，台北文海出版社1966年版，第752页。

批评。他说，直隶官场怠玩之习相沿已久。官府每逢三日、八日允许百姓告状日期，有关官员完全不过问案情，或委典史收状，或由承发房将呈词送交门丁，门丁积压数日送交幕友，幕友拟批挂榜，而本官尚不知呈中所告何事，"至判阅稿票时，任听丁书主政，按照呈内姓名全数差传，不敢删减一名。甚至经年累月，未尝坐堂讯问"。① 结果使得两造破家荡产，求息讼而不能。这是百姓所以困穷、案牍所以丛积的根本原因。

官不理政的典型是公文旅行，不办实事。曾国藩批评当时官场，很多公事推诿迟延，效率极低。其通弊有二，一曰支，二曰展。所谓支者，推诿他人，如院推司、司推府、府推县之类，公文一经转行即算办毕，但求出门，不求了事。所谓展者，迟延时日，上月展至下月，春季展至夏季，愈宕愈松，担迟不担错。他认为这是各省普遍情况。"藩司照转督院之文，有数月未转行者。总局奉饬核议之件，有终岁不议详者。上控之案，饬府先查大概，往往经年不报，饬县录案详复，亦或经年不复。催提钱粮，则曰'另文批解'；催提人证，则曰'传到即解'。宕过数次，上司亦遂置之不问。上下相容，疲玩已甚。"②

官不理政的腐朽风气，弥散到清政府各个部门，就连专门以考核官员、反对腐败为职责的京察制度也是空有其名，不理实事。京察即对京官进行考核，始于明代，六年一次，清代改为三年，举、劾并行，以"四格""八法"为升降标准。"四格"为守、政、才、年，每格按其成绩列为称职、勤职、供职三等。列一等者记名，有升任外官的优先权。"八法"为贪、酷、无为、不谨、年老、有疾、浮躁、才弱。分别给以提问、革职或降级调用的处分，年老和有疾者退休。"八法"后来去掉贪、酷，改为"六法"。这个制度设计很合理，执行得法，可以起到监督官员、奖优罚劣、激

① 曾国藩：《直隶清讼事宜十条》，《曾国藩全集（修订版）》第十四册，第477页。
② 曾国藩：《直隶清讼事宜十条》，《曾国藩全集（修订版）》第十四册，第475页。

浊扬清的效果。到了同光时期，这一考核制度已越来越流于形式。"每届京察，各衙门堂官往往视为故事，只求一等如额，其衰庸怠惰之员，概列之二三等中。"[1] 负责京察的官员不肯据实查劾，往往有举无劾、应劾不劾，所举之人，其才守平常、迁就应选、瞻徇情面滥保劣员者，所在多有。[2]

（二）狱政腐败

1. 冤狱迭出

官不理政，必然导致玩忽职守，冤狱频发。这以轰动一时的杨乃武与小白菜案件最为典型。杨乃武，举人出身，住浙江余杭。小白菜本名毕秀姑，为葛品连之妻。葛、毕租杨一间闲屋居住。葛为一店伙，常不住家。毕一人在家，有时在杨家进餐，杨亦常教毕识字念经。坊间由此出现一些闲言，葛、毕乃举家迁住别处。1873年11月间，葛生病，呕吐发冷。毕托人买补药煎服，葛服药后第二天暴毙。葛母疑其子被人下毒，便到余杭县喊冤。知县刘锡彤带领衙役、仵作验尸。仵作未经严格检验，便胡乱填上服毒而死。知县因听信相关传闻，以为葛系杨、毕谋毒所致，当夜开庭审问。毕屈打成招。知县传讯杨，杨不服。知县上奏朝廷革除杨之举人身份，并将案上报杭州知府。知府陈鲁在杨被朝廷革除举人身份后，对杨严刑逼供。杨屡次昏死过去，只得招供所谓奸情，还编造说其从药店钱宝生处购买了砒霜交给毕，害死葛。刘锡彤为了及早定案，以威胁、欺骗兼用的手段让钱宝生做了伪证。知府陈鲁宣布"杨乃武斩立决、小白菜凌迟处死"的判决，待秋审通过后执行。杨之家人进京上告，都察院责令复审。浙江巡抚杨昌浚却令杭州知府陈鲁本人重审，结果维持原判。杨之家人再次进京上告，朝廷将案发回，令浙江巡抚与浙江按察司公审。浙江巡抚杨昌浚没有亲

---

[1] 《清实录》，光绪七年，《德宗实录》卷一三八，第982页。

[2] 《清实录》，光绪七年，《德宗实录》卷一三八，第982页。

审，而是交由湖州知府锡光、绍兴知府龚嘉俊、富阳知县许嘉德、黄岩知县陈宝善等公同审理。公审未用刑，杨、毕二人均翻供，钱也说出了被逼做伪证一事，但案件仍未昭雪。湖州知府锡光并未将案情如实上报，而是从自己仕途出发，向杨昌浚请示对策。杨自护前非，于是以"未能审出结果"的话搪塞朝廷。案件久拖不决，朝廷命正在浙江省主持科举考试的礼部侍郎胡瑞澜负责复审。胡瑞澜与杨昌浚过从甚密，二人经过密谋，决定维持原判。胡瑞澜在审讯时再用重刑，杨乃武与小白菜再次屈招。审理结果，仍然维持原判。此时，内阁中书汪树屏等十八位在京浙籍官员，联名向都察院提交呈词，要求刑部重新审理。刑部奉朝廷之命重审，并开棺验尸，结果证明葛品连确系病死，并非被人毒害。这一冤屈终被洗刷。这时已是 1877 年（光绪三年）。冤案从发生到昭雪，历时四年，从县至刑部再至皇帝，九审七冤。

这一冤案中，知县胡乱判案，按察使、巡抚、参与公审的一批知府，还有代表朝廷主持复审的礼部侍郎，或玩忽职守，或私心作祟，官官相护，没有一个人尽心尽责，以致一错、再错、三错。《申报》评论："然近日于此刑弊之上，似又加一堕风矣，系官途又有互相回护之成习，明知下官横行，且或私示以非，然犹必扶护，而不公加处分。两习并行，则民枉不可尽言，一县之人安有伸冤理枉之望乎？……余杭之案使果为冤案，而不为上司所申，则枉政已可谓至极矣。"①

2. 积案如山

官不理政的一大恶果是积案如山，吏治黑暗。1876 年（光绪二年），闽浙总督文煜、福建巡抚丁日昌清理福建官府案件，发现狱政极为腐败，管理混乱不堪。往往有名册中仅报数名押犯，而实际在押人数达到数十名者，例如：厦防厅押犯八十余名，而册报仅数名；石玛厅押犯二十余名，而历报并无押犯。更有甚者，有的押

---

① 《论余杭案》，《申报》1874 年 12 月 10 日。

犯有书差私押而门丁不知，有门丁私押而本官不知。最为荒唐的是，寿宁县监犯李暄已经遇赦年余，清查时还被关在监狱，并未释放；一个叫杨长吉的押犯久押不放，查其原因，竟无案卷可查；宁化县监犯管福被禁多年，现据讯明实，系一诬扳冤案。其监犯最久者，如福清县之翁某已禁至二十年，政和县之汤某已禁十二年，古田县之雷真、莆田县之潘植，皆被禁十一年；晋江县之叶港、瓯宁县之章文、建阳县之吕某，皆已禁十年。考其羁押如此之久的原因，或系严刑所逼供词先后翻异，或因书差所指供词始终游移，或仅认为系从犯而正凶未获，或竟诉为冤而原告坚执，缺少铁证，而逸犯难缉，问官拘以成例，不敢断结。这样，任复一任，年复一年，欲办不能，欲释不可，遂致积重难返，陈陈相因。丁日昌等愤怒地指出："百姓或农工度日，或小本营生，一人被押即一家不得安枕，必卖田宅鬻妻子，经营请托而后始得释放回家。当官吏博弈饮酒之时，正小民呼吁无门之时，此中叹息愁恨之声，岂不足以召水旱而干天怒！"①

1876 年，丁日昌就任福建巡抚之初，即对福建案件进行清理，发现积压之案太多，审结之案实少，匿报词讼更多。据他统计，闽县共匿报词讼一百余起，侯官、莆田二县共匿报词讼二百余起，福清县共匿报词讼八十余起。各州县之所以要匿报，原因在于，假如州县对词讼案件据实禀报，但结案不到一定比例，结案率不高，便意味着办事不力，州县官员必然受到上级处分。因此，各州县每月必捏造审结若干起，"既可避免处分，又可以结案之多，希冀上司保奖，故统一省月报册计之结案，已不下数万起，宜若讼狱可清民困可苏矣！而各州县年复一年，案牍仍不少减者，何哉？盖造入月报者，皆口角细故之案，大半伪捏，其真案之不结者依然如故，是

① 文煜、丁日昌：《设法清理监押人犯并勒限查办疏》，葛士浚编《皇朝经世文续编》卷八七，刑政四。

多一番防范更多一番欺蒙"。① 尽管不办案，但结案率还是上去了。这是典型的上有政策、下有对策、欺上瞒下、邀功请赏！

3. 刑讯逼供，骇人听闻

这种情况在整个清代乃至传统中国历朝历代普遍存在，并非同光时期所特有，但同光时期极其严重，"酷吏借以杀人，多有小过非辜立毙杖下者"。②《申报》有文章描述衙门审案刑讯惯例：

> 倘犯人无供，或所供游移，则问官必严刑以逼之，轻者批颊杖臀，重则鞭背击胫。再重，男则加以夹棍，女则施以拶指，三木并用，必得犯人亲口招供而后已。试思严刑之下，何求不得？犯人熬刑不起，问官欲得何供，犯人只得承认。③

在杨乃武与小白菜案中，衙门对嫌犯多次使用酷刑。对杨乃武极加五刑，使之七次昏厥。④ 对小白菜是以烧红铁丝刺乳，用锡龙滚水浇背，刑讯至六昼夜，铁链之陷入膝骨而抽之复出者，至再至三，然仍未得丝毫口供。小白菜投缳仰药，经十余次，只以防守严密，没有死成。⑤

需要指出的是，这种情况并非个别，而是当时中国衙门普遍现象。

1875 年（光绪元年），御史陈彝批评衙门审案种种非刑，在先前已有的鹦哥架、天平架等酷刑之外，又出现一系列新的刑罚。有

① 丁日昌：《清理积案以苏民困疏》，葛士浚编《皇朝经世文续编》卷八七，刑政四。

② 陈炽：《刑法》，《陈炽集》，第 116 页。

③ 《论听讼》，《申报》1874 年 12 月 14 日。

④ 《论余杭案》，《申报》1874 年 12 月 10 日。

⑤ 《审案确闻》，《申报》1875 年 10 月 15 日；《书余杭葛毕氏狱》，《申报》1874 年 4 月 21 日。

用木棒殴伤脚踝者，有手提两耳令嫌犯直立逾时气脱者，有摩压嫌犯腹部使气上涌一扑而亡者，"南省则有老虎凳之名，其法起于常熟县知县汪地厚，其平日笞人以一千为度，有汪一千之号"。①

1882 年（光绪八年），通政使司副使张绪楷上疏，揭露各地衙门拷打嫌犯种种酷刑，至今读来，依然令人毛骨悚然，不寒而栗：

> 无如捐例频开，军功辈出，半皆贪墨严酷之徒，久不知抚字为何事，而为大吏者，耳濡目染，方且以武健为干员，以苛刻为能吏，致使任意妄为，毫无忌惮。一切审讯案件，创立非刑，有以布纸粘人身，向日晒干，带肉揭起，片片血淋，名曰剥皮；有以藤荆缚置人背，使芒钻刺，逐条拔出，根根透骨，名曰抽筋；有以锤敲胫，应声粉碎；有以炭炙肤，恶臭腥闻；又制有好汉凳、好汉箍、站枷、站笼等具，种种奇异，不可枚举。无非故作威福，残虐为快，可谓蜂虿其心，豺狼成性矣。夫三木之下，何求不得？似此伤心惨目，有求死惟恐不速者，夫亦何供之不招，何案之不认乎？……其余之隐忍就死，无所控告，冤狱不知凡几矣！民岂无良，遭此惨毒！②

剥皮、抽筋、好汉凳、好汉箍、站枷、站笼……衙役发明的这些见所未见、闻所未闻的暴行，简直将人类的兽性发挥到了极致！对于这种伤天害理、惨无人道的豺狼行径，张绪楷认为人类是会受

---

① 陈彝：《条陈办案积弊疏》，葛士濬编《皇朝经世文续编》卷八七，刑政四。

② 张绪楷：《请严禁非刑疏》，盛康辑《皇朝经世文续编》卷一○二，刑部五，治狱中，思补楼光绪二十三年版。对于张绪楷的奏疏，朝廷上谕："各直省州县及问刑衙门审讯案件，不准擅用非刑，例禁綦严。若如该副使所奏，近来各省风气，多以武健苛刻为能，创立各种非刑，任意残虐，殊堪痛恨。着各直省督抚，督同臬司严谕各州县及问刑衙门，申明定例，一切非刑，永远禁革，以重民命。"见《清实录》，光绪八年，《德宗实录》卷一四七，第 80 页。张绪楷上奏时间，盛康辑《皇朝经世文续编》注为"光绪九年"，查《清实录》，为光绪八年六月。

到报应的。"比年以来，四川甘肃地震有声，闽粤沿海地方飓风大作，其灾异屡见者，未始非怨气所积而成也。"① 其语迹近诅咒，其情则发自人类对于自己同类的最起码的同情之心。比起张绪楷，那些衙役只能算是披着人皮的兽类！

狱政不理，暗无天日。英国传教士麦高温目睹过一个抢劫犯所受到的"钉刑"："刑具由一根竖立的木桩和一根横梁组成，构成一个十字的形状。从木桩上又伸出两块木板，既用来供犯人站立，又用来钉犯人的脚。木桩的上部有一根横梁，其高度与犯人的肩膀持平，犯人的手掌被钉在横梁的两端。"② 1881 年（光绪七年），御史徐克刚奏称，京师"步军统领衙门司官进署，总在申酉之间传案，无论轻重，书吏先坐小堂叙供，然后上呈，设立班房，有第四间、第五间名色"。第四间房内，有木桶、绳床，条件较好。第五间房"则设尿桶、虫坑，人犯一到其中，湿热污秽，上下熏蒸，真有朝不保夕之苦。蠹役立此班馆，藉以需索钱文"，有钱行贿者押在第四间，无钱者押在第五间房。"司官讯案，概用麻辫箍头，用铁链垫膝，名曰靠供。一靠此刑，约三四时之久，而该问官等一似忘其酷虐，视若寻常。"③

那些因案羁候、没有判决的人，处境更差。因为，官府对于这些人，"向无如何赡养明文，实则一入班房，生死即在胥吏之手，富者犹有贿托之资，贫者更甚囹圄之苦，夏则秽恶熏蒸，冬则饥冻交迫。至于提省待质，则生理全无，亲友尽绝，案证不齐，永无开释之日。往往一案中正犯缓决减等转得生全，而牵涉之人辗转死亡，无可稽考"。④

---

① 张绪楷：《请严禁非刑疏》，盛康辑《皇朝经世文续编》卷一〇二，刑部五，治狱中。

② 〔英〕麦高温：《中国人生活的明与暗》，朱涛、倪静译，时事出版社 1998 年版，第 168 页。

③ 徐克刚：《请清厘刑狱疏》，葛士浚编《皇朝经世文续编》卷八七，刑政四。

④ 陈彝：《条陈办案积弊疏》，葛士浚编《皇朝经世文续编》卷八七，刑政四。

至于监牢设施之陋，狱卒之恶，更是无以复加。麦高温描述中国监狱情况：

> 中国的监狱是最悲惨、最肮脏的地方了，能够想象得出，即使是人类在不得已的情况下所居住的山洞也不会再比这里更令人恶心和恐怖了。估计一个房间至多只有十平方英尺，墙上的一条窄窄的石缝起着窗户的作用，微弱的光线透过它照射进来，即便是阳光灿烂的日子里，牢房里还是十分幽暗。墙壁黑乎乎的，满是尘土，在泥水匠最后一次触摸之后，就再也没有人来打扫过它。地面是土质的，长时间的使用使得原本平整的地面布满了坑洞，屋子里挤着十至十二个犯人，没有一件家具，由可怜的室友提供的几捆干草就是他们睡觉的床，这里是如此的污秽，拥挤。①

陈炽说："今乃土室棘垣，暗无天日，赭衣黑索，惨受拘挛，禁卒甚于虎狼，秽气蒸为疠疫，此非人理，不可不禁者也。"②

4. 官员鱼肉百姓

曾国藩揭露直隶官场鱼肉百姓的情况，将其归纳为三弊：

其一，案件发生以后，京控发交到局委员往提人证，竟然"有得钱卖放之弊，行贿受托则以患病外出等词，捏禀搪塞"。

其二，"案证提到省城，分别保押听候审办，有发交清苑取保者，县役任意讹索；有发交辕门取保者，府役与门丁任意讹索；有取店保者，店家居奇勒掯，择肥而噬"。

其三，"每过堂时，必有差役承带案证，而承带之差往往五日一换，换差一次，讲费一次，诛求无厌"。

除此之外，在拘押、审案等环节，官府、差役均千方百计勒索

---

① 〔英〕麦高温：《中国人生活的明与暗》，第163—164页。
② 陈炽：《刑法》，《陈炽集》，第116页。

百姓。差役为了多捞好处，便滥传被告，滥押证人，只要原告涉及的便尽可能将其牵入案内，"票上之传人愈多，书差之索费愈甚，名曰'叫点'。所谓'堂上一点朱，民间万点血也'"。[①] 办理案件过程中，富民、巨商则与差役、门丁串通，买下此案差票，然后设法蒙骗或疏通审案本官；或者差役串通告状之人，伺该差值日方来喊控，以便朋比讹索。"差役持票到门，引类呼朋，叫嚣征逐，妇女出避，鸡犬不安。本家之搜索既空，亲族或因而受累。及审讯时，有坐堂之费；将结时，有了衙门之费；两造议和者，又有和息呈词之费。一字到官，百端需索；疮痍赤子，其何以堪！"[②]

曾国藩所言是直隶情况，其实全国各地皆然。一位目击衙门审案、知悉胥吏与官员谋利细节的读书人，记下了他的所见所想：

犹忆往岁，予偶往某邑催租局观审，见各佃户当比责之际，悉袖出钱筹一二枚，以与差役，则被笞时一无痛楚，几若不知己身受笞也者。设无此物，则甫笞数十下即已流血满地，而呼痛之声竟令人惨不忍闻。此其轻重之处虽全视贿赂之有无以为衡，然亦在上之太无觉察，致为若辈所蒙耳。维时予见应比者罗列阶下约有三百余人，并闻每次比责，均有此数，方窃窃然私讶该差役等所进之财，正未可以限量。有识者谓，此尚非该差役等所独得，实与局员通同一气，暗中瓜分，故敢肆意妄行若此，否则彼高坐堂皇，究非泥塑木雕可比，况又目灼灼如贼，岂真无所见耶！予以此言，虽近于刻，然查该差役等，皆由县中拨往，其平日之所为，已可概见，固不必目而始知其然也。

差役之外，其能作弊者，则更以招书为最甚。盖案犯罪名之轻重，必以招书所录之供词为定。尝闻昔有某富室因杀人案

---

① 曾国藩：《直隶清讼事宜十条》，《曾国藩全集（修订版）》第十四册，第477页。
② 曾国藩：《直隶清讼事宜十条》，《曾国藩全集（修订版）》第十四册，第478页。

发，庭讯时以畏刑故从实供认，旋因自知罪无可逭，遂重赂招书代为涂改数字，后果得从轻发落。据此观招书之作弊，不更甚于差役乎？设不预为防范，其不致弊窦丛生者几希矣！①

行贿就打得轻，不行贿就打得重。行贿，可以涂改记录，重罪可以轻判，真是钱能通神，无法无天！

胥吏横行的一个极端表现是警匪勾结。曾国藩指出，直隶盗案迭出，抢劫频仍，行旅皆有戒心，社会不得安宁，官府勒缉严比之文书不绝，而很少有大案破获，没有什么实际效果。这是什么原因呢？曾国藩经过调查，发现警匪勾结、利害与共是其根源。"州县一遇盗案，无不责成捕役，捕役之能干者，强半通贼，本不愿于破案；一经破获之后，解府解省，往返羁留，费用半出自捕役。捕役应得之工食，本官久搁不发；解案之费资，该役无从措办。此捕快所以借豢贼为生路，视获贼为畏途也。"② 原来破案对于捕役并无实际好处，而盗贼存在则是捕快谋私的利源。

个别官员甚至见财起意，残害良民。1881 年，御史徐克刚揭发，京师步军统领衙门候选副指挥蒋端木，曾在口外开垦土地，讹诈民人孙谦山银两。孙谦山死后，其子德庆才十多岁，蒋端木以其年幼可欺，与一已革太监勾串，遣人控告孙德庆经手银一万余两，并捏写文约一纸。该衙门承审官每天对孙德庆严刑拷打，责打三十余次，加以鹦哥架、大铁链等刑，致使孙德庆昏晕数次，命在旦夕。③

（三）少数官员澄清吏治的努力

曾国藩在直隶总督任上，曾在端正官场风气、澄清吏治方面做过一些努力。他颁布了《直隶清讼事宜十条》与《直隶清讼限期功过章

---

① 《论治狱》，何良栋编《皇朝经世文四编》，第 752 页。

② 曾国藩：《直隶清讼事宜十条》，《曾国藩全集（修订版）》第十四册，第479 页。

③ 徐克刚：《请清厘刑狱疏》，葛士浚编《皇朝经世文续编》卷八七，刑政四。

程》，前者由他亲自撰写，后者由按察使张树声撰写，经他复核。

《直隶清讼事宜十条》规定：第一条，"通省大小衙门公文宜速"。曾国藩说，现在军务已过，一定要力挽积习，通省上下皆以勤字为本。凡是上司要下属查明或办理的事，都要明定期限，违限记过，凡小过达到六次，大过达到三次，就要撤差撤官。第二条，首先整顿保定府发审局。保定为首府，起着全省表率作用，必须率先整顿。曾国藩要求不准受贿，不准勒索，审案必须尽速，不得拖延。第三条，州县官必须亲自接案审案，"不得尽信幕友丁书"。第四条，"禁止滥传滥押，头门悬牌示众"。"只准一原一被一干证，或证至二三人为止，不准多传。传到人证，非命盗大案不准轻于管押，只许当堂取保候讯。"第五条，"禁止书差索费"。第六条，每月必须将审案、监禁、管押、逃犯等情形上报。第七条，"严治盗贼以弭隐患"。第八条，"讼案久悬不结核明注销"。第九条，"分别皂白严办诬告讼棍"。第十条，"奖借人才，变易风俗"。对于每一条规定，曾国藩都说明理由与实施细则。比如，关于州县官员必须亲自接案审案，他规定了六个必须："放告之期，必须亲自收状；能断者立予断结，不能断者交幕拟批，必须亲自细核，分别准驳；准理者差票传人，必须亲自删减；命盗案件以初起供招为重，必须亲自勘验，愈速愈妙。承审限期，何日解勘，何日详结，必须亲自计算。监禁管押之犯，常往看视，每日牌示头门，每月册报上司，必须亲自经理。"① 他认为，这六条如果都做到了，则听讼之道失者寡矣。《直隶清讼限期功过章程》对官员清理积案的功过，作了具体的赏罚规定。

这两个章程，体现了曾国藩通过赏罚兼施、宽猛相济两手，扶正祛邪、整顿吏治的设想。在官场风气方面，曾国藩一向认为事在人为，"风俗之美恶，主持在县官，转移则在绅士，欲厚风俗不得不

① 曾国藩：《直隶清讼事宜十条》，《曾国藩全集（修订版）》第十四册，第475—482页。

培养人才"。为此，他在直隶，分立三科以求贤士："凡孝友为宗族所信，睦姻为亲党所信者，是为有德之科；凡出力以担当难事，出财以襄成义举者，是为有才之科；凡工于文字、诗赋，长于经解、策论者，是为有学之科。"他要求各州县采访保举一县之中多者五六人，少者一二人。对于这些贤才，"本部堂或寄扁额以旌其宅；或延致来省，赐之酒食，馈之仪物"；"或荐诸学使，量加奖拔，或召之来省肄业，优给膏火"。他说，这是"用一方之贤士化一方之莠民，芳草成林，荆棘不锄而自悴，鸾凤在境，鸱枭不逐而自逃"。① 曾国藩在直隶总督任上时间不长，他的这些设想也没有大的成效。

同光时期，也有一些持身很正的官员，拒绝腐败。张树声在出任两广总督后，就曾发布《杜绝苞苴示》，公开拒绝贿赂。他表示："凡遇三节两生日及各属员谢委赴任等事，如昔年所称，巡捕敬礼家丁门包各名目，一律禁革。至本署文武各巡捕及家丁人等，当差清苦，自宜体恤其私，已由本部堂酌给薪水，以资办公，俾不致有身家之累。除已严饬该巡捕家丁人等凛遵，节次谕禁，如有私相授受，定即严究不贷外。凡我僚属，务当共体此意，毋得滥有所与，致负谆谆告诫之本衷，是所大愿。"②

同光时期，以清正知名的高级官员并不少见。左宗棠、郭嵩焘、彭玉麟、丁日昌等都持身很正，没见有什么贪腐表现。州县一级的官员，清廉的也不是没有。李平书就相当有特色。

1894 年，李平书署广东陆丰知县。这是第一次做地方父母官，他对自己提出极为严格的要求，自撰一篇风格奇特的誓文，并予以公示：

> 小子玨来宰斯邑，抚藐躬之凉德，对我神而彷徨。惟本心之未昧，惧或丧其天良，以爱民为切务，以名节为大防，其旧章之不病民者，或沿用而未革，不立异以更张。至于一切词讼

---

① 曾国藩：《直隶清讼事宜十条》，《曾国藩全集（修订版）》第十四册，第482页。
② 张树声：《杜绝苞苴示》，葛士浚编《皇朝经世文续编》卷一六，吏政一。

案件，大而命盗重要，小而钱债寻常，敢受百姓银钱财物，多自千百，少至毫芒，不论是否应得，一经染指，即犯贪赃。又若藉案科罚，本干例章，名为充公，实饱私囊，此巧取之伎俩，亦廉耻之道亡。予小子而或蹈此二者，神降我以百殃。若其言行不符，初终易辙，则是自欺以欺上苍。惟神灵鉴察不爽，尤速殛而无俟就将。敬陈斯誓，以表肺肠。临之在上，质之在旁。神其昭格，鉴此中藏。①

在进入陆丰县境的途中，短短几十里路程，就有拦路递交红呈35 起。所谓红呈，就是红包。送红呈的人或要他申冤，或向他求情。他理所当然地一一回绝，但感触很深，到陆丰县城以后，当即告示：

本县历事贤师，饱尝世故，平昔义利之界辨最严，自问立定脚跟，断非利欲所能摇惑。或者案情百出，变诈多端，审断容有舛错，本县决勿坚执成见，回护己非。若谓是非曲直，昭然共明，而或干我以私，诱我以贿，欲于词讼案件收受案内外人银钱财物，无论多少，一经染指，即是丧心昧良，干犯贪墨，明即幸逃国法，幽必难免冥诛，他日去此，水行必沉于大海，陆行必踬于高山。天地明神，实闻此言。合行出示晓谕为此示，仰合邑绅士军民人等知悉。嗣后一切词讼案件，是非曲直，公道自存，不必纷纷请托。设有干我以私，诱我以贿，是直欲置我于死地，本县誓不与之俱生，不问何人，立即详办不贷。②

李平书并不是无神论者，官场规则也没有要求他上任时必须立誓，但他如此对天发誓，掷地有声，不怕报应，充分表明了他对贪墨贿赂、中饱私囊种种腐败现象深恶痛绝，表示了他与这些丑恶现

---

① 李平书：《且顽老人七十岁自叙》，台北文海出版社 1974 年版，第 173 页。
② 李平书：《且顽老人七十岁自叙》，第 176 页。

象决裂的坚强决心。

李平书说到做到。做官期间，有些钱按照陋规（即潜规则）是可以拿的，他也坚决不拿。一生当中，他担任的肥缺不知多少，经手的银钱不知多少，但他从不心动，一身正气，两袖清风，以至于晚年想印刷《且顽老人七十岁自叙》都囊中羞涩，而要靠朋友资助。

全局性的、系统性的制度弊病，要靠全局性的、系统性的制度来救治。局部性的、个人性的、暂时性的救治、改良，可能在局部的、个人能力所及的范围内暂时起一些作用，但改变不了全局性的、系统性的弊病。曾国藩、张树声、李平书等人的努力，在他们力所能及的范围内，都能起一些作用，但是，无法从根本上挽救清朝衰亡的命运。

二　改造胥吏思想

晚清吏治问题，很大程度上是胥吏问题，这是清代吏治的一大顽症。

"胥"本指有才智之人。先秦时期从平民中选出较有才智者对平民按户口进行管理，即为"胥"。"吏"本指替天子管理臣民、处理政务之人，汉代以后专指小吏和差役，系没有官位的政府工作人员。后世将胥、吏并称，泛指官府办事人员，一称"吏胥"。亦有将胥吏中从事脑力劳动与体力劳动者相区分的，前者称"吏"，后者称"役"，或称"杂役""差役""差人"。

胥吏的具体职名代有不同。清代部院衙门之吏，以役分名，有堂吏、门吏、都吏、书吏、知印、火房、狱典之别，统名经承。其具体名目，每以其当差地点、当差特点而命名，诸如大堂有大堂厅差、堂皂、堂小马、七堂车轿班；丞参厅有茶房、看厅、长差、小马、皂役；本司有茶房、皂役、传事、长差、小马、听差、看司、知会、厨房、当日巡逻；庶务科有事宜册、住址单、履历册、画到簿、礼部谢恩单；头门有门皂、门小马。此外还有所谓送知会者、送请进署带见禀者、赏皮衣者，五花八门，不一而足。军机处、国史、会典、方略、玉牒各馆之吏称供事。常关之书吏曰舍人，关卡负责验货、收捐之事者曰巡丁，验货时手持铁签者曰签子手，一作"扦子手"。官署之负责投刺、通谒及传达文书之事者曰号房，一曰柬房。内廷只当差者曰苏拉，满语，意为执役之人，隶于太监。州县衙门代诉讼者书写状纸者曰代书。衙署差役曰快手，捕盗贼者曰捕快，一曰马快。看守贡院者曰号军。学宫供役者曰门斗，以司阍兼司仓，故合门子、斗子之名而称之。①

胥吏在历代政治体制中地位有所不同。秦汉时期，官、吏之间并无明确界限。魏晋南北朝时期，官、吏的区别逐渐明朗。隋唐时期，官与吏在体制上被区别开来，官员受命于朝廷，胥吏则不在其列。自宋至清，除了元代几十年吏可为官、官亦可为吏，其余几百年，官、吏泾渭分明。明清两代均禁止胥吏参加科举考试，堵住了其做官的途径。清代自嘉庆朝起，更明确规定各衙门皂役的子孙不得参加科举考试。胥吏至晚清，社会地位低至极点。

胥吏来源复杂。明代胥吏或选自农民，或系受罚生员，或系受罚官员。清代对胥吏出身要求更低，除了书吏、代书等从事文字工作者需要试以策论或告示，其他胥吏纳银即可充当。雍正以后曾规定胥吏五年役满即须离役，各衙门重新招人，目的是防止久居其职，弄权舞弊，但实际上并没有严格执行。胥吏在役满之后，往往换名不换人，继续留在衙门，或令其子弟继任，幕后操纵。

胥吏待遇很低。明代胥吏俸给依岗位不同，月米从二石五斗到六斗不等，正役有工食银，白役则无工食银。清代只有少数胥吏头目有俸禄和养廉银，普通吏员仅有工食银。吏员生活来源主要依靠陋规，即应差办案的各项收费。

从官制设置角度看，将官与吏两分，亦即将决策者与执行者两

① 徐珂：《清稗类钞》第十一册，第5247—5263页。

分，如果处置得当，有助于行政专业人才队伍的形成与行政效率的
提高，有助于对官僚系统的分类管理。但是，如果处置不当，则会
减低行政效率。清代胥吏来源既杂，社会地位低下，经济收入微
薄，政治上又严格限制其升迁，这极不利于激励胥吏的工作积极
性，反而促使其权力寻租，成为行政系统的腐蚀因素。清代人口越
来越多，社会分工越来越细，朝廷律例越来越密，胥吏人数越来越
多，也使得胥吏问题越来越突出。

（一）胥吏之害

胥吏问题因其所在部门的不同而呈现不同的特点。归纳起来，
可以分为以下几个方面。

1. 利用官场信息，谋取经济利益

中央六部的胥吏，由于工作关系，常能接触到极有价值的官场
信息。他们利用这些信息，与需要这些信息的官员进行交易。比
如，吏部职司文官铨选、议叙、升调及处分等，这些方面的信息，
对相关官员具有重要价值。诚如御史游百川所说：

> 即如吏部职司铨选，仕路之所赖以清也。然闻外省每有缺
> 出，书吏即悬以饵人，或多引例案以遂其招摇，或暗致信函以
> 行其吓诈。保举之或准或驳，处分之可重可轻，既已轩轾在
> 心，无难上下其手。吏部如此，其他可以类推。盖成案既多，
> 援引各异，书吏先深入其中以操纵之，司员始泛从其外而觉察
> 之，已属不及之势，而况有纵之者乎？此在京各衙门胥吏舞弊
> 之大概情形也。①

光绪年间，浙江某候补知县按例当补某缺，胥吏带信与他，言
该缺依例当补，但须予我千金。该候补知县不从，意谓循例之事，

---

① 游百川：《请惩治贪残吏胥疏》，葛士浚编《皇朝经世文续编》卷二二，吏政七。

何用贿赂！结果此缺为他人所补。该候补知县只得请该吏相助，却被索要五千金，因拿不出贿银，最终候补未遂。①

2. 利用权力缝隙，进行权钱交易

吏部和兵部考评文武官员时，其标准可上可下，有关吏胥便利用这一缝隙舞弊。铨衡官员的表现，考虑其升降，纠过计功，本无固定不变的标准，毫厘疑似之间，低昂易于牵混。作为具体办事的胥吏，便可相机上下其手。

六部之中，户部油水最足，工部次之。户部款项繁杂，出入多寡余地很大。工部所管工程，每每不易准确核算，而且今昔价格不同，各项工程老样底稿，俱归胥吏把持。1886 年，山东巡抚张耀因黄河工程领部库银 100 万两，银库书吏史恩涛竟索要私费 1 万两，经有关官员觉察而被追查。在讯问过程中，史恩涛拒不承认索取私费。光绪皇帝认为此案虽然没有其需索使费的确凿证据，但鉴于此吏平日车马衣服奢侈逾度，遇事招摇，声名狼藉，下令严加惩办。时人记述史恩涛谋财之道及其富裕情形：

> 六部书吏之富，莫如户部之经承。有史松泉（按：史恩涛字松泉）者，家赀数十万，其取利之法，每月外省解饷，必有费，兼有解汇票庄银券者，则仍暗存票庄生利。经承一任六年，则富甚。史松泉未满六年，以过被革，禁羁一年。释出后，豪富自如，房屋连亘，院落数层，皆四面廊厢，雨雪不须张盖，日日有美伶为之烧烟。其酒食之美，尤异寻常。②

---

① 徐珂：《清稗类钞》第十一册，第 5258 页。

② 陈恒庆：《谏书稀庵笔记》，载沈云龙主编《近代中国史料丛刊》，台北文海出版社 1969 年版，第 102 页。史松泉即史恩涛，字松泉。陈恒庆在京与史恩涛比邻而居，亦有交往，故知之甚详。陈恒庆在书中还记述了一件事：京城一位候补官员倪淡园，简放广西知府，但穷得连路费都没有。史恩涛与倪淡园有交往，乃慷慨资助路费，倪因此才得上任。一位知府上任，竟然穷得没有路费，偏偏这路费又由一名胥吏来资助。

徐珂记述户部与其他各部胥吏谋私情形：

户部书吏最盛，有千余之多，吏部、兵部次之。文武补官，必请命于部，书吏因缺之肥瘠以索贿，贿不至，非驳斥，即延阁，故外官得缺，必须到部打点，质言之，即行贿也。至于选缺，则后先之序，有年资限之，书吏则按籍以求索焉。易以他途，所费尤巨。有时为例所缚，不能通融，即亦无如之何。若循年资而得者，亦百不一觏。

吏、兵二部书吏之索贿，及于文武补官而止，不及户部之甚也。盖各省款项之核销，户部主之，称阔书办者必首户部。军费报销之出入，辄百数十万，凡核销一案，有往返驳辩至数年之久者，故必预计打点之费，少则数万，多则数十万。掌印主稿之司官，恒听命于书吏，藉以分润，堂官亦间有染指者。他若发饷拨款，亦必假手于书吏，故皆有所沾溉。是以户部书吏之富，可埒王侯。

工部事较简，然遇大兴作，书吏辄大获利。

礼部向以穷署著称，然当会试或大婚、国丧之年，吏乃大忙，而书吏亦欣欣然以从事矣。

刑部书吏之私幸窃冀者，外省有大案之发生也。①

地方胥吏也有行政缝隙可钻。他们或将所管文案抽添改匿，或在新旧任交接之际，乘机做手脚，抽取文书，或私受某些村庄贿赂，然后予以包庇，免其差役。

3. 引诱官员违法，以便从中分肥

官员初到衙门时，胥吏往往以旧规为名，引诱、唆使官员违法，以便从中分肥。比如，财赋繁重之地，印官初到，那些负责仓库职事的胥吏，便会馈献陋规。很多官员本来出身贫寒，家非素

---

① 徐珂：《清稗类钞》第十一册，第5251—5252页。

封，其当官很大程度上便是为了谋财，一旦见钱眼开，上了胥吏圈套，便被胥吏玩于股掌之上。长官即使发现自己被胥吏蒙蔽、挟持，亦怕丑闻外泄，不敢据实究办。退一步说，即使长官或坚持操守，或识破圈套，拒绝馈送，但长官能管得了自己，很难管得了其身边所有亲信之人，包括长随、门印等，一旦亲信下水，接受陋规，长官即难保清白之声。

一些资深胥吏，平常留意打探长官嗜好与隐私，以图引诱或挟制。胥吏长居一地，熟悉地方民情，熟悉官场规则，而长官异地为官，人地生疏，且不几年即流动他任。这样，往往会形成不是胥吏怕长官而是长官怕胥吏的反常局面。

4. 刁难下级官员，鱼肉下级胥吏

各级官府均有胥吏，上级官府之胥吏往往利用所属官府之位势，刁难下级官员，鱼肉下级胥吏。"州县莅任，先索到任陋规，其后交代有费，盘查有费，经征有费，奏销有费，滋生烟户有费，《赋役全书》有费，蠲除有费，工程有费，恩赏有费，领有领费，解有解费，划扣有划扣费，举州县毫毛之事，莫不有费。诚如宪札所云，动笔即索，事无空过者。稍不遂意，则驳换捺延，处分降罚，其祸立至。故州县畏之如虎，而奉之如神，州县之书吏亦不得不多方搜索，以求解免。"①

上级官署因拥有较多职权，其胥吏便借机刁难、盘剥下级长官，而下级长官唯恐得罪他们，连带而得罪上级长官。因此，上级衙门长官尚能惩治州县胥吏，而州县长官却不能约束上级胥吏。事实上，下级衙门中存在惧怕并奉承上司胥吏的现象：

> 有等庸碌有司视为上司衙役，竭力奉承，或送下程，或送银两。甚至有开正门延见，亲自回拜，听其说情诈钱，而且争田夺地，告债稟租，无不瞻徇情面，以致曲直不分，小民被其

---

① 《清朝续文献通考》卷二八，职役考二。

鱼肉。各役遂忘其本来面目，高睨阔步，足高气扬。倘或稍有拂意，则一种酒肉脸皮变作牛头马面，一张澜翻口舌惯能海市蜃楼，使州县官不得不惧怕，不敢不容情。即有一二强项之吏受不得如此委曲者，未尝不欲详禀惩治，无如投鼠忌器之心，人所不免。①

5. 敲诈百姓，贪赃枉法

州县胥吏谋财的主要途径是敲诈百姓。诚如一位御史所言：

> 百姓含冤呈诉，其待长官理申，不啻赤子之依父母，而吏胥乃从而陵侮之，剥削之，逼勒之，颠倒拨弄，率以财之有无多寡，为事之曲直是非。总之，吏胥视民如鱼肉，民畏吏胥如虎狼。然民且甘受搏噬而不敢告发者，当前因投鼠而生忌，既恐其力有不敌，日后或假虎以逞威，又恐其心有不甘也。②

办理案件是胥吏谋财的良机。案件登记、获取证据、验尸、验伤、捕盗、押解疑犯等，均需胥吏经手，每个环节均有生财机会。差役拿到传票后，便可相机行事，多方索取。办案衙役甚至不带印票，捕风捉影，吓诈妄拿，或唆使诬攀，多方渔利。有的印票上并无主官所签"锁"字，或是明确签有"不锁"二字，差役也敢妄行用锁，索得钱物后始行开锁。或是承票之后，故意延长羁押时间，以图坐食原告、被告及证人之饭钱。更有甚者，有的胥吏乘官员交接之机，任意抽换删改案卷，或将全案藏匿，使接任官无卷可稽。难怪有位御史说：

---

① 田文镜：《为再行严禁各衙门书役在州县招摇以肃功令事》，《抚豫宣化录》卷三，全国图书馆文献缩微复制中心编《抚豫总制宣化录》第 3 册，2005 年，第 1009～1010 页。

② 游百川：《请惩治贪残吏胥疏》，葛士浚编《皇朝经世文续编》卷二二，吏政七。

有胥吏，则人命可出可入，讼狱可上可下，盗贼可拘可纵，帑藏可侵可渔，处分可轻可重，铨选可疾可滞，人才可升可降。久之，而人命无所偿，则冤雠固结矣；讼狱无所决，则控诉日滋矣；盗贼无所惩，则劫夺公行矣；帑藏无所赢，则灾荒鲜备矣；处分不一，则规避开矣；铨选不公，则除授滥矣。①

1879 年，御史田翰墀特上一疏，专述地方胥吏之害。他以自己家乡保定府属清苑等县为例，历陈胥吏四害。

一曰买票。州县发生案件，出票传案，通常是按衙役名册轮流递派，这是定例。现在的情况是，只要有民间状纸递上，衙门胥吏便打听告状人背景，选择其中的殷实者，"贿嘱门丁，夤缘买票，以网其利"。门丁收到贿银，"即将该役违例擅派，该役遂明目张胆公然以买票自居"，其取偿于小民有高于平常十倍百倍之数者，所以，州县衙役均以词讼为利数。

二曰车钱。向来衙役下乡传案，向被告者索费，谓之鞋钱，这是长期以来形成的规矩。近来衙役"妄自尊大，改乘高车，气势炎炎，凶横已极。小民畏差人如虎狼，不敢不厚给车钱，冀其稍从宽假，比驿站之供应长官尤有甚焉者"。

三曰差帐。"两造传齐，未经过堂，先讲使费，名为差帐。"如果差帐不能满足其贪欲，则两造"欲见官而不能，欲回家而不准，多方留难，有经旬累月守候而不获过堂者。小民忍气吞声，不得不如愿以偿"。这样，过堂之权，其实不是操于官，而是操于衙役之手。

四曰和息钱。小民控告到官，"或自递罢词，不愿涉讼；或经人调处，两家和好，公同递呈，谓之和息"。这本来是好事，上级官员遇有面递和息者，无不立予开释，本无所谓和息钱。然而，州

---

① 尹耕云：《胥吏论》，盛康辑《皇朝经世文续编》卷二八，吏政十一吏胥。

县一些门丁不准当堂面递和息，甚至对那些拦舆哀求和解之人，将其和息请求掷于地，进而收取和息之费，其费较先前更多。两造畏其拖累，甚至有破产倾家而求其息事者。

田翰墀说，以上四条，实系蠹役之恶习，胥吏肆行无忌，鱼肉乡民，而地方官员形同聋瞶，置若罔闻，率兽食人。这应该不是清苑县所独有的，"一县如此，一省可知"。他请求朝廷，饬下直隶督臣，严饬各州县，"嗣后遇有票传词讼之案，务须按册轮流派役，查照村庄距城里数，明立限期，届期即行开单过堂，勿令差役延搁需索，违者责革。其寻常和息一经拦舆呈递，即于当堂允准，勿许门丁把持刁难，一切买票车钱差帐和息钱，概行禁止"。① 对于田翰墀的奏疏，朝廷上谕："着直隶总督暨各省督抚，通饬所属，实力严禁。如有蠹役扰累情事，立即按律惩办，以除民害。"②

1883 年（光绪九年），御史谭承祖上奏朝廷，列数胥吏为害乡里的种种恶劣行径。内云："今天下之害民者，莫甚于州县之书吏差役，其贪毒之性酷于虎狼，其狡诈之情黠于狐鼠，假威倚势，变幻无穷，专务害民，不遗余力。"这些书吏差役，设乡征以图厚敛，借传案以构利，任意追索，无端嫁祸，穷凶极恶。所谓"乡征"，凡州县征收钱漕地丁，本来应该由农户自封投柜完纳，现在则必有经手书差从中作弊，"或肆行包揽，而藉以侵吞；或先为垫完，而取偿数倍"。甚或朝廷已经下令蠲免，而过了一年后仍复带催。奏折以江西吉安州建昌等府属为例，指出这些地方在征粮之时，"书吏将粮票裁去，令其子弟及其亲友等带领差役，分赴各乡，设立公所，催征钱粮，汇齐解县"。他们"于各户应完之数，每斗每升，加钱若干文，每户票钱，每张索钱若干文"。如果遇到"乡民之家资稍厚者，虽所应纳钱粮，概已完清，而本姓或本村有

① 田翰墀：《敬陈清苑蠹役需索之害疏》，葛士浚编《皇朝经世文续编》卷二二，吏政七。

② 《清实录》，光绪五年，《德宗实录》卷一○四，第 544 页。

欠粮者"，书吏便勒令这些富户包完，"必得重赂乃免。否则诬以把持，扭送管押。又于其间因事吓诈，鱼肉乡愚"。至于词讼案件，书差奉票传人，一贯做法是"向两造需索差钱，多者至数十百千文。若有命案，前相、书吏、役总、差役等，动即百数十人，蜂拥而来，责令预备饭食，供应夫马器用食物，恣意掠取"。他们"又勒索检经费，至数百千文。又借传讯证之名，扰及同村居民，以邀厚贿。若有殷实之家，但在数里内者，必百计株连，指为右名曰飞，而因以恣其讹索。苟非有以满其欲，而给其求，则诬赖多方，滥行拖累，以倾其家"。① 对于谭承祖反映的情况，朝廷要求江西巡抚"查明惩办。严行禁止"，并认为"此等情弊，他省恐亦不免，并着各督抚一体认真查禁，以安闾阎"。②

寻常百姓总是见识短浅，畏惧官府，胥吏便有效地利用这种心理。农民在交漕粮时，胥吏或虚开捏报，强迫农民化整为零，多处缴纳；或故意拖延验收时间，寻找敲诈机会；或借将米折钱时，自定折兑标准，从中剥削；或在编造田赋册籍时进行敲诈。温州人孙衣言曾说："我温州民气虽曰朴野，然实畏法而敬官，平时见州县役缨帽下乡，即窃观私语，所至家具食饮如款尊客，妇女侦伺藏匿，有所要索，唯唯如命，虽名在庠校，或低首受吏胥诃斥。一状入，则官与吏择肥食之，必餍饱而后止，固民之极可怜者。"③

（二）原因分析

胥吏之所以有那么多谋利机会，直接原因在于他们实际上掌握了很大的权力。诚如徐珂所言："各部司官，不习吏事，堂官无论已，一切案牍皆书吏主之。故每办一案，堂官委之司官，司官委之

---

① 谭承祖：《请饬严禁书差肆扰折》，饶玉成《皇朝经世文编续集》卷二二，光绪石印本。《壬申，谭承祖奏》，朱寿朋编《光绪朝东华录》，光绪九年八月，第120页。

② 《清实录》，光绪九年，《德宗实录》卷一六九，第363页。

③ 孙衣言：《会匪纪略书后》，葛士濬编《皇朝经世文续编》卷八二，兵政二十一。

书吏，书吏检阅成案比照律，呈之司官，司官略加润色，呈之堂官。堂官若不驳斥，则此案定矣。然堂官久于其部者，能有几人？即久于其部，而能于此部成案条举历历者，更有几人？下及司官，罔不如是。而祖孙父子世代相传者，惟吏耳。虽有三年退卯之制，而屡更其名，无从稽考也。或退卯而逗留，所更者，非子侄即弟子也。"① 司官欲检一案，必交书吏去办，书吏必援旧例，援例必检索例案，而例案之堆积，高与屋齐，若非熟手，绝对无从检索。书吏均世代相承，对于各色例案烂熟于胸；司官多科举出身，所习非所事，不谙各部门具体业务，很多人也不屑于处理这些琐碎的事务。诚如董文焕所说：

> 今士子读书应试，以至登第，皆以制艺诗赋分厥高下，而于吏治法律诸书，则固无暇深究。及释褐登仕，所用皆非所学，每视律例为末务，薄为幕客胥吏之能，才贤者既不屑究心，庸下者又苦其难读。至躬亲案牍，茫无主见，跋前疐后，在在不免，势不能不委诸胥吏。吏熟官生，吏明官暗，把持曚蔽，百弊丛生。幕客日尊，吏权日重，无怪内外政事日蹈因循，而不能更求实效矣。②

到头来，地方行政事事问胥吏，"催科问胥吏，刑狱问胥吏，盗贼问胥吏，今且仓监驿递皆问胥吏矣"。③ 政权事实上落于胥吏之手。反过来，书吏"辄执例以制司官，司官未如之何，乃遂藉以售其奸，而皆得致富。都中有东富西贵之谚，盖若辈多居正阳门东与崇文门外，恒多华宅，司官则居宣武门外者为多也"。司官与

---

① 徐珂：《清稗类钞》第十一册，第5250页。
② 董文焕：《请饬臣工讲求律例疏》，见王延熙、王树敏辑《皇朝道咸同光奏议》卷五七，台北文海出版社1966年影印本，第2847页。按，此书影印本扉页书名作《皇清道咸同光奏议》，但正文仍作《皇朝道咸同光奏议》。
③ 鲁一同：《胥吏论》，载饶玉成《皇朝经世文编续集》卷二二。

书吏之间形成了相互依存、相互利用的关系。离开书吏，司官难以办事，书吏离开司官难以谋利。书吏称司官曰某老爷，司官称书吏曰某先生。"至司堂，书吏侍立白事，司官辄起而与言。"司官虽然也有发怒之时，"亦必不敢开罪于书吏，惧掣肘也"。①

至于地方官员，无论总督、巡抚、知府，还是知县，一是异地为官，回避本籍，不熟悉所治地方风土民情；二是临时为官，不几年即须调任他处；三是机构叠床架屋，多方牵制，既有来自上级的监控，更有来自同级的掣肘、下级的举报。在此情况下，各州县印官从个人政治安全出发，更愿意依靠家人、幕友与吏役，而对佐贰官有所戒备。因为作为佐贰官的县丞、主簿、尉是朝廷命官，不是印官自己人或自己所选人。诚如鲁一同所言："为州县者，宁以其权与吏，不与丞簿尉。其意以为丞簿尉易掣吾肘，而胥吏惟吾欲为。"②

（三）改造胥吏具体设想

对于胥吏之害，清朝有识之士多有论述。翻看清代各种经世文编，其吏治类均有大量讨论，道咸时期鲁一同、尹耕云等人对这一问题有系统讨论。同光时期，冯桂芬、郑观应、陈炽等人，则结合胥吏在这一时期的表现，做进一步论述。

冯、郑、陈等人都用较多篇幅揭露、批评胥吏给社会带来的危害。陈炽之论较冯、郑晚出，也较冯、郑更为概括。他说：

> 自胥役盘踞要津，而天下之良民寡，不肖之民众矣。自要津重用胥役，而天下之良吏少，不职之吏多矣。凡事，利与害常相因，法与弊常相积。惟胥役者，则以法生弊，有百害而几无一利者也。显绝其向上之望，阴授其为恶之权，刻予以养赡

---

① 徐珂：《清稗类钞》第十一册，第5251—5252页。
② 鲁一同：《胥吏论》，载饶玉成《皇朝经世文编续集》卷二二。

之资，宽示以贪婪之路。虽有聪察，末由照暮夜之奸。纵极廉明，岂可阙爪牙之用。官司有更替，吏役无去来。官府各有责成，吏役隐相勾结，锄而去之不能也，革而除之不得也，更而易之而如故也。附骨之疽，割之而再发。凭城之鼠，薰之而即危。文法之弊，至斯极矣！①

他们都提出一些改革设想。综合起来，这些设想有以下几点。

1. 改变胥吏结构，提高胥吏素质

他们指出，胥吏是这么一个复杂的群体，流品贱而权势贵，"后世流品莫贱于吏，至今日而等于奴隶矣。后世权势又莫贵于吏，至今日而驾于公卿矣"。② 自唐以来，吏就是低贱的一类，唐朝规定如果担任过州府小吏的，不得申送进士，与不守礼教品德有亏者一例看待，明太祖更明确规定，胥吏心术已坏，不许参加科举考试。到了清代，吏的流品更贱，权势更贵：

> 至近日，江苏州县，漕书阍人，更迭为之，衣冠不与齿，其贱也如彼。而权势之盛，则又莫盛于今日。州县曰可，吏曰不可，斯不可矣。犹其小者也，卿贰督抚曰可，吏部曰不可，斯不可矣。犹其小者也，天子曰可，吏部曰不可，其不可者亦半焉。于是乎其权遂出于宰相大臣之上，其贵也又如此。③

胥吏为什么要如此专权呢？这当然是政治体制决定的，也是他们藉以牟利的手段，钱到则可，不到则否：

> 夫所谓可不可者，部费之到不到也。《汉书》云，所欲生

---

① 陈炽：《胥役》，《陈炽集》，第 66 页。
② 冯桂芬：《易胥吏议》，《校邠庐抗议》，第 16 页。
③ 冯桂芬：《易胥吏议》，《校邠庐抗议》，第 16 页。

则与生比，所欲死则与死比，专指廷尉言，今则转于吏、户、兵、工四部为甚，无他，利之所在耳。每部不下千人，其渠数十人，车马、官室、衣服、妻妾之奉，拟于王侯，内外交结，隐语邮书，往来旁午，辇金暮夜，踪迹诡秘，莫能得其脏私都数。尝与一绍兴人拟议，吏部四司，岁约三百万，兵部官少而费更巨，户部有监漕，工部有河工，计四部岁不下千万。外省大小衙门，人数尤众，婪赃更多，更不啻千万。究银所从来，国家之帑藏居其三，吾民之脂膏居其七。①

冯桂芬认为，吏是现在天下之乱的祸根，"今天下之乱，谁为之？亦官与吏耳，而吏视官为甚。顾氏炎武谓之养百万虎狼于民间者是也。虎狼何知？但知搏噬，噬民不已，继以噬国。无足怪，独怪国家之必养此虎狼何居？正名定罪，非尽杀不可，然非一杀之而即已也，杀一虎狼，复养一虎狼，其噬人自若，是今之吏之不可复用也明矣"。② 他指出，吏之流品如此低下，并不是自古皆然，而是有个演变过程。在西周时候，吏与士同列，并非贱役。汉武帝时，官署中的属吏卒史皆用通一艺以上者，其流品也还不差。唐代以后，吏中也有人通经，元代也有吏做到大官的。明代中叶以后，开始不用贱吏，吏的地位开始低下，"自士大夫之于吏，以奴隶使之，盗贼待之，而吏遂无所用"。③

对于吏，既不能不用，其流品又那么低贱，那怎么办呢？冯桂芬主张，变革之法，可以减少吏务，现行案牍减去大半，有些事情并入幕僚工作，而名之曰幕职，同时给以入仕之途，"不得以游闲之人为之，由郡县学山长择诸生中有才有行、而文学中平、历三试不中式者，送郡县充选，兼准应试。九年无过，叙丞簿官候选，始

① 冯桂芬：《易胥吏议》，《校邠庐抗议》，第16页。
② 冯桂芬：《易胥吏议》，《校邠庐抗议》，第16页。
③ 冯桂芬：《易胥吏议》，《校邠庐抗议》，第17页。

脱试籍。丞倅佐贰等官，于郡县分聘一人，大吏及部院皆由郡县择其优上之"。冯桂芬举例说，按照现在制度，只有军机处不设吏，"以章京治文书，苏拉仅供无走之役"，故流弊较少。以此类推，部院也可以幕职代书吏。幕职一途，与科目、荐举二途并用，对他们的出路要与科目、举荐有所区别，规定其不得入翰林及为大学士，其余在迁擢方面没有高下差别。这样，规定幕职必须由诸生担任，在来源方面已有一定质量保证，吏的人员素质优化了，日后又有上升空间，"如此则人知自重，舞文黩货之风庶几少衰息乎！"①

对于改善胥吏结构、防止胥吏舞弊，郑观应认为需从两方面入手，一是改善胥吏素质，二是提高司员业务能力。对于改善胥吏素质，郑观应借鉴西方严格律师资格的做法，说是泰西有大、小律师，无书吏之弊。那些律师都曾在大书院攻读律例，取列一等，国家给以凭照，然后准其为民诉冤代官诘问。中国可以仿效其法，"将律例专设一科，每年一考，列前茅者仍须察其品行，然后准充书吏，锡以虚衔，厚其薪资。倘有颠预不堪任事者，立予斥革；若其办事勤能，持躬廉谨，则期满之日，本官加结保举，然后录用。若服官后有贪赃不法者，保举者坐罪。各予以出身之路，庶咸知自爱，不敢弄弊舞文。书吏之权既轻，本官之职乃举"。此为正本清源之道。另一方面，要提高司员业务能力，让他们熟悉律例。"司员不熟公事，书吏遂得上下其手，因缘为奸。诚使严定章程，凡司员到部候补时皆令轮班入值，熟读例案。一俟有缺，由堂官面考，择其律例精通、档案熟习、有为有守者尽先即补。然后一司之员必熟一司之例。遇书吏呈办案件，严加覆核，合则呈诸堂官，不合则是书吏故意播弄，即行斥革，不准再充。"②

对于改善胥吏结构，陈炽提出与冯桂芬类似的看法。他说："吏役如矢人，惟恐不伤人；豢吏役者，如养虎狼，惟恐其伤人者

也。多则稽察难周，少则防维易密。今六部之散吏，每署至数千人，州县白役，大邑千余人，小邑亦数百人。此辈眈眈然、逐逐然日思致富，而无一艺可以周身，所取之财，非万姓之脂膏，即公家之帑藏也。宜申明旧制，酌定额数，奸胥蠹吏，立予删除，违者罪其本官，参处勿贷，则人数减而党类渐孤。"①

2. 删削、精简则例，以杜舞弊之门

冯桂芬指出，在现在官场中，存在许多完全不合情理的规章制度，极大地影响行政效率，亟应废除。以吏部而言，对于官员丁忧服阕，按理说，只需稽核月日，看其何时丁忧即知其何时应当服阕，现在呢，不相信命官自己的说法，而要丁忧之人的邻里出具证明；对于"本官身至之不信，仍待之置驿之文"。他举例说，他熟悉的一位官员刘文清"服阕到京，命署缺，部以原籍文未到而驳之"，这是典型的只信条文不信事实，真是岂有此理、竟有此事！一个人丁忧三年，回来复职，按理说，三年时间，一般不会骤然变老，一看就知，不会辨认不出来，何需验看，但是现在竟要验看：

> 犹是人也，三年中非骤能衰老，若谓哀毁灭性，举动改常，设有其人，曾闵之流也，方将旌之以风厉天下，而验看何为者？如有甄别，岂非冤抑？既无甄别，曷取具文？②

之所以会出现这种怪事，就在于吏治腐败，为吏者以例治事，不看实情，"例之大纲，尚不失治天下宗旨，至于条目，愈勘愈细，其始若离若合，其继风马牛不相及，其终则郑声谵语，不知所云，遂于宗旨大相背谬，偶一道破，无不哑然失笑者"。③

对于不合情理的陈规陋例，冯桂芬列举了一批，诸如因为丁忧

---

① 陈炽：《胥役》，《陈炽集》，第66页。
② 冯桂芬：《省则例议》，《校邠庐抗议》，第14页。
③ 冯桂芬：《省则例议》，《校邠庐抗议》，第14页。

而开去实缺，对于需照顾的官员父母年岁的规定，官文书之繁冗、啰嗦，都有许多不合情理之处。比如，则例规定，一个官员因为父母去世而守制回籍，需"开缺扣资"，这就不合理，因为其人以礼去官，正宜优加体恤，实缺其实无须"开缺扣资"，待其服阕赴官即可。再如，则例规定官吏因任所离本籍过远而不能迎养超过六十五岁以上父母者，可以请求改任于近地，谓之"告近"，那么，六十四岁就不可以考虑吗？则例规定官员家无次丁可以告近，那么，假如家里虽有次丁，但其或笃疾，或远出，或不慧，难道就不可以考虑吗？这些均于人情动多窒碍。冯桂芬指出，造成这些不合情理事情发生的原因，都是吏治不修、则例繁琐。他主张，对此大加改革：

> 吏之病根安在？在例案太繁而已。若是者，非一编管一秉秆拉杂摧烧之，则天下不治。宜简谙习吏事大小员数人，绅绎会典则例等书，揽存其要，名之曰简明则例，（凡则例等书关涉银钱者，尤如牛毛茧丝，令人不可猝瞭，此皆舞弊之经传也。）每部不得逾二十万言，旧册存之，旧例旧案无论远近，一切毁之，以新例颁发大小官员，惟遍戒自今非新例不得援引，小事两可者，卿贰督抚以理断之。《传》曰用人勿疑，卿贰督抚大官，而必束之以例案，且束之以无一定之例案，是疑大臣而转信吏也，慎孰甚焉。①

3. 免除回避旧规，减少舞弊机会

官员任官回避本省，对于减少官员徇私机会或行政障碍，本有一定积极意义，但是，对于官员熟悉地方民情风俗，则构成很大障碍，这给胥吏蒙蔽官员、营私舞弊留下很大空间。对此，冯桂芬提出免回避的主张。他说，三代之时，无论世家还是草泽，

---

① 冯桂芬：《省则例议》，《校邠庐抗议》，第 15 页。

俱任于其国。汉代、唐代、宋代，官员也没有回避本省的规定，汉之朱买臣、元魏之毕安敬、唐之张汉周、宋之范仲淹，都在本郡担任行政长官。明代始有南北选之例，后遂定为回避本省，一直延续下来。对于官员回避本省的一些理由，冯桂芬做了批驳。回避论说："官于本地，关说之径路熟，恩怨之嫌疑多，囊橐之取携便而已。"冯桂芬说，这一说法是片面的，"不知营私固易，举发亦倍易。阿比固多，责备亦倍多。祖宗邱墓之所在，子孙室家之所托，立身一败，万事瓦裂，非一官传舍之比，乡评之可畏甚于舆论。愚则以为官于本地，较之他乡倍宜自爱自重，亦人情也"。冯桂芬指出，回避的结果，增加了为官成本，加大了行政的难度：

> 舟车、驴马、人夫之费，其给之也，非斥产即揭债；其偿之也，非国帑即民膏。到官之后，言语之不通，风土之不谙，利弊则咨访无从，狱讼则词听无术，不得不倚奸胥为耳目，循宿弊以步趋，于国计民生损乎，益乎？况乎关说之径路难通，则转多因缘之辈矣。恩怨之嫌疑不涉，则弥无忌惮之心矣。囊橐之取携不易，则更益赍送之费矣。人果贤耶，不可待之以不肖；人果不肖耶，仍无以禁其不肖。无益于国，有损于民，莫此为甚。[1]

冯桂芬批评官员回避本省之例，"显背三代圣人之制，酿民生无形之害，开胥吏无穷之利"。他主张，此法宜反而用之，大吏特简者不论外，府厅州县各官，用宋朝官僚"无过三十驿之法"。一驿为三十里，即无论有亲无亲，皆选近省，县丞以下不出省，这样，于国于民，均有益处。[2] 冯桂芬是官场过来人，他的这一主

---

[1] 冯桂芬：《免回避议》，《校邠庐抗议》，第6页。
[2] 冯桂芬：《免回避议》，《校邠庐抗议》，第6—7页。

张，自有其合情合理之处，赵烈文、陈鼎等都认为此议可行。

4. 优给工食，量予出身，提升胥吏素质

陈炽对于胥吏从同情与理解的角度出发，指出胥吏也是人，"饥欲食，寒欲衣，父母妻孥，仰事俯畜，养家糊口"，而他们待遇太低，"岁给工费不足供数日之餐"，要他们不舞弊，那岂不冻馁而死？他主张，"宜筹闲款，优给工食，务足以养其身家，而后严定新章，禁绝需索，续有犯者，处以极刑，则法令行而生命重矣"。陈炽指出，"旧制吏员，岁有考察"，尚有选补机会，"自捐例广开，仕途壅滞"，这些胥吏遂选补无期。陈炽主张，对胥吏社会地位、政治出路都要酌情考虑，"宜令公正者得保乡官，酌量才能，授以散职。惟差役贱隶，人所不齿，故虐民最甚而积弊最深，宜择安分练事者，或赏给顶带荣身，或咨送勇营补给粮饷，著有劳绩，一律保升，则上进有途，而人思自奋矣"。① 总之，减其额，恤其家，重其赏，严其罚，这些胥吏，素知国法，亦具人心，也就会改邪归正，不至于像以前那样索贿营私、殃民害政了。

胥吏能有那么大的实际权力，归根到底，是由中央集权的君主专制体制决定的。君主治理国家，非有三头六臂、千耳万目，必须分官设治，所分之官上自公卿大夫下至督抚知县。出于中央集权与专制安全考虑，君主又必然另置官员行使监督之职，使其相互牵制。牵制之道，信人不如信法。于是，官越设越多，法越立越密。其结果，"虽大奸有所不能逾，而贤智之臣亦无能效尺寸于法之外，相与兢兢奉法，以求无过而已。于是天子之权不寄之人臣，而寄之吏胥"②。历代统治者都十分清楚胥吏之为害百姓，也都设想过种种惩治胥吏的方法，但到头来均于事无补。嘉庆皇帝曾愤怒地说过这么一段分量很重的话：

---

① 陈炽：《胥役》，《陈炽集》，第 66—67 页。

② 顾炎武著，黄汝成集释《日知录集释》卷九《守令》，上海古籍出版社 2014年版，第 213 页。

君临天下，敕政治民，仔肩至重，奚能独任？我朝特设内阁总理枢机，六卿分职，各司其属，即古之四岳九官，辅弼匡襄之职也。朕德薄才疏，寅承大统，惟求天下乂安，兆民蒙福，孜孜图治，不敢暇逸。奈诸臣全身保位者多，为国除弊者少；苟且塞责者多，直言陈事者少；甚至问一事则推诿于属员，自言堂官不如司官，司官不如书吏。实不能除弊去害，是甘于旅进旅退，忘职思其居之义。诸臣自为计则可矣，何以报皇考数十年之恩遇乎？自大学士、尚书、侍郎及百司尹唯诺成风，皆听命于书吏。举一例则牢不可破，出一言则惟令是从。今吏部京兆相争一事，任书吏之颠例是非，变幻例案，各堂官受其愚弄，冥然罔觉。所争之情节与所为之弊窦毫无干涉，良可慨叹！一部如此，推而至于五部，若堂司如此庸碌，书吏如此狡猾，上无道揆，下无法守，太阿倒持，群小放肆，国事尚可问乎？①

这段话被日后批评吏治者屡加引用。嘉庆皇帝批评大臣苟且塞责，不敢直言，唯诺成风，一切听命于书吏，指责胥吏"颠例是非，变幻例案"，其实只说到了问题的表象。因为堂官司员办事，循例则有据而无过，不循例则无据而可能有过甚至获罪。为了政治安全，循例是最好一途。君主权力的不可分割性，与治理对象的无限复杂性，使得专制君主与肆虐胥吏成为一对孪生兄弟。这是从康熙到光绪清朝历代皇帝都对胥吏之害深恶痛绝而又无从根治的根本原因。冯桂芬、郑观应、陈炽等人所述各种改革方案，都是以维护君主专制为前提的，也都无法从根本上解决胥吏问题。

钱穆曾生动地指出，中国政事之大者，不外铨选、处分、财赋、典礼、人命、狱讼与工程七项，"吏胥则是此七项的专业人，

---

① 《清实录》，嘉庆九年，《仁宗实录》卷一三〇，第 757 页。

传统的专门家。他们是职业政治家而擅有专门知识的。但当时官场又看不起这些人，这些人也自认流品卑污，因此不知自好，遂尽量地舞弊作恶"。明清两代地方行政官，大都是管官之官，不是管事之官，事都交给师爷，由吏胥去办。管官之官都从科举出身，哪里懂得这些事？一个真想做事的官，一到衙门，至少需三四个月或一年半载，才能把衙门里详细情形弄懂。当时的政治传统，只要你在胥吏流品中，无论如何有才有德，都走不出胥吏之本流，仍是一胥吏。所以胥吏不再自爱，不再向上。而一切文书簿籍，例案掌故，却全经他们之手。他们便操纵这些来束缚他们的长官。长官虽贤明，无奈他们何。此乃法病，非人病。①余英时也认为，中国古代的胥吏制度是传统官僚制度底层的一个极大漏洞。这些胥吏尤其是县级胥吏，和社会上的豪强等特殊势力最容易勾结在一起，官僚制度的客观性因此遭到很严重的破坏。这种情况在宋代已极为严重，到了明清两代，其弊害更为广泛。②

　　宋、明、清三代，科举取士制度相当完备，解决了读书人向上流动的问题，在一定程度上解决了社会精英加入统治集团的问题，这是传统官僚制度政治设计成功的地方。但与此同时，这三个朝代都不适当地、过度地堵塞了胥吏阶层向上流动的通道，缺失了对这一阶层的激励机制，既不重视其文化与道德素质，又不关注其政治权益与经济利益诉求，这又在官僚制度的社会基础中，留下了一个不小的漏洞。胥吏本是政治治理系统中不可或缺的部分，而且是最基层的部分，理应与君主、官僚形成目标一致的政治合力，但是，这三个朝代的制度漏洞，将胥吏阶层逼成了制度蛀虫，变成了消解制度设计目标的负面因素。晚清政治各种弊病，诸如贪赃枉法，残害百姓，门难进，脸难看，事难办，大多出在

---

① 钱穆：《中国历代政治得失》，生活·读书·新知三联书店2001年版，第126页。

② 余英时：《中国思想传统及其现代变迁》，江苏人民出版社1995年版，第114—115页。

这一阶层。清政府直到 1901 年才在制度层面上废除胥吏制度，宣布裁撤六部与外省胥吏，但在事实层面上直到清朝覆亡也没有彻底废除。

三 禁止捐纳思想

捐纳，又称赀选，即卖官鬻爵。国家或因战事，或因工程、赈灾等急事，经费拮据，通过卖官鬻爵筹措经费。人民出赀，国家给以官职，或虚衔，或实授。其事滥觞于先秦，创始于汉武帝，让民纳粟得官。后来历代多有，东汉、两晋、唐、宋、元三朝，绵延不绝。明代情况稍有不同，"景泰元年，始命输纳者可给冠带，二年令世袭武职，四年令生员纳粟补国子生"，而不给实职。历代捐纳情况不同，大抵承平之世，慎重名器，不轻假人，及至衰亡之际，或突发困难时期，苟且补苴，不得已而出此下策。清代后期捐纳越开越滥，停止捐纳的批评也越来越强烈。

（一）捐纳泛滥成灾

清代从康熙、乾隆时期即有捐纳。军兴河务，度支偶绌，即开捐例，但事过即停，且仅属虚衔，不捐实职。道光中后期，因战争、河工、水旱灾患等，需费孔亟，捐例被迫常开。部分年份解交户部银库捐纳收入，平均占国库收入达四分之一。其中，1840 年、1841 年、1843 年分别超过 24%、30% 与 48%。最高的年份是 1842 年，捐纳收入竟超过国库收入的 81.96%。[①] 咸丰皇帝即位之初，曾一度停止捐例，但很快因财政支绌而不得不予重开，后来更因镇压太平军与抵抗外国侵略的需要，严重仰赖捐纳收入。

同光时期，对外战争及战争赔款需钱，对内镇压太平天国、捻

---

① 尹航：《晚清捐纳制度研究》，硕士学位论文，吉林大学，2005 年，第 6 页。

军以及西南、西北军事行动需钱，办理洋务需钱，赈济时常发生的旱灾、水灾，都需要巨额费用，因此，捐纳成为常态。当然，不同阶段，不同年份，不同地区，捐纳情况有所不同。

1862 年，御史裴德俊奏请"商贾人等止准捐虚衔杂职，不准报捐正印实在官阶"。朝廷允准，但捐铜局反映接奉此旨后，捐生观望，有碍饷需。清廷只得暂照旧章办理，表示一俟军务稍平，即遵照前旨办理，不再捐输实在官阶。①

1863 年，给事中郭祥瑞奏："近日捐班流品太杂，竟有市井驵侩，及劣幕蠹书、土痞无赖、舆台仆隶之徒，亦皆张罗杂凑，溷入仕途。请饬各直省督抚，遇有捐纳到省人员，认真考察，严加甄核，以清吏治。"清廷表示，若如所奏，"此辈人等滥竽宦途，贻害百姓，迨至激成事端，仍复耗费军需，则是捐铜之设，非徒无益，而反有害"。要求各省疆吏，于此辈人等到省接见时，加意考察，从严甄核。"或考其行谊，或访其声名，或令作牧令之论，或令读吏治之书，随时分别举劾。如有恶劣不堪造就者，即行严参，毋稍姑息。庶吏治可望肃清，流品不至混淆。"②

1865 年，御史周恒祺奏请减捐纳以肃官方，称"刻下军需稍减，厘金可以补苴，地方既平，京饷渐能全解"，似宜减少捐纳数额，特别是"道府州县之最关吏治者亟行停止"捐纳。③

1866 年，闽浙总督左宗棠以闽省武营捐班太多，武营"流品混杂，势豪策名右职，借为护符；劣弁巧猎升阶，专为牟利"，奏请停止各省报捐武职。④ 朝廷表示所奏甚是，嗣后各直省报捐武职，均着永远停止。

1868 年，御史袁方城奏，"仕途流品日杂，请饬考核严行裁

---

① 《清实录》，同治元年，《穆宗实录》卷四二，第 1132 页。
② 《清实录》，同治二年，《穆宗实录》卷六八，第 364 页。
③ 周恒祺：《请整饬吏治疏》（同治四年），葛士浚编《皇朝经世文续编》卷一二，治体三。
④ 左宗棠：《请停捐武职片》，刘泱泱等校点《左宗棠全集》奏稿三，第 165 页。

汰"。朝廷要求"各直省督抚于通省州县内，凡由俊秀监生捐纳之员，无论实缺、署事、候补，随时面加考试……倘文理荒谬，即以原品休致。考试时仍须严密关防，毋任代倩传递，虚行故事。"①

1869 年，江苏巡抚丁日昌称，捐纳范围的扩大，带来的最直接后果是，州县官候补人员激增。江苏府州县同通可由外补之缺，亦不过数十员，而候补同通，州县有一千余人，候补人数与实际可补人数之比，竟然达到千余比数十，"夫以千余人补数十员之缺，固已遥遥无期，即循资按格而求署事，亦非十数年不能得一，其捷足先登者非善于钻营即有所援者也"。②

1875 年，薛福成奏称，捐纳之例向因不得已而设，"乾隆年间常例，每年捐监、捐封、捐级等项收银约三百万两，今捐例既从折减以示招徕，而每岁户部收银转不及百五十万"，考其原因，盖因"名器重，则虚衔弥觉其荣，虽多费而有所不惜；名器滥，则实职不难聚获，虽减数而未必乐输。人情大抵然也"。现在军务告竣，饷需大减，国家并不缺此百数十万之经费，不如停止捐输实官，但留捐虚衔一路，包括捐监、捐封、捐级与夫杂职等项。这样，"国计无纤毫之损，吏治有澄清之益"。③

1878 年，主事蒋元杰上条陈称："近日捐纳人员甚多，流品愈杂，必须出结官员，严密稽查，方可杜其蒙蔽。嗣后如有身家不清，冒捐冒考者，一经发觉，必将出结官惩处。"朝廷认为其言有可采之处。同年，御史傅大章奏："各省吏治因循，请饬认真甄别。"上谕："嗣后各省督抚，于捐纳保举人员到省，务当破除情面，悉心考察。于一年试用期满后，认真甄别，不得一味姑容，概请留省补用。……如有贪劣不职者，即着奏明参处，毋稍徇隐。"④

1879 年初，清廷称前因军务未平，用款不济，不得已开捐纳

①　《清实录》，同治七年，《穆宗实录》卷二四三，第 371—372 页。
②　丁日昌：《条陈力戒因循疏》，《皇朝道咸同光奏议》卷二〇，第 1077 页。
③　薛福成：《应诏陈言疏》，《薛福成选集》，第 68 页。
④　朱寿朋编《光绪朝东华录》，第 567—568、623—624 页。

职，藉济饷需。考虑到捐纳各员中"滥竽充数，甚至有玷官箴者实属不少"，而"捐赀之影射，捐生之取巧，及委员等种种弊窦，不一而足，于澄清吏治之道既多窒碍，于饷需亦多有名无实。自应及时停止，以肃政体"①。捐纳实官至此暂停。

1883 年，因顺天、直隶、山东、湖北水灾，清廷复开赈捐。各地以赈灾和兴办洋务为由，亦请办地方捐纳，如顺天、直隶、河南、浙江、安徽、湖北各地赈捐，广东军火捐，北洋军器捐，云南米捐，福建洋药捐。所捐包括实官在内。

1884 年，为建设北洋海军，"暂开军器捐输，酌收花翎并二品虚衔，一二品封典，及指省分发"实官。因台湾军饷告急，开办台防经费事例，暂开实官捐输。凡京职自郎中以下，外官自道府以下，以及三班、分先、尽先、分间各花样，均按照定例十成银数报捐。1887 年，因河南郑州黄河漫口，需款浩繁，开办郑工新例。1889 年，开捐新海防事例。与此同时，因各省赈灾，开设地方捐例，包括 1884 年顺天、直隶、河南、浙江、安徽、湖北各地赈捐，1889 年江、浙两省赈捐，1890 年顺天、直隶赈捐，1891 年山东赈捐，1892 年山西赈捐。②

这样，到 19 世纪 80—90 年代，捐例越开越多，越开越滥，门槛越来越低。

捐纳起初以虚衔、杂职为多，后来发展到捐输实官、正职；起初价格较高，后来逐渐放低，并可减价折值。如时人所述：

> 内官自郎中始，外官自道员始，以次递下，一切皆有价值，而更复减价折值以广招徕。从此守财之虏，纨绔之子，只须操数百金、数千金、数万金，以输之部，立可致荣显。朝犹等于负贩，夕已列于缙绅矣。其用赀尤多者，即可领凭赴任。

① 《清实录》，光绪四年，《德宗实录》卷八三，第 274 页。
② 参阅尹航《晚清捐纳制度研究》，第 16—18 页。

其指省分发，需次省垣者，亦复随行逐队，听鼓应官，公然以为民上自居矣。但得与上游相识，或有世交旧谊，立可得优差，或分派之厘税各厂，月取数十金或百余金。而问其果皆实心办事否，则月至不过数日，余皆委之司事而已。①

（二）停止捐纳呼声

由捐纳而进入官员队伍的人数越来越多，势必对科甲正途形成严重冲击。到1875年（光绪元年），候补官员竟然绝大多数是捐纳一途，科甲出身的反而成为少数。由于捐纳人员多财，具有相对丰沛的社会关系，其获得实授的机会也远远高于科甲出身。异途优于正途，这引起科甲正途人员的强烈不满：

> 臣每览搢绅一书，见各省牧令由捐纳选补者十居八九，而科甲寥寥无几人。查吏部选缺原有章程，无如捐纳花样太多，名目太繁，虽曰按班轮选，实则捐纳每轮选四五十人，而进士每轮仅选四五人。夫大八成等名目，从优鼓励，原为库款起见，然使异途与正途并重，已可谓优之至矣，奈何更驾而上之，竟数倍于进士！②

对于越来越严重的捐纳问题，冯桂芬、王韬、郑观应等有识之士提出许多尖锐批评，要求停止捐纳，特别是停止捐输实官，并提出了种种具体实施意见。归纳起来，主要有以下七点。

1. 批评捐纳降低了官员的素质

冯桂芬的同年安徽人朱凤鸣，在道光年间曾写过《任官惟贤》

---

① 王韬：《停捐纳》，《弢园文录外编》卷二，第41页。
② 广东省立中山图书馆、中山大学图书馆编《清代稿钞本》六编，广东人民出版社2014年版，第283册，第301—302页。

一文，痛陈捐纳之害，受到道光皇帝表扬，传诵一时。朱凤鸣批评捐纳的弊端，有很多妙论，诸如："国家用科目，君子小人参半也；用捐班则专用小人矣。"又曰："上以急公好义为招，特假以为名；下以利市三倍为券，将务求其赏。"又曰："捐班逢迎必工，贿赂必厚，交结必广，趋避必熟，上司必爱悦，部吏必护持。"又曰："与其开捐，不如勒派。富民百十家之勒派，其害偏；开捐则将为贫民亿万家之勒派，其害普。与其开捐，不如加赋。有形有限之加赋，其害近；开捐则将为无形无限之加赋，其害远。"对于朱凤鸣的议论，冯桂芬很是赞赏，以为"抉开捐之弊，可谓至矣"。①当然，冯桂芬对捐例的利弊得失也有具体分析。他说，平心论之，捐纳中也不是全无人才，不能说"专用小人"，但是，捐班中人才所占比例极低，大抵千百中之一二。咸丰年间，冯桂芬在京为官，亲身感受到捐班流品更杂，吏治更坏，世变更亟，动乱更多，经费更紧，恶性循环。他说："近十年来，捐途多而吏治益坏，吏治坏而世变益亟，世变亟而度支益蹙，度支蹙而捐途益多，是以为召乱之道也。"他主张："居今日而论治，诚以停止捐输为第一义。"②

　　冯桂芬所说，还是咸丰年间情况，及至同光年间，仕途拥挤已经到了匪夷所思的地步。《申报》描述："今则候补道员，各省之多者竟至三四十员，其他更无论矣。论补署则无期，论差委则无事，其房屋、舆马、衣服、仆从、饮食、应酬之费，又不能与凡民等，一切之费果从何来，其不至号饥啼寒者鲜矣。故内则大臣御史，外则总督巡抚，屡有条陈人员拥挤、疏通仕途之奏，然亦无有疏通拥挤之法。"③到了甲午战争以前，捐纳对于官僚队伍的侵蚀危害，已经到了朝廷上下人人喊打、口诛笔伐的地步：

---

① 冯桂芬：《变捐例议》，《校邠庐抗议》，第60页。
② 冯桂芬：《变捐例议》，《校邠庐抗议》，第60页。
③ 《书申报仕途甄别新章后》，《申报》1874年10月23日。

无如捐班过多，通计候补人员，自道府以至佐贰，大省二三千员，即云贵边省亦有千余员，纵不能尽予补署，而差委之轮转，或可藉以均惠，且藉此并可试其才，是以承平日久而各局不能撤也，帑项支绌而差使不能裁也。又其甚者，一窍不通，徒以铜臭熏天，于于然弹冠而来，得以列名仕版，彼其志亦不过藉以光耀门楣，炫示乡里，为戚族交游光宠。问其治民若何，其报国若何，彼固懵然也。一旦营谋得缺，不恃幕友之贤否未能详察，而胥吏辈更得上下其手，如丐者之撮弄沐猴，若偃师之提掇傀儡。而彼目不识丁之俨然一官，直不啻尸居余气，其足以为害者，何可胜言！①

对于科甲出身的官员素质优于捐纳出身，批评捐纳的人几乎都会道及。对于其中之道理，杨毓煌所论最为细致：

夫积学研经之士，读书十载，养气十年，然后本其家修以为廷献，始而试之于县，继而试之于府，终而试之于学，历数场辛苦，始获一衿，由是而乡试，由是而会试，由是而殿试朝考，于数万人中拔其数百，俾得出仕临民，上以为国家宣猷，下以为苍生托命，是下之得官何其难，上之视官何其重也。故为官者，大都学识深沉，才猷优裕，胥由学古而来，而劣员必少。乃自捐输实官之例开，不考其学问，不询其才识，不察其趋向，不访其声名，不必需乎保荐，不必待以岁时，以千万金上兑，立可居官位、绾铜符，是下之得官何其易，上之视官又何其轻也！②

---

① 李经邦：《筹停捐三议》，陈忠倚编《皇朝经世文三编》卷二三，宝文书局，光绪二十三年版。

② 杨毓煌：《停捐四美论》，陈忠倚编《皇朝经世文三编》卷二三。

2. 认为鬻虚爵之害轻于捐实官

时人多对捐实官与捐虚衔进行区分，认为可以有限度地鬻爵，但绝对不可以卖官。冯桂芬说，开捐例是政府敛聚民间财力、弥补财政不足的重要手段，作为权宜之计，可以改卖官为鬻爵。鬻爵一事，战国时商鞅就实行过，贫者可将其原来爵位卖掉，西汉晁错也实行过。西方国家也有这一套，对于买爵之人，只给荣誉，不给实权，也不给特权，"彼诸夷以利为国，富商辄与大酋敌体，而绝无入仕之路。一犯法则朝为坐上客，夕为阶下囚，故富商倍重犯法，此亦抗礼无弊之一证。其实职、升衔、加级及贡监一切停止"。①

3. 痛批捐输实官之严重危害

冯桂芬、郑观应、陈炽等都对捐输实官的危害进行了深入揭露，其中，最为全面、系统的是孙兆熊。他认为捐输实官一害国体，二害民生，三害政事，四害人才，五害官方，六害天和：

> 自来名器不可以假人，昔孔子见繁缨之僭犹且讥之。官也者，上以承流，下以宣化，国家之所倚赖，闾阎之所仰望者也。得其人则政简刑清，可臻上理，不得其人则舞私舞弊，贻患良多。今既可捐而得，则不肖者必众，诈妄者必多，名器未免太滥也。是则足以害国体也。

> 设官原所以卫民，而捐输者则惟知剥民削民，竭民之脂膏，敛民之货财。此辈每多市井之徒，读书既不成，经商又苦榷算不精，乃百计千方，藉亲朋之大有力者筹报捐，俟得有进项，加倍缴还，或四六分。是其初捐之意，本为谋利而来，而又恐日久或遇事被参，乃乘机会苛求勒索，无所不为。迨至上宪知觉参劾，而私囊已饱矣。是则足以害民生也。

> 官之能否，事前虽不得知，要必须气识学问数者擅有一长，方可居乎民上。捐输者大都学识全无，及乎莅官，自念胸

---

① 冯桂芬：《变捐例议》，《校邠庐抗议》，第 61 页。

无点墨，事事皆使幕友代行，己则惟有饮酒行乐，以享清福而已，幕友知其然，于是舞法弄文，肆行无忌，而政事不可问矣。是则足以害政事也。

比来保举及科甲人员，已觉拥挤，往往需次十数年不得补缺，今多财善贾之辈，相与倾轧，一遇缺出，不论班次先后，捐足花样者，便可先补，而一二干济有为之才，反落其后。黄钟毁弃，瓦缶争鸣，豪杰未免灰心矣。是则足以害人才也。

子夏曰，学而优则仕，是为官必须从为学来也。今则纨袴子弟，平日惟慢游是好，何曾学问，一旦输数百金或数千余金，即得显荣，其用资尤多者立可领凭赴任，故朝犹等于白丁，暮即列于官职，越数月俨然握印矣，问以律例则不悉，询以民事则不知，而欲其措置裕如，岂可得乎？仕途之庞杂如是，是则足以害官方也。

恣睢暴戾，亦足干天地之和，而召疹疠之气，历来贪官污吏载在史册，班班可考，今之捐实官者，既系豪富，则素来本有骄傲之气，一居官位，必更横暴逾恒，峻法严刑皆所不免也。是则足以害天和也。

其害如此之大，而言所利又如彼之小，然则停捐实官之议可不毅然而行乎！①

孙兆熊是杭州府学廪贡生，曾在上海格致书院写过多篇课艺，他的论述总结了此前人们批评捐纳的论点，并有所拓展，堪称同光时期批评捐输实官害处的经典之论。

对于捐输实官的危害，杨毓辉亦有很有见地的论述。他认为，捐输实官，败坏的是整个社会风气，"捐一实职所费无多，有力者子弟相沿争为垄断，无力者借贷而至易于取偿，官不安于末秩，士不安于读书，众志纷然趋于利，宜其只计及州县之钱粮，而未尝计

---

① 孙兆熊：《富国不在捐输论》，陈忠倚编《皇朝经世文三编》卷二三。

及地方之百姓也。以本求利，欲其自爱，其可得耶？此其故。非开捐之为害，而实职之为害，昭昭然矣"①。

对于捐纳危害吏治与民生，陈炽有相当精辟的论述。他指出，"捐例日广而捐数日微，内外需次各员，增至数倍或数十倍，艰难困顿，无地可容"，到头来，一伤吏治，二蠹民生。

> 及得一缺一差，则酷虐贪婪，务肥私橐，求其贤者，十不获一矣。即求其循分供职者，亦十不二三矣。夫日日教以廉，犹虞其贪也。今聚无数虎狼，饥之纵之，而使噬下民弱肉，其何以堪！此其伤吏治者，一也。闾阎无赖，忝列缙绅，欲重务耕耘，而心有所不愿，欲下伍工匠，而情有所不堪；欲为商贾，则无财；欲侪士大夫，则无学。于是恃符武断，横行乡曲，欺凌愚懦，以给饔飧。其狡黠而稍有援系者，则称贷假息，奔走四方，以求衣食。地方官吏，亦复展转援引，多立局卡，司事名目，为位置若辈之方，使天下平添数百万游民，蠹国病民。孳孳为利游民一，而良民之受害者，什百焉。一游民得利，而继踵为游民者，又不止千百焉。涓涓不绝，已成江河，后患之来，何堪设想！此其大蠹民生者，二矣。②

4. 停止捐纳有四美

杨毓煇从改变中国的国际形象出发，认为停止捐纳对于中国有"四美"，即四大好处。（1）改变官员形象。"西国设官分职，与中土不同，即以海防武职论，无论世子王公之子，其初任必从水手起，由渐而升，故其为提督统领者皆由为水手而来也，从无捐输可得者，其余各官亦然。西人尝因此讥中国，谓为轻官而重财。今若停捐实官可杜外人之揶揄。"（2）改变中国无能形象。"西人又谓

---

① 杨毓煇：《论捐实官之害》，陈忠倚编《皇朝经世文三编》卷二三。
② 陈炽：《停捐》，《陈炽集》，第13页。

中国地大物博，致富之道数倍于彼邦，乃因循成习，怠惰成风，事事则古称先，不敢越古人范围一步，以致度支日绌，筹饷维艰，惟汲汲于鬻官以供支应，安能转弱为强？今若停捐，俾外人知我中国力图振作，永革捐输之弊，则各国必敬我中国有人，不敢肆要求之计，此所谓战胜于朝廷也。"（3）严肃国家之体制名器。名器最为国家所重，即使国计艰难，官府"亦不当以粥粥无能之众滥竽充数"。现在承平日久，而捐输之例依然未停，未免有损国家体制及尊严，"故必停捐实官，足以崇圣朝之体制"。（4）除一弊而带动除百弊。"开捐以来，积弊日甚，搢绅先生类能道之，今若永停实官，凡积弊悉可一扫而空，而百姓可安，地方可治。"①

5. 为已通过捐纳获官的人设计出路

冯桂芬等提出停止捐纳的意见，并为那些已经通过捐纳获得官位的人，设计了一条出路。冯桂芬主张，对于已经通过捐纳获得官位的，应当区别对待，"现任有政绩者，上司特疏保留，改其籍曰荐举。其余无论实缺、候补、候选，皆视原输银数，改入民爵，以示大信，且令天下晓然，知非往时甫停复开之比。捐班中果有才士，无所冀幸，无所需待，将群然淬厉鼓舞于正途，斯官方可以澄叙，人材可以奋兴矣"。② 孙兆熊的设计更为具体，提出"考试"与"察访"两法。所谓"考试"，即将捐输各员，一一查明，由督抚定期考试，不准借故推诿，倘临期不到，据实参劾，不容宽宥。届期考以律例及时务等论，考取者各回本任，不合格者定以处分。所谓"察访"，即察其品行，访其声名，果系精明干练，勤政爱民，准予保举，以示鼓励，其有贪污不职、躁妄多端，以及怠于听讼、昧于用人等情，则虽经考取，亦严行奏参。③

对于捐员实行考试、察访之甄别方法，同治年间朝廷曾有所议

---

① 杨毓煌：《停捐四美论》，陈忠倚编《皇朝经世文三编》卷二三。

② 冯桂芬：《变捐例议》，《校邠庐抗议》，第61页。

③ 孙兆熊：《富国不在捐输论》，陈忠倚编《皇朝经世文三编》卷二三。

论，也曾在浙江等地方试过，但效果并不理想。诚如王韬所述："近日行捐员考试之法，以观其通否，而所出之题则策论也。闻悉系倩人代作，不过照例纳金，以饱阘役之囊橐而已。若是者，仍非甄别以文字，而仍索取其货贿也。其有不觅代倩，不纳苞苴者，则必墨污其卷，涂改其字，俾置劣等，盖法立而弊生如此。夫所谓捐纳者，原与科甲不同，使必能以文字争长，则又何必舍科甲而就捐纳哉？今必试之以必不能之事，而曰不能则汰之，是亦冤矣。况乎居官莅民，独在区区之文字乎？其见亦愦矣。"①

对于这一方案，《申报》曾有文章加以讨论，认为并不可行：

> 试思捐纳人员，尽弃其家资以报效，保举人员不顾其性命以立功，不过欲求微官以得尊禄耳，今尽付之流水，甘乎不甘？故或为之说曰，考试人员甄别回籍，既不用其人矣，或将其原捐之资如数给还，或折成给还，否则或按其原资每岁给以利银，以终其余年，俟其身故而后已。不知国家原因用不足而开捐，今安得有此闲款以行此等事乎？或又曰计其原捐银之多寡，核其可捐何项虚衔，即以何项虚衔酬之，似尚非空用其银者，不知即系甄别，反加之以大衔，欲黜而反陟矣，似亦非也。为今之计无论上宪不能代筹善处之方，即令各员自谋一善处之道，亦不可得也。②

对于这一方法，深通人情世故的曾国藩颇不赞成。他说："伊等若能考试，均求正途出身矣，何为反由异途干禄乎？考试而不甄别则可，如不考试而竟甄别，又已收用其捐款矣，其将何以处之？又将何以激发日后捐生之踊跃也？"③ 曾国藩有此意见，考试、察访之法遂没有完全付诸实施，"故彼时捐纳人员无不感激文正

---

① 王韬：《停捐纳》，《弢园文录外编》卷二，第41页。
② 《姑妄言之》，《申报》1874年10月29日。
③ 《姑妄言之》，《申报》1874年10月29日。

也"。① 从情理上说，这一做法也不妥当。一如时人所论："惟朝廷既开捐准人纳赀为郎，初未尝明悬禁令谓文理不通者不准捐纳，今于到省之日，忽然考试其文理，彼必曰是何异引人上屋而拔其梯也! 朝廷不欲贻人以口实，不得不稍从乎宽，而各省大宪又仰体此意，遂致宽而又宽。所谓考试者，不过写一履历，虚应故事，于其文理一层，从不提及，以致仕途庞杂，不能肃然。"②

6. 为停止捐纳设计筹款方略

捐纳之弊，统治者当然一清二楚，之所以出此下策，实在是别无办法。道光皇帝曾对大臣说："我最不放心者是捐班，他们素不读书，将本求利，廉之一字，诚有难言。我既说捐班不好，何以又准开捐?"他无可奈何地拍手叹息："无奈经费无所出。"③ 道光年间，国家经费困窘，除了卖官鬻爵，确实别无良策。咸丰末年，冯桂芬等人批评捐纳，但还是认为鬻爵危害不大，可以一行。除了鬻爵，他也没能提出特别有效的解决财政困难的对策。到了光绪年间，情况不一样了，西方国家解决财政难题的路径给中国官绅以启发。他们在呼吁停止捐纳的同时，提出了解决财政难题的路径。李经邦提出：

> 今不欲整顿吏治则已，如欲整顿吏治，则非永停捐输实官不可。然国家因饷项不足而开捐，若实官之捐例停止，捐断不能踊跃，将何以裕国用乎? 窃谓永停捐输，非借国债不可；欲借国债，非行钞票不可；欲行钞票，非设官银行不可。此三项有关于国计民生，裨益实非浅鲜。中国苟毅然行之，参以西法，微特可以永停捐输，且可收回利权。④

---

① 《姑妄言之》，《申报》1874 年 10 月 29 日。
② 李经邦：《筹停捐三议》，陈忠倚编《皇朝经世文三编》卷二三。
③ 张集馨：《道咸宦海见闻录》，第 22 页。
④ 李经邦：《筹停捐三议》，陈忠倚编《皇朝经世文三编》卷二三。

他详细地论述了通过办银行、行钞票、卖国债以解决饷项的方法，说明此法既能有捐纳之利，而无捐纳之弊。杨毓煌亦称："莫如设银行以夺外洋权利，以裕中国财用，如此则实官之捐虽停，经费仍有所出，庶不致有支绌之虞乎。应请奏定饬部核议，将各项实官永远停捐，另设银行以裕国用。"①

7. 引导捐纳人员投资实业

关于捐纳，《申报》曾刊载过外国人的议论，他们对于那么多的中国人花那么多钱去捐官，感到不可思议："予不解中国之人何以如此好捐官也。仕宦之裔而捐官，犹得曰官之子常为官矣，至商贾之家亦复乐此，其意何居？苟将捐官之银，众人集成一事公司以牟利，或开各矿，或造诸船，或设机器以制物，或创电线以传音，或保险保安以护水陆，或开山开地以裕茶丝，一切之事均可岁获利益，皆不愿为，而独恋恋于捐官，此真令人不解也。"② 所提实质上是社会发展引导机制问题。对此，《申报》没有深论。郑观应则接过这一话题，认为应该改变社会激励机制，形成这么一种社会氛围，鼓励每个人都发挥其所长，"凡人一技之长、一艺之擅，皆可以为官，而有志于技艺者，无不见其专长独擅。凡一法之善、一事之能，皆可以入政，而留心者愈众，孰得而掩其所善、没其所能？"运用这种激励机制，让那些捐官之人，将钱款用来兴办实业，"纠合公司，大兴商务，如利数可兴、办有成效者，国家给以称颂功牌。若生意不前折阅负累者，国家许其报穷免究。如此而商务不振者未之有也。今华商之善贾，虽西人亦自愧弗如。捐纳一废，则善攻心计之流皆转而为斗智投时之举，而国家之阴受其利者多矣"。③ 他认为，人之所重，惟利与名，如果转换激励机制，为官者重视商贾，国家奖励商贾，那么整个社会就会以商务为正路而

---

① 杨毓煌：《停捐四美论》，陈忠倚编《皇朝经世文三编》卷二三。

② 《姑妄言之》，《申报》1874 年 10 月 29 日。

③ 郑观应：《盛世危言·捐纳》，《郑观应集》上册，第 562—563 页。

黾勉以图。"商贾中如有品行刚方、行事中节者，人必举以为议员以办公事，是求利中不失其求名之望，求名中可遂其求利之心。况官由众举而来，磊落光明，比捐纳者之婢膝奴颜声价百倍矣。"所以，"捐纳行虽欲求好官决不能得，捐纳废虽不欲求官，而官将辞之不得矣"。再者，"捐纳废而后好官出，好官出而后公道明，公道明而后民志畅，民志畅而后国运昌"。①

　　捐纳是一种特殊的商品交易。交易的卖方是官府，买方是捐纳人员，商品是官爵，与钱款为等价物。官爵分虚爵与实官两类。所交易若为虚衔，诸如监生出身、各色封号、褒奖品级，对于原有的虚衔领域就构成实际的冲击，稀释了原有虚衔的荣誉含量。若原有虚衔是通过军功、劳绩或其他突异表现才能获得，一旦通过捐输一定数额的钱财亦可获得，则彼原先军功、劳绩或其他突异表现，与此一定数额的钱财即为等价物。所出钱款越少，则其荣誉品级越低。捐输者越多，则其荣誉含量越少。原有虚衔拥有者是数量不大的小众群体，故捐输虚衔主要冲击对象范围还比较有限。所交易之物若为实官，诸如知县、道员之类，则不但对原有实官领域构成冲击，稀释了原有实官的荣誉含量，也降低了原有实官的价值。若原有实官是通过科甲、保举而得，通过十年寒窗苦熬、百战军功搏击而来，则此一定数额的钱款则与其十年寒窗苦熬、百战军功搏击等值。这无疑贬低或亵渎了彼十年寒窗、百战军功的艰难性与神圣性。这是科甲正途对捐纳异途极端厌恶的根源。实官本是一极为特殊的商品，可能升值，可能平值，也可能贬值，捐输实官可能一本万利，可能一本一利，也可能血本无归。实官也是一伸缩性极大的平台，可以为公，亦可为私。若捐输实官者本系实心从政，施展其济世利民的宏图大志，则此捐输危害尚轻，或可利国利民。若捐输实官者本出于投资心理，为的是以小牟大，则其坐上官位以后，必先捞本，后谋利，谋了小利再谋大利。这是资本属性使然。若此，

① 郑观应：《盛世危言·捐纳》，《郑观应集》上册，第563页。

则官场已成市场，甚至成为虎狼噬人、群兽搏击的丛林，国家不亡已不可能。实官是国家的主要器官，有如其耳目手足脏腑，以此售卖，国家焉能长久？这就是捐纳的政治经济学。所以，冯桂芬说捐纳是"招乱之道"①，郑观应说"窃以为此必须改革者也"。②

四　机构改革思想

同光时期，鉴于国际与国内形势的变化，鉴于先前国家机构实际运作的情况，一些有识之士提出了关于国家机构改革的思想。这些思想概括起来可分改、增、删三方面。改，主要是改革军机处、总理衙门与海军衙门；增，主要是增设商部；删，主要是删裁河道总督等衙门。

（一）吁设商部，完善三署，善用翰林

呼吁设立商部，是这一时期机构改革思想最为突出的部分。这方面，郑观应、陈炽最为突出。

郑观应指出，"英国设商部专理其事，于商务讲求最精，故收效亦最巨。法、美踵其迹，而亦步亦趋，均致富强"。德、奥诸国，亦十分重视商务。亚洲日本与欧洲通商以后，"大为振作，讲求商务，臣民交奋"，成效极为明显。亚洲大国受通商之害者，惟中国而已。考其缘由，在于中国没有专门机构讲求商务：

> 夫以日本之小，且交受其益；以中国之大，乃重受其害者何哉？病在讲求商务之无人耳。推原其故，上在官而下在商。官不能护商，而反能病商，其视商人之赢绌也，如秦人视越人

① 冯桂芬：《变捐例议》，《校邠庐抗议》，第60页。
② 郑观应：《盛世危言·捐纳》，《郑观应集》上册，第561页。

之肥瘠。（封雇商船，强令承役，只图自利，罔恤民生。）私橐
虽充，利源已塞。此弊之在上者也。至于商则愚者多，而智者
寡；虚者多，而实者寡；分者多，而合者寡；因者多，而创者
寡；欺诈者多，而信义者寡；贪小利者多，而顾全大局者寡。
此疆彼界，畛域攸分，厚己薄人，忮求无定，心不齐力不足。
故合股分而股本亏，集公司而公司倒。此弊之在下者也。①

　　他认为，中国要解决这一问题，关键一点"于六部之外，特
设一商部"，兼辖南、北洋通商事宜。

　　对于商部的职能，郑观应主张，商部下面，"南、北洋分设商
务局于各省水、陆通衢，由地方官公举素有声望之绅商为局董，凡
有所求，力为保护"。商部的工作，先讲种植、制造，次讲贩运、
销售，"如种茶树棉，养蚕缲丝，织布纺纱，制造毡毯诸事，倡立
鸦片、煤、铁、磁器、火油诸公司。必使中国所需于外洋者，皆能
自制；外国所需于中国者，皆可运售"。此外，"重订税则，厘正
捐章，务将进口之税大增，出口之税大减，则漏卮可以渐塞，膏血
可以收回"。② 由这设计方案来看，郑观应主张设立的商部，是一
大的概念，不但管理商业，还管理农业、工业、运输业等方面。

　　陈炽意见与郑观应类似，认为处此"五洲万国贸迁有无、风
气大通、舟车四达"、四海通商的时代，处此中国不谙商务、上下
隔绝、"岁绌数千余万"、财尽民穷的时代，迫切需要设立商部。
这一机构，下面并立商律、商情、商平、商税四司，分任其事：

　　　　商律者，保商之政也。以泰西商律，译出华文，情形不同
　　者，量为删改，通行遵守，以杜奸欺。商情者，恤商之政也。
　　时其丰歉，除其疾苦，剂其盈虚，勿使下情壅于上达。商平

---

① 郑观应：《盛世危言·商务三》，《郑观应集》上册，第615—616页。
② 郑观应：《盛世危言·商务三》，《郑观应集》上册，第616页。

者，限商之政也。总挈中外，益寡哀多，使商有所赢而民不为病，略如《汉书》平准之意，笼万国物价而使之平，而国家之公司附焉。商税者，榷商之政也。海关常关，厘金杂税之类，咸隶是司，比较成亏，权衡赢绌，上期足国，下不病商，而内地税厘，亦须照海关新例，查开货价，按结报明。

陈炽设想的商部业务，是要撤销被外国人控制的税务司，而代之以内地商政局。商政局的职责是，主持稽核进出口货物，"如此货昔多而今少，昔有而今无，必须斥驳行查，考求其故。货之壅滞，商之折阅，维持补救，必审其方，参酌中西，务臻美善"。此前的各种税务、厘金亦归商部管辖。他认为，商务管理对于国家经济盛衰、国力强弱至关重要，"今日厘、税两宗，数与地丁相埒，京协各饷，挹注所资。假使无商，何能有税？民力竭矣，国计随之必执。不言有无，不言多寡之词，苦相诘难，恐膏脂有限，悉入外洋，他日之患寡患贫，有出于寻常意计之外者。无财不可以为悦，徒法不能以自行，富国强兵，非商曷倚？不设专官以隶之，不足以挽回积习也。此救时之急务，制敌之先机"。①

郑观应、陈炽提出的设立商部的思想，具有宏阔的世界眼光、强烈的针对性，是对传统重农抑商观念的直接否定，是其时包括商战思想在内的重商思想在机构设置方面的集中反映，是顺乎时代潮流、适应中国近代化需要的必然举措。十多年后，1903年，清政府在机构改革时，终于正式设立了商部。

陈炽在提出设立商部建议的同时，还提出了完善三署的改革意见。

所谓三署，指军机处、总理衙门与海军衙门。陈炽认为，这三个机构，创设于不同时期，因应于不同情况，都是顺势英明之举，很有必要。军机处之设，总结明朝覆亡教训，武功文德，震古烁

---

① 陈炽：《商部》，《陈炽集》，第80页。

今。总理衙门之设，"讲信修睦，通好联交，樽俎折冲，贤于十万帅远矣"。海军衙门之设，"联络将士，保京津之门户，固江海之藩篱，因时制宜，惩前毖后，先几胜算"。但是，这些机构都是临时性质，"均以为权宜立制，日后终当灭裁，故草创规模，未遑深计"，都存在一些不够完善之处。军机处之规制，虽"屡经修改，精严整肃，积弊一清。惟额缺无多，不入京察章京传补"，其成员"仍须本署兼行，夙夜在公，勤劳鲜暇，精力有限，意虑不专，恐非所以慎重枢务"。至于总理衙门与海军衙门，"虽由创设，然前有千古，后有万年"。从发展趋势看，"从此万国通商，遂将一成不变，敦信明义，不能无使命之往来，建威销萌，岂可少师船之游驶！天意所极，人力所通，断难绝市闭关仍如前日"。由此看来，此前暂立之制，今后将成永久之章，朝廷对此不可不做长久打算。陈炽久在京师为官，熟悉各衙门情况，所以，他认为，这三个机构都需要进一步完善。

　　针对三署实际存在的缺陷与问题，陈炽指出，军机处之汉章京人手不足，尽管自粤、捻军兴之后已增二缺，仍宜稍为增益，每班需要十人，这样才能在军务殷繁之时"无虞竭蹶。章京额缺，宜略仿部曹，卿寺自三品至六品，分职正名，以次递升，勿兼本署。京察之岁，拣选得力者二员，列为一等，内升外转，定立阶资"。他建议，总署之名宜称外部。他认为，总署目前运作问题较多，"堂官众多，意见参差，转滋丛脞，甚则互相诿卸"。针对此弊，他主张宜以三人或四人为额，选择曾经出使者为之，并"慎选章京，编立额缺，亦加京察，以重考成"。海军衙门问题更多，所立章程尤多迁就之处。他主张"宜设立各缺之京察，参用汉员"，略仿军机处与总署章程办理。其"平时职掌，应以海图、防务、饷章、兵制为四大宗，建置专司，分门别类"，有条不紊。①

　　陈炽在提出完善三署主张的同时，还提出善用翰林的问题。

---

① 陈炽：《三署》，《陈炽集》，第 64—65 页。

陈炽指出，翰林科目，肇始于唐，经宋、元、明而至于清。从明代中叶开始，截然与部属分为两途，到了清代，其界划益严，流弊益甚。当初分途之意，并不是说部属之人才必逊于翰林，也不是必崇重翰林而不可使再为部属。只是考虑到，"部属日亲吏事，案牍劳形，虑其囿于繁苛，不复能规远大"。让士子处翰林位子，"清苦力学，日读中秘之书，以养其天倪而储其远到，而持衡校士之大典，即以任之，询事考言，用意至为深远"。但是，因循日久，忘其本来意图。一些士子一入此处，"庞然自大，不谙典制，罔识古今，日孜孜然弊精神于楷书试帖之间，以是为终南捷径"。翰林看不起部曹，成为通病。但是，一旦让这些翰林放官外出，行政理事，或秉钧当国，他们往往于"间阎情伪，政事废兴，一切惛然罔知攸措"。

陈炽指出，翰林问题是到近期才凸显出来的。以前三年一大比，入选翰林者仅十余人，大多数中式者都有实际官职，得差者众，不得者少。那时的翰林，均为清华之选，能博通今古，名副其实。现在每届翰林数十人，历年累积在馆的翰林多至三四百人，能实际获得学政、主考官等差事的仅四分之一。他们人数既多，收入又低，"流品既杂，升转难期，攀附营求，自贻轻藐"，其声望远不如从前。他们对于求得其他官职的欲求比以往任何时候都更为迫切，以至于"考御史、得京察，向之鄙夷不屑者，今则趋之若鹜"。这么看来，翰林反而不如部属之升阶较速。陈炽认为，部属与翰林者两类官员，各有短长，但也有互通之处，"即部属之中，岂少明通稽古之士？"只是因为终日与具体事务打交道，忙碌不堪，把以前所熟悉的学问知识都荒废了。所以，将翰林与部属两分，"翰林以过逸而罔识典章，部属以过劳而遂荒学殖"，于古人"敷奏以言，明试以功，仕优则学，学优则仕"之意，两相妨害而两面俱失。

有鉴于此，陈炽主张变通旧制，让翰林与部属一例升迁。翰林院庶常散馆之时，"主事奏留之，日均加以考试，重以引见，翰林可为部属，部属可入翰林。郎员、讲读各官，亦得对品升转"，翰林院编检升为六品，与各部主事同阶，"所给俸廉，毋分轩轾"。这样，翰林可有实际办事的机会，各部办事官员也有清静进学的光阴。

陈炽说，生而知之的哲人，自古罕闻，天下人才大都由学问而成，由阅历而出。当今"强邻逼处，世变日多，守旧者迂阔而远于事情，图新者偏激而昧于体要。非常之事，必待非常之人为之"。翰林六部乃"人才之渊薮，朝章国故之总贯会归"。如果让他们"相与观摩，互为出入，知今者鉴古，博古者宜今，本末兼该，精粗一贯，以察众理而应万事，经八表而驭四方，而寻章摘句之余风，入主出奴之陋习，亦不禁而自革，不言而自化"。①

（二）建议裁撤漕运、河道、詹事府等衙门

漕运总督，明代始设，清代沿袭，总管漕运，督促南方各省经运河输送粮食至京师。总督衙门驻淮安，管辖山东、河南、江苏、安徽、江西、浙江、湖北、湖南八省漕政，负责漕运、检选运弁、漕船修造、查验回空、督催漕欠等事务。所属有巡漕御使、督粮道、管粮同知等官。1855 年，黄河北移至山东境内夺大清河入海，京杭运河航道受阻，内河漕运已不顺畅，漕运总督和河道总督也失去了存在的意义。南河总督在 1858 年即被裁撤。但是，漕粮运输的工作还在进行，只不过从河运改为海运。漕运总督的机构依旧存在。

针对这两个已经很难发挥应有作用的衙门，冯桂芬、乔松年等人都提出了裁撤的设想。

冯桂芬指出，漕运衙门为一最大冗官，设一衙门办理漕运本来就没有必要。那些富商大贾运输货物，"挟数百万之资，致数千里之远，逾山涉渊，艰难险阻，有数倍于漕运者"，但是，他们"不假尺寸之势，不用什伍之卫，而不患不达"。国家运送区区三百余万石漕粮，哪有必要设立专门衙门？漕运经过之地，有郡县，有营汛，有河员，有朝廷设立的各种机构，莫非那些王臣都会袖手旁观而听任

---

① 陈炽：《翰林》，《陈炽集》，第 18—19 页。

漕粮到不了京城？朝廷之力难道还不如那些富商大贾？现在，"漕督以少司马领行台，开府握兵符，控制七行省，岂不巍然大官哉？夷考其职，不知何所为也"。漕运总督"所辖卫弁三百，标兵二千，暖衣饱食，安坐无事"，既不能约束水手，也不能预防、缉拿强盗。现在，运河淤塞，漕粮改走海路，河运不可恢复，漕督粮道更无所用，那些督粮同知、管粮通判、主簿之类，皆"坐食漕规，不与漕务"。所以，漕督以下一切官弁兵丁必宜全裁。[①]

河道总督，明代始设，清代沿袭，掌管黄河、京杭大运河及永定河堤防、疏浚等事。治所起初设于山东济宁，后迁江苏清江浦（今江苏淮安市）。雍正年间，改总河为总督江南河道提督军务，管辖江苏、安徽等地黄河、淮河、运河防治工作；副总河为总督河南、山东河道提督军务，管辖河南、山东等地黄河、运河防治工作。遇有两河共涉之事，两位河督协商上奏。这样，治河的总督变成两个，总河演变成江南河道总督（南河总督），驻清江浦；副总河演变为河南河道总督（东河总督或河东总督），驻济宁。河道总督所属文职有河库道、河道、管河同知、通判等，武职有河标副将等。虽然由于黄河改道，南河总督 1858 年（咸丰八年）裁撤，但东河总督还在。

冯桂芬认为，这一衙门也应裁撤。他说，黄河、淮河治理每年需 500 万两白银，"实用不过十之一二耳，其余皆河道总督以至兵夫，瓜剖而豆分之"。据说那些比较老实的河员也仅仅用经费的十分之三来办公，贪冒之徒用来办公的经费递减，甚有非抢险不使一钱者。既然空有其名而不办公事，"自以并归地方为便"。至于河兵之制，是本朝新创，初设时那些河兵皆谙习水性，持土石与波涛争胜，在治河工程中作用不可替代，故办工不调民夫。到了现在，河兵已毫无所用。因此，河道总督以下一切官弁兵丁也应全裁。其他各关监督、盐务衙门、督抚司道等，多有可裁之冗员。[②]

---

① 冯桂芬：《汰冗员议》，《校邠庐抗议》，第 3—4 页。
② 冯桂芬：《汰冗员议》，《校邠庐抗议》，第 4 页。

继冯桂芬提出上述意见之后，1862 年、1863 年，御史刘其年、博多勒噶台亲王僧格林沁先后奏请裁撤东河总督，朝廷令相关大臣讨论，后来不了了之。1874 年，河道总督乔松年再请裁撤河道总督。他认为，目前山东省临黄地区皆系民堰，已无官工，与运河相关事务皆可归于巡抚兼管，河南省境内黄河距省城极近，亦可由巡抚兼管。这些地方的官员对于河工均很熟悉，河道总督一职并非必需，并其事于抚臣并不至于贻误工作，因此奏请暂裁。① 此议亦格于臣议而未获批准。

需要裁撤的机构中，与东宫相关的机构首当其冲。东宫，本指太子住所。太子是未来的皇帝，对于太子的教育、辅导，保卫太子是国家大事，中国从殷周、秦汉、隋唐到宋明，历代都很重视，设置了一批与东宫相关的职官，诸如太子门大夫、庶子、先马（或作洗马）、舍人、詹事等。鉴于顺治、康熙年间诸皇子为争夺皇位内斗不已，雍正皇帝实行秘密建储制度，不预先明立太子。这样，围绕着东宫而建立的一套官僚机构就完全是多余的了。但是，这些机构一直没有正式裁撤，而是留着安排一些翰林，以备迁转。清代专为太子设置的詹事府，设詹事满、汉各 1 人（正三品），少詹事满、汉各 1 人（正四品），左、右庶子满、汉各 1 人（正五品），洗马满、汉各 1 人（从五品），左、右中允满、汉各 1 人（正六品），左、右赞善满、汉各 1 人（从六品），主簿满、汉各 1 人（从七品），笔帖式 6 人。雍正以后，这一机构实际是翰林院的辅佐机构，没有任何实际的公务要办。冯桂芬考中进士以后，在京师担任的官职，就是詹事府左中允，后迁右中允。他十分清楚这个机构完全没有存在的意义。他主张，将詹事府并归翰林院，以副名实。

除了无用的机构，更严重的是冗员。冯桂芬认为，国家多一冗员，不但多一靡费廪禄之人，多一消耗民脂民膏之人，甚且多一败坏国是之人。现在国家冗员太多，"不冗于小冗于大，不冗于闲冗

---

① 乔松年：《请裁河道总督疏》，葛士浚编《皇朝经世文续编》卷一八，吏政三。

于要，不冗于一二冗于十百"。他举例说：科道今制八十人，可以裁去一半，其余闲曹亦减其半，内务府裁其大半。王公将军都统之外，提督十三人，总兵六十二人，也是大官太多。又如准格尔部、回部、新疆各官，亦太多，率多养尊处优，好逸恶劳，"宜无论大小皆减其半"。①

晚清冗员问题之突出，只要稍微留心行政事务的人，都可以强烈地感受到。因此，冯桂芬汰冗员的主张，得到众多改良派的赞同。郑观应在《盛世危言》中有《汰冗》一篇，引录了冯桂芬《汰冗员议》大部分文字，只是自己另加了一头一尾。王韬在《除弊》一文中，列举当除的六大弊端，第二条就是冗员。其文字基本上引自《校邠庐抗议》。②

陈炽在《乡官》一文中，完全赞同冯桂芬汰冗员的意见，只不过他提出的汰冗幅度、力度都比冯桂芬还要大。他认为：以京职论之，治理宗室事务的宗人府中，宗丞、主事可裁。既然有了军机处，则内阁自大学士以迄中书十分之八可裁。负责掌管皇帝皇后车驾仪仗的銮仪卫三院可并于内务府，其各堂郎中、主事十分之七可裁。都察院中巡按既散，给谏、侍御十分之六可裁。有了奏事处，则通政司可裁，因其功能重叠。朝廷自雍正以来已例不建储，则詹事府可裁。太常寺、光禄寺、鸿胪寺可并于礼部，大理寺可并于刑部，太仆可并于兵部，会同四译馆可并于理藩院。其余职事稀简的机构、官员，均可酌裁。至于地方官员，如果总督、巡抚同城，则可裁其一。其余藩司、钱谷、臬主、刑名、善后、牙厘、发审各局，均可裁。省府有知府，州有知州，厅有同知，县有知县，而同知、通判、州同、州判、经历，县丞、主簿、吏目，均可裁。河防、漕运可全裁。盐务可裁其半。③

① 冯桂芬：《汰冗员议》，《校邠庐抗议》，第3、5页。
② 王韬：《除弊》，《弢园文录外编》卷二，第34页。
③ 陈炽：《乡官》，《陈炽集》，第17页。

陈炽久任京官，对京师各衙门运作情况比较了解，所以，他的裁撤机构、削减冗员的设想切中时弊，也比较大胆。他提出这些设想的时间，正是甲午中日战争以前，朝廷还无暇顾及这类问题。

冯桂芬等人提出的裁撤漕运总督与河道总督的意见，深中肯綮，也为其后的改革者所认可与继承。1895年，甲午战争刚刚结束，御史胡燏棻上著名的《变法自强疏》，提出变法主张十条，其中第五条关于折南漕以节经费、漕督粮道以下之员弁兵丁皆可裁汰的意见，基本上是重复冯桂芬三十多年前的说法。

在历代改革中，汰冗员都是难度最大的一项，因为汰冗的结果就是直接敲掉许多人的饭碗，这势必引起利益受损群体极大的反对。戊戌维新之所以失败，人事上一个重要原因，就是裁减机构、裁汰冗员引起官僚阶层的震动，受到利益受损群体的抵制和反对。

到了清末新政时期，当机构改革不得不实行的时候，冯桂芬、陈炽提出的裁汰冗员的设想，终于大多被付诸实施。1902年，詹事府被归并于翰林院；通政司被裁撤；东河总督被裁撤，相关事务改归河南巡抚兼办，同时裁撤与漕运相关的屯田卫所。1904年，裁撤云南巡抚、湖北巡抚，相关事务归云贵总督、湖广总督负责。1905年，裁撤漕运总督，改设江淮巡抚（旋亦裁撤），负责相关事宜；裁撤广东巡抚，相关事务归两广总督负责。

五　批评科举取士

科举取士是一综合制度。首先，它是取士用官制度，是一种政治设计，涉及选人、用人的系统问题。其次，它又是与教育紧密相连的制度。选人、用人的前提是育人，取士作为调节杠杆，直接规定了教育方向与教学内容。学校教什么与怎么教，学生学什么与怎么学，主要是由国家考什么来引导、规范的。再次，它还是实现社会上下流动的制度设计。"朝为田舍郎，暮登天子堂"，科举取士为社会设计了一条由下向上的流动通道。本节主要从政治设计方面进行讨论，至于教育与社会方面，另在其他相关章节予以关注。

（一）科举说略

科举考试自隋代创立以后，直到清代，除了元代一度停止，一直是国家吸纳读书人参与政治的主要途径，在促进社会上下流动、稳定政治秩序方面，起过相当积极的作用。但是，法久必生弊，随着时间的推移，考试内容越来越脱离社会实际，考试方式越来越僵化。唐宋时期，考试内容还有数学、医学等内容，唐朝设有明经、进士、秀才、明法、明书、明算六科，比较侧重在文学方面，到北宋王安石变法时，出于统一思想与学术的需要，废除诗赋而专考经义，元仁宗年间重开科举后，范围更窄，规定以程朱理学为取士标准，明清两代沿袭这一做法。

清代，儒童要考中进士，必须经过四个阶段，即童试、乡试、会试与殿试。儒童入学，先需经过县试、府试、院试三级，分别由知县、知府、学政主持，其内容初用"四书"文、《孝经》论各一，因《孝经》题少，又以《性理大全》《太极图说》等命题。嗣定正试"四书"文二，覆试"四书"文、"小学"论各一。雍正初，科试加经文，日后又增策论题，仍用《孝经》。乾隆中叶以后，试书艺、经艺各一，增五言六韵诗，并背录《圣谕广训》一条。这一阶段考试优等，取得生员资格以后，才可以参加乡试。乡试是每三年一科，通常在八月举行，地点多在省城。考试内容第一场试时文七篇，即"四书"三题，"五经"每经出四题，士子任选其一经四题；第二场试论一篇，题目出自《孝经》和《性理大全》、《太极图说》、《通书》、《西铭》、《正蒙》等；第三场试经、史、时务策论五道。乡试中式，成为举人，才可以参加会试。会试也是每三年一科，通常在三月举行，地点在京城。共考三场，题目类型与乡试相同，只是出题、阅卷之人、录取标准不同而已。会试中式，经过皇帝殿试，才能成为进士。

从宋代开始，考试的标准文体为八股文。所谓八股文，又称"制义"，亦称"时文"。因题目来源于"四书五经"，又分别被称为"四书文""五经文"。典型的八股文由破题、承题、起讲、入手、起股、中股、后股、束股八部分组成。以中股为全文重心，从起股到束股才是正式议论。且这四股中，每股都有两股排比对偶的文字，总共八股，故称八股文。行文口气，必须仿摹古人语气，代圣人立言，而不是发抒考生个人看法。立言的标准，就是程朱对于"四书五经"的解释。换句话说，以个人的语言表达程朱的意思。

从批阅考卷技术层面来说，规定考试范围、答题标准与文体，为阅卷、评分提供了一定的依据。否则，阅卷老师各有偏好，难于比较考卷之高下优劣。但是，限制太死，则束缚思维，言不由衷，过分重视表达形式必然导致忽略思想内涵，看似满纸经义，实则毫无心得。"四书五经"内容就那么一些，几百年下来，考题势必重复。为了防止考生作弊或背诵前人答案，出题老师往往费尽心机，出些偏题怪题。到头来，考试就变了味，变成如何捉弄考生。考生想有好成绩，势必钻研各种各样的偏题怪题。这就偏离了科举取士的初衷。

一个人从入学开始，左考右考，要考那么多次，那么多内容，每次考试都有那么多的具体限制，要考好绝非易事。它需要考生十分熟悉考试内容，熟练地运用规定的写作套路。于是，自明代弘治年间开始，就出现了所谓的程墨，即范文，为考生提供应考捷径。不同考试科目有不同内容的程墨，不同宗师有不同风格的程墨，不同时期有不同的程墨，新程墨出则旧程墨废，于是乎，考生都将大好光阴放在记诵考试范文、训练应试技巧上去了。据研究，咸丰朝以前，士子考中生员的平均年龄为 24 岁，中举时的平均年龄为 31 岁，进士及第的平均年龄为 36 岁。[1] 读书人是社会的精华，让那么多社会精英将那么宝贵的年华花费到科举考试方面，无暇顾及其

---

[1]　张仲礼：《中国绅士：关于其在 19 世纪中国社会中作用的研究》，上海社会科学院出版社 2002 年版，第 103、135、139 页。

他学问，无心关注国计民生，这对于社会进步的危害是难以估量的。

清初顾炎武就曾愤激地说："八股之害，等于焚书，而败坏人材，有甚于咸阳之郊所坑者但四百六十余人也。"[1]

科举考试是合教育、取士、整合社会为一体的综合性制度，其弊端也是全社会性的。父祖教育子孙，必然围绕科举，一切官学、私学、书院教育学生，必然格外重视科举。社会衡量个人成功与否，必然偏重科举功名。让无数读书人空耗无量之光阴于无用之八股，让整个社会围绕科举这根指挥棒转，极大地窒息了社会的勃勃生机与创造能力。诚如晚清时《纽约时报》载文所批评：中国读书人"阅读的经典著作是孔夫子时代创作的，世界历史或人类思想、智慧的发展史，以及所有事物发展和学问的来源之一切最本质的东西，就在那个时刻停顿下来。从那以后，华人就一直在不断地咀嚼着那几块干骨头，并且，如果有任何其他知识的小舟敢于向他们靠近的话，他们就会咆哮不止"[2]。

这种弊端，在闭关锁国时代已很严重，及至国门洞开，外敌打来，其危害就是灾难性的。那些自科举一路上来的官员，外不知五大洲是何情势，内不知如何开源生财、裕国利民。"问以经济之学则不知也，问以天文地理之学亦不知也，问以兵法战阵之事以及利国治民之道，则更不知也。权掌吏胥、尸位素餐，昏昏无异于聋哑。"[3]

（二）批评科举害人误国

对于科举制度的弊病，乾隆时期就曾有过讨论。1738 年（乾隆三年），兵部侍郎舒赫德批评科举考试不合理，要求改革科举，

---

[1] 《日知录集释》卷一六"拟题"，第 372 页。

[2] 郑曦原编《帝国的回忆：〈纽约时报〉晚清观察记》，三联书店 2001 年版，第 91 页。

[3] 《论中西之学宜并取兼收》，《申报》1895 年 8 月 7 日。

他说：

> 科举之制，凭文而取，按格而官，已非良法。况积弊日深，侥幸日众。古人询事考言，其所言者，即其居官所当为之职事也。今之时文徒空言，而不适于用。此其不足以得人者一。墨卷房行，辗转抄袭，肤词诡说，蔓衍支离，以为苟可以取科第而已。其不足以得人者二。士子各占一经，每经拟题，多者百余，少者不过数十，古人毕生治之而不足，今则数月为之而有余。其不足以得人者三。表判可以预拟而得，答策随题敷衍，无所发明。其不足以得人者四。且人才之盛衰，由于心术之邪正。今之侥幸求售者，弊端百出。探本清源，应将考试条款，改移而更张之。①

舒赫德所说是当时许多大臣的共识。大学士鄂尔泰就表示："时文之弊，该侍郎所陈奏是也。"人们还认为，不仅时文无用，其实，"诗赋只尚浮华，而全无实用。明经徒事记诵，而文义不通"。但是，时人表示，科举考试，"时艺所论，孔、孟之绪余，精微之奥旨……参之经史子集，以发其光华。范之规矩准绳，以密其法律"，在政治上的作用是无可替代的，何况"时艺取士，自明至今，殆四百年，人知其弊而守之不变者，诚以变之而未有良法美意，以善其后"。② 这段讨论表明，对于科举制的种种问题，清初统治者已经了然于胸，但在那个时代，他们所能进行比较的资源是有限的，而在有限参考系统中，选择科举制是一种择善而从。③

道光年间，龚自珍、魏源对科举制都有所批评。到了同光之际，无论是冯桂芬、王韬、郑观应、薛福成等思想家，还是李鸿

---

① 《议时文取士疏乾隆三年礼部议覆》，贺长龄编《皇朝经世文编》卷五七。
② 《议时文取士疏乾隆三年礼部议覆》，贺长龄编《皇朝经世文编》卷五七。
③ 孟宪实：《论科举制的完结》，《广东社会科学》2001 年第 2 期。

章、丁日昌等洋务践行家，对于科举制度都异口同声，口诛笔伐，其分析之细致，批评之入理，都超过了前人。

冯桂芬是科举考试之翘楚，18 岁中秀才，23 岁中举人，31 岁中进士，且名次很高，一甲第二名，俗称榜眼。比起同时代一般士子，他每个台阶都提早五年以上，在这个意义上可以说，他是科举幸运儿。但是，他对科举消磨光阴、折磨人才、消耗钱财，感受特别深切。还在苏州读书时，有一次他听到林则徐的一位朋友痛斥科举制度是专制君主败坏天下之人才的愚民伎俩：

> 明祖以枭雄阴鸷猜忌驭天下，惧天下瑰伟绝特之士，起而与为难，以为经义诗赋，皆将借径于读书稽古，不啻傅虎以翼，终且不可制。求一途，可以禁锢生人之心思材力，不能复为读书稽古有用之学者，莫善于时文，故毅然用之。其事为孔孟明理载道之事，其术为唐宋英雄入彀之术，其心为始皇焚书坑儒之心。抑之以点名搜索防弊之法，以折其廉耻；扬之以鹿鸣琼林优异之典，以生其歆羡。三年一科，今科失而来科可得，一科复一科，转瞬而其人已老，不能为我患，而明祖之愿毕矣。意在败坏天下之人才，非欲造就天下之人才。①

对这番惊世骇俗的议论，林则徐以"奇论"视之，冯桂芬虽未加评论，但印象极深，以至几十年后还记忆犹新。

与冯桂芬在苏州正谊书院一起读书的好友洪铭之、顾子山等，都是聪明绝顶之人，也都是科举制度严重受害者。洪铭之善文章，工诗赋，文章精警奇崛，卓绝一时。顾子山学问优异，对于从明代到清初各名家八股文章的源流，如数家珍，一清二楚。但是，这两位同学在科举道路上都失败了。特别是洪铭之，一意科举，屡困场屋，考了二十多年，还是未能如愿，因为不理经济，致使家道中

---

①　冯桂芬：《变科举议》，《校邠庐抗议》，第 37 页。

落，结果郁郁穷困病死。冯桂芬由此对科举之害人感同身受。

冯桂芬在科举道路上苦苦攀登期间，他的家庭由富而贫，债台高筑。他曾详述科举考试给士子带来的沉重经济负担：

> 四民中士最贵，亦最贫。商贾无论已，农工勤力，类能自给，独安分读书之士，修羊所入，辄不足以赡八口。平日之苦，已逾平民，及应试则舟车、庐舍、糗粮，以及代馆事、备试卷，随在需费，其苦又甚焉。省试途较远，时较久，其苦倍甚焉。至会试，则必弃置平日佣书之地，聚粮治装，间关跋涉数千里，经时逾年，劳费十倍，其苦益甚焉。计集阙下数千人，素封便家十不一二，中人之产往往为之中落，况寒素乎？谚谓"举人为破家之子，亡命之徒"，又云"举人老，盘川少"，不虚也。借贷不足，继以典质；典质不足，继以干求。弱者暮夜乞怜，丐富贵之润；强者乡曲武断，分官吏之肥。寡廉鲜耻，坏法乱纪，习为固然。①

郑观应批评科举制度空耗士子生命，学校教育与社会实际严重脱节。"中国之士专尚制艺。上以此求，下以此应，将一生有用之精神，尽销磨于八股五言之中，舍是不遑涉猎。洎登第入官而后，上自国计民生，下至人情风俗，及兵、刑、钱、谷等事，非所素习。猝膺民社，措治无从，皆因仕学两歧，以致言行不逮也。"②

岭南著名学者陈澧（1810—1882），16 岁考取生员，22 岁中举，以后六应会试，均名落孙山。他痛斥科举："文章之弊至时文而极。时文之弊，至今日而极。士子应试者又或不自为文，而剿袭旧文，试官患之，乃割裂经书以出题，于是题不成题，文不成文。"

---

① 冯桂芬：《改会试议》，《校邠庐抗议》，第 40 页。
② 郑观应：《易言·论考试》，《郑观应集》上册，第 104 页。

　　才气过人但在考场上屡战屡败的王韬，对于八股考试之摧斫人才深恶痛绝，对于科举制度的否定，最为干脆、坚决。他说："今国家取士，三年而登之贤书，升之大廷，称之曰进士，重之曰翰林，以为天下人才在是矣。"殊不知，科举考试内容一非内圣外王之学，二非治国经野之道，三非强兵富国之略，均为无用之学，"败坏人才，斫丧人才，使天下无真才，以至人才不能古若，无不由此"。①

　　李鸿章从人才办事能力出发，认为经由考试经书章句而拔擢出来的人才，施于洋务，隔膜太甚，所用非所学，考试重小楷，"太蹈虚饰，甚非作养人才之道"。他尖锐指出："若非朝廷力开风气，破拘挛之故习，求制胜之实济，天下危局终不可支。日后乏才且有甚于今日者，以中国之大而无自强自立之时，非惟可忧，抑亦可耻。"②

　　在众多批评科举的言论中，薛福成最为系统、细致、深入。

　　科举制度在宋代还比较多样、灵活，到明代才比较单一、僵硬。薛福成回顾这一过程，认为明初设科考试，开始尊崇八股文，以为这种文体能阐发圣贤之意，谓其"根柢经史"，显示考生之学问器识。殊不知，越到后来越重视形式，越走捷径，越远离学问：

　　　　迁流既久，文日积日多，法日讲日新，一变趋机局，再变修格调，三变尚辞华。浸淫至今，驱天下数十百万操觚之士，敝精愈神于制艺之中，不研经术，不考史事，辨性理之微言，则惊为河汉，讲经世之要务，则诧若望洋。每岁掇巍科、登显第者，大抵取近科程墨，转相剽袭，同其文，不必同其题，有其辞，不必有其意。苟有舍是而别抒心得，高古绝俗者，有司往往摈不录。夫人情皆惮迂远，慕速化，古今理乱得失兴坏之

---

　①　王韬：《原才》，《弢园文录外编》卷一，第6页。
　②　李鸿章：《筹议海防折》，《李鸿章全集》，奏议六，第166页。

故，大学格致诚正修齐治平之要，求之者数十年难窥闿奥，仍无当于进取之数，孰若缀缉肤辞，规模时调，博清显于数年间哉！①

他十分赞成顾炎武的看法："八股盛而六经微，十八房兴而廿一史废。"秦始皇以不读书愚黔首，明太祖以读书愚黔首。他从书本知识与社会实践关系的角度，结合当下社会现实，批评科举考试之害人误国。他说，今日之科举取士，非独其文之谫陋，不足推崇，即使有能文之士，顺利通过考试，授以官职，"一旦登要职，握事权，其经世宰物，未必稍异于恒人也"。②就是说，科举考试的成功人士与常人无异。为什么呢？因为其所处理之事务，非其平素所习。其平居所熟习者，不过孰为名家大家而已。那些名家大家先辈，自有不可磨灭之文，文中亦有为人处世之根本道理，但根本道理不能替代处理实际事务的具体方法。处理具体事务，光有根本道理还远远不够。科举取士很大的弊端，就是以根本道理取代具体方法。"是故明初以制艺取士，征实学于制艺之中；今世以制艺取士，别制艺于实学之外，积重之势然也。"③

纵观历史，通过科举考试选拔出来的人才也有很多，怎么可以说科举考试扼杀人才呢？薛福成对此予以辨析："或谓制艺信不足取士矣，自有明以逮近今，凡魁儒硕学，与夫瑰琦卓荦名世之大贤，曷尝不以制艺进哉？是不然。夫天生异才，必使出为一世用。其翘然不可泯没，不为末流所驱煽者，固有之矣。孰知夫二百年来，聪明才杰之资，迍邅场屋，槁项黧馘以老死牖下者，肩相望也。"④他批评人们只看出科举所得之士，没看到为科举所扼之才。

薛福成批科考特重小楷，尤酣畅淋漓。他指出，科举取士，到

①　薛福成：《选举论上》，《薛福成选集》，第1页。
②　薛福成：《选举论上》，《薛福成选集》，第1页。
③　薛福成：《选举论上》，《薛福成选集》，第2页。
④　薛福成：《选举论上》，《薛福成选集》，第2页。

头来往往只重视其小楷与试帖，"即使连掇科第，苟不工于小楷试帖，不过得一知县而止。而世所谓清要之选，如翰林，如御史，如内阁中书，如军机章京，大都专选小楷，或以试帖辅之，舍是末由进也。又如三品以下京员之膺试差，及大考翰詹之迁擢，舍是亦末由得也"。通过小楷，果然能得到真正人才吗？答案显然是否定的。①

那么，考官为什么要特别重视小楷与试帖呢？薛福成分析其中原因：各色考试，无论是考策论、制艺或律赋，小楷试帖往往兼之，"自校阅之大臣，不皆邃于学，又殿廷之上，期限促迫，日趋苟简，惟小楷试帖一望可知优劣，不能无偏重之势，避烦斗捷，流风相师，久之而考者阅者，皆忘其所以然，莫不谓功令当然者矣。夫小楷取匀润，非有锺、王、颜、柳之书法也；试帖尚新巧，非有李、杜、苏、王之诗派也。其理之狭，体之庳，尤出制艺下远甚。然而圄百余年来之穹官硕辅，必令出于其中，凡经史、掌故、律令，一概可束高阁，翰詹清班，骤闻大考，懔懔焉惟恐小楷试帖偶襮其瑕，非特不能迁转，而罢黜且随之"。②小楷佳否，与人才贤否，是否有必然联系？这是个不需要回答的问题。薛福成说，远的不说，就说最近的事，在与太平军战争及与英法联军战争中惨遭失败、殃民辱国的大吏陆建瀛、叶名琛、何桂清等，都是专精小楷试帖者。小楷好不等于能力强，为什么呢？薛福成做了扼要的概括："所用非所学，所学非所用也。"他还举了个小楷误人的例子：

　　余友有官翰林者，须发班白，犹以制艺试帖小楷分立课程，刻苦尤过人，终身如童子之在严师侧者。其言曰："吾一日离此，则不能得试差。居翰林而不任试差，此饥寒之媒也。吾为此所以救饥寒也。"厥后，果迭充主考学政，终以神郁气

---

①　薛福成：《选举论下》，《薛福成选集》，第6页。
②　薛福成：《选举论下》，《薛福成选集》，第6页。

悴，得疾遽殒。余尝惜其遇而惆然悯之。[1]

薛福成指出，近来为国家立大功的曾国藩、胡林翼、李鸿章等人，都不是因为小楷好才获得重要位置为国效劳的，而是靠他们战场上的实际表现，如果一味专重小楷，到头来只会"隳人志气，锢人聪明，所谓自侮自伐也"。他主张，"为今之计，宜变更一切成法，如大考翰林、詹事之类，可罢者罢之，其余则以策论、掌故、律令代制艺、律赋、试帖，以糊名易书代小楷，以责公卿保荐贤才……代大臣之阅卷"，这样才能得到真正的人才。[2]

（三）传教士的批评

在批评科举制度方面，来华传教士的意见有着特别的价值。

来华传教士中相当一匹人关注中国教育与文化，与中国士绅多有接触，对于科举制度颇有了解，亦有很多批评。

众所周知，自利玛窦以后，西方传教士对于中国科举制度曾有具体的介绍与很高的评价，认为这种考试给每一位有知识的人提供参政机会。这种考试公开、公平，读书人由此获得的学位有三级，秀才相当于学士，举人相当于硕士，进士相当于博士。读书人一旦在考试中获得高级学位，就有资格出任政府官员。这些人对国家的统治有着广泛的影响。他们看到了与科举制度联系在一起的知识政治、道德社会、公平竞争与阶层流动等特点，并将这一制度与西方贵族统治相比，认为中国要比那些靠骄奢淫逸的世袭贵族治理的国家优越得多。传教士对于中国科举制度的介绍，对于英国文官制度的建立有重要影响。

晚清来华传教士对于科举制度的评价，基本是两分法，既肯定其立意很好，也批评其弊害极大。林乐知、花之安、狄考文都有系

---

[1]　薛福成：《选举论下》，《薛福成选集》，第7页。
[2]　薛福成：《选举论下》，《薛福成选集》，第8页。

统论述。

1876 年，林乐知在《中西关系略论》中，批评科举制度的最大弊端是一个空字，言大而夸，不切实际，导致国家败弱。他说，古今学问不外三类，一曰天道之学，研究天地万物本原之理；二曰诚正修齐治平之学，研究人生当然之理；三曰物理之学，研究致知格物之理。三者并行不悖，缺一不足为士。以此衡量中国士人，天道固不知矣，即格致亦仅存其名而已，"所伪为知者，诚正修齐治平之事耳"。之所以称其"伪为知者"，因为其"言大而夸，问其何为诚正、何为修齐、何为治平，则茫乎莫解，与未学者等。谓之为士，其信然耶？"他认为："中国开科取士，立意甚良，而惟以文章试帖为专长，其策论则空衍了事也，无殊拘士之手足而不能运动，锢士之心思而不能灵活，蔽士之耳目而无所见闻矣。"①

1881 年，林乐知作《中国专尚举业论》，加大了对科举批评的力量。他说，今日中国之所谓士，"不独通显无期，亦且谋生乏术"。满天下智慧才艺之士，一一束缚于举业、制业、试律之中，且不知变计，实在可惜。

为什么这么说呢？他从以下三个方面进行论述。

其一，考生太多而中式名额太少。"郡邑之隶乎博士弟子员籍者，多至数千人，少亦数百人。"按照制度，三年举行一次乡试，中式之举人，数百人或不能得一二人。举人三年一会试于礼部，而中式之贡士，数十人或不能得一二人。中式比例如此之低，中式之人落落如向曙之星。其结果是，大批屡困场屋而坚持应试的读书人困窘不堪，难以自立，"齿豁头童比比以一衿终老，进既不能奋于功名之路，退更不能免乎贫窭之嗟，则所以仰事父母、俯畜妻子者，不得不出于设帐授徒之一策。卒至师多于弟子，而砚田未尽有秋，则冬暖而儿号寒，年丰而妻啼饥，诸所不免，转不如沾体涂足之田夫，鬻脂卖浆之佣竖，尚得有所赢余，多所生产则甚矣。舌耕

---

① 林乐知：《中西关系略论》，第 15 页。

而食，心织而衣之可为不可为，而儒冠之误人殊不浅也"。

其二，所学内容不切实用。就朝廷而言，原本希望通过考试，得人而使其入官，让他们"经国家、利社稷、定民人"，经国治民。但是，"取士之制，只凭制义、试律，土饭尘羹，既空疏而无用"，即使条对经史、时务诸策，也是浮辞剿说，撍拾无根。特别是翰林一职，"备讲筵之顾问，储揆席之经纶，而馆中所课诗赋而已，楷则而已"，完全不切实用。让他们参与处理军国大事怎么能行呢？

其三，危机袭来弊端凸显。林乐知说，科举制度在隆平之日，其"所举非所用，所用非所举，已不免为识者所讥"。现在已是万国通商时代，"中外交涉之事日费周章，而藩服如琉球、高丽久为日本所侵夺窥伺"，与中土毗连之缅甸已属于英国，安南亦属于法国。"壤地既接，则捍卫宜周"，如果将国防大事付诸那些举业者之手，"万一疆场有警，讵一篇诗赋，数行文字即能成运筹帷帐，决胜千里之功？"专尚举业，有害无利，已彰明较著，不待智者而知。

林乐知认为，纵然不能将举业之制艺试律彻底废除，至少也应当像唐朝那样，多设科目，包括秀才、明经、俊士、进士、明法、明字、明算各个方面，同时参照司马光之十科取士法。[①] 以此十科取士之制而斟酌实行，各省会垣郡邑之书院不必专课制艺。更当如泰西之法，分设天文、地舆、格致、农政、船政、理学、法学、化学、武学、医学，即以同文馆、出洋局、轮船制造局等单位为基础而扩充之，使得各人"各视其才力之所近，延师指授。有专营，无泛骛。课其勤惰，别其优绌，而时为黜陟。其技能出众者则授之出身，使之入仕"。这样，"上之所向，下之所趋，如是数年，而

---

① 司马光之十科取士法，即："行义纯固可为师表，节操方正可备献纳，智勇过人可备将师，公正聪明可备监司，经术精通可备讲读，学问该博可备顾问，文章典丽可备著述，善听狱讼尽公得实，善治财赋公私俱便，练习法令能断讼谳。"这十条是1086 年（元祐元年）司马光向宋哲宗所上取士内容，世称"十科荐士"。

国家有不收腹心干城好仇之助者，无是理也"。①

花之安的意见与林乐知类似。他说，人类的学问包含各种不同的学科和层次，每一学科各有其用，不能偏废，"士有士之学，农有农之学，工有工之学，贾有贾之学，皆有至理存焉，非积学之士不能窥其堂奥。各学皆有其用，不容偏废"。但是，科举制度引导士人只重形而上的儒学，轻视形而下的艺学，造成重科举、轻学校的社会风气，使学校教育废弛，"士人舍科目则无以为学，欲学他学，而苦无学之地，即能造其堂奥，亦徒劳而已"。专重科举的结果，便是国家没有能够切合实际需要的干济之才：

> 吾窃谓以八股取士，君相以此求，儒生以此应，父兄以此教，子弟以此期，徒令绣口锦心之士，专恃八股为进身之阶，经天纬地之才，亦以八股为宅身之具已耳，岂不大可惜哉！夫人之聪明才力，本各呈能，惟因材而笃，则一长一技，亦可效用于家国。若徒限以八股，则鸿胪翰苑，皆八股才也，与之图治忽，绝鲜干济之能；与之论军机，半属空疏之士，则以教化未得其要也。②

狄考文认为，科举考试自有其益处，诸如能激励年轻人发奋上进，能拔擢寒士，磨砺人才，也能使人多学圣贤之道，明白道理，但其弊端相当明显。他批评科考，两篇文，一首诗，试官只重首篇，不足以判定其人是否有才；"命题既不外四子之书，行之年久，各章各句，名作如林"，考生为文只能沿袭前人，难有新意。此法只能生人之小巧，不足益人之大智，更不能阐圣道之渊源。他批评科场种种弊端：

---

① 林乐知：《中国专尚举业论》，《万国公报》1882 年第 704 期。
② 花之安：《教化议》，《万国公报》1876 年第 386 期。

尝见应试之人，或有随身夹带、买赂搜检，或雇邻号帮手夺取功名。此犹弊之小者。尤有随棚枪手，或勾通廪保，冒入场中，或勾串差人，窝藏院内，甚至官亲幕友，或送内稿，或犹荐卷，种种弊端，不可枚举。即或场规愈严，而舞弊之机巧亦愈精。致使以伪乱真，玉石莫辨。合上下独瞒一人，良可慨也。

然则学台岂甘受欺哉？奈何以一人当此大任，势有不得不然者。夫应考之士，每棚既有千余百人，未及面试可知也。且今日进场，明日张案，而阅卷之幕友仅三四人，不暇遍阅可知也。既不暇遍阅其卷，又不能面试其人，即不得不重堂号。先从府县前十名中挑拣七八，然后于大号自挑几本，以足额数。殊不知府县前十，非系缙绅，即属富户，再系年谊，情分居其半，真才居其半，偏重前十，已见考试之不公，此学台一人之不能断舞弊者。①

他说："强盛之国，无不赖学问中之英才，别户分门，各专其业，或专化学，或专格物，或专天文，或专算法，或专创造机器以利农工，或专制作货物以通商贾，此其所以蒸蒸日进之故也。"中华英才亦多，然而只知求功名干俸禄，此外则别无所务。即使大挑一等，或即用知县，但是，仍然考中者少，得缺者更少。一省州县，统计不过一百官员，但是各省候补之员则千余人。另一方，"捐班之辈恃其资财，尽先补用，而科甲之流，无力钻营，反遭困厄"。这样，未得功名之前，已有干禄之心。既得功名，不获食禄之报，于是告贷钱行，阴行贿赂，徒令人役志于功名，败坏风气，浪费人才。②

他批评科举考试不利于学问拓展，不但题目不外"四书"，且

---

① 狄考文：《振兴学校论·考试》，《万国公报》1881 年第 655 期。
② 狄考文：《振兴学校论·考试》，《万国公报》1881 年第 655 期。

言不宗乎六经则斥为不合经典原义，不遵乎朱子则批以荒谬，结果使得家塾党庠专门用力于经书，而置那些有益的史书、诸子于不顾。现在，"学问之途渐推渐广，古人视之为有余，今则显之为不足"，单有博古是远远不够的。"况经书只言道德，考试专取文章，此何足尽文学之蕴乎？即如格物以知万物之理性，化学以分万物之原质，天文以测三光之运旋，此三者谓之物理。又如数学、代数、形学、八线以通各种量算之法术，此四者谓之数理。"① 这些都是学问之大端，不可不认真学习。

林乐知、狄考文在中国都有办学经历，林乐知在上海办了中西书院，狄考文在山东登州办了文会馆，花之安则详细介绍过德国的学制，他们对于中西教育情况都有比较深切的了解，因此，他们对于科举制度的批评，有宏阔的世界眼光，切中肯綮。

（四）改良科举取士范围的设想与努力

针对科举取士的种种弊端，许多人提出了改良科举的设想，清政府在这方面也做出了一定的努力。

还在道光时期，魏源就提出舍楷书、帖括而研讨朝章国故的主张。1842 年，鸦片战争结束不久，两广总督祁𡎴，已向朝廷上《请推广文武科试疏》，鉴于"洞悉夷情、深通韬略"人才之匮乏，提出了改良科举的方法。他建议，调整科举考试的内容，在乡试的第三场，定策问五道题目，内容包括博通史鉴、精熟韬钤、制器通算、阴阳占候、熟谙舆图，以扩大考生的知识面。他建议，仿唐宋科举广设科目，"将博通史鉴五门，分立五科，特诏举行"，无论现任或退休的大小文武职官、军民人等，"准以所业"，由地方官分报送督抚考校，咨明吏部、兵部调取入京考试，其确有才能者可奏请引见，分别酌用。② 这一建议，被礼部以"事多窒碍"为由奏

---

① 狄考文：《振兴学校论·考试》，《万国公报》1881 年第 655 期。
② 祁𡎴：《请推广文武科试疏》，盛康辑《皇朝经世文续编》卷六六，礼政六，贡举。

驳，未能付诸实施，但这一想法，自有其顺时应变的合理性，引起朝野一定程度的关注，也成为咸丰、同治、光绪三朝议改科举之嚆矢。[①] 1851 年，御史王茂荫在《敬筹振兴人才以济实用疏》中，引用祁埻的奏章，表示："议虽未行，论者多谓切中时务，实足拔取真才。应请敕令部臣检录原奏进呈，恭候圣裁。"[②]

冯桂芬沿着魏源等人的思路并加以发挥，在《校邠庐抗议》一书中，写了《改科举议》《改会试议》《广取士议》《停武试议》《制洋器议》等篇，提出废八股、改科举、设特科以造就有用之才的主张。

在冯桂芬看来，科举制度并非一无是处。因为，"以考试取士，不过别其聪明智巧之高下而已。所试者经义，聪明智巧即用之经义；所试者词赋，聪明智巧即用之词赋。故法虽异而所得仍同"。如果所考内容太简单，则聪明智巧之高下不甚可辨，有比较高的难度，则聪明智巧之高下可以清楚地看出。

冯桂芬的看法是有道理的。国家经过一定的考试程序，将社会中比较聪明的人选拔出来，因此，考试制度在一定意义上就是选拔聪明人的制度。一个士子参加八股考试，要想取得成功，至少要具备以下能力。第一，熟记经书，必须熟记四书五经等主要经典，背诵一些时常引用的段落，包括熟记朱熹的注疏，因为那是标准答案。第二，准确地理解经书的意思。第三，写作技巧，将自己理解的意思按规定的程式用文雅的词语表达出来，如果能够融会贯通，见人所未见，而又符合经书本义，那就容易引起考官的注意和重视。第四，书法工整，如果小楷写得歪七扭八，或卷面涂抹，那考官便会一望而生厌。这些方面，包括记忆、理解、思维、表达、文辞，如果都能做得很好，自然是个聪明人。但是，凡事都有度，过

---

① 关晓红：《晚清议改科举新探》，《史学月刊》2007 年第 10 期。
② 王茂荫：《敬筹振兴人才以济实用疏》，盛康辑《皇朝经世文续编》卷一六，治体九，用人下。

头了，就适得其反。

冯桂芬批评科举制度使得无数聪明智巧之士，穷老尽气，消磨于时文、试帖、楷书那些无用之事。那些事既然无用，那些人为什么不肯改行他就呢？关键在于国家重视其事。冯桂芬表示，如果国家改变机制，从这些人当中分出一半，让他们"从事于制器尚象之途，优则得，劣则失，划然一定"，同时仍可以得时文、试帖、楷书之赏，那么，谁不乐于其事呢？假如其人有过人之禀，仍可以余力治文学，讲吏治，那不比捐输所得要好吗？即使与时文、试帖、楷书比起来，也不是要好得多吗？

冯桂芬提出一个大胆的建议，即"特设一科以待能者"。特设一个什么科呢？他在《采西学议》的草稿《设奇材异能科议》中，提出在科举体制中设立一个"奇材异能科"。具体方法是：对于学习西学者，"三年之后，如有精通奥妙能实见之行事者，由主讲保入奇材异能科，赏给举人"[①]。这是一个很有创意、很有远见的设想，其特点是在传统的科举体制内加入西学内容，在价值引导机制上为西学输入打开通路。这是想从制度层面上打开一个缺口，对科举进行改革。可惜的是，这一设想后来被他淡化了，他在日后创办上海广方言馆时，也没有再提这一设想。他在改定《校邠庐抗议》时，将这篇《设奇材异能科议》改名《采西学议》，并将设立"奇材异能科"的文字全部删削。

1862 年，给事中吴焯奏称，"造就真才悉归实学，请于乡会试责成考官核取真才"。朝廷对此表示赞成，上谕要求三场策问以经史与时事分问，"使贯串古今通达治体者，得以敷陈政事得失利弊，以及筹饷用兵之道。其言果有可采，不必责以忌避，亦不得绳以小疵。庶于由旧之中，仍寓责实之意"[②]。贡生黎庶昌循此思路，提出扫除一切文法，仿汉代求贤之意，参以司马光十科之议，责诸

---

① 冯桂芬：《设奇材异能科议》，手稿，上海社会科学院历史研究所资料室藏。
② 《清实录》，同治元年，《穆宗实录》卷二二，第 600 页。

臣以求贤，"谘以时务，兼举实行，而又广科目以待之"。① 可惜再次遭到礼部议驳。

1864 年，李鸿章在致总理衙门的信里，提议要"专设一科"取士，造就制造"制器之器"的洋务人才。他的这一想法，其实就是冯桂芬的想法，冯那时是李的幕僚。李鸿章这一意见，因朝中无人明确支持，而群臣中反对者居多，遂不了了之。

1865 年，翰林院编修蔡寿祺提出殿试不必问经史考据，改问各省政治利弊，以及水利、河道、漕粮、盐铁、财赋、刑名、军务、屯田、塞防、海防、夷务等时务问题，"悉令直言无讳，不拘字数格式，不尚书法"②。清朝统治者采纳了这一建议。同年，朝廷在对贡士进行策试时，所出四道题目中，有一道就涉及时务："今将整饬营伍，鼓励戎行，必使汰其老弱，黜其骄悍，惩其惰窳，简其精锐，以汰卒之粮，加精卒之饷，庶兵归实用，饷不虚縻。果何道之从？"③

1867 年，以崇尚实学、精通洋务著称的丁日昌，建议全面改革科举制度，将八股考试改为八科考试："一曰忠信笃敬以觇其品；二曰直言时事以觇其识；三曰考证经史百家以觇其学；四曰试帖诗赋以觇其才；五曰询刑名钱谷，以觇其长于吏治；六曰询山川形势、军法进退，以觇其能兵；七曰考历算格致，以觇其通，问机器制作，以尽其能；八曰试以外国情形利弊、言语文字，以觇其能否不致辱命。"④ 这八科考试显然是从司马光十科取士法脱胎而来，但是，加上了时代所需要的内容，如机器、外国情形、外语等。他

①　黎庶昌：《应诏陈言疏》，盛康辑《皇朝经世文续编》卷一三，治体六，治法中。

②　蔡寿祺：《天象示儆胪陈管见疏》，王云五编《道咸同光四朝奏议》，台湾商务印书馆 1970 年版，第 1887 页。

③　《清实录》，同治四年，《穆宗实录》卷一三七，第 209 页。

④　丁日昌：《百兰山馆政书》卷四，转引自《丁日昌研究》，广东人民出版社 1988 年版，第 327 页。

的建议，既强调了传统的取士重德标准，又突出学、识、才、能等方面的要求，力去八股取士之弊。

1872年，沈葆桢奏请设立算学科，要求"废无用之武科以励必需之算学"，认为"导之先路，十数年后人才蒸蒸日上，无求于西人矣"。①

1874年，李鸿章重提冯桂芬的设想，奏请朝廷"于考试功令稍加变通，另开洋务进取一格，以资造就"。李鸿章认为，另开洋务进取一格，"就所学以课所事，即使十人中得一成就，已多一人之用，百人中得十成就，已多十人之用，二十年后制器、驶船自强之功效见矣"。② 对于李鸿章的建议，通政使于凌辰上书反对，认为这是"直欲用夷变夏不止"！讲求洋学只能使中华"礼义廉耻大本大原令人一切捐弃"。③ 大理寺少卿王家璧亦持类似意见。总理衙门表示，李鸿章等人请开洋学及设特科，原与科目并行不悖，并非如王家璧等所称以洋学变科目，但又认为其事"尚非仓猝所能举行，必应先议现在办法"。④

1875年，薛福成建议仿汉武帝诏举茂才、异等为将相"使绝国"之意，另设一科，录取懂得洋务、外交、税务方面的实学人才。同年，礼部呈《奏请考试算学折》，建议在科举考试中"特开算学一科"，奖励由科甲出身而又通晓西学者。

1879年，贵州候补道罗应旒上疏建议设法造就精通实学和西学的人才，主张将京师太学及直省书院改为经世书院，"令举贡、生员有心经世之学者以充学生"，入内学习，尽弃时文、诗赋之学，而视其才之相近者，令其研究各科实学和西学。清廷令李鸿章、沈葆桢等妥议具奏。沈葆桢认为经世书院之名至美，但担心

---

①　《同治十一年四月初一沈葆桢折》，《洋务运动》第五册，第117页。

②　李鸿章：《筹议海防折》，《李鸿章全集》，奏议六，第166页。

③　《洋务运动》第一册，第120—122页。

④　陈学恂主编《中国近代教育史教学参考资料》上册，人民教育出版社1986年版，第212页。

收效不大，主张存时文而去诗赋。李鸿章表示，罗应旒条议颇有价值，所述"兼课西学以资实用，鼓励巧工以新制造"，"均可节取而酌行之"。①

1883 年初（光绪八年底），侍郎宝廷奏请于下次会试举行之时，趁多士云集之机，"榜前特开一科，以算学考试。愿应者赴部呈明，拔其尤者破格录用"。②

1884 年，国子监司业潘衍桐奏请开设艺学科，所说艺学包括机器、算学、舆图等，以制造为主，而算学、舆图次之。清廷令群臣妥议具奏，有人反对，有人赞成。徐致祥上《止开艺科预防微渐疏》，认为"治国之要，惟在任人，不在任法，为有人即有法也"。③左宗棠呈《艺学说帖》，赞成学习艺学，并对艺学范围稍做界定，认为应以语言、文字、制造三者为要，但不赞成单开一科，主张艺学中取额以应考名数为断，大约学额十名，录取艺事两三名。④

1887 年，江南道监察御史陈琇莹奏请在科举考试中特开算学一科。⑤他认为，算学是西学的基础，学好算学，其他西学均可按图以索。他建议让各省学政于考试经古外，加试算学，录送优异者至总理衙门，作为算学生员。他特别强调，如果这些学生于算学确能通晓，即使其正场文字稍逊，也宽予录取。乡试时，算学生员除了头二场仍试四书五经，"其三场照翻译乡试例，策问五题，专试算学，再照官卷例，另编字号，于额定外酌中数名，会试亦如之"。算学举人或出洋深造，或充总理衙门、各海关及各国出使等项差使。这样，在科举考试中，"虽不必特设专科，而此类人员，其学则参究中西，实事求是；其职则多居清要，进非他途，不至为

① 李鸿章：《议复中外洋务条陈折》，《李鸿章全集》，奏议八，第 531 页。
② 《光绪八年十二月十二日侍郎宝廷片》，《洋务运动》第二册，第 203 页。
③ 徐致祥：《止开艺科预防微渐疏》，《洋务运动》第二册，第 204 页。
④ 左宗棠：《艺学说帖》，《洋务运动》第二册，第 206 页。
⑤ 《光绪十三年三月二十五日江南道监察御使陈琇莹奏》，《洋务运动》第二册，第 208 页。

时论所轻，而得力亦与艺成而下者有间"。他说，将来"人才日盛，或如曩者廷臣之议，特开艺学科，或仿泰西书院之法，令直省各建学堂，先肄水师，次及他学，斯时不患衡校之无其人，教习之难其选矣"。[1]

对于陈琇莹的建议，总理衙门表示同意，并获慈禧太后批准。其具体办法是，在举行科举考试时，如果生监中有报考算学者，除了正场仍考八股文，在其考试经古场内，另出算学题目。果能通晓算法，即将原卷咨送总理衙门复勘注册，候乡试之年，按册咨取总理衙门，试以格物测算及机器制造、水陆军法或公法条约、各国史事诸题，择其明通者，录送顺天乡试。如人数在二十名以上，统于卷面加印算学字样，与通场士子一同试以诗文策问，无须另出算学题目。录取的比例，比照大省官卷之例，每于二十名额外取中一名，但文理清通，即为合式，其名额不得超过三名。[2]

1888 年，清政府举行戊子乡试，首开算学科，报名者 32 人，照章取中一名。次年恩科乡试，各省及南北洋大臣选送报考算学科的人员，仅 15 人，未达规定人数，只得停试。此后历科乡试中算学科均因不足额而作罢。考其原因，一是算学科考试难度大，既要考西学，又要考中学，所考西学包括格物测量、机器制造、水陆军法、船炮水雷、公法条约、各国史事等，范围太宽，内容庞杂；二是录取比例低，按照规定，算学科乡试卷面另编字号，每二十人取中一名，定额不得过三名；三是风气未开，"当事意存歧视，则闻者有戒心，他日用违其才，则行之无实效"。[3]

1893 年，郑观应提出于文、武正科外，特设专科以考西学，一试格致、化学、电学、重学、矿学新法；二试畅发天文精蕴、五

---

①　《光绪十三年三月二十五日江南道监察御使陈琇莹奏》，《洋务运动》第二册，第 208 页。

②　《光绪十五年七月二十九日总理各国事务奕劻等奏》，《洋务运动》第二册，第 212 页。

③　陈炽：《艺科》，《陈炽集》，第 78 页。

洲地舆水陆形势；三试内外医科、配药及农家植物新法。取中之卷，"论其艺而不论其文，量其才而不拘资格，精其选而不必定额数"。此外，"亦须令于制艺之外，习一有用之学，或天文，或地理，或算法，或富强之事"。否则，一概不予录用。郑观应坚信，如此变通推广，或可转移世运。"他日奇才硕彦应运而生，天地无弃材，国家即永无外患，斯万变之权舆，及今为之，未为晚也。"①较之此前冯桂芬、李鸿章、陈琇莹等人变通科举的思想，郑观应的上述主张有一根本不同之处，即考试的重心由八股转到西学、实学一边，强调士子于八股文之外，必须通一有用之学。

从冯桂芬酝酿设立奇才异能科，到丁日昌将八股考试改为八科考试，再到郑观应以西学实学为考试主要内容，可以看出，其时人们在不断探索如何在保留科举取士的框架下，改良科举的问题。其总的趋势是，改良科举的必要性为越来越多的人所认可，改良科举的方式越来越可行。戊子乡试首开算学科，虽然应试者不多，录取者仅止一人，但其意义相当重大，"既复兴了唐人科举中算学科的传统，起到了改革科举制度的效用，又将西方近代自然科学知识纳入科举制度之中，可促使人们学习西学"②。科举制度废除是个渐进过程，戊子乡试首开算学科则是其中具有界标意义的一环。

---

① 郑观应：《盛世危言·考试上》，《郑观应集》上册，第291—296页。
② 杨齐福：《科举制度与近代文化》，人民出版社2003年版，第50页。

第 七 章

近代民权思想酝酿与产生

政治是经济的集中表现。任何重大的军事、经济、社会、文化方面的变革，到头来必然涉及政治体制问题。两次鸦片战争以后，不甘失败的中国人在探寻战争失败的原因，由船坚炮利不如人，到胆壮心齐不如人，到国家富裕不如人，到教育制度不如人，再探索到君民不隔不如人，即循着武器→心志→财富→政制，最后追溯到政治体制问题，发出了政治体制改革的呼声。这是从全球的视野，对中西政治制度进行比较的过程，也是对政治制度与国家强弱关系认识逐渐深化的过程。

一 对英美政治制度的介绍

（一）鸦片战争以前的零星介绍

有关西方政治的知识，传入中国已有较长历史。明末清初耶稣会士在《职方外纪》等书中所介绍的西方情况，已包括西方政治知识。高一志所著《治平西学》，为最早译成中文的西方政治学著作。[①] 书中

---

① 此书约完成于崇祯二年（1629），但迄今未见完整刊本，只有散卷传世。参见黄兴涛、王国荣编《明清之际西学文本》第二册，中华书局2013年版，第578页。

从王公、群臣、兆民的行为准则方面，说明何者为宜、何者应戒，包括王宜温和、王政以仁义而成、王职以德为本、王政尚廉贵信、王权需以谦逊为要、议臣职责尚忠、善议戒急、民治始于认识正道、治民需滋养国学、治民需制立法度、民治必须和睦等。书中介绍世界政体形式："夫政固有三种：一曰一人且王之政；二曰数人且贤之政；三曰众人且民之政是也。盖治人之权凡系乎一人者，即谓帝王之政；凡系乎明智之数士，即谓贤人之政；又凡民中无君臣、无尊卑之殊，而权悉系于众者，即谓民众之政。夫三政之孰善孰稳孰恒者，先知者以为难定。"① 这是迄今所知最早将不同政治体制介绍进中国来的著作。

鸦片战争以前，在广州的中国清朝官员，通过英美商人，已对西方政治制度有所了解。活动在南洋一带的西方传教士，对实行立宪制度的英国政治和实行民主制度的美国政治，做了一些介绍。

关于英国政治制度，1819 年，英国传教士麦都思（Walter Henry Medhurst）在所编《地理便童略传》中，已有一些介绍。书中述及，英国权力一分为三，"君有一分，众官一分，百姓一分，致君难残虐其民，诸侯不能行霸，百姓不能作乱也"。② 1834 年，德国传教士郭实腊在所著《大英国统志》中，比较全面地介绍了英国的政治、经济、文化等方面情况。书中对英国两院制度、国君与两院的权限都有所涉及。1838 年，传教士编的《东西洋考每月统记传》有一篇文章名《自主之理》，比较准确地介绍了英国的司法制度。文中写道：英国治理国家，循自主之理，按例行事。其律例为国主所定，"上自国主公卿，下而士民凡庶，不论何人，犯罪一例惩治，不论男女老幼、尊贵卑贱，从重究治，不稍宽贷"。"至于臬宪，其奉禄甚厚，不敢收陋规，人视之如见肺肝，真可谓

---

① 高一志：《治平西学》，载黄兴涛、王国荣编《明清之际西学文本》第二册，第 614 页。

② 〔英〕麦都思：《地理便童略传》，马六甲英华书院 1819 年版，第 9—10 页。

十目所视，十手所指"。① 如果国主任情偏执，借势舞权，庶民恃其律例，可以防范。

关于美国制度，1817年（嘉庆二十二年），两广总督蒋攸铦在一份奏折中，谈到美国没有国主，头人四年一换："该夷并无国主，止有头人，系部落中公举数人，拈阄轮充，四年一换。贸易事务，任听各人自行出本经营，亦非头人主持差派。"② 这是迄今所见中文资料中，中国官员第一次注意到美国政体与一般国家不同，不但与中国不同，与欧洲一些国家也不相同。

上面提到的麦都思的《地理便童略传》，对美国的形成历史和政治制度方面的特点，也有所介绍，内称："花旗国之朝廷，略像英吉利之朝廷，都有两大会，治理法律、粮税等事，惟花旗国无王，只有一人称总理者治国家的事，期在任四年，然后他人得位。"③

1837年以后，《东西洋考每月统记传》杂志多次介绍美国的情况，对美国民主政体也有所述及。其中一篇文章写道："此民自主治国，每三年一次选首领主，以总摄政事。今年有一位称元比林，缵承大统。"④ 所称三年一选不确，但称美国是人民"自主治国"、国家元首通过选举产生，则是准确的。另一篇文章则比较具体地介绍了美国的政体，区别了美国的统领与一般国家"王"的本质不同，民所立之政与他国之掌治不同，该国"不立王以为国主，而遴选统领、副统领等大职，连四年承大统，必干民之誉，了然知宰世驭物，发政施仁也。就治天下可运之掌上，此元首统领百臣，以正大位，修各政以安黎民焉"。⑤

---

① 《自主之理》，《东西洋考每月统记传》道光戊戌，中华书局1997年版，第339页。

② 《两广总督蒋攸铦奏报美鸦片船被抢现量予赏恤并晓谕严禁片》，中国第一历史档案馆编《鸦片战争档案史料》第一册，上海人民出版社1987年版，第20页。

③ 〔英〕麦都思：《地理便童略传》，第17页。

④ 《北亚米利加合郡》，《东西洋考每月统记传》道光丁酉，第297页。

⑤ 《北亚默利加办国政之会》，《东西洋考每月统记传》道光戊戌，第389页。

1838 年，美国传教士裨治文（署名"高理文"），在新加坡用中文出版《美理哥合省国志略》，比较全面地介绍了美国各方面的情况，是鸦片战争以前最为系统介绍美国的中文著作。书中述及美国官制："有都城之官，有各部落之官。各部落内一首领，一副领，议拟人员无定数。……各省设一公堂，为首领、副领及土人议事之所。……都城内有一统领为主，一副领为佐，正副统领亦由各人选择。"①

这些介绍，虽然比较零星、分散，但多是西人言西事，总体上比较准确，对于鸦片战争以后魏源、徐继畬、梁廷枏等人对西方政治制度的了解，有直接的启迪。

（二）鸦片战争以后魏源、徐继畬等人的介绍

鸦片战争以后，比较关心西方事务、留心国际知识的中国读书人，从上述西人出版的中文读物中，从与西人的接触中，对英美等国政治制度的了解越来越多，也越来越深入。

魏源在《海国图志》中，清楚地谈到中国与西方诸国在政治制度方面的差别。他介绍英国议会制度时指出，英王即位必须先通过巴厘满衙门②，国家大事必须经国会通过，如有"用兵和战之事，虽国王裁夺，亦必由巴厘满议允。国王行事有失，将承行之人交巴厘满议罚。凡新改条例、新设职官、增减税饷及行楮币，皆王颁巴厘满转行甘文好司而分布之。惟除授大臣及刑官，则权在国王。各官承行之事，得失勤怠，每岁终会核于巴厘满，而行其黜陟"，③ 议会对于来自民间的意见，实行"大众可则可之，大众否则否之"的办法，并准许百姓监督政府，"刊印逐日新闻纸，以论国政，如各官宪政事有失，许百姓议"。魏源从议会制度的民主原则、国王与议会的关系、各自的权力界限、官员的黜陟和人民对政

---

① 魏源引用，见《外大西洋·弥利坚总记上》，《海国图志》卷五九，1646—1647 页。

② 巴厘满衙门，Parliament，议会。

③ 魏源：《大西洋·英吉利国总记》，《海国图志》卷五〇，第 1404 页。

府的监督等方面，大致准确地勾勒出了与当时中国君主专制远不相同的英国议会制度的轮廓。

魏源对美国的民主共和制度不但从民主原则、议院的组成与职能等方面做了具体的介绍，而且给予了高度的评价。他写道：

> （全国）公举一大酋总摄之，匪惟不世及，且不四载即受代，一变古今官家之局，而人心翕然，可不谓公乎？议事听讼，选官举贤，皆自下始，众可可之，众否否之，众好好之，众恶恶之，三占从二，舍独徇同，即在下预议之人，亦先由公举，可不谓周乎？①

魏源还看到了美国的富强与其民主政治之间的联系。他说："数百年来，育奈士迭遽成富强之国，足见国家之勃起，全由部民之勤奋。故虽不立国王，仅设总领，而国政操之舆论，所言必施行，有害必上闻，事简政速，令行禁止，与贤辟所治无异。此又变封建郡县官家之局，而自成世界者。"② 他以钦佩的口气说："墨利加北洲之以部落代君长，其章程可垂奕世而无弊。"③ 他连连称赞不设君位，不立王侯，实行民主共和制的瑞士："瑞士，西土之桃花源也。惩硕鼠之贪残，而泯封告绝；主伯亚旅，自成卧治。王侯各拥强兵，熟视而无如何，亦竟置之度外，岂不异哉！"④ 认为瑞士地处"各拥强兵"的列国之中而安然无恙，就是因为实行了民主制度。

魏源所说的"古今官家之局""封建郡县官家之局"，很明显就是指中国式的君主专制制度，当然也包括他当时所生活于其中的清朝专制制度。

徐继畬在《瀛寰志略》中比较系统地记述了欧美民主议会制

---

① 魏源：《外大西洋·墨利加洲总叙》，《海国图志》卷五九，第 1619 页。
② 魏源：《外大西洋·弥利坚总记中》，《海国图志》卷六〇，第 1673 页。
③ 魏源：《海国图志后叙》，《海国图志》，第 8 页。
④ 魏源：《大西洋·瑞士国》，《海国图志》卷四七，第 1360 页。

度的形式、职能及议事程序，对于英国的两院议会制度、美国的民主议会制度，书中均有较为详细的记述。

鸦片战争前后，注意到中西政治制度不同的，除了魏源、徐继畬，还有一些人，如安徽人叶钟进约在1834年（道光十四年）就写了《英吉利国夷情记略》，述及美国政治制度。梁廷枏1844年所著《海国四说》一书中，有一篇为《合省国说》，详细介绍了美国的情况，对美国民主制度着墨尤多。梁廷枏注意到民主制度与专制制度有三点根本区别，一是民主，一切大政皆由"民定其议"，统领由民选举；二是法治，上自统领，下至百姓，都要遵守体现"民心之公"的法；三是统领有任期，"限年而易"，不可"久据"，更不得世袭。梁廷枏认为，这种制度是美国统领在任期中"力守其法""殚精竭神"的根本原因，也是美国没有"贪侈凶暴"之政的根本原因。字里行间，流露了梁廷枏对民主政治的羡慕之情。

梁廷枏认为，美国能行民主制度，是由其所处的地、时及其民族特性所决定的。"地处荒鸾，非英吉利所固有……去国既远，鞭长不及"；其地之人自理自治，时日已久；其人喜谋利，"往往耗智巧于制器成物"，而无意于拥立割据。"地既有所凭恃以自立，时又迫之不遑他计，而人人复安愚贱、泯争端，三者相乘，夫是以创一开辟未有之局，而俨然无恙以迄于今也。"[①] 他指出民主制度的确立与国家的历史条件、民族特性有关，看到一心"谋利"的人们与民主制度的确立有关，这在当时的思想界已属高见。梁廷枏开始寻究民主制度得以确立的原因这一事实本身，比梁廷枏研究这一问题得出的结论在思想史的意义更大。它表明，鸦片战争结束后不久，中国有识之士，对当时美国民主制度，已经在一般了解的基础上前进了一步，不但知其然，而且努力知其所以然。

近代以前，无论是假托孔子的大同说，鲍敬言、邓牧的非君

---

① 梁廷枏：《合省国说》，《海国四说》，第3页。

论，还是黄宗羲、唐甄的伐君怒吼，都有一个共同之处，就是他们反对君主专制，但在现实中却找不到任何一个不是君主专制国家的实证，只能从传说中的，谁也没有见过的尧舜之世去寻找依据；理想的社会，不是身厕其中的当代，而是早已逝去的唐虞之世。没有事实作为基础的理论是难以令人信服的，他们所说的那些关于尧舜盛世的佳话，恐怕就连他们自己也未必真的相信，只不过是借古非今。魏源、徐继畬等人，则通过介绍世界史地知识，向人们透露了这样的信息：就在当代，就在这个地球上，有着这样的国家，那里天下为公，选贤与能，没有世袭，没有独裁，退位总统与平民一样，一切行政严守法治。所有这些，对于长期煎熬在君主专制之下的人们来说，犹如漆黑一团的铁屋子透出的一丝亮光。

（三）来华外国人对西方民主思想的介绍

同光时期来华外国人在其所编报刊与所写书籍中，涉及西方议会制度及民主思想的内容相当丰富。

来华外国人（主要是传教士）在中国编写、翻译了一批史地、政治书籍，如《万国史记》《万国通鉴》《泰西新史揽要》《大英国志》《米利坚志》《联邦志略》《万国公法》《公法会通》等，不但一般地泛述了西方国家的历史，而且记述了英国、美国、法国等国立宪制度代替专制制度的历史。这在一定程度上刺激了中国人改变专制制度的念头。他们还撰写或翻译了一些专门介绍西方议会制度和民主思想的书籍和文章，如《佐治刍言》《译民主国与各国章程及公议堂解》等。传教士不但介绍西方的历史，而且还不时通过自己创办的中文报纸，如《教会新报》及后来的《万国公报》等，报道西方国家的时事、议院选举、总统竞选等情况。这不但开阔了人们的眼界，而且客观上传播了西方民主思想。他们对中国的时事、政治，时常发表一些评论和建议，也夹杂有对西方政治制度和民主思想的介绍。

这些书刊在介绍西方民主制度、民主思想方面，主要有以下一些内容。

1. 介绍议会制度

他们介绍世界上各种政体情况：地球上所有国政，约分三种，"一为君主国之法，一为贤主禅位之法，一为民主国之法。间有于三种中择一法行之者，亦有于三种中参用二法者，又有合三法而并用者"。①

他们分别介绍了英、美政治制度。

早在 1853 年，香港杂志《遐迩贯珍》就发表《英国政治制度》，介绍英国立法、行政、选举等方面的制度。1854 年，《遐迩贯珍》又发表《花旗国政治制度》一文，比较具体地介绍了美国的政治制度，并与英国制度进行比较，辨析了民主国家的总统与专制国家"王""皇"的区别。

他们介绍了立宪国家行政、立法、司法三权分立的原则。早在 1875 年《万国公报》就有一篇专文介绍说，西方立宪国家，章程大同小异，"即其中之最要者言之，不过分行权柄而已。其权柄之所必分者，欲行之有利而不相悖，有益而不相害耳。约举其目，盖有三焉：一曰行权，二曰掌律，三曰议法"。行政权，在君主立宪国归君主，在民主立宪国归总统，不过无论何人行政，均须"照章程中已定之法及公议堂议定之事办理"，具体权限是掌管国用开销、简派督兵、提调官职以及与外国结约等；司法权归司法部门，职权是"清厘案牍，分给家产，判断债务"等，司法独立，"不为朝廷所拘，不受公议堂所制，且可解说法律于国皇之前"，但是无论何种司法权的行使，其原则均以"经行权者之所命，由议法者议定"者为准；立法权归议院，"议法之员有由君派民举者，有悉听民间公举者"②。此外，传教士还详细介绍了立宪国家的两院制度、立法程序、选举程序等，不一一胪列。

---

① 傅兰雅口译、应祖锡笔述《佐治刍言》，上海书店出版社 2002 年版，第 30 页。

② 《译民主国与各国章程及公议堂解》，《万国公报》1875 年第 340 期。

2. 介绍民主思想

民主思想是立宪制度的思想基础。来华西人在介绍立宪制度的同时，自然也要谈及民主思想。他们介绍了天赋人权论：

> 天既赋人以生命，又必赋人以材力，使其能求衣食以自保其生命。顾人既有此材力，必当用力操作，自尽职分……故无论何国何类何色之人，各有身体，必各能自主，而不能稍让于人。苟其无作奸犯科之事，则虽朝廷官长，亦不能夺其自主之本分。①

天赋人权论与社会契约论是民主思想中互相联系的双环。天既赋人以自主之权，人又生活在社会之中，各种各样的矛盾迫使人们寻找一种既能保持各人主权又不损害他人主权的办法，于是导致了社会契约论。"所谓国政者，固合众人之意见，寄于一人之身，假手以行之者也。故国家行政，除代众人兴利除弊外，不得妄作好恶，致戾舆情。"②

天赋人权论、社会契约论赖以提出的思想前提都是人与人平等的思想。来华西人比较细致地介绍了这一思想。他们说："均是人也，仰观于天，俯察于地，其有待于日以暄之者同此日也，其有待于风以散之、雨以润之者，同此风亦同此雨也。即寒必需衣，饥必需食，温饱之情无贵贱一也。不观人之耳目手足乎，或焉君，或焉臣，耳目手足无所加焉，降而至于小民，耳目手足无所损焉。"他们从人的生理要求相同、生理结构无异的观点进而推导出政治上平等的结论："恍然于治国之法，亦当出之于民，非一人所得自主矣。"③"一国之人，无论贵贱，皆当视为平等。"尽管人们的"才

---

① 傅兰雅口译、应祖锡笔述《佐治刍言》，第 5 页。
② 傅兰雅口译、应祖锡笔述《佐治刍言》，第 36 页。
③ 《译民主国与各国章程及公议堂解》，《万国公报》1875 年第 340 期。

智与遭际不能一。概而论，或为富贵，或为贫贱，或有权柄而治人，或无权柄而受治于人"，但这些对于他们平等享受自主自重之权，"均无妨碍"。①

来华西人还从君民关系的疏密与国势强弱的联系上谈论实行立宪制度的重要性。他们说，一个国家的君主与人民之间的关系，犹如一个人的手足与肚腹之间的关系，互相联系，不可分离。他们举了古罗马的一则寓言来说明这个问题。寓言云："一日手足会盟，谓肚腹无能而饱食终日，以后吾等当跷足敛手，不必为肚腹作马牛也。甫经数日，手足皆软弱不堪，而肚腹犹是也。因而悟曰：手、足、腹，当视同一体，不可一日相离者也。"一个国家如果"君自君，民自民"，互不联系，"则君与民分，而国有不危者哉？"他们针对当时中国的专制制度感慨地说："此泰西各国，所为有公议堂之设也，而究未知中国能行焉否也！"②

（四）出国人员的比较与感想

包括出使人员、出国留学生与专门出国考察人员在内的出国人员，对于异国他邦的风土人情固然为之咋舌，对于西方的民主制度更是叹为观止。他们以前对别国的情况虽然略有所闻，但多得自书本；对中国的弊病虽然时有所感，终难究其根源。"不识庐山真面目，只缘身在此山中"，走出"天朝"，跳出了"山"，对这些问题就看得比较真切了。他们在各种笔记、日记、函稿、著述中，写下了自己的感想。其内容大致有以下几个方面。

1. 一般介绍议会制度

这方面内容极为丰富，从斌椿到志刚、张德彝；从郭嵩焘到刘锡鸿、曾纪泽、薛福成、黎庶昌、马建忠、何如璋、黄遵宪……几乎每个出使人员都有记载。其内容可以概括为以下几个方面：

---

① 傅兰雅口译、应祖锡笔述《佐治刍言》，第6页。
② 林乐知：《中西关系略论》，第11页。

其一，综述世界政体大势。这方面，几乎每个出使人员都会说到。黄遵宪说："环地球而居者国以百数十计，有国即有民，有民即有君。而此百数十国有一人专制，称为君主者；有庶人议政，称为民主者；有上下分任事权，称为君民共主者。"①

其二，介绍议院组织原则、组成办法、议事程序。斌椿、张德彝、薛福成都有具体介绍。

其三，介绍与议会制度有关的两党制等。薛福成记述："英国上下议院，有公保两党，迭为进退，互相维制。公党者，主因时变通，裨益公务。保党者，主保守旧章，勿使损坏。两党胜负之数，视宰相为转移……一出一入，循环无穷，而国政适以剂于平云。"②认为两党互相竞争、制约，有利于政治的公平、稳妥。黎庶昌认为，民政之国比起君主之国来说是一种进步。

2. 突出宣传立宪制度的长处

很多出使人员都不是将西方立宪制度作为海外奇事谈论一番了事，而是在介绍当中注入了自己的思想情感，着重宣传那些与专制制度迥然不同的优越之处。主要有以下几点：其一，民情通达；其二，上下平等；其三，以民为主；其四，两党互相进退，维持政治平衡；其五，公平合理。

鸦片战争前后，来华西人与中国学者魏源、徐继畬等，对西方政治体制的知识都已有所介绍。因此，不少出使人员出国以前，对这方面知识已有所知晓。但是，亲身所历、亲眼所见、亲耳所闻的知识，与得自书本的知识，毕竟不同。出国以后，亲身感受、目击西方政治运作情况，对出使人员思想触动很大。郭嵩焘、刘锡鸿、曾纪泽、张德彝都旁听过英国议院的辩论。张德彝称赞英国"公事不能以数人之见遽定，盖官主其谋，必绅允其义，然后施行。上议政院之会议，畅所欲言，无所畏惧，罔有滥竽充数、唯唯诺诺、

---

① 黄遵宪：《国统志一》，《日本国志》，岳麓书社 2016 年版，第 63 页。
② 薛福成：《出使英法义比四国日记》，第 139—140 页。

听高位一人言者；下议政院之论事，据理事以互证，毫无避忌回护，我理即足，众心相喻，则左袒者必多"，就有听证后的感受在内。曾纪泽认为，议院对专制制度有一定限制作用："自法国改为民主之邦，国之事权皆归于上下议院。两院首领，邦人亦称之曰伯理玺天德，而总伯理玺天德但主画诺而已……位虽尊崇，权反不如两院。"①

3. 宣传立宪强国论

出使人员宣传的立宪制度的长处当中，值得单独一提的，就是立宪制度强国论。郭嵩焘的朋友、留心时事的湖南人张自牧，很早就在《蠡测卮言》中指出：欧罗巴疆域不过亚细亚四分之一，而英吉利等国独能"横行于数万里之外而不挠"，"雄张于八州者，则唯其民气通而人心齐尔。其所以致富强者，岂有他哉！"其后出使的人们不时谈到这一点，但谈得最集中的，是1894年随龚照瑗出使西方的宋育仁。他明确地将立宪制度作为专制制度的对立物来看待，认为立宪制度不但能强国，而且能根绝专制制度的一切弊病。他说：

> 政非议不成，议非众不公，而民众不能按户而说，执途而语，故由民举其能者贤者，代民达隐，陈其所利，除其所害，故议院为欧洲近二百年振兴根本。自有议院，而君不能黩武、暴敛、逞刑、抑人才、进佞幸，官不能怙权固位、枉法营私、病民蠹国，故风行景从，不崇朝而遍欧美。议院为其国国政之所在，即其国国本之所在，实其国人才之所在。②

对于立宪与强国之间的关系，郭嵩焘考察得最为用心，思考得

---

① 曾纪泽：《出使英法俄国日记》，光绪五年二月初三，岳麓书社1985年版，第169页。

② 宋育仁：《采风记》，光绪乙未冬月袖海山房石印本，第11页。

也最为深刻。他在日记中曾详细记述英国议院制度的演变历史，称英国"议院之设在宋初，距今八百余年"。1225 年以后始有巴力门之称，即今之上议院。1264 年，"令诸部各择二人，海口择四人入巴力门会，为今下议院所自始"。1331 年始分上、下议院。伦敦民选市长买阿尔之设，在 1180 年以后。"又越百余年，当元之中叶，始令听讼者由如力〔陪审员〕代证枉直。"1547 年"商人始立公会，以辟地行贾为事"。他十分明晰地指出，议院制度是英国立国之本，也是英国强盛之根本。①

十分难得的是，郭嵩焘将这种制度与中国君主专制相对比，认为"中国秦汉以来二千余年适得其反。能辨此者鲜矣"。② 这样，他就以议院制度与行政长官民选制度，否定了中国两千多年的君主专制制度。这种意见，再过二十年，在严复、谭嗣同那里很容易见到；再过三十年，则满天下都是，成为改变专制、要求立宪的理论常识，但是，在 1877 年（光绪三年）就能有此卓识，在中国思想界确实凤毛麟角，更不用说政界了。诚如钟叔河所论，这时候，1877 年，王韬虽然已经到过英国，但尚未来得及对英国政治进行深入研究；孙中山还没有见到轮舟之奇、沧海之阔；康有为也要到两年之后，才始知西人治国有法度。③

4. 思考立宪制度在中国生根问题

出使人员一边在观察西方，一边在考虑中国改革问题，也在思考如何能把立宪制度移植到中国并让其在中国生根的问题。薛福成就曾比较深入地思考这一问题。他在欧洲时，仔细地比较君主、民主政体之利弊得失，既看到民主制度的优越性，也看到其弊端，认

---

① 郭嵩焘：《郭嵩焘日记》光绪三年十一月十八日，《郭嵩焘全集》第十册，第357 页。

② 郭嵩焘：《郭嵩焘日记》光绪三年十一月十八日，《郭嵩焘全集》第十册，第357 页。

③ 钟叔河：《从东方到西方——走向世界丛书叙论集》，上海人民出版社 1989 年版，第 208 页。

为民主君主，各有利弊：

> 民主之国，其用人行政，可以集思广益，曲顺舆情。为君者不能以一人肆于民上，而纵其无等之欲。即其将相诸大臣，亦皆今日为官，明日即可为民，不敢有恃势陵人之意。此合于孟子"民为贵"之说，政之所以公而溥也。然其弊在朋党角立，互相争胜；甚且各挟私见而不问国事之损益。其君若相，或存五日京兆之心，不肯担荷重责，则权不壹而志不齐矣。
>
> 君主之国，主权甚重，操纵伸缩，择利而行，其柄在上，莫有能旁挠者。苟得贤圣之主，其功德岂有涯哉！此其弊在上重下轻，或役民如牛马，俾无安乐自得之趣，如俄国之政俗是也。而况舆情不通，公论不伸，一人之精神，不能贯注于通国，则诸务有堕坏于冥冥之中者矣。是故民主君主，皆有利亦皆有弊。然则果孰为便？曰：得人，则无不便；不得人，则无或便。①

他作为对中国命运抱有深切关怀的使臣，将这两种政体做深入的比较，这件事情本身就反映出他在思考中国政治改革如何进行的问题。中国究竟要不要改？如果改，是实行君民共主好，还是实行民主制好呢？薛福成认为：

> 中国唐虞以前，皆民主也。观于舜之所居，一年成聚，二年成邑，三年成都，故曰都君。是则匹夫有德者，民皆可戴之为君，则为诸侯矣；诸侯之尤有德者，则诸侯咸尊之为天子；此皆今之民主规模也。迨秦始皇以力征经营而得天下，由是君权益重。秦汉以后，则全乎为君矣。若夫夏商周之世，虽君位

---

① 薛福成：《出使日记续刻》，《出使英法义比四国日记》，岳麓书社 2008 年版，第 536—537 页。

皆世及，而孟子"民为贵，社稷次之，君为轻"之说，犹行于其间，其犹今之英、义诸国君民共主之政乎？夫君民共主，无君主、民主偏重之弊，最为斟酌得中，所以三代之隆，几及三千年之久，为旷古所未有也。①

他的意见很明显，中国应当效法君民共主制度。

他说中国唐虞以前皆为民主，将民主源头推到三代，说君主专制是秦始皇以后贪心、独裁君主搞出来的，正是为了从根本上否定君主专制的合法性，让民主制度与中国传统接榫，在中国生根。

5. 探究立宪制度背后的哲理

特别值得指出的是，有的出使人员还力图从哲学上说明立宪制度的优越性、合理性。这以徐建寅最为典型。他在出使德国期间，翻译了《德国议院章程》。徐建寅认为，如德国那样的议院制度，是解决"上下不交"问题的最好方法，"其章程精密，条理秩然，可以通人情，可以交上下，古训所谓三占从二，善均从众者，将于此见之"。②

此外，个别出使人员也在一定程度上看到了西方民主制度有限性与虚伪性的一面。马建忠1877年在给李鸿章的信中谈道：

英之有君主，又有上下议院，似乎政皆出此矣，不知君主徒事签押，上下议院徒托空谈，而政柄操之首相与二三枢密大臣，遇有难事，则以议院为借口。美之监国，由民自举，似乎公而无私矣，乃每逢选举之时，贿赂公行，更一监国，则更一番人物，凡所官者，皆其党羽，欲望其治得乎？法为民主之国，似乎入官者不由世族矣，不知互为朋比，除智能杰出之

---

① 薛福成：《出使日记续刻》，第538页。

② 徐建寅：《德国议院章程序》，辛幹撰《无锡艺文志长编》，李广扬点校，上海古籍出版社2015年版，第126页。

士，如点耶诸君，苟非族类，而欲得一优差、补一美缺，戛戛乎其难之。①

他对英、美、法等国民主制度中的弊端一一进行了指责。当然，这些批评是就民主制度的名实矛盾而言，当将民主制度与专制制度相比时，他还是认为："重议院之权而民情可达。"②

出使人员中，有些原来思想就比较开通，如郭嵩焘、薛福成、宋育仁，出使以后，他们更加坚定自己先前改革中国的信念；有些以前思想不算开通的人，如斌椿等，有的甚至是鼎鼎大名的思想守旧者，如刘锡鸿，他们在严峻的事实面前，也由不开通变得比较开通起来。

来华西人对西方的介绍，尽管实际上有不少内容很客观，但在中国士大夫看来，终难免王婆卖瓜之嫌。出使人员中有很多人本是科举正途出身，与国内士大夫有广泛的联系，因此，他们对西方的实地观感，对西方社会政治制度的介绍，比起来华西人的宣传更显亲切，更有针对性，因而具有更直接的启迪意义。

二　对君主专制制度的批评

对民主政治的介绍，与对君主专制的批评，往往是一体两面。魏源、徐继畬等人对西方民主政治的介绍，就隐含对中国君主专制的批评。不过，这种批评比较隐晦与委婉。到了同光时期，这种批评就逐渐直露、激烈起来。

（一）洪仁玕和冯桂芬等人的议论

1860 年前后，中国思想界有两个人，就政治改革问题提出了

---

① 马建忠：《上李伯相言出洋工课书》，《采学西议》，第 159 页。
② 马建忠：《巴黎复友人书》，《采学西议》，第 165 页。

很有价值的意见，即洪仁玕与冯桂芬。

洪仁玕在 1859 年所写《资政新篇》中，介绍了美国的民主选举制度：

> 邦长五年一任，限以俸禄，任满则养尊处优，各省再举。有事各省总目公议，呈明决断。取士、立官、补缺及议大事，则限月日，置一大柜在中廷，令凡官民有仁智者，写票公举，置于柜内，以多人举者为贤能也，以多议是者为公也。

他对洪秀全在太平天国所行的君主专制颇有微词。他规劝天王办事多与众人商量，不要独断，"恳自今而后，可断则断，不宜断者付小弟掌率六部等议定再献，不致自负其咎，皆所以重尊严之圣体也"。换句话说，断错了，"圣体"的"尊严"就会有所损失。他还建议"设新闻馆，以收民心公议"，"或更立一无情面之谏议在侧，以辅圣聪不逮"，其他，如纲常伦纪，教养大典，均"宜立法以为准"。洪仁玕在香港生活过，与传教士有较多接触，他提出的这些设想，显然受到西方的启发。

冯桂芬在《校邠庐抗议》中指出，中国不仅在军事方面，而且在内政制度方面也有不如西方的地方："人无弃才不如夷，地无遗利不如夷，君民不隔不如夷，名实必符不如夷。"① "君民不隔不如夷"一语，直接触到了君主专制的痛处，指出了专制制度与民主制度的一个根本不同之点。《校邠庐抗议》的手稿中，在《公黜陟议》篇的末段，原有下面一段话：

> 及见诸夷书，米利坚以总统领治国，传贤不传子，由百姓各以所推姓名投柜中，视所推最多者立之，其余小统领皆然。

---

① 冯桂芬：《制洋器议》，《校邠庐抗议》，第 49 页。

国以富强，其势驳驳凌俄英法之上，谁谓夷狄无人哉！①

写下之后，冯桂芬担心这些举世讳言的话犯忌，便把它删去了，又把"传贤不传子"一语的"贤"与"子"二字，涂抹得难以辨认。话虽然被删去了，思想的痕迹却留在了纸上。

冯桂芬虽然没有明确提出要取法西方的民主制度，却提出了一系列试图解决"君民隔阂"问题的措施。主要有以下几条。

其一，公黜陟。黜陟就是官员的降升。冯桂芬认为，评论官员优劣最好的办法就是听听"乡人"即百姓的意见，因为"官则未有乡人皆好而非好官者，即未有乡人皆恶而非劣员者"。②

其二，复乡职。冯桂芬继承了顾炎武削弱君权、分权于下的思想，认为"天子不能独治天下，任之大吏；大吏不能独治一省，任之郡守；郡守不能独治一郡，任之县令；县令不能独治一县，任之令以下各官"。他建议在各县"驻城各图满百家公举一副董，满千家公举一正董，里中人各以片楮书姓名保举一人，交公所汇核，择其得举最多者用之，皆以诸生以下为限，不为官，不立署，不设仪仗，以本地土神祠为公所"，负责处理民间争讼。这些正副董，皆三年一易，有功者"许入荐举，有过者随时黜之"，与凡民相同。③ 冯桂芬设想的乡官，既由选举产生，又有任期限制，优劣由民监督，这显然是模仿了西方代议制度中的一些做法。

其三，复陈诗。冯桂芬认为，"诗者，民风升降之龟鉴，政治张弛之本原也"。通过诗歌，统治者可以增加对下情的了解。他主张鼓励民间用竹枝词一类通俗的诗歌表达自己对政治等方面的意见，反映自己的苦情。对于民间陈诗，朝廷有赏无罚，言者无罪，所陈诗歌，由祭酒、学政等向上面报告，使下情上达。④ 所谓"复陈诗"，

---

① 原稿藏上海图书馆。
② 冯桂芬：《公黜陟议》，《校邠庐抗议》，第 2 页。
③ 冯桂芬：《复乡职议》，《校邠庐抗议》，第 13 页。
④ 冯桂芬：《复陈诗议》，《校邠庐抗议》，第 35 页。

就是提倡、鼓励百姓说老实话，以便加强统治者与被统治者之间的联系。这正是冯桂芬为了消除"君民隔阂"而提出的药方。

此外，还有许自陈、汰冗员等方法。冯桂芬明确地说，复陈诗，与复乡职、公选举等，均为"通上下之情起见"，即将这些作为改变"君民隔阂"的具体措施提出来的。这里尽管还是沿用了古代的术语、先人的形式，但已不是单纯的复古了。公黜陟、复乡职、复陈诗的共同之处，都是强调重视下层民众的意见，强调选举，让人们能表达自己的意见，这显然是近代民主议会制度和言论自由的先声。

洪仁玕是太平天国干王，冯桂芬是清廷翰林。洪仁玕与传教士有较多接触，在香港住过几年，对西方情况比较了解。冯桂芬有心经世，特别留意西学知识，也有在上海生活的经历，所以，他们两人都能洞烛先机，很早就能对克服专制主义弊端提出建设性意见。

（二）西人论中国十大积弊

同光时期，《申报》与《万国公报》时常载文，批评中国社会积弊。1874 年，《申报》刊载《西友论中国积弊来函》一文，[①] 列述中国十大积弊，即上下太隔、畛域太分、官职太繁、登进太易、赋税太微、俸工太薄、兵力太单、防守太疏、自命太高与为己太甚。报纸没有注明此"西友"究系何人。文称："予西人也，足迹所至已涉多国，所至之处，无不留心考察其国之风俗政事民情，后至中国，颇深喜之，故留连最久，而于中国之情事知之尤深。"与此前或同时的冯桂芬、郑观应、王韬等人所作同类文章相比，此文所论，视野开阔，分析犀利，不少问题为冯、郑、王等人所未及论或未深论，实在是批评晚清时弊的妙文。兹将十条列述如下。

所谓"上下太隔"，文称："君尊臣卑，中国自古则然，然古

---

① 《西友论中国积弊来函》，连载于《申报》1874 年 9 月 17 日、22 日与 23 日。本节所引此文，均见此三日《申报》，不再一一出注。

者三公尚有坐论之礼，百姓尚有陈风之诗，今则未闻有君吁臣咈、君可臣否之时，偶有一二臣工条陈时政者，则敢言直谏之名已流传于天下矣。至于小民安敢有以片言敷奏朝廷者，此上下之情形所以不能通达也。不但此也，予常闻下僚参谒上官，而上官从未询以正事，不过寒暄数语，下僚亦无进以谠论，不过唯诺成风。倘下僚偶尔多言，则上官即以喜事目之，甚至投闲置散，直是使人钳口也。此民隐安得上闻也？"对于中国专制制度下上下隔阂的问题，冯桂芬、郑观应等多有论述，但所论多注目于君臣隔阂或君民隔阂，对于大官与小官之间的隔阂则论述不多。

所谓"畛域太分"，说的是"中国地土辽阔，分置行省十有八处，复分置府数百直隶厅与州四十府，属州数百，再分置县一千数百，其实皆一皇帝之地也。省设督抚司道，府设守丞倅佐，州设牧同判目，县设令丞簿尉，外则分防镇市者，尚有巡检，然其所理之事与民，皆一皇帝之事与民也。无论隔省督抚之司道，痛痒不相关切，即同省之府厅州县，亦彼疆而此界焉。常见此省有事彼省不相闻问，非上奏朝廷奉旨同办者，其余视同陌路。今即以台湾之事论之，闽督奏调他省之兵数月尚未到齐，请拨他省之饷数月尚未解完。夫军旅之事国家之大事也，尚且如此，他更可知矣"。这真是说到中国政治的要害了！此后的甲申中法战争、甲午中日战争，中国之所以战败，很重要原因，就是"畛域太分"，不但各省分隔，而且各将领率领的军队亦无法统合对敌。

所谓"官职太繁"，文称："三代以上姑不必言，两汉之治所以高出后代者，在官少而权专也，后世官愈多而权愈分，往往议论多而成功少。今中国之京员加于昔者数倍，外省之各员，较之前代亦日增而月益，究之能有权办事者，每省不过数官而已，其余皆为具员，无事则费饷糈，有事则多阻挠，反不如权有攸归责无旁贷之为愈也。吾见中国外省之官，除督抚两司守丞牧令之外，其余皆可不设。何也？未见其有专责之事，徒为备数之员而已。"官职太繁，管官之官多而管事之官少，这是自顾炎武到冯桂芬都论及的，这也是皇权至上的专制主义带来的必然恶果。

所谓"登进太易"，说的是中国用人最重甲科，次则捐纳。"甲科之所由得者，不过制艺数篇而已，并不考其素日之实行也。及登翰苑之人，若遇大考能与前列，数年之间即可致身卿相，其实亦不过考校赋论试帖而已，其见重于朝廷如此，是何异于战国之时立谈而得卿相者？内之部曹亦不过核其资格，即与京察之选外省各官，亦不过具有微劳即列卓异之班，均非取其品行端方政治卓著也，其余捐纳人员更无庸论矣。"这与日后邵作舟等人的看法一致。

所谓"赋税太微"，说的是中国平时轻徭薄赋，不肯厚取于民，而且遇有庆典之行、偏灾之患，特沛殊恩，予以赈恤或全免或缓征赋税，又无借贷于民之事。但是，国家一旦有事，需要用款，则国库空虚，不得已而有开捐之事，有抽厘之举，此类之事一多，百姓必有怨言。文章认为："与其国受加赋之名，官收加赋之实，何如善立章程，收之于国，即偶有意外之用，不至又须另设他法以为弥缝补救之计。"

所谓"俸工太薄"，说的是中国古代官俸较丰，现在官员俸禄太低。"今闻京官一品之俸及米总计只数百两，其下递减，所恃以足用者惟外解之饭食银耳。外官廉俸较丰于京员，然督抚所得尚足敷用，司道以下皆不能敷。州县为亲民之官，故能取之于民。其余则皆取足于州县，此州县所以不能不厚敛。"作者说："与其任官私加而私用，何如改章公加而公用乎？若复严禁不准加征，则各官皆有不敷之忧，其患难言矣。兵饷役食亦然。"这个问题也是冯桂芬、郑观应等人有所述及的。

所谓"兵力太单"，说的是中国兵额从总数看似乎不少，但分摊到各地则不多，且兵饷不厚，"马粮共马干每名每月不过陆两，步兵之守粮每名月饷一两而已，领饷分不敷一人之衣食，其家计更无论也，安得不另谋生计以为养家之资哉？既有另图，何能专心操演以异技艺纯熟乎？操演不能纯熟，兵力安能强壮？不但此也，兵有滋事之时，则议处其本管之官，故充兵之曰，本管官先问其人安分与否，天下安分之人岂能望其勇敢乎？故一旦有事不能得兵之力，仍须募勇以将事也"。此前时论述及八旗、绿营腐败的文字很多，但从兵员的待遇、兵员的素质、官兵的关系，来讨论军队战斗力的则未见。

所谓"防守太疏"，说的是中国对疆防有所重视，但海防严重不足。作者认为，中国安全问题，海防更应重视，"东南之患均从海外飞来，轮船之来往甚速，枪炮之精利莫敌，音信之侦探无由，若非各省海口逐处设防，岂能守御，倘一旦少有疏忽，彼即乘之而入，各处随之以受累"。

所谓"自命太高"，说的是中国妄自尊大。文称："中国自命为声明文物之邦，动言仁义而鄙富强，不但貌视外国，而且薄待同人。每见中国之工于制艺者其始尚曰吾代圣贤立言，吾为孔孟之徒也，久之则并觉孔孟之言论尚不及，其说理之风生雪亮也，一旦得志，则平日窗下之所谓圣德王道、富教礼乐者，早又置之高阁而不谈矣。无论士夫轻薄商贾工农，而翰林又轻薄进士，进士又轻薄举人，举人又轻薄贡廪诸生，及其居官督抚，则轻薄司道，司道则轻薄府厅州县，府厅州县则轻薄佐杂等官，初不计其品行学问如何，但计其所处之位分而已，位分高人一等，则各事皆觉高人一等，视在下位者皆以为莫己若，不足与言。求其虚心下士舍己从人者，吾目中所见，曾文正公之外不可多得。"所论或有以偏概全之嫌，但讲究等级、文人相轻，确是当时中国社会通病。

所谓"为己太甚"，说的是中国人各顾己，从小就被教育升官发财，到大了，便只顾自己，不顾他人，只顾小家，不顾国家。作为外国人，以如此刻薄语言批评中国人，看似有失厚道，但细想晚清官场与社会，只会觉得这位"西友"敢说实话。所说咸丰年间故事，可以找出很多实际例证。

列举十大积弊之后，作者总结说："此十端者皆中外诸人所共见而共知者也，其尚有细微之事不与焉。"他希望，中国人能够正视这些问题，努力加以革除，"所望者大有为之君，与能救时之臣，力图整顿，去其太甚而少加变通耳"。如果仅知粉饰以偷安于无事之局，必至互相观望以苟免于有事之秋。外貌似可支持，而实事恐难久远。此"西友"对于中国官场长于守旧、短于革新、改革成本往往太高、守旧好处往往太丰的传统知之甚深，说：

> 中国之权与力与财，若求富强，岂有不能富强者？但人人利害之见太明，勇敢之力不足，亦均由此十端有以致之，故至人心涣散，而不克振作，其日归于柔弱也必矣。假使汉之贾生生于今日，又必有痛哭流涕长太息之万言书也，岂不深可惜哉，岂不深可叹哉！①

此"西友"列此十大积弊，将"上下太隔"置于首位，说明他对这一问题的重视。事实上，"上下太隔"是专制主义的突出表现，其他几条，包括"畛域太分"、"官职太繁"、"登进太易"与"为己太甚"多与此条有关，或是此条的派生物。这类批评，实开此后美国传教士明恩溥等批评中国国民性之先河。

此文发表以后，有读者来信对其表示赞赏，说："西友论中国积弊来函，凡所指陈，靡不切中窾要，惜我中国当事者未始不知其弊，而实不能骤革其弊也。"②

（三）邵作舟对官僚制度的抨击

同光时期，从王韬、郑观应到汤寿潜、陈炽等众多思想家从不同的角度、不同的侧面，有的从君民联系的角度，有的从君臣关系的角度，有的从国力强弱的角度，对君主专制制度进行批评。若论批评的全面性、系统性、丰富性与深刻性，特别是对官场腐败的揭露，则以邵作舟最为突出。

---

① 《西友论中国积弊来函》，《申报》1874 年 9 月 23 日。
② 《悟痴生奉贵馆书下》，《申报》1874 年 11 月 18 日。

邵作舟（1851—1898），字班卿，安徽绩溪人。1865 年，以捐贡入国子监习举业，1867 年补弟子员。1868 年至 1870 年在杭州读书。1882 年，入天津支应局，协助李兴锐负责地方筹款工作。翌年入津海关道周馥幕，并课其子周学熙学业。1885 年之后，鉴于清廷在中法战争中失败，发愤研究经世之学，始作《危言》。1887年成《危言》28 篇（邵去世后才出版，定名《邵氏危言》）。1890年成哲学著作《公理凡》。1895 年，与王修植代广西按察使胡燏棻作《因时变法力图自强条陈善后事宜折》，提出系统变法主张。1898 年卒于天津。

邵作舟出身官宦人家，父亲曾在陕西担任知州，但他本人科场失意，一生困顿，主要以在北洋官府当幕僚、做塾师为生。他十分熟悉官场情况，对官僚政治种种黑幕，洞若观火，也相当了解民间疾苦。因此，他叙官情、述民情都很切实。1887 年，光绪皇帝亲政前夕，他写成《邵氏危言》一书，提出系统的变法主张，打算上奏朝廷，未果。书中以相当大的篇幅，论述国家所处的困境危局，对于专制官僚政治弊端的揭露，尤为细致深刻，发人深省。主要观点有五。

1. 阐述国家面临空前危机

对于中法战争以后国家存在问题、面临危机的判断，邵作舟见解独到，与众不同。他批评时人讨论国家存在的问题，讲求变法，都只看到问题的表面，没有讲到根本上。他说，时人所论，"其求以开源也：某利可扩、某税可增，锥刀之末几何，何术可以争之；某地矿可凿，煤铁之出于山者，多而不可穷，招商之利可拓也。诚得官帑以少济之，中国之利权可复，而国之富可旦夕而俟矣。其求以节流也：兵所当裁者几何；俸所当减者几何；国赋之给于用者，权衡之为轻重，其出入溢羡几何；而官得以笼其利矣。习德国之制而兵可强矣，购毛瑟之枪、克虏伯之炮而器可利矣。广制造而物可裕矣，储西学而材可众矣。增铁舰，盛炮垒，而威可雄于海上矣。凡此者皆今之所谓奇策也。非富则强也，非强则富也。一倡而百和，朝用而夕效"。① 邵作舟指出，这些人所讲的变法主张，这些年有些已经付诸实践了，但是，并没有取得预期的效果，国家并没有富强起来，此前不久的中法战争就是例证：

> 今所为奇策者，亦既次第行之矣。兵可以强矣，国可以富矣，向所受于敌之耻，宜若可以雪矣。而前岁之役，朝廷愤于法人之横，欲大有所诛伐。既而马尾破，船厂焚，一败于越南，再困于台湾。慨然许盟，卒以和罢，敌之桀骜而不可驯者，视道光、咸丰之际，盖无甚异。②

问题的根本到底是什么？邵作舟从分析危机的时代特点、君主与大臣的关系、外患与内忧的关系，来讨论这一问题。

他认为，中国目前面临的困境，是史无前例的，远非历史上的大灾大难可比。历史上，遇到大难蜂起、海内涂炭的情况，有英雄豪杰出来，百战而后定之，往往在几十年大难之后，赢得上百年的安定。这一次不一样，鸦片战争以后，强敌侵于外，乱民叛于内，一个大难接着一个大难，相隔仅二十年，死者以万万计。按照以往的情况，太平军之乱平定以后，名为中兴，应该能有二百年的安定与繁荣。然而，情况远不是人们期盼的那样，"顾未二十岁，官吏偷惰，卒伍废弛，天下皇皇焉浮动不靖之气，几若有甚于往时者，此无异故乱去而所以胎乱者犹自若也"。③ 也就是说，祸乱虽然平定了，但是，引起祸乱的根源还在。

祸乱的根源究竟是什么？邵作舟从国家政治体制上来分析。他说，清朝的政治体制大体上沿袭明朝。明朝中叶，政治的运作已经出现严重问题，名为君主专制，但由于君主不信任大臣，"任法而

---

① 邵作舟：《邵氏危言·正本》，邹振环编《危言三种》，第424页。
② 邵作舟：《邵氏危言·正本》，邹振环编《危言三种》，第424页。
③ 邵作舟：《邵氏危言·穷敝上》，邹振环编《危言三种》，第425页。

不任人，任吏而不任官，贵科甲而贱异途，重文吏而轻将帅"。①于是，"簿书烦碎拘滞"，行于官者，层层级级，必经十余道关卡，而后才能到达最上层；行于下者，又级级层层，必经十余道关卡，而后才能传到底层。"举一纤芥之细若举千钧"，行政效率极端低下，"名虽独断于上，实则以天子之尊，下为胥吏之役也。有明不悟，以至于亡"。②明朝灭亡，实际上是亡于明朝君主本想极端专制，但实际上导致专制极端无效。

对于清朝的政治运作，邵作舟从历史联系与制度演变的角度进行分析。他指出，清朝初期，在康熙、雍正、乾隆三朝，虽然文书号令也颇"委曲繁重"，但是由于这几朝皇帝"神圣广运于上，将相大臣又皆亲所简拔，洞知其才器大小贤否"，"赏罚信，号令明，而下亦悚然于上之英明刚毅而不敢欺"，因此，以治则安，以战则克。但是，这种体制有利亦有弊，有时有利，有时有弊。到了咸丰年间，只见法之弊而未见法之利，于是，出现天下大乱。那么，太平军为什么能被平定下去呢？邵作舟的分析，很有见地。他说：

> 中兴诸将相，起于湘、楚、吴、粤草莽之间，类皆阔达英毅，能驭天下之豪杰，而推诚与之。朝廷亦脱略文法，一听将相之所为。用能尽其才力，以芟夷强寇。③

也就是说，太平军能被平定，并不是原有政治体制运行有效，而是朝廷放手让曾国藩等地方大员行事。事情过后，"天下既安，而所为任法而不任人者如故，任吏而不任官者如故，贵甲科而贱异途，重文吏而轻将帅者如故；簿书烦碎拘滞，举一纤芥之细若举千钧者，类如故也"。④这样，道光、咸丰时期的各种问题也就卷土

---

① 邵作舟：《邵氏危言·穷敝上》，邹振环编《危言三种》，第 425 页。
② 邵作舟：《邵氏危言·穷敝上》，邹振环编《危言三种》，第 426 页。
③ 邵作舟：《邵氏危言·穷敝上》，邹振环编《危言三种》，第 426 页。
④ 邵作舟：《邵氏危言·穷敝上》，邹振环编《危言三种》，第 426 页。

重来，大乱之后并未带来长久的安定。

邵作舟的过人之处，在于他看到极端专制与胥吏弄权之间的内在联系，极端专制必然防范大臣，防范大臣的结果必然是律例繁琐，律例繁琐的结果必然是胥吏弄权。他尖锐指出，当下中国政治问题，依然如此：

> 今天下之法亦少繁矣，事无巨细一听于法。胥吏曰法所可，上不得而不可也；胥吏曰法所不可，上不得而可也。一则津津然曰旧章，再则津津然曰成案。①

但是，国际国内环境已经发生了巨大的变化，通商之口遍于天下，"异言异服之使交于中外"，楼船巨炮日新月异，边地属国外削内侵，所有这些，既无旧章可守，亦无成案可援。时代变了，法没有跟着变，法已经远远不适应时代的需要，而一味顽固守法，守法就变成了守旧。

2. 具体论证内忧重于外患

对于国家面临的危机，邵作舟的看法也与众不同。他认为，内忧重于外患，内忧与外患交叉而来将是致命的问题。

他认为，尽管列强环伺，北有俄罗斯，西南有英吉利，南面有法兰西，东面有日本，但是，这些都不是中国当下最要命的祸害。他认为，"天下之势有甚急于此者"②，那就是内患。其具体表现，一是吏治惰偷益甚，二是百姓贫困之极，三是财政困窘之至，四是民变四处发生。③中国一旦发生内乱，列强乘机侵略，那亡国之祸就在眼前了：

> 苟潢池盗弄，国力重敝，则俄乘吾北，英乘吾西，法乘吾

---

① 邵作舟：《邵氏危言·穷敝上》，邹振环编《危言三种》，第 427 页。
② 邵作舟：《邵氏危言·忧内》，邹振环编《危言三种》，第 435 页。
③ 邵作舟：《邵氏危言·忧内》，邹振环编《危言三种》，第 437 页。

南，日本蜂虿之毒，亦将起而分功。盖寇辽于内，而夷狄因以暴起，中国涂炭三百岁而祸不息者，西晋是也。竭天下之力以备东边，加辽饷练饷，民心大离，群寇交讧，卒以亡国者，有明是也。无事之时，百官威仪甚尊，小民奔走匍匐，受戮辱甚，贱临之者以为愚而无足数，弱而无能为。天下有衅，则向之奔走匍匐而受戮辱者，皆敌国也。①

3. 论述官僚政治陷入四大困境

内患问题在很大程度上是官僚政治问题。邵作舟从四个方面具体论述了国家在政治体制方面存在的问题，即"法多而政愈弛，官多而吏愈偷，财多而国愈贫，兵多而国愈弱"。②

为什么"法多而政愈弛"？原因在于，"今法之所积者且三百年，有增而无损"。在开头阶段，还是依乎旧法而稍加改变，到后来则越变距离其原先之法越远，"终至于南北背驰，霄壤相判，积之又久，则歧中又有歧"。所定之法没有确定的内涵，用法的人就可以各取所需，随心所欲，"盖举一罪，轻可至于罚金，而重可至于骈首，同事异条，眩惑瞀乱，辩析乎秋毫，目蔽乎邱山，奸利之丛，而贤良之困"。③

为什么"官多而吏愈偷"？原因在于，官职设置不合理，官员配置不合理。就中央六部而言，每部有尚书、侍郎六七人，这六七人又非专职，"既为吏部，又为户部，且军机有职焉，经筵有职焉，总署有职焉，而教习、稽查、校阅之属又不可胜数"。就地方官员而言，"一司道而兼数局，一局而数司道并治"。有督办，又有总办；有会办，又有帮办。"国一有事，佩大臣之绶者，一城而常数人，益以其地之将军、督抚，而南北洋大臣之属，又常得而遥

---

① 邵作舟：《邵氏危言·忧内》，邹振环编《危言三种》，第437页。
② 邵作舟：《邵氏危言·穷敝下》，邹振环编《危言三种》，第427页。
③ 邵作舟：《邵氏危言·穷敝下》，邹振环编《危言三种》，第427页。

参之。朝擢暮迁，此令彼革，吏人惶惑，莫适所归。"①

邵作舟列举财多而国愈贫的具体表现：国家每年收入，"籍于司农者至八千余万，厘金、杂赋、外销于疆吏者尚不在其中。此伊古以来未有之"巨额收入，"犹苦于不足用，又增一切之税以益之，榷百货之所未榷者以益之，而犹不足"，用尽各种办法来增加收入，但是，还是入不敷出，"库无一月之积，俸饷之匮于发，常数百千万，猝然有万金之用，则相与束手蹙额，虑无所出"。②

邵作舟列举兵多而国愈弱的具体表现：清初只有兵八十余万，已经完全够用，现在有一百四十万，还是拱手畏敌。军队之中，鼠窃狗偷之盗充塞道路，而不能禁。国家无事时，"幢麾满城，长戟满野，金鼓号令之壮于边塞者，万里相望"。一旦有警，"敌以数千人纵横乎海上，丑言悖谩，举国震骇，未战先阻，有百万之众而惴乎无一人之恃"。③

财多而国愈贫，兵多而国愈弱，都是政治运作无效或低效的具体表现。

正因为政弛、吏偷、民贫、国弱，政治运作无效或低效，所以，鸦片战争以后国家才会遇到前所未有的危机。邵作舟列述近几十年中国丧师失地、丧权辱国的历史，说鸦片战争之后中国割地输币以讲和，英法联军战役之后，西方列强"窥我京师，残我苑囿，震荡我郊甸"，皇帝避地承德，"百官兽骇鸟惊，长戟不刺，鼓铙不鸣"，国家被迫输币增约以讲和。与此同时，俄人乘其间，攘索我东边广袤土地。自是以后，琉球、越南、缅甸等藩属逐渐而丧。④

政治运作为什么会无效或低效？邵作舟从君主与大臣利益关系角度进行分析。他说，值此国势陵夷、外侮频仍的情况，那些军队、那些大臣都干什么去了？他们为什么不来保家卫国？原来，那些人表

---

① 邵作舟：《邵氏危言·穷敝下》，邹振环编《危言三种》，第 428 页。
② 邵作舟：《邵氏危言·穷敝下》，邹振环编《危言三种》，第 428 页。
③ 邵作舟：《邵氏危言·穷敝下》，邹振环编《危言三种》，第 428 页。
④ 邵作舟：《邵氏危言·知耻》，邹振环编《危言三种》，第 430 页。

面上与皇上同心同德，实际上阳一套，阴一套，各怀私心，各图己利：

> 陛下言治兵，群臣未尝不言治兵也；陛下言富国，群臣未
> 尝不言富国也。然臣窃观其私，取具文书而已，勤结纳、盛请
> 谒而已，务舆马、衣服、良田、美宅而已。阿谀粉饰，苟容自
> 欺，国势弱于内而不以为忧，国名屈于外而不以为耻，举天下
> 人人泛然若浮萍之相值也。陛下能以是久安乎？士大夫托于为
> 尊者讳之义，而内以便其私者多矣。①

邵作舟过人之处，在于他没有到此为止，没有将责任都推到官
僚身上，而是进一步探究官僚行为背后的社会根源。他说，官僚如
此行径，有其自身道理，因为"士大夫辛苦博一官，内有妻子之养，
外有逋负之累，一触忌讳，穷饿随之。苟非龙逢、比干之徒，亦孰肯
为陛下痛哭而流涕哉！"② 政治上忌讳那么多，官员为了自身利益，
是不可能不计利害得失、全心全意为国家尽力、为皇帝尽忠的。

4. 论证专制制度是国家败弱根源

邵作舟从政治制度层面对中西做了比较，探讨西强中弱的原
因，认为专制制度是中国败弱的根源。

他认为，西方国家之所以富强，根本原因有二，其一是人之自
得："泰西之为国如醵然，君不甚贵，民不甚贱，其政主于人之自
得，民诉诸君，若诉诸其友。"这里所说的"醵"的本义是大家凑
钱饮酒；"人之自得"，就是人之自由。说西方政治"如醵然"，极
为传神地道出了西方民主政治的特点。这句话实际上说了自由、平
等与民主三层意思。其二是政不独专，"国有大事，谋常从下而
起；岁之常用，先一岁以定之。有大兵役，国会群谋而许，然后量
出为入，加赋而敛，于官所不可一兵之发，一钱之税，一条教之

---

① 邵作舟：《邵氏危言·知耻》，邹振环编《危言三种》，第431页。
② 邵作舟：《邵氏危言·知耻》，邹振环编《危言三种》，第431页。

变，上不能独专也"。① 就是说，政治、军事、经济等权利，都由民主决定，不允许个人专断。邵作舟虽然没有使用自由、平等、民主等字眼，但这些意思他都谈到了。

邵作舟看到，与西方相比，中国则完全相反，不但尊卑等级极端悬殊，而且国家大政完全由皇帝独断：

> 中国不然，尊至于天而不可仰视；贱至于犬马鸟兽，鞭挞斩刈，惟上之欲之也。上有所号令诛伐，四封之内，百万之众，将相之专且贵，虽甚不欲顿首受诏，蹈汤火，冒白刃，而无所敢忤。此中国之势也。②

他认为，一个人皆平等，一个等级悬殊；一个自由，一个专制；一个民主，一个君主，这两种不同的制度，造成了两种不同的人民品格："泰西之民刚而直，其平居采清议，重耻辱，仪简而亲，法简而专，命简而速"；中国则"民习于教而制于威，柔而易令，顺而易从，政弛于上则众惰于下，尊卑隔绝，势散志涣"。③

5. 深入揭露官场腐败

在《邵氏危言》中，邵作舟以《官敝》上、中、下三篇的篇幅，从官僚素质、官僚选拔、官场风习等方面，集中地揭露、批评了中国官僚制度的腐败。

以官僚素质而言，邵作舟指出，中国官僚待遇甚厚，但少德无才。那些官员，"冠带黼黻甚美，高舆大马传驺呵殿甚尊，官属吏卒迎候奔走甚赫，广宴会、盛请谒，谈笑醉饱甚欢"。他们"岁入至于巨万，下者亦得月十金、二十金，养妻子为饮食衣服之具。不肖而贪进者，乃直如倡优游戏，貌为忠信敏恪之状，用以攫高爵厚

---

① 邵作舟：《邵氏危言·异势》，邹振环编《危言三种》，第433页。
② 邵作舟：《邵氏危言·异势》，邹振环编《危言三种》，第433页。
③ 邵作舟：《邵氏危言·异势》，邹振环编《危言三种》，第433页。

禄为衣食计耳"。他们平时威仪甚娴，举止甚庄，言行甚是忠信，执事甚为敏恪，拱揖肃穆，"峨冠剑佩，奔走矜庄"，但是，国家一旦有事，需要有人出来效劳，他们便"愕眙四顾"，没有一个人能真正派上用场。原因何在？在于国家育才与用人互相阻隔，"天下有急，才之可用者，苦于不习，而习者苦于不可用，是用习常相左也"。① 世间人才都是学而知之，"有不学而知，不习而能，无事则窜伏摈弃，有事则仓猝坌集毕呼而收用之乎？"② 那些官员平素不去学习有关国计民生问题的有用知识，而将精力花在仕途钻营方面，"见夫奔竞之可以窃禄也，相与习为其状以干之，得者益多，习者益众，而天下之人才益以大坏"。③

邵作舟相当深刻地指出，如果一个国家所有的只是趋炎附势、口是心非、腐朽无能的奴才、伪才，缺的是真实顶用的人才，那么，这个国家在实质上已经亡了："以利交者，利尽而离；以势交者，势去而涣。盖有国危城破，临朝涕泣而鸣钟召百官无一至者。呜呼！国无雄俊英杰、缓急可用之臣，然则虽天下无恙，百官备具，号令指挥甚严，拜伏唯诺，趋承甚恭，嵩呼颂祝千秋万岁之声甚盛且挚，识者谓其国之亡固已久矣。"④

以官僚选拔而言，邵作舟对捐纳、保奖与正途等三种选官途径，一一做了深刻的批评。

邵作舟建议朝廷，坚决废捐纳，汰冗员，"使策名需次者大抵十而存一，其岁例年劳之保至无谓者一切断止，必不可废者，然后许奖，列奖之数亦十而存一。寻常劳绩，悉依议叙、加级、纪录之法"。如果必须赐以职衔，则"必异常之劳绩，然后许保实官升阶"。这样，则入仕者少，积冗得以清理，"而爵足以为荣，禄足以为利"，真正起到鼓舞、激励作用。

---

① 邵作舟：《邵氏危言·官敝上》，邹振环编《危言三种》，第 444 页。
② 邵作舟：《邵氏危言·官敝上》，邹振环编《危言三种》，第 444 页。
③ 邵作舟：《邵氏危言·官敝上》，邹振环编《危言三种》，第 444 页。
④ 邵作舟：《邵氏危言·官敝上》，邹振环编《危言三种》，第 445 页。

以官场风习而言，邵作舟所花笔墨最多，批评得最为细致。

他说，现在的官场已经是专讲关系的场所，如果没有可资利用的五谊关系，即同寅、同年、朋友、世交与同乡，那么德行再好，才能再高，也不顶用，"求为一司阍、一走卒之微而不可得"。反过来，只要此五谊之中能有其一，便升官发财、避祸去灾、转危为安，无所不能。邵作舟指出，这种只讲五谊关系不讲德行才学的腐败风气，已经侵蚀了整个官僚体制，特别是那些握有录用人才实权的机构与大官，使得官场表面上人才济济，实际上到处都在弄虚作假，欺上瞒下，蝇营狗苟，狼狈为奸，只知谋私，不知为公，只知为己，不知为民。

邵作舟认为，一个朝代在不同的阶段会有不同的行事风格与官场风气，每个朝代在开头阶段都会兢兢业业，用人得当，蒸蒸日上，到后来则会懈怠下来，耽于安乐，一旦有事，就会出现危机。他说，清朝建立已近三百年，诸多危机早已出现，迄今益甚，如果不痛加改革，"苟积狃偏重而不能变，五谊联于上，英贤滞于下，臣恐民力益竭，积弊益深，内无以自安，外无以扞敌，天下之祸将有不忍言者矣"。[①]

对官僚政治的批评，是《邵氏危言》中最为淋漓尽致的地方。胡汉民评价"《官敝》三篇，感愤激昂，穷极奸私，如鼎象物"。[②]

邵作舟看到西强中弱的根本原因是制度问题，这种制度问题是在历史上形成的，是受多方面因素影响的，这是他的深刻之处。但是，他又把解决西强中弱问题的希望寄托在帝王个人身上，寄托在帝王的德行方面，这又反映了他思想深处的矛盾与无奈。君主专制时代，尤其是在清代这样君主专制达到登峰造极程度的时代，君主个人的德行、学识、能力，确实对国家兴旺与否有至为重要的影响。邵作舟脑海中，远有康熙、乾隆，近有道光、咸丰，眼前有春

---

① 邵作舟：《邵氏危言·官敝中》，邹振环编《危言三种》，第448页。
② 胡衍鸿（汉民）：《邵氏危言·序》，邹振环编《危言三种》，第421页。

秋正盛的光绪。他对光绪皇帝寄予厚望，与日后康有为等人是同一逻辑。

三　丰富的近代民权思想

1884 年中法战争的失败，在洋务运动史上是一个转折点，它是洋务运动失败的先声，也是近代思想史上的一个转折点，呼唤了民权思想的新浪潮。从此以后，越来越多的关心国家命运的人士，懔于日趋紧迫的民族危机，鉴于中法战争的事实，深感单靠坚船利炮、声光化电救不了国，必须从政制这个根本问题上着手改革。张树声的《遗折》，彭玉麟为《盛世危言》所作的序言，就是思想界这一转折的标志。此后，政治改革的议论盈于朝野，民权要求蔚成风气：1887 年，何启、胡礼垣著《曾论书后》，大胆地宣传"公平"民主思想；邵作舟写成《邵氏危言》，系统地批判官僚制度；1889 年，宋恕著《高议》，鼓吹"废官制，去阶级"；1890 年，汤寿潜写成《危言》；1891 年宋恕写成《六斋卑议》；1892 年，陈炽写成《庸书》，陈虬写成《治平通议》；1893 年，郑观应命题《议院论》，让格致书院学生作文讨论。人们从不同角度、不同程度上对专制制度进行了批评，申述了伸民权的重要意义。民权思想以丰富多彩的风貌呈现出来。

（一）甲午以前民权思想总特色

甲午（1894 年）以前民权思想总的特色有以下六点。

1. 为救国而求立宪

从郑观应、王韬，到张树声、崔国因，再到何启、经元善，他们的思想中都贯串着一条为救国而求立宪的主线。他们在宣传立宪制度长处，批评专制制度弊端时，几乎人人都是先谈一通立宪制度如何能使君民一心，国强民富，专制制度如何使君民隔阂，国弱民穷，然后得出结论，要救国必须立宪。郑观应是最有代表性的，详见下节。

1880 年中俄伊犁交涉紧张进行之际，沙俄在中国西北重兵压境，战争一触即发，这时王韬紧急提出，为对付沙俄侵略，中国应立即实行"上下一心，君民共治"的立宪制度，以"环卫我中国"。1894 年甲午中日战争正在激烈进行之时，爱国商人经元善一面驰书各处，筹募义饷以支援反对日本侵略的战争，一面提出，"从此仿泰西立议院，君民之气脉贯通"。① 钟天纬更急切指出：值此战争激烈之时，尤须通上下之情，"如果朝廷一旦翻然悔悟，宽假文网，许各局绅董，参议和战大局"，或战或和，都以"众志"为定，那么就不难打败侵略者。② "许各局绅董参议和战大局"，或战或和，都决于"众志"，这正是议会制度的雏形。理论和实践都表明，改良派要求变专制制度为立宪制度，首先是以挽救民族危亡为出发点的。

2. 强调重民富民与富国强国的内在联系

在西强中弱、西富中贫的国际态势下，一些有识之士敏锐地认识到，民富与国富、民主与强国之间，存在一定的内在联系。郑观应等人所说的开议院是中国转弱为强、转贫为富的关键，就清楚地看到了这一联系。对这一联系阐述得最为清晰的，是 1888 年《申报》上的一篇题为《论重民则国以富强》的论说。文章认为，专制国度民必贫，民主国度民必富。民富才能国富，民贫必然国弱。中国自秦以来，民生愈蹙，民势愈衰，就是因为君主专制。文章阐述古代圣人"民为邦本"的古训，认为国家现在谋求变法，最关键之点，就是要重民富民。文章批评洋务派谋富强，没有抓到根本："诚欲挽回大局以与强大争冲，岂在兵精粮足、船坚炮利之间，纵使兴学术、培人才、移风俗、新制度、覆名实、任贤能、改科举、扩商务——举行，非不属治标之善策，但恐小小补苴，终无

---

① 经元善：《拟筹甲午义兵义饷始末记》，《经元善集》，华中师范大学出版社 1988 年版，第 140 页。

② 此为钟天纬致经元善信中语，见《经元善集》，第 143 页。

补于国家盛衰之大计。"作者认为，只有设立上下议院，实行君民共主的立宪制度，才能打通君与民、上与下、统治者与被统治者之间的壁垒，才能将分散的力量聚合起来，才算抓到了根本：

> 必也设立上下议院，一如英德等国之君民共主，法制相维，庶上下之情相通，合中国五百兆人之心为一心，合中国五百兆人之力为一力，利害与共而忧乐同，不啻谋一人一家之私计，则不必袭揖让之虚文，而已阴得官天下之实际，此则国势强弱、民生休戚之大关键也。①

作者从理与权、公与私对立两分的角度，论证立宪制度的合理性与专制制度的不合理性，认为合理、为公则得民心、天下治、国家强；不合理、为私，则失民心、天下乱、国家弱。作者认为，立宪制度对于当下中国来说，既是良药，也是补药，是中国由弱转强的当务之急："为今日计，不必求富强之效，当先求富强之源，譬如羸疾之人，元气既亏，斯百病皆作，甚至筋骸痿痹，呼吸不灵，必须进参芪以培命脉，斯痼疾可除。民心者国家之命脉也，民气者国家之呼吸也，呼吸通，血脉固，而身不强者未之有也。孔子云：足食足兵，收效于民信，孟子言，天时地利归本于人和，此固三代以上君民一体之正理，斯真能握富强之枢纽者矣。"

作者还特别指出，实行立宪制度，不光对于人民是好事，对于君主来说，也是有利而无弊。实行立宪制度，"以是非付天下之公论，以刑赏合天下之人心，以耳目分寄于庶僚，以燮理责成于宰辅，而是非予夺之权仍操诸一己，则主不必尽尧舜，苟惟视民言为向背，虽中主可蒙荣，而安相不必尽皋夔。苟视众论为从违，虽操、莽何致有觊觎之祸？如汉之外戚，晋之宗藩，唐之宦官，宋之朋党，明之台谏，一切窥权暗干之敝举无由生，则富强之大本大原在握矣"。那

---

①　《论重民则国以富强》，《申报》1888 年 7 月 8 日。

样，"则君权虽有限制，反能常保尊荣，民气得以常伸，乃益不忘爱戴，而国家亿万年有道之长在此矣。如此虽子孙相继为王，世世不绝可也，吾故为天下正告之曰：欲中国之富强，当自参民政始"。①

3. 强调法治是立国基础

立宪政治的基础是法治，强调从统治者到民众人人都受法律约束。这是从郑观应、王韬到薛福成、马建忠都论述到的。值得注意的是，人们在论及法治对于政治权利约束有利于国家政治稳定的同时，也注意到法治对于保护人们的私有财产不受侵犯的意义，注意到法治对于社会稳定与人民富强之间的逻辑联系。1874年《申报》有一篇文章专门论述此事。文章指出，从欧洲近代历史看，法治好，则人民富，国家富强；法治差，则人民穷，国家贫弱：

> 考欧洲诸国之盛衰，必由律例公行，民人有所倚赖，而国因之以盛；若国人无例可庇，官吏可逞其私，则民自凋散，而国亦因之以衰，此自然之理也。夫数世以前，欧洲各大国皆知最重民庇，英国更在其先列，故英民以此遂能自振自兴，丰裕称于天下，创立利举亦皆先于他国。他国能遵行者亦皆接迹，以致富强。盖民愈有护庇而国愈臻富强也。②

作者深入分析实行法治与国家富强之间的内在联系，指出"盖国之所赖者，人才与钱财两端，而国之所立者，用才与理财两事而已"。英国等国，在这方面处理得比较得当，人才与钱财结合得很好。③

中国正好相反。中国聪明才智之士多出于贫寒之家，在科举制度下，不登科第无以致显荣，而欲登科第必先工制艺，将其精力专

---

①　《论重民则国以富强》，《申报》1888年7月8日。
②　《书〈汇报〉各论后》，《申报》1874年11月23日。
③　《书〈汇报〉各论后》，《申报》1874年11月23日。

用于制艺。制艺一道于治国治生之务，毫无关涉，惟能博科第得高位而已。因此，中国人才大半废于制艺之中。"至于富厚之家，若非稍有声势，则捐输得以苛勒之，官吏得以鱼肉之，绅豪得以凌辱之，倘欲庇身保家，不能不以捐官为上策，否则惟有设法隐匿其财，安敢复为裕国便民济人利世之大举，而自显为富人乎？"中国与欧洲两相对照，"中国则有文才与有赀财之人，皆盼望为官而已，盖有文才者为官，即可以肥家，有赀财为官，始可以卫家也。然欧洲兴旺诸国，若非能有护庇国人之法，亦不克臻此隆盛也"。①

这样，由于没有适当的法律与通道保障人才的健康发展，也没有适当的法律保护钱财的安全，结果，中国人才、钱财皆不兴旺，尽管中国"人才、钱财之多实不亚于他国，而用才理财之道，似不及乎他国矣"。②

4. 议院方案的低标准

翻查一下早期改良派关于开设议院的具体设想，我们会清楚地发现，他们的意见不但笼统粗疏，而且标准很低。汤寿潜的设想是，自王公大臣至各衙门堂官、翰林院四品以上之官员，"均隶上议院"，由军机处主之；堂官四品以下人员，以及翰林院四品以下者，"均隶下议院而以都察院主之"。③ 陈虬认为，泰西议会制度，中国猝难仿行，不如变通其法，"令各直省札饬州县，一例创设议院，可即就所有书院或寺观归并改设，大榜其座，国家、地方遇有兴革事宜，任官依事出题，限五日议缴，但陈利害，不取文理"。④ 陈炽主张，选举议员的条件，"其年必足三十岁，其产必及一千金，然后出示晓谕，置甄通衢，期以三月，择保人多者用之"。⑤ 何启、胡礼垣也有类似的意见。

---

① 《书〈彙报〉各论后》，《申报》1874 年 11 月 23 日。
② 《书〈彙报〉各论后》，《申报》1874 年 11 月 23 日。
③ 汤寿潜：《议院第五》，《危言》卷一，邹振环编《危言三种》，第 270 页。
④ 陈虬：《开议院》，《救时要议》，《陈虬集》，第 79 页。
⑤ 陈炽：《乡官》，《陈炽集》，第 17 页。

　　这些设想，大多建立在不触动专制体制根本的基础上，又以财产限选的规定剥夺了广大劳动人民的民主参政权利。但是，这些具体设想的提出，标志着早期改良派对于议会制度由一般的赞赏变为寻求实现这一制度的具体门径，这是由理论变为实践的第一步，它对专制制度具有更直接的战斗意义。这些具体设想，多提出于19世纪90年代初期，是时，中国已在中法战争中失败，洋务运动败象已呈，对洋务运动的批评和开设议院的要求已成为比较普遍的社会舆论，上述议院图案的低标准，正表明了立宪要求的急迫性。甲午战后，康有为在"公车上书"中连"议院"二字也未敢提，只说选举"议郎"，标准够低的了，但谁也不否认，这低调的要求比一般高亢的立宪议论更现实。从理想转向现实，是关键的一步。这些设想的提出，表明到19世纪90年代初，改良派在立宪问题上，已由一般议论转向现实实践。它是19世纪70年代以来的变法议论向甲午中日战争以后变法运动转变的一个中间过程。以前，对于改良派的这些设想，论者往往只看到其软弱、不彻底的一面，而忽视了它的急迫、战斗的一面。

5. 倡民权而反民主

　　"民权"与"民主"这两个词都是舶来品，同源于一个词，意为"人民的权力"。但是，从郑观应、王韬到汤寿潜、陈炽等，几乎无一例外地倡民权而反民主，主张君主立宪，反对民主立宪。陈炽一边讲民权，要求开议院，一边又说"民主之制，犯上作乱之滥觞"。① 宋育仁一边大谈开设议院、张民权，一边又深深担忧，如果实行像法国那样的民主制度，"政之用舍，大臣之黜陟，总统之举废皆由议院，实举国听于议院，势太偏重，愈趋愈远，遂有废国法、均贫富之党起于后"。② 甚至到戊戌变法失败以后，梁启超还在斤斤分辨"民权""民主"之别，指出"民权与民主二者，其训诂绝异"。③

---

① 陈炽：《盛世危言序》，《陈炽集》，第305页。
② 宋育仁：《采风记》，第11页。
③ 梁启超：《爱国论三·论民权》，《梁启超全集》第一册，北京出版社1999年版，第275页。

倡民权而反民主，这看上去似乎令人费解，其实它正典型地反映了改良派思想深处的矛盾。在当时，"民权"被理解为"人民的权力"，"民主"被理解为"人民作主"，即人民统治国家。这样，"民主"便更为明白地显露出反对君权的锋芒，"民权"则比较含糊，可以解释为"人民的全部权力"，也可以解释为"人民的部分权力"。作为前一种解释时，它与"民主"同义，作为后一种解释时，它就可以被理解为在不推翻君权的前提下，给人民以部分的权力。这样，民权就可以被认为既有反对君权的一面，又有与君权并存的一面，它反对君权的锋芒就不那么咄咄逼人，而可以与君权共处共存了。于是，在改良派的心目中，民权与民主，不仅不是一码事，而且有着本质的差异，民权与君主立宪联系在一起，民主则与民主立宪联系在一起。本来一对同义词，却被分别作为两种政体的代称。对此，何启、胡礼垣曾有明确的诠释：

> 民权者，其国之君仍世袭其位；民主者，其国之君由民选立，以几年为期。吾言民权者，谓欲使中国之君世代相承，践天位勿替，非民主之国之谓也。①

改良派倡民权而反民主，倡君主立宪而反民主立宪，正反映了他们与专制统治既斗争又妥协的矛盾态度。

6. 议会制度——自由平等的特殊逻辑

在近代西方，议会制度是与自由、平等、民主思想密切联系在一起的，自由、平等、民主思想本来是关于现代国家政治制度的理论支撑，或者说，人的自由、人权、人民主权是议会制度的核心，议会制度则是自由、人权、人民主权的外化或制度形式，即严复所说的"自由为体，民主为用"。但在早期改良派那里，议会制度是议会制度，自由平等是自由平等，体用两分；有些人甚至倡议会制

---

① 何启、胡礼垣：《劝学篇·书后》，《新政真诠》五编，第44页。

度而反自由平等，体用对立。19 世纪 70 年代，郑观应、王韬提出仿效西方，行君主立宪制度，80 年代中期，张树声再提立宪的重要性、迫切性，80 年代后期到 90 年代初，汤寿潜、陈虬等普遍呼吁变君主专制为立宪制度，只有个别人如何启开始讲点"公平"之类的平等思想，只是到甲午中日战争失败以后，自由、平等之类的思想才比较多地为人们所称道、宣传。

这一特殊逻辑，典型地反映了中国近代民权思想的工具性特点。对于一个主权国家来说，排除民族压迫是一切健康和自由发展的基本条件，19 世纪 70—80 年代的爱国思想家在考虑任何问题时，都不得不首先考虑到反对外国侵略问题。他们视议会制度为利器，如同可以任意拖来拖去的轮船火车，拿来即可使用，以为不改变中国的经济基础，只要把西方资本主义国家的组织形式照搬进来，议院一开，就可以"君民一体，上下一心"，救亡御侮，国强民富，乃至称雄宇内了。因此，在郑观应、王韬那里，开设议院，是作为救亡御侮的手段提出来的。

（二）郑观应、王韬倡其先声

最早提出这种要求的是郑观应和王韬。① 在 1875 年基本写成的《易言》一书中，郑观应具体地比较了中西政制的优劣，推求

---

① 对于近代究竟谁最早提出君主立宪要求的问题，学术界颇有争议，基本意见有两种，一说是郑观应，一说是王韬。笔者赞同郑观应最早提出君主立宪要求一说。因为，王韬最早谈及立宪的《重民下》和《与方铭山观察》两篇文章都写得较晚。《重民下》与《重民上》、《重民中》作为一组文章，同载于《弢园文录外编》卷一，未署写作年月。但从《重民上》文中有"即朝廷遣公使，设领事，亦赖西船为护送"等语，可以推定此文写于中国第一任驻外公使郭嵩焘出国（1876 年底）和第一任驻外领事胡璇泽出国（1878 年）之后，即 1878 年以后。《与方铭山观察》载于《弢园尺牍》（中华书局 1959 年版，第 169—170 页），未署写作年月，从信中所说"前论中俄之事可出于和，而近日消息又复一变，俄廷特简驻京公使毕疏辅与我筹议，而定欲执持前约"，以及前一封致方铭山信中谈道"中俄之事，当静候曾袭侯往议……崇公（崇厚）虽未出狱，已邀赦罪"等语，可以推定此信写于中俄伊犁交涉之中的 1880 年。由此可见，王韬谈立宪政治是 1878 年以后的事。

中国专制形成的原因，并明确提出在中国实行君主立宪的意见。他在《论议政》篇中写道：

> （泰西列国）其都城设有上下议政院。上院以国之宗室勋戚及各大员当之，以其近于君也；下院以绅耆士商，才优望重者充之，以其迩于民也。凡有国事，先令下院议定，详达之上院，上院议定，奏闻国主。若两议院意议符合，则国主决其从违；倘彼此参差，则或令停止不议，或覆议而后定。故泰西政事，举国咸知，所以通上下之情，期措施之善也……即此一事，颇与三代法度相符。所冀中国，上效三代之遗风，下仿泰西之良法，体察民情，博采众议，务使上下无扞格之虞，臣民泯异同之见，则长治久安之道，固有可豫期矣。①

所谓"上效三代之遗风，下仿泰西之良法"，就是要中国实行君主立宪制度。其后，在 19 世纪 70 年代后期，王韬也提出了这个问题，他说：

> 泰西之立国有三：一曰君主之国，一曰民主之国，一曰君民共主之国……一人主治于上而百执事万姓奔走于下，令出而必行，言出而莫违，此君主也。国家有事，下之议院，众以为可行则行，不可则止，统领但总其大成而已，此民主也。朝廷有兵刑礼乐赏罚诸大政，必集众于上下议院，君可而民否，不能行；民可而君否，亦不能行也；必君民意见相同，而后可颁之于远近，此君民共主也。论者谓：君为主，则必尧、舜之君在上，而后可久安长治；民为主，则法制多纷更，心志难专壹，究其极，不无流弊。惟君民共治，上下相通，民隐得以上

---

① 郑观应：《易言·论议政》，《郑观应集》上册，第 103 页。

达，君惠亦得以下逮，都俞吁咈，犹有中国三代以上之遗意焉。①

王韬比较准确地指出了君主、民主和君民共主（即君主立宪）三种政体的区别，并主要从君民上下联系的角度，对这三种政体的利弊进行了比较，明确认为君民共主最好。他在同时期写的另一篇文章里认为："中国欲谋富强，固不必别求他术也。能通上下之情，则能地有余利，民有余力，闾阎自饶，盖藏库帑无虞匮乏矣。"② 这里的"通上下之情"，显然就是他所祈心向往的君民共主制度。

郑观应、王韬要求实行君主立宪的思想，都不是片言只语，而是很成系统的。

1. 郑观应的君主立宪思想

郑观应（1842—1921），1842 年出生在颇得西方风气之先的广东香山（今中山市）。17 岁赴沪经商，以后相继在宝顺公司、太古公司等外国企业中担任买办，又曾以商股代表的身份参加许多官督商办企业。他在经商的同时，潜心学习外语，关心时事，注意考究中西政治得失，先后写了《救时揭要》（1873 年）、《易言》（1875年）、《盛世危言》（1893 年）等宣传变法自强的著作。

他的立宪思想，是不断思考、逐步完善的。在 1875 年基本成书的《易言》中，郑观应开始明确地批评专制，介绍西方民主制度，提出君主立宪要求。他在《论议政》篇中写道：中国在上古三代的时候，并不专制，"列国如有政事，则君卿大夫相议于殿廷，士民搢绅相议于学校"，所以后来孟子有左右诸大夫之言未可尽信、必察国人皆言而后黜陟乃定之类的话。汉朝遇事饬博士议覆，也是三代遗意的留存。君主独断专行，不让臣民与议，这是后

---

① 王韬：《重民下》，《弢园文录外编》卷一，第 19 页。
② 王韬：《达民情》，《弢园文录外编》卷三，第 56 页。

来发生的。"后世不察，辄谓天下有道，庶人不议，又惩于处士横议终罢清流之祸，故于政事之举废，法令之更张，惟在上之人权衡自秉，议毕即行，虽绅耆或有嘉言，未由上达。"① 他描述专制的后果："夫在上者既以事权有属，法令在所必行；在下者亦以势位悬殊，情隐不能相告，于是利于上者则不利于下矣，便于下者则不便于上矣。情谊相隔，好恶名殊，又安能措置悉本大公，舆情咸归允惬也哉！"② 他在《论公法》篇中，具体介绍了西方民主制度，包括西方国家形式的种类、议会议事的原则。他认为，议院制度是个"良法"，有了这个制度，就能使国家政事，举国咸知，上下情通，"即此一事，颇与三代法度相符"。③ 于是，他明确提出"所冀中国，上效三代之遗风，下仿泰西之良法"，即上文所引录的要求实行立宪制度的那段话。

到了 19 世纪 80 年代，随着洋务运动的败象渐露，也随着他对西方立宪制度了解的深入，郑观应的立宪思想越发系统而清晰，到 1893 年编定《盛世危言》时，已相当完整。这表现在以下三个方面。

其一，立宪制度为国家富强之根本。郑观应在 1884 年 7 月 14 日（光绪十年闰五月十九日）的日记中写道："余平日历查西人立国之本，体用兼备。育才于书院，论政于议院，君民一体，上下同心，此其体；练兵、制器械、铁路、电线等事，此其用。"④ 已经认识到立宪制度为西方富强之本。在《盛世危言》中，他详述了这一思想："泰西各国，咸设议院，每有举措，询谋佥同，民以为不便者不必行，民以为不可者不得强，朝野上下，同德同心，此所以交际邻封，有我薄人，无人薄我。人第见有士马之强壮，炮船之坚利，器用之新奇，用以雄视宇内，不知其折冲御侮，合众志以成

① 郑观应：《易言·论议政》，《郑观应集》上册，第 103 页。
② 郑观应：《易言·论议政》，《郑观应集》上册，第 103 页。
③ 郑观应：《易言·论议政》，《郑观应集》上册，第 103 页。
④ 郑观应：《南游日记》，《郑观应集》上册，第 967 页。

城，制治固有本也。"① 他强调"民"的意见在国家政治生活中的决定作用，较之《易言》中附会三代，仅把民的意见作为君主行事的参考，进了一步。

其二，立宪制度为根绝专制之良方。郑观应说："议院者，公议政事之院也，集众思，广众益，用人行政，一秉至公，法诚良意诚美矣。无议院，则君民之间势多隔阂，志必乖违"；② 有议院，则"君相君民之气通，上下堂廉之隔去，举国之心志如一，百端皆有条不紊"。他得出结论说："故自有议院而昏暴之君无所施其虐，跋扈之臣无所擅其权；大小官司无所卸其责，草野小民无所积其怨，故断不至数代而亡，一朝而灭也。"③

其三，立宪制度是御侮救国的切要之政。郑观应认为，中国人口不下四万万，果能设立议院，联络众情，合四万万之众如一人，那么，"虽以并吞四海无难也"，哪里还怕那些国家越九万里而逞其凶狂、肆其非分之请？自己强大了，也就可以运用万国所公认的公法来对付那些"事无大小，一有龃龉，动辄称戈，显违公法"的侵略者了。所以他说："欲行公法，莫要于张国势；欲张国势，莫要于得民心；欲得民心，莫要于通下情；欲通下情，莫要于设议院。中国而终自安卑弱，不欲富国强兵，为天下之望国也，则亦已耳；苟欲安内攘外，君国子民，持公法以永保太平之局，其必自设立议院始矣。"④ 这是戊戌变法以前，中国思想界关于议院制度与挽救民族危亡关系的所有议论中最集中、最明确的一段。

值得一提的是，郑观应在《盛世危言》中，不但没有沿袭《易言》中关于西方议院制度在中国三代早已有之的看法，而且细心地指出了议院制度与古代"议郎"之类制度的原则区别。他在《议院上》中写下了这么一段文字：

---

① 郑观应：《盛世危言·议院上》，《郑观应集》上册，第 311 页。
② 郑观应：《盛世危言·议院上》，《郑观应集》上册，第 311 页。
③ 郑观应：《盛世危言·议院上》，《郑观应集》上册，第 312 页。
④ 郑观应：《盛世危言·议院上》，《郑观应集》上册，第 314 页。

或曰汉之议郎、唐宋以来之台谏御史，非即今西国之议员乎？不知爵禄锡诸君上，则不能不顾私恩；品第出于高门，则不能悉通民隐。而籍贯不可分，素行不可考，智愚贤否不能一律，则营私植党、沽名罔利之弊生焉。何若议院官绅，均匀普遍，举自民间，则草茅之疾苦周知，彼此之偏私悉泯，其情通而不郁，其意公而无私，诸利皆兴而诸弊皆去乎？①

这里实质上指出了西方议院制度与中国古代议郎之类制度的四点区别：一是前者举自民间，后者出于君上之命，前者主权在民，后者主权在君；二是前者出于公意，后者出于私心；三是前者全民选举，后者仅限高门；四是前者通民情，后者郁民情。这表明郑观应对于议院制度比先前有了更为深刻的理解，这不仅在甲午战争以前，就是到戊戌变法初期，都还不失为卓识。康有为在著名的"公车上书"中，就建议把各县选举出来的议员叫作"议郎"，所谓"因用汉制，名曰议郎"，这固然表明他竭力想在议院制度上涂上一层古代的色彩，但也反映他对议员与议郎的原则区别还不十分明晰。

2. 王韬的立宪思想

王韬（1828—1897），江苏长洲（今吴县）人，初名利宾，18岁后改名瀚，字懒今，到香港后改名韬，字仲弢，号紫铨，别署天南遁叟，50岁以后又号弢园老民。王韬1849年到上海，入英国传教士办的墨海书馆工作。1862年，因涉向太平军将领上书献策，遭清政府通缉，避居香港，帮英人理雅各翻译中国经书，1867到1870年随理雅各去英国译书，并游历了法、俄等国。1874年在香港创办《循环日报》，宣传变法自强，1879年东游日本，1884年回上海定居，晚年主持上海格致书院。

王韬的立宪思想，也是逐渐形成的。青年时期的王韬，曾认为西方的轮船、火车、农用机械等工业，中国绝不能实行；其他奇技

---

① 郑观应：《盛世危言·议院上》，《郑观应集》上册，第314页。

淫巧，"概为无用之物"；西方"男女并嗣""君民共治"之类制度，均为"立法之大谬"；并从道、器两分的角度解释中西差距，"形而上者中国也，以道胜；形而下者西人也，以器胜"。①

寓居香港、游历英法以后，他的思想发生了很大变化。他在《循环日报》上发表的文章，突出地反映了这种思想。这些文章主要部分均收进了他自定的《弢园文录外编》一书中。

王韬对专制统治下的中国表示了极大的不满，进行了全面的批评，包括政治、经济、军事、文化、教育等各个方面。

他对君主专制制度，进行较为全面、系统的批评：

其一，君主专制产生君民隔阂。他说："三代以上，君与民近而世治；三代以下，君与民日远而治道遂不古若。至于尊君卑臣，则自秦制始。于是堂廉高深，舆情隔阂，民之视君如仰天然，九阍之远，谁得而叩之？虽疾痛惨怛，不得而知也；虽哀号呼吁，不得而闻也。"②

其二，君主专制导致层层专制。他认为，皇帝既"端拱于朝，尊无二上"，那班趋承之百官便上行下效，"出而莅民，亦无不尊"。他们在百姓面前，摆足架子，"自以为朝廷之命官，尔曹当奉令承教，一或不遵，即可置之死地，尔其奈我何？惟知耗民财，殚民力，敲骨吸髓，无所不至。囊橐既饱，飞而扬去，其能实心为民者无有也"。③

其三，君主专制导致国家贫弱。他将中西做了对比，认为："夫欧洲诸邦，土地不如中国，人民不如中国，然而能横于天下者，在乎上下一心，君民共治。我中国人民为四大洲最，乃独欺藐于强邻悍敌，则由上下之交不通，君民之分不亲，一人秉权于上，而百姓不得参议于下也。"④

---

① 王韬：《与周弢甫征君》，《弢园尺牍》，第30页。
② 王韬：《重民下》，《弢园文录外编》卷一，第19页。
③ 王韬：《重民下》，《弢园文录外编》卷一，第19页。
④ 王韬：《与方铭山观察》，《弢园尺牍》，第170页。

同光时期，从君民关系、官民关系和国家强弱的角度来批评君主专制的，王韬最具特色。特别是他将政治体制与国家强弱联系起来，认为专制是国弱一大原因，这在近代民主思想史上具有重要价值。日后梁启超等人宣传的"专制亡国论"，实际是对王韬这一思想的发展。

与对君主专制进行激烈批评相一致，王韬对西方民主制度做了热情的介绍，清楚地区分了何为君主制度、何为民主制度、何为君民共主制度。他指出，立宪制度与专制制度不只是统治方式不同，而且有优劣高低之分，直接关系到国家的强弱：

> 试观泰西各国，凡其骎骎日盛，财用充足，兵力雄强者，类皆君民一心，无论政治大小，悉经议院妥酌，然后举行。故内则无苛虐残酷之为，外则有捍卫保持之谊，常则尽懋迁经营之力，变则竭急公赴义之忱，如心志之役股肱，如手足之捍头目……中国则不然，民之所欲，上未必知之而与之也；民之所恶，上未必察之而勿之施也。①

既然强弱的根本在于立宪，那么中国要由弱转强，就只有变专制为立宪。所以他说："中国欲谋富强，固不必别求他术也。能通上下之情，则能地有余利，民有余力，闾阎自饶，盖藏库帑无虞匮乏矣。"② 他从统治者与被统治者关系的角度，努力探讨立宪强国、专制弱国的内在原因，认为"治天下之事，犹治人身之疾病也。善治病者，必先使一身之神气充足，血脉流通，然后沉疴可去。善治国者，必先使上下之情不形扞格，呼吁必闻，忧戚与共，然后弊无不革，利无不兴"。上下之情不通，犹如人身血脉不通，这样，"其手足则麻木不仁，其耳目则冥顽无觉，而心腹溃瞀终莫知其所

---

① 王韬：《达民情》，《弢园文录外编》卷三，第 56 页。
② 王韬：《达民情》，《弢园文录外编》卷三，第 56 页。

以然，故一举一动，悉听命于人，惟唤奈何，究不能自立也"。①

王韬衷心希望中国能开议院，通民情。像郑观应一样，他主张的是君主立宪而不是民主立宪。

王韬民权思想中特别值得重视的，是他鲜明地把实行立宪制度作为抵抗外国侵略的有效的急救措施来看待。

1880 年，正当中俄伊犁交涉紧张之时，沙俄一面以重兵压境，一面以巨额赔款、大片领土要求为条件进行勒索，清政府中有一部分官员秣马厉兵，坚决主战。中俄之战，大有一触即发之势。这时，王韬紧急地提出，为了对付沙俄威胁，中国应立即实行君民一体、上下一心的立宪制度，中国如果"诚如西国之法，行之于天下，天下之民其孰不起而环卫我中国！"在此强敌压境的严重时刻，"我朝廷诚能与众民共政事，同忧乐，并治天下，开诚布公，相见以天，责躬罪己，与之更始，撤堂帘之高远，忘殿陛之尊严，除无谓之忌讳，行非常之拔擢，将见众民激励一生，其气磅礴乎阃外，复何有乎俄人！"② 在王韬看来，立宪在常时能强国，危时更能救国。他强调说，实行立宪，这是危急时刻"万不得已独有出此一着"，也是"我中国自强之道"。③ 王韬还提出，如果与沙俄作战，各地均宜动员百姓，办理团练，"固结民心，奋扬士气"，团练"自总理其事者以至团长练目，必皆由民间公举，程以实功实事，而勿作具文"，千万不可由官派，"若由官派，则饱劣绅贪吏之囊橐，适足敛怨于民而已"。④ 这显然是对西方民主选举原则的具体运用。

王韬这种以实行立宪制度抵抗外国侵略的思想，十分值得重视，它生动地表明，民族危机是刺激中国近代民权思想发生、发展的一个主要原因，挽救民族危亡是改良派要求立宪的一个主要出发

---

① 王韬：《达民情》，《弢园文录外编》卷三，第 55 页。
② 王韬：《与方铭山观察》，《弢园尺牍》，第 170 页。
③ 王韬：《与方铭山观察》，《弢园尺牍》，第 170 页。
④ 王韬：《上郑玉轩观察》，《弢园尺牍》，第 172 页。

点。王韬的这一想法，与甲午中日战争激烈进行之时，经元善等提出的立即实行议会制度的主张，遵循的是同一思想逻辑，不过王韬早了十几年。

（三）汤寿潜与陈炽的政治改革主张

同光时期思想家中，汤寿潜与陈炽的社会地位相近，都有一定的科举功名，一是进士，一是举人，都当过小官，一是县令，一是刑部章京，政治改革主张也比较相近，但也各有特色。

1. 汤寿潜的民权思想

汤寿潜（1857—1917），浙江山阴天乐乡（今属萧山市）人，原名震，字蛰仙，青年时家贫，寄寓山东巡抚张曜幕中，颇为张所倚任，因而得以习闻国政之得失，喟然论列时弊，1890 年写成《危言》四卷 50 篇。1892 年（光绪十八年）考中进士，以后做过三个月的安徽青阳县知县。1900 年曾参预东南互保事宜。辛亥革命时期，为著名的立宪派人物。

汤寿潜的民权思想，集中表现在 1890 年写成的《危言》一书中。其特色主要有二。

第一，尊相权以削君权。他在《危言》中对君主专制制度表示了强烈的不满。他在《夷势》篇中，沿用徐继畲《瀛寰志略》中的文字，赞扬美国的民主制度，称赞华盛顿打了天下，掌握政权而不僭位号，有尧舜之风。①

汤寿潜认为，在三代时，君臣本来比较平等，只是到了三代以后，才"君日尊臣日卑"。君臣之间，尊卑悬殊，莫甚于明清。明太祖朱元璋废除沿袭已久的宰相制度，不立宰相，令六部直接听命于皇帝，实行极端的君主专制。清承明制，不立宰相。明清以来，不少不满专制统治的人如黄宗羲等都把设立宰相作为削弱君权的一项措施提出来。汤寿潜继承并发展了这一思想。他以《尊相》为

---

① 汤寿潜：《夷势》，《危言》卷三，第 354 页。

题，系统地谈了这一问题。

汤寿潜认为，在三代以后，虽然帝王专断，君臣尊卑日益悬殊，但由于宰相掌有不少权力，所以"往往视宰相之重轻为时之治乱，以宰相之贤否觇政之得失"，宰相对于国家治乱的关系极大。他认为，在清代，皇帝之外，权力最大的数军机大臣，但军机大臣对于皇帝的关系，远不像古代宰相之对于皇帝，"答拜坐论，斯礼既邈，见则必跪，匍匐惕息，不敢出气，非觇意旨为可否，即拘成例为依违，无论大利弊也，即寻常一事之兴替而唯之与阿，惮于先发，无一人肯任其劳，敢执其咎"。① 这样，军机大臣在国家事务中的权限就无足轻重了。他建议朝廷恢复宰相制度，特设宰相一人，协办一人，总领军机处。这个宰相、协办与原先的领班军机大臣不同，他们有初步裁断事务的权力，"每奏事，宰相、协办拜舞毕，以次坐，凡事皆经裁定，而后请旨"。② 这样，宰相的权力已比军机大臣大得多了，且议事时的礼仪，较军机大臣，亦由跪而变为坐。

欲以宰相削弱君权，必须改变宰相由皇帝任命的制度。汤寿潜主张宰相由官员中选举产生：

> 行卜相之法，宜参国初会推及泰西议院之略。择吉请皇上御正殿，令阁、部、院、监、寺、科、道，不分满汉、见任额外，齐集阙下，人书京外三品以上大员，秉资文武，洞悉中外，能任宰相、协办者各一人，投之匦，唯不得书本署堂官，以防阿党，汇而校之，恭候宸断。③

汤寿潜心目中的宰相，既有很大权力，又经选举产生，实际上

① 汤寿潜：《尊相》，《危言》卷一，第 267—268 页。
② 汤寿潜：《尊相》，《危言》卷一，第 268 页。
③ 汤寿潜：《尊相》，《危言》卷一，第 268 页。

已和代议制度下的内阁首相相差无几。

第二，开议院以兴民权。汤寿潜认为，要最大限度地开放言路，只有仿效泰西，开设议院。议院开设之后，"上下分则不党，询谋同则不私，于是忌讳之科曰不攻而自破，吏胥之舞弄不杜而自祛，始可言振作，始可望挽回，我国家转弱为强之机，其权舆于是欤"。① 他把开设议院看作中国振衰起弱、挽回利权的首要之政。汤寿潜提出了开设议院的具体办法。他认为，中国如果撇开现有官员，"另拣议员"，那么官员更冗，国家负担不起，不如采西法而变通之，其法是：自王公至各衙门堂官、翰林院四品以上各员，均隶上议院，由军机处主之，堂官四品以下人员及翰林院四品以下者，均隶下议院，而以都察院主之，"每有大利之当兴，大害之当替，大制度之当沿革，先期请明谕，得与议者，殚思竭虑，斟酌今古，疏其利害之所以然，届期分集内阁及都察院，互陈所见，由宰相核其同异之多寡，上之天子，请如所议行"。② 在地方上，各省、府、州、县也实行这种议会制度，"自巨绅至举贡生监与著有能名之农工商，皆令与议而折其衷"。③

将尊相权以削君权与开议院以兴民权两者联系起来，可以看出，汤寿潜用以限君权、开民权的方法，实际就是西方的君主立宪制。汤寿潜的主张虽有很大的妥协性，如议员由原有官员组成，最后裁决权仍归皇帝等，但具有明显的反对君主专制的意义。这使得《危言》在戊戌变法以前的中国思想界产生了一定的影响，时人将之与《邵氏危言》《盛世危言》并称为三危言，认为《危言》"极才人之笔"④，把汤寿潜视为唐甄、冯桂芬一流人，即具有激烈反对君权和倡导学习西方两方面的思想，认为他"有疏通

---

① 汤寿潜：《议院》，《危言》卷一，第271页。
② 汤寿潜：《议院》，《危言》卷一，第270—271页。
③ 汤寿潜：《议院》，《危言》卷一，第271页。
④ 抚时感事生：《邵氏危言叙》，《邵氏危言》前附，邹振环编《危言三种》，第509页。

知远之目"。① 1895 年初，思想进步的孙宝瑄看了《危言》一书，大为激赏，认为此书洋洋洒洒，专论时务，所论尊相、议院、冗员、限仕各篇，"皆洞悉中外利弊，当兴当革，牛毛茧丝，剖析无遗。而文笔则如长江大河，浩渺无际。令读者爽心豁目，开拓心胸，足以辟中朝士大夫数百年之蒙蔽"。② 光绪皇帝的师傅孙家鼐曾将此书与冯桂芬的《校邠庐抗议》、郑观应的《盛世危言》一并进呈光绪皇帝，称赞"其书皆主变法"，希望皇帝"留心阅看，采择施行"。③ 这说明，到戊戌变法时期，《危言》仍不失为一本很有影响的进步书籍。

2. 陈炽的政治改革主张

陈炽（1855—1900），江西瑞金人，字次亮，原名家瑶，后又称瑶林馆主，光绪举人，历任刑部章京、军机处章京等。他深湛经世之学，曾游历沿海大埠至香港、澳门等处，考究中西政制、学术等方面的异同优劣，1892 年写成《庸书》内外 100 篇。1895 年与康有为等发起强学会，任会长。戊戌政变后，忧郁而死。

陈炽的政治改革主张，比较集中地反映在他 1892 年写成的《庸书》中。主要内容有以下几个方面。

其一，批评君主专制，要求开设议院。陈炽继承了中国古代儒家"立君为民"的思想，认为所谓"君"，原本是人民中的一员。④ 他赞同邓牧、黄宗羲等人的意见，认为三代以前之"君"是为民之"君"，秦以后之"君"是害民之"君"：

> 天生民而立之君，国家之设官以为民也。三代以上之为治

① 张謇：《汤君蛰仙先生家传》，《辛亥革命浙江史料选辑》，浙江人民出版社1981 年版，第 580 页。

② 孙宝瑄：《忘山庐日记》上册，上海古籍出版社 1983 年版，第 56 页。

③ 孙家鼐：《请饬刷行〈校邠庐抗议〉颁行疏》，《中国近代史料丛刊·戊戌变法》第二册，神州国光社 1953 年版，第 430 页。

④ 陈炽：《报馆》，《庸书外篇卷上》，《陈炽集》，第 105 页。

也，君臣上下汲汲然以教养为先……至秦而后，咈百姓以从己之欲，以天下奉一人，患其富而得众也，而务贫之；患其智而生事也，而务愚之；患其强而为乱也，而务弱之。先王教民养民之方去之惟恐不尽，谓今而后莫予毒也。[1]

陈炽也有类似于王韬的君主专制导致官僚层层专制的观点，指出君主专断于上，百官横行于下，"民之视官如帝天，官之视民如土芥"，"吏役之爪牙四布，以养民则不足，以虐民则有余"。[2]

如何改变这种违反古人立君设官本意的状况呢？陈炽认为最好的办法就是仿照泰西，开设议院，"合君民为一体，通上下为一心，即孟子所称庶人在官者，英美各邦所以强兵富国、纵横四海之根源也"。[3] 议院有君主立宪与民主立宪之分，陈炽认为，民主立宪，"朝章周政及岁需之款，概决于民，而君亦几同守府"，中国不可取法；君主立宪，议事"上下询谋佥同"，"举无过言，行无废事，如身使臂，如臂使指，一心一德，合众志以成城也"，[4] 中国应取法的就是这种制度。

在政治改革方案设计方面，陈炽有一定特色。他提出了议院组织原则和议员选举的具体方法：下议院议员由民选产生，被选举人"必列荐绅"，"县选之达于府，府举之达于省，省保之达于朝，皆仿泰西投匦公举之法，以举主多者为准"；[5] 上议院由朝廷阁部组成。陈炽认为，不但中央要设议院，地方乡官也应仿议院之制，由百姓选举产生，而不应由上级委派。其法是："乡官每乡二人，一正一副，其年必足三十岁，其产必及一千金，然后出示晓谕，置匦通衢，期以三月，择保人多者用之。"乡官"每任二年，期满再

---

① 陈炽：《教养》，《庸书内篇卷上》，《陈炽集》，第19—20页。
② 陈炽：《乡官》，《庸书内篇卷上》，《陈炽集》，第18页。
③ 陈炽：《议院》，《庸书外篇卷下》，《陈炽集》，第107页。
④ 陈炽：《议院》，《庸书外篇卷下》，《陈炽集》，第107页。
⑤ 陈炽：《议院》，《庸书外篇卷下》，《陈炽集》，第108页。

举"。乡官办事，一秉从众原则，"有大政疑狱，则聚而咨之；兴养立教，兴利除弊，有益国计民生之事，则分而任之"。对于"贪婪专愎者，官得随时撤之，檄令再举"，对于"贪婪、大失民心"的县官，乡官亦得会同赴省进行弹劾。①

与同时代改良派相比，陈炽关于乡官民选的议论，是时人较少论及的，它体现了陈炽希望从上到下比较彻底实行立宪制度的思想。

其二，批判文化专制主义，要求开通言路。陈炽说，三代时本无上下隔阂之弊，有谏鼓谤木之制，有采风问俗之官，"惟恐下情不得上闻，上泽不能下究"。自秦以后，事情才发生根本变化，封建一变为郡县，"舞文法以驭臣民，燔弃诗书，愚我黔首，偶语者弃市，腹诽者有诛，暴戾恣睢，及二世而土崩瓦解。后世人主沿袭余波，虽苛政渐除，而舆情终抑。唐宋以下，给谏、侍御言路亦有专官，然而风影传闻，结援树党，闾阎之疾苦，安得遽登台省之章疏也！况乎忌讳猥多，刑戮不免，所谓'言者无罪、闻者足戒'，昔有其语，今无其事"。他认为要破除这种言路堵塞、上下隔绝的痼弊，一个很好的办法就是仿照西方，广开报馆。报馆一开，"制一精器，登报以速流传而工作兴"；朝廷政令，大事要闻，登报则可与天下之人，同参共证，不但"实足达君民之隔阂"，而且对于国家的富强，多有益处。②

汤寿潜与陈炽都有一定的官职或功名在身，在那个时代都属于体制内的人员。他们著书立说自然比王韬、郑观应等体制外的人多一些顾忌，所提改革方案也多一些体制内的特点。汤寿潜表面上提尊相权以分君权，实际上是要行议会内阁制。陈炽提乡官民选，实际上是要将民选制度落实到基层。这种改革策略，都是为了尽可能减少改革的阻力，也是更为务实的方案。

---

① 陈炽：《乡官》，《庸书内篇卷上》，《陈炽集》，第 17 页。
② 陈炽：《报馆》，《庸书外篇卷上》，《陈炽集》，第 105—106 页。

（四）宋恕与陈虬的奇特思路

甲午以前的改良思想家中，宋恕与陈虬是比较特别的两位。他们都出身贫寒，没有当过官，没有什么特别的功名，陈虬是诸生（秀才），宋恕什么功名都没有。他们对社会底层情况都比较了解，对普通百姓的疾苦知之甚深。他们读书都很广博，思想比较深邃，改革的思路也比较奇特。

1. 宋恕的"三始一始"说

宋恕（1862—1910），浙江平阳人，原名存礼，改名恕，后又更名衡，字平子，号六斋，以出生时尊长梦燕，故小字燕生，别署不党山人。宋恕自幼读书，不囿古人，好发奇论，曾从一代名儒孙锵鸣、俞樾受业。孙为浙东瑞安人，在宋恕 8 岁时，便奇其聪颖，将女儿许字于他。1888 年，宋恕以父亲过世，寄寓瑞安，翌年随孙锵鸣赴上海，襄阅龙门书院课卷。1890 年，谒湖广总督张之洞，劝说变法，不被采纳。次年再谒直隶总督李鸿章（李为孙锵鸣门生），呈《六斋卑议》，并劝以"易西服""开议院"等变法主张，被委任为北洋水师学堂汉文总教习。1895 年在上海襄阅求志书院课卷，1901 年任杭州求是书院汉文教习，1903 年游历日本，次年回国，1905 年应山东巡抚杨士骧之聘，任总务处议员兼文案，1909 年归里。

宋恕被梁启超称为"东瓯布衣识绝伦，梨洲以后一天民"，[①]说他是黄宗羲（别号梨洲老人、梨洲山人）以后反对君主专制第一人。

宋恕行世的《六斋卑议》《六斋无均文集》等书中，包含着相当丰富与激烈的反对专制主义的思想。

还在 1889 年，宋恕著《高议》一书，亦名《古大同说》，书成，

---

① 　梁启超：《广诗中八贤歌》，《新民丛报》第三号。

"每与人言，辄触世怒，且忌者将欲以兴大狱，乃尽火其稿"，① 故此书的详细内容不得而知。据陈焯《宋征君年谱》所云，其书"申《周学》、重《孔问》共数十万言。《周学》者，明今所谓汉唐宋学非周以前之学；《孔问》者，以孔子庙问项橐，讥今士失问也。故曰学亡于秦，问亡于汉。陈义甚新奇孤高。又有《君道》、《吏道》篇，至欲废官制，去阶级，盖无政府主义。是持论较邓牧《白牙琴》为尤激。《子道》、《妇道》篇，辟三纲，忘六情，似庄生至乐之说"。② 《君道》与《吏道》本是宋元之际思想家邓牧《伯牙琴》书中的篇名，其主旨是批判专制，揭君民平等、君为民仆之意，倡废君废臣无政府之说。宋恕《高议》中借《君道》《吏道》为篇名，意在发挥邓牧思想。他后来在《书〈伯牙琴〉后》中明确说，邓牧的思想属于"无政府之说"，并说"吾始闻无政府之说而独好之、独演之"。③ 19 世纪 80 年代，在传教士所办的《万国公报》等刊物上，西方的无政府主义思想刚刚稀疏地被介绍进中国，宋恕已发"废官制、去阶级"之论，他可算是中国近代最早宣传无政府主义的人。

宋恕倡"废官制、去阶级"之论，固然与他受古代无君论及西方无政府思想影响有关，但根本原因还在于他对当时社会的极度不满。他多年浪迹江海，自称"所至则从师友假四部籍及近译白人书，穷闲暇披览之"，并且所到之处，"辄从居者、行者、隐者、名者、官者、幕者、兵者、商者、工者、耕者、蚕者、牧者、渔者、鹿者、医者、祝者、相者、卜者、主者、仆者、歌者、哭者，访求民所患苦，士所竞争"，④ 对社会各个方面特别是社会下层的情况有深刻的了解。宋恕本人实际上也是生活在社会的下层。他家

---

① 陈焯：《宋征君年谱后序》，《瓯风杂志汇刊》第一辑，第六册。

② 陈焯：《宋征君年谱后序》，《瓯风杂志汇刊》第一辑，第六册。

③ 宋恕：《书〈伯牙琴〉后》，转见苏渊雷《宋平子评传》，正中书局 1947 年版，第 43 页。

④ 宋恕：《自叙》，《六字课斋卑议》（印本），第 158 页。

境寒微，先世数百年没人当过官，他的父亲仅是生员。宋恕自己在科举的道路上苦斗多年，无奈"名场多磨，十年屯蹇"，一无所成。他 25 岁时父亲过世，家境益发贫困，"亡父未葬，慈母在堂，弱弟幼妹，婚嫁方来"；求官无路，告贷无门，自称"乞邻而与，每谢瓶之罄我。种种制肘，令人无地"。[①] 社会底层的种种惨景，生活道路的重重荆棘，使得宋恕对专制统治产生了强烈的憎恨之情，从而接受了作为专制主义的另一个极端的无政府主义思想。

1892 年，宋恕北上见李鸿章，递上他上年（1891 年）写的《六斋卑议》，并向李正式提出"三始一始"之说。他说：

> 变法之说，更仆难终，请为相公先陈三始：盖欲化文武满汉之域，必自更官制始；欲通君臣官民之气，必自设议院始；欲兴兵农水火之学，必自改试令始。三始之前，尚有一始，则曰欲更官制、设议院、改试令，必自易西服始。[②]

宋恕自称"蓄三始之说，十年于兹；一始之说，亦五年于兹矣"，[③] 这表明"三始一始"之说在他思想中已酝酿很久了。

"三始"说的核心是设议院，宋恕对此也谈得较多。他在《六斋卑议·议报章》中写道："学校、议院、报馆三端，为无量世界、微尘国土转否成泰之公大纲领……三大纲领既举，则唐虞三代之风渐将复见，英、德、法、美之盛渐将可希矣。"他认为，是否开设议院、实行民主政治，是决定一个国家治乱的根本原因，"白种之国独俄罗斯无议院，故俄最不治。黄种之国独日本有议院，故日本最治"。这种看法与王韬很相似。宋恕建议朝廷，"诏求英、德、法、美、日本等国议院、报馆详细章程，征海内通人斟酌妥

---

①　宋恕：《与张竹居书》，《宋平子评传》，第 15 页。
②　宋恕：《上合肥傅相书》，《万国公报》1897 年第 101 期。
③　宋恕：《上合肥傅相书》，《万国公报》1897 年第 101 期。

善，与学校同时举行"。①

与开设议院的主张相一致，宋恕还提出了乡官民选的意见："乡设一正（乡之户数因地制其多寡，每县分乡多不过八），掌一乡劝善惩恶诸务，由本乡公举。百家为聚，聚设一正，掌一聚劝善惩恶诸务，由本聚公举。十家为连，连设一正，掌一连劝善惩恶诸务，由本连公举。"② 这与冯桂芬、陈炽等人乡官民选的意见是一致的。

宋恕坚信，民主政治代替君主专制乃是历史的必然，认为"方今之时，群治大进，揆大运而察人事，自嬴刘以降，一君家天下之制，必不能久存于中国，国体之必变不远矣"。③

既然设议院是"三始"核心，那么宋恕为什么又说"欲更官制、设议院、改试令，必自易西服始"呢？他的解释是："耳目不新，则精神不振；主持不彰，则趋慕不一。"原来"易西服"是为了造成一种学习西方的氛围，藉以扫除阻力，统一思想。他以史为证，举了三个例子，一是"赵武灵王患国之不武，令易胡服，以习骑射，而赵兵之强，遂冠三晋，卒能北却匈奴，西抗暴秦"；二是"魏孝文帝患国之不文，令易华服，以习礼容，而魏儒之盛，遂追两汉，卒能柔屈南朝，治安中土"；三是东邻日本国君"患国之因循，令易西服，以习新学，而千年积重，一旦顿移，卒能扬声于西，称雄于东"。他认为这些都是"易服之明效大验"者。④

宋恕的意见很有见地。当时守旧人士攻击革新派的主要一顶帽子就是"用夷变夏"，一般革新派也最忌犯这一点。正朔服色，历来被视为国家根本之所系，宋恕提倡"易西服"，正是为了把问题推到极端的地步，以扫除变法的阻力，所谓"事固有似迂而实切，

① 宋恕：《议报章》，《六字课斋卑议》（印本），《宋恕集》上册，第137页。
② 宋恕：《乡聚章》，《六字课斋卑议》（印本），《宋恕集》上册，第140页。
③ 苏渊雷：《宋平子评传》，第38页。
④ 宋恕：《上合肥傅相书》，《万国公报》1897年第101期。

论固有似怪而实正者，此类是也"。如果纯粹从审美角度来说，穿衣戴帽，原是由人们的志趣爱好决定的，本身不一定就体现某种方面的矛盾冲突。但是，在一定的历史条件下，当某种服饰成为一个朝代的表征、一个民族的文化凝结物的时候，变易服饰就不是简单的志趣爱好问题，而是一种政治斗争或文化冲突的外在表现了。宋恕提出"易西服"，实际上含有政治上去专制开议院、文化上学西方两重意思，所以他要把此"一始"置于其他"三始"之上。正因为如此，他当时提倡的"易西服"，比倡设议院所受的攻击要严重得多。他曾深有体会地说："与人谈'三始'，犹有然之者；谈'一始'，则莫不掩耳而走，怒目而骂，以为背谬已极，名教罪人。"①

但宋恕认为，他的这些意见还不算最激进的，因为在他看来，"易服更制，一切从西，策之上也；参用西法，徐俟默移，策之中也；不肯变通，但责令实，策之下也"，他是"上者欲言而未敢，下者谐俗而羞言，兹所言者，皆不上不下居策之中"。他认为，这些议论，"视今日之政，则已为甚高；较西国之法，则犹未免卑，故命曰《卑议》"。②宋恕以后多次说过这类话。他在给一位日本学者的信中写道："衡既著书十余万言以力攻伪儒，其精者藏诸石室，虽未敢示人；其粗者如易欧服，师西律，改官制，开学校、议院之类，则公言之有年矣。"③如此激进的主张他还认为是"卑议""粗者"，其心目中的"高议""精者"可想而知了。

2. 陈虬的社会乌托邦实验

陶渊明作《桃花源记》，描述了一个日出而作、日落而息，没有剥削、没有压迫的世外乐土。桃源在世外而不在世间，这本是反对专制的美好幻想，但千百年来，这虚幻而又美妙的桃源图景，吸引

---

① 宋恕：《上合肥傅相书》，《万国公报》1897 年第 101 期。
② 宋恕：《上合肥傅相书》，《万国公报》1897 年第 101 期。
③ 苏渊雷：《宋平子评传》，第 28 页。

了多少不满专制的人！有的人不但心慕其境，而且化理想为实践，为建立世间"桃花源"进行了实际的努力。陈虬就是其中一个。

陈虬（1851—1904），原名国珍，字庆宋，号子珊，后改字志三，号蛰庐，浙江瑞安人，祖籍乐清。祖父以更夫为业，父为漆匠。陈虬自幼勤奋好学，亦喜欢舞拳弄棒。16 岁补诸生，1889 年（光绪己丑）中举。1895 年，在北京参与"公车上书"活动；应温处兵备道宗源瀚之聘，主东瓯利济学堂。1896 年与陈黻宸等创《利济学堂报》，宣传维新，以后为《经世报》等撰文多篇，并与康有为、梁启超等交往，列名保国会。1898 年戊戌政变发生，遭通缉，以先期潜至学生里居得免。

陈虬 1890 年入京参加会试不第，回乡过济南时，向山东巡抚张曜条议八事：创设议院以通下情，大开宾馆以收人材，严课州县以责成效，分任佐杂以策末秩，酌提羡银以济同官，广置幕宾以挽积弊，钤束贱役以安商贾，变通交钞以齐风俗。① 颇受赏识。这些都是当时关心国计民生的革新人士共同关心的问题。他在那时就提出创设议院建议，可见其思想先行性。他在 1892 年作《经世博议》，提出系统变法思想。1893 年，作《蛰庐文略》一卷，与《经世博议》等汇刻为《治平通议》八卷。

在政治改革方面，陈虬多次指出，中国应该开设议院，开设议院是历史发展的必然。他说，自古以来，"四千年间，时局三变，治术递更。曰封建，曰郡县，曰通商"，与封建之世相适应的是"天下有道则庶民不议"，与郡县之世相适应的是专制统治，与通商之世相适应的则是议院制度。他特别指出，在通商之世如果不适应时势而开议院，那是行不通的：

> 考泰西各国讲富强，工制造，虽形下而颇进乎道，且各国皆设议院，尚深得古人议事以制之旨。通商启而议院开，局遂

---

① 陈虬：《上东抚张宫保书》，《陈虬集》，第 330—340 页。

大变，则时为之也。时变矣，而犹欲袭先业，守旧教，恭己无为，坐致治平，是犹持方枘而周圆凿，其不得适也必矣。①

陈虬敏锐地感到，从郡县到通商是一大变局②，是划时代性的大变化。像同时代很多人一样，陈虬也认为，中国古代虽无议院其名，但有其法。他说："议院之设，中土未闻，然其法则固吾中国法也。考之传记，黄帝有明堂之议，实即今议院之权舆。"③

但是，陈虬同时指出，中国不能照搬西方议院制度。他认为，西方议院制度繁重，中国猝难仿行，而应变通其法。他主张，中国地方议院可以利用所有书院或寺观归并改设，国家地方遇有兴革事宜，任官依事出题，让地方父老陈述利害。④ 地方官要亲临议院，听取意见。议院之外，县设巡检，道设检法副使，省设监察御史，监视行政长官贤否，讼狱平否，黜陟当否。至于中央议院，"主以三公，中设议员三十六人，每部各六，不拘品级，任官公举练达公正者。国有大事，议定始行"。⑤ 这些意见虽然还比较粗疏，但它是近代思想界对开设议院从一般议论到具体设计的转变标志。

与学西方开设议院思想相一致，陈虬主张在服饰、礼节方面也要进行一番改革，要"更服制""简礼节"。

何谓更服制？赵武灵王之改胡服，本朝之不守明制，皆深得自强之道。盖褒衣博带，甚不便于操作，且隐消其精悍之气，故便服一切宜用西制……

何谓简礼节？自古兴王崛起，及豪杰不羁之材，无不倜傥

---

① 陈虬：《〈治平通议〉序》，《陈虬集》，第213页。

② 此类话陈虬还说过多次，如"自五州（洲）通商以来，时局又一大变，如风雨之飒至，火焰之飚发"（《保民》，《经世博议》，《陈虬集》，第42页）。

③ 陈虬：《上东抚张宫保书》，《陈虬集》，第331页。

④ 陈虬：《治策·开议院》，《救时要议》，《陈虬集》，第79页。

⑤ 陈虬：《变法》，《经世博议》，《陈虬集》，第21页。

宽简。盖繁文缛节，非所以待权奇任大之器。今上下苦于仪
注，人材遂尔不振。宜一从简易，卑幼见尊长，皆仅一揖，立
而白事。文武皆令骑从，禁乘车坐轿。①

他在这里，明确地提出了废除跪拜的意见。这些意见，在当时
都惊世骇俗，非常人所敢言，与他的好友宋恕的"三始一始"说
是相通的。

陈虬在近代思想史上最特别的贡献，是他建立社会乌托邦的
实验。

1882 年（光绪八年），陈虬与同邑许启畴、陈黻宸等人，慕陶
渊明笔下之桃花源胜境，谋在浙东建立一个桃花源。此事由许启畴
发起。他提议率同志入山隐居，建一村社，其名曰"安乐村"。他
与陈虬商量，嘱陈虬详议其事。陈虬思量，"吾侪生长天朝，践土
食毛垂三百年，值此车书大同，而欲长守浑噩，非计也"，如取名
"安乐村"，岂不意味着在大清天下不"安"不"乐"吗！为避忌
讳计，乃改名"求志社"，取"隐居求志"义。②

陈虬为"求志社"设计的蓝图是这样的：

"二十五家为一社……社中设大院，五楹三座。中堂榜曰：
'求志堂'，东西序为住房。……房各三楹，界以门墙，前后檐下，
皆辟小门，直达大堂，前后左右各十二座。择中设阁如谯楼，轮值
鸣角其上，定启闭爨食之节，中设神龛，祀各姓之先祖；厢以处社
长。堂前为门，门有厅，厅左右有塾，备幼读。塾后左以置书籍，
右以置仓困。堂后有室，便妇女工作。室外又设草厂，而一切碓厕
杂物与曝场皆具焉。周缭以土垣，去院门百余步外，在入境隘处建
栅，署曰'求志社门'。门前夹植松柏桧槐，就近结小庐，以便过

① 陈虬：《强策》，《救时要议》，《陈虬集》，第 75—76 页。
② 陈虬：《求志社记》，《陈虬集》，第 202 页。亦见《瓯风杂志》第 17、18 期
合刊。

客小憩及归里者更衣之所。然后辟田畴，修溪塘，艺瓜果，植花木。"地约三顷。"合社各穿布衣，示同方，戒罗绮，惟在外宦学者不禁"。合社推一人为长，负约束之责。"选司会一人，采办二人，教读二人，按班轮值，皆给薪水。计口给食米，大口一升，小口五合，其一应鱼盐琐屑之事，均各自便，交采办搭买公派。家不足以自赡者，与有四方之志者，准外出，而社中代为经纪其家。"社中制定统一的冠婚丧葬之礼。"冠以十六为断；丧仍三年之制"；婚则男女十六岁可以结婚。每年二月，父母取无丧病事故的、到了结婚年龄的男女（不准规避），"笺书名氏"，"枚卜于祠堂"，"卜定旬日"，然后举办婚事。婚事"删六礼，禁奁费，省合婚之说"。葬礼则"仿族葬之例，按序平列，墓前修植荫木，勒碑碣"。①

求志社设在瑞安城北槐吟馆，入社人可考的有许启畴、陈黻宸、池志澂、陈国桢和陈虬等。求志社的实际活动，可能并未完全按照陈虬原先设想的那样进行，从记载来看，偏重于文人切磋学问，议论时事，其他生产、分配、礼节和社会管理等方面的具体情况记载阙如。

求志社活动了七八年，一因人员离散凋零，二因剩下之人为世所指摘，不克坚守旧约，于是，社事遂散。

如果求志社活动基本按照陈虬设想那样进行的话，那么，求志社就不只是文人治学清议的结社，而是一个拥有一定数量的人口和家庭，具有教育、生产、分配和社会管理等多种功能的社会集体。在这里，虽然家庭存在，货币存在，私有制存在，司会、采办、教读等人皆给薪水，但主要生活资料食米是公有的；这里虽有劳动分工，有耕、织、教、樵、渔等业，但又有选择职业的自由；这里虽然也有社长，但他不是官，而是大家推举出来的，仅负约束之责；这里长幼有序，患难相扶，某户有人外出，社中代为经纪其家；这里没有尊卑等级，人人均着布衣；世风古朴，不尚侈靡。生活在这

---

① 陈虬：《求志社记》，《陈虬集》，第202—203页。

里的人们，"无父母室人之顾，疾病死亡之累，可耕可樵可仕，可止可来可去，身世俯仰，翛然自得。生人之乐备矣"。[①] 一句话，这里是个自由、平等、友爱、互助、舒适、古朴的美好乐园。这一切，显然与当时清朝统治下的专制、残暴、腐败、贫困、尔虞我诈等一切丑恶现象形成鲜明的对比。建立这种性质的求志社，哪怕只实现了一部分，就是对当时黑暗统治的一种抗议和否定。

求志社是在成员离散、世人攻击的情况下散伙的，其实，即使没有这两个原因，它的失败也是不可避免的。在专制主义汪洋大海中的那么一丁点儿小地方，在生产力那么低下的小农沙滩上，要建立起一个自由、平等的乐园，那只能是虚幻的海市蜃楼。

陈虬等创设社会乌托邦的举动，虽然以失败而结束（也必然失败），但它在思想史上的意义是重大的。汉代张鲁，太平天国时期的洪秀全、杨秀清，此后的康有为，都有社会乌托邦的设想。陈虬等人创办求志社的实践，为人们了解中国社会乌托邦思想史，增添了一则颇有价值的个案。

（五）三个青年人的呐喊——许象枢、杨史彬、陈翼为的议院论

1893 年冬，郑观应给上海格致书院的学生出了这么一道课题：

> 考泰西于近百十年间，各国皆设立上下议院，藉以通君民之情，其风几同于皇古。《书》有之曰"民惟邦本，本固邦宁"，又曰"众心成城"。设使堂廉高远则下情或不能上达，故说者谓中国亦宜设议院以达舆情，采清议，有若古者乡校之遗意。苟或行之，其果有利益欤？或有悉其间利害若何，能一一敷陈之欤？[②]

---

① 陈虬：《求志社记》，《陈虬集》，第 203 页。
② 《格致书院课艺》，癸巳（1894 年），卷下。郑观应后来在《答某当道设议院论》中说，"癸巳冬，余课上海格致书院肄业诸生，题为《议院论》"，即指此题，见《盛世危言》光绪庚子借鹤斋重印本《议院》篇后附文。

这实际是要学生们做一篇议院论。学生们依题答卷。批卷后，江苏长洲（今苏州）许象枢、广东大埔杨史彬、福建侯官（今福州）陈翼为的课卷分别被评为超等第一、第二、第三名。

许、杨、陈三人的课卷，都在两千字左右，这在今天来看不算很长，但在使用文言文的当时，已算长篇大论。他们都认为议院制度是泰西富强之本，中国要富强就非设议院不可，都主张中国行君民共主制而不是民主共和制。当然，做策论不像解方程式那样，正确的答案只有一种，而是一千个人就可能有一千种不同的答案，许、杨、陈三人的课卷也各有自己的特色。

1. 许象枢的课卷

许象枢课卷的特点有四①：

其一，并不认为中国古代已有议院。近代改良派为了使议院制度在中国生根，提出一种"议院制度中国古已有之"说，认为中国古代虽无议院之名，却有议院之实。持此说者，前有郑观应②、陈炽，后有康有为、梁启超。他们的用心自然良苦，以为这么一说，中国开设议院就是礼失而求诸野，就是法古而不是师夷，从而可以堵住守旧派的"用夷变夏"的口实了。但这种说法毕竟不合事实。许象枢在课卷中没有沿袭此说（相反，杨史彬、陈翼为都认为议院在中国古已有之）。他说，中国上古三代之时，圣人的一举一动都是人民的表率，"其智识足以烛民之隐，其仁慈足以苏民之困，其勇断足以除民之患，动而世为天下道，行而世为天下法，言而世为天下则"，这些圣人也能自觉听取人民的意见，集思广益，"轩辕有明堂之议，放勋有衢室之问，虞帝有告善之旌，夏后有昌言之拜"，因而，人民对这些有道之君无所可议，当然也就不会"创立议院名目"。这也是"遇哲王而言路通，否则言路即塞"的缘故。许象枢所说古代情形，自然不合事实，因为像他所说的那

---

① 许象枢的课卷载《格致书院课艺》，癸巳，卷下。
② 郑观应在《易言》中有此看法，到编定《盛世危言》时，看法有改变。

样的完人，在任何时代都不可能有，但他认为中国古代并无议院制度，却是合乎实际的。近代人谈中国古代有无议院之制的问题，大多不是学究式地纯粹就历史谈历史，而往往是从现实中某种需要出发的。说古代有议院之制者，如康有为等，那是为现实开议院而寻找古已有之的依据。说古代无议院之制者，有的是为了反对开议院，如叶德辉等；有的是为了尊重历史事实，如严复；有的则属于另外一种情况，他们公开宣称中国古代虽无议院之制，但也能开议院，这恰恰表现了这些人要在中国实行议院制度的坚决、果敢态度。许象枢的议论就是属于后者，戊戌变法时期的梁启超一度也是属于这种情况。

其二，指出有议院之君主与无议院的专制之君主有原则不同。许象枢说，泰西有君主、民主和君民共主这三种不同类型的国家，其间各有利弊，君主之国"权操之上，议院不得擅施行，弊在独断"；民主之国"权落于下，议院得以专威福，弊在无君"；君民共主之国"君可民否，君不得擅行；民可君否，民不得擅作，立法独为美备"，但是，这些国家"上情可以下逮，下情可以上达，则一也"。他认为，西方有议院国家之君主（包括君主之国和君民共主之国），与中国专制的君主，有着原则的不同，不同之点就在于前者能通民情，后者与民情隔阂，而中国之弱恰恰就弱在君民隔阂这一点上：

> 我中国幅员之广，物产之饶，人民之众，甲于五大洲，然而地利不能尽，国用不能充，弊政不能革，刑罚不能简，民困不能苏，国威不能振。下有贤才，不能遽用；上有庸佞，不能遽退，非中国之君不若泰西各国之君也，非中国之相不若泰西各国之相也，上下之情隔焉故也。

其三，列陈中国开议院七利。中国开议院的益处，前人述之已多，郑观应、王韬、张树声均有论述。许象枢将其汇拢梳理，归纳为七利：开采、植物，地利尽矣，其利一；"筹款有自，国用不患无措"，其利二；下情上达，诸弊（如滥用非刑、不恤商情等）尽除，其利三；立法司法分开，有狱不至留滞，其利四；更换以往的不平等条约，预防以后的弊窦，使中国商民气伸困苏，其利五；整治军队，使其上无虚糜之饷，下无不练之兵，其利六；议员公举，可使"贤才不至淹滞，庸佞不得固位"，其利七。总之，"中国诚能行之，将见君民联为一气，家国合为一体。古所云民惟邦本，本固邦宁，不难再见于今也"。这样，他就从经济、军事、政治、外交等方面，系统地论述了在中国开设议院的必要性。所陈"七利"，几乎每一"利"时人都曾述及，许象枢的功绩是将它们汇拢起来系统论述。所以，"七利"之说，实际可以看作此前中国思想界关于开议院重要意义认识的一个小结。

其四，预料中国有六种人阻挠开设议院。许象枢对当时中国守旧势力有着比较清醒的认识，说"中国拘守成规，牢不可破"，在这块土地上开设议院，"事属创始，必有出而挠之者"。他估计，有六种人会出来阻挠、反对开设议院。他分析了开议院与各种人实际利益的冲突，一一揭示了这六种人反对开设议院的物质原因和思想原因，所论深中肯綮，极有见地：

窃意中国政事，动援成例，议院之设，为国家兴利而已，除弊而已，岂必有成案之可循，则部臣必有挠之者。中国之迁擢臣僚也，不视人才之可否，而视资格之浅深，议员之公举，重才能不重资格，则内外臣工必有挠之者。天下升平，武备渐弛，有议院以议其后，统兵大员不得冒口粮、废训练，则提镇以下诸武弁必有挠之者。各省设立善后、工程、军装等局，名目繁多，盖以调剂闲散人员也，实则耗财用，无实济，如立议院，此等人员必多删汰，则各省闲散人员必有挠之者。凡州县佐杂之廉银禄米，所得几何，其得以肥身家、裕后昆者，非阴蚀国帑，即显剥民生，有议员以发其覆，则美缺皆为苦缺矣，则州县以下必有挠之者。中国之民，少所见多所怪，可与图

终，难与虑始，前来设立电报，强者拔竿断线以肇事，弱者街
谈巷议以惑众，议院之设，亦为闻所未闻，则百姓必有挠
之者。

这段分析是许象枢议院论中最为精彩的地方。他所预言的反对
开设议院的六种人，即徒知守旧不知革新之官僚、资格已深等待拔
擢之官员、冒领口粮之统兵大员、吃皇粮无所事事的闲散人员、贪
污肥己的州县官员，以及愚昧无知的百姓，除了最后一种属于认识
问题，其余都是开设议院的利益受损者，他们在后来的戊戌变法运
动中，都普遍反对政治改革。这表明，许象枢对于中国国情有着比
较深切的了解，对于在中国开设议院的艰巨性有所深虑。

许象枢的课卷深受郑观应、王韬等人的赏识，被评为超等第一
名。郑观应的评语是：“熟悉人情，深究物理，于中外古今各学均
能洞彻本原，用笔亦疏畅通达。”① 王韬的评语是：“按切时势以立
言，明彻四际，洞垣一方，非由平日留心世务，蒿目时艰，安得臻
此。”② 郑观应日后把许象枢的课卷全文辑入了《盛世危言》中。

2. 杨史彬论“十难”

杨史彬课卷的主要部分③，是采用辩难的文体，从十个方面系
统驳斥了所谓中国不必开议院、中国不能开议院、中国无法开议院
等守旧论调。

杨史彬写道，在中国，谈开议院，“言其利者一人，言其弊者
或十人；谓其益者百人，谓其害者或千人”，守旧势力远远大于革
新势力，“苟不举其间利害，推阐详明，将何以破浮言、成大局？”
他将反对设议院的言论归纳为十条：（1）开议院“则君无权，官

---

① 《格致书院课艺》，癸巳，卷下。郑、王的评语，系对《议院论》与其他两篇
课艺总体而言的（一篇是《书院论》，另一篇是《恤贫院论》），以下对杨、陈二人的
评语同此。

② 《格致书院课艺》，癸巳，卷下。

③ 杨史彬的课卷载《格致书院课艺》，癸巳，卷下。

无权，而权在议员"，于是，倒行逆施之弊就会发生；（2）议院乃泰西之物，中国开议院，"盖用夷变夏，贤者所耻"；（3）开议院，步西人后尘，将为西人所轻视，有害无利；（4）开议院，倘若仿效法、美两种制度，不免弊端百出；（5）俄国彼得大帝，曾私访欧洲各国，凡各国"有利之图，无不仿行，而独不立议院"，如果议院确实好，他为什么不仿行呢？所以中国也根本不必设议院；（6）中国幅员广阔，不同于西方，即使开设议院，也难通下情；（7）西方议院，实权操于少数宰辅，君与民均无权，"所利者官耳，君民有何利哉？"（8）苟立议院，议员薪俸是个不小数字，时事多艰，筹款不易，这笔钱从何而来？（9）在中国，"天下之利，御史得据事直陈；天下之害，御史可危言相阻，是言官之设，利益良多，何须再立议院，以滋流弊乎？"（10）利不大不图，利不远不为，"议院之设，果能大而远乎？"

对这十条，杨史彬一一进行了辩难，论述了中国开议院的重要性、可能性。其所述观点多为时人述及。他驳斥开议院尽"用夷变夏"的论点时，所据理论即是"礼失求野"的老调；针对开议院如法、美则弊端百出的论点，他驳论所持理论也是沿袭了王韬、郑观应的君主制权偏于上，民主制权落于下，君民共主最为善美的那些通行说法。当然，他的驳论中也有一些是较有见地的。针对所谓中国幅员广阔、议院难以行通的说法，他认为，这个问题并不是不能解决的，可以仿照英国立绅之法，"英之城乡市镇每一地段分立绅士一二人，将地方利病曲直随时布诸同院而上陈之"，中国如照此法，"于各州郡县，遍立绅士，随时采访情形，达诸议院，何难利益溥于天下乎？"针对所谓开议院后，议员薪俸难于筹措的说法，他认为，上议院多王公大臣，他们本有养廉银，不需增加开支，而下议院议员，所需薪俸不多，不难筹措，再说，兴办如此大事，于国家有大益，花一些钱也是理所当然的。针对所谓中国已有御史言官，不需要再设议院的观点，他指出，言官与议员是两回事，言官既不明大局情形，又往往揣摩时趋，专看皇帝眼色行事，而议员则"行见大局，不致束缚"，可以直陈胸臆，大发议论。这大致指出了专制制度下的言官与议院制度下的议员之间的原则区别。

杨史彬所辩难的问题，并非凭空冥想，而是从当时思想界民主与专制两种思想的冲突中提炼出来的。他所驳斥的很多观点，都是当时及以后普遍流行的。所谓开议院后便"君无权、官无权"，在以后的叶德辉、张之洞等人那里可以找到大量类似的话；所谓开议院需筹大量经费，不但是守旧派，就是改良派汤寿潜、陈虬等人也都认真地考虑过这个问题；所谓中国幅员广阔，议院难开的观点，不但在守旧派那里，而且在以后的一些革命派文章中（如章太炎的《代议然否论》）也时有表现。杨史彬的辩难并不怎么有力，所述理由亦有不充分之处，但他的辩难，汇拢归纳了当时反对中国开议院的各种观点，把要求开议院和反对开议院的两种观点针锋相对地缕列出来，这对于研究近代特别是甲午战争以前的民主思想，很有意义。

对杨史彬的课艺，郑观应赞誉说："条对详明，于西法确有见地，而文笔朗畅，复足以达之。"①

3. 陈翼为论证开议院

陈翼为议院论的特点是，从历史发展的角度，紧扣人民在国家生活中的地位这个问题，论证中国开设议院的历史必然性和极端重要性。

陈翼为认为，中国的历史应沿着民主—专制—再民主这样一条道路前进。上古三代本是民主的，"国之所与立者民，而君听命于民也"，"尧之举舜，舜之举禹，皆博谋于众而授以位"。他说：

> 夫天下重器，王者大统，而授受之间，惟众言是听。举凡百官之黜陟，百事之兴废，其待决于众可知。孟子所谓天与民与者是也。夫建君所以为民，立政所以便民，设官所以理民，顺民之心，行民之事，而王者无所私于其间，此圣人意也。

_____

① 《格致书院课艺》，癸巳，卷下。

他认为这种民主制度，到秦以后便不复存在了，"秦并天下，始为尊君抑臣之制，焚诗书以愚黔首……自是之后，有天下者，率蹈秦辙，益轻其民"。这种民主制度为什么在三代能行到秦以后便不复存在了呢？陈翼为联系历史发展和人民在国家生活中地位的变化来解释这个问题，他说：

> 三代以前，诸侯之国，犬牙相错，土旷人稀，上轻其民，民散于四方，莫得而禁也。秦汉以下，天下一家，尺土一民，莫非其有，民去则无所之，逃则无所匿。为上者习见而狎之，不倚以为重，至于暴戾恣睢。

专制制度的形成是由多方面的因素决定的，包括生产方式、风俗习惯、文化传统等，陈翼为没有看到这些，但他把这个问题与人民在国家中的地位（包括自由的程度）联系起来，远比那种把专制的出现仅归罪于某个帝王的私欲的说法更接近真理。陈翼为认为，自鸦片战争以后，历史又面临一个重大的转折，"泰西诸国，接踵四裔，有火车轮船以通其道，民固不以欧西为远，然则今之天下，固中外争民之时也。处今之势，治今之民，欲以秦汉唐宋之制行之，固不可得而理矣"。就是说，在闭关时代，上虽专制，人民除了"激而叛上"，并无可以逃匿之处，也没有谁来"争民"；通商以后，泰西以议院良制对中国专制，中国如不改设议院，仍以秦汉唐宋专制之法治之，那么，"民"势必为泰西"争"去。所以，议院之设，乃是因通商而出现的刻不容缓的急务。陈翼为这里包含着这么两层意思。（1）国家政治制度在一定程度上是与人们的交往形式联系在一起的，闭关锁国，不与外界往来，便于专制制度的实行；开门通商，万国相连，中国与外界频繁往来，不利于专制统治。（2）时代发生了巨大变化，由闭关而通商，国家的政治制度也要进行与之相适应的改革，由专制而议院。

像许象枢一样，陈翼为也缕列了中国开议院的好处。他说，中国如果能不拘成见，开设议院，"其利不可胜言"，重要之点，可以归纳为"去四害""兴三利"。兴三利是：（1）吏治可振；（2）财源可裕；（3）人才可兴。所述与许象枢的"七利"说相类，无大特色。"去四害"倒还有些特色：

> 何谓四害？一曰抑大臣之弄权。自古大臣窃国，必钳谏诤之口，以蔽人主之耳目，故民罢而君不知，政乱而君不知，水旱寇贼而君不知。议院立，则天下之情通，而大臣之奸谋息。二曰去吏胥之积弊。吏胥习于例案，凡京员之铨选，州县之补授，必厚贿吏胥，否则往往据例而驳之，甚至内之部臣，外之监司，反为玩弄于股掌之上。议院立，则群臣之情通，而吏胥之伎俩穷。三曰绝官绅之私征。田赋征榷，倍取于民，仅半入于公，商农微贱，不能上诉帝廷，任其所为，而莫敢谁何。议院立，则商农之情通，而官绅之中饱绝。四曰免狱官之锻炼。亲民之吏，一遇命盗重案，承审官惧有处分，往往辗转规避，规不得则取疑似之人，严拷之以塞责，其贪者卖狱之事在所不免。议院立，则囚虏之情通，而刑狱之冤抑泯。

所言"四害"，都是专制制度腐败在官场中的反映，用议院制度代替专制制度，当然可以消除或减少这些弊病，但陈翼为讲"四害"，对造成四害的根本原因——君主专制却没有提。议院制度之所以能消除或减轻这四害，根本一点还是因为议院制度改变了君主独断的状况，使得各种官员不但要对上负责，而且还要对下负责，不但要对君负责，更要对民负责。

对陈翼为的议院论，郑观应、王韬的评价都很高。郑观应的评语是："议院一篇，宏深简括。"① 王韬的评语是："通篇立意以重

---

① 《格致书院课艺》，癸巳，卷下。

民为主，自是探本破的之论。"①

许象枢的"七利"，归纳了甲午以前倡导开议院的议论；杨史彬的"十难"，汇拢了甲午以前反对开议院的议论；陈翼为的"去四害"，指出了议院制度对专制官场恶习有净化作用。三份课卷结合起来，可以看作甲午以前中国思想界民主与专制之争的一个小结。

在 1893 年，戊戌变法民主浪潮尚未激荡之时，三个青年学生能作出这么出色的课卷，足以表明，反对专制主义的民主思想，已经从少数开风气之先的思想精英那里逐步扩散开来，开始深入到一些青年的心中。

（六）何启、胡礼垣的民权思想

何启（1859—1914），广东南海人，字迪之，号沃生，出身于传教士兼商人家庭，早年就读于香港皇仁书院，后留学英国，在鸭巴甸大学取得医科学位，并当了律师。回香港后，曾连任三届香港议政局议员。1882 年创办雅丽氏医院，免费为中国人治病。医院附设一个医学学校，即后来孙中山就读于其中的西医书院。1887年起，何启开始宣传改良思想，1900 年，参与策动李鸿章脱离清朝政府，据两广"自立"的活动。

胡礼垣（1847—1916），广东三水人，字荣懋，号翼南，晚号逍遥游客，出身于商人家庭。少读经书，参加科举考试，屡试不售，遂弃举业，专研经史，兼及西学，入香港皇仁书院学习，毕业后留校充任教习二年。1879 年任《循环日报》翻译员，两年后离职赴沪。不久应邀访问苏禄国（Jolo lsland，又译和鲁岛，现属菲律宾和鲁省）。19 世纪末，菲律宾人民发动反西班牙殖民者的大革命，苏禄宣布为独立国家。胡礼垣助苏禄国王整理国政，颇为国王所重。1894 年游历日本，一度代理中国驻神户领事，1895 年回香港，为文学会译员，三年后退隐居家，著书考察列国政治得失，研

---

① 《格致书院课艺》，癸巳，卷下。

究法律、哲学、宗教，晚年研究佛学。民国初年，曾写信给孙中山，劝行大同之制，被孙婉拒。著作除与何启合著的《新政真诠》外，还有《梨园娱老集》《伊藤叹》《满洲叹》《民国乐府》等，后合编为《胡翼南先生全集》行世。

何启、胡礼垣长期生活在香港等地，受过西方文化的系统教育，比起生活在内地的一般改良派来，他们的民权思想中，西方民主思想的刻痕更深。

何启、胡礼垣民权思想主要反映在他们合著的《新政真诠》一书中。《新政真诠》含文章七篇：《曾论书后》（1887 年）、《新政论议》（1894 年）、《新政始基》（1898 年 3 月）、《康说书后》（1898 年 6 月）、《新政安行》（1898 年 12 月）、《〈劝学篇〉书后》（1899 年春）、《新政变通》（1900 年冬）。这些文章多先由何启用英文写出，再由胡礼垣译成中文。本节主要阐述体现在前两篇中的民权思想。

《曾论书后》，全名《书曾袭侯〈中国先睡后醒论〉后》。曾袭侯，即曾纪泽，曾国藩长子，时任中国驻英国公使。他在 1887 年 1 月伦敦刊行的《亚细亚评论季刊》上，发表了一篇《中国先睡后醒论》，认为中国在鸦片战争以前，不明外情，昏昏大睡，第一次鸦片战争以后已逐渐醒来，第二次鸦片战争之后，"忽然醒悟"，其标志就是李鸿章整顿军务等。《曾论书后》不同意曾纪泽的看法，认为当时中国不但未醒，而且"无异睡中之梦，梦中之梦也"。曾纪泽在文中回避谈论内政问题，说"邦交一事实系今日急务，不可缓图，至于国内政事，何者或宜整饬，余暂不言"。何、胡批评了曾纪泽的观点，认为治理国家就好像造房子一样，首要之点就是要"使基址永固，然后大厦可成"，治国基础是内政而不是邦交。如何能使国政基础牢固呢？何、胡正面提出了自己的看法：

吾所谓国之基址者，不须求之远也……公与平者，即国之

基址也。公者无私之谓也，平者无偏之谓也。公则明，明则以
庶民之心为心，而君民无二心矣；平则顺，顺则以庶民之事为
事，而君民无二事矣。①

这里的"公"与私相对，"平"与偏相对，"公"的结果是
"以庶民之心为心"，"平"的结果是"以庶民之事为事"，这就否
定了与"民心""民事"相对立的"君心""君事"存在的合理
性。这个"公平"，实际上包含着公道、公正、平等、民主、君民
一体等丰富内容，其政治意义是要变君主专制之家天下为万民共有
之公天下。

何、胡认为，公平是国家强盛的根本原则，公平对于国家，就
像脊骨、血气对于人身一样重要，"人无脊骨则耳目手足虽具而起
立无能，人无血气则肌肤筋骨虽全而活动不得。国无公平，则虽猛
士如云，谋臣如雨，勇夫如海，铁甲如山，亦不能服人心而昭众
信"。② 他们把"公平"强调得极端重要，正如郑观应等人把设议
院视为救国的不二法门是同一意思。

"公平"必然导致民主。何、胡称："今夫国之所以自立者，
非君之能自立也，民立之也；国之所以能兴者，非君之能自兴也，
民兴之也。"③ 本着这个原则，他们指出，衡量政令之公平与否，
不以君主、官僚之口说为准，而应以人民的鉴定为断：

夫一政一令，在立之者，无不自以为公，自以为平，而公
否平否，当以民之信否质之，乃得其至公至平；且一政一令在
行之者多亦自谓无不公，自谓无不平，而公否平否，亦当以民
之信否证之，乃得其真公真平。以立之者君，而循之者民也；

① 何启、胡礼垣：《曾论书后》，《新政真诠》初编，第 3 页。
② 何启、胡礼垣：《曾论书后》，《新政真诠》初编，第 11 页。
③ 何启、胡礼垣：《曾论书后》，《新政真诠》初编，第 15 页。

行之者官，而受之者民也。……然则公平者，还当求之于民而已，民以为公平者，我则行之；民以为不公平者，我则除之而已。公平无常局，吾但以民之信者为归；公平有变法，吾但以民之信者为主。①

显然，这已是一切从人民出发、一切以人民之是非为是非的民主观点。

何启、胡礼垣在《曾论书后》中提出了"公平"的原则，具有直接的反对专制主义的理论意义，但是如何实现"公平"，他们尚未述及。七年后，他们在《新政论议》中，进一步提出了实施"公平"的具体措施，即开设议院，细化、深化了原来的思想。

在 1894 年成书的《新政论议》中，何、胡饱蘸悲愤之墨，描绘了当时中国到处不公不平的悲惨画图："山多宝藏不能兴也，水多货财不能殖也，道途跋涉舟车空也，城廓倾颓登冯寂也，官府豺狼民侧目也，厘卡贼盗旅裹足也，衙门苞苴无忌惮也，监牢地狱绝祥刑也"，士尚浮嚣，农难稼穑，工商拮据，"公道绝则实事废，国体弱则外侮生"，致使中国人民在国际上威望大降，到处受侮，"小民出疆者，东则见逐于英藩，西则被驱于美境。枢臣谋国者，和则损威而辱国，战则外强而中干"。②

值此内腐外侵、金瓯动荡之际，中国应该怎么办？何、胡拿出了七项改革措施，其中最后一条，也是最根本一条，就是"开议院以布公平"。开议院具体办法是：县、府、省三级各设议会，县议会由平民在秀才中选举产生，府议会由秀才在举人中选举产生，省议会由举人在进士中选举产生，每级 60 名，规定任期，知县、知府、总督三名行政官由中央部员议定，奏报天子批准，以三年为期。凡兴革之事，官有所欲为，则谋之于议员；议员有所欲为，亦

---

① 何启、胡礼垣：《曾论书后》，《新政真诠》初编，第 18 页。
② 何启、胡礼垣：《新政论议》，《新政真诠》二编，第 1 页。

谋之于官，"皆以叙议之法为之"。如果"事有不能衷于一是者，则视议员中可之者否之者之人数多寡，而以人多者为是。所谓从众也"。这是地方的议院。在中央，也行议院之法，"各省议员一年一次会于都会，开院议事"，议定之事，奏闻天子。①

从形式上看，何、胡主张的仍是君民共治的君主立宪制，但从实际内容来看，何、胡的君主立宪的民主比重比王韬等人的君主立宪更大些。在王韬等人那里，君主是作为议院对待者的身份出现的，"君可而民否，不能行；民可而君否，亦不能行"，②君主对于议院所议之事拥有否决权。在何、胡这里，君主只是一个名誉位置，仅对议院所议之事，"御笔书名，以为奉行之据"。王韬等人主张的，实际上近似于明治维新后日本式的君主立宪制，何、胡主张的则近似于英国式的君主立宪制。

何启、胡礼垣还对公平原则与民主制度的内在联系做了剖析。他们说：

> 夫政者，民之事也。办民之事，莫若以公而以平。何则？民之疾苦，惟民知之为最真；事之顺逆，惟民知之为最切。譬如为远隔千里之人而决其家事，倘不得其人之亲切指陈，未有能洞中机宜者也……今君门万里，民之疾苦无由而诉；尊居九重，事之顺逆无由而知，虽有留心民瘼之名，而不能得留心民瘼之实，有料量民隐之念，而不能得料量民隐之施，皆未得其法之故也。③

这就不是单从君主个人品德的善恶，是否愿意体察民情来批评君主专制，而是从政治体制上，分析治国的君主与被治的人民这一

---

① 何启、胡礼垣：《新政论议》，《新政真诠》二编，第 1、8—9 页。
② 王韬：《重民下》，《弢园文录外编》卷一，第 19 页。
③ 何启、胡礼垣：《新政论议》，《新政真诠》二编，第 8—9 页。

对主体与客体的矛盾联系，得出了专制不如立宪优良的结论。这比起那种把政治的好坏只归结于君主善恶的观点，更能得其本质。

何、胡进一步指出，政令公平，国家就安定强盛；政令偏私，国家就动乱贫弱，因为"天下，公器也；国事，公事也。公器公同，公事公办，自无不妥，此选议员辟议院之谓也"。如果以天下为私，更张无法，"而以谗谄面谀、不学无术之辈出而布政，自无不危，此不选议员不辟议院之谓也"。他们认为，"自古乱之所生，由于民心之不服；民心之不服，由于政令之不平"，如果开设议院，"使民自议其政，自成其令"，这样，"人人皆得如愿相偿，从心所欲也，何不服之有？"①　一个是公平—开设议院—自无不妥，一个是偏私—不辟议院—自无不危，孰优孰劣，一目了然。何、胡正是以这种鲜明的对比，来激发人们变专制为立宪的民主热情。

对于议员的选举权，何、胡也有自己的具体看法。他们主张："凡男子二十岁以上，除暗哑盲聋以及残废者外，其人能读书明理者，则予以公举之权。"这里没有财产的规定，比陈炽的规定宽了一些，但他们却既剥夺了所有妇女的民主权，也限制了广大没有文化的劳动人民的民主权利。这正表明，他们所主张的，并不是全体人民的，而仅是资产阶级的民主。何、胡对选举人虽没有财产数量的规定，但他们比其他所有早期改良派都更明白地表达了资产阶级的权力要求。《新政论议》写道：

> 中国之目商务中人，必曰奸商，不知求利乃人之本心……曾亦思外国之于商民，其尊之为何如乎？……一议政局员之选也，在选者必曰商人。②
>
> 中国民殷物富，最宜于商。新政立，宜令民间纠合公司，大兴商务……新政立，则商贾中有品行刚方、行事中节者，人

---

① 何启、胡礼垣：《新政论议》，《新政真诠》二编，第16页。
② 何启、胡礼垣：《新政论议》，《新政真诠》二编，第18页。

必举以为议员，以办公事。①

一方面为商人所受的歧视而鸣不平，一方面要求商人参政。这里所说的"商务中人"，显然就是当时正在兴起的中国资产阶级；举商贾为议员，就是要让资产阶级享有政治权力。

特别值得指出的是，在《新政论议》中，何启、胡礼垣已明显地具有社会契约论的思想。书中有这么一段重要的文字：

> 横览天下，自古至今，治国者惟有君主、民主以及君民共主而已。质而言之，虽君主仍是民主。何则？政者，民之事而君办之者也，非君之事而民办之者也。事既属乎民，则主亦属乎民。民有性命恐不能保，则赖君以保之；民有物业恐不能护，则借君以护之。至其法，如何性命始能保；其令，如何物业方能护，则民自知之，民自明之，而惟恐其法令之不能行也，于是乎奉一人以为之主。故民主即君主也，君主亦民主也。②

这里已明确地认为，君主应该是由人民推举并保护人民性命物业的人；除了人民的利益，君主没有自己特殊的利益，他的责任就是按照人民的意志办事；君主与人民，只有分工的不同，没有贵贱的差别。这与卢梭等人的社会契约论的观点已经基本相同了，所不及的是，这里只说推举权在民，没有道及监督权、罢免权也在民。何、胡说"民主即君主也，君主亦民主也"，这话乍看起来似乎有点危言耸听，不合逻辑，但细析一下，这里头正包含了十分深刻的民主思想。社会契约论是反对专制主义的有力武器，这种思想在古代的中国和西方都有萌芽，邓牧、黄宗羲等人思想中已有所表现。但在近代中国，则以何启、胡礼垣这段议论为发轫。

---

① 何启、胡礼垣：《新政论议》，《新政真诠》二编，第11页。
② 何启、胡礼垣：《新政论议》，《新政真诠》二编，第15页。

（七）来自上层官员的心声——郭嵩焘、崔国因、张树声的立宪思想

中法战争失败以后，郑观应、王韬的这种君主立宪的要求便在比较广阔的范围内被提了出来，几乎所有的早期改良派，诸如汤寿潜、邵作舟、陈炽、陈虬、何启、胡礼垣、宋恕、经元善等都谈到这个问题，并且从很多方面对专制主义进行了批评。特别值得指出的是，一批级别较高的清廷官员，也开始呼吁清廷进行政治改革，实行立宪制度。

还在自强运动开始不久的时候，清朝官员包括一些洋务派对当时进行改革的内容及发展方向有过一场讨论。对于单从军事、工商方面进行改革，是否就算学了西方国家的根本，是否就能抗御外侮的问题，洋务派中已有分歧。李鸿章等人的看法是肯定的，认为通过这些改革，就可以"取外人之长技以成中国之长技，不致见绌于相形，斯可有备而无患"。[①] 以郭嵩焘为代表的一些人则表示了另一种意见。还在 1875 年，郭嵩焘就说：

> 西洋立国，有本有末，其本在朝廷政教，其末在商贾。造船制器，相辅以益其强，又末中之一节也。故欲先通商贾之气，以立循用西法之基，所谓其本未遑而姑务其末者。[②]

意思是说，西方国家富强的根本不在于造船制器，而在"朝廷政教"，中国在没法一下子就师法西方朝廷政教的情况下，可以先学其造船制器商贾之类的"末"，并以此作为师法西方政教之基础，但是，千万不要以为这就是西方之本。显然，他认为洋务派的改革不应停留在坚船利炮、工商技艺的阶段，而只是以此作为学习西方的第一步。

---

① 《同治四年八月初一日李鸿章折》，《洋务运动》第四册，第 14—15 页。
② 《福建按察使郭嵩焘条议海防事宜》，《洋务运动》第一册，第 142 页。

郭嵩焘的这一认识不是只言片语，而是有大量的、系统的论述。1875 年底，他明确地指出，西方国家"强兵富国之术，尚学兴艺之方，与其所以通民情而立国本者，实多可以取法"，① 把"通民情"视为西方立国之"本"，并将之与强兵富国之"术"、尚学兴艺之"方"都作为中国应当取法的长处。1877 年初，他在《使西纪程》中再一次写道："西洋立国，自有本末，诚得其道，则相辅以致富强，由此而保国千年可也；不得其道，其祸亦反是。"认为学习西方如果仅止于船炮技艺，而不师其政治制度之本，后果是不堪设想的。郭嵩焘这类议论极多，例如，他认为："吾谓中国有胜于土耳其者，亦尚有不及土耳其者。如仿行西洋兵制，设立议政院，此所不能及也。"② 再如，他认为："西洋议院之有异党相与驳难，以求一是，用意至美。"③ 这些议论，都是抒发于 1877 年，至于以后，那就不胜枚举了。

特别值得指出的是，郭嵩焘要求沟通君民上下之情的思想，早在 19 世纪 50 年代末就萌芽了。1859 年 2 月 26 日（咸丰九年正月二十四日），咸丰皇帝在与郭嵩焘一番对话以后问他：你还有什么"不能形之笔墨"的话吗？"当尽情陈说，不必隐讳。"郭嵩焘鼓起勇气说了这么一通话：

> 今日总当以通下情为第一义。王大臣去百姓太远，事事隔绝，于民情军情委曲不能尽知，如何处分得恰当？事事要考求一个实际，方有把握，故以通下情为急。④

① 郭嵩焘：《请将黔抚岑毓英交部议处疏》，《郭嵩焘全集》第四册，第 788 页。
② 郭嵩焘：《郭嵩焘日记》光绪三年十月初六日，《郭嵩焘全集》第十册，第 322 页。
③ 郭嵩焘：《郭嵩焘日记》光绪四年三月初四日，《郭嵩焘全集》第十册，第 449 页。
④ 郭嵩焘：《郭嵩焘日记》咸丰九年正月二十四日，《郭嵩焘全集》第八册，第 183 页。

通下情不等于要实行立宪制度，在君主专制的体制下，遇到圣君贤相也可以通下情。但是，君主专制的种种弊端，毕竟多由上下隔阂所导致；立宪制度的种种益处，亦多与上下不隔有关。郭嵩焘能正式向皇帝提出去隔阂、通下情的问题，这说明他对此思虑很深，这也是他日后要求取法西方政治制度的思想基础。

郭嵩焘这些议论，在 70 年代并不是一花独放。举人强汝询就有类似的看法，他认为，中国在学习西方船炮等新式武器时，也要注意他们的政治制度，"西洋之强岂专恃乎器哉？其官民甚和，其心志甚齐，其法制简而肃，其取人必课实用"。[1] 受李鸿章等赏识，先后任知府、道台等职的朱采也有这种看法，他 1874 年提出的改革办法中有两条，一曰开言路，主张"凡军国大事及有关兴利除害者，许直言无讳，机密者许达军机处及总理衙门"；一曰布公道，认为"古者国有大事，谋及庶人"，"故上下一心，无所疑阻，以能定危疑而捍强敌。泰西各国，有所兴举，必君臣佥议而后行，犹有古之遗意"。[2] 这实际是要求开议院的先声。同年，洋务派领袖人物、总理衙门大臣文祥更明确地肯定了议院制度，批评了那种对西方不加分析、一概骂倒的轻率态度。他说："说者谓各国性近犬羊，未知政治，然其国中偶有动作，必由其国主付上议院议之，所谓谋及卿士也；付下议院议之，所谓谋及庶人也。议之可行则行，否则止，事事必合乎民情而后决然行之。"他认为议院制度虽然很难行于中国，但中国可以吸取其精神，"中国天泽分严，外国上议院、下议院之设，势有难行，而义可采取"。[3]

显然，改革朝什么方向发展的问题，在自强运动兴起之时，在官绅中就有着严重分歧，不过，那时李鸿章等人思想占主导地位，郭嵩焘等人的意见居于从属地位。1884 年，中法战争的失败，预

---

① 强汝询：《海防议》，《洋务运动》第一册，第 361 页。
② 朱采：《海防议》，《洋务运动》第一册，第 350—351 页。
③ 《文祥传》，《清史稿》卷三八六，第 11691 页。

示着靠师法西方坚船利炮单兵突进，是无法臻于富强的。于是，郭嵩焘等人的意见便引起了更多人的重视和支持。

1884 年以后，郭嵩焘将自己先前的私下议论变为政治主张提了出来。他在给李鸿章的一封信里写道：泰西之国，大事"皆百姓任之，而取裁于议政院。其国家与其人民交相维系，并心一力，以利为程……要之，国家大计，必先立其本。其见为富强之效者，末也"。① 点明了要在中国开设议院的问题。

1884 年，兵部尚书彭玉麟为郑观应的《盛世危言》作序，称赞该书篇篇皆时务切要之言，书中所说对"中西利病情形，了如指掌"，并且认为，中国"当知某国何以兴，某国何以衰，知己知彼，洞见本原，方有着手之处，岂徒尚皮毛，购船炮而已乎?"② 他明确指出购船炮是"徒尚皮毛"，那么他说的"本原"是什么呢?《盛世危言》中已写得很清楚，无须赘述了。彭玉麟也是赞同立宪制度的。

先后任江苏布政使、安徽巡抚和贵州巡抚的邓华熙在向光绪皇帝推荐《盛世危言》时说，泰西立国具有本末，"设议院以联众志"即是其本之一，现在中华不师其本而师其末是不行的，"无议院之设，则上下之情隔，粉饰之弊多"。③ 可以看出，要求开设议院的意思是很明显的。

最有典型意义的是崔国因和张树声的议院论。

崔国因（1831—?），安徽太平人，字惠人，1871 年中进士，改庶吉士，1889 年自翰林院侍读赏二品顶戴为出使美国、西班牙和秘鲁大臣，1893 年任满回国。著有《出使美日秘国日记》和《枭实子存稿》等。早在 1883 年（光绪九年），崔国因就在《奏为国体不立后患方深请鉴前车速筹布置恭折》中，明确地向朝廷提

---

① 郭嵩焘：《致李鸿章》，《郭嵩焘全集》第十三册，第 472 页。
② 《〈盛世危言〉彭序》，《郑观应集》，第 227 页。
③ 《头品顶戴江苏布政司布政使臣邓华熙跪奏》，《郑观应集》上册，第 226 页。

出了开设议院的请求。

在这份奏折中，崔国因先陈说了一番边境危机，然后提出了储才、兴利、练兵等十项自强之道，其中第九项就是"设议院"。他说，设议院是沟通上下之情的最好方式：

> 议院之设，分为上下。其上议院由王公大臣议之，所以率作兴事，慎宪省成，知其大者远者也；下议院由各省民间公举之人议之，所以通幽达隐，补弊救偏，兴利除害，知其小者近者也。夫搢绅之族，食禄之家，其分近于君而远于民，患其不知民隐也，则有下议院以通之；草茅新进之氓，其于间阎之利病知之至真，祸乱之倚伏见之最近，其所短者，唯恐其识见拘墟，不适于用也，则恃上议院以裁之。①

崔国因认为，在强敌环伺、边警频报的情况下，要让全国百姓心甘情愿地为国分忧效力，议院之设尤其势在必行：

> 且今日之事势，为古今之创局，凡所设施，每骇听闻，而练兵、筹饷各举为向未经见者，必使斯民身居局中，悉其原委，知此中实有不得不然者，乃肯设身处地，为朝廷分忧，而后兵可增而不以为抽丁，饷可增而不以为重敛，凡有设施，坦然明白，所当行者，乃可次第行也。②

崔国因认为上下议院的换人更代，也应有个明确期限，"定限以三年，使上议院无权重之弊，而下议院之新举自民间者，于民事知之至悉也"，这样才能真正达到沟通上下之情的目的，而不使议

---

① 崔国因：《奏为国体不立后患方深请鉴前车速筹布置恭折》，《枭实子存稿》，光绪年间刻本，第 22 叶。

② 崔国因：《奏为国体不立后患方深请鉴前车速筹布置恭折》，《枭实子存稿》，第 22 叶。

院之设流于形式。

崔国因特别强调，在所有各条自强之道当中，开设议院乃是最根本、最关键的一条，"议院设而后人才辈出，增饷增兵之制可以次第举行也"，"设议院者，所以因势利导，而为自强之关键也"。①

崔国因的奏折递上以后，不知什么原因，留中未发。以后，崔国因到美国等国当了几年出使大臣，眼界更为开阔，对议院制度的优越性也看得更真切，他再次向朝廷提出开设议院的问题，认为"泰西富强之政，不胜枚举，随时随事行之，但得其利而无其弊者，其枢纽全恃乎议院"。②

崔国因是近代中国向朝廷明确提出开设议院要求的第一人，他对议院制度的了解，对开设议院的紧迫性、重要性的认识，与当时郑观应、王韬等人是一致的。他是科举正途的进士，社会地位比郑、王都要高。他能在出国以前就有此识见，确属难得。

崔国因提出开设议院要求的第二年，张树声也向朝廷提出了这一要求。

张树声（1824—1884），安徽合肥人，字振轩，淮军的重要将领，李鸿章的亲信之一，历任江苏巡抚、两广总督等职，负责过一些洋务企业，主持编辑过《敦怀堂洋务丛钞》。1884 年 10 月 26 日（光绪十年九月初八日），张树声在病逝之前，口授一份《遗折》，把他埋在思想深处的想法，一泻而尽。

首先，《遗折》指出，时变势易，中国不得不变。自中外通商数十年来，"俄罗斯侵轶于北方，日本窥伺于东海，英吉利由印度、缅甸以规滇藏，法兰西据西贡海防而谋滇粤，睢盱忸怩，日益难制"，可是中国仍然"蹈常习故"，犹如"衣冠而救焚，揖让而拯溺"，不赶快变法，"何以济耶"？

---

①　崔国因：《奏为国体不立后患方深请鉴前车速筹布置恭折》，《桑实子存稿》，第 23 叶。

②　崔国因：《条陈辛丑三月呈请大学士代奏未行，为谨拟新政备资采择恭折》，《桑实子存稿》，第 69 叶。

其次，《遗折》明确认为，变法当以立宪为本。《遗折》写道：

> 近岁以来，士大夫渐明外交，言洋务，筹海防，中外同声矣。夫西人立国，自有本末，虽礼乐教化远逊中华，然驯致富强，具有体用。育才于学堂，论政于议院，君民一体，上下一心，务实而戒虚，谋定而后动，此其体也。轮船、大炮、洋枪、水雷、铁路、电线此其用也。中国遗其体而求其用，无论竭蹶步趋，常不相及，就令铁舰成行，铁路四达，果足恃欤？①

张树声还特别以两个月之前发生的中法马江之役为例，指出此役中国"聚兵船与敌相持，彼此皆木壳船也，一旦炮发，我船尽毁，此亦已事之鉴矣"。

最后，张树声以边患频仍，恳请朝廷尽早立宪。他说："今台湾告急，援济无方，窃虑琼州将踵其后，若敌得志，台琼祸患之殷何可推测，此微臣所以终夜感愤，虽与世长辞，终难瞑目者也。"他请求皇上，一旦战事缓和，稍得闲暇，就当"断自宸衷，通筹全局，取琴瑟不调甚者而改弦更张之。圣人万物为师，采西人之体，以行其用。中外臣工，同心图治，勿以游移而误事，勿以浮议而隳功，尽穷变通久之宜，以奠国家灵长之业，则微臣虽死之日，犹生之年矣"。②

张树声的立宪议论，明朗集中，自成系统。他所谈实行立宪政治的重要性、紧迫性，与当时郑观应等人思想完全一致，对以后改

---

① 张树声：《遗折》，《张靖达公奏议》，光绪己亥刻本，卷八。这段话与同年稍早一些时间郑观应的一段话基本相同。郑观应在《南游日记》中写道："余平日历查西人立国之本，体用兼备。育才于书院，论政于议院，君民一体，上下同心，此其体；练兵、制器械、铁路、电线等事，此其用。中国遗其体效其用，所以事多扞格，难臻富强。"见郑观应《南游日记》，《郑观应集》上册，第 967 页。郑观应这段话写于 1884 年 7 月 11 日（光绪十年闰五月十九日）。张树声是 1884 年 11 月病逝于广州的。如此看来，张树声《遗折》中的这段话来源于郑观应。但是，这段话究竟是通过什么途径成为张树声《遗折》中的内容了呢？待考。

② 张树声：《遗折》，《张靖达公奏议》，卷八。

良派民权思潮的兴起也有着一定的促进作用。

张树声的立宪思想显然不是弥留之际忽然顿悟的，但是他此前从来没有表露过，这是什么原因呢？这除了因为中法战争的失败，宣告了洋务运动开始破产，使立宪问题变得空前紧迫，恐怕与时忌不无一定关系。谈洋务，在当时本是犯忌的事，用李鸿章的话说，是"人人怕谈、厌谈"。沈葆桢有句名言："中国如欲振兴，则铁路之开必不能免，然不可使中国铁路开之自我。"① 时人的顾忌是有根据的。郭嵩焘不畏时忌，大谈洋务，结果屡遭弹劾，落得个丢官置散的下场。谈洋务尚且犯忌，谈洋务而欲变政制，这当然更不敢置喙了。张树声直到临终之际，方敢直陈其言，正露出了此中端倪。

顾忌，是中法战争以前很多洋务派官僚避谈政治改革的重要原因之一。这一点，我们从李鸿章身上可以看得很清楚。1877 年，郭嵩焘在伦敦致函李鸿章，劝他不要只"专意考求兵法"，而应把目光转向"大者、远者"的问题即政治制度方面，李鸿章回答说：对于"西洋政教规模"，自己也"留心谘访，考究几二十年，亦略闻梗概"，不过"鄙人职在主兵，亦不得不考求兵法……欲舍此别图其大者、远者，亦断不得一行其志"。② 这说明，他在讲求坚船利炮、工商科技的同时，也考虑到了政治制度的问题，不过由于阻力太大，无法行通，因而不敢谈起。

四　理解的困难与表达的偏差

中西不同政治制度会面时，美国式的民主制度与清朝的君主专制反差最大，中国社会对这种制度的理解最费力，表达的偏差最大。

美国在 1776 年成立，八年以后，中美两国有了民间交往。

---

① 何启、胡礼垣：《〈劝学篇〉书后》，《新政真诠》五编，第 54 页。

② 李鸿章：《复郭筠仙星使》，《洋务运动》第一册，第 269、270 页。

1784 年美国轮船"中国皇后"号来华，是为中美民间交往的开始。以后，中国政府和有关人士开始注意这个大洋彼岸的国家。鸦片战争以前，中国沿海官员、西方传教士已陆续介绍美国的政治制度。不同文化的接触、交流需要翻译。翻译的过程就是用已然的语言去对应、理解、转述被译的对象，包括事物、制度、思想。美国民主政体是中国人闻所未闻的制度，如何翻译，包括用什么词语，以什么样的口吻，很能看出译者对这一制度的看法、心态和理解的程度。这在对美国元首 president 一词最早的翻译中表现得相当清楚。

翻检 19 世纪 70 年代以前的中文资料，对 president 的翻译有以下一些：

其一，头人。1817 年（嘉庆二十二年），前面已经述及的两广总督蒋攸铦在奏折中称，米利坚"该夷并无国主，止有头人，系部落中公举数人，拈阄轮充，四年一换"。[①] 将其与夷、部落等名词连在一起。

其二，总理。1819 年麦都思在中文出版物中称美国元首为"总理"："惟花旗国无王，只有一人称总理者治国家的事。"[②]

其三，首领主。《东西洋考每月统记传》多次使用此词，比如美国"每三年一次选首领主，以总摄政事"。[③] "良民知华（盛顿）胸怀大志，腹有良谋，故立之为国之首领主。"[④]

其四，国主。1838 年郭实腊称美国元首为"国主"："民不服虐政，择国之尊贵者为公会摄国政，乘力驱逐英吉利军……国主被民选，或三年或六年，承接大统也。各省设公会，且此公会之尊贵人，赴国之大统会院，商量妥议国事。"[⑤] 19 世纪 50 年代的《遐迩

---

① 《两广总督蒋攸铦奏报美鸦片船被抢现量予赏恤并晓谕严禁片》，中国第一历史档案馆编《鸦片战争档案史料》第一册，第 20 页。

② 〔英〕麦都思：《地理便童略传》，第 17 页。

③ 《北亚米利加合郡》，《东西洋考每月统记传》道光丁酉，第 297 页。

④ 《华盛顿言行最略》，《东西洋考每月统记传》道光戊戌，第 319—320 页。

⑤ 郭实腊：《古今万国纲鉴》，新加坡坚夏书院 1838 年版，第 93 页。

贯珍》也用"国主"这个词。

其五，酋、酋长、大酋。鸦片战争前叶钟进《英吉利国夷情记略》中称，米利坚"设十二酋长以理事，一酋死，复公举之"。魏源称美国全国"公举一大酋总摄之"。①

其六，邦长。1860 年洪仁玕在《资政新篇》中称美国"邦长五年一任，限以俸禄，任满则养尊处优，各省再举"。

其七，统领、总统领、大统领、总统。1838 年裨治文的《美理哥合省国志略》、1844 年梁廷枏的《合省国说》，均称美国元首为"统领"。1844 年徐继畬在《瀛寰考略》用"总统领"②。1860年冯桂芬在《校邠庐抗议》手稿中亦沿用"总统领"的名称。1875 年王韬称美国总统为"大统领"。③ 至 19 世纪 70 年代，报刊已将 president 习称为"总统"。如 1878 年 1 月 12 日《申报》所载《论泰西国势》一文，多处使用"总统"一词，称华盛顿创立推举之法，"惟以民望所归居总统之任"。

以上七类名称都是意译，其中，"头人""酋"明显有轻侮的意味。头人，在传统汉语词汇里，是中原地区汉族对边疆民族部分首领人物的称呼。酋，在传统汉语中也是指未开化的民族的首领。"首领主"有些贬义，但不明显，容易让人想到梁山泊首领和寨主。总理、国主、邦长、总统都是中性名词，其中"总理"在中国传统官制中并没有这个名称，这里是动词的名词化，取其总理一切之意。"总统"是个老词，在中文里原有二义。一是总管、总揽的意思，是动词。《汉书·百官公卿表》云："太师、太傅、太保，是为三公，盖参天子、坐而议政，无不总统，故不以一职为官名。"二是军官名，在清代是指近卫营长官。近代所用"总统"，

---

①　魏源：《英吉利国广述中》引，《海国图志》卷五二，第 1452 页。魏源：《外大西洋墨利加洲总叙》，《海国图志》卷五九，第 1619 页。

②　徐继畬：《瀛寰考略》，《中国近代史料丛刊》，台北文海出版社 1974 年影印本，卷下，第 209 页。

③　王韬：《瓮牖余谈·花旗善法》，上海文艺出版社 1992 年影印本，第 45 页。

显然是取古代"总统"总揽的意思，是动词的名词化，也是"总统领"的简化。"总统"与"总理"两词比较起来，"总理"似有总管家的含义，不如"总统"总揽一切来得庄严和至高无上。从字面上看，"总统"也可以与"总承大统"相联系。

对于将 president 译为"首领"，有些西方人认为极不恰当，表示不能容忍。1879 年，一位寓居上海的西方人，写信给当时中国最有名的英文报纸《字林西报》，说在中文里，"首领"的最好含义是指炮艇上的船长，通常含义是指强盗头子，而传教士特别是美国传教士竟然首创用"首领"翻译 president，真是荒唐透顶。① 所谓首创这一译法，当是指上文提到的《东西洋考每月统记传》和美国传教士裨治文在《美理哥合省国志略》中称美国元首为"统领"。

此外，president 还有几种音译，如勃列西领、大伯勒格斯、伯理喜顿、伯理玺天德。1844 年签订的中美《望厦条约》中，已有"亚美理驾洲大合众国""大伯理玺天德特派钦差全权大臣"云云。1850 年代帮助慕维廉翻译西书的蒋敦复称："邦之百姓，推择一人统其众，为伯勒格斯（君民共政之称）。众伯勒格斯中推择一人为大伯勒格斯，军国大事，咸取决焉。"② 1868 年随使欧美的志刚称："将国书递与伯理喜顿""谒见伯理喜顿"。③ 1864 年出版的丁韪良翻译的《万国公法》云：美国"有合邦之首领以统行之，首领乃美国之语，所称伯理玺天德者是也"。④《万国公报》亦常有美国"新举伯理玺天德"⑤"伯理玺天德公举已定"⑥ 等报道。

这四个音译名称中，用得最多的是"伯理玺天德"。这大概因

---

① To the Editor of the North China Daily News, *The North China Daily News*, March 22, 1879.

② 蒋敦复：《华盛顿传》，《啸古堂文集》卷五，同治十年刊本，第 7 叶。

③ 志刚：《初使泰西记》，第 21 页。

④〔美〕惠顿著，丁韪良译《万国公法》卷二，上海书店出版社 2002 年版，第 35 页。

⑤《大美国事：新举伯理玺天德》，《万国公报》1876 年第 414 期。

⑥《大美国事：伯理玺天德公举已定》，《万国公报》1876 年第 420 期。

为，勃列西领、大伯勒格斯、伯理喜顿这些译名，除了译音，在字面上看不出国家元首的意思，① 而"伯理玺天德"，可以使人产生"掌理玉玺、享有天德之人"的联想，与中国天子、皇帝的意思暗合。

在 19 世纪出使人员那里，常常是"总统领"与"伯理玺天德"两词一同使用，在比较正规的场合用"伯理玺天德"，一般时候用"总统领"。对此，出使欧洲四国的薛福成有个解释，说"总统"是俗称：

> 泰西立国有三类：日蔼姆派牙，译言王国，主政者或王或皇帝；日恺痕特姆，译言侯国，主政者或侯或侯妃；二者皆世及。日而立泼勃立克，译言民主国，主政者伯理玺天德，俗称总统，民间公举，或七岁或四岁而一易。②

President 译名筛选的过程，也是中国社会特别是知识界对美国政治制度理解的过程。随着时代的演变、中国人对西方了解的加深，先前带有轻侮的译名如"头人""大酋"逐渐在中文书刊中消失，在 19 世纪 70 年代以后的中文书刊中，很难再见到称美国总统为"头人""大酋"的，那不合中国文法的、没有丝毫美感的"大伯勒格斯"也很少有机会出现，既符合英文原义、比较庄严，又符合中文表述习惯的"总统"终于成为通用译名。

对美国首任总统华盛顿（George Washington）的译名选择，也有同样的情感因素。George Washington 在 19 世纪 20—40 年代，先后有兀兴腾、瓦乘敦、洼申顿、滑盛顿等许多译名，③ 最后约定俗

---

① "勃列西领"还有个"领"字，可以让人联想到"西国首领"；"伯里喜顿"有个"喜"字，也有些慈眉善眼的样子；"大伯勒格斯"则有些面目可憎。

② 薛福成：《出使英法义比四国日记》，商务印书馆、中国旅游出版社 2016 年版，第 38 页。

③ 见杨玉圣《中国人的美国观——一个历史的考察》，复旦大学出版社 1996 年版，第 15 页。"滑盛顿"见《西国近事汇编》乙亥年（1875）卷二，第 5 页。

成为"华盛顿"。以"华盛顿"译 washington，是按照广东话发音的，如果用北方官话来读，则与 washington 发音相差甚远。相反，用"兀兴腾"三字，与 washington 发音最为吻合。徐继畬在《瀛寰考略》中，最初用的便是"兀兴腾"，这符合他山西话的发音。但是，他在《瀛寰志略》中，便改用"华盛顿"而不用"兀兴腾"。从字面上看，"兀兴腾"很容易让人联想到未开化的部落首领，而"华盛顿"何其庄严崇高！

翻译讲究对应，如果完全没有对应之词，则附会便不可避免。晚清中国在对美国政治体制进行附会解释时，至少有三个大的偏差。

第一个，是将 president 附会为"皇帝""国君"。这是偏差最大的附会。

美国传教士裨治文在 1838 年出版的《美理哥合省国志略》中称美国元首为"统领"，但 1861 年经寓居上海的南京学者管嗣复润色的《大美联邦志略》，则将"统领"改译为"国君"，内称："军务大权，不分邦国，凡水陆之兵将，概归国君节制"；"行法之权，专于国君"①。我们知道，国君在中文里是有确定的含义的，经他那么一改，民主国家的元首便变成专制国的君主了。

管嗣复这么改，并不是他随心所欲，那时普通知识分子和民众，都是这么称呼美国元首的。翻翻 19 世纪 70—80 年代的《万国公报》《西国近事汇编》，称美国总统为"国皇""皇帝"的随处可见。因为，说到皇帝，可以说不用附加任何解释，无人不知，无人不晓，简洁明了，说到总统，费了半天唇舌，还是闹不清楚是什么玩意儿。为此，70 年代中期，寓沪美国传教士林乐知特地在报上刊文，辨析皇、王、总统之间的区别：

　　外国称皇称王者皆系世及，即称大公，亦属传位，惟称伯

---

① 裨治文：《建国立政》，《大美联邦志略》上卷，墨海书馆 1861 年版。

理玺天德，则知为民主之国而无世及之例也。又外国皇、王之辨，如今抚有一国而无属国者称王，除本国而兼有属国者称皇……至伯理玺天德无论有无属国，俱称民主。①

但是，一般人仍然弄不清楚其间的差异，甚至在《万国公报》主持笔政的中国文人，也要称美国元首为皇帝，以为不如此便不足以表示崇敬之意。

关于这方面的问题，有一个典型例子。

1879 年 5 月，美国前总统格兰特（Ulysses Simpson Grant, 1822－1885）访问上海，受到热烈欢迎。格兰特曾两次担任总统，他来访问时，一般华人为了表示尊崇，便尊称其为"国皇"或"皇帝"。华人主持笔政的《万国公报》发表文章的题目便是《纪两次在位美皇来沪盛典》，文章中虽然也称格兰特为"前伯理玺天德"，但同时又称其为"皇"，且所用词语"践祚""禅位"等，均是中国对于皇帝所惯用的那些：

> 其未践祚之先，曾任总揽兵权之大将军，于南北争衡时，运筹帷幄，决胜疆场，屡著奇功，有战必克。民间爱戴情深，立之为皇。此第一次公举也。践祚之后，乐民之乐，忧民之忧，而其最得民心者，尤在永禁买人为奴弊与中国换立和约两事，是以恩周朝野，沐其德者，浃髓沦肌。民间不忍拘禅位之例，于第二次公举时仍复尊之为皇矣。……前伯理玺天德两举皇位，今已退居而安庶之列。②

文中还按中国行文格式，遇"皇"字均空两格以示尊崇。

为此，《万国公报》负责人林乐知特发表编者按语予以廓

---

① 林乐知：《大美国事》按语，《万国公报》1874 年第 311 期。
② 《纪两次在位美皇来沪盛典》，《万国公报》1879 年第 541 期。

清，说明将伯理玺天德"称之为国皇者，华人尊而重之也"，但是，"皇帝两字，中国以为尊无二上之名，而抑知其名固尊，未必无拂逆民情之处。我泰西除德、俄、奥等国之主自尊为皇帝外，英、美、法诸大国皆不然"。在美、法等国看来，非但不是美称，而且有背民主之义，"民将有不快于心者。故英、法、美诸国主皆不乐居皇帝之称"。① 国情不同，文化背景不同，皇帝的形象也截然不同。他劝人们务必不要再将伯理玺天德称为皇帝。

应当指出，协助林乐知办《万国公报》的华人学者沈毓桂等人，当然知道 President 与皇帝的原则区别，但原有的思维定式与习惯，原有的语言系统性，使他们觉得不称皇帝便不足以表示崇敬的心意，所以，明知不是皇帝，还要"皇帝"一番，就好像后来人见到领袖要情不自禁山呼"万岁"一样。心有所悟，词不达意，这就是语言的局限和附会造成的误会，在中国以为是尊敬，在美国则以为是侮辱，真是南辕而北辙。

第二个附会的例子，是前面所引的裨治文在《美理哥合省国志略》书中所用比喻：美国"立一国之首曰统领，其权如国王；立各部之首曰首领，其权如中国督抚"。统领的权力与国王并不一样，已如前述，各部之首领的权力与中国督抚也不完全相同。这些，裨治文、梁廷枏自然心里明白，但是，他们为了解释清楚，便不能不将其与中国的制度进行比附。稍具国际常识的今人都很明白，美国各州之州长是其州选民选举出来的，而中国之总督、巡抚是皇帝任命的，两者权力的来源、运行方式都有根本的不同。但是，在同光之际，要让普通中国人明白总统与州长的关系，实在没有现存的、完全对应的语词。

第三个附会的例子，是将美国总统的换届附会为中国传说中的

---

① 《本馆附识》，附《纪两次在位美皇来沪盛典》文后，《万国公报》1879 年第541 期。

尧舜禅让。比如，《教会新报》报道："美国皇帝传贤不传子，前禅让之君名毕尔思，今薨。"①毋庸多说，换届是制度使然，是被动式，不在乎原任者是否愿意交出权柄，而禅让则是原任者的主动行为，让不让、让给谁、怎么让、让到什么程度，均取决于原任者。梁启超曾作《尧舜为中国中央君权滥觞考》，辨析禅让与民主国家总统换届的区别，说明禅让的实质是私相授受，说到底还是专制。

此外，裨治文、梁廷枏等将美利坚合众国译为"合省国"，也不完全贴切，因为美国的 State 与中国的省，在权力的来源、权力的制约方面差别很大。我们还不能确切地知道，中国是何时将 State 由"省"约定俗成地改译为"州"的，但这个改动稍微接近英文原义。美国的 State 有较大的自治权，而在中国现代行政系统中，无自治省而有自治州，"州"较"省"的自治色彩似乎浓些。

晚清中国对美国总统有一个特别耐人寻味的称呼，即"民主"。众所周知，现代意义上的民主，意为民为主，与 democracy 相对应。但是，在中国传统词汇中，民主的含义是"民之主"，实即君主。

从"民之主"到"民为主"，从"民主"这个词的字面上都讲得通。晚清是从传统到现代的过渡时期，新旧混杂，两种含义截然相反的"民主"都在使用。

1864 年，丁韪良在《万国公法》中多次在"民为主"的意义上使用"民主"一词，如："美国合邦之大法，保各邦永归民主，无外敌侵伐"；"若民主之国则公举首领官长，均由自主，一循国法"②。其后，中国出使人员在谈到民主政体时，普遍使用这一词语。19 世纪 70 年代，郭嵩焘在日记中多次使用这一词语，如："西洋立国，有君主、民主之分，而其事权一操之议院，是以

---

① 《教会新报》第二册，第 144 页。
② 《万国公法》卷二，第 13 页。

民气为强。"① 黄遵宪在《日本国志》中称，世界各国，"有一人专制，称为君主者；有庶人议政，称为民主者；有上下分任事权，称为君民共主者"。②

但是，"民主"有时也指"民之主"，指国家元首即总统，如《万国公报》多次报道"美国民主易人"、美国"选举民主"、③"公举民主"、④"民主避暑"、⑤"民主晓谕"；⑥"美国民主曰伯理玺天德，自华盛顿为始"。⑦

1890 年 11 月，《万国公报》刊载华盛顿像，标题便是"大美开国民主华盛顿像"。这个"民主"，只能作"民之主"解释。这个"民之主"与中国古代"民之主"在词性上是相同的，但含义却不同，名同而实异。在晚清，作"民为主"时，"民主"的意思是民主政体，作"民之主"，"民主"的意思是总统。

如果将这些新旧混杂的"民主"含义梳理一下，可用以下等式表示：

传统"民主" ＝民之主＝君主；

近代"民主" ＝民为主＝民主；

近代"民主" ＝民之主＝总统。

"民主"这个旧词新用，巧妙地利用了汉字构词的灵活性，将传统与现代并不费力地结合在一起。不过，仔细辨析一下，上面第三个等式还是有问题的，因为现代总统并不是人民的主人，人民与总统的关系是股东与经理的关系，而不是仆主关系。但是，翻译就是意会，中国传统文化资源中原本没有与 democracy 相对应的词

---

① 郭嵩焘：《郭嵩焘日记》光绪四年五月初六日，《郭嵩焘全集》第十册，第511 页。

② 黄遵宪：《国统志一》，《日本国志》，第 63 页。

③ 《大美国事：选举民主》，《万国公报》1874 年第 316 期。

④ 《大美国：公举民主》，《万国公报》1880 年第 604 期。

⑤ 《大美国：民主避暑》，《万国公报》1880 年第 611 期。

⑥ 《大美国：民主晓谕》，《万国公报》1881 年第 627 期。

⑦ 《大美国事：选举民主》，《万国公报》1874 年第 316 期。

语，怎么办呢，只好用"民主"来抵充一阵。这样，无论从传统还是近代的角度来理解，"民主"都能说得通。至于各人如何理解，那就仁者见仁、智者见智了。

翻阅同光时期报纸杂志及各式西书，"民主"一词的含义，有时指君主，有时指民主，有时君主与民主两义均有，云里雾里，夹缠不清。文化转型时期用语之含混，莫此为甚！

第 八 章

理的追问：中西、义利、公理之类

同光时期，是中国所处国际环境大变动时期，是国内经济、政治、社会大变化时期，是思想文化空前活跃时期，也是哲学思想大发展时期。面对那么多形形色色、大大小小、纷至沓来的现实问题，众多有识之士持续不断地发问，也持续不断地给出解释。这些发问与解释形成那个时期特有的思想议题与哲学内涵。

归纳起来，同光时期思想者集中关注、深入追问的议题，有以下五个方面：一是中西问题，具体展开为源流、体用、异同等面向；二是古今问题，具体展开为天心、运会等议题；三是义利问题，这是传统议题的近代新解；四是人我问题，具体展开为人道、人的自由、个人与社会等议题；五是对人类哲学通理的思考。本章择其重要范畴论述之。

一　源流之辨

如何看待中西文化之间的关系，如何看待其间的异同，如何处理这些异同？同光时期比较有代表性的、影响比较大的有三种意见，即西学中源论、中体西用论与中西异趣论。本节论述前者。

西学中源说的基本观点是：西方某些科学技术、某些事物，包括数学知识、工艺制造等，均源出中国，是中国流传出去或从中国学去的，中国学习这些东西，是恢复自己的旧物，不是学习西方。

王韬、郑观应、陈炽、王之春、薛福成、宋育仁、俞樾等都有西学中源说。王韬说：铜壶沙漏，璇机玉衡，中国已有之于唐虞之世；钟表之法，亦由中国首创，"火器之制，宋时已有，如金人之守汴，元人之攻襄阳，何尝不恃火炮？其由中国传入可知也"。① 郑观应说："自《大学》亡《格致》一篇，《周礼》缺《冬官》一册，古人名物象数之学，流徙而入泰西，其工艺之精，遂远非中国所及。盖我务其本，彼逐其末；我晰其精，彼得其粗；我穷事物之理，彼研万物之质。秦汉以还，中原板荡，文物无存，学人莫窥制作之原，循空文而高谈性理，于是我堕于虚，彼征诸实。"② 陈炽说：古时中国大乱，"抱器者无所容，转徙而至西域。彼罗马列国，《汉书》之所谓大秦者，乃于秦汉之际，崛兴于葱岭之西，得先王之余绪，而已足纵横四海矣。阅二千年，久假焉，而不能不归也，第水陆程途愈数万里，旷绝而无由自通，天乃益资彼以火器、电报、火轮、舟车，长驱以如中国，中国弗能禁也。天祸中国欤？实福中国也。天厌中国欤？实爱中国也。譬我有奇宝焉，遗之道路，拾遗者秘而不出，亦人之常情耳"。③ 王之春说："制器尚象利用本出于前民，几何作于冉子而中国失其书，西人习之，遂精算术。自鸣钟创于僧人而中国失其传，西人习之，遂精机器。火车本唐一行水激铜轮自转之法，加以火蒸气运，名曰汽车。火炮本虞允文采石之战，以火器败敌，名为霹雳。凡西人之绝技，皆古人之绪余，西人岂真巧于华人哉？"④

以上诸人还是从技术、器物层面上来说西学中源的，黄遵宪则

---

① 王韬：《变法上》，《弢园文录外编》卷一，第9页。

② 郑观应：《盛世危言·道器》，《郑观应集》上册，第242页。《冬官》，八卷本改作《考工》。

③ 陈炽：《自强》，《陈炽集》，第7页。

④ 王之春：《精艺术》，《国朝柔远记》卷一九，光绪十七年刻本。

更进一步，将其扩大到文化的各个方面。他说：

> 余考泰西之学，其源盖出于墨子。其谓人人有自主权利，则墨子之尚同也；其谓爱邻如己，则墨子之兼爱也；其谓独尊上帝，保汝灵魂，则墨子之尊天明鬼也；至于机器之精，攻守之能，则墨子备攻、备突、削鸢能飞之绪余也。而格致之学，无不引其端于《墨子》经上下篇。当孟子时，天下之言，半归于墨，而其教衍而为七，门人邓陵、禽猾之徒，且蔓延于天下，其入于泰西，源流虽不可考，而泰西之贤智推衍其说至于今日，而地球万国行墨之道者十居其七。距之辟之于二千余岁之前，逮今而骎骎有东来之意。呜呼！何其奇也。

他还认为，泰西"用法类乎申韩，其设官类乎《周礼》，其行政类乎《管子》者，十盖七八，若夫一切格致之学，散见于周秦诸书者尤多"，[①] 地圆说、天静地动说源于《周髀注》，电气说源于《淮南子》等书。

薛福成在这方面与黄遵宪有十分类似的观点，所列举资料更为丰富。

薛福成认为，西方文化中许多内容，包括不少科学技术，来源于中国。"且夫和仲之宅昧谷，用察玑衡；伯阳之至流沙，当携图籍。凡兹西学，实本东来。故制作因于《考工》，测算昉于《周髀》。唐一行铜轮之转，效之为车船；元驸马火器之遗，演之为枪炮。由是智创巧述，日异月新。"[②] 他不止一次地说，天主教博爱思想来源于墨子，"盖耶稣之学，墨子爱无差等之学也。墨子知养生而不知送死，其论丧葬，以薄为道；耶稣之教，又加甚焉"。[③]

---

① 黄遵宪：《学术志》，《日本国志》，第1095—1096页。
② 薛福成：《出使英法义比四国日记》，光绪十七年日记跋，第233页。
③ 薛福成：《出使英法义比四国日记》，第210页。

他以一些具体的资料，论证《墨子》《庄子》《淮南子》《吕氏春秋》的一些内容，可以视为西学的源头。

其一，"泰西耶稣之教，其原盖出于墨子，虽体用不无异同，而大旨实最相近"。他列举了多方面的资料：《墨经》第九卷之《经说下》篇，为西方光学、重学之所自出；"第十三卷《鲁问》、《公输》数篇，机器、船械之学之所自出也；第十五卷《旗帜》一篇，西人举旗灯以达言语之法之所自出"。"《墨子》所云：'近中，则所见大，景亦大；远中，则所见小，景亦小。'今之作千里镜、显微镜者，皆不出此言范围。"①

其二，《吕氏春秋》中一些内容亦为西学源头。诸如："《吕氏春秋·似顺论》云：'漆淖、水淖，合两淖则为蹇，湿之则为干。金柔、锡柔，合两柔则为刚，燔之则为淖。'此化学之所自出也。"②

其三，《淮南子》与西学关联，凡四条：

> 《淮南子·主术训》曰："众智所为，则无不成也。千人之群无绝梁，万人之聚无废功。"西国各学各事之所以能胜人者，率用此术，即其用人行政之有议院，工商诸务之有公司，亦合众智以为智，众能以为能，所以鲜有败事也。《泛论训》云："老槐生火，久血为磷。"此即西人所言原质化合之理，亦化学也。《说林训》曰："荫不祥之木，为雷电所扑。"此即西人避电气之说也。《地形训》云："北方有不释之冰。"盖即今之北冰海云。③

其四，《庄子》与西学关系，例子更多。

---

① 薛福成：《出使英法义比四国日记》，第 158 页。
② 薛福成：《出使英法义比四国日记》，第 158 页。
③ 薛福成：《出使英法义比四国日记》，第 158—159 页。

《外物》篇云："木与木相摩，则燃；金与火相守，则流。"此电学、化学之权舆也。《齐物论》篇云："一与一为二，二与一为三，自此以往，巧历不能得。"《秋水》篇云："计四海之在天地之间也，不似礨空之在大泽乎？计中国之在海内也，不似稊米之在太仓乎？"此天算之学、舆地之学之滥觞也。《逍遥游》篇云："野马也，尘埃也，生物之以息相吹也。天之苍苍，其正色邪？其远而无所至极邪？其视下也，亦若是则已矣。"今之登轻气球者，仿佛见此景象。《则阳》篇云："有国于蜗之左角者，曰触氏。有国于蜗之右角者，曰蛮氏。相与争地而战。"此与《列子》所谓"焦螟群飞而集于蚊睫"者，大旨相符。今之窥显微镜者，仿佛见此景象。《养生主》篇云："指穷于为薪，火传也，不知其尽也。"按罗马等处教门，好蓄古时之火，有传之五六百年而不灭者，正即此意。又《天运》篇云："天其运乎？地其处乎？日月其争于所乎？孰主张是？孰纲维是？孰居无事推而行是？意者，其有机缄而不得已邪？意者，其运转而不能自止邪？"此则启西洋谈天之士之先声矣。①

薛福成还认为，《管子》思想与西学有许多相通之处。他举了八例：

《管子》云："量民力，则无不成。不强民以其所恶，则诈伪不生。不欺其民，则下亲其上。"西国之设上下议政院，颇得此意。又云："事者生于虑，成于务。不虑则不生，不务则不成。"西国各学之重专家，各业之有公司，颇得此意。又云："兵也者，审于地图，遍知天下。审御机数，兵主之事也。有风雨之行，故能不远道里矣；有飞鸟之举，故能不险山

---

①　薛福成：《出使英法义比四国日记》，第 160 页。

河矣。"彼之行军于水陆者，似之。又云："财盖天下，工盖天下，器盖天下，器成卒选，则士知胜矣。"又云："致天下之精材，来天下之良工，则有战胜之器矣。致材若何？五而六之，九而十之，不可为数。来工若何？三倍不远千里。"彼之殚力于船械者，似之。又云："上有丹砂者，下有黄金；上有慈石者，下有铜金；上有铅者，下有银；上有赭者，下有铁；此山之见荣者也。"彼之矿学化学，所以日献精华也。又云："关者，诸侯之陬隧也，而外财之门户也。明道以重告之，虚车勿索，徒负勿入，以来远人。"又云："商无废利，民无游日，财无砥墆。"彼之通商惠工，所以日臻丰阜也。①

1887年，上海格致书院曾以《格致之学中西异同论》为题，让学生作文，几乎所有课艺都述及西学中源问题。有的说，西方格致之学，"加密求精，切于日用，颇有近于先民作述之意"。他们从中国浩瀚的经、史、子、集中，找出许多字句、事例，证明西方科学是从中国传出去的。

最典型的是王仁俊。他写了一本《格致古微》，凡6卷，从《易经》《诗经》等九经中辑出24则，从《史记》《汉书》等二十四史中辑出40则，从《荀子》《管子》等诸子中辑出99则，从各种文集、笔记中辑出20则，分别从天、算、地、兵、医、化、矿、重、气、水、热、电、光、声、字、画、商、工、植物、政俗、自强等21个方面，说明西学源出中国。书后列有详细的表格。《格致古微》在戊戌以后影响很广，五四时期，陈独秀等人便以"格致古微"代指西学中源说。②

西学中源说并不始于晚清，在鸦片战争以前已很流行。最早提

---

① 薛福成：《出使英法义比四国日记》，第159页。
② "第三派以为洲人之学，吾中国皆有之，格致古微时代之老维新党无论矣。"见陈独秀《随感录》，《新青年》第4卷第4号，1918年4月。

出这一见解的是黄宗羲，他在清初讲学时曾认为，"勾股之术乃周公、商高之遗而后人失之，使西人得以窃其传"。[①] 同时代的著名学者方以智也有类似看法，说"天子失官，学在四夷"，西人的天文历算其实是拾中国圣人的余绪。[②] 康熙皇帝也是西学中源说的积极倡导人，他在论及三角学时便认为："论者谓今法、古法不同，殊不知原自中国，流传西土。"[③]《御制数理精蕴》的《周髀经解》中写道："三代盛时，声教四讫，重译向风，则书籍流传于海外者，殆不一矣。周末，畴人子弟，失官分散，嗣经秦火，中原之典章既多缺佚，而海外之支流反得真传，此西学之所以有本也。"[④] 梅文鼎在述及西方天文历算方法、地圆说时，多次表示赞同康熙的意见，并论证西人天文学出于周髀盖天之学，这些学问是在周室衰微以后流入西方的。清人所修《明史·历志》则肯定："西人浑盖通宪之器，寒热五带之说，地圆之理，正方之法，皆不能出《周髀》范围。"阮元在为《续畴人传》所作序言中，甚至认为西方地心体系中的九重天之说，是本于中国大诗人屈原的《天问》："自西人尚巧算，屡经实测修改，精务求精。又值中法湮替之时，遂使乘间居奇，世人好异喜新，同声附和，不知九重本诸《天问》，借根昉自天元，西人亦未始不暗袭我中土之成说成法，而改易其名色耳。"[⑤] 王锡阐、梅瑴成、陈厚耀、戴震、阮元、邹伯奇等，也都有西学源于中国的说法。

把外来的东西说成是中国已有的东西，或者说成是中国原有、后来失去、现在又返回来的东西，这类言说套路，中国古已有之。

---

① 全祖望：《梨洲先生（黄宗羲）神道碑文》，《鲒埼亭文集选注》，商务印书馆2018年版，第97页。

② 方以智：《浮山文集》，张永义校注，华夏出版社2017年版，第390页。

③ 王仁俊《格致古微》卷一"易"引。

④ 《御制数理精蕴》卷一，《周髀经解》，金沛霖主编《四库全书　子部精要》中册，天津古籍出版社、中国世界语出版社1998年版，第49页。

⑤ 阮元：《续畴人传序》，罗士琳续补《续畴人传》，中华书局1991年版，第2页。

最典型的是"老子化胡说"。《史记》记述老子事迹，内云：老子"居周久之，见周之衰，乃遂去。至关，关令尹喜曰：子将隐矣，强为我著书。于是老子乃著书上下篇，言道德之意五千余言而去，莫知其所终"。最后五个字"莫知其所终"，给后人留下了巨大的想象与发挥空间。东汉时期，佛教东来，人们为了减少佛教传播的阻力，便编造出"老子化胡说"，宣称老子西出函谷关，到了印度，成为佛教的始祖，所谓佛法，其实是老子学说之余绪。道教对此说法宣传最起劲，因为这么一来，以老子为教主的道教，其地位就大大高于佛教了。这一说法，历史悠久，东汉末年即有"或言老子入夷狄为浮屠"的说法，流传很广，影响很大。西晋年间有人专门编了《老子化胡经》，抬道贬佛，引起佛、道很大争论，唐代、元代都曾明令禁止此书。"老子化胡说"是一种文化调和论，这一言说套路在异质文化接触、交流方面有其特殊的价值。因为，这一说法"既有把佛教融于统一的华夏文化之中的意向，又有贬低佛教、视老子高于佛陀的倾向"。[①]换句话说，有了这一说法，人们可以既接受了外来文化，得其实惠，又消除了因接受外来文化而产生的自卑心理。明清之际与晚清的西学中源说，就是顺着这一言说套路而来的。

话说回来，西学中源说与老子化胡说又不完全一样。西学中源说是一个内容宽泛、真伪混合、影响复杂的理论，不似老子化胡说全属编造。

首先，西学中源说包含一定的合理因素。细翻晚清学者西学中源的具体说法，思索近代人的考证，参照今人对中国科技史的研究，包括李约瑟的《中国科学技术史》，可以发现，火药、指南针、造纸术、二进位制……西方确有一些科学技术源于中国，或晚于中国，因此，这些论断、考证并非全无道理。有些论断从总体上

---

① 洪修平：《老子、老子之道与道教的发展——兼论"老子化胡说"的文化意义》，《南京大学学报（哲学人文社会科学版）》1997 年第 4 期。

说可能不确切，但其中包含着一些真理成分。比如，《庄子·天下》载惠施语："至大无外，谓之大一；至小无内，谓之小一。"章太炎认为，这段思辨味道十足的话，用近代物理、化学知识便很容易解释：空气愈高愈薄，体积愈大，没有边际，这是"至大无外"；点小到原子就不可再分，这是"至小无内"。[①] 章太炎的解释，与现代科技史研究者对惠施这段话的理解如出一辙。1979 年出版的《中国化学史话》这样写道："我们可以猜想，他（惠施）的'大一'相当于近代所谓宇宙吧！他的所谓'小一'又相当于什么呢？从化学角度看，'小一'可能相当于分子或原子。"[②]《庄子·天下》载惠施语"南方无穷而有穷"，按通行的说法，这句话是谈相对与绝对辩证关系的，意为：方向是可以无限延伸的，所以"南方无穷"；但就某一范围而言，南方又是有止境的，所以南方又"有穷"。章太炎不作如是解。他说，这是地圆论：大地呈球状，南北方向如环无端，故曰"无穷"；但是，寒冷至极的冻海又在事实上阻碍了人们的通行，所以又是"有穷"的。[③] 今天的天文学史研究者对惠施的话的解释，和章太炎的解释完全一致，认为"惠施对于大地之为球形，是有了初步的认识的"，惠施的"南方无穷而有穷"一语，"只能理解为大地是球形，才有确定的含义"，甚至认为"惠施的地是球形的思想，可与亚里斯多德媲美"。[④] 诗无达诂，对古人的一些片言断语其实亦无达诂。章太炎对惠施话的理解，至少可以算言之成理的一家之说。

　　其次，西学中源论又有许多考证缺乏证据，失于武断。例如，王仁俊据《论语》和《孔子家语》等书中关于孔子弟子冉求"好学博艺"的话，断定所说之艺专指礼、乐、射、御、书、数六艺

---

　　① 章太炎：《历物疏证》，《章太炎全集》第一卷，上海人民出版社 2018 年版，第 244 页。

　　② 曹元宇：《中国化学史话》，江苏科学技术出版社 1979 年版，第 287 页。

　　③ 章太炎：《历物疏证》，《章太炎全集》第一卷，第 246 页。

　　④ 郑文光、席泽宗：《中国历史上的宇宙理论》，人民出版社 1975 年版，第 160 页。

的最后一项"数"即数学，进而通过其他资料，推断冉求所通数学为几何，最后断定《几何原本》原为冉求所著。① 再如，《墨子·尚同》有"是故选天下之贤可者立以为天子"一语，论者便断言"泰西有合众国、举民主，有万国公法，皆取诸此"。② 《管子》与《淮南子》中都有地之东西二万八千里、南北二万六千里的说法，章太炎认为这是中国古代的地圆说的一种表现。西方近代地理学谓地球赤道周长九万里，中国却说东西为二万八千里，这怎么解释呢？章太炎认为《管子》等书所说的是地球的直径，以圆周长九万除以圆周率，正好得二万八千多，至于南北长二万六千，因为地球呈椭圆体，东西长而南北短，所以二万六千差不多。③ 尽管章太炎言之凿凿，但迄今没有任何资料可以证明，所谓东西二万八千里、南北二万六千里的说法，不是古人对四方之地的四至臆测，而是对地球长短径实际测算的结果，也没有资料可以证明《管子》有地圆思想。《淮南子》有女娲炼五色石以补天的说法，有人便论断这是"后世烧煤之始"。④ 最为离奇的是，王仁俊从许慎《说文解字》关于"脑"的释文，断言《说文解字》已有"脑主知觉"说，西人关于"一切知识记忆不在于心而在头脑之内"的说法，"皆窃取许君义"。⑤

　　西学中源说的影响不是单一的，主张学习西方和反对学习西方的人都可以利用它。反对学习西方的人认为，既然西方长技源于中国，那么，中国根本不必向西方学习，而只需研究本国旧法就可以了。刘岳云便持此说。他说：西方的重学、光学、汽学、电学、化学，均出于中国，"且夫彼之法，皆中法也……虽精益求精，然非中国启其知识而能若此哉！至于得南针而知航海，得火药而后用枪

① 王仁俊：《格致古微》卷一，光绪二十二年刻本，第24叶。
② 王仁俊：《格致古微》卷三，第38叶。
③ 章太炎：《膏兰室札记》，《章太炎全集》第一卷，第346条。
④ 王仁俊：《格致古微》卷四，第2叶。
⑤ 王仁俊：《格致古微》卷五，第5叶。

炮，则尤中国大有造于彼者"，尽管如此，西方得于中国的技艺，仍是小者、末者，大者、本者仍在中国，中国士大夫根本用不着向西方学习。① 主张学习西方的人则说，既然西学源于中国，那么，中国学习、研究这些东西，就不是学习西方，而是光复旧物，"譬之家有秘方，再传而失于邻人，久而迹所在，或不惮千金以购还之……正当考求古制，参取新法，藉其推阐之妙，以收古人制器利用之助。乃不考夫所由来，恶其异类而并弃之，反以通其艺为辱，效其法为耻，何其隘也！"②

在西学中源论的影响下，晚清学术界出现一股发掘、研究中国科学技术和民主思想的风气。刘岳云编《格致中法》，王仁俊编《格致古微》，章太炎作《历物疏证》，以前不大为人重视的墨子学说受到空前关注，古代大批能工巧匠、科技人物名字，在久已湮没之后，突然走到历史前台，频繁地出现于报纸杂志上；谭嗣同刊印黄宗羲的《明夷待访录》，梁启超作《古议院考》，刘师培作《中国民约精义》，古代的重民思想、兼爱思想，被比附为民主思想、博爱思想，大加渲染。

在中国近代史上，西学中源说最为盛行的时期是 19 世纪 60—90 年代，也就是中国学习西方船炮技艺、近代化开始举步，中西文化激烈冲突的时期。到了 20 世纪初，当学习西方、实行新政已被定为国策以后，这种理论的市场便越来越小，批评之声越来越多。1902 年，一位学者批评说：

> 或者谓天算格致之学，皆我中国之所固有，彼特得而深思精造之，以引申我之绪余耳，如借根方之为东来法，地圆之说出于管子，重学光学出于墨子，璇玑玉衡早已创于卢廷，指南车行于姬公，木流牛马汉代有之。至于刻鸢能飞，公输之巧未

---

① 刘岳云：《格致中法自叙》，转见王仁俊《格致古微》卷五，第 31 叶。
② 黄遵宪：《学术志》，《日本国志》，第 1098 页。

尝逊于西人；祖冲之之千里船，施机自运；虞允文之霹雳车，元代之法郎机，皆中国流入西土。旁征博引，无非欲攘人之美，以掩其拙。不知欲盖弥彰，益形其陋，虚骄浮伪，若出一辙，此其故坐不能平心以察之也。①

综合看来，晚清学术界谈论西学中源说的人，绝大多数主张学习西方，少数是反对论者。上面提到的王韬、郑观应、陈炽、薛福成、黄遵宪，都是晚清力主向西方学习的著名人物。这是因为，反对学习西方的人，所持理由，主要是"用夷变夏"，因夷夏大防论较之西学中源论在中国传统文化中更有依据，态度更为鲜明。主张学习西方的人，则利用西学中源论，调和中学与西学的矛盾，架起中学与西学的桥梁，变学习西方为光复旧物，减少引进西学的阻力。这也是曾经具有辉煌文明历史的中国，在与西方文化冲击和对比之下显得落伍但又不甘心落伍，开始向西方学习又耻言学习的一种复杂的文化心理。文明传统浅薄的民族不会产生这种心理，襟怀广阔、站在世界文明前列的民族也不会产生这种心理。在这个意义上可以说，西学中源说是中国面对西学大潮、走出传统迈向近代的时代产物。

二　体用之别

中体西用说是晚清学术界评价、联系中西文化的最为流行的说法。②

---

① 何铺：《中国宜行新政论》，见储桂山编《皇朝经世文续新编》，1902 年义记书庄石印，卷五。

② 对于中体西用论历史渊源、对近代思想与教育的影响，陈旭麓先生在所著《论中体西用》中，有详细研究。见陈旭麓《近代史思辨录》，广东人民出版社 1984 年版。丁伟志《中体西用论在洋务运动时期的形成与发展》（《中国社会科学》1994 年第 1 期），孙广德《晚清传统与西化的争论》（台湾商务印书馆 1982 年版），亦有较为详细的讨论。

属于其范围的有中学为体、西学为用，旧学为体、新学为用，中学为主、西学为辅，中学为本、西学为末，中学重道、西学重器，中学形而上、西学形而下等多种说法。最早涉及这一问题的是冯桂芬。1861 年，他在谈论如何吸收西学时说："以中国之伦常名教为原本，辅以诸国富强之术。"① 以后，王韬、郑观应、薛福成等都发表过看法。最早确切使用"中学为体、西学为用"提法的是沈毓桂。1895 年 4 月，他在《万国公报》上发表《匡时策》，文中写道："夫中西学问，本自互有得失，为华人计，宜以中学为体，西学为用。"张之洞在《劝学篇》中讨论这一问题最为集中，影响最广，所以论者常将中体西用与张之洞的名字联系在一起。

体、用本是中国传统哲学的一对命题，可作主要与次要、本质与现象、实体与属性、内容与形式、根本原则与具体方法等多种解释。晚清学者讨论中体西用问题时，角度也是多方面的。其一是品评中西文化的高下。王韬说："形而上者中国也，以道胜；形而下者西人也，以器胜。如徒颂美西人而贬己所守，未窥为治之本原者也。"② 汤寿潜说："中国所守者形上之道，西人所尊者形下之器……愿人善用其议，善发其愤，求形下之器，以维形上之道。"③ 其二是讨论吸收西方文化的原则。陈炽在倡导开书院、采西学时主张："广储经籍，延聘师儒，以正人心，以维风俗……并请洋师，兼攻西学，庶几体用兼备。"④ 孙家鼐在筹办京师大学堂时说："中国五千年来，圣神相继，政教修明，决不能如日本之舍己芸人，尽弃其学而学西法。今京师创立大学堂，自应以中学为主，西学为辅；中学为体，西学为用……中学有未备者，以西学补之；中学其失传者，以西学还之；以中学包罗西学，不能以西学凌驾中学。"⑤

---

① 冯桂芬：《采西学议》，《校邠庐抗议》，第 57 页。
② 王韬：《与周弢甫征君》，《弢园尺牍》，第 30 页。
③ 汤寿潜：《中学》，《危言》，第 273—274 页。
④ 陈炽：《学校》，《陈炽集》，第 30 页。
⑤ 孙家鼐：《议覆开办京师大学堂折》，《戊戌变法》第二册，第 426 页。

张之洞在《劝学篇》中，也是从这个角度立言的。

中体西用论是个橡皮口袋，弹性很大，因为中学、西学的内容都很广泛，究竟哪些中学应该为体、哪些西学应该为用，这是见仁见智、言人人殊的。张之洞对此是有明确规定的，他说："四书五经、中国史事、政书、地图为旧学；西政、西艺、西史为新学，旧学为体，新学为用。"① 但是，大多数谈论中体西用的人，对体、用内涵并没有严格界定。这种对体、用内涵解释的宽泛性，使得这种理论适用范围相当广泛。张之洞讲中体西用，梁启超讲中体西用，② 弹劾康、梁的文悌也可以讲中体西用。③

后世论及中体西用论，每多讥刺之词。其实，中体西用论始于19 世纪 60 年代，盛行于 90 年代和 20 世纪初，考察它的历史，可以发现，在开始时，它主要是主张学习西方、进行变法的人们的理论武器。冯桂芬、王韬、郑观应、汤寿潜、陈炽，都是力主学习西方的著名人物。中体西用论在尊崇中学的前提下，以比较温和的色彩，避过了"以夷变夏"的攻击锋芒，为引进西学开了一条通道。看一看以上诸人的文集，可以发现一个很有意味的现象，各书的要旨明明是谈学习西方的问题，但几乎都有专谈中体西用的一篇或一段。郑观应的《盛世危言》是 19 世纪 70—80 年代鼓吹学习西方的最负盛名的著作，其开头一篇却是《道器》，大讲中学为道，西学为器。透过文字，可以看到为欲扬之故先抑之的论述策略。无论是冯桂芬所说的以伦常名教为本，还是张之洞所说的以四书五经、中

---

① 《张之洞全集》第十一册，河北人民出版社 1998 年版，第 9739 页。

② 梁启超在代拟的京师大学堂章程中写道："夫中学体也，西学用也，二者相需，缺一不可。体用不备，安能成才！"

③ 文悌在弹劾康有为时说："惟中国此日讲求西法，所贵使中国之人明西法为中国用，以强中国，非欲将中国一切典章文物废弃摧烧，全变西法，使中国之人默化潜移，尽为西洋之人，然后为强也。故其事必须修明孔孟程朱、四书五经、小学、性理诸书，植为根柢，使人熟知孝弟忠信、礼义廉耻、纲常伦纪、名教气节以明体，然后再学习外国文字、言语、艺术以致用，则中国有一通西学之人，得一人之益矣。"见文悌《严参康有为折稿》，《戊戌变法》第二册，第 484 页。

国史事、政书等旧学为体，都没有为中国社会提供任何新的内容，因为即使不说，当时社会事实上也是以这些东西为本、为体的，而所说的"用"，西学，倒是新鲜内容。所以，从总体上说，晚清的中体西用论，对中国吸收、接受西学，起了积极的作用。如果说江南制造局翻译馆等中国官办机构，在翻译西书、引进西方科学技术方面还起过一点作用的话，那么，这点作用，便是在中体西用思想的指导下取得的。

20 世纪初，严复曾对中体西用论提出尖锐的批评。他说：

> 体用者，即一物而言之也。有牛之体，则有负重之用；有马之体，则有致远之用。未闻以牛为体，以马为用者也。中西学之为异也，如其种人之面目然，不可强谓似也。故中学有中学之体用，西学有西学之体用，分之则并立，合之则两亡。①

严复此论，被后世认为是对中体西用论最为有力的批驳。严复所论，就同一事物的本体与属性而言，自是不刊之论。但是，时人所说的中体西用论，在很大程度上是中学为主、西学为辅的意思，与本体、属性的体用论并不是一回事。事实上，西学并非囫囵一体，不可分解，至少其器物、技艺层面的内容，是可以世界共有共享的。就像中国发明了指南针、火药，西方人可以拿去为其所用；西方人的数学、化学，中国人也可以拿来为己所用。如果确像严复所说，"分之则并立，合之则两亡"，那么，日本的现代化就不可思议了。

三　义利之辨

同光时期重商活动的开展、重商思潮的兴起，劈面遇到的一个

---

① 严复：《与外交报主人论教育书》，《严复集》第三册，中华书局 1986 年版，第 559 页。

问题，就是对传统的轻商贱商思想与习俗的回应与批驳，对传统义利观的辨正。王韬、郭嵩焘、薛福成等人对此都有深入的思考。

（一）揭穿重农轻商的虚伪性

王韬对中国历来重农抑商的经济结构的短处和经济思想上的错误，进行批评：

> 中国地大物博，于地球四大洲中最为富强。特当轴者不能自握其利权，自浚其利薮，而亟为之兴利焉耳。迂拘之士，动谓朝廷宜闭言利之门，而不尚理财之说。中国自古以来，重农而轻商，贵谷而贱金，农为本富而商为末富，如行泰西之法，是舍本而务末也，况乎中国所产足以供中国之用，又何假外求而有俟乎出洋贸易也哉！呜呼，即其所言农事以观，彼亦何尝度土宜、辨种植、辟旷地、兴水利、深沟洫、泄水潦、备旱干，督农肆力于南亩，而为之经营而指授也哉！徒知丈田征赋、催科取租，纵悍吏以殃民，为农之虎狼而已。徒有其名而无其实，又复大言而不惭，此真今日士子之通病也。如是天下何由而治？①

他揭穿了传统"重农轻商"的错误和言论的虚伪，指出传统中国在重农方面只是徒有其名而无其实。正因为中国只有重农之名而无重农之实，所以，中国西北地区原来是适合农业的肥田沃土，现在变成了难以耕种的贫瘠之地："西北之地，古帝王之所兴，建都立业，南向以驭天下，初何尝转输于东南？今河道日迁，水利不讲，旱则赤地千里，水则汪洋一片，民间耕播至无所施。"而这也是自然条件甚为优越的中国演变到今日，何以如此贫弱的关键，这就是没有兴利富民。

---

① 王韬：《兴利》，《弢园文录外编》卷二，第36页。

郭嵩焘指出，重农抑商，崇士贱商，给中国社会带来相当严重的后果，这就是游民的增多、社会的贫穷。他说："窃观西洋以商贾为本计，通国无不闲；中国重士而轻视农工商三者，乃至一家一邑之中，有职业者不逮百分之一，闲民居其九而又过之，民安得不穷？国安得不弱？"①

郭嵩焘尖锐批评传统轻商贱商思想与习俗的荒谬性与虚伪性。他从事实层面上指出，今日社会，商人地位已经远远高出农人，"商贾之权势，所至交通大吏，而农民受役于有土之家，下比奴仆"。在这种情况下，一般迂腐的儒生，还是"袭汉初之说，重农务本而薄视商贾，是谓名与实两不相应"。② 他还指出，中国士大夫经商已经成为普遍现象，"本朝士大夫无不经营生计，其风自闽、粤、江、浙沿海各省开之，浸及于京师，盖亦西洋风气之流溢中国者也"。③

（二）义利的转换

义利之辨是中国古代思想史上长期争论的一个问题。在中国传统文化中，作为对待之词，义，指思想行为合乎道德原则；利，利益，功利，指能满足人的生活需要。对于义利的内涵及其相互关系，先秦儒、墨、道、法诸家各有自己的解释。大体说来，儒家主张重义轻利，墨家主张义利兼重，道家主张义利皆轻，法家主张注重功利。西汉以后，儒术独尊，重义轻利成为占统治地位的价值观念。当然，两千多年，在儒家思想体系中，对义利的解释、对义利关系的理解与解释也有所不同，大体可分三路。一是孔子、孟子与

---

① 郭嵩焘：《郭嵩焘日记》光绪八年九月初一日，《郭嵩焘全集》第十一册，第515页。

② 郭嵩焘：《郭嵩焘日记》光绪八年九月初一日，《郭嵩焘全集》第十一册，第515页。

③ 郭嵩焘：《郭嵩焘日记》光绪八年六月十六日，《郭嵩焘全集》第十一册，第495页。

朱熹一路，特别重义轻利，别义与利为二，以为做事只需问其应当不应当做，而不必考虑个人的利害，认为道德价值高于物质利益，精神生活远比物质需要重要，并以重义与重利作为君子与小人的标准，即孔子所说的"君子喻于义，小人喻于利"。孟子比孔子更甚，说是"王何必曰利，亦有仁义而已"，将义和利对立起来，以义否定利。二是荀子、董仲舒、张载一路，尚义，但不绝对排斥利，有兼重义利的倾向。三是陈亮、叶适、颜元、王夫之一路，明确兼重义利。第三路是从第二路派生出来的，但比第二路走得更远。近代以前，持不同义利观的学者时有辩难，内以孔子、孟子与朱熹一路势力最大，为统治思想主流。

儒家所谓"义"，核心是纲常名教，精神价值；利，主要指物质利益。常识告诉我们，对于正常人，无论是天子王孙、文官武将，还是凡夫俗子、贩夫走卒，只要他还活着，他便饥要食，寒要衣，食、衣、住、行、性、娱乐，一样不可缺少，一定的物质利益是必需的。作为一种价值观念，绝对地排斥人们的物质利益，是不可能被社会普遍地、持久地接受的。那么，它是如何使人们的物质利益在实际上得以实现的呢？这是分析传统重义轻利观念的关键。

事实上，传统社会在贯彻重义轻利原则时，有着兼及义利的调和机制。作为统治阶级，倡导重义轻利，引导臣民把注意力集中到维护君主专制的仁义道德方面，使他们淡泊于各种具体的物质利益，泯灭许多因争利而带来的矛盾与纷争，这对于维护社会的稳定与君主的统治，真是利莫大焉。孟子说"王何必言利"，其实"利"已在不言之中，统治者已经通过"不言利"获得普天之下最大之"利"。程颐说"圣人以义为利，义安处便为利"，可谓一语道破天机。作为臣民，特别是读书人，信守重利轻义，也不是完全无利可得。潜心经史，不屑商贾，算得上重义轻利的典型了，然而，通过道德出名，得以举荐为官，或通过科举考试，一朝金榜题名，便有了千钟粟、黄金屋与颜如玉。"义"是尽了，"利"也得了。在这里，人们对"利"的追求，是以对"义"的崇奉与实践而实现的。当然，有资格唱"君子谋道不谋食"之类高调的，大多是已无冻馁之虞的士大夫阶层，通过"重义"而得利的也主要是这些人。对连温饱都成问题的升斗小民来说，"重义"并不能给他们带来多少实际的利益。他们不得不为柴米油盐之类的物质利益而忙碌。孔子说，"君子喻于义，小人喻于利"，此话恰恰表明，小民实际奉行的价值观与君子是不同的，他们遵循的是利益第一的原则。

但是，人并不是动物，其需要也不只是物质利益。现代心理学研究表明，人的需要是有层次的。马斯洛的人的需要五层次说，即生理、安全、社交、尊重与自我实现，冯友兰的人生四境界说，即自然境界、功利境界、道德境界与天地境界，说法不一样，但结构类似，都是由低向高的阶梯。一个层次的需要满足了，便会产生高一层次的需要。重义轻利的"利"，大抵属于满足生理需要、自然境界的内容，"义"则属于社会尊重与道德境界的内容。在传统社会，要取得社会尊重，就要符合传统道德规范，遵循重义轻利的价值观念。因此，在普通百姓那里，就出现了价值二元现象：一方面在实际生活中，要被迫遵循利益第一的原则；另一方面，又在心理上鄙视自己的行为，期望有朝一日，能跳出"谋食"的人群，挤进"谋道"的行列。"重义"可义、利兼得，重"利"却可能得"利"而必然失"义"，这是重义轻利价值观念在传统社会久盛不衰的原因。

（三）两条路径

要动摇传统的重义轻利价值观念，有两条路径，一是出现这样的环境，即重利也可以义利兼得，重利可以同时满足人们对物质利益与社会尊重的需要；二是从根本上为重利正名，给重利一个正当性理由。这两条路径，前者可称之为曲径通幽，后者可称之为正本清源。到了同光之际，这两条路径都出现了。

以第一条而论，随着商品经济的迅速发展，信奉利益第一原则的商人、买办的财富迅速增多，他们衣食考究，住宅豪华，其社会地位也不断提升。特别是通过捐纳，他们可以获得候补道之类头衔，取得出入官府的资格。捐纳本是弊政，但歪打正着，正是通过这一弊政，那些富商合法地将经济资本转化为社会资本，使一意谋利可以利义兼得。先前通过科举考试可以义利兼得，现在通过经商致富，同样可以利义兼得。经商一旦在社会尊重方面取得与科举相当的地位，那么，它在实际生活中便远比科举更加诱人。这是因为经商在满足人们物质生活需要方面远远胜过科举。难怪通过捐纳获取官衔的商贾人数骤增以后，科举正途出身的士大夫便一下子失去了往日的优越感与心理平衡。1869 年（同治八年）便有人向朝廷诉苦：捐纳扰乱正途，近日吏部选法，正途人员几无到班之日，"困苦穷饿，莫能名状，至有追悔不应会试中式者"。① 翻翻同光年间的《清实录》《东华录》，科举正途人员抱怨、批评、抗议捐纳影响科举正途的奏折、议论，触目即是。

以第二条而论，同光之际，伴随着重商活动的开展、重商思潮的兴起，王韬、郭嵩焘、薛福成等人，接续传统义利之辨，直探本原，为商人谋利辩护，阐述谋利的正面价值。

王韬接续墨子昌言公利的传统，认为兴办实业，振兴商业，谋"开矿之利""织纴之利""造轮船之利""兴筑轮车铁路之利"等，是为国家谋大利，本身就是能够引导国家走向富强的大义。他斥责那些要求朝廷关闭"言利之门"的人为"迂拘之士"。②

郭嵩焘直言，谋利之人未必不义，言义之人未必真义。就道德而言，处今日社会，谋利之商贾已经高于一般言义之士人，因为假如商贾不讲信义，则其业务无法开展，而士大夫满口信义，其实很难真守信义：

---

① 蒋琦龄：《进中兴十二策疏》，《空青水碧斋诗文集》，蒋世玢等点校，广西人民出版社 2001 年版，第 35 页。

② 王韬：《兴利》，《弢园文录外编》卷二，第 36 页。

　　至于今日，而商贾营利，专恃信义以济之，非有信义，则人莫不（之）顾。而士大夫专尚虚浮，以规时好，无知有信义者。苟守信义，相与见谓迂远不达事情，终亦无能自立。盖商贾营利之心，至一倍二倍而止矣。……士大夫所至，动求十倍百倍之利。①

这种见解冷峻，深刻！

郭嵩焘进一步指出，西洋重商，言利，表里如一，其言利谋利自有其正当性，成为一种义；中国口言义而实谋利，心口不一，言义就成为一种虚伪：

　　中国言义，虚文而已，其实朝野上下之心无一不骛于利，至于越礼反常而不顾。西洋言利，却自有义在。《易》曰：利物足以和义。凡非义之所在，固不足为利也。是以骛其实则两全，骛其名则徒以粉饰作伪，其终必两失之。近来于此看得分明，不似向时之拘牵文义也。②

对于义利问题，薛福成所论最有时代特点。他说：

　　数十年来，通商之局大开，地球万国不啻并为一家；而各国于振兴商务之道，无不精心研究。其纠合公司之法，意在使人人各遂其私术；人人之私利既获，而通国之公利寓焉。故论一国之贫富强弱，必以商务为衡。商务盛，则利之来如水之就下而不能止也；商务衰，则利之去如水之日泄而不自觉也。③

---

　　① 郭嵩焘：《郭嵩焘日记》光绪八年九月初一日，《郭嵩焘全集》第十一册，第515页。

　　② 郭嵩焘：《郭嵩焘日记》光绪八年六月十六日，《郭嵩焘全集》第十一册，第495页。

　　③ 薛福成：《出使日记续刻》，第586页。

薛福成从经济伦理的差异出发，比较中国与西方不同的经济走向，认为之所以导致现在西富中贫、西强中弱的局面，根本原因出在经济伦理方面，有什么样的经济伦理，什么样的价值系统，就有什么样的经济结局。他说：

> 中国地博物阜，本为地球精华所萃。徒以怵于言利之戒，在上者不肯保护商务，在下者不肯研索商情，一二饶才智、知大体者，相率缄口而不敢言。……试取各关贸易总册阅之，中国之财，每岁流入外洋者白金二三千万两，以三四十年通计之，则白金一去不返者已有十万万两之多矣！再阅一二十年，中国将何以为国乎？吾用是叹息流涕于当轴者之不知变计；即有一二知变计者，而又未尽得其术也。①

"怵于言利之戒"，导致国弱民贫！这是薛福成对传统重义轻利价值观的深切反思！

（四）公利与私利统一

中国古代提倡义利兼顾的哲人，每将利分为公、私两类，认为谋公利为正当之事，谋私利则为不正当。南宋胡宏即认为："一身之利，无谋也，而利天下者则谋之；一时之利，无谋也，而利万世者则谋之。"② 而在薛福成看来，私利与公利并不是截然对立的两极，而是可以统一起来的，私利是公利的基础，公利由私利而构成，"人人之私利既获，而通国之公利寓焉"。这与传统的重义轻利的经济伦理大相径庭，也为延续两千年的义利之辨增加了新的内容。亚当·斯密认为，在经济生活中，一切行为的原动力主要是利己心而不是同情心或利他主义。人们在利己心的支配下做各种活

---

① 薛福成：《出使日记续刻》，第586页。
② 胡宏：《知言·纷华》，《胡宏集》，中华书局1987年版，第24页。

动，从而构成了私人财富和社会财富的源泉。私利与公益，由"一只看不见的手"做引导，一步步趋向和谐与均衡。薛福成所论，很可能受到西方经济学的影响。

薛福成在私利是公利基础的解释框架下，对商人谋取私利给予正当性评价，赋予其正面价值，这在近代中国经济伦理思想史上，具有突破性意义。

薛福成说上述一段话的十多年后，1903 年，清政府颁布《奖励公司章程》，规定对于工商者可以视其投资额的多少，分别授予"顾问官"或"议员"之类官衔。虽说是荣誉性的虚衔，但这种官方倡导的经商做官的激励机制，与传统的读书做官造成鲜明的对比，使得经商重利不但在实质上，而且在形式上也能同时满足人们对物质利益与社会尊重两方面的需要，在价值层面上，赋予重利以积极的、正面的意义。

四　天心之论与运会之说

（一）"天心"源流与内涵

对于中国所遭遇的三千年未有之变局根本原因的追问，对于欧美诸国为何如此富强、中国为何如此贫弱根本原因的追问，同光时期的思想者常将其归于一个富有中国传统的解释："天心"。他们说：

> 天心变于上，则人事变于下。天开泰西诸国之人心，而畀之以聪明智慧，器艺技巧，百出不穷，航海东来，聚之于一中国之中，此固古今之创事，天地之变局。[1]
>
> 鄙人向者所谓天地之创事，古今之变局，诚深忧之也。盖

---

[1]　王韬：《变法上》，《弢园文录外编》卷一，第 10 页。

天心变，则人事不得不变。①

　　总之，事事物物，各有消长，其公例有属地心者，有属人心者，推其究，则皆属于妙有之天心。②

《清实录》中，道光朝"天心"出现 14 处，咸丰朝 4 处，同治朝 6 处，光绪朝 11 处。倭仁、曾国藩、李鸿章、薛福成等都用"天心"这一词语。曾国藩说：

　　今日百废莫举，千疮并溃，无可收拾，独赖此精忠耿耿之寸衷，与斯民相对于骨岳血渊之中，冀其塞绝横流之人欲，以挽回厌乱之天心，庶几万有一补。③

　　方今天心人事，似有剥极来复之机，然苍昊茫茫，若有意若无意，若可知若不可知。④

其中，使用特别多的是王韬与陈炽，王韬《弢园文录外编》中出现 20 次，陈炽《庸书》与《续〈富国策〉》中共出现 13 次。

"天心"这一术语，在儒家经典《尚书》中已经出现。《古文尚书》之《咸有壹德》篇云："咸有壹德，克享天心。"战国时期的郭店楚墓竹简《缁衣》篇，引《古文尚书》："《大禹》曰：'余才宅天心'，曷？此言也，言余之此而宅于天心也。"

汉代以后学者对于"天心"一词赋予相当丰富的含义，包括作为客观规律的天意、天理，具有主观意志的天帝之心，以及落实

---

① 王韬：《答包荇洲明经书》，《弢园尺牍》，第 93 页。

② 殷之辂：《论事物各有消长试求其正变公例》，《格致书院课艺》，庚寅（1890年）春。

③ 曾国藩：《与江忠源左宗棠 咸丰三年二月十八日》，《曾国藩全集（修订版）》第二十二册，第 116 页。

④ 曾国藩：《复方宗城 同治元年十月二十日》，《曾国藩全集（修订版）》第二十六册，第 134 页。

到人间的天子（皇帝）之心。西汉董仲舒说，"《春秋》之道，大得之则以王，小得之则以霸"，"霸王之道，皆本于仁"，而仁即为"天心"。① 他认为，天与人类一样，具有喜怒哀乐的情绪，这些情绪通过天对四季风霜雨雪的操纵而有所表达。上天情绪的表达，必定会在合适的场合、按适当的次序、以合适的方式。这些表达，就是"天心"的外化。东汉王符将天心与民心顺逆、阴阳调和相联系，所论相当丰富：

> 帝以天为制，天以民为心，民之所欲，天必从之。②
>
> 凡人君之治，莫大于和阴阳。阴阳者，以天为本。天心顺则阴阳和，天心逆则阴阳乖。天以民为心，民安乐则天心顺，民愁苦则天心逆。③
>
> 故君臣法令善则民安乐，民安乐则天心慰，天心慰则阴阳和，阴阳和则五谷丰，五谷丰而民眉寿，民眉寿则兴于义，兴于义而无奸行，无奸行则世平，而国家宁、社稷安，而君尊荣矣。是故天心、阴阳、君臣、民氓、善恶相辅至而代相征也。④
>
> 夫天者国之基也，君者民之统也，臣者治之材也。工欲善其事，必先利其器。是故将致太平者，必先调阴阳；调阴阳者，必先顺天心；顺天心者，必先安其人；安其人者，必先审择其人。是故国家存亡之本，治乱之机，在于明选而已矣。⑤

检索《四库全书》，共有 8549 个匹配，其意多指上天之心、天帝之心，绝大多数用于对《周易》的解释。例如，南宋张浚撰

---

① 董仲舒：《春秋繁露　天人三策》，陈蒲清校注，岳麓书社 1997 年版，第 96 页。
② 王符：《潜夫论·遏利》，《潜夫论笺校正》，中华书局 1985 年版，第 26 页。
③ 王符：《潜夫论·本政》，《潜夫论笺校正》，第 88 页。
④ 王符：《潜夫论·本政》，《潜夫论笺校正》，第 89 页。
⑤ 王符：《潜夫论·本政》，《潜夫论笺校正》，第 89 页。

《紫岩易传》对"大有元亨"一条的解释。象曰："火在天上，大有，君子以遏恶扬善，顺天休命。"其释文为："遏恶扬善，以顺天下心，是为顺天。天人之心，本自一致也。天心眷佑，和气致福，休命之来，莫可止御。"① 南宋赵彦肃《复斋易说》对同人卦的解释："中虚内明，故能同人。有我而暗，则私矣。柔得位得中，而应乎乾曰同人，得中应乾，同乎天也。同乎天者，同乎人也。二五心也，人心天心同。"可以毫不夸张地说，中国历史上难计其数的《周易》注疏，都有对"天心"的解读。

同光时期人们使用"天心"一词，大体上有三种含义。

一是指具有主观意志的天帝的意旨。比如，同治上谕称：

> 朕以冲龄寅绍丕基，兢兢业业，罔敢怠荒。乃自正月以来，日星垂象，雨泽愆期。昨虽得有时雨，农田仍未沾足。此皆由修省未至，弗克感召和甘。所幸天心仁爱，悬象示儆，深切著明。因思感应之机，捷如影响。②

> 本年入春以来，雨泽稀少。叠经虔申祈祷，尚未渥霈甘霖。因思天心与民心默相感召。近来各该问刑衙门，疲玩之习牢不可破，于现审案件，往往积压不办，甚至株连无辜，羁禁囹圄，累月经年，以致愁苦之气，上干天和。③

曾国藩说："大易之道，重时与位，皆有大力者冥冥主持，毫不得以人力与于其间。"④ 那个在冥冥之中主持"时"与"位"的大力者，就是天帝。广东巡抚谭钧培说："十数年前，人事之机

---

① 张浚：《紫岩易传》，《影印文渊阁四库全书》第十册，台湾商务印书馆 1986 年版，第 48 页。

② 《清实录》，同治元年三月，《穆宗实录》卷二一，第 579—580 页。

③ 《清实录》，同治二年三月，《穆宗实录》卷六二，第 214 页。

④ 曾国藩：《复李鸿章 咸丰九年五月十七日》，《曾国藩全集（修订版）》第二十三册，第 177 页。

陧，既以因天心而挽回。数十年后，天心之福祸，又将因人事而旋转。"①

二是指客观事理，即事物变化消长的内在规律。

陈炽说，"洋药之流毒中国也，天也"，是不可抗拒的事情。这是因为，一方面，英国税收依赖于烟税，英国要获得烟税就必然要在其殖民地印度种植罂粟，欲印度不种罂粟是不可能的。另一方面，"中华士庶，半癖烟霞"，要中国人不吸鸦片也是不可能的。两个不可能结合在一起，就导致鸦片流毒中国的结果。就是说，一件事情的结果，是导致另一事件的原因，一事连一事，一环套一环，这些都不是事先能够料及与防止的，所以归结为"天心"。

陈炽还说，西方科学技术如此发达，天下万国往来如此便捷，其背后起作用的就是气运、天心：

> 此外精思奇器，日异月新，甍甍深深，未知所极，迹其灵奇变化，疑于鬼斧神工。及徐而察之，则高以下基，洪由纤起，浅尝深造，均有阶级之可寻。极人巧代天工，广地利尽物性，此岂海外小夷所能为乎？然则孰为之？曰：天为之。天欲辟一万国大通之局，而道里悠远，山川间之，非此不足以捷往来、资日用也。更新之气运，天实开之，而谓人能遏之哉？②

三是指民心的集中体现。

时人延续中国传统关于民心即天心、天心顺民心的说法，认为世间万事万物，顺民、益民、养民即符合天心，逆民、害民、伤民则违背天心：

> 夫国以民为本，民以食为天，爱民之心，天心也，养民之

---

① 谭钧培：《国朝柔远记叙》，《国朝柔远记》，光绪十七年刻本。
② 陈炽：《游历》，《陈炽集》，第76页。

道，天道也。①

　　夫民心即天心也，下协民情即上符天道，防民之口甚于防川，导之而使言，进之而使通，联之而使合，变通尽利，知几其神，此天之所以为天，而圣之所以为圣也。②

　　基于这一思想，他们认为，西方与中国贸易，西方输入的是鸦片，中国出口的是茶叶，鸦片有害于人的健康，茶叶有益于人的健康，"不知烟之入华，有百害而无一利也，显逆天心者也。茶之出洋，有百利而无一害也，隐合天心者也"。③

（二）"运会"之类

　　同光时期，与天心相类似或意思相近的术语，还有运会、气运、运数等，王韬、薛福成、严复等都惯用这类词语。④ 运会说创于宋儒邵雍。其说依于一年中年、月、日、时四种数字，即每年十二个月，每月三十日，每日十二个时辰，假定三十年为一世，十二世为一运，三十运为一会，十二会为一元。然后配合推衍，用来表示世、运、会、元之终始。晚清人沿用"运会"一词来讨论世局变化，并不严格按照邵雍创始的意思，而是类似于今人所说的历史演变规律，说明"世变之乘"出于天地自然之运转，人力只能顺应其势，而无法与之抗拒。

　　熟悉易理的魏源、徐继畬等人，都从运会变化的角度理解新变局的到来。在后天八卦中，西北方向为乾卦，主刚主动，东南方向为巽卦，主顺主谦，谦逊受益。时人认为，欧洲地在西北，处于刚

---

① 陈炽：《水利富国说》，《陈炽集》，第 153 页。
② 陈炽：《议院》，《陈炽集》，第 108 页。
③ 陈炽：《种茶制茗说》，《陈炽集》，第 167 页。
④ 王尔敏曾对此细加研究，见《十九世纪中国士大夫对中西关系之理解及衍生之新观念》《晚清政治思潮之动向》，均载《中国近代思想史论》，社会科学文献出版社 2003 年版。

强主动地位。欧洲崛起，中西交往，预示着新的运会的开始。魏源说，读世界地图，将西方与中国作为一个整体来看，欧洲处于西北，中国处于东南，"岂天地气运自西北而东南，将中外一家欤?"① 徐继畬说："欧罗巴一土，以罗经视之，在乾戌方，独得金气。"② 李鸿章说，西方人"特其制造之巧，得于西方金行之性，又专精推算，发为新奇，遂几于不可及"。③ 王韬说："有心人旷观往古，静验来今，而知天道与时消息，人事与时变通。居东南者，每由东南而之西北，居西北者，每由西北而之东南。而西北恒强，东南恒弱，东南柔而静，西北刚而动。静则善守，动则善变，故西北至东南独先，东南通西北独后。柔能持己，刚能制人，故西北每足为东南患，东南不足为西北病。顾守有时足以待变，柔有时足以制刚。"④

　　这类解释，后世经过历史唯物主义熏陶的人，或许会以其荒诞不经而嗤之以鼻。殊不知，每个时代人们的认识水珠，折射的都只能是属于那个时代的知识阳光。诚如王尔敏所论："就此时代言，中西间既已展开频繁的来往，少数敏锐的中国官绅，依据直观的警觉，已开始认识到一个新局面的开始。他们用固有的知识来考察判断，并自传统思想中找出它的命义。这就是当时人形容的运会。运会正确的意义，就是人力所不能抗拒的自然势力，在不可预期的机会中到临，并由此带来天地人群事物等等巨大转变。中国官绅向来都相信这个新世局是命运使然，而称之曰天数或气数。……他们并不是胡乱猜测，而是本着传统的宇宙观作推理的解释。"⑤

---

①　魏源:《海国图志后叙》,《海国图志》,第 8 页。

②　徐继畬:《瀛寰志略》卷四,上海书店出版社 2001 年版,第 112 页。

③　《海防档》(丙编),机器局,第 14 页。

④　王韬:《答强弱论》,《弢园文录外编》卷七,第 166 页。

⑤　王尔敏:《19 世纪中国士大夫对中西关系之理解及衍生之新观念》,《中国近代思想史论》,第 10 页。

（三）观点变适

天心说、运会说、气运说，都有一定的循环论与宿命论意味。但是，晚清思想者在沿用这套术语的同时，做了一些改造或创新。

他们从传统的天人感应说出发，强调天心与人事相通的一面，强调由弱转强的辩证法，强调新的运会给中国带来的机遇。王韬、陈炽都认为，在天心面前，人并不是无可作为的。"天定胜人，人定亦胜天，先天而天弗违者，君相之所以斡旋，气运也。"[①] 人只要看准事物发展趋势，在事情发生之前，未雨绸缪，就可以改变气运流行的方向。王韬说，西方的发展确属天心所系，但天心并不是要将中国变成西方，而是迫使中国不得不随之发展，是给中国的发展带来契机：

> 天心变于上，则人事变于下。天开泰西诸国之人心，而畀之以聪明智慧，器艺技巧，百出不穷，航海东来，聚之于一中国之中，此固古今之创事，天地之变局。诸国既恃其长，自远而至，挟其所有，以傲我之所无，日从而张其炫耀，肆其欺凌，相轧以相倾，则我又乌能不思变计哉？是则导我以不容不变者，天心也；迫我以不得不变者，人事也。如石之转圜于崇冈，未及坠地，犹谓其难，而不知其一落千仞也。[②]
>
> 鄙人向者所谓天地之创事，古今之变局，诚深忧之也。盖天心变，则人事不得不变。读《明夷待访录》一书，古人若先有以见及之者。穷则变，变则通，自强之道在是。非胥中国而夷狄之也，统地球之南朔东西将合而为一，然后世变至此乃极。吾恐不待百年，轮车铁路将遍中国，枪炮舟车，互相制造，轮机器物视为常技，而后吾言乃验。呜呼！此虽非中国之

---

① 陈炽：《烟税》，《陈炽集》，第67页。
② 王韬：《变法上》，《弢园文录外编》卷一，第10页。

福，而中国必自此而强。①

　　王韬认为，在目前西强中弱的格局中，中国要转弱为强，一定要明白柔弱能胜刚强的道理，树立柔弱能胜刚强的信心。他说，西强中弱，这是暂时现象，因为强弱之间是会发生转化的，强会变弱，弱会变强，促使这种转化发生的规律也是可以洞悉与把握的。中国只要把握好机遇，采取适当的应对方略，一定能以弱制强，由弱转强。

　　那么，什么是适当的应对方略呢？王韬说，西方目前正处于强盛势头，中国切不可以刚制刚，强顶硬拼，而应该谨取守势，师其所长，创造条件促进转变，"方张之机不可遏，始厉之锋不可撄，明者、智者知其然矣。然则何以待之？曰莫如师其所长。盖天道变于上，则人事不得不变于下。《易》曰：穷则变，变则通。此君子所以自强不息也"。②

　　中国能由弱转强，意味着西方将由强转弱，何以见得呢？王韬认为，西方眼下一味逞强黩武，这是他们将会转弱的关键。他以史为例，说中外历史上都不乏强者因为横行霸道而由强转弱的例子，商之鬼方，周之猃狁，汉之匈奴，晋之拓拔、五胡，唐之吐蕃、回纥，宋之契丹、女真，还有蒙元，西方的罗马、西班牙、葡萄牙、荷兰，都曾强盛一时，但是，到头来都衰落下去，考其原因，就在于他们逞强好战，"自古仁义为国，其敝也衰；甲兵为国，其亡也蹶"。③ 他专门研究过法国的历史，认为近代法国由强而弱，从欧洲老大的位置上跌落下来，根本原因就是骄傲逞强，风俗侈靡，习尚夸诈。

　　在王韬看来，任何国家都不可逞强好战，在普法战争中，法国

---

① 王韬：《答包荇洲明经书》，《弢园尺牍》，第 93 页。
② 王韬：《答强弱论》，《弢园文录外编》卷七，第 167 页。
③ 王韬：《答强弱论》，《弢园文录外编》卷七，第 167 页。

失败了，变弱了，普鲁士胜利了，变强了。但是，假如普鲁士从此逞强好战，则这次胜利就会成为他们衰亡的转捩。反过来，如果法国由此吸取教训，则这次失败又可成为其由弱转强的关键。①

当然，中国要由弱变强，并非自甘柔弱就能自然而然地臻于强境的。在此过程中，人事一定要配合天道。王韬指出："欧洲诸邦亦渐由印度而南洋，由南洋而东粤。百十年间，洪波无阻，光气大开，海舶估艘，羽集鳞萃，凡前史之所未载，亘古之所未通，无不款关而求互市。"这是历史给中国提供转变的机遇，"合地球东西南朔九万里之遥，胥聚之于一中国之中。此古今之创事，天地之变局，此岂出于人意计所及料哉？天心为之也"。这是天心示意，也是上天福佑中国，"盖善变者天心也。天之聚数十西国于一中国，非欲弱中国，正欲强中国；非欲祸中国，正欲福中国。故善为用者，可以转祸而为福，变弱而为强。不患彼西人之日来，而但患我中国之自域。无他，在一变而已矣"。② 经他这么一阐述，西方的侵略对于中国来说，就由危机变成机遇了。

中国要把握气运，顺应天心，唯有变法。王韬对于通过变法把握气运充满信心。他特别强调，在中外联系日益紧密的情况下，学习枪炮、轮舶、火车与机器等西方所长在由弱变强过程中的关键作用，西方拥有这些长技的历史也不过数十年上百年，中国只要努力，用不了百年，必然能够掌握这些长技。

陈炽的观点与王韬差不多。他说，中西文化有诸多不同之处，"中国求之理，泰西求之数；中国形而上，泰西形而下；中国观以文，泰西观以象；中国明其体，泰西明其用；中国泥于精，泰西泥于粗；中国失诸约，泰西失诸博，一本一末，相背而驰，宜数十年来，彼此互相抵制，互相挤排，而永不能融会贯通、合同而化

---

① 王韬：《〈法国图说〉序》，《弢园文录外编》卷八，第189页。
② 王韬：《答强弱论》，《弢园文录外编》卷七，第168页。

也"。① 这对于中国来说，是取长补短的极好机会。他以中西两相对照，西方将科学技术运用于农、矿、工、商等方面，"民用丰饶，国亦大富，乃挟其新器新法，长驱以入中国"。而中国呢，"生齿四万万人"，为自古以来之最，"土地之所出，人力之所成，不能自给"，正好需要西方这些新的技术，"得新法以养之，而后宽然有余裕也"。他认为，天地间有此安排，实际上是"天特辟此二途，以养此中国溢郭阗城之百姓也"。他的论证逻辑与王韬一致："故西人之入中国也，天为之也。"②

由此可见，王韬、陈炽等人的天心论、运会说，不是被动的、悲观的、消极的，而是主动的、乐观的、积极的，是在吸取传统天心论、运会说的大视野、长时段分析方法的同时，融入了适应自强运动需要的时代因素。

（四）大同之议

更为难能可贵的是，王韬、陈炽等人在这种大视域下，认为从科学技术发展、人类交往交流的趋势来看，全人类将会进入一种全球混一的大同状态。

王韬从浩渺的宇宙空间、悠久的人类历史的宏大视野，看待当下的中西关系。他认为人类文化来自同一源流，有差不多的价值标准，东海西海，心同理同。他在欧洲博物馆中看到西方古物与中国古董大致相似，更加深了他的信念。他认为世界大同的境界是天心所在：

> 天盖欲合东西两半球联而为一也，然后世变至此乃极，天道大明，人事大备。闲尝笑邵康节元会运数之说为诬诞，今而知地球之永，大抵不过一万二千年而已。始辟之一千年，为天

---

① 陈炽：《续富国策·自叙》，《陈炽集》，第147页。
② 陈炽：《续富国策·自叙》，《陈炽集》，第148页。

地人自无而有之天下；将坏之一千年，为天地人自有而无之天下。其所谓世界者，约略不过万年，前五千年为诸国分建之天下，后五千年为诸国联合之天下。盖不如此，则世变不极，地球不毁，人类不亡。我故曰："善变者，天心也。"庄子曰："天地不仁，以万物为刍狗。"旨哉言乎！顾虚空界中非止一地球也。若准以一行星一地球推之，则地球几如恒河沙数，而以我所居之地球虱其间，仅若一粒芥。触斗蛮争，由造物主观之，不值一笑，则我之所论，亦犹地球中微尘也夫。呜呼！此论出，知我罪我，听之而已。①

王韬访问牛津大学时，有人问他："中国孔子之道与泰西所传天道若何？"他回答："孔子之道，人道也。……人类一日不灭，则其道一日不变。泰西人士论道必溯原于天，然传之者，必归本于人。非先尽乎人事，亦不能求天降福，是则仍系乎人而已。夫天道无私，终归乎一。由今日而观其分，则同而异；由他日而观其合，则异而同。前圣不云乎：东方有圣人焉，此心同，此理同也。西方有圣人焉，此心同，此理同也。请一言以决之曰：其道大同。"②

他分析了人类必将趋于大同的时代因素与内在逻辑：在过去科学技术不发达的情况下，全球各地，虽同处天地之间，"而地则有山河之险，人则有良顽之异，言语不通，嗜欲不同，各安其政，悦其俗，固不能混而同之"。现在情况发生了根本变化，"今者中外和好，几若合为一家。凡有所为，必准万国公法，似乎可以长治久安，同享太平之庆矣。而不知此乃分离之象，天将以此而变千古之局，大一统之尊也"。③他认为，当今世界合合分分，让各国广泛接触，互相交流，取长补短，实为未来六合混一的准备：

---

① 王韬：《答强弱论》，《弢园文录外编》卷七，第 168—169 页。
② 王韬：《漫游随录》，钟叔河主编《走向世界丛书》，岳麓书社 1985 年版，第 98 页。
③ 王韬：《六合将混为一》，《弢园文录外编》卷五，第 113—114 页。

故凡今之由分而强为合，与合而仍若分者，乃上天之默牖其衷，使之悉其情伪，尽其机变，齐其强弱，极其智能，俾一旦圣人出而四海一也。盖天下之不能不分者，地限之也，而天下之不能不合者，势为之也。道无平而不陂，世无衰而不盛，屈久必伸，否极必泰，此理之自然也。……故谓六合将混而为一者，乃其机已形，其兆已著。惟见微知著之士，上稽天道，下悉民情，按诸中外古今之事，乃足以语之，而非徒可以口舌争也。请以此言，验诸来者。①

今日欧洲诸国日臻强盛，智慧之士造火轮舟车以通同洲、异洲诸国，东西两半球足迹几无不遍，穷岛异民几无不至，合一之机将兆于此。夫民既由分而合，则道亦将由异而同。形而上者曰道，形而下者曰器。道不能即通，则先假器以通之，火轮舟车皆所以载道而行者也。东方有圣人焉，此心同此理同也；西方有圣人焉，此心同此理同也。盖人心之所向即天理之所示，必有人焉，融会贯通而使之同。故泰西诸国今日所挟以凌侮我中国者，皆后世圣人有作，所取以混同万国之法物也。此其理，中庸之圣人，早已烛照而券操之。其言曰：天下车同轨，书同文，行同伦。而即继之曰：天之所覆，地之所载，日月所照，霜露所坠，舟车所至，人力所通，凡有血气者莫不尊亲，此之谓大同。②

他从历史进化论出发，认为人类社会是不断发展进步的："草昧之世，民性睢睢盱盱，民情浑浑噩噩，似可以长此终古矣，乃未几而变为中天文明之世，未几而变为忠质异尚之世，且未几而变为郁郁彬彬之世。"由此可见，世界混一将是不可阻挡的趋势，"若听其各域一隅，各长一方，不复知有圣教，三纲沦而五常斁，甚非

---

①　王韬：《六合将混为一》，《弢园文录外编》卷五，第114—115页。

②　王韬：《原道》，《弢园文录外编》卷一，第2页。

天心之所忍出也"。①

陈炽亦有类似说法：

> 轮舟、铁路、电信、火器、银行五事，孰为之？天为之
> 也。天以是宏大一统之规，为四海会同之法物也。异日者，陆
> 皆铁路，水皆轮舟，火器以诘兵戎，电信以通文报，银行以便
> 旅人，而后山海失其阻深，道里忘其险远，城郭之高坚不足
> 恃，疆界之畛域不必分。天下之人，顺天者存，逆天者亡，先
> 天者兴，后天者废，而今而后，虽百世可知也。②

> 今天下车同轨，书同文，行同伦，必同文、同轨而后乃可
> 同伦也，此天心之妙也。《易》："穷则变，变则通，通则久。"
> 天无不久，惟通能久；天无不通，惟变故通；天无不变，惟穷
> 始变。故易者，天心也，即天道也。③

王韬所说的"大同""六合混一"，陈炽所说的"四海会同"，
就是今人所说的全球化。

王韬认为，值此全球混一的大变局即将来临之际，中国文化是
可以大有作为的。他从人本主义出发，对中西文化进行比较，认为
中国文化较西方文化更能适应全人类和谐共处的需要，更有竞争
力，因为中国文化主王道而西方文化主霸道。如果全世界霸道盛
行，"设使比天下于逐鹿，人人得以智驱而力驭，则天下不独含灵
负性者尽将起而与之为难，恐飞潜动植之伦，亦无不旁张其坎阱而
互奋其抵触"。④ 那么，人类社会将永无宁日。所以，从全人类长
远利益来看，"盖中国升平则并受其福，中国扤陧则必预其祸，此
不待智者而知之矣。惟智者能以人事度天心，而即以远人益中国，

① 王韬：《六合将混为一》，《弢园文录外编》卷五，第 114 页。
② 陈炽：《轮船》，《陈炽集》，第 100 页。
③ 陈炽：《续富国策·自叙》，《陈炽集》，第 148 页。
④ 王韬：《天命不可妄干》，《弢园文录外编》卷五，第 117 页。

庶几销兵气为日月之光，太和翔洽，瑞应骈臻，中外一体，遐迩提福，夫然后始知中国之有圣人"。① 他坚信，全人类实现大同之日，也就是孔子之道盛行于全世界之时。

从文化大视域出发，王韬在研究了世界各大宗教之后，高瞻远瞩地指出，未来大同世界的文化，将是吸纳了包括孔子之道、佛教、回教、基督教、天主教、道教等各种文化在内的全人类文化精华："将来必有人焉，削繁核要，除伪归真，汰华崇实，去非即是，而总其大成者。"②

陈炽也认为，对于中国文化来说，全球化是一次难得的机遇，对于全球化来说，中国文化是最好的选择，因为代表中国文化的古代圣人之心即全球普适的天心：

> 夫圣人之心天心也，圣人之道天道也。惟我孔圣人之教，与人无患，与世无争，奄有众长而不稍沦于空寂，得之则治，失之则乱，并包万善而不稍假夫威权，无始终无成毁，无边际无端倪，天而不欲，万国之民永生并育，长治久安，则亦已耳。苟天道好生，人心思治，则舍我中国之圣教无由也。③

在陈炽看来，中西交通是历史给中国文化发扬光大、重铸辉煌提供了机遇："西人之通中国也，天为之也，天与中国以复古之机、维新之治、大一统之端倪也。识微见远之君子，观于火器、轮舟、电报、铁路四事而知之矣。"他从时间上推算，"自黄帝以来至于秦，封建之天下一变为郡县之天下，相距约二千余年"。④ 自秦以后，古圣王之遗制在中国荡然无存，但并没有消失，而是传到了西方，在那里发扬光大，包括机器制造之类都是古圣王之遗制的

---

① 王韬：《天命不可妄干》，《弢园文录外编》卷五，第117页。
② 王韬：《各国教门说》，《弢园文录外编》卷七，第173页。
③ 陈炽：《圣道》，《陈炽集》，第142页。
④ 陈炽：《〈盛世危言〉序》，《陈炽集》，第303—304页。

体现。自秦以后，到现在正好也是二千余年。当今中西交通，全球一体，正是天意要让圣王遗制回归中国：

> 圣人之心天之心也，圣人之道天之道也，圣人之器亦天之器也。天地之生久矣，一治一乱，乱极于七国之季，而承之以秦，天亦若无如何者。既生孔子以正人心，达天道矣，维道之中有器焉，不可使之散佚而无所守也。秦政酷烈熏烁，中国无所可容，彼罗马列国之君民，乃起而承其乏焉，其声明文物之所启，亦自东而之西。有器以范之，故无一艺之不精；无道以维之，故无百年而不乱，分余闰位，迄今亦二千余年，将以还之中国也。①

王韬、陈炽等对于孔子之道的评价，对于西方文化价值的评估，后人可能见仁见智，未必全部赞成，但是，他们对于未来大同世界的预测与悬想，则极富远见与创意，在近代思想史上具有相当重要的地位。日后康有为作《大同书》，是对他们思想的延续与展开。

（五）天心运会诸说评述

所谓天心说、运会说、气运说等，概而言之，都是从大范围、长时段、变易性来看待社会变动与历史发展的，都是一种文化大视域。何为天？何为天心？在不同时代、不同地域、不同宗教、不同民族文化那里，自有不同的解释。中国古人创立天、天帝、天心之说，将人世间种种不可言说、不可详解、不可抗拒、不可究诘、至大无外、至小无内、至深无底的道理，统之于天，让天与人、天心与人事成为一组对应关系，合天、地、人为一大系统，相互感应，相互联系；合古、今、明为一大系统，前后相续，因果相关。于是，浩浩之宇，悠悠之宙，芸芸众生，无限的空间，无穷的时间，

---

① 陈炽：《〈盛世危言〉序》，《陈炽集》，第 304 页。

无量的人民，都被置于一个宏大的系统之中。这个系统是个有机的整体，系统内各种元素相互联系、相互影响、相互感应，各种元素也都是不停运动的、不断变易的、极其活跃的。这就是酝酿于远古、集中体现于《易经》的中国传统的整体性思维，其主要特点是全面论、联系论、变易论。

这种整体性思维，运用到历史观方面，就体现为大范围、长时段与变易性，亦即今人所说的大视域历史观。从大范围、长时段与变易性观点出发，能够看到在小范围、短时期、凝固性眼光下看不到的特点。秦始皇废分封，立郡县，从短时期与个人动机看，是为了家天下，为私，效果极坏，二世而亡。但是，从长时段与国家层面看，则成就了大一统，取得了长久的公的效果。所以，柳宗元说："秦之所以革之者，其为制，公之大者也；其情，私也，私其一己之威也，私其尽臣畜于我也，然而公天下之端自秦始。"① 柳宗元的卓识，即因大视域所得。对于这种短时期的恶变为长时段的善、由私出发而收公之效果的现象，柳宗元将其概括为"势"，说"非圣人之意也，势也"。王夫之接着柳宗元的思路，将这种"势"归结为理，说是"理势不可两截沟分"，一方面，合理必然成势，"理当然而然，则成乎势矣"；另一方面，势之顺处即可见理，"势既然而不得不然，则即此为理矣"。② 他将这种势、理的存在归结于天，说"势字精微，理字广大，合而名之曰天"。③ 他以这种势理互涵的理论解释历史，"秦以私天下之心而罢侯置守，而天假其私以行其大公，存乎神者之不测，有如是夫！"④ 柳宗元所说的"势"，王夫之所说的"天"，与日后王韬等人所说的"天心"是一个意思，也就是今人所说的历史发展趋势。

对于这类经由长时段、大视域而发现的历史趋势，王夫之有一

---

① 柳宗元：《封建论》。

② 王夫之：《读四书大全说》卷九，《船山全书》第六册，第 990 页。

③ 王夫之：《读四书大全说》卷九，《船山全书》第六册，第 990 页。

④ 王夫之：《读通鉴论》卷一，团结出版社 2018 年版，第 2 页。

段相当透辟的阐释：

> 天欲开之，圣人成之；圣人不作，则假手于时君及智力之
> 士以启其渐。以一时之利害言之，则病天下。通古今而计之，
> 则利大而圣道以宏。天者合往古今来而成纯者也。……天之所
> 启，人为效之，非人之能也。圣人之所勤，人弗守之，则罪在
> 人而不在天。①

所谓"通古今而计之"，就是从长时段来看待历史演变趋势。
如果再加上一句"统六合而计之"，王夫之所论，就与王韬、陈炽
等人的天心论、运会论完全一致了。换句话说，王韬、陈炽等人的
天心论、运会论，与柳宗元、王夫之的长时段史论是一脉相承的。
有所不同的是，柳宗元、王夫之是就古今立论，就历史而言的，王
韬、陈炽等人是就今明立论，是就未来而言的。

王韬、陈炽等人倡言天心论、运会论，已经过去一百多年了。
以这一百多年的中国历史、世界历史看，种种全球化、现代化的生
动史实，包括中国由弱转强的实践，无一不如王韬等人所说那样，
无一不证明王韬等人识深见远，所言不虚。

如果今人也以王韬等人那样的长时段大视域来检视王韬等人当
年所倡言的天心论、运会论，不难发现，他们所说的柔弱能够胜刚
强，人为努力可以改变气运、顺应天心的说法，于理可通，于史有
证，于往圣有出处，对于时处弱位柔位与困境的中国来说，可以起
到增强承受苦难耐力、消解苦难压力、提振走出苦难信心、鼓舞战
胜苦难斗志的作用，为正在进行的自强运动提供有力的理论支撑。
这与几十年以后在抗日战争中影响极大的持久战理论，出于同一逻
辑。正因为如此，这一理论，在甲午战争以后，广为流行，严复等都
使用运会这一术语，并将其与进化论结合，发展为救亡图存的理论。

---

① 王夫之：《读通鉴论》卷三，第 154 页。

五 呼唤人的解放

同光时期思想家在探讨中西之别时，在追究为什么西强中弱、西富中贫问题时，发现了一个重要现象，即中国与西方在如何看待、处理人我、群己等问题时，存在很大差异。他们从西方，看到了人道、自由、平等、民主。所谓人道，就是重视人的存在，重视人的价值与尊严。所谓自由，就是何启、胡礼垣在《新政真诠》中所强调的："自主之权，赋于之天，君相无所加，编氓亦无所损；庸愚非不足，圣智亦非有余。人若非作恶犯科，则此权必无可夺之理也。夺人自主之权者，比之杀戮其人相去一间耳。"① 所谓平等，相信基督教、天主教的西方人强调在上帝面前人人平等，统治者与被统治者平等，富人与穷人平等，父母与子女平等，男人与女人平等。所谓民主，即国家权力来自人民，代表人民，为了人民，接受人民监督（本书在有关民权思想一节中，已有具体论述）。晚清思想家进而思考其间之是非、利弊、得失，并由此路径，追寻到人的存在、人的价值、人的尊严等问题。

甲午战争以前，思考这一问题的，以康有为最为突出，比较集中地反映在他 1885 年开始写作、1887 年接续而成、19 世纪 90 年代有所修改的《实理公法全书》当中。

（一）关于人我、群己关系

康有为在《实理公法全书》中，以论纲的形式，表达了自己的见解，涉及最多的是人我、群己关系，即自己与他人、与社会的关系。

众所周知，近代以前，中国基本是一伦理本位社会。一个人自出生那天开始，就处于社会已经给定或将要给定的各种关系之中，

---

① 何启、胡礼垣：《〈劝学篇〉书后》，《新政真诠》五编，第 52 页。

或为君主之臣民，或为父母之子女，或为夫为妇、为兄为弟、为姐为妹，为师生、亲戚、朋友等。诚如梁漱溟所说：

> 人一生下来，便有与他相关系之人（父母、兄弟等），人生且将始终在与人相关系中而生活（不能离社会），如此则知，人生实存于各种关系之上。此种种关系，即是种种伦理。伦者，伦偶，正指人们彼此之相与。相与之间，关系遂生。家人父子，是其天然基本关系；故伦理首重家庭。父母总是最先有的，再则有兄弟姊妹。既长，则有夫妇，有子女；而宗族戚党亦即由此而生。出来到社会上，于教学则有师徒；于经济则有东伙；于政治则有君臣、官民；平素多往返，遇事相扶持，则有乡邻朋友。随一个人年龄和生活之开展，而渐有其四面八方若近若远数不尽的关系。是关系，皆是伦理；伦理始于家庭，而不止于家庭。①

在这种伦理格局中，特别是在"君为臣纲、父为子纲、夫为妻纲"的单向钳制下，个人的天性、个人价值、个人的尊严常常被忽视、受束缚与被压制。对此，在甲午战争以前，虽然还没有如同日后谭嗣同那样予以坚决的批判，但是，康有为已经进行冲决网罗的尝试。

在《实理公法全书》中，康有为高举"人道"、"自主之权"与"人类平等"的旗帜，宣称人的生命最为宝贵，人的健康最值得重视，人人均有自主之权，"人类平等是几何公理"②，宣称人类社会所立各类涉及人自身、人我群己关系的法规，所形成的各种礼仪、习俗，都要经过人类公理的检验，只有合乎人的本性、合乎人的健康才是合理的，只有平等最有益于人道，只有合乎自主之权与

---

① 梁漱溟：《中国文化要义》，上海人民出版社 2003 年版，第 94—95 页。
② 康有为：《实理公法全书·总论人类门》，《康有为全集》第一卷，第148 页。

平等之意的法规最为可用。

准此原则，康有为指出，人的存在首先是一种自然存在，"人各分天地原质以为人"[①]，是由各种元素聚合而成。其次，人不同于一般动物，而是有灵魂、有理性的存在，"人各具一魂，故有知识，所谓智也。然灵魂之性，各各不同"[②]；再次，人是爱恶两种天性兼具的存在，有喜爱有厌恶，"人之始生，便具爱恶二质。及其长也，与人相接时，发其爱质，则必有益于人；发其恶质，则必有损于人。又爱恶只能相生，不能两用"。[③] 在同时期所著《康子内外篇》中，康有为专辟《爱恶篇》，对爱、恶两种天性对于人的成长的意义进行了具体论述：

> 人禀阴阳之气而生也，能食味、别声、被色，质为之也。于其质宜者则爱之，其质不宜者则恶之。儿之于乳已然也。见火则乐，暗则不乐，儿之目已然也。故人之生也，惟有爱恶而已。欲者，爱之征也；喜者，爱之至也；乐者，又其极至也；哀者，爱之极至而不得，即所谓仁也，皆阳气之发也。怒者，恶之征也；惧者，恶之极至而不得，即所谓义也，皆阴气之发也。婴孩沌沌，有爱恶而无哀惧，故人生惟有爱恶而已。哀惧之生也，自人之智出也。魂魄足矣，脑髓备矣，知觉于是多焉，知刀锯水火之足以伤生也，于是谨避之。婴儿不知刀锯水火之足以伤生而不避也，禽兽亦然。圣人之知更多，故防害于未至，虑患于未然，曲为之防，力为之制。故其知愈多者，其哀惧愈多；其知愈少者，其哀惧愈少。其有无不能终穷也，以分数计之。[④]

---

① 康有为：《实理公法全书·总论人类门》，《康有为全集》第一卷，第148页。
② 康有为：《实理公法全书·总论人类门》，《康有为全集》第一卷，第148页。
③ 康有为：《实理公法全书·总论人类门》，《康有为全集》第一卷，第148页。
④ 康有为：《康子内外篇·爱恶篇》，《康有为全集》第一卷，第100页。

　　复次，人的天性是诚实的，其诈伪是后天受社会影响而形成的，"人之始生，有信而无诈，诈由习染而有"①。在《康子内外篇》中，康有为对此展开了比较充分的论述。他指出，人的其他特性，如仁、义、礼、智、信，喜、惧、哀、乐、欲，皆与爱恶二者有关，"其爱恶存者名为性，其爱恶发者名为情"，性有仁、义、礼、智、信，情分喜、惧、哀、乐、欲。爱恶这种天性，动物也有，不独人有，人之异于禽兽的地方，在于人有知识，有教化。"虽然，爱恶仁义，非惟人心有之，虽禽兽之心亦有焉，然则人与禽兽何异乎？曰：异于其智而已。其智愈推而愈广，则其爱恶愈大而愈有节，于是政教礼义文章生焉，皆智之推也。故人之性情，惟有智而已，无智则无爱恶矣，故谓智与爱恶为一物也，存于内者智也，发于外者爱恶也。"② 有了爱恶、知识、教化，人就变得复杂起来。"抱爱质多者，其于人也无所不爱，肫肫其仁，有莫释于其怀者焉，其弊也贪。抱恶质多者，其于物也无所不恶，矫矫其义，有莫适其心者焉，其弊也激。其爱恶均而魂魄强者，中和之美质也。周子曰：柔善为慈为顺为巽，柔恶为懦弱为无断为邪佞。此偏于爱质多者也。刚善为义为直为断为严毅为干固，刚恶为猛为隘为强梁，此偏于恶质多者也，隐括之揉化之以变于中和，此则学之事也。"③ 康有为所论述的人，是包括上自天潢贵胄下至贩夫走卒、男人女人、老人小人、黄人白人在内的一切人，是打破一切社会等级、性别、年龄、种族的全称判断。

　　准此原则，康有为认为，君臣、君民之间，"民之立君者，以为己之保卫者也。盖又如两人有相交之事，而另觅一人以作中保也。故凡民皆臣，而一命之士以上，皆可统称为君"。④ 这种关系不是天然的，而是人为确立的，应遵循平等、民主原则。"君臣一

①　康有为：《实理公法全书·总论人类门》，《康有为全集》第一卷，第 148 页。
②　康有为：《康子内外篇·爱恶篇》，《康有为全集》第一卷，第 101 页。
③　康有为：《康子内外篇·爱恶篇》，《康有为全集》第一卷，第 102 页。
④　康有为：《实理公法全书·君臣门》，《康有为全集》第一卷，第 152 页。

伦，亦全从人立之法而出，有人立之法，然后有君臣。今此法权归于众，所谓以平等之意，用人立之法者也，最有益于人道矣。"① 他断然否认君主的绝对权威，主张"立一议院以行政"。② 针对其时有人反对实行君民共主式的立宪制度，认为在那样的体制下，君主之威权将受到限制，"威权有限"，康有人评论说"此失几何公理之本源者"，完全不符合作为几何公理的平等民主精神。至于有些人连君民共主制度也不赞成，以为"君主威权无限"，康有为认为"此更大背几何公理"，是完全错误的。③

对于君臣、君民关系，康有为在《康子内外篇》中做了比较充分的展开。他沿袭古代邓牧、黄宗羲等人立君为民、君为苦差的思想，说是上古君主，其事本苦，并不是为了满足自己的享受，而是为了管理社会，服务民众，"故凡得尊位者，举以为民者，非以为体也。人无乐于为君，惟无欲而有爱民之心者，身率之道至，而争乱之道泯矣"。但是，后来情况发生根本的变化，君主将权力化为满足个人私欲的工具，穷奢极欲，于是，民叛于下，天下大乱。"今天下所以乱者，岂非君上纵欲？以一人纵于万民之上者，民悁悁然侧目视之，久则愤起而不可遏。将欲禁其乱，安可乎？故夫百姓侵其上，臣僚夺其君，匹夫可以揭竿而谋富贵，夫亦君上纵欲有以启其乱萌也。"④

由此，康有为提出一个相当新颖的道德论，即在不同位置上、社会身份不同的人应崇奉不同的道德，社会对他们应有不同的道德要求，君主应崇奉兼爱道德，百姓可信奉为我主义，百姓可谋眼前物质利益，君师当重久远名誉及灵魂不朽等功业。他说：

> 兼爱者，宜于为君者也；为我者，宜于为民者也；为我之

---

① 康有为：《实理公法全书·君臣门》，《康有为全集》第一卷，第152页
② 康有为：《实理公法全书·君臣门》，《康有为全集》第一卷，第152页。
③ 康有为：《实理公法全书·君臣门》，《康有为全集》第一卷，第152页。
④ 康有为：《康子内外篇·人我》，《康有为全集》第一卷，第108页。

形质者，宜于为民者也；为我之名与魂者，宜乎为君师也。非有所偏也，为其有所重而弊也。①

这种根据身份不同而呈现差异的道德论，在同时期思想家中未之见，暂且名之曰"身份道德论"。这是康有为在近代道德建设方面的一大创意。

对于父母与子女的关系，康有为认为，他们也各有其自主之权，但又有割不断的联系。父母养育子女，子女回报父母，均合几何公理，其权利与义务是对等的。如果父母因故没能尽养育之责，则"该子女或见其父母，公法于父母不得责子女以孝，子女不得责父母以慈，人有自主之权焉"。②

对于夫妇关系，康有为认为应一秉双方平等、自愿、自主原则，"凡男女如系两相爱悦者，则听其自便，惟不许有立约之事。倘有分毫不相爱悦，即无庸相聚；其有爱恶相攻，则科犯罪者以法焉"。意思是，愿意则合，不愿则分。他从尊重人的天性出发，认为"盖天既生一男一女，则人道便当有男女之事。既两相爱悦，理宜任其有自主之权，几何公理至此而止"。这样，康有为便从人性本原的角度，彻底否定了当时依然为世俗社会奉为金科玉律的所谓"在家从父、出嫁从夫、夫死从子"的教条，否定了一般社会普遍遵循的父母之命、媒妁之言的婚嫁礼俗。

至于长幼之间，包括老师与学生、师傅与徒弟，康有为认为也各有自主之权。他们之间的关系，并非天生，并非血缘，而是后天人为确立的，也应遵循平等之意。他说："长幼特生于天地间者，一先一后而已。故有德则足重，若年之长幼，则犹器物之新旧耳。轮回之实理，则长复为幼，幼又成长。"③ 长幼之间最合理的关系

① 康有为：《康子内外篇·人我》，《康有为全集》第一卷，第108页。
② 康有为：《实理公法全书·父母子女门》，《康有为全集》第一卷，第151页。
③ 康有为：《实理公法全书·长幼门》，《康有为全集》第一卷，第153页。

是"长幼平等"，长不尊于幼，幼亦不尊于长。如果偏重一端，均无益于人道。他批评"弟子之从师者，身为其师所有，不能自立"的看法，"大背公理，无益人道，其弊甚大"。世俗所谓"长尊于幼"，亦不合公理，"未能有益人道"。①

至于"朋友"之间，更应遵循平等之道。他说，"朋友平等"，"此几何公理所出之法，最有益人道"。② 他所说的"朋友"，是广义的朋友，其内涵除了今人所说的朋友，也包括其他没有血缘关系、没有学业授受关系，而又有所联系与接触的人们，诸如平常人所说的仆人、奴婢。他认为，那种通过人为的法则，将一部分变成另一部分的仆婢，是"屈抑朋友，名之曰仆婢，或以货财售彼之身，以为我有"，这类行为，"大背几何公理"。③

康有为在《实理公法全书》中，没有指名批驳"三纲五伦"，但是，他所论列的十一门中④，三纲五伦所涉及的君臣、父子、夫妇、兄弟、朋友都囊括在内了。在《康子内外篇》中，对于当时中国触目皆是的严重不平等现象，康有为进行了尖锐的批判。他说，中国之俗，尊君卑臣，重男轻女，崇良抑贱，已经到了难以想象的地步。以男尊女卑为例，"男子得有数十之姬妾，而妇人不得有二夫"。他在家乡那么多年，周旋于乡党之中，从未见过再嫁的妇人。习俗竟然演变为定理，真是莫此为甚！"至于今日，臣下跪服畏威而不敢言，妇人卑抑不学而无所识，臣妇之道，抑之极矣。"⑤ 他认为，物极必反，这种现象是不可能长久维持下去的，"物理抑之甚者必伸。吾谓百年之后必变三者：君不专、臣不卑，男女轻重同，良贱齐一"。⑥

---

① 康有为：《实理公法全书·师弟门》，《康有为全集》第一卷，第152页。

② 康有为：《实理公法全书·朋友门》，《康有为全集》第一卷，第153页。

③ 康有为：《实理公法全书·朋友门》，《康有为全集》第一卷，第153页。

④ 这十一门包括人类门、夫妇门、父母子女门、师弟门、君臣门、长幼门、朋友门、礼仪门、刑罚门、教事门与治事门。

⑤ 康有为：《康子内外篇·人我》，《康有为全集》第一卷，第108页。

⑥ 康有为：《康子内外篇·人我》，《康有为全集》第一卷，第108页。

（二）人与礼仪制度、社会习俗

康有为在《实理公法全书》中，对于礼仪制度、社会习俗也予以一定的关注。

对于人类实行的威仪，在康有为看来，有三点需要注意，一是威仪的社会功能是一个有序的社会所必不可少的。"威仪者，所以表其爱者也。无威仪，则吾虽甚爱重其人，亦不能骤达吾之意于彼也。其必定之以节，无取过与不及者，则欲其大众通行之故也。盖此乃二人相约之事，若一人独处一室，则无所用乎威仪，但能自安其魂魄足矣。"① 二是威仪必须适度，即适中得当，过犹不及。"威仪之不及者宜有罚，所以杜人之生其恶也。威仪之过者，谓之失礼。盖既非通行之道，且用爱而无节，固必不可行之事也，犹之吾爱某人，则吾之所有，举凡一丝一粟，皆以与之，则明日吾即冻馁矣。"② 三是表达威仪的方式，以不损害人的健康为前提。他主张："凡行礼，则有拱手、揖、握手、接吻、去帽、举手、点首、搂抱等事。大凡仪节，不论繁简，总以发交医士，考察其所立之法行之而于身体有益否，其最有益之法，则推之为公法。"③ 他批评中国惯行的跪足、叩首、哭泣等礼仪，均有损于人的健康，"跪足则不便于筋络，叩首则脑血倒行，此皆经医士考明。哭泣虽出于爱，然其事乃不能入仪节者，且最损人"。④

（三）人命至重

康有为在《实理公法全书》中，特别强调生命的宝贵，称"人命至重"⑤。准此原则，"无故杀人者偿其命"就成为理所当然

---

① 康有为：《实理公法全书·礼仪门》，《康有为全集》第一卷，第154页。
② 康有为：《实理公法全书·礼仪门》，《康有为全集》第一卷，第154页。
③ 康有为：《实理公法全书·礼仪门》，《康有为全集》第一卷，第155页。
④ 康有为：《实理公法全书·礼仪门》，《康有为全集》第一卷，第155页。
⑤ 康有为：《实理公法全书·刑罚门》，《康有为全集》第一卷，第155页。

的公法。① 自杀也在其反对之列，"公例不许人轻生，凡为道而横被困辱者，仍当以忍辱自任，俾得计其为道受苦之功，必俟他人杀之，乃始就刑，是为全节。若急遽捐生者，仍非全节"。②

珍爱人的生命必然重视人的健康。这方面，康有为谈了以下三点。

一是对于人类劳作与休息之间的关系，康有为主张以合乎健康为前提。他说，永远劳作与永远休息，都不符合人的健康要求。实行安息之日与安息之时，劳作、安息相间，"此实几何公理所出之法，此法甚有益于人道"。③ 这也是人的天性使然：

> 人生之始，才分出一起点，便入永动性，到死后则归于永静性。故人生而动，乃天之性，非人生而静也。但于其永动之中，以比较求之，则其中固有一动一静，互为循环之理。故必有安息者，几何公理也。人有寝时，此为一日之必有安息时也。周年作工，亦必有一二日停工者，此为一月之必有安息日也。若不许人安息，则是欲于循环二者之中而灭，期所谓一静者，此万无之事也。若立为一定之期，此特人立之法而已，亦不足贵也。惟以无定为有定，则是几何公理所出之法，公法是也。其不知立为安息日时而不立者，则又智学未开，不明其理之故也。④

但是，劳作与休息时间如何分配，首先要听听医生的意见，然后确定。其次，要看其人的贫富程度。"凡立安息之日与时，视民众之贫富以为定，民富则增多安息之日，民贫则减少安息之日；其每日安息之时，亦民富则增，民贫则减。"

---

① 康有为：《实理公法全书·刑罚门》，《康有为全集》第一卷，第 156 页。
② 康有为：《实理公法全书·人公法》，《康有为全集》第一卷，第 159 页。
③ 康有为：《实理公法全书·礼仪门》，《康有为全集》第一卷，第 155 页。
④ 康有为：《实理公法全书·礼仪门》，《康有为全集》第一卷，第 155 页。

二是对于健康的保障。他说，身体之养护、宫室之营造、器用之使用、饮食之配置，一切都应以人为本，以合乎人的需要、人的健康为目的，包括须发之去留、沐浴之多寡，"必集地球上之医学家考明之，取其制度之至精者"。① 至于花园、酒楼、博物院等项，当令其属之于公，勿据为一己之私，"于是任其制度之新奇，以开民智而悦民心，惟以不伤生为限，制斯可矣"。②

三是丧葬问题。他说，人死之后，采取何种安葬方式，或火葬或水葬或土葬，"任格致家考求一至精之法"。其原则是"不使其气薰蒸而成毒，以害生人，斯为至当之论矣"。③ 说到底，还是以不妨碍活人的健康为前提。至于对死者的祭奠，可不立具体法规："凡欲祭，则以心祭，不用祭物，亦不用仪文，不限时，亦不限地。其前代有功之人，许后人择可立像之地，则立其像以寄遐思；有过之人，亦可立其像，以昭炯鉴。且器物皆可铭其像焉。若有所爱之亡故，亦许私铭其像于器物，以寄馀爱。惟其人本无功，则不许僭用立像于地上之礼。"康有为解释说，这种以不立法为立法的精神，正合乎几何公理，"亦最有益于人道"。④

在康有为看来，一切关涉人类社会的道理、法则，都不是天生的，都是人确立、制定的：

> 《吕览》曰：天使人有欲，人弗得不节；天使人有恶，人弗得不除。欲与恶所受于天也。若天地，则光、电、热、重相摩相化而已，何所谓理哉？昔宋太祖问赵普：何物为大？普曰：道为大。程、朱遂以太极之道有一谓在，此皆不知而好为高论之说也。夫有人形而后有智，有智而后有理。理者，人之所立。贾谊谓立君臣、尊上下，此非天之所为，乃人之所设。

---

① 康有为：《实理公法全书·治事门》，《康有为全集》第一卷，第157页。
② 康有为：《实理公法全书·治事门》，《康有为全集》第一卷，第157页。
③ 康有为：《实理公法全书·治事门》，《康有为全集》第一卷，第157页。
④ 康有为：《实理公法全书·治事门》，《康有为全集》第一卷，第157页。

故理者，人理也。若耳目百体，血气心知，天所先与。婴儿无知，已有欲焉，无与人事也。故欲者，天也。程子谓"天理是体认出"，此不知道之言也，盖天欲而人理也。[1]

这些道理、法则，是否真的合乎公理，只有一条标准，就是看其是否合乎人道，是否合乎广大民众的利益。"圣不秉权，权归于众。古今言论以理为衡，不以圣贤为主，但视其言论何如，不得计其为何人之言论。"[2] 换句话说，对于人类以往的一切道理、法则，无论是什么时间确立、制定的，也无论其确立者、制定者是谁，是圣贤、教主、帝王，都应将其拿到人道、民主的天平上进行检验。康有为强调："惟大道之权，归之于众则正，是几何公理所出之法，且最有益人道。"[3] 这一论断，强调以从众为正为是，以归之于众最有益于人道，体现了民众为本、民主至上的精神。他批评社会上流行的一切从上从圣、唯上唯圣，以皇帝、圣人是非为是非的偏见，认为那一套或"与几何公理不合"，或"与几何公理全背"。[4]

（四）关于"自主之权"与思想资源

《实理公法全书》中最重要的关键词是"自主之权"。据研究，"自主之权"在《实理公法全书》中出现不下 12 次之多。[5] "自主之权"在中国传统词汇中并不存在，是舶来品，其重要义项是今译为"自由"的 liberty。Liberty 在马礼逊编的《字典》（1822）中，被译为"自由之理"；在麦都思编的《英汉字典》（1847）中，被译为"自主，自主之权，任意擅专，自由得意"；在罗存德编的

---

[1] 康有为：《康子内外篇·理气》，《康有为全集》第一卷，第 111 页。
[2] 康有为：《实理公法全书·师弟门》，《康有为全集》第一卷，第 152 页。
[3] 康有为：《实理公法全书·师弟门》，《康有为全集》第一卷，第 152 页。
[4] 康有为：《实理公法全书·师弟门》，《康有为全集》第一卷，第 152 页。
[5] 张丽清：《近代中国人权思想研究——以知识者为视角》，中国政法大学出版社 2010 年版，第 70 页。

《英华字典》（1866）中，被解释为"自主，自由，治己之权，自操之权，自主之理"。19 世纪 70—80 年代，"自主之权"在中文书刊中，已是比较活跃的词语。当其与国家事务相连时，意为国家主权；与单位、集体事务相连时，意为自主支配之权；与个人相连时，主要指自由。1885 年，傅兰雅翻译英国人写的《佐治刍言》，核心思想之一便是自主之权，书中"自主之本分""自主之意"等词，出现 46 次。比如，书中第二章写道：

> 天既赋人以生命，又必赋人以材力，使其能求衣食，以自保其生命。顾人既有此材力，必当用力操作，自尽职分。若不能自主作事，则材力仍归无用，大负上天笃生之意矣。故无论何国、何类、何色之人，各有身体，必各能自主，而不能稍让于人。苟其无作奸犯科之事，则虽朝廷官长，亦不能夺其自主之本分。即如平等人与他人立一合同，议定若干时为之服役，或帮作工艺，其所议年限，亦不得故违常例。且限内虽不得不帮人操作，然其身体，仍归自己作主。其所得工资，必归本人享用。即其家事，亦仍归本人经理，雇工人皆不能与闻。是以国家所定律法、章程，俱准人人得以自主。惟不守法者，始以刑罚束缚之。[①]

对照《实理公法全书》与《佐治刍言》，可以依稀看出两者的内在联系。比如，对照上文已经述及的康有为对君臣、君民关系的观点，与下面这段文字比较，可以看出精神完全一致：

> 所谓国政者，固合众人之意见，寄于一人之身，假手以行

---

① 傅兰雅口译、应祖锡笔述《佐治刍言》，第 5 页。1899 年徐维则作《东西学书录》，归纳《佐治刍言》内容，评曰"前半多言政教，后半多言财用，而以各申其自主之权为持论之主"。见徐维则《东西学书录》上册，商务印书馆 1899 年版，第 6 页。

之者也。故国家行政，除代众人兴利除弊外，不得妄作好恶，致戾舆情。惟事权则不得不归之一人，或二三人，方不致政令错乱。……国政以能惬于民心者为本，国家所行之事，必在在有益于民，斯民方肯心服，出己资以充国用。①

就论述方法而言，《佐治刍言》尽管谈英国的事情多些，但整体上是就全人类普遍现象立论的，这与康有为立论方式也有相通之处。康有为是 1882 年以后开始大购西书、留心西学的。《佐治刍言》出版于 1885 年，《实理公法全书》动笔于 1885 年。康有为很可能是读了《佐治刍言》，才开始撰写《实理公法全书》的。梁启超评价《佐治刍言》，"言立国之理及人所当为之事，凡国与国相处，人与人相处之道悉备焉。皆用几何公论，探本穷源，论政治最通之书"。② 他用了"几何公论"这个评价，与康有为在《实理公法全书》习用的"几何公理"是一个意思。当然，与《实理公法全书》意思相近、相通的西书不止《佐治刍言》一部，《佐治刍言》亦不能涵盖《实理公法全书》所有议题与内容。但是，说《实理公法全书》受到《佐治刍言》影响，当有可能。

《实理公法全书》是一部残稿，康有为在世时并没有发表，唯其没有发表，才更能反映他那时的真实思想。通观全书，康有为以前无古人的雄大气魄，以揭示"实理"、确立"公法"的方式，要为全人类立法，制定规则。每一命题、论证，均不引古圣先贤的经典，也不引欧儒西哲的语录，而是横空立论，自立命题，自守逻辑。他的论说对象是整个人类，论证逻辑是从头说起。他秉持的原则，一是人道，二是自由，三是平等，四是民主。他高扬人道主义旗帜，肯定、颂扬人的价值；宣传、坚持、维护人的自主之权，反

① 傅兰雅口译、应祖锡笔述《佐治刍言》，第 29 页。
② 梁启超：《读西学书法》，转引自上海图书馆编《江南制造局翻译馆图志》，上海科学技术文献出版社 2011 年版，第 102 页。

对一切对人的自由权利的侵夺；宣传人人平等，断然否定形形色色的等级制度；勇猛冲击君主专制，高度肯定民主价值。这四者综合起来，便将对人的解放问题的探索，由人的自然属性而社会属性而政治权力而价值标准，逐步深化，构成了甲午战争以前探寻人的解放的思想标志性文本。

在《实理公法全书》之前，黄宗羲、郑观应等人对君主专制提出过非议，唐甄、王韬等人对尊男卑女提出过批评[①]，余治等人曾在救助溺婴、救助鳏寡孤独废疾方面进行过人道主义的努力；在《实理公法全书》稍后，宋恕也在批判君主专制、夫为妻纲方面有出色的表现，但是，从总体上说，甲午战争以前，还没有人像康有为这样从人的解放的角度对传统纲常名教进行较为全面与系统的批判。

当然，《实理公法全书》还只是一些思想的火花与片段，体系不系统，论述没展开。这些思想火花与片段，日后在康有为的《大同书》、谭嗣同的《仁学》那里，终于发扬光大，成长为富有时代标志的思想成果。

六　公理探索

（一）《公理凡》其书

1890 年，邵作舟写了一部《公理凡》，虽为草稿，没有写完，但从中可以看出他接受西方新知识以后所做综合性哲学思考的努力。[②]

---

① 王韬《弢园文录外编》卷一有《原人》一篇，专门批评尊男卑女。

② 《公理凡》草稿存于邵作舟家中。1933 年，邵作舟之子邵瞻涛委托学者胡晋接整理并作序，但未正式出版。本书所引用《公理凡》资料，均由邵作舟后裔邵晓晖先生提供，顺此致谢。

　　所谓"公理"，指经过人类长期反复的实践检验是真实的、放诸四海而皆准、不需要由其他判断加以证明的命题和原理，诸如三角形内角和等于 180 度、物体热胀冷缩等。所谓"凡"，即概论。"公理凡"，意为公理概论、综合。邵作舟著此书，旨在打通无机物与有机物、植物与动物、动物与人类的界限，合人类关于自然界与人类社会的各种公理于一炉，绅绎出包罗万象、贯通古今、普适、永恒的命题和原理。

　　书凡五章，三十五节，八十余条，近二万字。

　　首章《公理源流篇》，梳理先秦与两宋哲人关于公理的论述，主要述《周易》、孔子、邵雍、二程、朱熹相关内容。汉唐部分缺，宋以后亦无。

　　第二章《终始篇》，述事物消长特点，包括消长成浪、消长三形、消长必正负相当、消长全浪、消长生差、消长变式、消长异同、大小体消长变式、生机消长物莫能遏、动静互根、物不肯遽动静、渐骤成界、各界为无穷级数、各界相似、各物有定界、界有幽显。

　　第三章《生息篇》，述物有主点、微质各有摄力、物始于一、物类时有更变、相因相似、物分则异、物穷则变、物变次第传染、新类相代、递生类变纵为横、各物正负质消长、物类数有所穷、穷变旋相为宫、事物各有元质、元质滋生各有多寡、以虚代实、物行直线、无法之形、万物行经各界不能凌躐、智仁勇分数、感应。

　　第四章《形质篇》，述点线面体及枝干、物无定数定形、物形有定无定、经纬、定点、物点不可以二、物体虚实、文质、物质常在、物体所居必其地足以相容、物有正变、有形无形、阴阳、纲目、物穷于三、职分。

　　最后一章《分合篇》，述物由各元质离合相剂而成、和合化合、合质形性存灭、和合必化合乃固、摄推各力、摄力必在体界以内、摄推遇物忽显、向离各力、摄力大小、摄力小者常为摄力大者所摄、物之主点既无摄力则体内各质必为他物摄力所摄、主点有二则相灭、借物以助分合、异同虚实相和、物相遇并大小数为一全数自为正负、数必自二以上。

邵作舟认为，探讨宇宙人生的公理是中国文化的传统。他专辟《公理源流篇》，摘录中国古圣先贤关于这方面的论述，并加以发挥。他所依托的传统资源，最重要也最核心的是《易经》。他说："'易'与天地准，故能弥纶天地之道。仰以观于天文，俯以察于地理，是故知幽明之故；原始反终，故知死生之说；范围天地之化，而不过曲成万物而不遗，通乎昼夜之道而知。故神无方而易无体，一阴一阳之谓道。"他认为，无论自然万物之理，社会之理，人生之理，都可以在《易经》中获得解释与启发："夫易广矣大矣，以言乎远则不御，以言乎迩则静而正，以言乎天地之间则备矣。形而上者谓之道，形而下者谓之器，化而裁之谓之变，推而行之谓之通，举而措之天下之民谓之事业。"[1] 他援引孔子"吾道一以贯之"的话，认为寻求涵摄宇宙、社会、人生的公理是可行的。他援引二程、朱熹等宋儒关于格物致知的论述，表示格物穷理者，"非谓必尽穷天下之理，又非谓只穷得一理便到，但积累多后，自当恍然有悟处。格物非欲尽穷天下之物，但于一事上穷尽，其他可以类推"。[2] 正是本着这种举一反三、触类旁通的格致精神，他开始了总结、提炼天下公理的努力。

邵作舟概括与论述公理的方式，先列命题，后列证明或解释，如同几何证明题。其顺序是由物理而推及人事，由有形而无形，由形而下而形而上，宗旨是探索万物的消长、人事之进退、吉凶、存亡之道。比如，"界有幽显"之条，其命题为："凡一物之界，有幽有显，显者易见，而幽者难穷。然究其所极，必有尽境。"解释文字为：

---

① 邵作舟：《公理凡·公理源流篇》。
② 邵作舟：《公理凡·公理源流篇》。

形质，显界也，光气，幽界也。庞者为牛，毛者为羊，黠者为鼠，仡者为麝，此物之显界，易见者也。腥者为牛，膻者为羊，臊者为鼠，芬者为麝，此物之幽界，可嗅而不可见者也。盖凡物体，自其主点外发，以至皮肤，皆有郛郭以周之，是为一界。其体内之微质，又必化气而散于全体之外，由密渐疏，由浓渐淡，成无穷级数式，以至于无，是为一界。故犬能迹兽之臭而及之，迹于其幽界也。设其幽界已穷，则界外皆他境，而犬无从知之矣。①

《公理凡》的主要特点，是涵摄宇宙间万事万物，企图于森罗万象中绅绎出普适公理。其论证方式是以西证中，以中证西，中西互证，有演绎，有综合。

《公理凡》论述问题，涉及数学、物理学、化学、天文学、地质学、生物学、人体学等众多学科。述及的相对概念至少有 45 对，包括：幽明、始终、死生、生息、昼夜、阴阳、道器、吉凶、开关、往来、出入、纵横、渐骤、感应、天地、黑白、远近、古今、物我、人己、主客、是非、贤愚、彼此、大小、多寡、异同、巨细、内外、浅深、厚薄、先后、表里、精粗、清浊、正负、偏正、虚实、动静、有形与无形、摄力与离力、抵力与对力、有定与无定、有穷与无穷、形而下与形而上。

（二）"公理"举要

《公理凡》述及的"公理"，用今天的学术语言表述，主要有万物消长规律、物质运动惯性、量变与质变关系、决定事物本质的因素、万有引力、物体内聚力与离心力的关系、时间与空间是物质存在的方式、物质的统一性与变易性、推动事物变化的动力、事物变化之内在逻辑、物体形状的确定与不确定、器官与功能之间的关

---

① 邵作舟：《公理凡·界有幽显》。

系、遗传与变异的关系、事物文质关系、物质不灭、生物器官的功用及演变等。下面列举数例。

1. 万物消长规律

邵作舟对此所用笔墨较多。他指出："凡万物皆起于无，由无而之有，则为长；由有而之无，则为消。先长后消而成一浪。长尽则消，消尽则长，循环无端，周流不已。积无数小浪而成大浪，如是以至无穷。"其论证资料以《易》为主体，称："《易》曰：无平不陂，无往不复。又曰：剥穷上反下，物不可以终尽，故受之以复。此消长所以成无穷之浪也。"所谓"浪"，即周期。书中以生物界、人类知识为证据：

> 试任以何物类观之，宇宙间本无是物也，忽然而有之，自始生萌芽以至少壮，皆长也，长极而衰而死，皆消也。一长一消，是为小浪。父死子继，各为一浪，子又生子，孙又生孙，自是类初生渐蕃以至极盛，皆长也；长极而衰而灭，皆消也，是为大浪。此类既灭，他类又生，盛衰消长，递相推嬗，以至无穷，此理即推之天地变迁，世运兴废，制度之沿革，学问之流传，各成浪形，亦复如是。①

书中将消长归纳为三种类型。一曰实者为长，虚者为消。如昼夜之类，以见日者为长，则以不见日者为消，一虚一实，相为对待，此长则见为有，消则见为无者也。二曰加者为长，减者为消。如天时寒暑，人事盛衰，权衡之低昂，物数之赢绌，其始由微点以次而加，加至本量极高之分，则又以次而减，一加一减，相为对待，此长固实见其有，而消亦不得目之为无。三曰抵者为长，对者为消。他举物理学为例：凡抵力（动力）与对力（阻力）必对等，有抵力在一点必另生相等对力于本点以阻之，凡抵力正加

---

① 邵作舟：《公理凡·消长成浪》。

生动，动力与抵力比例恒同，此抵力对力相等之理。书中归纳消长规律：

> 凡物之消长，无论为虚实，为加减，为抵对，其大小迟速、先后缓急、变幻万端，不可方物，要之统其全浪而观之，皆为正负相当之式，其象必等，其类必等。①

邵作舟指出，夏之日、冬之夜，其长必等，冬之日、夏之夜，其短必等，而春夏昼夜长短之和，与秋冬昼夜长短之和，其数必等。他将此规律挪用到人事方面，说："天道之循环，人事之施报，佛氏之因果报应，袁了凡辈之功过阴骘，说虽百端，无外于此。"②

书中认为，事物的变化、发展由消长生差即消长不均衡性所致："凡消长二力，不能适均，则旧式消后常生微差而有余分，必复成一新式，而其物渐变而大，再消再长而物之体尤大，如是屡变，至于大极而消，则其式渐变而小，消尽而减，乃为大消长。"③这种消长不均衡性是呈阶段性、周期性的，但从长时段综合来看，其阶段性、周期性仍然消长相抵：

> 夫长多消少，其式渐变而大者，消长之正例也，亦有其机虽长而间小浪，正负相消之后，所得新式反变而小者，然生机既在方长之时，则消力有不合理之大，长力即顿增不合理之大以胜之，而仍复其长多消少之常，如是屡变。至于长极而消，其消时变例亦同。而统其大消长之全浪观之，仍为正负相常之式。④

---

① 邵作舟：《公理凡·消长必正负相当》。
② 邵作舟：《公理凡·消长必正负相当》。
③ 邵作舟：《公理凡·消长生差》。
④ 邵作舟：《公理凡·消长变式》。

邵作舟以寒暑温度变化为例：自春至夏，每月之中其温度应平均增加十度，但每日温度增加并不总是均衡的，常常因为受风雨等各种因素影响，其温度增加或多或少。但是，从较长时段上看，其变化又是有规律的，如果前段时间消大于长，后段时间必长大于消。因此，"以寒暑之理观之，应以平速之度，化为渐速之浪，乃渐速浪中，复自生无数正负参差之浪，其理微妙可思也"。[1]

书中指出，事物在消长过程中，其"大体"与"小体"，即整体与局部的关系会发生相当复杂的变化。"凡物成一体，其中所函，又分各小体，千条万端，消长各异。"有与大体同为消长者，如人身百脉运行，皆由血气，盛则各体俱盛，衰则俱衰；有与大体各为消长者，如人至晚年，血气日衰，须眉反长，骨缝益坚，家国衰时，其民物丰豫之象多过于极盛之时；有互相消长者，如一呼一吸，盈亏相补，汗多则溺少，力作则加餐，目瞽则耳倍聪，心巧则胆恒怯。[2]

书中指出，事物的消长，包括生物器官的演化，社会职官的演变，均与其使用情况有关："用愈多则官愈繁，用苟废则官亦废。增损随时，讫无定式、无越俎、无冗员。职有轻重，则分有贵贱，智官常重而贵，勇官常轻而贱。贵者质脆，任其逸而自卫恒严；贱者质粗，任其劳而自卫常简。凡物愈巧则机愈繁，机愈繁巧则用愈巧，机愈繁则用愈专，用愈专则用愈隘，机愈巧则物愈脆，物愈脆则坏愈速，拙而简者，其利弊反是。"[3]

2. 生机消长，物莫能遏

书中指出，万事万物"生机消长，物莫能遏"，用今天的术语来说即是事物的运动与变化是绝对的，不可阻挡。这种运动是在多种力量作用下进行的，其运动方式亦呈多样性。"物之生也非一

---

[1]　邵作舟：《公理凡·消长变式》。
[2]　邵作舟：《公理凡·大小体消长变式》。
[3]　邵作舟：《公理凡·职分》。

时，其长也非一力"，有的呈现最显之渐速率，日新月盛，相连而不断，如各种动植物之生长，国家之崛兴暴起，新学异教之景慕盛行；有的呈现最隐之渐速率，若断若续，将兴忽废，而前后不甚相续者，如周朝屡被戎狄侵犯而卒有天下，儒家圣学在战国、暴秦屡受挫折盛于后世。[1] 作者认为，事物消长各有其内在动力，不可遏抑："其机既动，则主点摄拒之力，必以渐而增其长也，抟抟乎莫之能分，汤汤乎莫之能遏，尽其势之所至，必极而后消。其消也，则靡靡然、薾然、颓然、索然，虽合亿兆之力，竭贤圣之才而莫之能挽也。以消与长，必为正负相当之式故也。《传》曰：天将兴之，孰能废之。又曰：天之所废，不可支也。斯之谓矣。"[2]

与物质运动绝对性相关联的是物质的惯性。书中指出，万事万物均有其惯性："凡物之动静，当其动也，有不肯遽静之性；其静也，有不肯遽动之性。必别加一使动使静之力，用渐速率以动静之，则其动静适合于理而止。苟拂其性而妄使之，则物自顺其性，不肯遽从，必变为不合理之式。"[3]

3. 事物性质变化规律

书中指出，事物性质的变化是有踪迹与规律可循的。"物之相因而渐生者，其形质性情必相似。"[4] 凡一物既分为二，纵分则类似于父子，横分则类似于兄弟，"则其形质性情，同中必有小异，不能尽同也，愈远则异者愈多，愈近则异者略少。故万事万物，有相似者，无相同者"。[5] 推动事物变化的动力，来自事物所含各质与外界环境各种因素之间的关系，外界环境变了，就会推动事物所含之质发生变化。"物之生也，其所函各质，皆与本体相宜，迨时势既变，外感内应，消长生差，则旧时相宜之质，渐变为不相宜之

---

① 邵作舟：《公理凡·生机消长物莫能遏》。
② 邵作舟：《公理凡·生机消长物莫能遏》。
③ 邵作舟：《公理凡·物不肯遽动静》。
④ 邵作舟：《公理凡·相因相似》。
⑤ 邵作舟：《公理凡·物分则异》。

质。至于害体则生机，将有所閟郁而不能自全，于是乎举而变之。"变化亦有程度不同与性质不同："外有所穷，则变其外，内有所穷，则变其内，或稍为损益，或改弦更张，仍变为相宜之质。非穷不变，其有所变者，皆其有所穷者也。穷则又变，以至无穷。"① 事物变化，亦有其内在之逻辑，由近及远，由小及大。"物之将变也，其变必先起于微质之任一点，此点变，则居其旁最近之点，亦受其传染而变。由一而十，由百而千而万，自近及远，渐传渐速，遍乎小体，是为小界。由此一小体，又传其旁最近之小体，浸淫四被，而大体亦遍，是为大界。微点先变，则其变迟，主点先变，则其变速。"② 事物性质发生变化，亦有规律，必由量变而质变：

> 凡甲类盛极而衰，则必生一与甲相似之物乙以代之，甲乙形质性情，必大同而小异，乙生则甲衰，乙盛则甲灭，由乙而丙而丁，递嬗既久，所杂异质益多，则形质性情渐小同而大异，又久之，至于戊己，则方圆异形，黑白异色，至无一相同者。③

如果递生类变化级数越多，而又新旧并存，则先后纵变关系就会成为并列的横变关系。以生活用品为例，古用俎豆，今用桮碗，现在两名并存，则以俎豆为礼器，而桮碗为宴器。以职官为例，古以公侯为官，现以郡县为官，两种名号并存，于是，以公侯为虚爵，而郡县为实职，现今所说的已不是古代公侯的内涵。④

对于事物变化的外因与内因，书中用传统的感、应二词，认为："凡物之生而变也，外有所感，则内变而应之。应既生感，感

---

① 邵作舟：《公理凡·物穷则变》。
② 邵作舟：《公理凡·物变次第传染》。
③ 邵作舟：《公理凡·新类相代》。
④ 邵作舟：《公理凡·递生类变纵为横》。

又生应，循环不已，旋相为宫，如是以至无穷。感者为主，应者为客。感者为长，应者为消。"①

对于事物运动的内在因素，书中用比较笼统的仁、智、勇来表示，认为他们之间是体用关系，"凡生物之机，以仁为体，以智勇为用"。他认为，非独人类如此，动物、植物如此，没有生命的金石百物也如此："非独民胞物与为仁也，禽兽之求声呼友，虫豸之贪生畏死皆仁也；非独动物之趋利避害，植物之餐风饮露为仁也，风云之互为离合，金石百物之自相吸聚，皆仁也。"他认为，仁、智、勇三者之间有一定的消长与比例关系，"仁为弦数，智勇为勾股数"。仁的平方等于智的平方与勇的平方之和，"智多则勇少，勇多则智少，相为增减至于无穷，而要不逾仁之全数"。②凡万物所涵仁数，各为一全数，均平充满，无所增减，至于其智勇多寡之数，则视天时地利物感之强弱，剂其分量出而应之，要以足全其仁而止。这么分析仁与智、勇关系的，前未之见。不过，以今天的科学观点来看，风云之互为离合，金石百物之自相吸聚，与动物之趋利避害，植物之餐风饮露，毕竟是两回事，一为无生命、无意识，一为有生命、有意识。

对于物质变化的量变与质变，书中用"渐""骤"来表述。书中写道："凡物之消长，皆由渐增加，愈增而形愈大，数愈多，相差乃愈甚，其渐或为平速率，或为渐速率，积渐而后成骤。一渐一骤，是为一界。积小界而成大界，以至无穷。"③物体从起初朽坏到最后崩坍，植物从种子萌芽到突破种皮生长枝叶，气温从渐冷凝霜到滴水成冰，都是从量变到质变的例子。④

4. 物质产生与存在方式

作者从《易经》"易有太极，是生两仪，两仪生四象，四象生

---

① 邵作舟：《公理凡·感应》。
② 邵作舟：《公理凡·智仁勇分数》。
③ 邵作舟：《公理凡·渐骤成界》。
④ 邵作舟：《公理凡·渐骤成界》。

八卦"的理念出发，认为万物之产生、演变，都是从无到有、由小而大、既长而消、无限循环的过程。"物始生于一，一生二。如太极之分阴阳，乃物之对剖者。二又生一。如夫妇之生子乃化合而成者。展转相生，遂为万物。由虚而实，由微而显，由小而大，由简而繁，由合而分，既长而消，则后归于一。"① 书中运用近代化学知识解释物质形成与生物演变："凡物成一体，皆由各元质杂合相剂而成，成后各质旋长旋消，旋消旋长，吐故纳新，循环不已。分剂同，则形质性情亦同，分剂异，则形质性情亦异。"② 认为两质相合而成一物，必先和合而后化合。③ 凡两质之相合而成新物，"和合则两质之形性俱存，化合则两质之形性俱灭"。④

书中述及，任何物质的存在，都离不开时间与空间这两个条件，"物之初生而欲成也，必恃二者而后成，时以积之，地以居之，二者废一，弗成也"。⑤

作者指出，"生"与"变"，即产生与变易，都是物质存在的常态，万事万物无时无刻不在变易之中。"万物种类，纵横相生。其所当天时地利不同，则本质与异质时相损益，而物之形质性情，随之而变。"⑥ 他将"生"分为纵生与横生两种："同类相合而生曰纵，异类相合而生曰横。" 变化亦有两种："人之一生，自朝至暮，自少至老，未尝同也，同而异者也。物之递衍，由水生陆，由足生翼，未尝同也，异而异者也。"⑦ 他赞成朱熹的观点，世间万事万物无时无刻不在变化，不惟月变日变，而时亦有变，但人不觉耳。

---

① 邵作舟：《公理凡·物始于一》。
② 邵作舟：《公理凡·物由各元质离合相剂而成》。
③ 和合，今称混合。
④ 邵作舟：《公理凡·合质形性存灭》。
⑤ 邵作舟：《公理凡·微质各有摄力》。
⑥ 邵作舟：《公理凡·物类时有更变》。
⑦ 邵作舟：《公理凡·物类时有更变》。

　　书中指出，物质虽然有不同存在方式，但就其本质而言，是永远不灭的："万物或为定质，或为流质，或为气质，皆居于实有之界，虽化为至轻至虚之气，析为至细至微之点，至于目不可见，耳不可闻，舌不可尝，鼻不可嗅，而其质自在，必不得目之为无也。"①

　　对于物体存在空间问题，书中指出："凡物体所居，必其四方所界之空地足以相容，不能容则不能居，不能居而强居之，其界非溢则裂，其物非变则败。"物体与存在空间的关系，如果"物体所居之地，其四旁绰然有余，则物静，物与界能相为屈伸，可大可小，则物静"，就像布囊盛物，物小则囊亦小，物大则囊亦增大。如果物体大而空间小，比如以方二尺之物，置于方一尺之布囊之中；或空间虽大，而物之体尤变而加大，如火药在未爆炸时所需空间为一，待爆炸之后，忽化为气质，所需空间是此前的一千五百倍，其旧有空间就无法容纳了。"所居不足以容，而涨力生焉，界愈大则涨力愈小，界愈小则涨力愈大，出于界外，得其所容，则动者复静，而涨力顿失。"其理可概括为"界不容则涨，界可容则静"。枪炮之制是运用其溢之理，开花炮之制是运用其裂之理。邵作舟将此原理移用到人类社会，说："天地之生物，王者之用人、圣贤之处事、家国之创法立制，要皆含宏广大，使物得以优游其中而相安焉。后世不明是理而束缚驰骤之，文法胜则上下相遁，界所以溢且裂也，生理穷则诈力相凌，物所以变且败也。"②

　　对于物质数量的表达，作者认为，一切数量都是在有所参照的情况下出现的："凡一物无数，数必自二以上。举两物以相较，然后小大之形分焉，多寡之数出焉。""凡一物而无他物以形之，则有象而无数。"他以化学元素为例，氧的原子量为8，铁的原子量为28，都是相对于氢的原子量为1而言的。所谓分剂（原子量）

---

① 邵作舟：《公理凡·物质常在》。
② 邵作舟：《公理凡·物体所居必其地足以相容》。

之数，不过是与他质比较而言，其原子自身并无此数。① 诚如张载所说："两不立，则一不可见；一不可见，则两之用息。"

对于物质存在形式的有限性与无限性，书中引用屠仁守的话：有形者其大有穷，比如日月星辰，皆有体质大小可推，虽然至大，总有边界，但其小无穷，"一尺之棰，日取其半，万世不竭"。"无形者，其大无穷，其小有穷"。② 对于无形者为何"其小有穷"，书中没有展开，只引用了劳乃宣一句话："其小有穷，所以一等于二之理证之。"③ 何以"一等于二"？仍令人费解。

对于事物存在的呈现与表达，书中认为有两种方式，一虚一实。"凡物之实者，必有一虚者以代之，以简代繁（如以君代国，以金银代百物），以小代大（如以地球图代地球，以表谱代世系），以假代真（若人之有遗像，纪数之有珠筹，算术之有天元代数，推而极之，语言文字皆代也），物得所代虚也，而实存焉。"④ 对于这类虚实关系，邵作舟没有展开细论。从逻辑上看，"以君代国"与"以金银代百物"，尽管都是以简代繁，但一是代表，一是代替，前者为标志物，后者为等价物，是两类不同性质的"代"。"以小代大"中的以地球图代地球、以表谱代世系，与"以假代真"中的以遗像代真人、以数字代实数，其实是同一类的代，都是以符号代实物、实数。地球图与珠筹，都是符号，一状象，一代数，都是"以小代大"，也都是"以假代真"。

5. 物质性质之决定

书中指出，物质之构成是由同类物质积累而成，不同物质之间出现差异，形成不同的门类。"凡物，积多层而成一界，积无穷层成无穷界。其界内外前后，虽大小不同，迟速各异，而各界之形质

① 邵作舟：《公理凡·数必自二以上》。
② 邵作舟：《公理凡·有形无形》。
③ 邵作舟：《公理凡·有形无形》。
④ 邵作舟：《公理凡·以虚代实》。

性情，愈近则愈同，愈远则愈异，任取何界此例互视，皆成有德之形。"① 决定不同事物性质的东西，是各类事物之中的"主点"："凡物之生，始于一微质为之主点，渐吸异质而成一物。一物之盛衰，视主点摄力之消长，长则物盛，消则物衰，消尽则灭。凡物各有主点，即在一体之中，大体有大体之主点，小体有小体之主点，推而言之，既成一体，即有一点，递相臣主，以至此无穷。"② 所说"主点"，即物理学上的质点。

书中称，万物皆有其"定点"即重心："凡物必有定点，而定点必居一体之中。"③ 同类元素结合，必定于一点，形成单一物质。不同元素化合，必有一化合之点。同一物体，只能占据一个空间，不能同时既在此空间，又在彼空间。同一物体，只能有一个定点，不可能有两个定点。如果一个大物体由两个小物体构成，而两个小物体势均力敌，则定点必在两物相切之界。如果两物体稍有大小差异，则重心必偏，大物体在左，必偏于左，大物体在右，必偏于右，故物之大者常为小者之主。"物苟相合，必定于一点。物苟相交，必注于一点。物苟相并必联于一点，可以移，而必不可以二也。"④ 作者将此理推演到人世，认为君臣关系、主客关系等均属于此类：

> 国之有君，家之有长，物之有主，此相合之定于一者也。事虽繁，为之必有次第。客虽多，应之必有后先。五色纷列，而目之所视必凝神于一而后能明。八音并奏，而耳之所听必专聆于一而后能察，此相交之注于一者也。若其相合相交而不能相主臣者，其物为相并之物，必有一物以联之，而两物所拱揖趋向，皆归于重心之点。⑤

---

① 邵作舟：《公理凡·各界相似》。
② 邵作舟：《公理凡·物有主点》。
③ 邵作舟：《公理凡·定点》。
④ 邵作舟：《公理凡·物点不可以二》。
⑤ 邵作舟：《公理凡·物点不可以二》。

物定则点定，物移则点移，惟其可移而不可二也。是故国可篡可夺而必不可有二君，宾可介可傧而必不可有二主。①

物体有重心，这是经过科学验证、放诸四海而皆准的，这与国家有君主、家庭有家长，为什么是同类事而不是两类事？书中沿用《周易》类推范式，直接将这些归为同类，这当中是缺少逻辑论证的。

6. 有定与无定

书中指出，物质存在的形式，物质的性质，均存在有定与无定的特点。说其有定，均与点、线、面、体有关。"凡物自成一质，必由点而线而面而体。体也者，点之积也。形虽合，必可分，陈虽密，必有间。其分歧而四出者，根必始于主点，由点成干，由干生枝，枝生叶，叶复有枝有干，如是递衍以至无穷。"② 说其无定，物质的存在，是离心力与向心力相互作用的结果，既无定数，亦无定形。"万物皆随时渐生，自盛至衰，各为一浪而灭，其形其数皆以本体摄拒之力，相为权衡，两不能加而止，既无定数，亦无定形。"③ 物体的形状，有的确定，有的不确定。"凡物有有定之形，有无定之形。"比如，盘盂所以盛水，盘盂之形或圆或方，或浅或深，或文或质，可以万变，而所以盛水之形不能变。有定与无定的关系，也适用于动物与植物。植物之根干枝叶，动物之耳目口鼻，作为餐风饮露之质、视听言动之资，虽然其大小不同，形式各异，是无定的，但其根干枝叶之体、耳目口鼻之官之功能相同，是有定的。作者认为，有定与无定的关系是辩证的。一方面，无定的背后仍是有定，"无定者皆有定者也"，万物之无定外形均是有定之规律在起作用，"以物之各类观之，牛之种必为牛，马之种必为马，

---

① 邵作舟：《公理凡·物点不可以二》。
② 邵作舟：《公理凡·点线面体及枝干》。
③ 邵作舟：《公理凡·物无定数定形》。

其形质性情，在统类中，为无定之形，而在一类中，为有定之形"。另一方面，"有定者皆无定者也"，这些有定的规则，其实用范围也是有限的，这些规则的出现也有其偶然性："以运会之推迁，观之金石水火，无餐风饮露开花结子之节，而植物则有之，是在植物中为有定之形，而在运会中仍为无定之形也。植物无耳目口鼻知觉运动，而动物又有之，是在动物中为有定之形，而在运会中仍为无定之形也。由是理以推之，亿万世后，盖将别有新类生于宇宙之间，奇形诡态，灵姿妙识，出于动物之外者矣。"① 从所举例证来看，邵作舟说的是遗传与变异的关系。他企图打通物理学与生物学、无机界与有机界之间的壁垒，提出关于有定与无定的普适而贯通的公理。

7. 内聚力与离心力

书中指出，一切物质都存在摄力与离力，即内聚力与离心力。"凡物初生，始于全体主点之摄力，迨成体后，则各小体之主点，及小体中所函大小无数微质，皆各有摄力，各为一界。虽主点摄力日衰，而各小体及微质犹能互相维持，以保大体。或此体已坏，而彼体仍存，迨各小体及微质摄力，长极而消，则物即灭矣。"② 物质内部的摄力与离力是不断运动与变化的，变化到一定程度，事物的形态与性质也会随之发生变化：

> 凡甲物之主点，既无摄体内各质之力，或变摄力而为推力，则体内各质即生离力，自分为千百小体，四散于宇宙间，迨遇乙丙丁各物（或甲体自分，或本为他物），生摄力以摄之，则四邻各小体，即生向力而归之。他物推各小体之力愈大，则各小体趋向乙丙丁之力亦愈大，而千百小体，遂合为乙丙丁数大体，此数大体，复互相推摄，或为甲物及他物所推

---

① 邵作舟：《公理凡·物形有定无定》。
② 邵作舟：《公理凡·微质各有摄力》。

摄，其终必归于一而后已，聚而复散，散而复聚，至于无穷。①

　　他以此理解释中国历史：秦始皇二世之虐，则摄力变为推力。陈胜、吴广揭竿，四方蜂起，于是，四分五裂，诸侯错峙，各君其国，各子其民。其后，章邯围赵，楚兵渡河，项羽焚秦，民心归汉，则彼之推力愈加，此之向力愈大。汉高祖亡秦灭楚而称帝，到了汉武帝、汉宣帝时代，收夷貊，控西域，北臣强胡，南平百越，薄海内外，同奉一尊，于是，数大体之合归于一。"秦汉如是，六朝如是，唐宋元明莫不如是。即往古来今，有司之不能抚民，将帅之不能驭众，子孙之不能保家，以及百物之聚散，诸贤之分合，营营扰扰，各有所归，亦莫不如是。"② 这种以摄力与推力为着眼点分析历朝历代盛衰成败的历史眼光，与王夫之论史风格很相近。

8. 阴阳

　　阴阳是中国传统哲学核心概念之一，《周易》及历代注疏对其有很多解释，诸如日月、山水、君臣、男女等。邵作舟的贡献，在于将其内涵扩展到近代引进的各门学科中，运用到对各种公理的阐释中。他说："凡物成一体，必有阴阳两面，其正负在在皆为相当之式。"他用相反相成解释阴阳关系："凡宇宙间，既有一物，必有一相反之物与之相对。若水火冰炭之不相入，实则其相反者，所以相成也。"③ 相反之物的形成，或一体自分，或两物相对。阴阳两面，各有其价值，没有好坏、高下之别，"阴阳、刚柔、燥湿、寒暑之类，皆成相当相消之式。举一物而言，各有是非得失，善用之，则皆得其中道，无庸喜此而恶彼也"。④ 书中认为，阴阳有三

---

① 邵作舟：《公理凡·向离各力》。
② 邵作舟：《公理凡·物之主点既无摄力则体内各质必为他物摄力所摄》。
③ 邵作舟：《公理凡·阴阳》。
④ 邵作舟：《公理凡·阴阳》。

种类型，一曰正负，即一体之中，阴阳自分两数，互为消长，正一则负九，正二则负八，正三则负七，正十则负消尽，而归于无，此多彼寡，不容并立；二曰统属，诸如阴统于阳，文统于质，拒统于摄，以及君为臣纲、父为子纲、夫为妻纲之类，此分之则二，合之则一；三曰对待，诸如耳目手足之类，两峰高并，势均力敌，无高下大小之殊，无纤毫丝发之异，此确然相对为二，而必不能合而为一。

（三）《公理凡》的文化史意义

对于《公理凡》的价值，邵作舟曾自有说明。1890 年春，时任广西按察使的胡燏棻，应邀以《论事物各有消长试求其正变公例》为题，让上海格致书院学生作文，有 41 人参加，孙廷璋、殷之辂、朱昌鼎等人课艺被评为优秀，并被王韬收入《格致书院课艺》。诸人课艺虽然优秀，但出题人胡燏棻、阅卷人王韬均不满意，认为他们都是就天文、地理、数学、物理、化学等各具体学科立论，没有从万事万物根本大原处着眼。这课艺题目是邵作舟代胡燏棻出的。[①] 邵作舟看了诸生课艺之后，颇为不满，于是自己写了一篇《论事物各有消长试求其正变公例》，后来被收入《绩溪邵班卿先生文诗存稿》。邵作舟在所撰《论事物各有消长试求其正变公例》文稿上，写有这么一段按语：

> 庚寅春，以斯题质诸格致书院同课诸君，或推衍五行，或侈谈洋务，就其所得固多有可观者。然以斯题之义衡之，非近于空谈，则囿于一曲。夫消长者，就事物已成之迹而推论之，无事不有，无物不然，而非有形可执者也。此而求其公例，则当如几何之界说。题说重学之发凡、算学之公式，言近指远，颓然浑然，不名一物，不演一数，而宇宙之间、天人之际，事

---

① 胡燏棻此前原任天津兵备道，邵作舟是其幕僚，不止一次代胡燏棻撰稿。

物之繁赜、古今之迁变，无不括乎其中，如是乃谓之公例也。
苟毛举细故，雕镂楛叶，将累月穷年不能终其一数，何公例之
可言乎？盖消长之义，《周易》言之而未尝畅之。至于西学所
言，非象则数，求其寓乎象数之中，而又出乎象数之外者，则
今所译诸书亦未尝以究言。前无所依，后无所傍，固宜操觚之
窘也。今取题中大指略发其凡，以代数诸式明之理，虽肤浅不
敢自匿，用待有道之见正焉。①

　　邵氏所撰《论事物各有消长试求其正变公例》，内容就是《公
理凡》的《终始篇》。因此，这段按语也可视为邵作舟对《公理
凡》的自我评价。他自称《公理凡》是发挥《周易》的思想，用
于分析西学，"前无所依，后无所傍"，属于独创性著作。

　　《公理凡》是一部奇书，是迄今尚未很好释读的哲学著作。邵
作舟志向宏大，意欲熔各种学科知识为一炉，锻造出属于他自己的
哲学体系。可惜的是，他的很多论断仅是片言断语，没有充分展
开，有的只是个标题。但是，从上面所述的这些残稿，已经可以看
出邵作舟涉猎相当广博，思辨能力很强，也很有创造性。②

　　西方近代知识传入以后，中国不少饱学之士，都曾试图将中西
学问打通，做一综合思考。康有为作《实理公法全书》，谭嗣同作
《仁学》，都是这种努力的产物。邵作舟的《公理凡》则是这一类
成果中别具特色者。

　　同光时期是一过渡时期，很多思想议题的提出与展开都带有过
渡性质，有些议题的讨论方兴未艾，如西学中源、中体西用，要到

---

　　①　《论事物各有消长试求其正变公例》抄稿，载《绩溪邵班卿先生文诗存稿》，
藏南京图书馆。本书所用此稿，均蒙邵晓晖先生提供，顺此致谢。
　　②　邵作舟还编过一个《人道纲目》，包括通论、修己之纲、正心之纲、修身之
纲、治人之纲、知人之纲、安民之纲等，是要表达其修齐治平理想的，眼光也很宏阔，
可惜也只是个提纲。

戊戌时期或更长时间以后才见分晓；有些议题刚刚破题，如人的解放、统摄宇宙人类公理的概括；有些议题到百年以后的今天，也还没有定论，或者说还有巨大的讨论空间，如自由、民主问题，全球化背景下中国文化价值问题，类似于"三十年河东三十年河西"风水轮流转的天心或运会问题。

主要参考文献

（中外著作各以汉语拼音为序）

一 报纸杂志

《察世俗每月统记传》

《点石斋画报》

《东方杂志》

《东西洋考每月统记传》

《格致汇编》

《国民日日报汇编》

《国闻报》

《画图新报》

《教会新报》

《瓯风杂志》

《上海新报》

《申报》

《万国公报》

《遐迩贯珍》

《新民丛报》

《新青年》

《中西教会报》

Chinese Repository

The North China Daily News

二　档案、方志及其他历史文献

《大清律例案语》，海山仙馆版，1847。

《清实录》，中华书局，1986 年影印本。

陈天华：《猛回头》，辽宁人民出版社，1994。

陈正青整理《广方言馆全案》，上海古籍出版社，1989。

陈洙：《江南制造局译书提要》，江南制造局，1909。

方浚颐：《二知轩文存》，台北文海出版社影印，1966。

冯桂芬：《校邠庐抗议》，上海书店出版社，2002。

国家档案局明清档案馆编《戊戌变法档案史料》，中华书局，1958。

何启、胡礼垣：《新政真诠》，格致新报馆，1901。

胡式钰：《窦存》，道光二十年本（1841）。

胡有诚修，丁宝书纂《广德州志》，1881。

黄庆澄：《中西普通书目表》，木刻本，1898。

黄遵宪著，陈铮编《黄遵宪全集》，中华书局，2005。

贾桢等：《筹办夷务始末（咸丰朝）》，中华书局，1979。

梁启超：《中西学门径书七种》，上海大同译书局，1898。

梁廷枏：《海国四说》，中华书局，1993。

马建忠：《适可斋记言》，中华书局，1960。

钱泳：《履园丛话》，中华书局，1979。

上海园林志编纂委员会编《上海园林志》，上海社会科学院出版社，2000。

上海租界志编纂委员会编《上海租界志》，上海社会科学院出版社，2001。

台湾中研院近代史所编《海防档》，1957。

台湾中研院近代史所编《四国新档》，1966。

台湾中研院近代史所档案馆藏《总理各国事务衙门清档》。

童范俨修，陈庆龄纂《临川县志》，1870。

汪仲贤：《上海俗语图说》，上海书店出版社，1999。

王仁俊：《格致古微》，光绪二十二年刻本（1896）。

上海图书馆编《格致书院课艺》，上海科学技术文献出版社，2016。

王之春：《国朝柔远记》，1891。

魏源：《海国图志》，岳麓书社，2011。

夏燮：《中西纪事》，台北文海出版社，1962。

小横香室主人编《清朝野史大观》，上海书店出版社，1981。

徐昌治辑《圣朝破邪集》，黄山书社，2015。

徐继畬：《瀛寰志略》，上海书店出版社，2001。

徐维则：《东西学书录》，载熊月之编《晚清新学书目提要》，上海书店出版社，2007。

余治：《得一录》，台湾华文书局股份有限公司，1969 年影印本。

俞樾：《春在堂全书》，《续修四库全书》影印本，上海古籍出版社，2002。

俞正燮：《癸巳类稿》，《续修四库全书》影印本。

曾纪泽：《西学略述》，总税务司署，光绪十二年（1886）。

赵尔巽等纂《清史稿》，中华书局，1977。

中国第一历史档案馆编《嘉庆道光两朝上谕档》，广西师范大学出版社，2000。

中国第一历史档案馆编《清代档案史料丛编》，中华书局，1990。

朱寿朋编《光绪朝东华录》，中华书局，1958。

朱一新：《无邪堂答问》，中华书局，2000。

〔澳〕莫理循：《中国风情》，张皓等译，国际文化出版公司，1998。

〔德〕郭实腊：《大英国统志》，新加坡坚夏书院，1834。

〔德〕郭实腊：《古今万国纲鉴》，新加坡坚夏书院，1838。

〔德〕郭实腊：《贸易通志》，新加坡坚夏书院，1840。

〔德〕花之安：《自西徂东》，上海书店出版社，2002。

〔德〕马尔顿原著、葛福根注：《星轺指掌》，联芳、庆常翻译，丁韪良鉴定，同文馆聚珍版，1876。

〔美〕毕拉宓著、〔英〕李提摩太译：《百年一觉》，广学会，1894。

〔美〕裨治文：《大美联邦志略》，墨海书馆，1861。

〔美〕裨治文：《美理哥合省国志略》，新加坡坚夏书院，1838。

〔美〕林乐知：《中西关系略论》，光绪二年活字版（1876）。

〔英〕傅兰雅口译、应祖锡笔述《佐治刍言》，上海书店出版社，2002。

〔英〕麦都思：《地理便童略传》，英华书院，1819。

三　文集

陈炽著，赵树贵、曾丽雅编《陈炽集》，中华书局，1997。

陈虬：《陈虬集》，浙江人民出版社，1992。

陈旭麓：《陈旭麓文集》，华东师范大学出版社，1996。

崔国因：《枭实子存稿》，光绪刻本。

冯桂芬、马建忠著，郑大华点校《采西学议——冯桂芬马建忠集》，辽宁人民出版社，1994。

郭嵩焘：《郭嵩焘全集》，岳麓书社，2012。

胡适：《胡适自传》，江苏文艺出版社，1995。

蒋敦复：《啸古堂文集》，同治十年刊本（1871）。

康有为著，姜义华、张荣华编《康有为全集》，中国人民大学出版社，1998。

　　李鸿章著，顾廷龙、戴逸主编《李鸿章全集》，安徽教育出版社，2008。

　　梁启超著，林志钧编《饮冰室合集》，中华书局，1926。

　　林则徐著，中山大学历史系中国近代现代史教研组编《林则徐集》，中华书局，1965。

　　刘蓉：《养晦堂文集》，光绪三年思贤讲舍刊本（1877）。

　　鲁迅：《鲁迅全集》，人民文学出版社，1957。

　　宋恕著，胡珠生编《宋恕集》，中华书局，1993。

　　谭嗣同：《谭嗣同全集》，中华书局，1981。

　　王闿运：《湘绮楼文集》，台北文海出版社，1966。

　　王韬：《弢园文录外编》，上海书店出版社，2002。

　　魏源：《魏源集》，中华书局，1976。

　　文廷式：《文廷式集》，中华书局，1993。

　　薛福成著，丁凤麟、王欣之编《薛福成选集》，上海人民出版社，1987。

　　曾国藩：《曾国藩全集（修订版）》，岳麓书社，2012。

　　张树声：《张靖达公奏议》，光绪己亥刻本（1899）。

　　章太炎：《章太炎全集》，上海人民出版社，2018。

　　郑观应著，夏东元编《郑观应集》，上海人民出版社，1982。

　　左宗棠：《左宗棠全集》，岳麓书社，2014。

四　日记、笔记、书信、年谱、回忆录

　　包家吉：《滇游日记》，云南人民出版社，1985。

　　包天笑：《钏影楼回忆录》，香港大学出版社，1971。

　　斌椿：《乘槎笔记》，湖南人民出版社，1981。

　　崔国因：《出使美日秘日记》，黄山书社，1988。

葛元煦：《沪游杂记》，上海书店出版社，2006。

顾维钧：《顾维钧回忆录》，中华书局，1983。

郭连成：《西游笔略》，上海书店出版社，2003。

郭廷以：《郭嵩焘先生年谱》，台湾中研院近代史所，1971。

胡祥翰：《上海小志》，上海古籍出版社，1989。

黄式权：《淞南梦影录》，上海古籍出版社，1989。

黎庶昌：《西洋杂志》，岳麓书社，2008。

李慈铭：《越缦堂日记》，商务印书馆影印浙江会稽李氏手写本，1920。

李平书：《且顽老人七十岁自叙》，台北文海出版社，1974。

刘锡鸿：《英轺私记·随使英俄记》，岳麓书社，1986。

齐如山：《齐如山回忆录》，中国戏剧出版社，1989。

容闳：《西学东渐记》，湖南人民出版社，1981。

上海图书馆编《汪康年师友书札》，上海古籍出版社，1986。

宋育仁：《采风记》，袖海山房石印本，光绪乙未（1897）。

孙宝瑄：《忘山庐日记》，上海古籍出版社，1983。

汪康年：《汪穰卿笔记》，中华书局，2007。

王韬：《漫游随录》，湖南人民出版社，1985。

王韬：《瀛壖杂志》，上海古籍出版社，1989。

王韬著，方行、汤志钧整理《王韬日记》，中华书局，1987。

王云五：《岫庐八十自述》，台湾商务印书馆，1967。

翁同龢著，陈文杰整理《翁同龢日记》，中华书局，2006。

吴曾祺编《历代名人书札》，西苑出版社，2003。

徐珂：《清稗类钞》，中华书局，1984。

徐一士：《一士谈荟》，书目文献出版社，1983。

薛福成：《出使英法义比四国日记·出使日记续刻》，岳麓书社，2008。

薛福成：《出使英法义比四国日记》，商务印书馆、中国旅游出版社，2016。

姚公鹤：《上海闲话》，上海古籍出版社，1989。

曾纪泽：《使西日记》，湖南人民出版社，1981。

张德彝：《航海述奇》，湖南人民出版社，2008。

张德彝：《欧美环游记（再述奇）》，湖南人民出版社，1981。

张集馨：《道咸宦海见闻录》，中华书局，1981。

赵烈文：《能静居日记》，载《中国近代史资料丛刊续编·太平天国》（七），广西师范大学出版社，2004。

志刚：《初使泰西记》，湖南人民出版社，1981。

五　资料汇编

陈学恂主编《中国近代教育史教学参考资料》，人民教育出版社，1986。

陈忠倚编《皇朝经世文三编》，宝文书局，光绪二十三年（1898）。

储桂山编《皇朝经世文续新编》，义记书庄，1902。

葛士浚编《皇朝经世文续编》，光绪十四年石印本。

顾炳权编《上海洋场竹枝词》，上海书店出版社，1996。

贺长龄、魏源等编《清经世文编》，中华书局，1992。

黄兴涛、王国荣编《明清之际西学文本》，中华书局，2013。

梁启超：《西政丛书》，慎记书庄石印本，光绪丁酉（1897）。

刘锦藻撰《清朝续文献通考》，商务印书馆，1936。

罗尔纲、王庆成主编《中国近代史资料丛刊续编·太平天国》，广西师范大学出版社，2004。

马模贞主编《中国禁毒史资料》，天津人民出版社，1998。

宓汝成：《近代中国铁路史资料》，台北文海出版社，1977。

钱泳等：《笔记小说大观》，江苏广陵古籍刻印社影印，1983。

上海市档案馆编《工部局董事会会议录》，上海古籍出版社，2001。

上海市公用事业管理局编《上海公用事业》，上海人民出版社，1991。

上海市政协编《20世纪上海文史资料文库》，上海书店出版社，1999。

上海市政协文史资料委员会编《上海文史资料存稿汇编》，上海古籍出版社，2001。

上海图书馆历史文献研究所编《历史文献》，上海古籍出版社，2004。

沈国威编著《六合丛谈——附解题、索引》，上海辞书出版社，2006。

盛康辑《皇朝经世文续编》，思补楼，光绪二十三年（1897）。

舒新城主编《中国近代教育史资料》，人民教育出版社，1981。

孙毓棠编《中国近代工业史料》，科学出版社，1957。

台湾中研院近代史所编《近代中国对西方及列强认识资料汇编》，1984。

台湾中研院近代史所编《中美关系史料》。

太平天国博物馆编《太平天国史料丛编简辑》，中华书局，1963。

《太平天国史料专辑（中华文史论丛增刊）》，上海古籍出版社，1979。

王铁崖主编《中外旧约章汇编》，三联书店，1957。

王锡祺编《小方壶斋舆地丛钞》，上海著易堂，1891。

王锡祺编《小方壶斋舆地丛钞再补编》，上海著易堂，1897。

王云五编《道咸同光四朝奏议》，台湾商务印书馆，1970。

熊月之主编《晚清新学书目提要》，上海书店出版社，2007。

徐昌治编《中国宗教历史文献集成》，黄山书社，2005。

浙江省辛亥革命史研究会、浙江省图书馆编《辛亥革命浙江史料选辑》，浙江人民出版社，1981。

中国史学会主编《中国近代史资料丛刊·第二次鸦片战争》，

上海人民出版社，1978。

中国史学会主编《中国近代史资料丛刊·鸦片战争》，上海人民出版社，1957。

中国史学会主编《中国近代史资料丛刊·洋务运动》，上海人民出版社，1961。

中国史学会主编《中国近代史资料丛刊·太平天国》，上海人民出版社，1957。

中国圆明园学会筹备委员会编《圆明园》，中国建筑工业出版社，1981。

朱有瓛、高时良主编《中国近代学制史料》，华东师范大学出版社，1993。

邹振环编《危言三种》，上海古籍出版社，2013。

六 专著

阿英：《晚清文艺报刊述略》，上海古典文学出版社，1958。

曹树基：《中国人口史》（第五卷，清时期），复旦大学出版社，2001。

曹元宇：《中国化学史话》，江苏科学技术出版社，1979。

陈公禄：《中国近代史》，商务印书馆，1935。

陈旭麓：《近代史思辨录》，广东人民出版社，1984。

陈银崑：《清季民教冲突的量化分析》，台湾商务印书馆，1991。

戴金珊：《中国近代资产阶级经济发展思想》，福建人民出版社，1998。

邓洪波：《中国书院史》，台湾大学出版中心，2005。

邓云特：《中国救荒史》，商务印书馆，1937。

樊百川：《中国轮船航运业的兴起》，中国社会科学出版社，2007。

高洪兴：《缠足史》，上海文艺出版社，2007。

高晞：《德贞传：一个英国传教士与晚清医学近代化》，复旦大学出版社，2009。

顾长声：《从马礼逊到司徒雷登》，上海书店出版社，2005。

何炳棣：《1368—1953 中国人口研究》，上海古籍出版社，1989。

何小莲：《西医东渐与文化调适》，上海古籍出版社，2006。

胡一：《跨文化视野中的交际学研究》，厦门大学出版社，2006。

黄新宪：《基督教教育与中国社会变迁》，福建教育出版社，1996。

蒋廷黻：《中国近代史》，上海古籍出版社，2006。

孔令纪：《中国历代官制》，齐鲁书社，1993。

李文海等：《中国近代十大灾荒》，上海人民出版社，1994。

李育民：《近代中外条约关系刍论》，湖南人民出版社，2011。

李长莉：《晚清上海社会的变迁——生活与伦理的近代化》，天津人民出版社，2002。

李志刚：《基督教早期在华传教史》，台湾商务印书馆，1985。

梁元生：《林乐知在华事业与〈万国公报〉》，香港中文大学出版社，1978。

梁元生：《晚清上海：一个城市的历史记忆》，广西师范大学出版社，2010。

林学忠：《从万国公法到公法外交：晚清国际法的传入、诠释与应用》，上海古籍出版社，2009。

刘广京：《英美航运势力在华的竞争（1862—1874）》，邱锡荣、曹铁珊译，上海社会科学院出版社，1988。

马伯英：《中国医学文化史》，上海人民出版社，2010。

茅海建：《近代的尺度：两次鸦片战争军事与外交》，上海三联书店，1998。

潘光哲：《华盛顿在中国——制作"国父"》，三民书局，2006。

平步青：《各国使臣觐见》，上海古籍出版社，1982。

钱穆：《中国历代政治得失》，三联书店，2001。

乔明顺：《中美关系第一页》，社会科学文献出版社，1991。

苏渊雷：《宋平子评传》，正中书局，1947。

孙广德：《晚清传统与西化的争论》，台湾商务印书馆，1982。

汪荣祖：《走向世界的挫折——郭嵩焘与道咸同光时代》，中华书局，2006。

王尔敏：《中国近代思想史论》，社会科学文献出版社，2003。

王尔敏：《中国近代思想史论续集》，社会科学文献出版社，2005。

王开玺：《清代外交礼仪的交涉与论争》，人民出版社，2009。

王卫平、黄鸿山、曾桂林：《中国慈善史纲》，中国劳动社会保障出版社，2011。

王中江：《进化主义在中国》，首都师范大学出版社，2002。

卫青心：《法国对华传教政策——清末五口通商和传教自由（1842—1856）》，黄庆华译，中国社会科学出版社，1991。

文松：《近代中国海关洋员概略——以五任总税务司为主》，中国海关出版社，2006。

吴芳思编译《帝国掠影：英国访华使团笔下的清代中国》，中国人民大学出版社，2006。

吴雁南等主编《中国近代社会思潮》，湖南教育出版社，1998。

吴义雄：《在华英文报刊与近代早期的中西关系》，社会科学文献出版社，2012。

熊月之、周武主编《圣约翰大学史》，上海人民出版社，2007。

徐以骅、韩信昌：《海上梵王渡——圣约翰大学》，河北教育出版社，2003。

徐以骅：《教育与宗教：作为传教媒介的圣约翰大学》，珠海出版社，1999。

许国璋：《许国璋论语言》，外语教学与研究出版社，1991。

严中平主编《中国近代经济史》，人民出版社，1989。

杨齐福：《科举制度与近代文化》，人民出版社，2003。

杨玉圣：《中国人的美国观——一个历史的考察》，复旦大学出版社，1996。

余英时：《士与中国文化》，上海人民出版社，1987。

余英时：《中国思想传统及其现代变迁》，江苏人民出版社，1995。

张海鹏主编《中国近代通史》，江苏人民出版社，2007。

张磊：《丁日昌研究》，广东人民出版社，1988。

张丽清：《近代中国人权思想研究——以知识者为视角》，中国政法大学出版社，2010。

张秀民：《中国印刷史》，上海人民出版社，1989。

张仲礼：《中国绅士：关于其在 19 世纪中国社会中作用的研究》，上海社会科学院出版社，2002。

赵匡华主编《中国化学史近现代卷》，广西教育出版社，2003。

郑文光、席泽宗：《中国历史上的宇宙理论》，人民出版社，1975。

郑曦原编《帝国的回忆：〈纽约时报〉晚清观察记》，三联书店，2001。

周振鹤：《随无涯之旅》，三联书店，1996。

朱杰勤译《中外关系史译丛》，海洋出版社，1984。

朱维铮主编《基督教与近代文化》，上海人民出版社，1994。

邹振环：《疏通知译史》，上海人民出版社，2012。

邹振环：《晚清西方地理学在中国：以 1815 至 1911 年西方地理学译著的传播与影响为中心》，上海古籍出版社，2000。

邹振环：《西方传教士与晚清西史东渐》，上海古籍出版社，2007。

〔法〕佩雷菲特：《停滞的帝国：两个世界的撞击》，王国卿等译，三联书店，2007。

〔美〕德雷克：《徐继畬及其〈瀛寰志略〉》，任复兴译，文津出版社，1990。

〔美〕何天爵：《真正的中国佬》，鞠方安译，光明日报出版社，1998。

〔美〕马士：《中华帝国对外关系史》，张汇文等译，上海书店出版社，2006。

〔美〕乔那森·斯潘塞：《改变中国》，曹德骏译，上海三联书店，1990。

〔日〕稻叶山君：《清代全史》，中华书局，1914。

〔意〕马西尼：《现代汉语词汇的形成——19 世纪汉语外来词研究》，黄河清译，汉语大词典出版社，1997。

〔英〕吉伯特·威尔士、亨利·诺曼：《龙旗下的臣民：近代中国社会与礼俗》，邓海平、刘一君译，光明日报出版社，2000。

〔英〕麦高温：《中国人生活的明与暗》，朱涛、倪静译，时事出版社，1998。

A. A. Bennett：*John Fryer*：*The Introduction of Western Science and Technology into 19th – century China.*

W. Lockhart，*Medical Missionary in China*：*A Narrative of Twenty Year's Experience. London* 1861.

七　论文

陈绛：《林乐知与〈中国教会新报〉》，《历史研究》1986 年第 4 期。

丁伟志：《中体西用论在洋务运动时期的形成与发展》，《中国社会科学》1994 年第 1 期。

董丛林：《"迷拐"、"折割"传闻与天津教案》，《近代史研究》2003 年第 2 期。

段颖惠：《1868 年扬州教案解析》，《周口师范学院学报》2014 年第 3 期。

高晞：《京师同文馆的医学讲座》，《中国科技史料》1990 年第 4 期。

宫宏宇：《圣天子，奄有神州，声威震五洲——曾纪泽〈华祝歌〉、〈普天乐〉考辨》，《中国音乐学》2013 年第 1 期。

古志成：《晚清天足运动研究》，硕士学位论文，河北师范大学，2011。

顾卫星：《晚清学校英语教学研究》，博士学位论文，苏州大学，2001。

关晓红：《晚清议改科举新探》，《史学月刊》2007年第10期。

洪修平：《老子、老子之道与道教的发展——兼论"老子化胡说"的文化意义》，《南京大学学报（哲学·人文·社会科学）》1997年第4期。

黄鸿烈、王卫平：《晚清江南慈善人物群体研究——以余治为中心》，《学习与探索》2011年第6期。

姜涛：《太平天国战争与晚清人口》，《太平天国历史博物馆建馆五十周年论文集》，江苏教育出版社，2006。

金谢怿、王方芳、陈俊国：《近代医学人物金韵梅考略》，《中华医学会医史学分会第十三届一次学术年会论文集》，2011。

李赫亚：《论晚清书院教育的多元性征——以王闿运与同期其他山长书院教育之比较为例》，《徐州师范大学学报（哲学社会科学版）》2007年第2期。

李华川：《"西人掠食小儿"传说在中国的起源及流播》，《历史研究》2010年第3期。

李亚丁：《石美玉：中国最早留美女医师之一》，《中国民族报》2011年2月15日。

李燕：《童养媳出身的女医生——康爱德》，《中华医史杂志》2001年第4期。

李燕：《中国近代掌管两所医院的女院长——何金英》，《中华医史杂志》2001年第2期。

刘祺：《马根济与西医在近代天津的传播（1879—1888）》，《历史教学》2008年第14期。

刘效红：《1909年上海万国禁烟会研究》，硕士学位论文，上海师范大学，2009。

刘艺：《同治皇帝接见西方使节图》，《紫禁城》2004 年第 3 期。

刘泽生：《早期医史学者——尹端模》，《中华医史杂志》1998 年第 3 期。

路鹏程：《晚清言论自由思想的肇始与演变（1833—1911）》，博士学位论文，华中科技大学，2009 年。

吕实强：《中国官绅反教的原因（1860—1874）》，《中央研究院近代史研究所专刊》第 16 辑，1966。

马敏：《中国近代化思潮的一个侧面——商战》，《人文论丛》2000 年卷。

孟宪实：《论科举制的完结》，《广东社会科学》2001 年第 2 期。

牛亚华：《〈泰西人身说概〉和〈人身图说〉研究》，《自然科学史研究》2006 年第 1 期。

邱志红：《洋泾浜英语小述》，《清史研究》2005 年第 2 期。

权赫秀：《晚清中国与西班牙关系的一部罕见史料——蔡钧著〈出洋琐记〉韩国藏本及其内容评价》，《社会科学研究》2012 年第 3 期。

任复兴：《晚清士大夫对华夷观念的突破与近代爱国主义》，《社会科学战线》1992 年第 3 期。

尚季芳：《莫理循〈中国风情〉一书中所反应的清末西南社会》，《西华大学学报（哲学社会科学版）》2008 年第 6 期。

苏公隽：《我所了解的圣约翰大学》，《纵横》1996 年第 11 期。

苏渭昌：《关于同文馆的若干史实》，《南开学报（哲学社会科学版）》1981 年第 4 期。

王冰：《明清时期西方近代光学的传入》，《自然科学史研究》1983 年第 4 期。

王曾才：《自强运动时期中国外交制度的发展》，台湾中研院近代史所编《清季自强运动研讨会论文集》，1988。

王尔敏：《道咸两朝中国朝野之外交知识》，《晚清政治思想史论》，广西师范大学出版社，2005。

王尔敏：《上海仁济医院史略》，《基督教与中国现代化国际学术研讨会论文集》，台湾宇宙光出版社，1994。

王宏斌：《两次鸦片战争期间禁烟的困境——以"重治吸食"为中心的考察》，《历史研究》2013年第1期。

王立诚：《蒲安臣使团与中国近代使节制度的发端》，《档案与历史》1990年第1期。

王卫平、施晖：《清代江南地区的育婴事业》，《苏州大学学报（哲学社会科学版）》1999年第4期。

王卫平、王坤：《冯桂芬书院教育实践及其教育改革思想》，《江苏大学学报》2009年第1期。

王晓秋：《晚清中国人走向世界的一次盛举——1887年海外游历使初探》，《北京大学学报（哲学社会科学版）》2001年第3期。

王扬宗：《赫胥黎〈科学导论〉的两个中译本——兼谈清末科学译著的准确性》，《中国科技史料》第21卷第3期，2000。

吴宝晓：《清末驻英公使与英国禁烟运动》，《河北师范大学学报（社会科学版）》1999年第4期。

徐以骅：《吴虹玉与中国圣公会》，《复旦学报（社会科学版）》1997年第2期。

徐永志：《近代溺女之风盛行探析》，《近代史研究》1992年第5期。

徐振亚：《近代科学家徐建寅和他的译著》，《中国科技史料》，1989，第10卷第2期。

许顺富：《论郭嵩焘与思贤讲舍和禁烟公社》，《船山学刊》2002年第4期。

闫俊侠：《晚清西方兵学译著在中国的传播（1860—1895）》，博士学位论文，复旦大学，2007年。

杨代春：《早期〈万国公报〉的禁烟宣传》，《湖南大学学报

（社会科学版）》2003 年第 5 期。

杨明哲：《李鸿章与近代西方医学在中国的传布》，《长庚人文社会学报》2009 年第 2 期。

尹航：《晚清捐纳制度研究》，硕士学位论文，吉林大学，2005 年。

余新忠：《咸同之际江南瘟疫探略——兼论战争与瘟疫之关系》，《近代史研究》2002 年第 5 期。

张倩：《张裕钊莲池书院时期的实学教育》，《唐山师范学院学报》2010 年第 6 期。

张仁善：《清末官僚法律心理的演变与传统礼法制度的消亡》，《史学集刊》2001 年第 1 期。

周建高：《近代中日世界史学交流研究——以〈万国史记〉为中心》，硕士学位论文，浙江工商大学，2004 年。

朱玖琳：《襄助孙中山革命的宋耀如》，《近代中国》第八辑，立信会计出版社，1998。

人名索引

（以姓氏笔画为序）

图书在版编目（CIP）数据

中国近代思想通史. 第二卷 / 熊月之著. -- 北京：
社会科学文献出版社，2022.7
ISBN 978 - 7 - 5201 - 8489 - 2

Ⅰ. ①中… Ⅱ. ①熊… Ⅲ. ①思想史 - 中国 - 近代
Ⅳ. ①B25

中国版本图书馆 CIP 数据核字（2021）第 105574 号

中国近代思想通史（第二卷）

主　　编 / 耿云志
著　　者 / 熊月之

出 版 人 / 王利民
组稿编辑 / 宋月华
责任编辑 / 胡百涛
责任印制 / 王京美

出　　　　版 / 社会科学文献出版社·人文分社（010）59367215
　　　　　　地址：北京市北三环中路甲 29 号院华龙大厦　邮编：100029
　　　　　　网址：www. ssap. com. cn
发　　行 / 社会科学文献出版社（010）59367028
印　　装 / 三河市东方印刷有限公司

规　　格 / 开　本：787mm × 1092mm　1/16
　　　　　　印　张：37.5　字　数：522 千字
版　　次 / 2022 年 7 月第 1 版　2022 年 7 月第 1 次印刷
书　　号 / ISBN 978 - 7 - 5201 - 8489 - 2
定　　价 / 1480.00 元（全八卷）

读者服务电话：4008918866